国家哲学社会科学成果文库
NATIONAL ACHIEVEMENTS LIBRARY
OF PHILOSOPHY AND SOCIAL SCIENCES

中国古代图书史

——以图书为中心的中国古代文化史

陈 力 著

社会科学文献出版社
SOCIAL SCIENCES ACADEMIC PRESS (CHINA)

《国家哲学社会科学成果文库》
出版说明

为充分发挥哲学社会科学研究优秀成果和优秀人才的示范带动作用，促进我国哲学社会科学繁荣发展，全国哲学社会科学规划领导小组决定自2010年始，设立《国家哲学社会科学成果文库》，每年评审一次。入选成果经过了同行专家严格评审，代表当前相关领域学术研究的前沿水平，体现我国哲学社会科学界的学术创造力，按照"统一标识、统一封面、统一版式、统一标准"的总体要求组织出版。

全国哲学社会科学规划办公室

2011 年 3 月

目　　录

绪　言 ……………………………………………………………… 1

第一章　从文字到图书：商周时期 …………………………… 5

　　第一节　图书的起源 ………………………………………… 5

　　第二节　周代的图书 ……………………………………… 26

第二章　从"百家争鸣"到"焚书坑儒"：战国至秦 …………… 51

　　第一节　战国时代的思想与文化 ………………………… 51

　　第二节　秦始皇专制与"焚书坑儒" …………………… 60

第三章　文化多元的时代：两汉魏晋南北朝 ………………… 70

　　第一节　汉代的学术与文化 ……………………………… 71

　　第二节　纸的发明 ………………………………………… 92

　　第三节　多元文化的发展与融合 ………………………… 98

第四章　科举、学校与雕版印刷：隋唐五代 ………………… 138

　　第一节　隋唐五代文化与图书事业 ……………………… 139

　　第二节　隋唐五代图书的收集与整理 ……………………………… 159

　　第三节　敦煌遗书 …………………………………………………… 174

　　第四节　雕版印刷术的发明与应用 ………………………………… 180

第五章　印本的黄金时代：宋代 …………………………………… 214

　　第一节　崇文抑武的宋代 …………………………………………… 214

　　第二节　宋代藏书与刻书 …………………………………………… 238

　　第三节　活字与套印 ………………………………………………… 303

第六章　冲突与融合：辽金夏蒙元 ………………………………… 313

　　第一节　辽、金、西夏的藏书与刻书 ……………………………… 313

　　第二节　元代社会与文化 …………………………………………… 325

　　第三节　元代的藏书与刻书 ………………………………………… 338

第七章　极盛时期的图书事业：明初至清代中期 ………………… 365

　　第一节　明代图书事业的发展环境 ………………………………… 366

　　第二节　明代修书、藏书与刻书 …………………………………… 387

　　第三节　清代图书事业的发展环境 ………………………………… 437

　　第四节　清代修书、藏书与刻书 …………………………………… 453

　　第五节　明清时期印刷技术的进步 ………………………………… 486

第八章　社会转型期的图书事业：清末至民国 …………………… 495

　　第一节　社会巨变中的思想与文化 ………………………………… 496

　　第二节　清末民初图书出版业的变化 ……………………………… 510

　　第三节　从藏书楼到图书馆 ………………………………………… 526

附录　中国古代图书载体与形制的流变…………………………………… 549

结　语………………………………………………………………… 587

引用及主要参考文献………………………………………………… 590

索　引………………………………………………………………… 614

与书有缘
　　——写在《中国古代图书史》的后面 ……………………………… 629

Contents

Introduction / 1

Chapter 1   From Characters to Books: Shang and Zhou Dynasties / 5

    1. 1   The Origins of the Books / 5

    1. 2   The Books in Zhou Dynasty / 26

Chapter 2   From "Contention of a Hundred Schools of Thought" to
"Burn Books and Bury Alive Confucian Scholars":
Warring States to Qin Dynasty / 51

    2. 1   The Schools of Thought and Culture in the Warring
States / 51

    2. 2   The Despotism of The First Emperor of Qin and
"Burn Books and Bury Confucian Scholars Alive" / 60

Chapter 3   A Time of Cultural Diversity: Han, Wei and the Northern
and Southern Dynasties / 70

    3. 1   The Academics and Culture in Han Dynasty / 71

    3. 2   TheInvention of Papers / 92

    3. 3   The Development of Cultural Diversity / 98

Chapter 4　Imperial Examination, Schools and Woodblock Printing:

Sui, Tang and Five Dynasties　　　　　　　　　　　/ 138

　4. 1　The Culture and Book Course of Sui, Tang and

　　　　Five Dynasties　　　　　　　　　　　　　　/ 139

　4. 2　The Collecting and Sorting of Literatures in Sui, Tang

　　　　and Five Dynasties　　　　　　　　　　　　/ 159

　4. 3　The Dunhuang Literature　　　　　　　　　/ 174

　4. 4　The Invention and Application of Woodblock

　　　　Printing Technique　　　　　　　　　　　　/ 180

Chapter 5　The Golden Age of Books in Print: Song Dynasty　/ 214

　5. 1　The Anti-Military and Culture-Oriented Song

　　　　Dynasty　　　　　　　　　　　　　　　　　/ 214

　5. 2　The Collecting and Engraving of Books in Song

　　　　Dynasty　　　　　　　　　　　　　　　　　/ 238

　5. 3　Typography and Chromatography　　　　　　/ 303

Chapter 6　Confliction and Fusion: Liao, Jin, Xia and Yuan

Dynasties　　　　　　　　　　　　　　　　　　　　/ 313

　6. 1　The Collecting and Printing of Books in Liao,

　　　　Jin and Xia　　　　　　　　　　　　　　　/ 313

　6. 2　The Society and Culture of Yuan Dynasty　　/ 325

　6. 3　The Collecting and Carving Books in Yuan Dynasty　/ 338

Chapter 7　Book Industry in the Period of Great Prosperity: Early

Ming to Mid-Qing Dynasty　　　　　　　　　　　　/ 365

　7. 1　The Culture and Society of Ming Dynasty　　/ 366

　7. 2　Book Industry in Ming Dynasty　　　　　　/ 387

7. 3　The Environment for Book Industry in Qing Dynasty　/ 437

7. 4　The Compilation, Collection and Engraving of Books

in Qing Dynasty　/ 453

7. 5　The Improvement of Printing Technology in Ming

and Qing Dynasties　/ 486

Chapter 8　Book Industry in Social Change: From Late Qing Dynasty

to the Republic of China　/ 495

8. 1　The Thought and Culture in Social Upheavals　/ 496

8. 2　The Changes of Book Industry in Late Qing Dynasty

and the Republic of China　/ 510

8. 3　From Private Bibliotheca to Public Library　/ 526

Appendix　Rheology of Carriers and Binding Forms　/ 549

Conclusion　/ 587

References and Bibliography　/ 590

Index　/ 614

My Predestined Relationship with Books—A Postscript　/ 629

插图目录

图 1 - 1　易州三勾兵之一 ················· 20

图 1 - 2　刘体智旧藏甲骨《四方风》 ················· 24

图 1 - 3　《史墙盘》铭文 ················· 45

图 3 - 1　前秦甘露元年抄本敦煌遗书《譬喻经》 ················· 97

图 3 - 2　宋人摹《北齐校书图》 ················· 125

图 4 - 1　马王堆一号汉墓出土印花敷彩纱残片 ················· 184

图 4 - 2　马王堆一号汉墓出土泥金银印花纱 ················· 185

图 4 - 3　马王堆一号汉墓出土泥金银印花纱纹样 ················· 185

图 4 - 4　敦煌写本《杂阿毗昙心论》背面之捺印佛像 ················· 194

图 4 - 5　唐代刻印汉文《陀罗尼经咒》 ················· 198

图 4 - 6　唐咸通九年刻《金刚般若波罗蜜经》 ················· 200

图 4 - 7　后唐天成二年刻《佛说观弥勒菩萨上生兜率天经》 ················· 201

图 4 - 8　日本百万《陀罗尼经咒》木塔 ················· 204

图 4 - 9　日本百万《陀罗尼经咒》木塔内所藏印本经咒 ················· 204

图 4 - 10　吴越国王钱俶刻《宝箧印经》 ················· 212

图 5 - 1　北宋司马光《资治通鉴》手稿 ················· 227

图 5 - 2　南宋淳熙十三年内府写本《洪范政鉴》 ················· 243

图 5 - 3　北宋开宝六年刻熙宁四年印《开宝藏》 ················· 265

图 5 - 4　南宋唐仲友台州刻《荀子》 ················· 270

图 5 - 5　南宋黄善夫刻《史记索隐正义》 ················· 272

图 5-6　南宋廖莹中世綵堂刻《昌黎先生集》 ················· 273

图 5-7　南宋临安府棚北睦亲坊南陈宅书籍铺刻
　　　　《唐女郎鱼玄机诗》 ································· 277

图 5-8　西夏文活字本《吉祥遍至口和本续》 ··············· 305

图 5-9　谷腾堡活字排印本《圣经》 ····················· 306

图 5-10　彩色套印《东方朔盗桃图》 ···················· 311

图 6-1　辽代刻《契丹藏·称赞大乘功德经》 ··············· 315

图 6-2　金代刻《赵城金藏》 ························· 319

图 6-3　西夏惠宗刻《译经图》 ························ 323

图 6-4　元后至元五年杭州路刻《农桑辑要》 ··············· 336

图 6-5　蒙古刻本《歌诗篇》 ························· 341

图 6-6　元茶陵东山书院刻《梦溪笔谈》 ·················· 347

图 6-7　元相台岳氏荆溪家塾刻《孝经》 ·················· 352

图 6-8　元余氏勤有堂刻《书集传》 ····················· 357

图 6-9　元杭州书坊刻《古今杂剧·李太白贬夜郎》 ············ 359

图 7-1　〔意〕利玛窦制，（明）李之藻刻印《坤舆万国全图》 ····· 381

图 7-2　公元 1566 年巴塞尔出版《天体运行论》 ············· 383

图 7-3　明崇祯刻《天工开物》 ························ 384

图 7-4　明嘉靖抄本《永乐大典》 ······················ 394

图 7-5　明天顺五年内府刻《大明一统志》 ················· 399

图 7-6　明洪武三年内府刻《元史》 ····················· 410

图 7-7　明万历郑藩刻《乐律全书》 ····················· 416

图 7-8　明崇祯汲古阁刻《桯史》 ······················ 419

图 7-9　清乾隆抄文津阁本《四库全书》 ·················· 455

图 7-10　清康熙古香斋刻四色套印本《古文渊鉴》 ············ 473

图 7-11　清康熙扬州诗局刻《全唐诗》 ··················· 474

图 7-12　清乾隆五十六年萃文书屋活字印本《红楼梦》 ·········· 484

图 7-13　明万历三十三年程大约刻《程氏墨苑·天主像》 ········· 488

图 7-14　明四色套印本《南华经》 ······················ 489

图 7-15　明嘉靖三年锡山安国铜活字印本《吴中水利通志》 ········ 490

图7-16　清武英殿刻《武英殿聚珍版程式》 …………………… 491

图7-17　明天启六年饾版套印《萝轩变古笺谱》 …………………… 493

图7-18　清康熙饾版套印《芥子园画传》 …………………………… 494

图8-1　土山湾印书馆使用过的石印机 ……………………………… 513

图8-2　石印《点石斋画报》 ………………………………………… 514

图附-1　甲骨卜辞 …………………………………………………… 551

图附-2　清陈介祺全形拓《毛公鼎》 ……………………………… 554

图附-3　《熹平石经》残石 …………………………………………… 555

图附-4　睡虎地秦简《法律答问》 ………………………………… 560

图附-5　湖北江陵凤凰山168号墓出土西汉告地策木牍 ………… 561

图附-6　敦煌汉简：西汉马圈湾习字觚 …………………………… 562

图附-7　湖南长沙马王堆帛书《老子》甲本 ……………………… 575

图附-8　卷轴装《赵城金藏》 ……………………………………… 577

图附-9　梵夹装 ……………………………………………………… 579

图附-10　经折装 …………………………………………………… 580

图附-11　"麟次相积"的"旋风装" …………………………… 582

图附-12　缝缋装 …………………………………………………… 583

图附-13　粘叶装 …………………………………………………… 583

图附-14　蝴蝶装 …………………………………………………… 585

图附-15　包背装 …………………………………………………… 585

图附-16　线装 ……………………………………………………… 586

绪　　言

中国是一个有五千年文明史的国度，有文字记载的历史至少也有三千五百年，长期以来形成并不断发展的中华文化是维系和支撑中华民族的精神纽带，而中华文化最重要的载体就是图书。

中国自古称文献之邦，在全世界范围内，至少有一半的古代文献是中国的古籍。在中国文化里面，没有比图书更重要的了；对于中国人的思想、观念、行为方式以及日常生活、生产等方方面面的影响，没有比图书更大的了；在中华文化对世界文化的贡献里面，也没有比图书以及与图书有关的创造发明更大的了，造纸术和印刷术都与图书有关，而这两大发明，是古代中华民族对全世界所做出的最大贡献。因此，无论是对于中国史还是对于世界史，中国古代的图书史都是一个十分重要的研究领域，也是大众了解中华优秀传统文化的重要内容之一。

图书是中国古代文化的主要载体。图书作为学术研究、文学艺术、科学技术等的载体而存在，也是中国古代文化主要的元素之一。图书和图书事业的发展水平反映了文化的发展水平，而文化发展水平又会影响到图书和图书事业的发展。人类社会是不断发展的，物质文明、精神文明也处在不停的进化当中。尤其是精神文明，时代的差异性很大，学术研究、文学艺术、宗教文化、风俗习惯等都会因为时代不同而呈现出不同的特色。要之，每个时代有每个时代的文化。作为文化的重要组成部分和重要的表现形式，战国诸子、汉代经学、魏晋玄学、唐诗、宋词、元曲、明清小说和戏曲，已经成为特定历史时期的文化符号，各个时期不同的文化风貌也都反映在图书和图书事业上，图书的内容、形式、出版销售及其对人们日常生活的影响等也都与之密切相关。因此，我们将这本中国古代图书史定位于以图书为中心的中国古代文化史。

图书史的研究中，图书当然是研究的主体，既应当包括不同时期从图书内容到外在形式的变化，也应当包括与之相关的行业发展状况以及对其产生影响的诸多因素，人们通常将其纳入图书事业的范畴。从图书的收集整理到收藏利用，从图书抄写印刷到发行销售，等等，也都应该是图书史研究的重要内容。

图书史是研究图书及图书事业产生、发展及其发展规律的专门史。中国旅美学者钱存训先生的《书于竹帛》、张秀民先生的《中国印刷史》、美国学者卡特先生（Thomas Francis Carter 1882 – 1925）的《中国印刷术的发明和它的西传》都被公认为中国图书史研究领域的经典著作，其他同类著作也还有不少。不过，以往的学者们的研究，大多是就图书史的某一方面进行专门而深入的研究，而对于图书及图书事业如何产生、如何发展及其发展规律的系统性研究并不多，对于图书及图书事业发展与政治、经济、文化等诸因素之间的相互关系及相互影响的研究并不多。

图书史是关于书籍的历史，与之关系最为密切的莫过于读书人。阅读的内容、读书人的数量、读书人对社会的影响等都会对图书的内容、载体形态、生产与销售、收藏与利用等产生直接的影响。而影响读书人的诸因素中，学术、教育、宗教的影响最大。例如，雕版印刷术的发明，是中国古代图书史上最重要的事件之一，以往的研究，大多集中于考证雕版印刷术发明的时间，而很少考虑雕版印刷术发明与应用的社会动因。从雕版印刷应用所需的条件来看，雕版印刷的技术原理至迟在汉代就已经被人们熟练地掌握了，造纸技术、制墨技术至迟在汉代也已经完全成熟了，西汉时人就已经用雕版印刷技术来印制丝绸织物，印制的丝织品非常精美，完全不输于此后出现的印本图书甚至精美的版画。为什么西汉时代的人不用雕版技术来印制图书？要回答这个问题，需要从中国古代宗教、教育和社会的因素来综合分析。用雕版印刷技术规模化复制图书，是与特定的社会环境相关联的，是由特定的社会需求驱动而实现的。南北朝后期，北周武帝曾大规模灭佛，以致"塔宇毁废，经像沦亡"。隋唐接北周之后，隋文帝、炀帝笃好佛教，唐初佛道二教皆极盛行，尤其是在民间，佛教的发展很快，重修庙宇、大规模制作佛经法宝就成为当时社会所急需。特别是唐代佛教密宗盛行，大规模制作

《陀罗尼经咒》成为人们求得菩萨保佑最重要的方式，因此现存最早的印刷品大多是《陀罗尼经咒》。这种习俗也影响到了日本，因此日本有所谓"百万塔《陀罗尼经》"。大规模复制宗教文献的社会需求，是雕版印刷应用于图书印制重要的社会动因之一。雕版印刷术应用于图书印制的另一个重要的社会动因是科举制。隋唐时期出现的科举制给大量普通人带来了通过相对公平的考试而步入仕途的希望，从而推动了各级官学、私学的迅速发展。科举考试科目的确定，使得与考试科目相关的文献成为广大读书人学习、阅读、研究的共同需要，由此也就产生了对相关文献进行大规模批量复制的社会需求。雕版印刷术用于图书印刷还需要必要的社会环境：批量印刷的图书需要有畅通的流通贸易条件，而在经过了长期的战乱之后，随着隋唐大一统政权的建立，天下逐步安定，经济特别是商贸迅速发展，这为雕版图书的销售提供了良好的市场条件。

因此，研究中国图书史，必须将其置于特定的社会和文化发展环境中来认识，特别关注图书和图书事业与文化、宗教的关系，特别关注图书和图书事业与教育、学术的关系，特别关注图书和图书事业与社会的关系，这样，或许能够比较准确、全面地把握图书和图书事业发展的内在和外在动因。因此，我们也把中国古代图书史作为社会发展史的一个组成部分来研究。

六十年前，著名学者蒙文通先生曾对中国历代农业生产状况、赋役制度变化与学术思想演变之间的互动关系进行过研究，指出："根据业已掌握的史料底研究，初步摸索出我国二千多年来单位面积农产量的扩大，前后可以分为四个阶段。第一阶段是战国、两汉，第二阶段是魏、晋、六朝，第三阶段是唐、宋，第四阶段是明、清。"[①] 中国古代学术思想的变化，也正与此四阶段密切符合。综观中国图书史，蒙先生所划分的历史阶段，基本上也是中国图书史上的几个重要发展时期。可见，蒙先生的这种研究方法对研究中国图书史是有很大启发意义的。因此，在分析图书和图书事业发展的现象和规律时，应该特别关注图书和图书事业发展与社会、政治的相互关系，把中国图书事业的发展放在特定的历史环境下来认识，在社会经济发展的大框架

① 蒙文通：《中国历代农产量的扩大和赋役制度及学术思想的演变》，原载《四川大学学报》（社会科学版）1957 年第 2 期，第 27—106 页；并收入《古史甄微》，《蒙文通文集》第 5 卷，巴蜀书社1999 年版。

下来研究，这是中国图书史研究最重要的方法。

最后需要说明的是，本书名为"中国古代图书史"，而"古代"在时下的教科书和一般的通史著作中以1840年"鸦片战争"为时间下限，此后到1911年清帝逊位、民国建立为近代（也有以五四运动为时间界限者），再其后为现代。这是一种主要基于政治史的阶段划分方法，并不太适合文化史的阶段划分。我们认为，图书史是文化史的一部分，而文化史发展的节奏往往与政治史不同，即使是改朝换代，但社会文化性质与面貌并不一定立刻就随之发生本质性的变化。事实上，直到二十世纪"新文化运动"之前，中国社会还属于"传统社会"的范畴，社会主流文化以及与之相应的文化传播、传承方式与"鸦片战争"之前并没有发生本质性的变化，直到1915年9月陈独秀主编的《青年杂志》（后更名为《新青年》）首倡"科学"与"民主"，反对旧礼教、反对旧文化，延续了三千多年的中国封建文化才真正走向末路，中国社会才真正从"传统"走向"现代"。因此，本书所讨论的内容与中国文化发展的分期一样，一直延续到二十世纪的"新文化运动"前后。

第　一　章

从文字到图书：商周时期

夏商周（包括西周与东周）是中国封建社会①政治、经济、文化的奠基时期，也是中国图书和图书事业产生和奠基时期。从中国图书发展史的角度来看，夏商周也是中国图书事业从无到有并且制度化的时期，这一时期所产生的几种图书，经过了历代儒家的神圣化，成为中国封建时代重要的思想基础，也对后世二千多年学术及图书史的发展产生了根本性影响。

第一节　图书的起源

传说，中国从唐虞时代起就有了图书，今本《尚书》有"虞书"和"夏书"部分，包括《尧典》《舜典》《禹贡》《甘誓》等篇，大约成书于战国时代的《左传》以及其他一些古代文献也曾引用过《虞书》《夏书》。不过，根据当代学者的研究，今本《尚书》里的《虞书》《夏书》都出自后人之手，实际成书年代在春秋战国甚至更后，比如著名的《禹贡》，据史学家顾颉刚等先生考证，就出自战国时人之手。也许《虞书》《夏书》中有些故事、传说确实是从虞夏时代经人们一代一代口耳相传并经春秋战国时人整理成书的，但其文字内容，却很难直接当作虞夏时代的文献来使用，因为我们今天很难弄清楚哪些是虞夏时代的旧文，哪些是后人追述，哪些是后人编造附会。现代考古也还没有发现过虞夏时代的文字实物，目前已经发现的文字

---

① 关于夏商周的社会性质，在学术界一直是一个有争议的问题。笔者认为，中国古代从夏代起一直到清朝末年，社会性质都属于封建制社会。

资料几乎都是商代后期即殷墟所出土的商王武丁（约公元前十三世纪）时及以后的甲骨文以及与之大致同时代的青铜器铭文。史学家徐旭生先生曾将殷墟甲骨文出现之前的历史统称为"传说时代"，而文字出现后，人们才能够比较清楚可靠地记录历史，因此这之后才被称为"历史时代"[①]。因此，要讨论相对比较可靠的中国图书史，只能从有了文字实物资料的商代后期的武丁时代开始。

一　"图书"探原

文字是图书产生的前提。关于文字的产生，中国古代曾经有过许多传说，影响最大的是苍颉造字说。苍颉（或作仓颉）是传说中黄帝的史官，战国时代韩非子说：

> 古者苍颉之作书也，自环者谓之私，背私谓之公。[②]

东汉许慎说得更详细：

> 古者庖牺氏之王天下也，仰则观象于天，俯则观法于地，视鸟兽之文，与地之宜，近取诸身，远取诸物，于是始作《易》八卦，以垂宪象。及神农氏，结绳为治，而统其事，庶业其繁，饰伪萌生。黄帝之史仓颉，见鸟兽蹄迒之迹，知分理之可相别异也，初造书契，百工以乂，万品以察，……仓颉之初作书，盖依类象形，故谓之文。其后形声相益，即谓之字。文者，物象之本；字者，言孳乳而浸多也。著于竹帛谓之书。书者，如也。[③]

苍颉造字毕竟只是一个被神话了的传说而已。因为，文字必须是一种能被普遍认同并被广泛使用的东西，它还会不断地发展变化，绝不可能由某一人凭

[①]　徐旭生：《中国古史的传说时代》（增订本），文物出版社 1985 年版，第 20 页。

[②]　（战国）韩非：《韩非子·五蠹》，通行本。以下常见古籍不一一注明版本，仅于各版本文字有异时注明所采用之本；历朝正史，则用中华书局标点整理本。

[③]　（东汉）许慎：《说文解字·序》，（清）段玉裁注，清嘉庆段氏经韵楼刻本。

空创制出来，即使是公元十一世纪由元昊等创制的西夏文，也只是在汉文的基础上改造而来。不过，上述传说也道出了一个基本的事实：汉字是一种表意兼表音的文字，而这一点对中国人的思维方式产生了重大的影响，对学习和传承中华文化产生了重大的影响，对文献的记录、传播产生了重大的影响，甚至也对中国古代的学术、文化活动的方式与内容产生了重大的影响。

文字的产生，是图书史的起点。图书是为满足信息传播、思想交流、知识积累和文化传承的需要而产生的。人类是社会化的动物，最基本的需求之一就是交流思想、表达感情、传递信息和知识。在文字出现之前，人们只能把从生产活动、社会活动、精神活动中产生、发现、归纳出来的信息、知识、思想和感情等用体态语言或声音语言表达出来。体态语言的表达直观，但通常只限于现场。声音语言虽然可以进行非现场的传递，并以口耳相传的形式一代一代地传承下去，但与体态语言一样，信息的传递方式效率很低，传播的范围极其有限，并且信息在传递过程中很容易失真、丢失。随着人类的进化，一种新的信息记录和传递方式出现了，这就是图画。世界许多古老民族都曾留下过岩画，譬如中国就有花山岩画、阴山岩画等。大约在距今四万年以前，生活在现今西班牙北部的尼安德特人在洞穴中画了许多动物、人物的图像，具体的内容含义已不能完全解读，可能是讲述故事，也可能是记录他们对大千世界的观察与审美，也可能是表达他们对未知世界的好奇、恐惧，也可能是为了表达某种思想感情。这种信息记录与传递方式，比较直观，也可以传之久远，但也存在一些问题：图画过于复杂，记录不易，通常适合表达具象的事物、场景，而不适合表达内容丰富的信息和复杂的思想、情感，时间越长，信息的失真越大。

再到后来，人们又发现了一种更新的信息记录方式：刻划符号。刻划符号与岩画最大的不同是它具有抽象意义。刻划符号最初可能只是简单的记号，但当刻划符号固化下来并被赋予了特定的意义之后，它就不再仅仅是一个帮助记忆的符号了，而是已经来到"文字"的门槛边了。

"文字"，通常由符号演进而来，但与符号有着本质的区别。按照前引许慎的说法，"文"是指象形字，代表事物形象最本质的部分，而"字"则是由两个以上、代表形和音的符号组成，由它可以组合派生出许多意思。不管是"文"还是"字"，有一个共同的特点，即都是高度抽象化的，通过组合，能够表达更为复杂的含义，并且有固定的读音。将"文字"书写在竹帛之上，便是"书"，这里所说的"书"是指书写的意思，清代段玉裁释"书者如也"说："谓如其事物之状也。……谓每一字皆如其物状。"《说文解字》关于"文字"的解释，主要基于汉字这种表意文字而言。无论是表意文字还是拼音文字，它与符号最大的区别在于它是为一定族群、一定社会大家所认同的，在同一文化圈里，大家都望而能识其意，张口能读其音，可以用"文字"来记录、表达大量的信息、丰富的思想感情，人物、事件都能够通过它们来记录、传递。于是，当文字出现以后，人类社会的文明史就开始了。

二十世纪八十年代中后期，河南省舞阳县贾湖遗址曾出土了相当数量的刻划在龟甲、骨器、石器、陶器上的符号，时间距今九千至八千年。在距今六千三百年至四千五百年的大汶口文化中，也发现了一些刻划在陶器上的符号，有些符号还是由两个或两个以上符号组成的会意字符，显然已非一般的图画和刻划符号，因此有文字学家认为这已经属于文字的范畴了。不过，因为内容太少，还不能够对它们进行更为深入的研究。

今天所能见到并被公认的最早的中国文字是距今大约三千三百年的商代武丁时期的甲骨文以及差不多同时（甚至更早）的金文。需要特别指出的是，现在已经发现的甲骨文、金文都是十分成熟的文字，因此，武丁时期只是中国古代文字产生时间的下限，至于更早的文字，尚待未来的考古发现。

在中国历史上，"图书"是一个后起的名词，比它更早出现的词语是"典籍"与"文献"。

典，甲骨文作🥢，像编列的简策置于几上。成书于周代初年的《尚书》记载周公训诫殷遗民说：

　　惟尔知，惟殷先人，有典有册，殷革夏命。①

大意是：你们知道，你们殷的先人有记载历史的典册，记载了成汤灭夏之事。这里所说的"典"和"册"，都指的是书册，与今天的图书、档案意义

---

① 《尚书·多士》。

相同。

籍，本作秸，甲骨文作𤔔，像以耒耕作之形。本义当为登记耕田之民的帐册①，其后引申为档案、典籍之义。《左传》昭公十五年载周景王斥责晋国史官籍谈"数典忘祖"，这位名叫籍谈的就是因为他的高祖、晋穆侯之孙孙伯黡"司晋之典籍"——掌管晋国典籍，因此以职业"籍"为氏（就像"司马""司徒""司空""屠"等一样）。这里"典""籍"连读，其义与今天的"典籍"已经完全一样了。《左传》昭公二十六年：

> 召伯盈逐王子朝。王子朝及召氏之族、毛伯得、尹氏固、南宫嚚奉周之典籍以奔楚。

《孟子·告子下》云：

> 诸侯之地方百里，不百里，不足以守宗庙之典籍。

汉赵岐注云：典籍，"谓先祖常籍法度之文也"。后来，"典籍"一词的内涵逐步扩大、丰富，泛指世代相传的书籍。《尚书序》称："秦始皇灭先代典籍。"《汉纪》云："光禄大夫刘向校中秘书，谒者陈农使，使求遗书于天下，故典籍益博矣。"②《后汉书》称崔寔"少沈静，好典籍"③。显然，这里所说的"典籍"都是泛指后世一般所称之书籍。

与典籍意思相近的词是"文献"。《论语·八佾》载孔子云："夏礼，吾能言之，杞不足徵也；殷礼，吾能言之，宋不足徵也。文献不足故也。足，则吾能徵之矣。"这是现存古代文献中，关于"文献"一词最早使用且最有名的一段文字。

---

① 《说文解字》云："籍，簿书也。"《释名·释书契》："籍，籍也，所以籍疏人名户口也。"即有关贡赋、人事及户口等方面的档案。盖因人为贡赋之所出，登记耕田之民为民事之首，故登记耕田之民的文书为"籍"。

② （东汉）荀悦：《汉纪·孝成皇帝纪二卷第二十五》，民国上海商务印书馆《四部丛刊》影印明嘉靖刻本。

③ （南朝宋）范晔：《后汉书·崔寔传》。

文，古义甚多，或文字，或文采、文辞，或文籍。我们这里所说的"文"乃文籍、典籍之意。《论语·学而》"行有余力，则以学文"，魏何晏集解引马融曰"文者，古之遗文"，宋朱熹《四书章句集注》云："文，典籍也。"

献，古今词义有很大变化。"献"最初指人，何晏《论语集解》引汉郑玄注云："献，犹贤也。我不以礼成之者，以此二国之君，文章贤才不足故也。"唐颜师古《汉书·艺文志》注、朱熹《四书章句集注》皆从之。又《伪古文尚书·益稷》云："俞哉！帝光天之下，至于海隅苍生，万邦黎献，共惟帝臣，惟帝时举。"郑玄注云："献，贤也。万国众贤，共为帝臣。"《逸周书·作雒》"俘殷献民，迁于九毕"，晋孔晁注云："献民，士大夫也。"宋陆游《谢徐君厚汪叔潜携酒见访》诗云："衣冠方南奔，文献往往在。"以上所引之"献"都是指人。甲骨文"献"作𤣥，本义为田猎时的俘获物，引申为俘虏。在古文字中，"献"与"鬲"相通，《大盂鼎》："锡汝邦司四伯，人鬲自驭至于庶人六百又五十又九夫。锡夷司王臣十又三伯，人鬲千又五十夫。"铭文中之"鬲"与"献"同，即俘虏。"献"如何与文化联系起来？徐中舒先生曾经指出，殷周为不同民族，西方周人的文化远不及东方的殷人，因此周人克商后，仍大量使用殷遗民，特别是在与文化有关的事务方面，甚至出纳王命的"作册"之官也由殷人充任①。这些殷遗民不仅执掌历史典籍，而且许多历史传说也靠他们口耳世代相传。"文献"一词的引申意义即指以文字记载的典籍和乡贤耆老的口头传说，故郑玄释"献"为"贤"，与后世所谓"耆献"意同。再后来，"文献"一词的含义逐步演变，元马端临云：

> 凡叙事则本之经史，而参之以历代会要，以及百家传记之书，信而有证者从之，乖异传疑者不录，所谓"文"也。凡论事则先取当时臣僚之奏疏，次及近代诸儒之评论，以至名流之燕谈、稗官之纪录，凡一话一言可以订典故之得失，证史传之是非者，则采而录之，所谓"献"也。②

---

① 徐中舒：《周原甲骨初论》，见《四川大学学报丛刊》第10辑《古文字研究论文集》，四川人民出版社1982年版；另见《徐中舒历史论文选辑》，中华书局1998年版。

② （元）马端临：《文献通考·自序》，中华书局1986年影印民国上海商务印书馆《万有文库》本。

这里所说的"文"，是指经史、历代会要和百家传记等书中之可信者，而"献"则是指臣僚之奏疏、诸儒之评论、名流之燕谈、稗官之纪录。简言之，凡用文字来记载、表达的东西，皆可称为"文献"，这也是今天人们所理解的概念，即：文献是"记录有知识的一切载体"。[①]

"图书"相对说来是后起之词。过去有学者谓"河出图、洛出书"即"图书"一词的来源。其实所谓"河图""洛书"的传说是战国时人因为对《周易》的尊崇而编造出来的神话故事，后来又经过一代一代儒家经师增饰、神化，对于现代学术研究来说，它仅仅是具有哲学史、思想史意义的符号而已，与本书所要研究的"图书"并没有直接的关系。

真正与图书史有关的"图书"一词，最早的记载见于《史记》：

> 燕人卢生使入海还，以鬼神事，因奏录图书，曰"亡秦者胡也"。[②]

这里所说的"图书"，是指绘有图画的书籍。与《史记·秦始皇本纪》相近的记载还有《汉书·元帝纪第九》：

> 四年春正月，以诛郅支单于告祠郊庙。赦天下。群臣上寿置酒，以其图书示后宫贵人。

汉服虔注："讨郅支之图书也。或曰单于土地山川之形书也。"又《史记·萧相国世家》载，当秦末各路义军攻入秦国首都咸阳后，各军将领纷纷去瓜分抢夺金帛财物，只有刘邦的军师萧何"先入收秦丞相御史律令图书，藏之"，以后各路义军为争夺天下而战时，由于萧何先已得到了秦王朝所藏的全部"图书"，因而能洞悉天下各要塞位置、户口多寡、贫富之区、百姓疾苦所在，最后终于取得了战争的胜利。这里所说的"图书"，泛指地图和政府所藏的法律文书档案。

现代关于"图书"的定义，以《不列颠百科全书（国际中文版）》所释

---

① 《中华人民共和国国家标准·文献著录·第1部分·总则》（GB/T 792.1—2009），中华人民共和国国家质量监督检验检疫总局、中国国家标准化管理委员会发布，2009年。

② （西汉）司马迁：《史记·秦始皇本纪》。

最具权威性：

> 一本书是手写的或印刷的，有相当长度的信息，用于公开发行；信息记载在轻便而耐久的材料上，便于携带。它的主要目的是宣告、阐述、保存与传播知识和信息，因其便于携带与耐久而能达到此目的。图书在任何文明社会中都起着传播知识和信息的职能。①

《中国大百科全书》所释为：

> 用文字、图画或其他符号，在纸张等载体上记录各种知识、思想和技艺，并且制装成卷册的出版物。又称"书籍"。传播知识和思想、积累人类文化的重要工具。②

联合国教科文组织曾于 1964 年的一次全会上要求各国采纳一条统计学的定义：不包括封面在内，49 页以上的非定期出版物为图书，49 页以下为小册子。根据以上表述，作为图书，应该是：

> 第一，手写的或印刷的；
> 第二，有相当的长度，也就是说有一个"量"的标准；
> 第三，公开发行或传播；
> 第四，载体的形式应该是便于内容的传播和长期保存；
> 第五，其职能是宣告、阐述、保存和传播知识。

上述百科全书和联合国教科文组织的规定，都是针对现代纸质图书而言的，如果用其定义古代的图书，可能并不一定完全适用。

　　"纸张等载体"，在过去，也包括今天，常常被许多人理解为仅仅指有

---

① 中国大百科全书出版社《不列颠百科全书》编辑部：《不列颠百科全书》（国际中文版）第 3 册，中国大百科全书出版社 1999 年版，第 33 页。
② 《中国大百科全书》总编委会：《中国大百科全书》（第 2 版）第 22 册，中国大百科全书出版社 2009 年版，第 369 页。

形的实物载体，如果前推三十年，这种理解当然没有问题，但是正如严文郁先生所指出的那样：

> 本世纪末期，科技突飞猛晋，纸本书的藩篱被打破，胶质微卷、录音带、录影带、电子光碟等新媒体，相继问世，有取纸本书而代的趋势，正如魏晋时代以纸本代替金石竹帛一样。虽然仍有人不承认这些新产品为书，但一片光碟录有千百种书的原文，谁又能否定其书的价值与功能呢？①

严先生是在二十多年前写下这一段话的，而现在，传播信息的互联网早已成为人们思想、文化、艺术交流的工具，通过互联网传播的图书、期刊不计其数。技术的进步使"图书"这一概念发生了巨大的变化，由此就产生了一个值得思索的问题："图书"，应该是一个不断变化的概念，图书的内涵与表现形式会随着时代的发展而变化，古代人们所说的"图书"与今天人们所说的"图书"可能不完全相同，今天人们所说的"图书"与未来社会人们所说的"图书"也可能不完全相同。

　　同样，关于图书的表现形式及内容和篇幅的量化，也应该用动态的眼光来分析。从人类的认知历史来看，最早的文字记载都是非常简短、单一的，常常只是一句或者几句话，以表达最简单的意思，用今天的话来说，只能称作"信息"。随着社会的发展，人们不仅用文字来记录事物、事件，而且也用它来表达复杂的思想、情感，内容逐渐丰富，这才有了现在通常所说的"图书"，而随着技术的发展，未来的图书也可能发生变化，除了像今天的图书一样，内容系统完整，并且可以装订成册，供人们手持阅读外，还有些图书则可能会被分解为若干的"信息"单元或"文章"，独立地通过网络传播。现在，这种变化的趋势已经开始发生在一些传统的学术期刊上了：过去按期出版的期刊不仅不再出版纸本，内容也被分解成一篇一篇完全独立的论文通过互联网传播。

　　当然，无论什么时候，无论有什么样的变化，如果从本质上来看，"图

---

① 　严文郁：《中国书籍简史》，台湾商务印书馆 1992 年版，第 3 页。

书"必然也有其一贯的、最基本的要素和特征。这些要素和特征就构成了"图书"的基本定义：

> 图书是一种以文字、图画、声音等形式来记录、传播信息和知识的工具。

在笔者的这个定义中，"图书"有两个最基本的要素：一是记录，二是传播，二者缺一不可。如果只有记录而不能传播或传播的范围太小，人们常常就把它视为档案；如果只有传播，而没有被用某种材料加以记录，使人们得以跨越时空的限制，完整、准确地得到这些被传播的知识、经验以及思想感情，那么人们就常常把它视为民间传说或口头文学，而不是图书。

如同图书一样，档案也具有记录和传播的功能，因此在以往关于图书史的研究，尤其是图书起源的研究中，图书与档案常常纠结不清。我们认为，一方面，就记录信息与知识而言，图书与档案确有许多相同相似之处，但就传播而言，两者则有较大的差异：图书更偏重于传播，而档案则更注重收藏保存。然而实际上，在古代，图书与档案两者之间并无明确的界限，它们也常常互换角色：有的本来是应该公开任人阅览传播的图书，由于种种原因，例如被查禁，结果被秘藏深宫、官府，从而成为具有档案性质的文献；而有的原本属于档案的文献，被整理后公之于世，因而变成了真正意义上的图书，例如刘向、刘歆等整理了中秘所藏文献，使得一些原本深藏禁中而具有档案性质的文献得以公开传播，因此成为图书，例如《战国策》便是。另一方面，以历史和发展的眼光来看，任何事物都有一个发生、发展的过程，图书也是这样，在其萌芽时期，有些作为"图书"的要素是非常模糊的，只是随着时间的推移、社会的进步，"图书"的特性才逐渐显现出来，"图书"与"档案"之间的区别才越来越清晰，因此在一般图书史的研究中，特别是在早期，"典籍""文献""图书""档案"都是经常混用的名词，它们之间很难作严格意义上的区分。

二　"殷契"与"汤盘"

最早的图书是什么样子，有什么内容？这是许多人都关心的问题，但实际上很难说清楚。就内容而言，根据人类认识的一般规律，古人最早关注的不外乎人类自身以及与人类自身有密切关系的各种自然现象，如风雨雷电、四季交替、草木荣枯、禽兽蛰伏等。这些自然现象，不仅直接影响人们的生活与生产，而且对于古人来说还具有种种神秘性，有的有规律，有的没有规律，无论如何，都会让人产生联想，会启发人去探索。《晋书·天文志上》云：

> 黄帝创受《河图》，始明休咎，故其《星传》尚有存焉。降在高阳，乃命南正重司天，北正黎司地。爰洎帝喾，亦式序三辰。唐虞则羲和继轨，有夏则昆吾绍德。年代绵邈，文籍靡传。至于殷之巫咸，周之史佚，格言遗记，于今不朽。其诸侯之史，则鲁有梓慎，晋有卜偃，郑有裨灶，宋有子韦，齐有甘德，楚有唐昧，赵有尹皋，魏有石申夫，皆掌著天文，各论图验。其巫咸、甘、石之说，后代所宗。

在这段文字中，有些是出于后世的想象与增饰。但是，那些通过对自然、人类自身的观察和想象而记录下来的图像与文字，应该就是最早的图书，因此这段关于图书起源的文字，是有一定道理的。不过，要进行更为具体的探讨，还需从中国古代文明的起源与发展谈起。

关于中国古代文明的起源，根据徐中舒、蒙文通、傅斯年、徐旭生等学者的研究，大约距今四千年前，中国大地上存在着几个相对独立的文化圈，一个是夏文化圈，它大致以今天河南、山西一带为中心，夏人在此所建立的王朝，即史称之"夏朝"；另一个是商文化圈，它原起于环渤海湾一带，后来向西发展，其文化渊源本属东夷。此外，还有南方的"苗蛮"集团，大约以江汉地区为中心。不同文化圈之间，既有战争，也有交流，最后百川归海，形成了以中原为中心、辐射辽阔区域、基于思想与文化认同的中华文化[①]。这种观点，也得到了现代考古学的证实。在文明产生的过程中，尤其是在不

---

① 徐中舒先生之说，参见所著《再论小屯与仰韶》（原载《安阳发掘报告》1931 年第 3 期；后收入《徐中舒历史论文选辑》，中华书局 1998 年版）；蒙文通先生之说，参见所著《古史甄微》（1927 年自印本；后收入《蒙文通文集》第 5 卷）；傅斯年先生之说，参见所著《夷夏东西说》（原载《国立中央研究院历史语言所集刊》外编《庆祝蔡元培先生六十五岁论文集》，1933 年）；徐旭生先生之说，参见所著《中国古史的传说时代》（增订本）（文物出版社 1985 年版）。

同文化圈之间文化的交流与融合中，文字与文献起到了关键性的作用，并且愈到后来愈为明显。据研究，今天中国人所使用的汉字，可能是商人或者商人的祖先最先发明、使用的，后来逐渐扩散到其他地方。此外，在若干地区（或部族），也可能曾经出现过文字，只是由于种种原因，湮没不传了，例如四川重庆地区曾发现过不少刻有文字的青铜器，这些文字被称为"巴蜀文字"，至今尚无法释读。还有一些文字，如古彝文、东巴文等，不知产生于何时，今天虽能释读，但流行的地区、使用的人群有限，影响也有限。

　　西汉司马迁作《史记》，开篇从五帝起，一直到夏代，虽然历史的线索已经比较清楚，尤其是夏代，诸王的世系十分清楚，也有学者研究，在传世古籍中，如《尚书》中的某些篇章以及《夏小正》等书中所描述的天象与传说中夏代的实际天象非常接近，推测当时已经有了文字记录。但是，因为没有实物证据，更多的学者还是将有文字的历史定位于商代，因为已经发现了商代后期遗存的数量巨大的甲骨文和金文，而根据对甲骨文的研究成果，又几乎能够完全印证司马迁《史记·殷本纪》中关于商代先公先王的记载①。

　　大约在公元前十六世纪中叶，商人灭掉了夏王朝，建立了商王朝。商王朝不仅继承了夏王朝的统治区域，还把商人的势力范围拓展到更为广阔的区域。在商王朝的鼎盛时期，主要的统治区域以黄河中下游为中心，政治、经济、文化影响所及，东至大海，西至陕甘，北至大兴安岭，南达江淮、巴蜀，《诗经·商颂》追述商人先祖伟绩说："邦畿千里，维民所止，肇域彼四海。"在这个庞大的帝国中，商王室是国家的中心，商王将子孙、族人分封到各地，形成一个个拱卫京师的方国；还有一些有着不同文化渊源的异姓方国，例如远在今天山西、陕西一带的周人，他们虽然对商人或臣或叛，不过，他们都接受了商人所使用的文字。二十世纪七十年代在陕西周原周人故地曾发现过大批甲骨文，其中一些是周武王克商以前的遗物，文字虽然有着

---

　　① 商代的"先公"，指成汤建立商朝之前从帝喾到主癸（甲骨文中称"示癸"）的列位祖先，"先王"则指成汤以后的各位商王。根据对甲骨文中所记祀典的排比分析，王国维先生发现：甲骨文中所载商代先公先王与《史记·殷本纪》所载几乎完全相同。说见《殷卜辞中所见先公先王考、续考》，《观堂集林》卷9，上海古籍书店1983年影印民国商务印书馆《王国维遗书》本。

非常明显的地方特点（如字小如米粒），但文字与叙事方式与殷墟甲骨文字几乎完全一致，有几件据信是周人灭商之前的青铜器，不管是形制还是铭文，也都与商人的青铜器无异。此后无论是社会的变迁还是朝代的更替，也无论文字的字形以及书写工具如何变化，以商代甲骨文、金文为代表的汉字系统一直发展到了今天。因此，用甲骨文、金文记录的文献就成为今天可以直接追溯的中国文化源头，而商代遗留下来的各种文献，也成为中国图书史最早的研究对象。

现在所能见到的商代的文字实物资料主要是甲骨文和青铜器铭文。

十九世纪末，商代甲骨文被偶然发现。百余年来，已发现的有字甲骨数量已超过了十五万片，内容以占卜为主。因为相关文字都是契刻在龟甲和兽骨之上，产生在商王盘庚迁殷以后的商王武丁到商王朝灭亡的帝辛（纣）这段时间，因此又被称为"殷契"。虽然几乎都是占卜文字，但商人习惯事事卜问、一事多问，内容涉及面广，并且卜辞中又常常有时间、地点、卜问人的名字、卜问的内容、应验与否等，包括了历史记录的基本要素，因此今天的人们不仅能够通过对甲骨卜辞的分析研究来了解当时的社会、政治、经济、军事以及科技、风俗习惯等，也能对当时的文献记录、管理情况有一个大概的了解。在殷墟出土的甲骨中，还有少量并非王室遗物，而是商王之外一些贵族占卜后留下的卜辞。除了商王朝以外，在其统治或影响之下的一些方国，占卜的情况大致相似。在陕西周原出土的商末周初的甲骨中，有关于"成唐（汤）""大甲""武丁"等商人先公先王的文字，也有一些像"周方白（伯）""毕公""大保"之类周人或周官的名字，可见当时的一些方国（诸侯国）使用甲骨占卜、记事的情况可能与商王室基本相同。除了占卜文字以外，甲骨文中还有少量属于记事性文字，著名的甲骨《四方风》就属于这类。

殷人几乎无事不卜，主持占卜者称为"贞人"，有的是职业巫师，有的则由商王亲自充任。据甲骨学家陈梦家先生统计，甲骨卜辞中有记录的贞人名超过一百二十个[①]，而据饶宗颐先生统计，则至少有一百一十七个、待考

---

① 陈梦家：《殷虚卜辞综述》，中华书局 1956 年版，第 202 页。

二十个①。在甲骨卜辞中，贞人的地位很高，他们可能只是主持占卜之人，而具体负责记录、契刻和日后对甲骨卜辞进行管理的可能另有其人，他们把占卜过程、卜问的结论都按一定的规则契刻在甲骨上，过一段时间，也许是几天，也许更长，他们还会把是否应验的情况补记上去，有的还会在契刻的文字上涂朱或者涂墨。整个占卜活动结束后，甲骨会被仔细地保存起来。近几十年来，考古工作者在殷墟多次发掘出埋藏有大量甲骨的窖藏，应该就是当时集中保存的结果。②

　　"国之大事，在祀与戎"，"殷人尚鬼"。主要为祭祀文字的甲骨，从龟甲卜骨原料收集、整治、占卜、契刻、验证到归档管理等，因其具有宗教的神秘性和神圣性，有一整套十分周密的流程。甲骨的原材料主要是按一定程序经过整治的龟甲、牛胛骨和肋骨等，也有其他动物骨甚至人骨。甲骨也有比较固定的来源，据甲骨学家研究，商代占卜所用的龟甲主要来自南方，有些南方的部族或者方国所承担的主要职责（贡赋）就是向商王朝贡献龟甲。甲骨卜辞中有一位名"我"的部族或部族首领，经常向商王贡献甲骨，一次数量即上千片。据不完全统计，现存甲骨卜辞中关于各地进奉龟甲的记载，数量达万片以上。至于牛胛骨等，则主要是殷墟本地所产。

　　从一定意义上说，负责占卜并管理占卜后相关记录的巫师，可以算作一种文献管理的专职官员，但卜辞毕竟只是巫师用于占验吉凶的东西，占卜之后将甲骨集中收藏或者埋于地下，目的并非用于传播，与今天所说的"图书"有很大的区别，可以称之为"文献"，但很难称之为"图书"。

　　一般人认为，甲骨文似乎是比金文更早的一种文字，其实刚好相反。殷墟已出土的甲骨文时间最早的是武丁时期，最晚的是帝辛（即殷纣王）时期，其间延续了二百多年。商代的有铭青铜器，大多数不能考证出明确的铸造时间，但时间最早的殷墟一期甲骨卜辞中有商王武丁之妻名"妇好"者，出土的商代青铜器中也有为数不少的"妇好"器，说明这些青铜器与最早的甲骨文至少是同时的，根据这种情况推测，现存的青铜器中，很可能有一些年代比甲骨文更早。

---

① 饶宗颐：《殷代贞卜人物通考·结语》，见《饶宗颐二十世纪学术文集》卷2，中国人民大学出版社2009年版，第704页。

② 参见王宇信《甲骨学通论》（增订本）第5章，中国社会科学出版社1999年版。

将卜辞刻在甲骨上的做法，大约在西周早期就已经停止了，而将文字铭刻在青铜器上的做法，则延续了很长时间，直到中国封建时代的后期。中国古代一直都有铸造青铜器并镌刻铭文作为礼器的习惯，但鼎盛时期是在商周时代。战国以后，由于社会的剧烈变化，原来主要供奉在宗庙中的青铜礼器逐渐被实用的青铜器所替代，以至于后来的人们都已经不太清楚商周时代曾经大量使用过青铜礼器。汉武帝时，就曾出土过"宝鼎"，被认为是吉兆，汉武帝还因此特别把年号改为"元鼎"。汉宣帝时，美阳（今陕西扶风法门寺一带）又得古鼎，其上有铭文，张敞释读曰："王命尸臣：'官此栒邑，赐尔旂鸾、黼黻、雕戈。'尸臣拜手稽首曰：'敢对扬天子丕显休命。'"古人以为稀罕，《汉书》还专门记录了此事①。可见，那时人们对商周时期使用青铜器的情况已经不太了解了。

传世文献中，最早被记载的商代青铜器可能是《礼记·大学》所载"汤之盘"，其铭文曰：

苟日新，日日新，又日新。

《礼记》本文以《康诰》"作新民"、《诗》"周虽旧邦，其命维新"为解，后世儒生也对此给予了许多解读，但大多属于附会之说，如朱熹解释说："盘，沐浴之盘也。铭，名其器以自警之辞也。苟，诚也。汤以人之洗濯其心以去恶，如沐浴其身以去垢。故铭其盘，言诚能一日有以涤其旧染之污而自新，则当因其已新者，而日日新之，又日新之，不可略有间断也。"② 随着近代甲骨文金文研究的深入，人们发现，所谓"汤之盘铭"不过是出土的先秦时期青铜器上的一段铭文。郭沫若先生曾根据对近代保定出土"易州三勾兵"（图1-1）的研究指出，这其实是"兄日辛祖日辛父日辛"之误读，盖商代青铜盘铭略有泐损，故被后人误"兄"为"苟"，误"且"（古文"祖"）为"日"，误"父"为"又"，"求之不得其解，遂附会其意，

---

① 《汉书·郊祀志下》。
② （宋）朱熹：《四书章句集注·大学》，朱杰人、严佐之、刘永翔主编《朱子全书》第6册，上海古籍出版社、安徽教育出版社2002年版，第18页。

读辛为新，故成为今之'苟日新，日日新，又日新'也"。① 这一方面反映了商代青铜器出土的历史，说明了商代铜器铭文是如何转变为传统图书内容的，也揭示了文献学研究中一个应该重视的问题：文献内容在流传过程中可能会因后人的误读而发生变化。

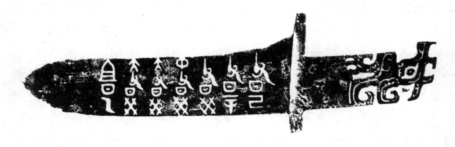

图1－1　易州三勾兵之一（采自《三代吉金文存》卷十九）

自古迄今出土的商代青铜器数量很多，据统计有五千多件。但是，商代的青铜器多是礼器，铭文内容太简，目前已知铭文较长的商代青铜器如二祀、四祀、六祀《邲其卣》也不超过五十字。与甲骨文占卜性质不同，商代青铜器的文字主要是纪功性质的，更简单的，则仅记家族徽号、图案，又由于出土的数量远不如甲骨文，且零星分散，关于它们铸造、使用、收藏的具体情况都不十分清楚，很难据以研究商代的文献情况。不过，商代青铜器铭文有些内容可以与甲骨卜辞以及传世文献相印证，因此也是商代遗留下来最重要的文献类型之一。

三　"典"与"册"

如果说甲骨文、金文还难以称作"图书"的话，商代最主要的文献载体，或者说与今天的"图书"概念最接近的东西，可能是书写文字的竹木简和缣帛。《墨子·兼爱下》云：

　　何知先圣六王之亲行也？子墨子曰：吾非与之并世同时，亲闻其声

---

①　郭沫若：《金文丛考·汤盘孔鼎之扬榷》，人民出版社1954年版。

见其色也，以其所书于竹帛，镂于金石，琢于盘盂，传遗后世子孙者知
之。

竹、帛很早就被当作一种书写材料，虽然现在没有春秋以前的竹帛实物留存
下来，但根据甲骨文中"典"与"册"的字形来看，它们是用竹木材料制
作的，"册"像若干竹木简编连在一起，"典"则像编连起来的"册"被放
置于几案之上①。甲骨文中有"乍（作）册"一职，其原始意义可能与掌管
文献有关。

"典"与"册"本来应是指法律、文诰以及历史档案之类的文献。《尚
书·西伯戡黎》记殷纣王"不虞天性，不迪率典"，宋代蔡沈注："典，常
法也"，谓纣王不蹈循常法。《诗经·大雅·荡》云："文王曰咨，咨女殷
商！匪上帝不时，殷不用旧。虽无老成人，尚有典刑。曾是莫听，大命以
倾。"这也是说商纣王不用已有的法律，因此"大命以倾"。《吕氏春秋·先
识览》曾记述了一个故事："殷内史向挚见纣之愈乱迷惑也，于是载其图
法，出亡之周。武王大说，以告诸侯曰：'商王大乱，沈于酒德，辟远箕
子，爱近姑与息，妲己为政，赏罚无方，不用法式，杀三不辜，民大不服，
守法之臣，出奔周国。'"② 殷内史向挚所载奔周之"图法"，大概也是
"册""典"亦即档案、法令之类的东西。

商代的"典"与"册"，是规范人们行为的法律文书、日常行为的准
则，也是贵族们从小学习的教本。虽然有关商代的第一手资料不多，但根据
相关史料的分析，商人至少是贵族阶层，他们对于像《盘庚》这类文献是
非常熟悉的。周人灭商后，殷遗民不服，周公训话说："惟尔知，惟殷先
人，有册有典，殷革夏命。"从其说话的语气来看，不仅这些殷遗民对于其
祖先的"典""册"非常熟悉，就是作为与商人不同民族的周人，对商人的

---

① 有学者谓"典"与"册"乃指编连起来的甲骨之象形，恐非。已有经科学发掘出来的成坑甲
骨，都没有发现编连起来的痕迹。《尚书·多士》所谓"惟尔知，惟殷先人，有典有册，殷革夏命"，据
其文义，显然所谓"典"和"册"都是指记载商人灭夏的历史记载，与已知的甲骨文内容性质也完全不
同。

② 《吕氏春秋·先识览》另有夏太史奔商的故事："夏太史令终古〔见桀惑乱〕，出其图法，执而
泣之。夏桀迷惑，暴乱愈甚，太史令终古乃出奔如商。汤喜而告诸侯曰：'夏王无道，暴虐百姓，穷其
父兄，耻其功臣，轻其贤良，弃义听谗，众庶咸怨，守法之臣，自归于商。'"

"典"与"册"也是十分熟悉的。因此，这些"典""册"已不单纯为法律文书，也是广泛传播、供人讲习阅读的图书。

今日所能见到的商代文献较为著名的是《尚书》中《商书》的某些篇章如《盘庚》等，据顾颉刚等学者的研究，可能的确属于商代的文献。战国时代成书的《左传》也大量引用过《商书》，如隐公六年、庄公十四年都曾经引用《商书》之语："恶之易也，如火之燎于原，不可向迩，其犹可扑灭。"这一段话也在今本《盘庚》之中，文字略有不同①。在商代的文献中，还有一些虽然今天已经看不到原始文献了，但是根据学者们的研究，完全可以推定，商代一定有一些与今天图书性质相同的文献。

与世界上其他许多文明古国一样，诗歌和传唱故事应该是商代最重要的文学形式，这些诗歌和传唱故事用文字记录下来并在社会上传播，便形成图书。在流传至今的《诗经》中，有一些诗歌如《商颂》中的诗篇，虽然编定于周代，但其渊源可以上溯至商代。此外，在战国时代成书的《离骚》《吕氏春秋》中，都记载了一些关于商人的传说故事，除了口头传唱外，可能也有一些源自商代的图书。

在商代，还有一类图书虽然并没有完整地流传下来，但通过对相关文献的研究，可以肯定当时是十分重要并曾广泛存在过的，这就是家谱类文献。

中华民族是一个十分重视历史的民族。国有国史，家有家史，至少从商代就已经有了相关的文字记载。前面提到司马迁的《史记·殷本纪》完整地记录了商王从汤到纣的谱系，而根据王国维先生对甲骨文的研究，《殷本纪》所载商代先公先王世系与甲骨文中殷王祀典的排序除了个别可以分析出产生错误的原因外，其余几乎完全相同。显然，商代一定有一整套类似后代家谱的历史记载，而这些历史记载一直传到一千年后的司马迁时代。不仅商王室有完整的档案记载，其他贵族之家也应该普遍存在着记录家族历史的谱系资料，今天还能从甲骨文中找到一些遗存：在著名的甲骨文"家谱刻辞"中，记载了一个家族从"吹"到"儿"的至少十二代世系：

---

① 《左传》多处引《夏书》《商书》，清赵翼指出："《左传》祁奚举善篇引《商书》曰：'无偏无党，王道荡荡。'宁赢论阳处父篇引《商书》曰：'沉渐刚克，高明柔克。'栾书救郑篇引《商书》曰：'三人占，从二人。'此皆《洪范》词。"（《陔余丛考》卷1《虞夏商周书目孔子所分》，商务印书馆1957年排印本）

　　贞

　　儿先且曰吹

　　吹子曰伐

　　伐子曰燕

　　燕子曰雀

　　雀子曰壶

　　壶弟曰启

　　壶子曰丧

　　丧子曰牧

　　牧子曰洪

　　洪子曰御

　　御弟曰役

　　御子曰射

　　射子曰商①。

大概当时已有如后世的"家谱"之类的文献。

　　古代中国是农耕民族，与农业生产密切相关的是天文和气象。为了掌握四时的变化，对天象和物候变化的观察是当时人最重要的事务之一，传说中至少从夏代开始人们就已经形成了一整套的知识体系，在甲骨文、《尚书》和《诗经》中，我们都可以看到大量与天文和气象有关的文字。商代的天文学已十分发达，历法也非常精确。从甲骨文来看，商代用干支记日，数字记月；月有大小之分，大月三十日，小月二十九日。十二个朔望月为一年，因其与回归年有差，因此过几年就要设闰月，一般实行年终置闰，称十三月。商代对日食、月食的观察与记录也十分重视。可以想见，当时也可能有一些关于天文和历法方面的文献。

　　在商代，人们已经有了关于世界与宇宙的认知，并且已经形成了相当完整的体系。在中国国家图书馆所藏的甲骨文中，有一片原为刘体智善斋所

---

　　① 《库方二氏藏甲骨卜辞》1506。另外，《殷虚文字·甲编》2282 号卜辞："……雨自上甲、大乙、大丁、大甲、大庚、大戊、中丁、祖乙、祖辛、祖丁，十示……"其情形与之相类。

藏、名为"四方风"的甲骨（图 1 - 2），文字不多，却直接反映了商人对于
天地四方的概念：

> 东方曰析，风曰劦。
> 南方曰夹，风曰微。
> 西方曰🐾，风曰彝。
> （北）（方）（曰）勹，风曰伇。①

图 1 - 2　刘体智旧藏甲骨《四方风》
（中国国家图书馆藏）

另外，前中央研究院第十三次殷墟发掘所得的一片甲骨卜辞云：

> 辛亥卜，内贞：禘于北，方曰□，风曰伇。

---

① 《甲骨文合集》14294（中华书局 1978—1983 年版）、《战后京津新获甲骨集》520，现藏中国国家图书馆，编号：北图 12789 号。

辛亥卜，内贞：禘于南，方曰微，风（曰）□

贞：禘于东，方曰析，风曰劦。

贞：禘于西，方曰彝，风（曰）𱊊。①

这片甲骨为占卜文字，语句与善斋所藏不同，但文意正可相应。② 《金璋所藏甲骨卜辞》472 也有"卯于东方析三牛、三羊、珏三"之语。以上甲文卜辞与《山海经》《尚书·尧典》的有关文字可以相对应，胡厚宣先生指出：

> 《山海经》之某方曰某，来风曰某，实与甲骨文之四方风名，完全相合。惟甲骨文仅言四方名某，风曰某，在《山海经》则以四方之名为神人，故能出入风司日月之长短，此其异耳。
>
> 《尧典》曰宅某方曰某者，袭甲骨文《山海经》之某方曰某也。厥民某者，袭甲骨文《山海经》之四方名也。鸟兽某某，由甲骨文之凤曰某讹变者也。在甲骨文仅为四方名某风名某，《山海经》文略同，惟已将四方之名神人化，至《尧典》则演为尧命羲和四子，掌四时星历教民耕作之事，开《夏小正》与《月令》之先声矣。③

丁山先生④、杨树达先生⑤皆深以为然。商代的甲骨文与一般认为成书于战国时代的《山海经》如此相同，因此有理由相信，当时这类知识已经有了成文的记载，并且一直传到了后世。

---

① 《甲骨文合集》14295。另参见胡厚宣《甲骨学商史论丛初集·甲骨文四方风名考证》，齐鲁大学 1944 年石印本。

② 善斋所藏文字为"西方曰𱊊，风曰彝"，而前中央研究院所得作"帝于西方曰彝，风（曰）𱊊"，其辞互倒，胡厚宣先生谓善斋所藏为误刻，说见《甲骨学商史论丛初集·甲骨文四方风名考证》；陈梦家先生谓善斋所藏甲骨无钻凿卜兆，不是卜辞而是抄录四方之名与四风之名的刻辞，因此将南方、西方的方名与风名互倒，说见《殷虚卜辞综述》，中华书局 1988 年版，第 590 页。

③ 胡厚宣：《甲骨学商史论丛初集·甲骨文四方风名考证》。

④ 丁山云："辗转流传的古代文献，一经地下出土的新史料印证，有时证明旧的传闻完全不虚，有的证明传闻有误，有的也可以推翻成案另给我们一种新的估价。这两片甲骨刻辞的发现，使我们对于周秦间学者所伪托的尧典，自当重新辨其传说。"说见《中国古代宗教与神话考·四方之神与风神》，龙门联合书局 1961 年版，第 81 页。

⑤ 杨树达云："今胡君博观详考，著为此文，令学者由此可以窥见《尧典》与《山海经》渊源之一部分。"说见《积微居甲文说·甲骨文中之四方神名与风名》，上海古籍出版社 1986 年版。

在商人的知识体系中，还有一个重要的部分是关于地理的知识。商人本身以善于经商著称，在商人的"先公"中，有一位著名的先公名"亥"，传说他发明了牛车，让商人驾着牛车四处贩运经商，后世将善于经商者称为"商人"，也与此有关。由于四处贩运经商，一定的地理知识是不可缺少的。在这方面直接的文献不多，但据信战国时代成书的《山海经》就是一部地理书，也许其中一部分内容就来自商代的文献。

与后世相比，商代图书的品种可能很有限，流通传播的范围可能也很小，这与商代社会的发展水平有关。根据甲骨卜辞及相关文献分析，商代社会组织包括国家政权还比较原始，对信息与图书的需求还比较少。同时，商代基本的社会单元不是一个个独立的个人，而是一个个族群。人们分"族"聚居，还没有形成一个统一的、能够自由流动的、不同族群和不同个人之间能够方便交往与交流的社会。在这种社会环境之下，作为信息与思想交流（特别是远距离交流）工具的图书，其作用和传播范围是非常有限的。

第二节　周代的图书

周代包括西周、东周（春秋）时期，相当于公元前十一世纪至公元前五世纪中叶，以周代国家治理和行为礼仪的制度化、文献的经典化为标志①，特别是几部最重要的经典《易》《书》《诗》《礼》《乐》《春秋》被汇集和整理成书，最后成为中国几千年封建社会主流思想的渊源。因此，周代是中华文化的奠基时代。

一　"周礼"与"周书"

周人本是臣服于商人、僻处于晋南和渭水流域的小方国，所居之处原是夏人的故地，因此周人继承、融合了许多夏人的风俗、习惯和文化。起源于东方的商人创造了文字，当周人臣服于商人之后，商人所使用的文字也被周人所采用。

---

①　陈来先生对西周春秋时期以《诗》《书》为代表的文献经典化过程有专门的论述。参见陈来《古代思想文化的世界：春秋时代的宗教、伦理与社会思想》第6章，生活·读书·新知三联书店2009年版。

大约在公元前十一世纪中叶，周人联合一些小方国，与商朝的军队会战于牧野，最后一举灭掉了商王朝。周人灭商，乃是以"小邦周"战胜"大邦殷"，二者的实力原本相差很多，从文化传统上来说周人也比商人要落后许多，周人在古公亶父（周文王的祖父，大致相当于商代后期、商王武乙统治时期）之前还行"戎狄之俗"，因此一个联合了众多小部族的"小邦周"要彻底征服文化先进、国家治理相对更加成熟的"大邦殷"，面临着许多困难。史书记载，虽然商纣王被诛、商王朝被推翻，但殷遗民的实力仍然强大，周武王忧虑国事，常常夜不能寐，说："维天建殷，其登名民三百六十夫，不显亦不宾灭，以至今。我未定天保，何暇寐！"[1] 用今天的语言来翻译，大意是说：上天建立了殷朝，其主力有三百六十个部落，虽然殷朝被推翻了，但这三百六十个部落的实力仍然还在。我尚未得到上天保佑而安定天下，哪有时间睡觉！克商后不久，周武王去世，其子成王在周武王之弟周公旦的辅佐下，一方面笼络人心，甚至继续用商纣之子武庚来管理殷遗民，封纣的庶兄微子启于商人的发祥地宋，以统辖殷遗民。另一方面，周王又大封同姓和同盟的异姓诸侯，通过对同姓和异姓诸侯的分封，使周王朝自己的势力迅速扩张，特别是在平定了武庚和管叔、蔡叔的叛乱后，经过几十年的努力，周公辅佐周成王进一步完善"宗法制"，建立起了一套基于封建等级制度的新的统治秩序，到成王之子康王时，天下平定，一个"邦畿千里、维民所止"的庞大帝国终于建立起来。

在政治的手段之外，周代统治者还面临着如何从思想上、文化上真正征服被统治者的问题。于是，在周公旦的主导下，周王朝采取了一系列思想、文化方面的措施，被后人称为"周公制礼作乐"。

通过"制礼作乐"所构筑的一整套与周代封建等级制度相适应的礼仪制度、伦理道德和行为规范，被后人统称为"周礼"；用文字固化下来所形成的一系列文献，包括文诰、法令、典章、制度以及其他一些反映统治者意志、社会主流思想的文献，则泛称"周书"。西汉扬雄谓："虞、夏之书浑浑尔，商书灏灏尔，周书噩噩尔。下周者，其书谯乎！"[2] 这里所说的"周

---

[1] （西汉）司马迁：《史记·周本纪》。

[2] （西汉）扬雄：《法言·问神》，汪荣定疏本，中华书局 1987 年版。

书"就是泛指周代之书。

"周书"是将夏商旧典和周文王、武王、成王以及周公的文诰、训辞等和像《周易》这样具有社会和生活哲理的图书汇集、整理出来，将原来不成文的社会行为规范如礼仪、制度加以整理并汇编成书，把各种口传史诗、饮宴乐歌以及民间诗歌汇集并加以筛选，最后编纂成书。这些事有的在武王克商之前就已着手准备。《逸周书·世俘》载：

> （武王）告于周庙曰：古朕闻文考修商人典，以斩纣身，告于天于稷。

所谓"文考修商人典"，指周文王对商人的礼仪典章进行整理，以备建立新政权后统治的需要。克商以后，为了巩固统治，这项任务更加重要与迫切。《墨子·贵义》云："昔者周公旦朝读《书》百篇。"所谓《书》，应该是夏商以来的文献，即后世所称之"夏书""商书"者。周公通过阅读吸收前朝旧籍，获取治国之策，同时也希望用殷遗民熟悉的思想与语言来争取他们的认同。《史记》载：

> 初，管、蔡畔周，周公讨之，三年而毕定，故初作《大诰》，次作《微子之命》，次《归禾》，次《嘉禾》，次《康诰》《酒诰》《梓材》。……成王在丰，使召公复营洛邑，……作《召诰》《洛诰》。成王既迁殷遗民，周公以王命告，作《多士》《无佚》。……成王自奄归，在宗周，作《多方》。既绌殷命，袭淮夷，归在丰，作《周官》。兴正礼乐，度制于是改，而民和睦，颂声兴。成王既伐东夷，息慎来贺，王赐荣伯作《贿息慎之命》。……成王既崩，二公率诸侯，以太子钊见于先王庙，申告以文王、武王之所以为王业之不易，务在节俭，毋多欲，以笃信临之，作《顾命》。太子钊遂立，是为康王。康王即位，遍告诸侯，宣告以文武之业以申之，作《康诰》。故成康之际，天下安宁，刑错四十余年不用。康王命作策，毕公分居里，成周郊，作《毕命》。①

---

① （西汉）司马迁：《史记·周本纪》。力案：本书中引文，个别地方有笔者以为原书校改标点不妥者，则迳改，不另出注。

这些文献，大多流传至今，就是著名的《尚书》中的《周书》部分，都是与西周初年重大事件相关的文献。

"周礼"不仅仅是一套礼仪制度，它实际上更是华夏民族共同文化心理的反映，而"周书"则是最主要的载体，因而在整个封建时代被奉为经典，影响一直延续到今天。上自国家行政与军事，下至百姓日常生活起居，"周礼"与"周书"都起着规范、指导的作用，因此，也是贵族及其子弟必须学习掌握的。《左传》定公四年记鲁、卫、晋诸国分封的情形说：

> 昔武王克商，成王定之，选建明德，以蕃屏周。故周公相王室，以尹天下，于周为睦。分鲁公以大路、大旂、夏后氏之璜、封父之繁弱，殷民六族：条氏、徐氏、萧氏、索氏、长勺氏、尾勺氏，使帅其宗氏，辑其分族，将其类丑，以法则周公，用即命于周。是使之职事于鲁，以昭周公之明德。分之土田、陪敦，祝、宗、卜、史，备物、典策，官司、彝器，因商奄之民，命以《伯禽》，而封于少皞之虚。分康叔以大路、少帛、綪茷、旃旌、大吕，殷民七族：陶氏、施氏、繁氏、锜氏、樊氏、饥氏、终葵氏。封畛土略，自武父以南，及圃田之北竟，取于有阎之土，以共王职；取于相土之东都，以会王之东蒐。聃季授土，陶叔授民，命以《康诰》，而封于殷虚，皆启以商政，疆以周索。分唐叔以大路、密须之鼓、阙巩、沽洗，怀姓九宗，职官五正，命以《唐诰》，而封于夏虚。启以夏政，疆以戎索。

所谓"典策"，就是记载周人历史与礼仪典章制度的文献，这是每个受封者以及天子的所有臣民必须学习和遵守的。即便是春秋时期天子权威式微、诸侯并起争霸的情况下，"周礼"还是被华夏文化圈以及认同华夏文化的所有人遵循。《左传》昭公二年记载了一个著名的故事：

> （鲁昭公）二年（前540年），春，晋侯使韩宣子来聘，且告为政而来见，礼也。观书于大史氏，见《易象》与《鲁春秋》，曰："周礼尽在鲁矣。吾乃今知周公之德与周之所以王也。"公享之。季武子赋《绵》之卒章。韩子赋《角弓》。季武子拜曰："敢拜子之弥缝敝邑，寡

君有望矣。"武子赋《节》之卒章。既享，宴于季氏。有嘉树焉，宣子
誉之。武子曰："宿敢不封殖此树，以无忘《角弓》。"遂赋《甘棠》。
宣子曰："起不堪也，无以及召公。"

在这个故事中至少反映出：第一，诸侯国之间有一套严格的仪节，如聘问之
礼；第二，《易象》《鲁春秋》符合周公之礼，因而受到华夏文化圈内所有
人的认同；第三，在正式的外交场合、宴会（包括其他社交场合）上，人
们有时并不是直接表达自己的意见，而是通过吟诵《诗》中不同的篇章以
各言其志，由此委婉、优雅地表明自己的观点、志向，而听者自然也能明白
其义，说明《诗》已经有了内容相对固定、成文的东西（如果内容没有固
定，别人自然就难以理解诗中的微言大义），贵族们必须要学习、掌握这些
诗篇，才能参与社会活动，即所谓"不学诗，无以言"。由于这些"周书"
是公开发布、广为传播的，贵族阶层必须从小学习掌握的，因此可以说，
"周书"就是今天我们所说的严格意义上的图书。
　　周公"制礼作乐"是封建时代儒者艳称的事件。的确，国家治理、社
会秩序与个人行为规范的制度化是从周公开始的，但所谓"周礼"与"周
书"是不断丰富和完善的，并不是周公旦一人、一时完成的，还有不少东
西如礼仪、制度等，传说为周公所定，其实是后世儒家、统治者的设计、想
象和解读的结果，历史上有名的"王莽改制"就是一个典型代表。今本
《书》，除了传说中周文王、武王、成王和周公的一些文诰训誓之外，也包
括后世周王的一些重要文诰训誓，《诗》中不少篇章都是周公之后乃至春秋
时期的作品，其他图书如《礼》《乐》《春秋》等成书的时间更晚，而关于
"周礼"与"周书"的认识与解读，也是随着时间而不断发展和变化的，这
个过程一直持续到近代。
　　西周以后，随着社会的进步与文明程度的提高，图书的品种与数量逐步
增加，从西周青铜器铭文的内容更加丰富和字数大幅度增加这些现象就可以
看出这种变化，各诸侯国和王畿之内的封君们都设置了像史官这类专司文字
记录与文献管理的职官。在周代"世官世禄"的制度之下，掌管文献的世
世代代都以掌管文献为职业，史官世世代代都是史官，他们所记录、纂著的
文献，并不是他们的个人作品，而是"职务作品"，里面所蕴含的思想、观

念都属于官方立场，与私家著作完全不同。同时，西周乃至春秋前期和中期，等级制度十分严密，缺乏社会流动与社会分化，还没有出现像战国时代那种不同的利益集团互相对峙的局面，自然也没有出现不同利益集团的代言人。总之，春秋中期以前，还没有出现像战国时代那样可以自由交流、讨论思想与学术的社会环境。

从文献传播的角度来看，除了少量供一般贵族学习使用的图书之外，数量最多的图书包括档案还是深藏于官府，只有在周王室及各诸侯国宫廷之中，才能聚积一定数量的图书（包括档案）。据前引《左传》昭公二年所记，晋国大臣韩宣子出使鲁国，得观书于太史氏，见到了《易象》与《鲁春秋》，于是感叹道："周礼尽在鲁矣。"可知，如韩宣子这样的晋国重臣，平时也难以见到像《易象》《鲁春秋》之类的图书。清代学者章学诚针对这种情形指出：

> 圣人为之立官分守，而文字亦从而纪焉。有官斯有法，故法具于官。有法斯有书，故官守其书。有书斯有学，故师传其学。有学斯有业，故弟子习其业。官守学业，皆出于一，而天下以同文为治，故私门无著述文字。①

近人罗根泽先生曾经对先秦时期的文献状况进行了梳理和考证，指出：战国之前，无私家著作，"战国著录书无战国前私家著作"，"《汉志》所载战国前私家著作皆属伪托"，"春秋时所用教学者无私家著作"，"孔子以前书在官府"，而这种现象的原因，乃是"战国前无产生各家学说之必要"②。我们认为，"战国前无产生各家学说之必要"，更确切地说，是"战国前无产生各家学说之条件"，与商代文献品种数量较少的原因相似，也是由西周春秋时期的社会发展水平所决定的。

"书在官府"与"学在王官"是中国古代图书事业发展初期的一种必然

---

① （清）章学诚：《校雠通义》卷3《内篇》，《文史通义校注》附，叶瑛校注，中华书局1985年版。

② 罗根泽：《战国前无私家著作说》，《古史辨》第4册，上海古籍出版社1982年影印1933年朴社排印本。

现象，其局限性也是十分明显的，罗根泽先生评论说："大凡典册深藏于官府，则有承传，无发展；谨世守，乏研究。"[①] 这是与后世图书自由传播、学术研究活跃的情形相比较而言的，也正好反映了中国图书史早期的特点。

二　"六经"与孔子

用现在的眼光来看西周的图书，数量虽然不多，但对于此后中国三千多年历史影响最大、最重要的文献即所谓"六经"都产生或者整理编纂于这个时期。

《易》《书》《诗》《春秋》《礼》《乐》是中国封建社会中占主流主位的儒家所尊奉的基本经典，故一般又被尊称为《易经》《书经》《诗经》《春秋经》《礼经》《乐经》，统称"六经"。前四种都出现于西周春秋时期，至于《礼》和《乐》，据说本为西周初年周公旦所作，原本早已不存，但后世儒家一般认为《礼》的主要内容仍保存于《周礼》《仪礼》《礼记》之中（因此这三部书也被尊为经典，不过这是后话），《乐》的主要内容可能与《礼记》中的"乐记"一篇有关。

《易》，本是灭商前流行于周人中的筮卜之书。周人占卜与商人不同，主要采用蓍草占卜，称为筮卜。传说周文王时，因其势力发展过快引起了殷纣王的怀疑而被拘于羑里，周文王在被囚的日子里对古来所传的筮卜方法进行了一番整理、研究、推演，于是就形成了后世所尊之《周易》。《周易》文本大概成书于西周时代，至迟在春秋时代就已经广泛地流传于社会，当时人们常常引用《周易》来预测未来、劝诫君主。成书于战国初期、记载春秋大事的编年体历史著作《左传》以及记载春秋史事与时人言论的《国语》，就引用了二十二条《周易》的文字。《周易》是一部通过对各种卦象的解释而形成的一部具有丰富哲学思想、社会伦理、生活经验的图书，经过后世几千年学者们的诠释、演绎甚至神化，成为代表中国古代社会宇宙观、人生观的基础性文献，因而在中国古代所有文献中拥有最为崇高的地位，由此而产生的相关文献难计其数，对中国古代社会乃至现代社会的影响都十分巨大。

---

① 罗根泽：《战国前无私家著作说》，《古史辨》第 4 册。

《书》，也被称为《尚书》，本义为"上古之书"，是一部包括夏、商、西周时期一些著名君王的重要文诰、誓师辞、训辞以及著名大臣向君王提出的建议、劝谏之类历史文献的总集，也有一些古史传说，大概是由周代的史官从历史档案中汇辑出来的，既可作为君主、大臣施政的参考与依据，也可作为贵族学习前人政治与社会经验的教材。从《左传》等先秦文献中可以看到，春秋时贵族们常常引用《尚书》中的篇章、词句，说明其当时已经被汇集成册并广泛传播。为了便于传诵，《尚书》的某些篇章还用韵文写成，例如《左传》哀公六年孔子引《夏书》："唯彼陶唐，帅彼天常，有此冀方，今失其行，乱其纪纲，乃灭乃亡。"《墨子·非命下》引《泰誓》："天有显德，其行甚章。为鉴不远，在彼殷王。谓人有命，谓敬不可行；谓祭无益，谓暴无伤。上帝不常，九有以亡；上帝不顺，祝降其丧。"《孟子》数引《泰誓》文，亦多作韵文。

《尚书》内容上起唐、虞，下迄春秋初年，原本据说有三千余篇，后来被孔子删定为百篇，但经秦始皇焚书及随后的陈胜吴广起义及楚、汉战争，至汉初时《尚书》已经失传，所幸山东济南尚有一位秦朝博士伏生（名"胜"），其故居墙壁中还藏有一部《尚书》，当逃亡在外多年的伏生回到故居、从壁中取出《尚书》时，不少已经朽烂，只剩下二十八篇，于是伏生就以《尚书》二十八篇授徒于乡里。汉文帝时广搜天下图书，得知伏生尚存《尚书》残篇，于是派晁错笔录。因晁错笔录《尚书》时使用的文字是当时流行的隶书，故称"今文《尚书》"。后来官府又从民间得到一篇《泰誓》，于是一并编入，故"今文《尚书》"共有二十九篇。因为朝廷大力搜求，于是民间不断有人献书，但大部分是当时人伪造。到汉武帝时，孔子故居夹墙内又发现一批用先秦"古文"抄成的《尚书》，除二十九篇与伏生所传和民间搜得基本相同外，还多出十六篇。这批图书的来历扑朔迷离，相关叙述又多有抵牾矛盾，内容也有不少问题，以致成为后世二千多年中国古代学术争论的焦点。

周代还有一类文献在人们的社会生活中占有重要地位，这就是诗歌。诗歌的产生，起于初民的劳动与生活，东汉学者何休曾说："男女有所怨恨，相从而歌；饥者歌其食，劳者歌其事。"①《诗序》也说："情动于中而行于

---

① 《公羊传》宣公十五年"什一行而颂声作"句注。

言，言之不足，故嗟叹之；嗟叹之不足，故咏歌之；咏歌之不足，不知手之舞之足之蹈之也。"这应该就是民歌最早的来源。优美的诗歌经人传唱，因此得以传之久远，清代学者崔述说："盖凡文章一道，美斯爱，爱斯传，乃天下之常理，故有作者即有传者。但世近则人多诵习，世远则渐就湮没。其国崇尚文学而鲜忌讳，则传者多；反是，则传者少。小邦弱国，偶遇文学之士录而传之，亦有行于世者，否则遂失传耳。"① 西周、春秋时期，诗歌在人们的生活中，特别是在人际交流方面，都发挥着十分重要的作用，无论是在国家间的外交场合还是在贵族、自由民的祭祀、宴饮时，《诗》都是一种最重要的社交工具。对于上流社会的人来说，在社交时吟诵一些相关的诗歌，用诗里的典故或诗句来委婉地表达自己的意见是一种文雅高贵的方式，因此孔子说："不学《诗》，无以言。"春秋时，晋国大臣赵孟（赵武）出使郑国，郑国国君设宴欢迎，席间，郑国七位大臣各赋《诗》一首来表达欢迎之意，赵孟从他们每个人吟诵的诗中观察体会到了他们的志向和品德：

　　郑伯享赵孟于垂陇，子展、伯有、子西、子产、子大叔、二子石从。赵孟曰："七子从君，以宠武也。请皆赋，以卒君贶，武亦以观七子之志。"子展赋《草虫》，赵孟曰："善哉！民之主也。抑武也不足以当之。"伯有赋《鹑之贲贲》，赵孟曰："床笫之言不逾阈，况在野乎？非使人之所得闻也。"子西赋《黍苗》之四章，赵孟曰："寡君在，武何能焉？"子产赋《隰桑》，赵孟曰："武请受其卒章。"子大叔赋《野有蔓草》，赵孟曰："吾子之惠也。"印段赋《蟋蟀》，赵孟曰："善哉！保家之主也，吾有望矣！"公孙段赋《桑扈》，赵孟曰："'匪交匪敖'，福将焉往？若保是言也，欲辞福禄，得乎？"卒享。文子告叔向曰："伯有将为戮矣！诗以言志，志诬其上，而公怨之，以为宾荣，其能久乎？幸而后亡。"叔向曰："然。已侈，所谓不及五稔者，夫子之谓矣。"文子曰："其余皆数世之主也。子展其后亡者也，在上不忘降。印氏其次也，乐而不荒。乐以安民，不淫以使之，后亡，不亦可乎？"②

---

① （清）崔述：《读风偶识·通论十三国风》，顾颉刚点校《崔东壁遗书》本，上海古籍出版社1983年版，第543页。

② 《左传》襄公二十七年。

贵族们在议论朝政时也会采用诵诗的方式。周邵公劝谏周厉王弭谤时说："故天子听政，使公卿至于列士献诗，瞽献曲，史献书，师箴，瞍赋，矇诵，百工谏，庶人传语，近臣尽规，亲戚补察，瞽史教诲，耆艾修之，而后王斟酌焉。"① 公卿列士献诗，韦昭注云"献诗以风也"，指从公卿到普通的贵族——士都要通过诗来表达自己的意见，讽劝国君。人们通过学习《诗》，既可以学到做人、做事的原则，也可以学到社会和生活常识，也可以借《诗》抒发感情。孔子说："小子！何莫夫学《诗》？《诗》，可以兴，可以观，可以群，可以怨。迩之事父，远之事君；多识于鸟兽草木之名。"② 可见当时《诗》是一种广为传播并为人们学习、吟诵的文献。《诗》现存三百零五篇，另有六篇为笙诗，有目无辞。据说《诗》原本共有三千余篇，经春秋末年孔子选编后才形成了今天我们所看到的样子。虽然说《诗》原有三千余篇之数可能有所夸大，但《墨子·公孟篇》有"诵诗三百，弦诗三百，歌诗三百，舞诗三百"之语，《墨子》曾经引《诗》十则，不见于今本《诗》者即有四则，与今本次序不同者有三则，字句不同者有二则，大致相同者只有一则。可见，在春秋时，《诗》远不止三百零五篇之数。

　　《诗》中有十五《国风》，本为各地民间诗歌，它们是如何登上大雅之堂的？为什么各地方有不同风格、不同调式甚至可能是不同语音的民歌能够为整个"天下"的贵族们所学习、吟诵？在中国古代的文献中，西周时代有所谓"献诗"与"采诗"制度，这也是儒家所传"圣王之制"的一部分："孟春之月，群居者将散，行人振木铎徇于路，以采诗，献之大师，比其音律，以闻于天子。"③ 这是说，西周时周王室和各诸侯国每年定期都要派员到民间采集民歌，经过整理，汇编成册之后便是《诗》，然后上奏天子，作为了解各地民情和施政的参考。汉代以后也有一些王朝根据这一"古制"，派员到民间采集诗歌。有学者认为，周代所谓"采诗"与"献诗"制度，可能只是后世儒家所设计的一种理想制度。不过，我们认为，"采诗"与"献诗"的制度，虽然不一定像后世儒家所说的那样周密与完美，但利用诗歌、民谣的形式来议论褒贬时政是中国乃至全世界古今都普遍存在的现象，

---

① 《国语·周语上》。
② 《论语·阳货》。
③ （东汉）班固：《汉书·食货志上》。

根据先秦文献所载，春秋时期各地流传的《诗》内容是基本相同的，来自不同地方的人在吟诵《诗》篇时，大家都能理解，特别像"国风"这样带有明显地方特色的民歌在"天下"普遍流行，显然，西周、春秋时期各国所流传的《诗》是经过系统搜集、整理的，并且有着特定而较为广泛的传播途径，"采诗"与"献诗"之制可能有被夸大的成分，但应当不是后世儒家凭空虚构。

《礼》在周代是一套十分庞杂的系统。《礼记·礼器》说："经礼三百，曲礼三千"，汉代郑玄解释说："经礼，谓《周礼》也。《周礼》六篇，其官有三百六十。曲，犹事也，事礼，谓今《礼》也。礼篇多亡，本数未闻，其中事仪三千。"所谓"六经"中的《礼》是什么，历来争议很多，在中国经学史上迄今也没有定论。不过可以确定的是，周代的《礼》是涉及当时政治、经济、文化和社会生活各个方面的行为规范，一部分内容尚存于今本的《周礼》《仪礼》和《礼记》即所谓"三礼"等书之中，有些内容则反映在《左传》《国语》等史学著作的叙事之中。同样也可以确定的是，今日所见的"三礼"中有不少内容出于战国至汉代学者之手。"三礼"中，《周礼》偏重于儒家理想制度的设计，《仪礼》偏重于日常行为规范，而《礼记》更多偏重于儒家关于礼制思想的阐述。

《乐》是周代关于音乐、舞蹈方面的图书。古人音乐、舞蹈除了与今天一样具有娱乐功能外，更多的是具有仪式方面的作用，在等级森严的周代，《乐》具有十分特殊而重要的意义。乐，于公既是一种礼仪活动，更是区分社会等级的一种规范。春秋末年鲁国正卿季平子"八佾舞于庭"，孔子十分愤怒，说："八佾舞于庭，是可忍也，孰不可忍也！"[1]"佾"，行列，一佾为舞者八人，八佾即六十四人，按照礼制规定，周天子乐舞，可用八佾，诸侯六佾，卿大夫四佾，士二佾，而季平子为正卿，只能用四佾，现在公然以八佾舞于庭，大大僭越了礼制，有犯上作乱的性质，因此一直以"复周公之礼"为己任的孔子不能容忍。乐，于私则关乎个人修养。孔子还说："人而不仁，如礼何？人而不仁，如乐何？"[2]可见，"乐"也是"礼"的一部分。

---

① 《论语·八佾》。

② 《论语·八佾》。

周代《乐》的文本今已失传，但学术界一般认为，今本《礼记》中的"乐记"大致反映了《乐》的基本思想。

《春秋》是周代史学著作的代表。西周的史学已经颇为发达，虽然现在已经看不到当时的文献，甚至不清楚周王室官方史书的确切名称，但从西周青铜器铭文、春秋战国以及后人如西汉司马迁等历史学家的记述来看，当时已经有了十分详细的记载。从周王朝到各诸侯国尤其是一些较大的诸侯国如鲁国、齐国、楚国等都有比较完整的历史记载。《史记·鲁周公世家》除了第一代封君伯禽的在位年数不详外，完整地记载了伯禽以下考公、炀公、幽公、魏公、厉公、献公、真公的在位年数和一些重大事件，这是当时各诸侯国中记载最为完整的，《史记》中这一部分史料的来源大概就出于西周时期鲁国的国史。其他几个大的诸侯国，虽然没有留下十分详细的历史记载，但也都或多或少地记载了各国所发生的重大事件。战国时成书、西晋时被发现的《竹书纪年》春秋以前的历史可能就是根据晋国的国史编纂的，《史记》诸世家所采用的史料中有的应该也是来自这些诸侯国的国史。

进入春秋时代以后，文献渐多，流传到后世的也更多，因此当时的文献记载情况以及相关的史官制度也更为清楚。春秋时期，各国国史大致可以分为两类，一类是以记言为主的史书，通称为"语"或"国语"，今日所传《国语》可能就是后人据春秋时各国的"国语"汇编整理而成的；另一类是以记事为主的编年体史书，通称为"春秋"①，但可能有的也有专门的名称，《孟子·离娄下》云："晋之《乘》，楚之《梼杌》，鲁之《春秋》，一也。"也就是说，晋国的史书名《乘》，楚国的史书名《梼杌》，它们与鲁国的《春秋》是一样的。今本《左传》可能是战国时人汇编各国尤其是鲁、郑、晋、齐、楚诸国史书并以鲁国国史《春秋》为纲编写而成的。记言的"语"与记事的"春秋"究竟是当初就已有区分，还是后来人们在整理前人著作时再行区分的，现在已经很难弄清楚了。

除了上述《易》《书》《诗》《礼》《乐》《春秋》之外，周代还有一些文献，有的一部分内容流传了下来，有的则只留下了书名。《左传》中曾经

---

① 《墨子·明鬼》中曾提到几则"见鬼"的故事，谓"著在周之《春秋》""著在燕之《春秋》""著在宋之《春秋》""著在齐之《春秋》"。另外，楚史本名《梼杌》，但《国语·楚语上》申叔时谓教育太子当"教之《春秋》"，是知楚国的史书亦可称《春秋》。

引用过《周志》《周书》《郑书》《商书》《夏书》《夏训》等（其中有些即是《尚书》中的篇章），《左传》昭公十二年记载楚国的史官倚相能读《三坟》《五典》《八索》《九丘》。《国语·楚语上》载：楚庄王时，士亹为太子傅，他向大夫申叔时请教如何教育太子，申叔时回答说：

> 教之春秋，而为之耸善而抑恶焉，以戒劝其心；教之世，而为之昭明德而废幽昏焉，以休惧其动；教之诗，而为之导广显德，以耀明其志；教之礼，使知上下之则；教之乐，以疏其秽而镇其浮；教之令，使访物官；教之语，使明其德，而知先王之务，用明德于民也；教之故志，使知废兴者而戒惧焉；教之训典，使知族类，行比义焉。

以上提到太子应读之书，都不是具体的书名，而是指某一类的图书，如"春秋"，应即各国编年之史，春秋时有"百国春秋"，于鲁则有《鲁春秋》，于楚则有《梼杌》；"世"当即记先代世系之谱牒，如今日所传《世本》之类，读之让人不忘其根本；"诗"当即今日所传《诗经》之类；"礼"当即各种关于礼仪、行为规范之书，如今日所传《仪礼》之类；"乐"为乐书；"令"当即"先王之官法、时令"书，如今日所传《周礼》之类；"语"当为汇集"治国之善语"之书，如今日所传《国语》之类；"故志"为"记前世成败之书"，如后世《资治通鉴》之类；"训典"乃所谓"五帝之书"①，如《尚书》中典谟训诰之类。这些书虽然今天多已不存，但相信都是春秋时人所能见到的图书，并可以用来教育上自储君，下至士子。

周代《易》《书》《诗》《礼》《乐》《春秋》等图书在各诸侯国广泛流行。尽管各国语言有所不同，特别是中原地区与南方的楚国、吴国、越国，语言差异很大，但这些书都是贵族们必须学习、在生活中必须遵循的。《左传》成公二年载：楚灭陈国，楚庄王欲纳夏姬，大臣申公巫臣劝谏说："现在您召集诸侯讨伐陈国，是因为陈国有罪。而您现在如果将夏姬纳为妃子，那么讨伐陈国的目的就变成贪色了。"申公巫臣引用《周书》的一句话"明德慎罚"来劝说楚庄王，于是楚庄王听从了劝说，没有将夏姬纳为妃子。

---

① 《国语·楚语上》韦昭注。

楚国原本自称"我蛮夷也"①，而现在申公巫臣能够以《周书》中的警句来说服楚王，显然，僻在南方的楚人对中原华夏文化也是非常熟悉的。《左传》襄公二十六年有一段"楚材晋用"的故事，从中可以看出，《书》《诗》在楚国是相当流行的图书，过去自称蛮夷的楚国执政令尹子木对《书》《诗》背后所隐含的意义是完全能够理解的：

> 令尹子木与之语，问晋故焉，且曰："晋大夫与楚孰贤？"对曰："晋卿不如楚，其大夫则贤，皆卿材也。如杞梓、皮革，自楚往也。虽楚有材，晋实用之。"子木曰："夫独无族姻乎？"对曰："虽有，而用楚材实多。……《诗》曰：'人之云亡，邦国殄瘁。'无善人之谓也。故《夏书》曰：'与其杀不辜，宁失不经。'惧失善也。《商颂》有之，曰：'不僭不滥，不敢怠皇。命于下国，封建厥福。'此汤所以获天福也。……"

因此，可以说，至迟从周代起，图书就在形成中华民族共同文化心理的过程中起着决定性的作用。

从春秋中后期开始，过去还相当封闭、被分割成大大小小自给自足"共同体"的社会结构越来越难以适应经济与社会发展的需要，一个更大的市场、一个更开放的社会逐渐形成；原来等级森严的社会基础也在不断发生变化，特别是一个新兴的社会阶层——"士"逐步登上了历史舞台，由此带来了一系列巨大的社会变化，原来"学在王官"的格局逐渐被打破，社会思想、文化面貌为之一新，中国由此也进入了历史上第一个思想解放、百家争鸣的时代。

西周至春秋中叶以前，"士"是贵族、自由民的统称，并不是一个独立的社会阶层。因为他们聚居于"国"（城邑）中，因此又称"国人"。士作为社会统治阶级中的一员，享有许多政治与经济方面的特权如拥有采邑等，当兵作战也是"士"所应承担的主要义务，也只有他们才能负担起作战装备如战车、马匹、戈矛的费用。一般的非自由民（又称"野人"）虽然也要

---

① （西汉）司马迁：《史记·楚世家》。

跟随领主参战，但主要从事辎重、给养保障等后勤工作。所以，春秋以前，"士"实际上是"武士"的同义语。春秋中期以后，由于诸侯国之间的战争频繁，对兵员的需求激增，战争的形式逐渐从以车战为主改为以步战为主，参战人员武器装备的费用大大降低，因此"野人"也开始作为战斗人员直接参战，他们中的一部分人因立下战功而受到封赏，成为"庶民公卿"。另外，春秋以前，人与人之间最重要的关系是家族内部的血缘关系。《左传》桓公二年载师服云："故天子建国，诸侯立家，卿置侧室，大夫有贰宗，士有隶子弟。"晋杜预注："士卑，自以其子弟为仆隶也。"通过宗法制度确立等级制度将同族人紧密地团结在一起，宗族内部下级对上级的人身依附关系十分明确而稳固，"士"在社会上的流动很小。到了春秋以后，"天子微弱，诸侯力政，大夫专国，士专邑，不能行度制法文之礼。诸侯背叛，莫修贡聘，奉献天子。臣弑其君，子弑其父，孽杀其宗，不能统理，更相伐锉以广地。以强相胁，不能制属。强奄弱，众暴寡，富使贫，并兼无已。臣下上僭，不能禁止"①。一些过去的大家族逐渐衰落，一些原来处于较低社会等级的士人地位上升。随着社会流动性的增加，家族内部宗法关系逐渐松弛，传统的血缘关系和社会关系遭到破坏。原来的一些旧贵族，因等级制度崩溃而失去了生活之资，只得四处游荡，凭借旧日掌握的文化知识，或开馆授业，教授门徒；或四处游走，以求自售，孔子就是其中的一个典型代表。一些过去等级地位低下的庶人也可以通过学习、军功而进入上层社会，成为"士"阶层的一员，从而享有更高的社会地位和晋升的机会。

公元前六世纪末，郑国思想家邓析作《竹刑》（书于竹简之上的法律著作），并聚徒讲授法律，"子产治郑，邓析务难之，与民之有狱者约，大狱一衣，小狱襦裤。民之献衣襦裤而学讼者不可胜数"②。除了邓析开门授徒外，春秋后期从事私人讲学者不在少数，例如鲁国少正卯在鲁讲学非常有吸引力，以至"孔子之门，三盈三虚"③。不过，影响最大的还是孔子开门授徒，以及传说中孔子对"六经"的整理。

---

① （西汉）董仲舒：《春秋繁露·王道》，新编诸子集成《春秋繁露义证》本，中华书局 1992 年版。

② （战国）吕不韦：《吕氏春秋·离谓》。

③ （东汉）王充：《论衡·讲瑞篇》，新编诸子集成《论衡校释》本，中华书局 1990 年版。

孔子名丘，本为宋国的没落贵族，年轻时曾经干过许多为贵族阶级所不屑的工作，后来也做过鲁国的大夫，晚年在鲁国聚徒讲学，并为实现其政治理想，率领门徒周游列国，他的学生数量多，影响大，"弟子盖三千焉，身通六艺者七十有二人"①。按照传统说法，春秋末年，孔子曾经对西周春秋时代的重要文献进行过系统的整理：

> 孔子之时，周室微而礼乐废，《诗》《书》缺。追迹三代之礼，序《书传》，上纪唐虞之际，下至秦缪，编次其事。……故《书传》《礼记》自孔氏。孔子语鲁大师："乐其可知也。始作翕如，纵之纯如，皦如，绎如也，以成。""吾自卫反鲁，然后乐正，《雅》《颂》各得其所。"古者诗三千余篇，及至孔子，去其重，取可施于礼义，上采契后稷，中述殷周之盛，至幽厉之缺，……三百五篇孔子皆弦歌之，以求合《韶》《武》《雅》《颂》之音。礼乐自此可得而述，以备王道，成六艺。孔子晚而喜《易》，序《彖》《系》《象》《说卦》《文言》。读《易》，韦编三绝。……子曰："弗乎弗乎，君子病没世而名不称焉。吾道不行矣，吾何以自见于后世哉？"乃因史记作《春秋》，上至隐公，下讫哀公十四年，十二公。据鲁，亲周，故殷，运之三代。约其文辞而指博。②

孔子是否如后世儒家所言系统整理过"六经"，学术界从古代到今天一直都有着不同的观点，如清代学者崔述就曾怀疑孔子删《诗》之说，谓：

> 成、康之世治化大行，刑措不用，诸侯贤者必多，其民岂无称功颂德之词，何为尽删其盛而独存其衰？伯禽之治，邹伯之功亦卓卓者，岂尚不如郑、卫，而反删此存彼？意何居焉？③

崔述的观点是建立在孔子删《诗》的出发点是为了歌功颂德上面的，但

---

① （西汉）司马迁：《史记·孔子世家》。
② （西汉）司马迁：《史记·孔子世家》。
③ （清）崔述：《读风偶识·通论十三国风》，顾颉刚点校《崔东壁遗书》本，第543页。

《诗》的本来功用除了颂德之外，就是为了有所"讥刺"。因此崔氏之说难以服人，倒是清代另一位学者方玉润所说还有几分道理：

> 夫子反鲁在周敬王三十六年、鲁哀公十一年丁巳，时年已六十有九。若云删《诗》，当在此时。乃何以前此言《诗》皆曰"三百"，不闻有"三千"说耶？此盖史迁误读正乐为删《诗》云耳。夫曰正乐，必《雅》《颂》诸乐，固各有其所在，不幸岁久年湮，残阙失次。夫子从而正之，俾复旧观，故曰"各得其所"，非有增删于其际也。①

今本《诗经》，可能是孔子授徒时所用的教材。盖当时《诗》《书》《礼》以及列国官修史书，文本较多，作为教材，当然只能选取其中合适者并加以整理。随着由孔子开创的儒家学派成为社会主流，孔子被神化，他所整理编选用于教授门徒的几部图书最后被捧上了"经典"的宝座，而其他图书逐渐湮灭无闻。春秋各国本来都有各自的国史，但后世独存鲁国史书《春秋》，可能就是这个原因。

随着西汉武帝"罢黜百家、独尊儒术"，儒家思想成为此后二千多年中国封建社会的主流思想。传说中由儒家开创者、"圣人"孔子所整理和诠释的"六经"，为后世设计了一个封建时代理想中的"王道"即政治与经济制度、思想与道德规范，塑造了一个政治人物的典型——周公，并以他作为国家治理者的楷模，构建了一个中国封建时代的"理想国"——"三代"（即夏、商、西周）。同时，按照儒家思想进行文献的整理和诠释，也成为中国封建时代文献注释与整理需要遵循的基本原则。因此，孔子整理"六经"的传说不仅是"经学"史上的一件大事，在中国文献学史上，也具有极其重要的意义。

三　史官制度与文献管理

中华民族是一个特别重视历史记录和文献保存的民族，很早就有了史官设置和文献收集、管理的制度。《吕氏春秋·先识览》载：

---

① （清）方玉润：《诗经原始·诗旨》，李先耕点校，中华书局1986年版，第44页。

夏太史令终古出其图法，执而泣之。夏桀迷惑，暴乱愈甚，太史令终古乃出奔如商。……

殷内史向挚见纣之愈乱迷惑也，于是载其图法，出亡之周。……

晋太史屠黍见晋之乱也，见晋公之骄而无德义也，以其图法归周。

根据这段文字，在夏商周时代，太史、内史等史官是朝廷中掌管"图法"亦即文献的官员。不过，《吕氏春秋》这段故事只是一个寓言，不能完全作为信史看待，近代以来有学者曾经对甲骨文、金文中所提到的"史"的职掌进行过研究，认为最早的"史官"可能并不是后来一般人所认为的那种掌管历史记录的文官，《吕氏春秋》所记，可能只是根据战国时的史官制度附会而来的。但是，毫无疑问，至少从商代起，历史记录与文献管理就是一项非常受重视的工作，也一定存在着专门的管理制度。

人类最早的历史应该是通过口耳相传的方式记录并流传下来的。在世界许多民族中，都有老人讲述历史的传统，如中国的彝族，村中长者往往可以背诵好几十代祖先的名字，藏族、蒙古族的著名史诗《格萨尔王传》也多是由老人来吟唱传诵的。在进入文字时代以后，口述历史与文字记载往往并存，并且作为文字记载之外历史叙述的一种补充。在战国以前，也有所谓"瞽史"，即专司口述历史之职，"左丘失明，厥有《国语》"，"左丘明"或即瞽史，与古希腊盲人荷马吟诵史诗的情形相似。[①] 不过，在进入文明时代以后，文字记录是主要的形式，即使是口述历史，也往往会以文字的方式记录与整理下来。

在早期国家中，尤其是在早期中国，国家治理相比后世要简单得多，国家的政令、法规的表现形式主要是文诰、训辞等。历史记录除了具体人物与事件之外，还会通过对人物的褒贬、事情的成败来体现社会的主流思想与道德、价值的评判。记录与管理这些文献是一项非常重要的国家职能，并形成了一整套记录与管理制度，被统称为"史官制度"，而这些被记载和管理的历史文献就是最早出现的图书或者图书的雏形——档案。因此，要研究商周时代的图书史，避不开"史官制度"这个话题。

---

① 　徐中舒：《〈左传〉的作者及其成书年代》，《历史教学》1962 年第 11 期，第 28—40 页。

唐代史学家刘知几在谈到上古"史官制度"的渊源、流变时说：

　　盖史之建官，其来尚矣。昔轩辕氏受命，仓颉、沮诵实居其职。至于三代，其数渐繁。案《周官》《礼记》，有太史、小史、内史、外史、左史、右史之名。太史掌国之六典，小史掌邦国之志，内史掌书王命，外史掌书使乎四方，左史记言，右史记事。《曲礼》曰："史载笔，大事书之于策，小事简牍而已。"《大戴礼》曰："太子既冠成人，免于保傅，则有司过之史。"……至如孔甲、尹逸，名重夏、殷；史佚、倚相，誉高周、楚；晋则伯黡司籍，鲁则丘明受经。此并历代史臣之可得言者。①

刘知几认为中国古代的史官制度起于黄帝，发展和完善于夏商西周时期。以今天的历史知识而论，"五帝"大概还属于传说时代，当夏代国家政权建立之后，史官制度应该就已经开始建立，到了商周时代，史官制度日趋完善。

《说文解字》云："史，记事者也，从又持中。中，正也。"徐中舒先生则云，从又持中之"中"，"乃上端有权之捕猎器具"，"史""实为事字之初文，后世复分化孳乳为史、吏、使等字"②，《说文解字》以及其他典籍谓史为专司记事者乃后起之说。在商代甲骨卜辞中，有许多与文字记述相关的职官，陈梦家先生曾对殷墟甲骨卜辞进行过系统的研究，根据他的研究，商代的职官主要可分为三类：臣正、武官和史官。史官系统又包括：尹、乍册（即作册）、卜、工、史、吏等，在甲骨卜辞中，其具体的名称则有：尹、多尹、某尹，乍册，卜某、多卜，工、多工、我工，史、北史、卿史、御史、朕御史、我御史、某御史，吏、大吏、我吏、上吏、东吏、西吏等③；在西周金文中，也常见"史""大史""内史""作册"、御史、左史等职官

---

　　① （唐）刘知几撰、（清）浦起龙释：《史通通释》卷11《史官建置第一》，王煦华点校，上海古籍出版社1978年版。

　　② 徐中舒主编《甲骨文字典》，四川辞书出版社1989年版，第316页。

　　③ 陈梦家：《殷虚卜辞综述》，第521页。

名，不过，其职掌并不十分明确①。甲骨卜辞中，"史""乍册"等所司之职与文献记录与管理并无直接的关系。推测商代设官还比较粗疏，"史""乍册"等都属于文官一类，掌管文献仅仅是其众多职能中的一项。

西周以后，随着周公"制礼作乐"，职官制度和礼仪制度更加健全、完善，各种职官设置进一步细化、专门化，"史"就逐步演变成专司史事记录与文献管理之职，从西周青铜器《史墙盘》（图1－3）中已经可以看到"史"的史事记录与文献管理的职责，已经比较明确了。

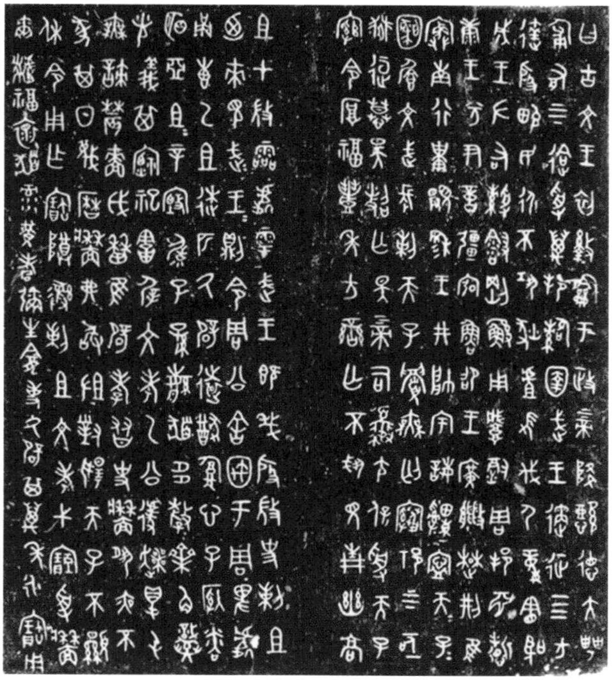

图1－3　《史墙盘》铭文（1976年陕西扶风县出土）

在《史墙盘》二百八十四字的铭文中，历数了从周文王到周共王一共七代君王的丰功伟绩，又历数了作器者史墙本人的高祖微史烈归顺周武王，周武

---

①　参见谢保成《对史学史中"史"、"史官"认识之澄清》，《社会科学战线》2008年第4期，第93—99页。

王命周公将其安置于周人土地之上，此后世代昌盛的历史。从这篇铭文中可以看到，史墙的高祖就称"微史烈"，史墙又长于述史，铭文中"史"氏，大概就是一个世袭之官，其职与后世的史官相近。以职业为氏，是中国古代姓氏形成的重要途径。

在谈到周代的历史文献记录与管理情况时，《礼记·玉藻》中的一段文字常常被古今学者所引用：

> （天子）动则左史书之，言则右史书之。

汉代郑玄注云："其书，《春秋》《尚书》其存者。"也就是说，在周代，周天子有所行动，则左史负责记录；而周天子有什么指示、命令和言论，则由右史负责记录。班固也说：

> 古之王者世有史官，君举必书，所以慎言行，昭法式也。左史记言，右史记事，事为《春秋》，言为《尚书》，帝王靡不同之。①

《国语·周语上》中有一段关于西周末年周王室大臣邵公谏周厉王弭谤的文字，其中更加清楚地记述了西周时史官和与史官相关的职掌与分工，曰：

> 邵公曰："……故天子听政，使公卿至于列士献诗，瞽献曲，史献书，师箴，瞍赋，矇诵，百工谏，庶人传语，近臣尽规，亲戚补察，瞽史教诲，耆艾修之，而后王斟酌焉，是以事行而不悖。……"

史官掌管历史文献，并且用历史经验来劝谏人君，这反映出，至迟到西周末年，史官已经成为记录历史、掌管历史文献的专门之职了。不过，"史"是统称，不一定是专名，因为"史"官所掌，范围较广，不仅记录历史、编纂历史文献，也负责收集、整理和掌管相关文献。不同的职掌会有不同的职名，并且各诸侯国也不尽相同，职掌范围也各有差异，有的分工细一些，有

---

① （东汉）班固：《汉书·艺文志》。

的分工则笼统一些。《左传》记载，"籍"氏是晋国掌管文献之官，而"董"氏则是掌管历史记录之官。《左传》昭公十五年记载了一段很有名的故事：

> 十二月，晋荀跞如周，葬穆后，籍谈为介。既葬除丧，以文伯宴，樽以鲁壶。王曰："伯氏，诸侯皆有以镇抚室，晋独无有，何也？"文伯揖籍谈。对曰："诸侯之封也，皆受明器于王室，以镇抚其社稷，故能荐彝器于王。晋居深山，戎狄之与邻，而远于王室，王灵不及，拜戎不暇，其何以献器？"王曰："叔氏，而忘诸乎？叔父唐叔，成王之母弟也，其反无分乎？密须之鼓，与其大路，文所以大蒐也；阙巩之甲，武所以克商也。唐叔受之，以处参虚，匡有戎狄。其后襄之二路，鏚钺，秬鬯，彤弓、虎贲，文公受之，以有南阳之田，抚征东夏，非分而何？夫有勋而不废，有绩而载，奉之以土田，抚之以彝器，旌之以车服，明之以文章，子孙不忘，所谓福也。福祚之不登，叔父焉在？且昔而高祖孙伯黡司晋之典籍，以为大政，故曰籍氏。及辛有之二子董之晋，于是乎有董史。女，司典之后也，何故忘之？"籍谈不能对。宾出，王曰："籍父其无后乎！数典而忘其祖。"

春秋时，周景王的夫人穆后死了，晋国大臣荀跞带着一干人等前往吊丧。礼毕，周景王宴请荀跞。席间，周景王借着行酒所用鲁国贡献之壶，责问为什么晋国没有向王室贡献礼器？籍谈是晋国负责掌管典籍的官员，应该是熟悉历史的人，所以荀跞让籍谈回答，籍谈回答说：其他诸侯受封时都得到了周王室赏赐的明器，而晋国位于深山之中，整日对付戎狄都来不及，也没得到王室什么好处，因此也就不能像其他诸侯国那样给周王贡献礼器。籍谈的回答引起了周王的不悦，周王遂历数晋君所受王室恩赐，并斥责籍谈说：你的高祖孙伯黡，掌管晋国的典籍，因此得氏曰"籍"，后来周人辛有的二儿子董到了晋国，居晋国史官之职，于是乎才有了"董史"，你作为专门掌管典籍之官的后人，怎么就忘了呢！最后籍谈还落得了"数典忘祖"之讥。从这段文字来看，"籍"是晋国世代专司典籍之官，而董氏则是晋国世代专司记史之官，此即晋国"良史"董狐得氏之由来。

大约成书于战国时代的《周礼》，是一部托名周公、带有浓厚理想色彩的文献，书中从国家政治制度、经济制度、军事制度到车马器械的制作等都做了全面的规划。在《周礼》中，对史官制度也进行了系统的规范与设计。

> 大史掌建邦之六典，以逆邦国之治，掌法以逆官府之治，掌则以逆都鄙之治。……凡邦国都鄙及万民之有约剂者藏焉，以贰六官，六官之所登。
>
> 小史掌邦国之志，奠系世，辨昭穆。若有事，则诏王之忌讳。大祭祀，读礼法，史以书叙昭穆之俎簋。大丧、大宾客、大会同、大军旅，佐大史。
>
> 内史掌王之八枋之法，以诏王治。……执国法及国令之贰，以考政事，以逆会计。掌叙事之法，受纳访以诏王听治。凡命诸侯及孤卿大夫，则策命之。凡四方之事书，内史读之。王制禄，则赞为之，以方出之。赏赐亦如之。内史掌书王命，遂贰之。
>
> 外史掌书外令，掌四方之志，掌三皇五帝之书，掌达书名于四方。若以书使于四方，则书其令。
>
> 御史掌邦国都鄙及万民之治令，以赞冢宰。凡治者受法令焉。掌赞书。凡数从政者。[①]

应该说，《周礼》中这一套关于史官职掌的设置，既有春秋战国时代史官之职现实情况的影子，也有许多理想成分。汉代以后，随着儒家思想成为中国社会的主流思想，《周礼》这一套周密的史官制度便成为此后两千多年中国史官制度的基础，也成为官方文献管理制度安排的理论依据，因此，《周礼》对于中国封建时代文献记述、收藏与管理的影响是十分重大和深远的。

在史书的修纂方面，春秋时已经有一套十分严密和规范的编纂体例和规则，在叙事的方法、文字的使用上，也有严格的规定，这就是后来人们所说的"春秋书法"。"春秋书法"的一个重要原则，就是通过特定的文字来表达作者（其实也就是当时社会主流思想）的思想感情和价值观。《春秋》宣公二年记：

---

① 《周礼·春官》，十三经清人注疏《周礼正义》本，中华书局 2013 年版。

秋，九月乙丑，晋赵盾弑其君夷皋。

因晋灵公暴虐不君，执政大臣赵盾屡谏不听，还多次派人刺杀赵盾，皆未果，后来反而为赵盾之弟赵穿①所杀。《左传》宣公二年详载其事并借孔子之口评论说：

> 大史书曰："赵盾弑其君"，以示于朝。宣子（即赵盾）曰："不然。"对曰："子为正卿，亡不越境，反不讨贼，非子而谁？"……孔子曰："董狐，古之良史也，书法不隐。赵宣子，古之良大夫也，为法受恶。惜也，越竟（境）乃免。"②

"赵盾弑其君"，意指杀晋君的事，虽然不是赵盾直接干的，然而晋灵公被杀时，赵盾虽逃亡在外，但尚在晋国境内，被赵穿迎回后，作为执政大臣的赵盾又没有诛讨弑君的赵穿，因此要由赵盾负起弑君的罪责。不仅晋国的史官将其事书为"赵盾弑其君"，鲁国的史书《春秋》也同样记载为"赵盾弑其君"，这说明"春秋书法"是当时各国史官共同遵循的规则，其价值判断相同。同时，各国史官之间也互通消息，有义务将本国的大事通知其诸侯国。《春秋》襄公二十五年又记：

> 夏，五月乙亥，齐崔杼弑其君光。

齐国大臣崔杼娶齐国棠邑封君棠公的遗孀棠姜为妻。棠姜貌美，齐庄公多次到崔家与之通奸，并将崔杼之冠赐人，结果被受到羞辱的崔杼杀死。《左传》记载此事云：

> 大史书曰："崔杼弑其君。"崔子杀之。其弟嗣书而死者二人。其弟又书，乃舍之。南史氏闻大史尽死，执简以往。闻既书矣，乃还。③

---

① 赵穿与赵盾的关系，史书所载互有歧异，《史记·晋世家》谓赵穿为赵盾之昆弟，此从之。
② 《左传》宣公二年。
③ 《左传》襄公二十五年。

齐太史为忠于史职，一家虽然被连杀三人，但仍然坚持不改在史书中的表述方式，最后崔杼也无可奈何。在这两段著名的故事中，史官书"赵盾弑其君""崔杼弑其君"，所谓"弑"，根据"春秋书法"，以下犯上谓之"弑"，如臣杀君、子杀父等皆是，但"弑"又有不同的用法以表达不同的含义，如《公羊传》文公十八年云："称国以弑者，众弑君之辞。"《左传》宣公四年："凡弑君称君，君无道也；称臣，臣之罪也。"《左传》宣公十八年："凡自内虐其君曰弑，自外曰戕。"

由上面两条记载可以看出，当时各国史官在记录历史事件时，都遵循共同的记事规则，有共同的价值观、是非观。各国史官之间会互相交换有关记载，因此，《鲁春秋》在记载赵盾弑君时文字与《晋春秋》完全相同。另外，史官通常也是一种家族世袭的职务，史官所记载的东西具有相当的权威性，以至于像崔杼这样的权臣也不敢自行改易史书中的文字。

现在所能见到的《春秋》，记事非常简单，以至于被宋代王安石讥为"断烂朝报"，但与《春秋》关系十分密切的《左传》，内容十分丰富，对一些重大事件的描述甚为详尽。可以猜想，《左传》作者所依据的资料，除了《春秋》之类的编年体史书和《国语》之类专为"记言"的史书之外，一定还有其他记事更为详细的史书或者档案，只是没能流传到今天。

第 二 章

从"百家争鸣"到"焚书坑儒":战国至秦

从春秋末年开始,到整个战国时期,中国社会发生了急剧的动荡,等级制度逐渐崩溃,列国之间的战争更加频繁,各种利益集团互相斗争,不同思想、不同学派互相争鸣,思想文化界空前活跃,图书事业迎来了历史上第一个繁荣时期。战国末,秦始皇统一了中国,统一的国家以及"书同文"政策的实施,为此后的中国社会奠定了一个能够长久发展的政治与文化基础。但是,基于专制主义思想而采取的"焚书"措施,又给秦朝的文化及图书事业带来了一场空前的浩劫,并对后世产生了极为恶劣的影响。

第一节　战国时代的思想与文化

战国时代是中国古代第一个思想解放、学术繁荣、文化发展的黄金时代,不同阶层、不同学派、不同利益集团纷纷登上历史舞台,代表各个阶级、阶层和社会群体的思想家、政治家各逞其说,不同思想和不同观点相互碰撞、相互激荡,史称"百家争鸣"。

一　"稷下学宫"与"百家争鸣"

从春秋后期开始的社会结构变化到战国时期更加剧烈,最突出的标志就是旧的等级制度崩溃,一个新的社会阶层"士"登上了历史舞台。

春秋时期,周天子的"天下共主"的地位逐渐丧失,诸侯国之间的争霸战争频繁。进入战国时代以后,周王朝已经沦落为一个小国,以后又分裂为"西周"与"东周"两个小国,春秋时期打着"尊王攘夷"旗号进行的争霸战争也被战国时期争取统一天下的战争所替代。同时，随着社会经济的发展，各国之间无论是官方还是民间，人员的流动、商品的贸易、文化的交流更加密切，原来各国之间的界限渐渐模糊，人们可以在各国之间方便地往来，读书人的流动更是频繁，他们或者为了学习而远离故土，或者为了实现其政治理想而游说各国。春秋末期没落贵族孔子就曾带着弟子周游列国，宣传其政治主张，企图恢复西周时代的旧制度、旧秩序；虽出身于没落贵族但却代表手工业者和平民阶层利益的墨子也常常带着门徒到处宣传"兼爱""非攻"，甚至从一个国家跑到另一个国家去帮助人家守城，抵御侵略。到了战国时代，这种情况更为普遍，尤其是抱着不同目的、有着不同政治理想的读书人，他们奔走于列国之间，摇唇鼓舌，游说于诸侯之庭、卿相之门，读书人对社会的影响提高到了空前的地步，"学而优则仕"也在战国时代得到了很好的体现。对于各国国君和卿大夫来说，"士"也成了他们赢得战争、牟取权利、壮大势力的重要谋士和帮手，东汉王充说："六国之时，贤才之臣，入楚楚重，出齐齐轻，为赵赵完，畔魏魏伤。"① 因此，从诸侯到卿相大夫，养士成风，战国时楚之春申君、齐之孟尝君、赵之平原君、魏之信陵君皆养士数千。学习文化、当读书人，成为战国时代一般人进入上流社会最重要的途径，"虽庶人之子孙也，积文学，正身行，能属于礼义，则归之卿相士大夫"②。"人之于文学也，犹玉之于琢磨也。……子赣季路，故鄙人也，被文学，服礼义，为天下列士。"③ 韩非子曾经说过一个故事："王登为中牟令，上言于襄主曰：'中牟有士曰中章、胥己者，其身甚修，其学甚博，君何不举之？' 主曰：'子见之，我将为中大夫。'……王登一日而见二中大夫，予之田宅。中牟之人弃其田耘、卖宅圃而随文学者邑之半。"④ 因为中牟一天之内两个普通的"士"一下成了中大夫，田宅也有了，于是中牟一半的人都不再种地，卖掉房屋土地，跑去学文了。故事可能有点夸张，但也确实反映出战国社会思想文化活跃的基本情况。战国时代，"文士"已经成为一个极为活跃的社会阶层，"百家争鸣"就是在这种社会背景下发生的。

---

① （东汉）王充：《论衡·效力篇》，新编诸子集成《论衡校释》本，中华书局 1990 年版。

② （战国）荀况：《荀子·王制》。

③ （战国）荀况：《荀子·大略》。

④ （战国）韩非：《韩非子·外储说左上》。

　　"百家争鸣"肇始于战国初年齐国的稷下。战国初，田氏代齐，至田齐桓公午时（前374—前357年在位①），为吸引人才，"立稷下之官（宫），设大夫之号，招致贤人而尊崇之"②。"稷"指齐国国都临淄（今山东省淄博市）城门之一的稷门，学宫即设于此门附近，故称"稷下学宫"。稷下学宫前后存续了大约一百年，许多学者、思想家曾在此讲学授徒、相互论辩、著书立说，其人称"稷下先生"，其学则称"稷下之学"。稷下学宫鼎盛时期为齐威王、齐宣王之时（前356—前301年③），西汉司马迁说："于威、宣之际，孟子、荀卿之列，咸遵夫子之业而润色之，以学显于当世。"④东汉应劭也说："齐威、宣王之时，聚天下贤士于稷下，尊宠之。若邹衍、田骈、淳于髡之属甚众，号曰列大夫，皆世所称，咸作书刺世。"⑤到齐闵王时（齐宣王子，在位年代无考，据《史记·六国年表》，则为公元前323—前284年在位），因其"矜功不休，百姓不堪，诸侯谏，不从，各分散。慎到、捷子（即接子，《史记·田仲敬完世家》作'接予'）亡去；田骈如薛，而孙卿适楚"⑥，稷下学宫于是逐渐衰落，不过到齐襄王（齐闵王子，在位年代无考，若据《史记·六国年表》，则为公元前283—前265年在位）时，稷下学宫犹存，《史记·孟子荀卿列传》记荀子"年五十始来游学于齐。……田骈之属皆已死齐襄王时，而荀卿最为老师。齐尚修列大夫之缺，而荀卿三为祭酒焉"。后来为人所谗，荀子离开齐国到了楚国。随着荀子的离去，稷下学宫大概就此了结。

　　稷下学宫是一个学术自由讨论之所，"（齐）宣王喜文学游说之士，自如驺衍、淳于髡、田骈、接予、慎到、环渊之徒七十六人，皆赐列第，为上大夫，不治而议论。是以齐稷下学士复盛，且数百千人"⑦。所谓"不治而

---

　　① 据《史记·六国年表》，则田齐桓公午在位时间为公元前384—前379年，但《史记·六国年表》所载战国年代多误，是不从。此据陈梦家《六国纪年·六国纪年表》，上海人民出版社1956年版。杨宽《战国史》同。

　　② （三国魏）徐幹：《中论·亡国》，民国上海商务印书馆《四部丛刊》影印明嘉靖四十四年青州刻本。

　　③ 据陈梦家《六国纪年·六国纪年表》。

　　④ （西汉）司马迁：《史记·儒林列传》。

　　⑤ （东汉）应劭：《风俗通义·穷通》，吴树平校释，天津人民出版社1980年版。

　　⑥ （西汉）桓宽：《盐铁论·论儒》，民国上海商务印书馆《四部丛刊》影印明弘治涂氏刻本。

　　⑦ （西汉）司马迁：《史记·田敬仲完世家》。

议论"是指稷下先生虽皆位列大夫,但其职非官署,因此并不承担具体的军政事务,而是著书立说、阐述思想、发表议论,"自驺衍与齐之稷下先生,如淳于髡、慎到、环渊、接子、田骈、驺奭之徒,各著书言治乱之事,以干世主,岂可胜道哉!"① 稷下先生们还广收门徒,有齐人谓田骈曰:"今先生设为不宦,訾(资)养千钟,徒百人,不宦则然矣,而富过毕也"②。"著书"与授徒是稷下先生们的主要工作。

稷下之学所涉及的领域是十分广阔的,有儒家之学,有黄老道家之学,有名家之学,有法家之学,有墨家之学,有阴阳家之学,等等。学者来自各国,如齐国人有淳于髡、田骈、邹衍、尹文、接予、邹奭、鲁仲连等,宋国人有宋钘、儿说,赵国人有慎到、荀况,楚国人有环渊,等等。

"稷下学宫"是战国"百家争鸣"的中心,思想与学术空气极为活跃,对此后中国社会产生了重大影响的儒家、道家思想在此得到了丰富与完善,尤其是对汉初社会产生重大影响的黄老道家之学就是在稷下最终成型的。阴阳家主要的代表人物都是稷下先生,至于作为中国封建专制主义思想主要来源的法家思想,更是经稷下领袖人物荀子的进一步阐发,并通过其学生韩非、李斯在秦国的实践而被推到了极致。法家思想一方面帮助秦王政建立了中国历史上第一个统一的封建王朝,另一方面又直接导演了中国封建时代第一场,也是影响最为深远的文化浩劫——"焚书坑儒"。

除了齐国的稷下学宫外,其他国家的思想、文化同样非常活跃,思想开放、学术自由蔚成风气。早在稷下学宫建立之前,孔子就曾"修道鲁、卫之间,教化洙、泗之上"③。"孔子既没,子夏居西河教授,为魏文侯师。"④ 燕国有"武阳学馆","(燕)昭王礼宾,广延方士,至如郭隗、乐毅之徒,邹衍、剧辛之俦,宦游历说之民,自远而届者多矣"⑤。著名的"战国四君子"——齐国的孟尝君、赵国的平原君、魏国的信陵君、楚国的春申君,则更是广招宾客,各养士数千人,例如虞卿、邹衍、綦毋子、孔穿、桓团等

---

① (西汉)司马迁:《史记·孟子荀卿列传》。
② (西汉)刘向集录《战国策·齐策四·齐人见田骈》,上海古籍出版社 1985 年整理标点本。
③ (西汉)桓宽:《盐铁论·论儒》。
④ (西汉)司马迁:《史记·仲尼弟子列传》。
⑤ (北魏)郦道元:《水经·易水注》,陈桥驿校证本,中华书局 2007 年版。

皆为平原君门客，在中国古代哲学史上提出著名哲学命题"白马非马"的公孙龙就是作为平原君的门客在与孔穿论辩时将这一命题进行完整阐发的。此外，战国末秦国吕不韦也养士三千，并召集门客，博采众家之说，著成《吕氏春秋》。

"百家争鸣"现象的出现绝不是偶然的，有其社会、历史的原因，是战国时期政治、经济、军事和社会状况的一种反映。"诸子十家，其可观者九家而已。皆起于王道既微，诸侯力政，时君世主，好恶殊方，是以九家之术蜂出并作，各引一端，崇其所善，以此驰说，取合诸侯。其言虽殊，辟犹水火，相灭亦相生也。仁之与义，敬之与和，相反而皆相成也。"① "百家争鸣"虽然以若干中心地区的学术、思想、文化活动的形式表现出来，但实际上是整个战国时代一个非常突出的思想、学术与文化现象。当时虽然战争不断，但没有了"天下共主"的诸侯、大夫以及新兴地主阶级，或者为了统一，或者为了自保，都大力招徕人才，希望知识分子为他们出谋划策，制造舆论甚至直接为其合纵连横、争取国际合作打击主要敌人。在诸侯国内部，贵族卿大夫为了扩充自己的实力，也广招门客，网罗各种人才。这种社会环境为知识分子提供了一个宽松、自由的天地，合则留，不合则去，知识分子可以在列国之间自由讲学、宣传各自不同的思想与主张，上可以议论军国大事，下可以探讨深奥玄妙的哲学问题。

应该看到，"百家争鸣"一方面虽然反映了战国时代思想空前解放、学术自由争鸣、文化繁荣的局面，但另一方面，以韩非为代表的法家学派所倡导的专制集权思想，因为有商鞅变法的基础，并且符合秦国统一全国、确立专制集权统治的需要，被韩非、李斯发展到了极致，成为秦始皇专制主义的思想基础，当其与秦始皇统治的实际需要相结合后，于是就导致了"焚书坑儒"事件的发生，结果给中国文化带来了一场空前浩劫，也给战国时代的"百家争鸣"画上了句号。

二　"百花齐放"的战国图书

战国时代的"百家争鸣"，在思想、学术、文化等方面留下了十分丰硕

---

① 　（东汉）班固：《汉书·艺文志》。

的成果，有些著作虽然已经亡佚，但其主要的内容通过当时人的转述、后世学者的追述和历代学者的研究，尚能知其厓略；还有一些则流传至今，成为中国传统文化经典宝库中重要的组成部分。《汉书·艺文志》著录了先秦至西汉图书，有"六略三十八种，五百九十六家，万三千二百六十九卷"，其中相当一部分是战国时期的作品，仅反映战国"百家争鸣"成果最为集中的"诸子略"，就著录了一百八十九家四千三百二十四篇（当然其中也包括部分受战国诸子思想影响的西汉作品）。可以说，战国时代是一个图书创作"百花齐放"的时代，是中国图书事业发展的第一个高峰。

如前所述，战国时期思想、学术与文化的繁荣，其主体是春秋后期才独立登上历史舞台的"士"阶层。他们有的来源于没落的旧贵族，有的则来源于新兴的地主阶级，虽然他们各自有其独立的思想，但他们也是不同利益群体的代表，代表着不同国家、不同阶级、不同社会阶层的利益，有着不同的政治理想、学术观点和经济要求，为了阐明自己的思想与观点，他们除了四处游说宣传外，还写下了大量文章、著作并广为传播，由此带来了一个图书创作的高峰，如流传至今的《商君书》《荀子》《韩非子》等皆是。史载韩非子作《孤愤》《五蠹》，远在秦国的秦王政（即后来的秦始皇）读后叹道："嗟乎，寡人得见此人与之游，死不恨矣！"① 即使是主张"绝圣弃智"和"清静无为"的老子和庄子，也有作品行世。他如"邹子之徒，论著终始五德之运，及秦帝而齐人奏之，故始皇采用之"②。战国诸子百家，多数都有著作，有的出于自撰，如《邹子》《孟子》《孙卿子》（即《荀子》）《老子》（尚有争议）《庄子》《韩非子》等皆是；有的则是由门人汇集其言论成书，如《论语》《墨子》等皆是。战国时期各诸侯国之间战争频繁，为了争取其他国家的支持或避免多方受敌，外交活动空前活跃，食君之禄的游士们四处奔走游说，这就是历史上有名的"合纵连横"，其游说之辞多逞口舌之利，极富辩才，于是便广为传播，西汉末由刘向汇编成书的《战国策》即其代表。

战国诸子百家除依政治与学术观点而分为不同的学派外，即使是同一学

---

① （西汉）司马迁：《史记·老子韩非列传》。
② （西汉）司马迁：《史记·封禅书》。

派，也多因理解认识不同，而有不同的分支，故《汉书·艺文志》云：

> 昔仲尼没而微言绝，七十子丧而大义乖。故《春秋》分为五，《诗》分为四，《易》有数家之传。战国从横，真伪分争，诸子之言纷然淆乱。

同为显学的儒、墨两家，在孔子、墨子之后，也四分五裂。

> 自孔子之死也，有子张之儒，有子思之儒，有颜氏之儒，有孟氏之儒，有漆雕氏之儒，有仲良氏之儒，有孙氏之儒，有乐正氏之儒。自墨子之死也，有相里氏之墨，有相夫氏之墨，有邓陵氏之墨。故孔、墨之后，儒分为八，墨离为三，取舍相反不同，而皆自谓真孔、墨……①

后世正统儒家所自出的孟子与荀子，皆为孔子之后的儒学宗师，但立场与思想差异很大：孟子出身孔门而倡民本，荀子虽出儒家但兼采法家道家之学而倡"隆礼重法"；孟子言性善，荀子言性恶；孟子倡重义轻利，荀子主义利并重；孟子法先王，荀子法后王。类似的思想与学术的演绎分化，使得战国时代的思想与学术丰富多彩，也为后世留下了大量的图书。

春秋战国时代，天下"大乱"，原来一些深藏于王室和各诸侯国的档案渐渐流散民间，成为人们习见的图书，流传至今的《春秋》即是，据说墨子曾经见过"百国《春秋》"。主要以档案为素材写成的历史巨著《左传》和《国语》也诞生在这个时期。战国以后，因为思想解放，异说蜂起，传闻异辞常常能够标新立异，因此私人著史之风甚盛，西晋初年汲郡出土的《竹书纪年》应该就是战国时人根据一部分官方史书，再加上自己对上古历史的认识而编纂的私家著作。1975 年湖北省云梦县睡虎地秦墓出土的《编年记》也属于这类著作。

还有一些文献，可能是战国时的政治家、思想家出于自己的政治理想，企图通过"托古"来达到"改制"的目的，于是将自行设计与编纂的"理

---

① （战国）韩非：《韩非子·显学》。

想制度"，托名古代圣贤，像今本《周礼》，大概就是反映战国时期某一派别政治家治国理念而托名周公的图书，近几十年来出土的古代文献中，也有类似的著作，如 1972 年在山东临沂银雀山出土的汉简《守法守令十三篇》，大概就属于这类。

　　春秋以前，主要的文学作品是《诗经》之类的诗歌，至于还有无其他文学形式，因为目前所掌握的文献不足，还不能清楚地说明。到了战国时，文学作品的形式更加多样。在《汉书·艺文志》中，已经可以见到不少《诗经》以外的文学作品，最有名的当属《楚辞》。

　　《楚辞》本义，指战国时楚国大臣屈平所作的诗歌，因其中一些诗篇风格与《诗经》有所不同，遂成为一种新的文学体裁，并被后人采用。

> 　　《楚辞》者，屈原之所作也。自周室衰乱，诗人寝息，谄佞之道兴，讽刺之辞废。楚有贤臣屈原，被谗放逐，乃著《离骚》八篇，言己离别愁思，申杼其心，自明无罪，因以讽谏，冀君觉悟，卒不省察，遂赴汨罗死焉。弟子宋玉，痛惜其师，伤而和之。其后，贾谊、东方朔、刘向、扬雄，嘉其文彩，拟之而作。盖以原楚人也，谓之"楚辞"。①

《楚辞》是中国文学史上的一朵奇葩，屈原的《离骚》是一篇充满了爱国主义情怀的作品，而《天问》则充满了浪漫主义的色彩。《隋书·经籍志》评价《楚辞》说："其气质高丽，雅致清远，后之文人，咸不能逮。"

　　战国时期，还有一些文学作品在中国文学史上也占有一定的地位，如《荀子·成相篇》，堪称后世说唱文学之祖。其他如《荀子·赋篇》，则包括《礼》《知》《云》《蚕》《箴（针）》五节，既有对"礼""知"这类抽象概念的阐发，也有对"云""蚕""针"这类具体事物的描写，以四言为主，杂以五言、七言，多用排比句，后人谓其为汉赋之祖。西晋初年今河南汲县一个战国时魏国的古冢曾出土了大批战国时期的竹简，史称"汲冢竹书"。在汲冢竹书中，有《穆天子传》五篇、《周穆王美人盛姬死事》一篇，这属

---

① （唐）魏徵等：《隋书·经籍志》。

于小说一类；有《琐语》十一篇，这属于杂记一类；有《图诗》一篇，这是"画赞之属"。此外，在中国古代文化史上影响极大的《山海经》，学术界一般也认为是战国时期的作品，它既有地理学的成分，也有神话和志怪小说的成分，还有一些内容则是出于自古以来人们口耳相传的故事、传说，前面提到的与甲骨文《四方风》可以相印证的文字，就属于这类。

关于战国时期的图书收藏情况，战国时各诸侯国几乎都设有文献收藏的机构，通名之柱下、兰台，主要收藏政府文档及法律文书。前人研究中国图书馆史，或以为柱下或兰台即是战国秦汉的中央图书馆。关于柱下、兰台的性质，需要从其收藏、管理、利用文献的情况来具体分析。《史记》载：

（张苍）好书律历，秦时为御史，主柱下方书。①

"方书"，刘宋裴骃《史记集解》引如淳曰："方，版也，谓书事在版上者也。秦以上置柱下史，苍为御史，主其事。或曰四方文书。"唐司马贞《史记索隐》亦云："周秦皆有柱下史，谓御史也。所掌及侍立恒在殿柱之下，故老子为周柱下史。今苍在秦代亦居斯职。方书者，如淳以为方板，谓小事书之于方也，或曰主四方文书也。姚氏以为下云'明习天下图书计籍，主郡上计'，则方为四方文书是也。"根据这些描述，柱下、兰台与其说是图书馆，不如说是档案馆。真正收藏一般图书的应该是各国的"博士"，如秦国的博士官，藏有《诗》《书》及诸子百家之书，秦始皇焚书时，他们所藏的《诗》《书》及"百家语"皆不在焚毁之列。

在民间，也有不少藏书。《墨子·贵义篇》说，墨子"南游使卫，关中（即扃中）载书甚多"；《庄子·天下篇》说，"惠施多方，其书五车"。《战国策》记载了一则关于苏秦早年的故事，说苏秦游说秦王失败，背着书回到家中，受到妻、嫂的轻视，"乃夜发书，陈箧数十，得《太公阴符》之谋"②，于是发愤苦读，终至成功。到秦始皇焚书时，民间收藏《诗》《书》的情况非常普遍，司马迁说秦始皇焚书但后来《诗》

---

① （西汉）司马迁：《史记·张丞相列传》。
② （西汉）刘向集录《战国策·秦策一·苏秦始将连横》。

《书》又复现，其原因就是"多藏人家"①。《韩非子·五蠹》提到由于民间藏书有碍政府法令的贯彻实施："今境内之民皆言治，藏商（鞅）、管（仲）之法者家有之，而国愈贫，言耕者从，执末者寡也；境内皆言兵，藏孙（武）、吴（起）之书者家有之，而兵愈弱，言战者多，被甲者少也。"韩非此话本意虽然是主张焚毁民间藏书，但由此可见战国时民间藏书之普遍、所藏图书内容之丰富，也从一个侧面反映了战国时图书事业繁荣的景象。

第二节　秦始皇专制与"焚书坑儒"

一　"商鞅变法"与秦国的专制文化

公元前 221 年，秦王政统一了中国，建立了秦王朝，称始皇帝。秦人本起于东方，其早期历史已遥不可知。大约在西周初年，秦人因参与商纣之子武庚领导的叛乱，失败后被赶到了西方的黄土高原今甘肃天水一带养马。周穆王时，徐偃王作乱，秦人造父为周穆王驾车"长驱归周，一日千里以救乱"，因功得封于赵，于是以赵为氏。周孝王时，秦人被召至汧渭之间（今陕西扶风和眉县一带）为周人养马，以后逐渐定居下来。因西周末年厉王之乱，周王室影响力大为减弱，给秦人提供了发展空间。周平王时，戎狄入侵，周室东迁雒邑，秦襄公参与了护送，被周平王封为侯，赐"岐以西之地"，秦人由此立国。后来秦人虽然不断开疆拓土，但其社会与文化发展水平较之东方各国要落后很多，直到秦文公十三年（前 753 年）才"有史以纪事"，百姓逐渐被"化"②，但即使到了战国末年，秦地还保留了不少落后的习俗，被东方各国认为"与戎翟同俗，有虎狼之心"，"不识礼义"③，连音乐也是"击瓮叩缶"，不能与中原雅乐相比。

秦国社会的发展是从春秋秦穆公时开始起步的，但快速发展并奠定此后统一中国的经济、政治和社会基础则是在战国秦孝公时商鞅变法以后，法家

① （西汉）司马迁：《史记·六国年表序》。
② （西汉）司马迁：《史记·秦本纪》。
③ （西汉）司马迁：《史记·魏世家》。

思想在秦国富强和最后实现统一的过程中发挥了重要的作用。

法家学派在春秋末年产生，到战国时发展成为显学，其下又有不少分支，影响最大的是商鞅、韩非、李斯一派，他们鼓吹封建专制主义，主张加强中央集权，建立法制，通过严刑峻法来推行改革和进行社会管理，这些主张对富国强兵有非常现实的意义。

秦孝公（前381—前338年）在位时，任用商鞅实行变法，秦国力大增。商鞅变法，涉及政治、经济、社会各个方面，主要包括：实行基于土地国有化的国家授田制，由此原来依附于领主的农民变成了国家的编户齐民，既扩充了兵源，也建立起一整套新型的户籍制度，在此基础上实行什伍连坐法，中央得以集权，使得秦国的国家治理更为有效；废除世卿世禄制度、奖励军功、建立二十等军功爵制，大大增强了秦军的战斗力，秦国军队遂有"虎狼之师"之名，为武力统一全国提供了保障；奖励耕织，重农抑商，兴修水利，推广牛耕、使用铁器，因此经济得以快速发展，秦国的中心地区关中成为千里沃野，号称"天府"，为日后的统一战争提供了坚实的物质基础。在社会和文化方面，则是推行愚民政策，借此来强化对人民的思想控制。

法家特别是对秦国影响最大的法家代表人物商鞅、韩非和李斯都极力主张实行愚民政策，反对老百姓学习《诗》《书》、百家语，因此，秦国的文化与东方各国相比，反差很大。商鞅早在实行变法时，就曾向秦孝公建议：

> 昔之能制天下者，必先制其民者也；能胜强敌者，必先胜其民者也。故胜民之本在制民。①

而制民之要，在弱民，曰：

> 民弱，国强；国强，民弱。故有道之国，务在弱民。朴则强，淫则弱。弱则轨，淫则越志。弱则有用，越志则乱。②

---

① （战国）商鞅：《商君书·画策》，蒋礼鸿《商君书锥指》本，中华书局1986年版。
② （战国）商鞅：《商君书·弱民》。力案："越志则乱"一句原作"越志则强"，据蒋礼鸿校改。

所谓"朴"，就是使民无知而听命。商鞅又称："国富而不战，偷生于内，有六虱，必弱。"而所谓"六虱"，则是"曰礼乐；曰《诗》《书》；曰修善，曰孝弟；曰诚信，曰贞廉；曰仁义；曰非兵，曰羞战"。如果一个国家有此"六虱"十二条，则"君之治不胜其臣，官之治不胜其民，此谓六虱胜其政也"①。至于后来的韩非、李斯则更是将商鞅的愚民思想发挥到了极致。韩非的思想集商鞅的"法"，申不害的"术"和慎到的"势"于一体，因此，韩非既是法家思想的集大成者，又是以鼓吹专制集权和愚民思想而对秦始皇思想影响最大的政治家、思想家。韩非说：

> 夫贵文学以疑法，尊行修以贰功，索国之富强，不可得也。②
> 工文学者非所用，用之则乱法。③

因此，愚民、轻文、重法，成为秦国专制文化的一大特点。

秦人重法，反映在其法制体系的完善和成文法律及其他相关法规、制度的健全上。近几十年来，考古发掘出土了为数不少的秦国法律文献，使学者们对秦国的法制文献以及文书档案制度有了比较详细的了解。

1975 年，湖北云梦睡虎地秦墓出土了秦国大量法律文书的简策（通称"云梦秦简"或"睡虎地秦简"），以后又陆续出土了如"青川木牍"、湖北云梦龙岗秦简、湖北江陵王家台秦简、甘肃天水放马滩秦简、湖南大学岳麓书院入藏的秦简（不清楚何时何地出土）等。2002 年又在湖南龙山里耶出土了秦简三万六千余枚（通称"里耶秦简"），数量远远超过著名的睡虎地秦简。上述大宗秦简以及与秦简关系密切的张家山汉简④，有一个共同的特点：都有大量的法律和行政文书（包括成文法律、司法解释、行政规章，甚至法律学习资料等）、日书（选择时日吉凶宜忌的图书）、梦书（占梦之书）、医书、算书等生活用书，其他类别的文献如文学、诸子之书几乎没有，也从一个侧面反映了秦人文化及秦国和秦朝文献的特点。

---

① （战国）商鞅：《商君书·靳令》。
② （战国）韩非：《韩非子·八说》。
③ （战国）韩非：《韩非子·五蠹》。
④ 以上秦、汉简牍的出土情况及内容介绍，参见本书附录。

秦国从中央到地方有一套严密的官僚体系，负责县级以下管理的官员通称为"吏"，他们熟悉法律、制度，《睡虎地秦简·语书》称"凡良吏皆明法律令"。同时，还有一套完整的文书制度。《睡虎地秦简·内史杂》规定："有事请也，必以书，毋口请，毋羁请（羁请，即代为请示）。"这是说凡是需要请示报告的，必须是书面报告，不能是口头报告，也不能请人代为转达。根据睡虎地秦简、里耶秦简，秦人的司法文书复杂而细密，审讯犯人有详细的记录，包括原告的申诉、被告的供词、官方的调查及审讯记录等，称为"爰书"。在社会管理方面，有非常详细的登记制度，即各种簿籍。对于这些文书档案，也有一套严格的管理制度。《睡虎地秦简·法律答问》载："甲徒居，徒数谒吏，吏环，弗为更籍。今甲有耐、赀罪，问吏可（何）论？耐以上，当赀二甲。"其意为：某人迁居，告知了管理他的吏，而吏未曾给他办理户籍迁移手续。现在某人犯了罪当罚，问当初未曾给他办理户籍迁移手续的吏应当如何处置。结论是：如果某人的罪名是"耐"[①] 以上，则当罚负有管理失职之责的吏兵甲两副。直接继承秦律的张家山汉简《二年律令·户律》还规定各种户籍资料正本存于乡，而副本则须报送县廷，如果有户籍迁移而未及时变更有关档案的，则相关管理人员都要受罚。

秦王朝建立以后，自商鞅变法以来形成的法制体系和社会管理制度被推广到了全国，实行愚民政策和重法而轻文的观念和做法也由原来的秦国延伸到了大一统的"天下"，从而成为秦始皇实行"焚书坑儒"的思想和制度基础。

二　"焚书坑儒"与图书之厄

隋代学者牛弘曾经总结隋代以前有关图书的五次大灾难，称为"书之五厄"，而"焚书坑儒"就是其中第一"厄"。"焚书坑儒"不仅是中国图书史上第一次"书厄"，也是中国历史上一件影响深远的重大事件，它的发生，有着深刻、复杂的原因。焚毁、查禁不利于己的图书，在秦始皇之前早已有之，《孟子·万章下》云：

---

① 耐，是比髡刑轻的一种刑罚，即强制剃除鬓毛胡须而保留头发。

北宫锜问曰："周室班爵禄也，如之何？"孟子曰："其详不可得闻也。诸侯恶其害己也而皆去其籍，然而轲也尝闻其略也。"

东汉赵岐注云：

诸侯欲恣行，憎恶其法度，妨害己之所为，故灭去典籍。

这是说战国时诸侯们害怕已有典籍所载不利于其统治，于是就采取焚毁禁绝的办法，可见因政治需要而禁毁文献早有先例。但是，将这种做法推到极端而成为文化专制主义恶例的，则当推秦始皇的"焚书坑儒"。

公元前 221 年，秦始皇统一了中国。为了加强其统治，在文化领域采取了一系列措施，其中最主要的举措便是"书同文"。在春秋战国时期，东方六国文字虽然同出一源，但文字之间形体差别极大，不易辨识。秦国继承了西周以来的大篆，字体变化不大。当统一国家建立之后，如果没有统一的文字，既会影响到统一国家之内经济、文化的交流，更会严重妨害国家政令、法制的实施。于是，李斯以周代通行的"大篆"为基础，创制了"小篆"，并以此作为全国必须遵循使用的标准文字。"书同文"的实施，从历史的角度来看，对于中国社会的进步、文化尤其是图书事业的发展甚至国家的统一有非常重要的积极作用。但在当时，秦始皇推行"书同文"还有一个重要的目的，就是借统一文字之机，对用原来东方六国文字写成的图书加以焚毁，借以强化对统一国家的文化认同，加上当时被征服的东方六国旧贵族不甘失败，四处散布流言，并且借古讽今，对秦始皇及其统治政权进行攻击，于是引发了秦始皇的"焚书"：

（秦始皇三十四年，即前 213 年）丞相李斯曰：……"古者天下散乱，莫之能一，是以诸侯并作，语皆道古以害今，饰虚言以乱实，人善其所私学，以非上之所建立。今皇帝并有天下，别黑白而定一尊。私学而相与非法教，人闻令下，则各以其学议之，入则心非，出则巷议，夸主以为名，异取以为高，率群下以造谤。如此弗禁，则主势降乎上，党与成乎下。禁之便。臣请史官非秦记皆烧之。非博士官所职，天下敢有藏《诗》《书》、百家语者，悉诣守、尉杂烧之。有敢偶语《诗》《书》者弃市。以古非今者族。吏见知不举者与同罪。令下三十日不烧，黥为城旦。所不去者，医药卜筮种树之书。若欲有学法令，以吏为师。"制曰："可。"①

这就是历史上著名的"焚书"事件。

李斯的"焚书"建议是有其思想与文化渊源的。禁止私学，禁止学习、讨论、收藏《诗》《书》和百家语等做法，早在商鞅变法时就已采用过。"以吏为师"是秦朝文化管理的一项具体措施，也是过去秦国的一贯做法。商鞅变法之后，在秦国完整的政权组织中，"吏"既是国家政策的执行者，也是法律条文的解释者、实施者，还是各种法律文书、档案的管理者。商鞅变法，推行专制主义，在思想文化方面的一个重要手段就是实行愚民政策，除了医药卜筮、农业生产之类的文献外，秦国民间几乎没有其他太多的文献。因此，秦始皇"焚书坑儒"中所谓"以吏为师"的办法，实际上就是把原来统一之前秦国的思想钳制政策和秦国文化管理办法向全国推行。

秦始皇焚书，首当其冲的是东方各国史书。

秦既得意，烧天下《诗》《书》，诸侯史记尤甚，为其有所刺讥也。②

所谓"有所刺讥"并不仅仅是对秦始皇的现实统治政策而言，其中可能还有更深刻的含义。秦人本起于西戎，文化发展水平较东方各国要落后许多，在东方儒生看来，秦始皇统一中国，实际上是"蛮夷猾夏""以夷变夏"。统一之后取得全天下人的认同，是秦始皇急欲解决的问题，而焚毁东方各国史书，可以抹去人们对秦人历史的记忆，有利于建立秦王朝统治正统性与合理性的共识。与古印度和古希腊罗马的文化传统有所不同，中国古代文化有一个非常显著的特点，就是对家史和国史的重视，先辈们在生产、生活中所

---

① （西汉）司马迁：《史记·秦始皇本纪》。
② （西汉）司马迁：《史记·六国年表》。

总结出来的知识和经验大多依赖家史、国史的记录流传下去。因此，从一定意义上说，家史、国史所记载的内容，能够反映当时社会发展水平、风俗习惯和文明程度等。秦始皇焚毁东方各国史书，不啻毁灭秦以前的东方各国文化。至于《诗》《书》及诸子百家之语，因为可能被东方六国旧贵族及不满秦王朝统治的儒生用作攻击其统治政策的工具，因此也在劫难逃。

后人言及秦始皇暴政及对文化的破坏，常常以"焚书坑儒"概括之。"焚书"的原因及范围，已略见上述，"坑儒"却另有原因。

秦始皇听信方士侯生、卢生之言，求不死之药而不得，侯生、卢生惧秦法有如果不能应验"辄死"的条文，借口秦始皇贪于权势，"未可为求仙药"，因此逃亡。秦始皇"大怒曰：'吾前收天下书不中用者尽去之。悉召文学方术士甚众，欲以兴太平，方士欲练以求奇药。今闻韩众去不报，徐市等费以巨万计，终不得药，徒奸利相告日闻。卢生等吾尊赐之甚厚，今乃诽谤我，以重吾不德也。诸生在咸阳者，吾使人廉问，或为妖言以乱黔首。'于是使御史悉案问诸生，诸生传相告引，乃自除犯禁者四百六十余人，皆坑之咸阳，使天下知之，以惩后"①。这就是所谓的"坑儒"。

关于"焚书"与"坑儒"二者之间的关系，东汉王充曾有分析：

> 传语曰："秦始皇帝燔烧诗书，坑杀儒士。"言燔烧诗书，灭去五经文书也；坑杀儒士者，言其皆挟经传文书之人也。烧其书，坑其人，诗书绝矣。言燔烧诗书，坑杀儒士，实也；言其欲灭诗书，故坑杀其人，非其诚，又增之也。②

其实，"焚书"是文化专制的需要；而"坑儒"则是方士、儒生们攻击诽谤秦始皇而犯禁所致，虽然都属于专制主义的暴行，但二者并无直接的关系。

也应该指出，秦始皇所焚的图书是有一定范围的，而焚书范围的确定，是由其焚书目的决定的。秦朝下令焚毁的图书，主要是民间所藏原东方六国

---

① （西汉）司马迁：《史记·秦始皇本纪》。
② （东汉）王充：《论衡·语增篇》，新编诸子集成《论衡校释》本，中华书局1990年版。

的历史书籍、法律文书、先秦儒家典籍如《诗》《书》等以及诸子百家的著作，而秦国自己的历史著作和"医药卜筮种树之书"（即医药书、占卜所用书如《易经》等和农书）则不在禁令之中。另外，天文历法方面的图书也未被焚毁："秦燔《诗》《书》，以愚百姓，六经典籍，残为灰炭。星官之书，全而不毁。"① 此外，秦国博士所藏的图书并不在焚毁之列。

秦始皇焚书坑儒给中国文化和图书事业所带来的影响是巨大的。仅就焚书的范围和数量而言，其直接影响是有限的，宋代学者郑樵云：

> 萧何入咸阳，收秦律令图书，则秦亦未尝无书籍也。其所焚者，一时间事耳。后世不明经者，皆归之秦火，使学者不睹全书，未免乎疑以传疑。……秦人焚书而书存，诸儒穷经而经绝。②

清代学者刘大櫆更申论之：

> 六经之亡，非秦亡之，汉亡之也。后之学者见秦有焚书之令，则曰：《诗》《书》至秦一炬而扫地无余，此与耳食何异？夫书，秦固未尝尽焚也。……经之亡，盖在楚汉之兴、沛公与项羽相继入关之时也。……李斯恐天下学者道古以非今，于是禁天下私藏《诗》《书》、百家之语，其法至于偶语《诗》《书》者弃市，而吏见知不举则与之同罪。噫，亦烈矣！然其所以若此者，将以愚民而固不欲以之自愚也！故曰：非博士官所职，悉诣守尉杂烧之。然则博士之所藏具在，未尝烧也。迨项羽入关，……烧秦宫室，火三月不灭，而后唐虞三代之法制、古先圣人之微言，乃始荡为灰烬，澌灭无余。当项籍之未至于秦，咸阳之未屠，李斯虽烧之而未尽也。吾故曰：书之焚，非李斯之罪，而项籍之罪也！……吾以为，萧何，汉之功臣而六经之罪人也。何则？沛公至咸阳，……而萧何独先入，收秦丞相御史律令图书，……然萧何于秦博士所藏之书、所以传先王之道不绝如线者，独不闻其爱而惜之、收而宝之。……昔者

---

① （晋）司马彪：《后汉书·天文志上》。
② （宋）郑樵：《通志》卷71《校雠略一·秦不绝儒学论》，民国上海商务印书馆《万有文库》本，中华书局1984年版。

尝怪汉兴，大反秦之所为，而礼乐法度则一遵秦故，而未尝稍变。由今观之，然后知萧何之所以相汉者，惟知有秦之律令，而圣人之经则弃而烧之已久矣。……设使萧何能与其律令图书并收而藏之，则项羽不能烧；项羽不烧，则圣人之全经犹在也。①

郑、刘之说，虽不无道理，但秦始皇首开"焚书"恶例的影响则远远大于"焚书"行为本身。"以吏为师"，也是一种文化专制的具体措施，近人崔适曾分析《史记》"若欲有学法令，以吏为师"云：

> 吏谓博士也。第烧民间之书，不烧官府之书；第禁私相受授，可诣博士受业。故陈胜反，二世召问博士诸生，博士诸生三十余人前曰"人臣无将"，语本《公羊传》，事载《叔孙通传》。若并在官者禁之，三十余人者，焉敢公犯诏书，擅引经义哉？②

"以吏为师"的目的除了让百姓遵守法纪外，更重要且影响更大的则是禁止百姓"私相受授"，禁止民间私学。上古学在官府，自春秋以后这种局面已大为改观，民间可以自由设席讲学纳徒，因此才有战国时代的"百家争鸣"，而"以吏为师"，其实质是开历史的倒车，企图将人民的思想通过"以吏为师"而限定于"守法"的范畴，这也是商鞅变法以来实行愚民政策的继续。

不过，任何通过专制手段来钳制人民思想的做法终难长久。通过焚书、禁书、禁止人民自由的文化交流和学术讨论，以此来钳制思想、毁灭文化，历来就没有什么实际、长久的效果，倘有人真爱其书，则可置之夹壁、藏之山野，汉代孔壁出书即其实例。战国以来，东方各国民间所学以《诗》《书》《礼》为主，而秦始皇焚书令下后，民间仍记诵不衰，故《史记·六国年表》说"《诗》《书》所以复见者，多藏人家"。诸子百家，本来便不如《诗》《书》之学盛，至于一些旁枝末派，更是学者寥寥。因此，焚书令

---

① （清）刘大櫆：《海峰文集》卷1《焚书辨》，《清代诗文集汇编》影印清刻本，上海古籍出版社2011年版。

② 崔适：《史记探源》卷3《十二本纪·秦始皇帝本纪》，张烈点校，中华书局1986年排印本。

的实际效果是很有限的,而东方各国史书,本来就主要收藏于王府,民间传本很少,秦始皇并吞六国后,皆辇载来秦,而秦始皇焚书并不焚秦宫藏书,因此东方各国史书,当如刘大櫆等言,实毁于项羽之手。

无论是"焚书"还是"坑儒",都没能够让秦王朝"二世三世至于万世,传之无穷",秦王朝仅仅维持了十五年便被推翻了。

第 三 章

文化多元的时代：两汉
魏晋南北朝

公元前 206 年，项羽攻入咸阳，秦王朝被推翻，项羽、刘邦相继称王。经过四年多的楚汉战争，公元前 202 年，刘邦打败项羽，即皇帝位，汉王朝正式建立，不过，其后几年仍一直处于与秦楚残余势力和反叛的诸侯、将军的战争状态。到汉惠帝时，天下稍定，建立正常国家秩序、恢复社会生产与生活才提上了日程，教育与文化建设也才得以重启。到汉文帝（前 180—前 157 年在位）和汉景帝（前 157—前 141 年在位）时，在总结秦亡教训的基础上，实行"轻徭薄赋""与民休息"政策，发展经济，经过短短的几十年，"京师之钱累百巨万，贯朽而不可校。太仓之粟陈陈相因，充溢露积于外，腐败不可食"①，史称"文景之治"。经济的恢复与繁荣，为文化事业的发展提供了前提和条件。

从两汉时期开始，学术的主流是"经学"，一些重要的文化活动包括图书撰著、收藏、整理和传播多与经学相关。经学之外，文学、史学以及自然科学等也颇有特色。从东汉后期开始，本土的道教兴起，外来的佛教传入，道教文献开始撰著与结集，佛教经典大量翻译成汉文，这些都对此后两千多年的中国社会产生了重大的影响。

两汉魏晋南北朝时期，是中国古代文化和图书事业快速发展的时期，也是一个文化多元，各种文化异彩纷呈的时期。

---

① （东汉）班固：《汉书·食货志上》。

第一节　汉代的学术与文化

在推翻秦王朝及楚汉战争过程中，汉高祖刘邦的麾下聚集了不少儒生，他们为刘氏夺取天下、建立汉王朝发挥了很大的作用，刘邦本人也深知可以马上得天下，却不能马上治天下，对于国家的治理，必须要依靠读书人。秦始皇"焚书坑儒"、实行法家所主张的文化专制主义殷鉴在前，因此，对于文化，汉朝的统治者有着与秦朝统治者完全不同的态度。同时，对于一个已经安定的社会来说，文化建设也是其统治的基础和重要内容，因此，从汉初开始，汉朝统治者废除了暴秦苛政，发展文化和教育，文化和图书事业得到快速恢复和很大的发展。

汉初黄老之学盛行，但自汉武帝"罢黜百家，独尊儒术"之后，儒家思想取得了正统地位，其影响一直延续到二十世纪；因为儒家不同派别特别是对儒家经典解释、传承的不同派别所衍生出来的"经学"成为汉代学术的主流，其影响也一直延续到二十世纪。同时，汉代的"经学"不仅局限于儒家的范围以内，也不仅仅是对儒家经典的解释问题，文学、史学以及其他领域都无不受其影响。因此，要研究两汉魏晋南北朝时期的图书史，必须从"经学"入手。

一　经学与汉代图书

与秦朝专用法家不同，汉初各种思想并存，道、法、阴阳、纵横家也都十分活跃，不过最受重视的却是属于道家的黄老之学，因此其盛极一时，这可能与道家主张清静无为正好与汉初"与民休息"以恢复国力的现实政治需要有关。汉初儒家之学并不受重视，特别是曾一度当政的窦太后（汉景帝之母）酷好黄老，在与专治《诗经》的博士辕固辩论时被惹恼，竟将辕固投入野猪圈让他与野猪搏斗[1]。直到窦太后死后，情况才得以改变。"及窦太后崩，武安君田蚡为丞相，黜黄老、刑名百家之言，延文学儒者以百

----

① 事见《史记·儒林列传》。

数，而公孙弘以治《春秋》为丞相封侯，天下学士靡然向风矣。"① 董仲舒向汉武帝建议："诸不在六艺之科孔子之术者，皆绝其道，勿使并进。"② 汉武帝采纳了董仲舒的建议，这就是历史上著名的"罢黜百家，独尊儒术"。通过一系列的措施，儒家思想取得了正统地位。

战国时期，多数诸侯国都设有博士一职。鲁国有博士公仪休③，宋国有博士卫④，汉代贾山的祖父为"故魏王时博士"⑤，齐国也有"稷下先生"（即博士）。到秦朝时，也至少有博士七十人⑥，"博士，秦官，掌通古今，秩比六百石，员多至数十人"⑦。战国至汉初，博士的主要职责为通古今故事待问和文献典藏。虽然他们可能在学术上各有所长，但并不专攻一书，并且这些博士所研治的学问也不限于儒家，汉初博士中既有儒生，也有名家、阴阳家等。汉文帝时，设立了研习儒家经典的"博士"，当时有"博士七十余人，为待诏"⑧。除《书》《诗》《春秋》等外，汉朝还设立了《论语》博士、《孝经》博士、《孟子》博士、《尔雅》博士⑨，如晁错为《书》博士，但因汉初几个皇帝都好黄老之学，所以虽然设有博士，而只是"具官待问，未有进者"⑩。

汉武帝即位后，情况开始发生变化。武帝建元五年（前 136 年）设"五经博士"。这时的博士制度与战国和秦朝不同，所谓"五经博士"，专为《易》《书》《诗》《礼》《春秋》而设⑪，因此各经博士多专攻"五经"中的一经而不问其他（不过常常会兼治《孝经》《论语》等）。这种以儒家经典为研究对象的学问即被称为"经学"。

① （东汉）班固：《汉书·儒林传》。
② （东汉）班固：《汉书·董仲舒传》。
③ （西汉）司马迁：《史记·循吏列传》。
④ （西汉）褚少孙：《史记·龟策列传》。
⑤ （东汉）班固：《汉书·贾山传》。
⑥ 《史记·秦始皇本纪》："始皇置酒咸阳宫，博士七十人前为寿。"
⑦ （东汉）班固：《汉书·百官公卿表》。
⑧ （唐）李林甫等：《唐六典》卷 21 引《汉官仪》，陈仲夫点校，中华书局 1992 年版。
⑨ （东汉）赵岐：《孟子正义·孟子题辞》，清焦循注，沈文倬点校，中华书局 1987 年版。
⑩ （东汉）班固：《汉书·儒林传》。
⑪ 据王国维先生《汉魏博士考》，因当时认为《孟子》为诸子，因此自然不在立为博士之列。而《论语》《孝经》以及《尔雅》则以受经与不受经者皆诵习之，不宜限于博士而罢之。

除了"独尊儒术"的指导思想外，西汉经学得以快速发展最重要的政策保障是汉武帝元光五年（前130年）为博士置弟子员并大力兴办各级学校。《汉书·儒林传》载：

> （公孙）弘为学官，悼道之郁滞，乃请曰："……为博士官置弟子五十人，复其身。太常择民年十八以上仪状端正者，补博士弟子。郡国县官有好文，敬长上，肃政教，顺乡里，出入不悖，所闻，令相长丞上属所二千石。二千石谨察可者，常与计偕，诣太常，得受业如弟子。一岁皆辄课，能通一艺以上，补文学掌故缺；其高第可以为郎中，太常籍奏。即有秀才异等，辄以名闻。其不事学若下材，及不能通一艺，辄罢之，而请诸能称者。臣谨案诏书律令下者，明天人分际，通古今之谊，文章尔雅，训辞深厚，恩施甚美。小吏浅闻，弗能究宣，亡以明布谕下。以治礼掌故以文学礼义为官，迁留滞。请选择其秩比二百石以上及吏百石通一艺以上补左右内史、大行卒史，比百石以下补郡太守卒史，皆各二人，边郡一人。先用诵多者，不足，择掌故以补中二千石属，文学掌故补郡属，备员。请著功令。它如律令。"制曰："可。"自此以来，公卿大夫士吏彬彬多文学之士矣。

在丞相公孙弘的主持下，中央设立了太学，地方兴建了官学，博士官得置弟子五十人，这些人都免除徭役，学习成绩优异、能通一艺（经）则可以授以官职。在这一制度下，博士弟子既有选拔，也有淘汰，很好地解决了博士弟子的出路问题，从而大大地鼓励、刺激了读书人对儒家经典的学习和研究。此后，博士弟子的数量不断增加，汉昭帝时增至百人，宣帝末年又增至两百人，元帝时增至千人，成帝时有人说孔子乃一介平民而有弟子三千，"今天子太学弟子少，于是增弟子员三千人。岁余，复如故"①。通过教育以及与之相应的人才选拔、任用制度，儒学在与诸子之学的博弈之中取得了决定性的胜利，儒家思想成为此后二千多年中国封建社会的主流思想，经学也成为两汉魏晋南北朝时期学术的主流，在整个封建时代也都占有十分重要的

---

① （东汉）班固：《汉书·儒林传》。

地位。

　　经过西汉末年的战乱，公元 25 年，东汉王朝建立，儒学继续保持独尊的地位，太学的设置更加规整，规模也更加扩大：

　　　　（光武帝）于是立五经博士，各以家法教授，《易》有施、孟、梁丘、京氏，《尚书》欧阳、大小夏侯，《诗》齐、鲁、韩，《礼》大小戴，《春秋》严、颜，凡十四博士，太常差次总领焉。建武五年，乃修起太学，稽式古典，笾豆干戚之容，备之于列，服方领习矩步者，委它乎其中。中元元年，初建三雍。明帝即位，亲行其礼。天子始冠通天，衣日月，备法物之驾，盛清道之仪，坐明堂而朝群后，登灵台以望云物，袒割辟雍之上，尊养三老五更。飨射礼毕，帝正坐自讲，诸儒执经问难于前，冠带缙绅之人，圜桥门而观听者盖亿万计。其后复为功臣子孙、四姓末属别立校舍，搜选高能以受其业，自期门羽林之士，悉令通《孝经》章句，匈奴亦遣子入学。济济乎，洋洋乎，盛于永平矣！①

东汉明帝时讲《梁丘易》的博士张兴"声称著闻，弟子自远至者，著录（唐李善等注：著于籍录）且万人"②。东汉本初元年（146 年），太学学生的规模达到了三万人。不过，经学独尊的副作用也显现出来，博士弟子和太学生的人数虽然增加，但"章句渐疏，而多以浮华相尚，儒者之风盖衰矣"③。除太学外，东汉还有专门为皇室贵胄开设的学校，"置《五经》师"④。

　　两汉地方办学也颇有特色。西汉景帝时文翁（前 179—前 101 年）守蜀，大兴教育：

　　　　文翁，庐江舒人也。少好学，通《春秋》，以郡县吏察举。景帝末，为蜀郡守，仁爱好教化。见蜀地辟陋有蛮夷风，文翁欲诱进之，乃

①　（南朝宋）范晔：《后汉书·儒林列传上》。
②　（南朝宋）范晔：《后汉书·张兴传》。
③　（南朝宋）范晔：《后汉书·儒林列传上》。
④　（南朝宋）范晔：《后汉书·张酺传》。

选郡县小吏开敏有材者张叔等十余人亲自饬厉，遣诣京师，受业博士，或学律令。减省少府用度，买刀布蜀物，赍计吏以遗博士。数岁，蜀生皆成就还归，文翁以为右职，用次察举，官有至郡守刺史者。

又修起学官于成都市中，招下县子弟以为学官弟子，为除更繇，高者以补郡县吏，次为孝弟力田。常选学官僮子，使在便坐受事。每出行县，益从学官诸生明经饬行者与俱，使传教令，出入闺阁。县邑吏民见而荣之，数年，争欲为学官弟子，富人至出钱以求之。繇是大化，蜀地学于京师者比齐鲁焉。至武帝时，乃令天下郡国皆立学校官，自文翁为之始云。①

受文翁蜀中兴学的启发，汉武帝在全国设立了学官以管理与推动学校的设立。西汉平帝元始三年（3 年），"立官稷及学官。郡国曰学，县、道、邑、侯国曰校。校、学置经师一人。乡曰庠，聚曰序。序、庠置《孝经》师一人"②。地方由此普遍设立学校，从中央到地方的学校教育体系初步形成。

基础教育部分即传统所谓的"蒙学"，主要是由民办的私塾来承担的，东汉王充自述"六岁教书，……八岁出于书馆，书馆小僮百人以上，皆以过失袒谪，或以书丑得鞭。充书日进，又无过失。手书既成，辞师受《论语》《尚书》，日讽千字"③。像王充这样的小孩六岁入学，八九岁出蒙，学习的内容以识字为主，教材主要是《苍颉篇》《凡将篇》《急就篇》之类的蒙书。

民间所办学校除儿童的启蒙教育以外，也有以讲习为主要形式的高层次私学。两汉特别是东汉时，私人教授传习儒家经典的情况十分普遍，一些著名的经学大师常常生徒盈门。西汉董仲舒，东汉王充、马融、郑玄是著名的经学大师，他们的门徒数量众多。东汉思想家王充一生中大部分时间都在乡间以教书为业，《后汉书·王充传》记王充"后归乡里，屏居教授"。《后汉书·承宫传》记载了著名学者承宫从求学到办学的过程："承宫字少子，琅邪姑幕人也。少孤，年八岁为人牧豕。乡里徐子盛者，以《春秋经》授诸

---

①　（东汉）班固：《汉书·文翁传》。

②　（东汉）班固：《汉书·平帝纪》。

③　（东汉）王充：《论衡·自纪篇》。

生数百人，宫过息庐下，乐其业，因就听经，遂请留门下，为诸生拾薪。执苦数年，勤学不倦。经典既明，乃归家教授。遭天下丧乱，遂将诸生避地汉中。"东汉末著名经学大师马融"才高博洽，为世通儒，教养诸生，常有千数。涿郡卢植，北海郑玄，皆其徒也。……常坐高堂，施绛纱帐，前授生徒，后列女乐，弟子以次相传，鲜有入其室者"①。"融门徒四百余人，升堂进者五十余生。融素骄贵，（郑）玄在门下，三年不得见，乃使高业弟子传授于玄。"② 而后来马融弟子郑玄的影响更大："（郑）玄自游学，十余年乃归乡里。家贫，客耕东莱，学徒相随已数百千人。"③

　　从西汉武帝独尊儒术开始，经学成为学术的主流。明代学者胡应麟说："汉尚经术，故学问之士皆在经术。"④ 研习儒家经典的学问，一般称为"经学"。经学，其本义乃《周易》《尚书》《诗经》《春秋》《左传》《仪礼》《礼记》《周官》（即《周礼》）等儒家经典的阐释之学，本属学术活动，但由于儒术独尊，儒家思想成为占有统治地位的社会主流思想，因此儒家经典中涉及的治国理念、典章制度等都成为指导现实法律制定、制度设计、社会治理的理论依据，也成为上自皇帝的庙堂之礼下至普通百姓的日常生活习惯的行为准则。但是，几部主要的儒家经典来源十分复杂，本非同出一源，并且许多内容字句、文意、概念、史事、制度等常常语焉不详，因此如何解读、如何与现实相结合，便产生了许多争议，所谓"经学之争"即源于此。

　　西汉初，经秦始皇焚书之劫，先秦儒家经典已散佚不全，赖有少数学者或家藏旧本，或凭记忆尚能背诵若干，于是部分儒家经典如《尚书》《诗经》《春秋》《礼记》等书逐渐复见人间，并被陆续列于学官。传说西汉景帝时，景帝之子刘余受封于山东曲阜，是为鲁恭王，这里是孔子的故乡。鲁恭王受封后，大修宫殿，他看中了一处孔氏旧宅，便把它拆毁另盖宫殿。拆房时，于夹壁之中发现了几部用先秦古文字写成的书籍，其中有《尚书》《礼》等，估计是为了躲避秦始皇焚书之祸而藏匿起来的。鲁恭王对这批图书并无兴趣，便把它们还给了孔家。孔家中对先秦古文字深有研究的著名学

---

① （南朝宋）范晔：《后汉书·马融列传》。
② （南朝宋）范晔：《后汉书·郑玄传》。
③ （南朝宋）范晔：《后汉书·郑玄传》。
④ （明）胡应麟：《少室山房笔丛·华阳博议下》，中华书局 1958 年上海编辑所整理标点本。

者孔安国得到这批书后，用当时通行的隶书将其释读出来，结果发现其中《尚书》内容较当时流行者多出十六篇，与当时流行的《尚书》二十九篇相同的部分在文字上也多有差异。《礼》（《仪礼》）三十六篇也都不见于当时流行之本。因为孔壁出土的这批书原本用先秦古文字写成，因此便被称为"古文"；与之相对，当时世间流行的儒家经典便被称为"今文"。后来孔家把孔壁出土的这批图书献给了朝廷，希望能够被立于学官。不料此时发生了历史上有名的"巫蛊之祸"①，汉武帝便把立学官之事搁置了下来。到汉成帝时，刘向、刘歆父子受命校理内廷藏书时又重新发现了这批图书，于是便将其整理出来，是为《尚书》《毛诗》《周官》（即《周礼》）《左氏春秋》，并向汉哀帝建议立学官，设博士。汉哀帝命刘歆与当时的五经博士商议，由于五经博士都是今文家，为了维护自己的利益，坚决反对，并说这些书都是刘向、刘歆父子伪造的，于是此事便又被搁置起来了。不久，王莽执政，因为刘歆原与王莽相善，古文经便都被立于学官。后来，王莽篡汉，刘歆也当上了国师，于是古文经学盛极一时。东汉政权建立后，虽然取缔了古文经学，但经过王莽、刘歆的大力提倡以后，古文经学派羽翼已丰，足可与今文经学派相抗衡。之后，今文经学派和古文经学派又进行了长期的论辩，今文经学派攻击古文经为刘歆伪造（刘歆以及其他一些古文经学家对古文经来源的叙述也确有许多自相矛盾、难以自圆其说之处），而古文经学派则反讥今文经学派"抱残守缺"。

不仅今、古文经学派之间互相攻击，即使同是今文经学家，为了标榜自己正确，也常常为研究的方法、观点的异同以及经文文字及其诠释而互相争斗。例如同是治今文《尚书》的夏侯胜（后世称"大夏侯"）与夏侯建（后世称"小夏侯"）两人就互相攻讦："胜从父子建字长卿，自师事胜及欧阳高，左右采获，又从《五经》诸儒问与《尚书》相出入者，牵引以次章句，具文饰说。胜非之曰：'建所谓章句小儒，破碎大道。'建亦非胜为学疏略，难以应敌。"② 有时各派之间的争论是由各家传本文字的差异而引起的，于是为了证明自己研习的经典渊源有自，甚至不惜采用贿赂手段来改易

---

① 按：汉代最有名的一次"巫蛊之祸"发生于公元前92年，而此时孔安国早已去世，因此这段史事可能有误。或谓汉代巫蛊之祸曾发生多次，亦可作一解。

② （东汉）班固：《汉书·夏侯胜传》。

官府藏本的字句，以合于私本。① 有鉴于此，东汉灵帝熹平四年（175 年），命著名学者卢植、马日磾、蔡邕、杨彪、韩说等校定东观所藏五经纪传，由蔡邕主持并亲自书写，将七部儒家经典《易》《书》《诗》《仪礼》《春秋》《公羊传》《论语》共二十余万字刻成四十六块石碑，立于洛阳太学门前，作为儒生学习的标准范本，此即著名的《熹平石经》。

《熹平石经》之立，是西汉以来经学长期纷争与统治者试图平息纷争、统一思想的结果。除去政治方面的因素外，长期的经学纷争，对于封建集权统治所需要的"大一统"思想的确立是十分不利的。从西汉武帝采董仲舒"独尊儒术"到西汉宣帝"博征群儒，论定五经于石渠阁"，再到东汉章帝"大会诸儒于白虎观，考详同异"②，其目的都是希望建立符合集权统治需要的思想与学术体系。汉灵帝命卢植等校定东观所藏五经纪传并书之于碑碣、立于太学之前，其目的也是为了统一思想与学术。随着《熹平石经》刻立，"五经一定，争者用息"③。

《熹平石经》之立，意义与影响是十分巨大的。居于正统地位的儒家经典有了统一的文本，原来各逞其说的纷乱局面逐渐归于统一，学术研究的方向也随之发生了变化，由此也必然会改变过去的教育格局：儒生学习有了统一的文本，老师讲授也会依据统一的教材，学术才有可能从拘泥于少数几部儒家经典字句与微言大义的争论中解脱出来，更多地拓展到文学、史学甚至一些实用之学如农学、医学等，教育也才能从过去一家一派严守师说的教学模式转向通识性的教育。同时，由于教育模式的变化，社会对于儒家经典及其他一些重要图书的批量复制需求渐大，这可能也是导致以后雕版印刷图书产生的内在因素之一，正如钱存训先生所指出的那样："石经不仅恒久而统一地保存了儒家经典的正统经文，同时也导致了后来以木板来雕刻儒经，而成为官府最早采用雕版印刷术的先河。"④

---

① 《后汉书·宦者列传》记载当时的情形说，诸儒为"争弟高下，更相告言，至有行赂定兰台漆书经字，以合其私文者"。

② （清）皮锡瑞：《经学历史》，周予同注释，中华书局 1959 年版，第 117 页。

③ （南朝宋）范晔：《后汉书·宦者列传》。

④ 钱存训：《书于竹帛：中国古代的文字记录》（第四次增订本），上海书店出版社 2002 年版，第 58 页。

除了官方倡导的今文经学以外，民间的古文经学在东汉发展很快。到东汉末年，一些学者兼习今、古文经，特别是著名学者郑玄早年学习今文经，后来又学习古文经，故能兼采今、古文经学的观点，他注释了《周易》《尚书》《毛诗》《仪礼》《礼记》《论语》《孝经》《尚书大传》《中侯》《乾象历》等儒家经典和纬书，自己也撰写了一些很有影响力的著作，著述凡百余万言。由于郑玄广博的学问震撼了当时的学术界，一时间"郑学"盛行，世间学风大改，今、古文经学的"家法"便由此混淆。虽然后世仍有今、古文经学之争，但与两汉相比，其格局已大不相同了。

在汉代产生的图书中，与儒家经典有关的经学著作所占比例很大，虽然有些是先秦以来的传本，但几乎都经过了汉人的收集与整理，流传于后世、对中国文化产生了重大影响的儒家经典的文本几乎都是在这个时期形成定本的。今本《易经》主要来源于汉代费直本，经东汉末王弼整理而流传至今；现在通行的"十三经注疏本"《尚书》就是西汉时伏生所传并加上三国王肃伪造而经东晋梅赜编修的《伪古文尚书》；今日通行的《诗经》为西汉毛亨、毛苌所传的"毛诗"；今日通行的《礼记》，为西汉戴圣所传，即所谓《小戴礼记》，而《大戴礼记》为西汉人戴德所传；《周礼》也是定本于汉代，其书原缺《冬官》一篇，也由汉人根据战国时书《考工记》补入。《春秋》三传（《左传》《公羊传》《穀梁传》）特别是《左传》的情况与《周礼》非常相似，无论是否为刘歆伪造，但其出自汉人所传则并无争议。至于《仪礼》《论语》《孟子》《孝经》等，也都传自汉人，而《尔雅》一书，本身就是西汉初年的著作。

两汉经学的繁荣，奠定了此后近两千多年儒家思想作为社会主流思想的基础。汉代经学的意义与影响远不止于学术领域，它涵盖了社会文化与社会生活的方方面面，包括人们的思维方式、生活方式甚至统治者的治国理念。如果说图书能够改变世界，可能没有比汉代经学著作对中国古代社会所产生的巨大影响这样更好的例证了。

然而，两汉经学的弊端也是显而易见的。由于某种儒家经典一旦列于学官，即可享受各种优厚的待遇，因此未列于学官者也千方百计想跻身其间；而原列于学官者为了保持自己的独尊地位，又千方百计地抬高本派的"学问"并贬低甚至攻击、诬蔑其他学派。如此一来，各家的"家法"更加强化，弟子在学习时严格遵循师说，师之所传，则一字不敢出入，最多也只能在不离师说的前提下寻章摘句、繁琐考证；而汉儒之浅陋，又极大地限制了人们的思想、制约了图书事业的发展，正如周予同先生曾经指出的那样："自儒学移为经学，于是训诂之学兴，思辨之途塞。"①

与经学相关的还有"谶纬之学"。所谓谶纬，《后汉书·光武帝纪上》载："宛人李通等以图谶说光武云：'刘氏复起，李氏为辅。'"唐李贤注云："图，河图也。谶，符命之书。谶，验也。言为王者受命之征验也。"《隋书·经籍志》云：

> 《易》曰："河出图，洛出书。"然则圣人之受命也，必因积德累业，丰功厚利，诚著天地，泽被生人，万物之所归往，神明之所福飨，则有天命之应。盖龟龙衔负，出于河、洛，以纪易代之征，其理幽昧，究极神道。先王恐其惑人，秘而不传。说者又云，孔子既叙六经，以明天人之道，知后世不能稽同其意，故别立纬及谶，以遗来世。其书出于前汉，有《河图》九篇，《洛书》六篇，云自黄帝至周文王所受本文。又别有三十篇，云自初起至于孔子，九圣之所增演，以广其意。又有《七经纬》三十六篇，并云孔子所作，并前合为八十一篇。而又有《尚书中候》《洛罪级》《五行传》《诗推度灾》《氾历枢》《含神务》《孝经勾命决》《援神契》《杂谶》等书。汉代有郗氏、袁氏说。汉末，郎中郗萌，集图纬谶杂占为五十篇，谓之《春秋灾异》。宋均、郑玄，并为郗律之注。然其文辞浅俗，颠倒舛谬，不类圣人之旨。

"谶"与"纬"虽然关系密切，世人常将二者混而为一，但实际上它们是有区别的。胡应麟曾经指出："世率以谶纬并论，二书虽相表里，而实不同。"②《四库全书总目》亦云："案儒者多称谶纬，其实谶自谶，纬自纬，非一类也。谶者诡为隐语，预决吉凶。《史记·秦本纪》称卢生奏录图书之语，是其始也。纬者经之支流，衍及旁义。"③

---

① 周予同：《周予同经学史论著选集·朱熹》（增订本），上海人民出版社 1983 年版。
② （明）胡应麟：《少室山房笔丛·四部正讹上》。
③ （清）永瑢等：《四库全书总目·易类·附录》，中华书局 1965 年影印清浙江杭州刻本。

　　纬书大概是从秦朝开始出现的，谶书的起源则稍早一些。到了西汉，方士与儒生融合后，谶纬也逐渐合为一体。西汉末王莽、刘秀等都利用谶纬为其夺取政权制造舆论，因而在他们当上皇帝后，便大力提倡谶纬之学。王莽新朝始建国元年（9年），王莽"遣五威将王奇等十二人班《符命》四十二篇于天下"①；东汉建武中元元年（56年），汉光武帝刘秀"宣布图谶于天下"②，于是"儒者争学图纬，兼复附以妖言"③，谶纬之书风行一时。汉代普遍受到学者重视的纬书《易》类有八种，《书》类有五种，《诗》类有三种，《礼》类有三种，《乐》类有三种，《春秋》类有十三种，《孝经》类有二种。谶则主要是《河图》《洛书》二类，此外还有《论语》谶等。当然，民间流传的谶纬书实际上还不止这些，研究谶纬之学的学者及著作就更多了。

　　谶纬之书的盛行，是特定历史时期的产物，虽然谶纬大多是一些宣传迷信的东西，但它一方面既是中国古代社会思想的一种表征，对人们的思想以及行为方式甚至朝廷政治等都产生过重大的影响；另一方面谶纬之书大量征引古书，记载了不少传闻异事，因此也具有相当重要的文献价值。

　　两汉经学的独尊地位吸引了众多的读书人，因此也产生了许多经学著作。《汉书·艺文志》著录了西汉经学著作一百零三家、三千一百二十三篇；《后汉书》本无"艺文志"，据清人姚振宗所补，共有一百五十三家、二百四十七部④。汉儒受时代与"家法"的局限，多数经学著作都失之繁琐、空虚，并无太多学术价值或者现实意义，因此过了不久即湮没无闻，再也没有传本，班固就曾批评说：

　　　　经传既已乖离，博学者又不思多闻阙疑之义，而务碎义逃难，便辞巧说，破坏形体；说五字之文，至于二三万言（颜师古注："……桓谭

---

① （东汉）班固：《汉书·王莽传中》。
② （南朝宋）范晔：《后汉书·光武帝纪下》。
③ （南朝宋）范晔：《后汉书·张衡传》。
④ （清）姚振宗：《后汉艺文志》，开明书店1936年《师石山房丛书》排印本。按，根据姚氏钩辑，各家文献情况如下：易类十三家十四部、书类十六家十九部、诗类十六家二十三部、礼类二十家三十五部、乐类不计家十八种、春秋二十九家五十六部、孝经七家七部、论语类七家十部、五经总义十二家十三部、小学类二十一家二十七部、谶纬类十二家二十五部。

《新论》云秦近君能说《尧典》，篇目两字之说至十余万言，但说'曰若稽古'三万言。"）；后进弥以驰逐，故幼童而守一艺，白首而后能言；安其所习，毁所不见，终以自蔽。此学者之大患也。①

汉代经学因各家学问多出自老师的身传口授，这既与当时特定的学术环境有关，也与图书的传播方式仅仅靠人手抄录有关，不仅效率低，传播的范围也很有限，学生们不能方便地得到大量的图书参阅，大多只能直接从老师那里获得知识，故见闻不能广，学识不能博。

汉代经学对文化与学术的影响是全方位的，包括文学与史学等。不过，相比于史学，汉代的文学受经学的影响更多的是在一些文学作品中儒家思想的体现，或者说受经学的排挤，文学在社会主流文化中的地位受到制约。如果从文学本身来看，两汉的文学艺术创作也是很有特色的。

中国有很悠久的文学传统，先秦时期的《诗经》《楚辞》以及《左传》《国语》等都是文学史上非常重要的作品，在先秦诸子的著作中，也有不少非常有名的文学作品。汉代一方面延续了先秦时期的文学传统，汉代乐府诗、辞赋都受到了《诗经》《楚辞》的影响，另一方面也有很大的发展。

汉赋和乐府诗是汉代最著名的文学体裁。《汉书·艺文志》著录西汉赋七十八家一千零四篇②，西汉贾谊的《鵩鸟赋》、枚乘的《七发》、司马相如的《子虚赋》《上林赋》，东汉班固的《两都赋》、张衡的《二京赋》《归田赋》等，影响至今。汉代的散文尤其是政论文，也有很高的文学成就，如贾谊的《过秦论》《治安策》《论积贮疏》对后世影响极大，西汉司马迁的《史记》和东汉班固的《汉书》不仅是杰出的史学著作，也是重要的史传文学作品。

祭祀时伴以歌舞是远古以来的传统，在《诗经》中就有"商颂""周颂"等庙堂诗歌。根据儒家的观点，周代有所谓"献诗""采诗"之制，不仅是庙堂饮宴乐歌之源，更是统治者体察民情、完善国家治理的重要举措。因此，汉武帝时"仿古制"建立了乐府，这是一个专门管理和采集诗歌的

---

① （东汉）班固：《汉书·艺文志》。
② 东汉赋无单独的统计，清姚振宗《后汉艺文志》著录别集类共九十三家九十三部，其中包括赋。

机构，由乐府负责采集、整理的诗歌即是有名的乐府诗。乐府掌管的诗歌主要分为两部分，一部分是祭祀时用的郊庙歌辞，其性质与《诗经》中"颂"相似；另一部分则是民歌或具有民歌风格的诗歌，其性质与《诗经》中的"国风"相似，一般称为乐府民歌。《汉书·艺文志》著录了西汉时代的歌诗二十八家三百一十四篇。宋代郭茂倩所编《乐府诗集》则著录了汉代至唐五代时期的乐府诗五千多首。乐府诗是中国文学史上最重要的文学体裁之一，其中不少诗歌充满了现实主义与浪漫主义色彩，《陌上桑》《东门行》《江南可采莲》以及著名的叙事长诗《焦仲卿妻》（即《孔雀东南飞》）是其代表作。汉代乐府诗对后世的文学创作产生了极大的影响，北朝时的《木兰辞》和唐代韦庄的《秦妇吟》以及唐代杜甫、白居易等的诗歌都深受其影响。

东汉时还设立了研习文学艺术的"鸿都门学"。《后汉书·孝灵帝纪》载东汉光和元年（178年）"始置鸿都门学生"。唐李贤等注云："鸿都，门名也，于内置学。时其中诸生，皆敕州、郡、三公举召，能为尺牍辞赋及工书鸟篆者相课试，至千人焉。"

汉代文学虽不如经学对国家政治影响那么大，但对于社会来说，却是广受欢迎的，但有好的作品问世，即广为传诵。

中国有着十分悠久的史学传统，但到汉代，史学还没有能成为一个独立的学科，而是附丽于经学。虽然如此，汉代却是中国史学成就最为辉煌的时期之一，中国历史上最伟大的纪传体通史著作——司马迁的《史记》以及第一部纪传体断代史书——班固的《汉书》都产生于这一时期。

相对于文学，汉代史学受经学的影响就要大得多了。司马迁本人曾从孔安国学习《尚书》，至于刘向、刘歆和班固，他们本身就是著名的经学家，刘向整理了《春秋左氏传》，班固亲自参加了经学史上著名的白虎观会议，又奉汉章帝之命编纂了今文经学的重要著作《白虎通义》。从司马迁到班固，他们的史学著作虽然自古号称信史，但在史料的选择、人物和事件的评价等方面不可避免地要受到经学思想的影响。

司马迁（前145年[①]—?）出身于史学世家，父亲司马谈汉初曾为五大

---

① 一说公元前135年。

夫，汉武帝时任太史令。司马迁少时从孔安国学习古文《尚书》，据说也曾从董仲舒学习《公羊春秋》，"二十而南游江、淮，上会稽，探禹穴，窥九疑，浮于沅、湘；北涉汶、泗，讲业齐、鲁之都，观孔子之遗风，乡射邹、峄；厄困鄱、薛、彭城，过梁、楚以归"，以后又"奉使西征巴、蜀以南，南略邛、笮、昆明"①。汉元封三年（前 108 年），司马迁继承父职，担任太史令，正当其专心于《史记》写作时，因为替李陵辩护，触怒了汉武帝，突遭横祸，身被腐刑。在这奇耻大辱面前，他以"西伯拘羑里，演《周易》；孔子厄陈、蔡，作《春秋》；屈原放逐，著《离骚》；左丘失明，厥有《国语》；孙子膑脚，而论兵法"② 来激励自己，终能"就极刑而无愠色"，完成了这部"究天人之际，通古今之变，成一家之言"③ 的史学巨著。

《史记》初名《太史公书》，今本全书五十余万字，记事起于五帝，止于汉武帝时期，内容包括十二本纪、三十世家、七十列传、十表、八书④，其著作体例为后世正史所取法："本纪"按时间述历代帝王大事，为全书纲领；"世家"记先秦诸侯及汉代王侯国史，以及孔子、陈涉事迹；"列传"为人物传记，以及边裔诸部历史；"表"为年表，按时间记载重大事件；"书"为典章制度、天文历法、河渠平准等。司马迁编纂《史记》时，参考了大量皇家所藏档案图书，又亲往许多地方实地考察，有的则是根据传说编纂。关于《史记》的文献来源，汉初史籍姑置不论，先秦史籍，司马迁曾有述及，由此可以推知《史记》的依据以及司马迁当时所见文献大致情况：

---

① （西汉）司马迁：《史记·太史公自序》。
② （西汉）司马迁：《史记·太史公自序》。
③ （西汉）司马迁：《报任少卿书》，《文选》卷 41。
④ 今本《史记》有十二本纪、十表、八书、三十世家、七十二列传，东汉卫宏就提出《太史公书》（《史记》）原篇有缺。今本《史记》哪些为司马迁所著，哪些为后人续补，哪些为后人删改，在学术界一直有争议，近人崔适甚至提出今本《史记》之《文纪》《武纪》、年表第五至第十、八书、《三王世家》以及张苍、南越、东越、朝鲜、西南夷、循吏、汲郑、酷吏、大宛、佞幸、日者、龟策等十二列传皆非司马迁所作（说见《史记探源》，张烈点校，中华书局 1986 年版）。梁启超先生意见大致相同，并提出今本《史记》与《汉书》相同者，"乃似《史记》割裂《汉书》，非《汉书》删去《史记》者"。各篇正文中言及终始五德、十二分野、《古文尚书》及所述者序者，皆为刘歆故意窜乱（说见《要籍解题及其读法·读史记》，见《梁启超全集》，北京出版社 1999 年版）。以上观点，尚待进一步研究考证。

　　学者多称五帝，尚矣。然《尚书》独载尧以来；而百家言黄帝，其文不雅驯，荐绅先生难言之。孔子所传宰予问《五帝德》及《帝系姓》，儒者或不传。余尝西至空桐，北过涿鹿，东渐于海，南浮江淮矣，至长老皆各往往称黄帝、尧、舜之处，风教固殊焉，总之不离古文者近是。予观《春秋》《国语》，其发明《五帝德》《帝系姓》章矣，顾弟弗深考，其所表见皆不虚。书缺有间矣，其轶乃时时见于他说。①

　　五帝、三代之记，尚矣。自殷以前诸侯不可得而谱，周以来乃颇可著。孔子因史文次《春秋》，纪元年，正时日月，盖其详哉。至于序《尚书》则略，无年月；或颇有，然多阙，不可录。故疑则传疑，盖其慎也。余读谍记，黄帝以来皆有年数。稽其历谱谍终始五德之传，古文咸不同，乖异。②

　　秦既得意，烧天下《诗》《书》，诸侯史记尤甚，为其有所刺讥也。《诗》《书》所以复见者，多藏人家，而史记独藏周室，以故灭。惜哉，惜哉！独有《秦记》，又不载日月，其文略不具。然战国之权变亦有可颇采者，何必上古。③

司马迁当时见到的史料是比较丰富的，尤其是秦国官修史书《秦记》保存完整。还有些所谓"不雅驯"的资料，因为荒诞不经或者不符合当时社会主流思想，因此被司马迁舍弃了。西晋初年汲冢出土的大量竹简中，有相当一部分内容可能就是如司马迁所指"不雅驯"的战国人著作。班固曾经评论说：

　　自古书契之作而有史官，其载籍博矣。至孔氏纂之，上继唐尧，下讫秦缪。唐、虞以前，虽有遗文，其语不经，故言黄帝、颛顼之事未可明也。及孔子因鲁史记而作《春秋》，而左丘明论辑其本事以为之传，又纂异同为《国语》。又有《世本》，录黄帝以来至春秋时帝王公侯卿大夫祖世所出。春秋之后，七国并争，秦兼诸侯，有《战国策》。汉兴

---

① （西汉）司马迁：《史记·五帝本纪》。
② （西汉）司马迁：《史记·三代世表》。
③ （西汉）司马迁：《史记·六国年表》。

伐秦定天下，有《楚汉春秋》。故司马迁据《左氏》《国语》，采《世本》《战国策》，述《楚汉春秋》，接其后事，讫于（大）［天］汉。其言秦汉，详矣。至于采经摭传，分散数家之事，甚多疏略，或有抵梧。亦其涉猎者广博，贯穿经传，驰骋古今，上下数千载间，斯以勤矣。又其是非颇缪于圣人，论大道而先黄老而后六经，序游侠则退处士而进奸雄，述货殖则崇势利而羞贱贫，此其所蔽也。然自刘向、扬雄博极群书，皆称迁有良史之材，服其善序事理，辨而不华，质而不俚，其文直，其事核，不虚美，不隐恶，故谓之实录。①

班固批评司马迁采经摭传或有抵牾、先黄老而后六经等，乃是站在尊儒的立场以其自己对经学的认识理解而言的，而批评司马迁作游侠、货殖列传，则更是出于封建正统史学以及儒家重农轻商观念，以今日的眼光来看，这正是《史记》的价值所在。不过，班固这个评价总体来说还是比较中肯的，特别是，司马迁的史学思想以及所开创的史学编纂体例、叙事风格等，对整个中国封建时代的历史学产生了巨大的影响。

班固（32—92 年）也出身于史学世家，父亲班彪是著名的儒学大师，也是史学大家，曾著有《太史公书后传》六十五篇。班固继承父亲未竟之业，完成了《汉书》的编纂，其妹班昭也续补完成了《百官公卿表》以及《天文志》等。可以说，《汉书》是班彪、班固、班昭的集体作品。《汉书》是中国第一部纪传体断代史，在司马迁《史记》体裁的基础上，改书为志，改世家为传，形成了纪、表、志、传四大部分。十二帝纪专纪帝王编年大事；八表中前六表谱列王侯世系，《百官公卿表》记秦汉官制与汉代公卿的升迁任免，《古今人表》钩辑古今以来人物，按九等罗列；十志包括远古到西汉的制度史、文化史，其中《刑法志》《五行志》《地理志》《艺文志》是《史记》所无而由班固新设的，其学术与文献价值尤大；七十列传除《匈奴列传》《西南夷、南粤王、闽粤王、朝鲜列传》《西域列传》外，都是西汉人物的传记。《汉书》的体例对后世官修正史产生了极大的影响。

两汉时期，在语言文字、天文历法、数学、医学和农学等方面，都取得

---

① （东汉）班固：《汉书·司马迁传》。

了很大的成就，产生了如《尔雅》《说文解字》等语言学和文字学著作，产生了如《周髀算经》《九章算术》等天文学和数学著作，产生了如《黄帝内经》①《伤寒杂病论》②等重要的医学著作，也产生了如《氾胜之书》《四民月令》等重要的农学著作。

虽然汉代的图书数量不及唐宋以后各朝，一则因为经学独大的影响，二则因为时间久远，不少图书失传甚至失载，但是，汉代无论是经学、史学、文学还是自然科学以及其他方面的著作，几科都是各相关领域最重要的基础性文献，对于中国古代传统文化有着奠基之功。

二　汉代的公私藏书

汉代在图书收集与整理方面的成就巨大。在推翻秦王朝、与项羽争夺天下的战争当中，丞相萧何就十分注意对图书档案的搜集。汉朝政权建立之后，随即开始了对图书文献的整理工作，重点是法律政令、礼仪典章以及军法等，司马迁说：

> 周道废，秦拨去古文，焚灭《诗》《书》，故明堂石室金匮玉版图籍散乱。于是汉兴，萧何次律令，韩信申军法，张苍为章程，叔孙通定礼仪，则文学彬彬稍进，《诗》《书》往往间出矣。③

丞相萧何又主持建立了石渠阁、天禄阁等藏书机构。

汉惠帝四年（前191年），秦王朝颁布的禁书之令终于被正式取消。

> 三月甲子，……省法令妨吏民者；除挟书律。④

由于秦朝所颁布的"挟书律"主要内容是禁止民间私藏儒家《诗》

---

① 《周髀算经》《九章算术》《黄帝内经》三书均托名先秦人作，实际上为汉人作品。
② 《伤寒杂病论》即《伤寒论》和《金匮要略》，汉末张机撰，经晋太医王叔和整理成书。
③ （西汉）司马迁：《史记·太史公自序》。
④ （东汉）班固：《汉书·惠帝纪》。

《书》以及诸子百家之书，"惠帝除挟书之律，儒家始以其业行于民间"。①

　　废"挟书律"，标志着汉代文化事业开始重建与复兴。虽然经历了秦始皇"焚书坑儒"的暴政，但与建筑不同，文化乃深植于民心之中，并非一时的暴政所能完全摧毁。汉初，在过去儒家文化兴盛的地区，儒家思想仍然有着深厚的基础。"及高皇帝诛项籍，引兵围鲁，鲁中诸儒尚讲诵习礼，弦歌之音不绝。"②尽管秦始皇以严刑峻法禁书，但是民间仍有不少人将《诗》《书》及诸子百家之书私藏起来，特别是原来秦国博士官所藏的儒家经典本来就不在焚毁之列，所以当战乱平息、"挟书律"被废后，藏于民间的典籍便纷纷复出，一些过去的儒生开始重操旧业，教授于民间。如前述山东济南原秦国博士伏生以壁中所藏《尚书》教授于齐、鲁之间。至于《诗经》，因其主要为讽诵之用，而不独赖于竹帛记载，所以虽经秦火，仍得以保全。汉朝建立后，一些研习《诗经》的儒生即开始公开授徒教学，当时讲授《诗经》者主要有鲁申培（其学世称《鲁诗》）、齐辕固（其学世称《齐诗》）、燕韩婴（其学世称《韩诗》）。至于《易经》，因秦始皇焚书并不包括"卜筮种树之书"，故为"筮卜之事"的《易经》"传者不绝"③。

　　继汉惠帝废"挟书律"后，汉武帝时又颁布了献书、藏书之令，民间藏书逐渐汇集于朝廷：

　　　　汉兴，改秦之败，大收篇籍，广开献书之路。迄孝武世，书缺简脱，礼坏乐崩，圣上喟然而称曰："朕甚闵焉！"于是建藏书之策，置写书之官，下及诸子传说，皆充秘府。④

因汉初宽松的文化政策和对图书的大力搜求，朝廷很快就积聚了大量图书，"百年之间，天下遗文古事靡不毕集太史公"⑤。

---

① （唐）魏徵等：《隋书·经籍志》。
② （西汉）班固：《汉书·儒林传》。
③ （东汉）班固：《汉书·艺文志》。
④ （东汉）班固：《汉书·艺文志》。
⑤ （西汉）司马迁：《史记·太史公自序》。

除了中央政府广收典籍外，一些深爱图书的王侯及民间人士也大量收集图书。河间献王刘德"修学好古，实事求是。从民得善书，必为好写与之，留其真，加金帛赐以招之。繇是四方道术之人不远千里，或有先祖旧书，多奉以奏献王者，故得书多，与汉朝等"①。刘德藏书可与朝廷相埒，足见其藏书之富。淮南王刘安也喜欢藏书，他还召集宾客方士数千人撰写了《淮南子》等著作。

经过西汉历代皇帝的大力收集，至西汉末成帝时，中央藏书已非常可观。刘向受命校理中央藏书，最后编成《七略》，著录图书"三十八种，六百三家，一万三千二百一十九卷"②。据唐代杜佑《通典》所记，汉代中央图书所藏机构较多，"汉氏图籍所在，有石渠、石室、延阁、广内，贮之于外府。又有御史中丞居殿中，掌兰台、秘书及麒麟、天禄二阁，藏之于内禁"③。据此，西汉中央藏书已分为外府与内禁两大系统。

西汉末年，王莽篡政，随后又爆发了绿林赤眉起义，中原板荡，文化再遭浩劫。"及王莽之末，长安兵起，宫室图书，并从焚烬，此则书之二厄也。"④中国古代图书事业再次遭到严重破坏。

东汉王朝建立以后，光武帝刘秀又大力网罗儒生，文化及图书事业得到了一定程度的恢复。"及光武中兴，爱好经术，未及下车，而先访儒雅，采求阙文，补缀漏逸。先是四方学士多怀协图书，遁逃林薮。自是莫不抱负坟策，云会京师。"⑤《隋书·经籍志》也记：

> 光武中兴，笃好文雅，明、章继轨，尤重经术。四方鸿生巨儒，负帙自远而至者，不可胜算。石室、兰台，弥以充积。又于东观及仁寿阁集新书，校书郎班固、傅毅等典掌焉。

---

① （东汉）班固：《汉书·景十三王传》。

② （唐）释道宣：《广弘明集》卷3引《古今书最》，民国上海商务印书馆《四部丛刊》影印明汪道昆刻本。

③ （唐）杜佑：《通典》卷26，上海人民出版社2008年影印日本宫内厅书陵部藏北宋版。

④ （唐）魏徵等：《隋书·牛弘传》。

⑤ （南朝宋）范晔：《后汉书·儒林列传上》。

东汉时的藏书机构除以上所列的石室、兰台、东观阁和仁寿阁外，还有辟雍、宣明、鸿都等，这些藏书机构建立后，又依西汉故事，不断派员整理图书，东汉著名学者如班固、贾逵、马融等都曾参与其事。

两汉时期，不仅中央收藏有丰富的图书，民间收藏图书也较多，还出现了图书交易市场，这是汉代图书事业发展的一个重要标志。

汉代图书的传播方式以传抄为主。官府藏书和私人藏书是民间图书传抄的主要来源。"天禄""石渠""承明""金马"等既是中央藏书之府、著作之地，也是名儒讲学、士子读书之地，自然也是民间图书传抄之源。班固《西都赋》云："又有天禄石渠，典籍之府，命夫谆诲故老，名儒师傅，讲论乎六艺，稽合乎同异。又有承明金马，著作之庭，大雅宏达，于兹为群，元元本本，周见洽闻，启发篇章，校理秘文。"① 西汉宣帝时"论六经于石渠，学者滋盛，弟子万数"②。至于太学以及地方官学，更是图书主要的集散之地。东汉末年为息儒家经典文字异同之争，汉灵帝熹平四年（175 年）命将儒家七部主要经典立石于太学之前，专供儒生抄录，以为定本：

> 邕以经籍去圣久远，文字多谬，俗儒穿凿，疑误后学，熹平四年（175 年），乃与五官中郎将堂谿典，光禄大夫杨赐，谏议大夫马日磾，议郎张驯、韩说，太史令单扬等，奏求正定《六经》文字。灵帝许之，邕乃自书丹于碑，使工镌刻立于太学门外。于是后儒晚学，咸取正焉。及碑始立，其观视及摹写者，车乘日千余两，填塞街陌。③

这就是著名的《熹平石经》。

至迟到西汉，社会便已经出现了专门从事抄写的行当。《东观汉记》载："班超，字仲升，家贫，恒为官佣写书，尝辍书投笔叹曰：'大丈夫当效傅介子、张骞立功异域，以取封侯，安能久事笔砚乎！'"④ 谢承《后汉

---

① （南朝宋）范晔：《后汉书·班固传》。
② （南朝宋）范晔：《后汉书·翟酺传》。
③ （南朝宋）范晔：《后汉书·蔡邕列传》。
④ （宋）李昉等：《太平御览》卷 829 引，中华书局 1960 年影印民国上海商务印书馆影宋本。

书》载陈常"昼则躬耕，夜则赁书以养母"①；"（公孙）晔到大学，受《尚书》，写书自给"②；"阚泽字德润，会稽山阴人也。家世农夫，至泽好学，居贫无资，常为人佣书，以供纸笔，所写既毕，诵读亦遍"③。这些仅是一些著名学者成名后追述早年励志求学经历时所提及的典型事例，至于民间一般以抄书为业者当不在少数。

除专门从事抄书以供出售者外，汉代还有专门销售图书的书肆。西汉扬雄《法言》说："好书而不要诸仲尼，书肆也。好说而不要诸仲尼，说铃也。"这大概是中国古籍中关于"书肆"最早的记载。东汉初年，王充因"家贫无书，常游洛阳市肆，阅所卖书，一见辄能诵忆"④。东汉刘梁"少孤贫，卖书于市以自资"⑤。《三辅黄图》载："元始四年，起明堂、辟雍长安城南，北为会市，但列槐树数百行为队，无墙屋，诸生朔望会此市，各持其郡所出货物及经书传记、笙磬器物，相与卖买，雍容揖让，或论议槐下。"⑥诸生集中的太学附近的槐市大概就是当时集中的书市所在，看来当时的书市还属于露天市场之类。

东汉末年，董卓专权，终于导致了东汉末年战乱，人民流离，"白骨露于野，千里无鸡鸣"，文化和图书事业又遭浩劫。史载：

> 初，光武迁还洛阳，其经牒秘书载之二千余两（辆），自此以后，参倍于前。及董卓移都之际，吏民扰乱，自辟雍、东观、兰台、石室、宣明、鸿都诸藏典策文章，竞共剖散，其缣帛图书，大则连为帷盖，小乃制为滕囊。及王允所收而西者，裁七十余乘，道路艰远，复弃其半矣。后长安之乱，一时焚荡，莫不泯尽焉。⑦

东汉末学者应劭记：

---

① （唐）虞世南：《北堂书钞》卷101引，明万历二十八年序刊本。
② （唐）虞世南：《北堂书钞》卷101引。
③ （晋）陈寿：《三国志·阚泽传》。
④ （南朝宋）范晔：《后汉书·王充传》。
⑤ （南朝宋）范晔：《后汉书·刘梁传》。
⑥ （宋）李昉等：《太平御览》卷828引。
⑦ （南朝宋）范晔：《后汉书·儒林列传上》。

董卓荡覆王室，天子西移，中外仓卒，所载书七十车于道遇雨，分半投弃。卓又烧焫观阁，经籍尽作灰烬，所有余者，或作囊帐。先王之道几湮灭矣！①

牛弘亦谓："及孝献移都，吏民扰乱，图书缣帛，皆取为帷囊。所收而西，裁七十余乘，属西京大乱，一时燔荡。此则书之三厄也。"②

第二节　纸的发明

至迟到西汉末年，古代中国对世界最伟大的贡献之一——纸就已经出现了。随着纸的发明和广泛应用，廉价的纸使得普通人也能使用，大大降低了人们接触图书的门槛。可以这样说，只有当纸广泛应用并成为主要的书写工具和图书的主要载体之后，读书、写书之事才能逐渐普及，图书才有可能成为普通人能够消费的东西。因此，纸的发明，对于中国和世界文明的进步、文化特别是图书事业的发展产生了巨大的推动作用。

什么是纸？中国古代文献中有许多不同的解释。"自古书契多编以竹简，其用缣帛者谓之为纸。"③《初学记》曰：

《释名》曰："纸，砥也，谓平滑如砥石也。"古者以缣帛，依书长短，随事截之，名曰幡纸，故其字从丝，贫者无之，或用蒲书写，则路温舒截蒲是也。④

可见最初的纸泛指可以用于书写的缣帛类丝织品，宋人周密云："盖古人多以绢为纸，乌丝栏乃织成为卷而书之。所谓茧纸者，亦以茧为纸也。"⑤ 所以《说文解字》又说：

---

① （唐）马总：《意林》卷 4 引，民国上海商务印书馆《四部丛刊》影印清武英殿聚珍版。
② （唐）魏徵等：《隋书·牛弘传》。
③ （南朝宋）范晔：《后汉书·蔡伦传》。
④ （唐）徐坚等：《初学记》卷 21《文部》，中华书局 1962 年排印本。
⑤ （宋）周密：《齐东野语》卷 10《绢纸》，中华书局 1983 年点校排印本。

　　纸，絮、箈也。

这里所说的絮就是一种质次的绵，段玉裁《说文解字注》云：

　　造纸昉于漂絮，其初丝絮为之，以箈荐而成之。

也就是说，把质次的丝绵经过捶打，然后铺在竹席上，晾干后便会形成一张
薄片，这就是纸。后来，人们又发现，除了丝绵可以造纸外，一些植物的纤
维也可以用于造纸，并且价格低廉，可以成为大众化的书写材料。

　　造纸术起源于何时？前人皆谓始于东汉蔡伦。

　　蔡伦字敬仲，桂阳人也。以永平末始给事宫掖，建初中，为小黄
门。及和帝即位，转中常侍，豫参帷幄。伦有才学，尽心敦慎，数犯严
颜，匡弼得失。每至休沐，辄闭门绝宾，暴体田野。后加位尚方令。永
元九年，监作秘剑及诸器械，莫不精工坚密，为后世法。

　　自古书契多编以竹简，其用缣帛者谓之为纸。缣贵而简重，并不便
于人。伦乃造意，用树肤、麻头及敝布、鱼网以为纸。元兴元年奏上
之，帝善其能，自是莫不从用焉，故天下咸称"蔡侯纸"。①

但自二十世纪起，有学者根据文献及考古发掘资料，提出造纸术并不始于蔡
伦，早在蔡伦之前，纸就已经发明并用于书写。

　　在中国古代文献中，有不少文字记载说明蔡伦之前便已用纸作为书写材
料。西汉哀帝时，扬雄作《太玄》，"（扬雄）家素贫，耆酒，人希至其门。
时有好事者载酒肴从游学，而巨鹿侯芭常从雄居，受其《太玄》《法言》
焉。刘歆亦尝观之，谓雄曰：'空自苦！今学者有禄利，然尚不能明《易》，
又如《玄》何？吾恐后人用覆酱瓿也。'"② 书用来覆酱瓿，显然不可能是
竹木简写成的，也不像是用丝棉织品写成（因其易浸洇）的，更像是用

① （南朝宋）范晔：《后汉书·蔡伦传》。
② （东汉）班固：《汉书·扬雄传》。

今日所谓纸张写成的。后世形容图书价值不高为"覆瓿"，典从此出。又，东汉应劭的《风俗通义》记："光武车驾徙都洛阳，载素、简、纸经凡二千两（辆）。"[1] 这里，素、简、纸并列，显然，东汉初年已经用纸作书写材料了。

在近现代考古发掘中，也有一些古纸发现，但争议较大。

1933 年，原中国西北科学考察团在新疆罗布淖尔烽燧亭遗址中发现一片古纸，白色，麻质，长十厘米，宽四厘米，质地粗糙。同时出土的还有西汉宣帝黄龙元年（前 49 年）的木简，因此有学者提出大约在汉宣帝时已经有了麻质的纸。由于此物已于 1937 年毁于战火，现已无法对其作进一步研究了。

1957 年，西安市郊灞桥西汉古墓中出土了一古纸残片，经测验，是用麻类纤维（主要是大麻，也有一些苎麻）经用石灰发酵方法沤制而成的纸浆所造，时间不晚于西汉武帝元狩五年（前 118 年）。但也有不少学者对此提出了异议，认为灞桥纸结构松散，质地粗糙，不能用来写字，因此根本不是纸，而仅仅是包器物的废麻絮。

1986 年，甘肃天水放马滩出土了古纸，其纸面平整光滑、质地较薄，上面有似细墨线绘制之地图。发掘者认为，这是属于西汉早期的纸。但也有学者指出，这幅地图其实是魏晋时期之物，甚至有学者认为所谓"地图"也只不过是非人工沾染上的墨迹而已，并非地图。

二十世纪九十年代初，甘肃敦煌甜水井悬泉置遗址出土了数万枚简牍，同时还出土了一些纸质文书残片，其中有一封书写在残纸上的信函，因其同一地层出土的简牍为西汉末至王莽时期，因此发掘者和一些研究者将其称为"王莽残纸"，但后来被学者证实，所谓"王莽残纸"，实际上属于西晋时期。

不管在蔡伦之前是否已有造纸技术，但蔡伦对于中国古代造纸术的发展所做的贡献则是不可否认的。"蔡侯纸"扩大了造纸原料的来源，它可以用"树肤、麻头及敝布、鱼网"等废弃物来制造纸张，既可增加产量，又可降低成本，也才使得植物所造并且廉价之纸得以普及。另外，蔡伦也改进和提

---

[1]　（唐）马总：《意林》卷 4 引。

高了造纸技术。正如美国学者卡特所指出的那样："究竟蔡伦是否是真正躬与其事、发明造纸的人，还是大力赞助发明造纸的人，像五代冯道的大力赞助印刷事业一样，现在已无法确定。无论如何，在中国人的心目中，他和造纸已经成为不可分的。"①

蔡伦之后，造纸技术不断改进，造纸的原料也扩大到了藤条、苔、竹子、稻草、麦秸等，纸的品种逐渐增多，并可被染成各种不同的颜色，满足人们各种不同的书写需要，如东晋王羲之的紫纸、梁简文帝的红笺和四色笺、五代姚氏的研光小本等都非常有名。

在制造、使用纸张的过程中，古人还总结出了一些纸张的保护经验。自然界对纸的最大危害除水、火、老鼠外，便是书蠹。古代造纸工人在长期的实践中，发明了用黄檗汁染纸以避虫害的方法，即染潢：

> 凡潢纸，灭白便是，不宜太深，深则年久色暗也。人浸檗熟，即弃滓，直用纯汁，费而无益。檗熟后，漉滓，捣而煮之，布囊压讫，复捣煮之。三捣三煮，添和纯汁者，省四倍，又弥明净。写书，经夏然后入潢，缝不绽解。其新写者，须以熨斗缝缝，熨而潢之。不尔，入则零落矣。②

在敦煌出土的南北朝至隋唐时代的手写卷子，大部分曾经过染潢处理，所以很少被虫蛀。

自汉代发明了造纸术后，纸由于价格低廉，质地轻软，便于书写和传播流通，所以最后终于取代了简、帛和其他书写材料。当然，在造纸术发明的初期，因纸的质量较差，生产的规模也不会太大，所以一时还不能完全取代简、帛。加之在人们的心目中，纸是一种较廉价的书写材料，上流社会和在正规场合人们还是多使用绢素，以示郑重与礼貌，例如东汉崔瑗以纸抄写了《许子》一书送给朋友葛龚，随书附了一张便条，说："今遣送《许子》十卷，贫不及素，但以纸耳。"③ 三国时曹丕"以素书所著《典论》及诗赋饷

① 〔美〕卡特：《中国印刷术的发明和它的西传》，吴泽炎译，商务印书馆1957年版，第19页。
② （北魏）贾思勰：《齐民要术》卷3《杂说》，缪启愉校释，中国农业出版社1998年版。
③ （唐）虞世南：《北堂书钞》卷104《艺文部·纸》。

孙权，又以纸写一通与张昭"①。因为孙权与张昭的地位不同，所以抄书的材料也有贵贱之分。同时，由于纸的普及有一个过程，直到魏晋时期，特别是在公文档案方面，简牍仍然被普遍使用，1996 年湖南长沙走马楼 22 号古井内出土三国孙吴纪年简牍达十四万枚，可见三国时简牍仍然是官府文书的主要书写材料。在西北地区，晋代的简牍也有大量发现。

魏晋以后，造纸技术进步很快，西晋初年傅咸曾经作过一首《纸赋》，对纸赞美道：

> 夫其为物，厥美可珍。廉方有则，体洁性贞。含章蕴藻，实好斯文。取彼之淑，以为己新。揽之则舒，舍之则卷。可屈可伸，能幽能显。

民间普遍用纸写书抄书，西晋左思作《三都赋》，文思精巧，辞藻华丽，"于是豪贵之家竞相传写，洛阳为之纸贵"②。虽然这时政府公牍仍以简牍为主，但藏书可能已主要用纸抄成，西晋初汲郡古魏墓出土了大量竹简（即前面所提到的汲冢书），晋武帝命荀勖等校理，荀勖《穆天子传序》云："谨以三尺黄纸写上，请事平以本简书及所新写并付秘书缮写，藏之中经，副在三阁。"可见这部分图书也是以纸本抄成的。到了东晋末年，桓玄帝下令："古无纸故用简，非主于敬也。今诸用简者，皆以黄纸代之。"③

现存纸写本图书实物，时代最为久远的有：1924 年在新疆鄯善发现的《三国志·吴书·虞翻》残卷，全部有八十行，共一千余字；1965 年在新疆吐鲁番一座佛塔中发现的佛经残卷和《三国志·吴书·孙权传》残本，《孙权传》残存四十行，共五百余字。这两次发现的《三国志》残卷均为东晋写本，但无法考证其确切的抄写年代。日本中村不折所藏《譬喻经》（图 3-1），其卷末题"甘露元年三月十七日于酒泉城内□□中写讫"④，

---

① （晋）陈寿：《三国志·魏书·文帝纪》注引胡冲《吴历》。
② （唐）房玄龄等：《晋书·左思传》。
③ （唐）徐坚等：《初学记》卷 21《文部》引《桓玄伪事》。
④ 〔日〕矶部彰：《台东区立书道博物馆所藏中村不折旧藏禹域墨书集成》，第 003 号，二玄社 2005 年版。

前秦甘露元年，当公元 359 年，这是目前已知有明确年代最早的纸质写本。

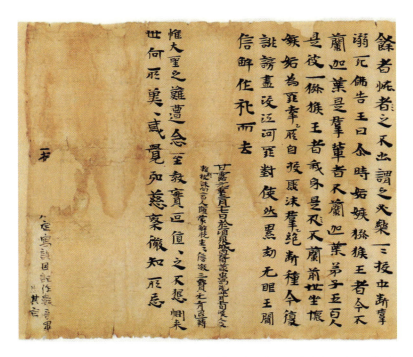

图 3-1 前秦甘露元年抄本敦煌遗书《譬喻经》（日本中村不折旧藏）*

注：*〔日〕矶部彰：《台东区立书道博物馆所藏中村不折旧藏禹域墨书集成》，第 003 号。

纸作为书写材料，使得图书的抄录与传播更加容易，成本更加低廉，对于推动图书事业的发展有着巨大的作用。特别需要指出的是，纸作为雕版图书最主要的承载物，它是雕版印刷术产生和普及的前提。同时，一方面因纸价廉，另一方面也因其便于书写、收藏和阅读，人们可以方便地使用它来抄写图书，魏晋以后公私藏书数量的急剧增加，与此当有直接的关系。晋人虞预《请秘府纸表》说："秘府中有布纸三万余枚，不任写御书，而无所给。愚欲请四百枚，付著作吏，书写起居注。"① 所谓"布纸"就是麻纸。1900

---

① （唐）徐坚等：《初学记》卷 21《文部·纸》，中华书局 1962 年排印本。

年，甘肃敦煌千佛洞发现了大量六朝到隋唐时期纸质写本图书，达数万卷，可知这时纸张的使用已经十分普遍了。

造纸术是中国人对世界文明发展史最伟大的贡献之一。纸张至迟在晋代就开始从中原向新疆以及更西的中亚传播，新疆吐鲁番一带曾发现过不少晋代到唐代的纸张实物。造纸术究竟是什么时候、通过什么途径传到西方的，还需要进一步研究。但如钱存训先生所指出的那样，纸是在中国成为日常生活中书写的材料之后，才开始向外传播。外传的经过大致有两个阶段：第一个阶段是纸和纸制品传到外国；第二个阶段是外国开始仿效学习造纸术。中国所造纸的实物首先通过西域传到阿拉伯世界，时间不会晚于公元七世纪[1]，但造纸技术传到阿拉伯世界，大概是在公元八世纪中叶。史载唐天宝十载（751 年），唐朝军队在高仙芝的率领下和阿拉伯军队在怛罗斯（今哈萨克斯坦江布尔附近）作战，唐军战败，唐军中一部分造纸工匠被俘，被俘的造纸工匠在撒马尔罕（在今乌兹别克斯坦境内）建立了一座纸坊，由此，造纸术陆续传遍了整个阿拉伯世界，特别是叙利亚的大马士革，而大马士革又是中世纪向欧洲供应纸张的主要地区。公元十世纪以后，造纸术经摩洛哥传到了西班牙、意大利，大约在公元十五、十六世纪，造纸术传遍了整个欧洲，当时所有地区的纸张都是采用中国的造纸工艺生产的。[2]

第三节　多元文化的发展与融合

魏晋南北朝，是中国历史上一个政权更迭频繁、社会变化十分剧烈的时期，也是一个思想活跃、多元文化交融的时期。

由于战争的缘故，汉人大量南迁，不仅促进了南方的开发，也把更多的中原文化带到了南方，促进了南北文化的融合；在北方地区，长期的战争虽然给社会经济带来了很大的破坏，但由于各民族之间的接触、交流增加，一些文化相对落后的少数民族因"汉化"而融入了华夏文化，使得华夏文化

---

[1]　参见钱存训《中国科学技术史》第 5 卷《化学及相关技术》第 1 分册，科学出版社、上海古籍出版社 1990 年版，第 263 页。

[2]　参见钱存训《中国科学技术史》第 5 卷《化学及相关技术》第 1 分册，第 263—270 页。

的范围和影响进一步扩大，少数民族原有的优秀文化也丰富了华夏文化的内涵。

魏晋南北朝时期，两汉极盛一时的经学发生了很大的变化，"今文""古文"经学严重对立的局面因家法混淆而纷争稍减，由儒道结合并受佛教影响而产生的"玄学"兴起，中国本土宗教道教快速发展壮大，外来宗教佛教站稳了脚跟并得到了迅速发展。与思想文化繁荣的情况相应，无论是各类图书的撰著还是外来佛教经典的翻译，无论是图书的收集整理还是图书目录的编纂以及图书的分类方法，都取得了很大的成就。特别是随着纸的普遍使用，图书的生产与传播更加方便，图书的阅读和使用范围得以大大拓展，图书事业在动荡、激变中快速发展。

一　《七略》《汉书·艺文志》与汉代的图书整理

由于西汉历朝的大力搜求，到西汉末年，图书的数量和品种大增，刘歆云：

> 武帝广开献书之路，百年之间，书积如丘山，故外有太史博士之藏，内则延阁广内秘室之府。①

不过，这些搜集来的图书，情况不一，或者是残篇断简，或者错误百端，字体也各不相同：有的用先秦时代的"古文"写成，有的则是用西汉时流行的"今文"（隶书）写成。面对这种情况，西汉成帝河平三年（前26年）遂诏令当时任光禄大夫的刘向负责校理中秘藏书。

同刘向一起负责校理图书工作的还有任宏、尹咸、李柱国等人，刘向之子刘歆也参与了校理工作。此外，班斿、杜参等都曾参与其事。关于校理时的具体分工和程序，《汉书·艺文志》记：

> 诏光禄大夫刘向校经传诸子诗赋，步校尉任宏校兵书，太史令尹咸校数术，侍医李柱国校方技。每一书已，向辄条其篇目，撮其指意，录

---

① （宋）李昉等：《太平御览》卷619引《七略》。

而奏之。

　　刘向对中秘藏书的整理，主要有两种情形：一种是校理先秦以来已经成书的中秘旧籍；另一种则是将中秘所藏的一些原未成书的单篇文章汇集成册。

　　关于第一类图书的校理，刘向等首先是广收异本，以进行校勘整理。用来校勘的图书包括禁中和中央各职能部门藏书以及民间私人藏书。

　　　　护左都水使者光禄大夫臣向言：所校中书《晏子》十一篇，臣向谨与长社尉臣参校雠，太史书五篇，臣向书一篇，参书十三篇，凡中外书三十篇，为八百三十八章。除复重二十二篇六百三十八章，定著八篇二百一十五章，外书无有三十六章，中书无有七十一章，中外皆有以相定。中书以"天"为"芳"，"又"为"备"，"先"为"牛"，"章"为"长"，如此类者多，谨颇略榆，皆已定以杀青，书可缮写。晏子，名婴，谥平仲……①

　　　　右新书定著八章。护左都水使者光禄大夫臣向言：所校中书《列子》五篇，臣向谨与长社尉臣参校雠太常书三篇，太史书四篇，臣向书六篇，臣参书二篇，内外书凡二十篇，以校除复重十二篇，定著八篇。中书多，外书少。章乱布在诸篇中。或字误，以"尽"为"进"，以"贤"为"形"，如此者众。及在新书有栈。校雠从中书已定，皆以杀青，书可缮写。列子者，郑人也……②

　　所谓"中书"指中秘之书，即皇家禁中藏书③；所谓太史书、太常书，是指太史和太常等部门官署典藏的图书；而所谓"向书""参书"，则可能指的是刘向和杜参等人的私人藏书。刘向主持的校书工作，内容包括篇目的选

---

　　①　（西汉）刘向：《刘向叙录》，吴则虞《晏子春秋集释》附，中华书局1962年版。
　　②　（西汉）刘向：《列子叙录》，杨伯峻《列子集释》附，中华书局1979年版。
　　③　（宋）程俱《麟台故事》载："淳化元年八月，李至等言：'王者藏书之府，自汉置未央宫，即麒麟、天禄阁在其中。命刘向、扬雄典校，皆在禁中，谓之中书，即内库书也。'"（《麟台故事校证·麟台故事辑本》卷1之3，张富祥校证，中华书局2000年版）

定、次序的编排以及文字的是正，校勘时根据各种不同版本进行文字的对照比勘，择善而从。书经校雠并写上叙录后缮写呈上。

关于第二类书的整理，刘向等校书时，发现中秘所藏有一部分是单篇或一组文章，因此就需要将那些内容相近的文章汇集起来，《战国策》就是一个例子。刘向《战国策》叙录云：

> 护左都水使者光禄大夫臣向言：所校中《战国策》书，中书余卷，错乱相糅莒。又有国别者八篇，少不足。臣向因国别者，略以时次之，分别不以序者以相补，除复重，得三十三篇。本字多误脱为半字，以"赵"为"肖"，以"齐"为"立"，如此字者多。中书本号，或曰《国策》，或曰《国事》，或曰《短长》，或曰《事语》，或曰《长书》，或曰《修书》。臣向以为战国时，游士辅所用之国，为之策谋，宜为《战国策》。其事继春秋以后，讫楚、汉之起，二百四十五年间之事，皆定以杀青，书可缮写。叙曰：……①

将这类名目不同的零简残篇汇为一编，不仅需要整理者进行文字校勘、篇目厘定，还需要整理者根据自己的知识对其时代、作者、事件序次归类，因此，这是一件学术性极强并且非常复杂的工作。

除了篇目选定与文字是正外，刘向等还在各书前附上叙录，结集成书后，即为《别录》②。《别录》全书今已亡佚，但前引如《战国策叙录》《晏子春秋叙录》《列子叙录》以及《孙卿书叙录》《管子叙录》《韩非子叙录》《邓析子叙录》《说苑叙录》等尚存，由此可知其大致内容：包括

---

① （西汉）刘向：《战国策叙录》，《战国策》附，上海古籍出版社1985年整理标点本。

② （南朝梁）阮孝绪《七录序》云："昔刘向校书，辄为一录，论其指归，辨其讹谬，随竟奏上，皆载在本书。时又别集众录，谓之别录，即今之《别录》是也。"（《广弘明集》卷3引）

关于《别录》与《七略》的关系，或谓二者即一书，或谓二者非一。《别录》主要部分为刘向负责编纂完成，《七略》则为刘歆最后总其成。按《隋书·经籍志》著录有刘向《七略别录》二十卷，综合分析，愚意刘向主持文献整理，事毕则每书附叙录一篇，结集成则为《别录》；而刘歆继刘向之后主持文献整理，除继续完成叙录撰写之外，重点在编纂分类目录，是为《七略》，其中《辑略》为诸书总要，可能主要由刘向主持整理工作时完成。后人将《别录》各篇叙录汇入《七略》所收相应之书名下，因统名之《七略别录》，或仍简称《七略》。刘向所编《别录》之性质属解题目录，而刘歆原编《七略》之性质则属书名目录。

简述作者生平、学术渊源，并评介其思想内容，说明其版本情况、校正过程。

《别录》是中国第一部图书解题目录，所开创的"叙录体"对后世影响极大，清代编纂的《四库全书总目》即参仿刘向叙录而成。

西汉建平元年（前 6 年）左右，刘向去世，汉哀帝命刘向之子刘歆负责图书整理工作，不久，刘歆在刘向工作的基础上，纂成了《七略》。

《七略》是我国第一部图书分类目录，大概亡佚于唐宋之间，但主要内容还保存在《汉书·艺文志》中，根据《汉书·艺文志》所载，尚可大致复其旧貌。

《辑略》：诸书总要

《六艺略》：儒家经典，包括易、书、诗、礼、乐、春秋、论语、孝经、小学等九大类一百三家。

《诸子略》：包括儒、道、阴阳、法、名、墨、纵横、杂、农、小说等诸子十派一百八十九家。

《诗赋略》：包括赋和诗歌一百六家。

《兵书略》：包括兵权谋、兵形势、兵阴阳、兵技巧等四类五十三家。

《数术略》：包括天文、历谱、五行、蓍龟、杂占、形法等六类一百九十家。

《方技略》：包括医经、经方、房中、神仙等四类三十六家。

因为《汉书·艺文志》著录的图书基本上是照录刘向、刘歆《七略》所载，因此学术界一般将其视同后者。当然，班固在编纂《汉书·艺文志》时，也有一些增减①。

---

①　《汉书·艺文志》总括诸书云："大凡书，六略三十八种，五百九十六家，万三千二百六十九卷。入三家五十篇，省兵十家。"颜师古注"入刘向稽疑篇"条云："此凡言入者，谓《七略》之外班氏新入之也。其云出者，与此同。"这说明《七略》原本著录除增加了三家五十篇、删减了兵书十家外，其余均《七略》之旧。此外，《七略》原书有的类目文献重复，有的文献分类不当，班固等也都做了少量的调整。又，《广弘明集》卷 3 引《古今书最》云："《七略》书三十八种，六百三家，（转下页注）

　　作为中国历史上第一部图书分类目录，《七略》对后世学术的影响特别是对目录学的影响是十分巨大的。《七略》虽然将整个目录分为七部分，但从分类学上看，应该属于"六分法"，因为《辑略》为诸书总要，属于综合性论述，与分类无直接关系。将所有图书分为"六艺""诸子""诗赋""兵书""数术""方技"六类，这首先是汉代文化、学术特点和图书实际情况的反映，也代表了刘向、刘歆等人对于当时文化学术特点的观察与思考。除了"兵书"一类早在汉初就被独立类分外，其他几类都是刘向、刘歆等人根据图书的特点而进行的类分。在这六类中，后世文献数量较多、影响较大的"史"尚未独立成类，这与当时学术发展的特点有关。《汉书·艺文志》虽然著录了若干纯粹的史书，如《楚汉春秋》九篇、《太史公》百三十篇、冯商续《太史公》七篇、《太古以来年纪》二篇、《汉著记》百九十卷、《汉大年纪》五篇等，但总的来说数量较少，与其他"六艺""诸子""诗赋""兵书""数术""方技"六类相比，"史"类著作数量较少，因此只能附录于儒家经典《春秋》类之后。可以说，在西汉时期的知识体系中，史学还不足以作为一个独立的门类。与之相对应，数术类共著录一百九十家二千五百二十八卷，方技类共著录三十六家八百六十八卷，数量远远超过史学，这种情况与今日考古发现的结果正可相互印证。例如，在出土的汉代图书中，数术、方技类图书非常普遍，数量也很大，与后世数术、方技类图书所占比重形成了强烈的反差，可见"数术""方技"不仅是西汉社会知识的重要组成部分，图书很多，也是对社会影响很大的东西，因此得以独立成类。

　　刘向、刘歆父子的图书清理工作，是我国历史上对图书的第一次全面、

　　（接上页注①）一万三千二百一十九卷，五百七十二家亡，三十一家存；《汉书·艺文志》书三十八种，五百九十六家，一万三千三百六十九卷。五百五十二家亡，四十四家存。"（民国上海商务印书馆《四部丛刊》影印明汪道昆刻本）此较今本《汉书·艺文志》多七家、一百卷（篇）。《隋书·经籍志》作三万三千九十卷。清姚振宗云："以上六略（指《汉书·艺文志》）都凡之数计之，则六百七十七家、一万二千九百五十一篇，图四十三卷，共一万二千九百九十四篇卷，与此总数亦不相符，多非其实。今就所载，详加校定，实有六百二十六家，内一家无篇数，一万二千九百八十一篇，图四十八卷，共一万三千二十九篇卷。然与阮氏《七录序目》所载《艺文志》家数篇数亦不相合，莫得而详矣。"（《汉书艺文志条理》，见《师石山房丛书》，开明书店1936年排印本）

　　按，关于《汉书·艺文志》所载家、卷总括之数，诸家所载、所考各不相同，于此，唐代颜师古注《汉书》时即指出："删去浮冗，取其指要也。其每略所条家及篇数，有与总凡不同者，转写脱误，年代久远，无以详知。"甚是。

系统、科学的整理。章学诚云："刘《略》、班《志》，乃千古著录之渊源"，"乃后世目录之鼻祖"①。无论是整理方法还是图书的著录和分类方法，《别录》《七略》奠定了中国古代文献学的基础，成为中国图书史上具有标志意义的文献，同时，也对中国古代学术分类思想与方法产生了重要的影响。

当然，《七略》也并非没有缺点。郑樵批评说：七略之中，唯"兵家一略极明"，"尹咸校数术、李柱国校方技，亦有条理，惟刘向父子所校经传诸子诗赋，冗杂不明，尽采语言，不存图谱。缘刘氏章句之儒，胸中元无伦类。班固不知其失，是致后世亡书而学者不知源"②。郑氏的批评虽不无道理，但他是以后世较高的目录学水平去评判刘氏父子开创性的工作的，并且，西汉末年专门的图谱之书也远远没有宋代那么多，因此郑氏的批评不免失之偏颇。

继《七略》之后，东汉明帝时（28—75 年），著名学者贾逵和班固受命整理中秘藏书，工作结束后，班固根据《七略》并参以当时的整理结果，纂成《汉书·艺文志》。

《汉书·艺文志》所著录的图书，班固在《汉书·艺文志》中曾说明是据刘向、刘歆之书"删其要"而成的，但也有一些自己的补充、调整，并注明"出""入""省"。班固增加和删除者，如六艺之"书"中注明"入刘向《稽疑》一篇"，在"诗赋"中"入扬雄"八篇，在"小学"中"入扬雄、杜林二家二篇"。在分类上进行调整者，如"兵权谋家"中注明"出《司马法》入礼也"，"兵权谋家"中注明"省《伊尹》《太公》《管子》《孙卿子》《鹖冠子》《苏子》《蒯通》《陆贾》《淮南王》二百五十九种"，因为《伊尹》《太公》《管子》《鹖冠子》为道家，《孙卿子》《陆贾》为儒家，《淮南王》为杂家，《苏子》《蒯通》为纵横家。其他方面也进行了一些调整，在一些书名后加注了简要的说明，如《史记》中苏秦列传，《汉书·艺文志》诸子纵横家《苏子》三十一篇后注"名秦，有列传"；《史记》有张仪列传，《汉书·艺文志》则在诸子纵横家《张子》十篇后注"名仪，有列传"。

---

① （清）章学诚：《校雠通义》卷 2，《文史通义校注》附，叶瑛校注，中华书局 1985 年版。
② （宋）郑樵：《通志》卷 71《校雠略一·编书不明分类论》，中华书局 1984 年影印民国上海商务印书馆《万有文库》本。

《汉书·艺文志》与《七略》二者最大的不同是班固删去了《七略》每书所附之叙录，以求简明并与《汉书》全书体例相合，同时将原"辑略"部分内容删节改写为各类图书之小序，姚振宗曾辑录了一些佚文①，两相比较，知《汉书·艺文志》各类小序部分乃本诸刘向、刘歆等的《辑略》而增删之②。

《汉书·艺文志》是中国现存第一部完整的先秦两汉图书总目，在中国目录学史上具有崇高的地位，学者们常常简称为《汉志》。《汉书·艺文志》虽然不是一部原创性的目录学著作，却是一部集大成的目录学著作，它还开启了史志目录的先例。后世所纂修之正史中，《隋书》《旧唐书》《新唐书》《宋史》《明史》《清史稿》等都有"艺文志"或"经籍志"，其他诸史所无者，也几乎都有清代以来学者袭《汉书·艺文志》之例补纂了相关史志，藉此为后人留下了各代图书纂修与存藏情况的珍贵史料。

二　魏晋宗教、玄学与文化

魏晋南北朝是中国古代学术史的一大转折点。

一方面，东汉末年，郑玄以古文经学为主，又兼采今文经学，广注众

---

①　清姚振宗著有《七略别录佚文》一卷、《七略佚文》一卷，收录于《师石山房丛书》中。另，近人章太炎亦著有《七略别录佚文徵》，然不若姚氏之详。

②　东汉荀悦《前汉纪》卷25（民国上海商务印书馆《四部丛刊》影印明嘉靖刻本）："刘向典校经传，考集异同，云：《易》始自鲁商瞿子木，受于孔子，以授鲁桥庇子庸，子庸授江东骄臂子弓，子弓授燕人周丑子家，子家授东武孙虞子乘，子乘授齐国田何子装。及秦焚《诗》《书》，以《易》为卜筮之书，独不焚。汉兴，田何以《易》授民，故言《易》者，本之田何焉。菑川人杨叔传其学，武帝时为大中大夫，由是有杨氏学。梁人丁宽受《易》田何，为梁孝王将军距吴楚，著《易说》三万言。宽授槐里田王孙，王孙授沛人施雠、东海孟喜、琅邪梁丘贺。雠为博士，喜为丞相掾，由是有施、孟、梁丘之学。此三家者，宣帝之时立之。京房受《易》于梁人焦延寿，独得隐士之说，托之孟氏。刘向校《易说》，皆祖之田何，唯京房为异党，不与孟氏同，由是有京氏学，元帝时立之。东莱人费直，治《易》长于筮，无章句，徒《彖》《象》《系辞》十篇、《文言解说》《上下经》。沛人高相，略与费氏同，专说阴阳灾异。此二家未立于学官，唯费氏经与鲁古文同。"《汉书·艺文志》叙录则云："至于殷、周之际，纣在上位，逆天暴物，文王以诸侯顺命而行道，天人之占可得而效，于是重《易》六爻，作上下篇。孔氏为之《彖》《象》《系辞》《文言》《序卦》之属十篇，故曰《易》道深矣，人更三圣，世历三古。及秦燔书，而《易》为筮卜之事，传者不绝。汉兴，田（和）〔何〕传之。讫于宣、元，有施、孟、梁丘、京氏列于学官，而民间有费、高二家之说。刘向以中《古文易经》校施、孟、梁丘经，或脱去'无咎''悔亡'，唯费氏经与古文同。"二者行文风格相近，知后者乃抄撮前者而成。

经，后人虽然批评郑玄混淆了经义，导致"夏、商、周三代史就很难弄清楚"①，但其实，无论是今文经学还是古文经学，他们对三代历史的解释大多是以今度古，夹杂了不少个人的想象、猜测，许多还带有政治目的，假如仅仅根据今文经学或古文经学的说法，都同样很难弄清楚三代历史。郑玄虽然混淆了"家法"，但郑说一出，经学格局为之一变，融合今、古之学渐据主流，经学研究的重点也逐渐转向了对儒家经典的注释上，如《左传》的杜预注、《穀梁传》的范宁集解、《尔雅》的郭璞注等都产生于这一时期②。

　　另一方面，经汉魏之际的连年战乱，百姓离乱，诸业凋敝，休养生息成为社会共识。著名学者王肃上书魏明帝曹叡云："大魏承百王之极，生民无几，干戈未戢，诚宜息民而惠之以安静遐迩之时也。"③ 道家"清静无为"的思想正好符合当时的社会需要。以老、庄道家思想和儒家思想为基础，综合易学、佛学、形名之学等产生的玄学，成为魏晋学术与文化史上的一个突出特点。以玄学注儒家经典，以后世通行之《论语》何晏集解、《周易》王弼注为其代表，尤其是王弼注《周易》，"把《易》从宗教的东西变成哲学的东西"④，对此后中国哲学史的影响十分巨大。此外，王弼《老子注》、向秀《庄子》注、郭象《庄子注》等都是中国图书史上的重要著作。其他如阮籍、嵇康等，也将玄学融于诗歌、文章之中。

　　虽然自商周时代起，史书就是最受重视的图书，就有世守其职的史官如董狐、左丘明等，史书的编纂也有一定的体例，也有编年、纪传、杂记等不同的体裁，也出现过像《春秋》《左传》《史记》《汉书》等这样伟大的历史著作。但是，官修史书更多的是关乎国家政治与礼制，并非纯粹的史学。春秋战国时期"礼崩乐坏"，开始出现了一些个人私记，如湖南云梦睡虎地出土秦简中有一个名叫"喜"的人所纂《编年记》，记载了上起秦昭襄王元

---

① 周予同：《中国经学史讲义》，上海文艺出版社1999年版，第62页。
② 在魏晋经学史上，还有一部文献值得重视：西晋时期曾出现过一部《古文尚书》并孔安国《传》，文字较省行之本多出二十五篇，且篇名也有差异，此本后来成为历代钦定之本，清《十三经注疏》中即采用此本。明代梅鷟指出其中多出的二十五篇乃晋人伪造，所谓孔《传》亦当伪造，清阎若璩作《古文尚书疏证》、惠栋作《古文尚书考》、丁晏作《尚书余论》，《古文尚书》及孔《传》为伪书之说基本成为定论。
③ （晋）陈寿：《三国志·魏书·王肃传》。
④ 周予同：《中国经学史讲义》，第66页。

年（前 306 年）下迄秦始皇三十年（前 217 年）前后四王共九十年的历史，还记载了自己出生的时间。至于西晋初年汲冢出土、战国时期成书的《竹书纪年》和司马迁提到过的"牒记"，也是私家著述，其中有的内容与占社会主流地位的儒家思想相出入，如《竹书纪年》所记载的"益干启位，启杀之""太甲杀尹伊""文丁杀季历"等，完全与儒家思想相悖，属于"不雅驯""乖异"之作，不被主流社会所认可。汉代以后，史学得到了很大的发展，出现了像《史记》《汉书》《汉纪》这样一些重要的史学著作，但其数量与经学、文学甚至占卜术数之类的图书相比，数量还是太少，因而在目录学著作中只能附于经学"春秋"类之后。从另一个角度来说，这也反映出两汉以前，史学还没有真正成为一门完全独立的学科。

从东汉末年开始，直到南北朝之末，中国社会长期处于剧烈动荡之中，记录和分析世事变迁也就成为一些学者关注的重点，史学因而获得了更快的发展。同时，西汉以来经学一统天下的格局到东汉末年已开始逐渐被打破，越来越多的读书人开始关注经学以外的其他学问，史书编纂方法也渐渐脱离了经学的轨范。魏晋以后，史学纂述受到空前的关注，私纂之史大量增加，反映在作为辨章学术的图书分类上，就是史学著作开始独立设类。这种变化，一方面与当时剧烈动荡的社会有关，另一方面也与儒家独尊地位的削弱、其他各种思想思潮的兴起和多元文化的交流融合有关。《隋书·经籍志》云：

> 灵、献之世，天下大乱，史官失其常守。博达之士，愍其废绝，各记闻见，以备遗亡。是后群才景慕，作者甚众。

当朝人写当朝事是魏晋南北朝史学的一大特色。三国时有魏鱼豢所著《魏略》三十八卷、《典略》五十卷，吴韦昭所著《吴书》五十五卷，蜀王崇所著《蜀书》，谯周所著《蜀本纪》等，三国以下，史书更多，仅专写晋代之史著名者即有十八家，写南朝宋、齐、梁、陈史的有二十余种，写北朝十六国史的有二十九种，《隋书·经籍志》所著录的史书每一门类除前面少数几种是三国以前的著作，其余全是魏晋南北朝时期的作品。

魏晋南北朝时期史书不仅数量多，而且不少质量也很高，如西晋陈寿的

《三国志》、薛莹的《后汉记》、华峤的《汉后书》、司马彪的《续汉书》、刘宋范晔的《后汉书》、梁沈约的《宋书》、梁萧子显的《南齐书》、北齐魏收的《魏书》等都非常有名。梁武帝萧衍博学多才，少时曾与沈约、谢朓、范云游，当上皇帝后主持编纂了《通史》："上自太初，下终齐室，撰成《通史》六百二十卷。……大抵其体皆如《史记》，其所为异者，惟无表而已"①，其卷帙大大超过现存的廿四史中各史和《清史稿》，梁武帝尝谓萧子显曰："我造《通史》，此书若成，众史可废。"② 惜乎此书早已亡佚，并无只字流传。

除了史书编纂之外，史学研究也渐成一项专门之学。史载西晋末刘殷"有七子，五子各授一经，一子授《太史公》，一子授《汉书》，一门之内，七业俱兴，北州之学，殷门为盛"③，所谓"授《太史公》""授《汉书》"，即如两汉魏晋治经一样，为专门治《史记》与《汉书》之学。十六国后赵太兴二年（319 年），石勒称赵王，"始建社稷，立宗庙，营东西宫。署从事中郎裴宪、参军傅畅、杜嘏并领经学祭酒，参军续咸、庾景为律学祭酒，任播、崔浚为史学祭酒"④。这是"史学"一词第一次见诸文献，并与经学、律学并立，可见此时史学已经成为一门独立的学科。南朝宋元嘉十五年（438 年），"时国子学未立，上留心艺术，使丹阳尹何尚之立玄学，太子率更令何承天立史学，司徒参军谢元立文学，凡四学并建"⑤。著名史学家，后来协纂《宋书》的山谦之就曾为"史学生"⑥。

在史书体裁方面，除了编年、纪传、杂史之外，专史专志也是魏晋南北朝时期史书修纂的一大特色，其中"谱牒之学"和地方志尤为突出。

"魏氏立九品，置中正，尊世胄，卑寒士，权归右姓已。……晋、宋因之，始尚姓已。然其别贵贱，分士庶，不可易也。于时有司选举，必稽谱

---

① （唐）刘知几著、（清）浦起龙释《史通通释》卷 1《六家》，王煦华点校，上海古籍出版社 1978 年版。

② （唐）姚思廉：《梁书·萧子显传》。

③ （唐）房玄龄等：《晋书·刘殷传》。

④ （唐）房玄龄等：《晋书·石勒载记下》。

⑤ （南朝梁）沈约：《宋书·雷次宗传》。

⑥ （南朝梁）沈约：《宋书·礼志三》。

籍，而考其真伪。故官有世胄，谱有世官，贾氏、王氏谱学出焉。"① 魏晋时，行九品中正制选拔官员，最初尚有一定的进步意义，但不久即显现出负面问题。由于选拔人员讲求家世，士分世族、寒族，世族即世家大族，他们凭借"世资"，可以"坐致公卿"，即所谓"公门有公，卿门有卿"②，寒族则是新兴的中小地主，他们在政治上处于被压制的地位，"高门华阀，有世及之荣；庶姓寒人，无寸进之路"③。在世族与寒族的斗争中，世族为了巩固自己的地位，非常重视"家世"渊源，梁傅昭就"博极古今，尤善人物，魏晋以来，官宦簿伐，姻通内外，举而论之，无所遗失"④。以记录家世渊源谱系为主要内容的史书谓之"谱牒"，后世通称为"家谱"。编修家谱在中国虽然有很古老的历史，但魏晋时期成熟的谱牒之学与以往的家谱相比有了完全不同的意义："谱牒所以别贵贱，明是非，尤宜留意。或复中表亲疏，或复通塞升降，百世衣冠，不可不悉。"⑤ 两晋南北朝时期，出现了大量谱牒。"先是谱学未有名家，渊祖弼之广集百氏谱记，专心治业。晋太元中，朝廷给弼之令史书吏，撰定缮写，藏秘阁（乃）［及］（迁）左民曹。渊父及渊三世传学，凡十八州士族谱，合百帙七百余卷，该究精悉，当世莫比。永明中，卫军王俭抄次《百家谱》，与渊参怀撰定。……撰《氏族要状》及《人名书》，并行于世。"⑥ 梁王僧孺曾入直西省，知撰谱事，"集《十八州谱》七百一十卷；《百家谱集抄》十五卷；《东南谱集抄》十卷"⑦。北齐颜之推记载当时家谱纂修之盛云："中原冠带随晋渡江者百家，故江东有百谱（即家谱）。"⑧ 据清秦荣光《补晋书艺文志》，西晋、东晋即有家谱一类著作近一百五十种。胡应麟指出：

　　古人之学，有中绝弗传者，谱牒是也。其学六朝最盛。……凡谱系

---

① （宋）欧阳修、宋祁：《新唐书·柳冲传》。
② （唐）房玄龄等：《晋书·王沈传》。
③ （清）赵翼：《廿二史札记·九品中正》
④ （唐）姚思廉：《梁书·傅昭传》。
⑤ （南朝梁）萧绎（梁元帝）：《金楼子·戒子篇》。
⑥ （南朝梁）萧子显：《南齐书·文学·贾渊传》。
⑦ （唐）李延寿：《南史·王僧孺传》。
⑧ （北齐）颜之推：《观我生赋》自注，《北齐书·颜之推传》附。

之学，昉于汉，衍于晋，盛于齐，极于梁，唐稍左矣，其学故不乏也。郑氏《通志》，谱系凡六种、一百七十部，端临《通考》，存者不过数家，胜国以还殆绝，此门阀之变，亦古今兴废一大端也。①

魏晋南北朝时期的谱牒之学是门阀制度的产物，唐代以后，随着人才选拔制度的变化亦即科举制的出现，门阀制度日渐式微，但重视家谱修纂的传统一直延续至今，上自皇帝，下至普通百姓，编修家谱已经成为维系家族凝聚力的一种重要手段。因此，在存世的古代图书中，有大量的家谱，仅《中国家谱总目》一书，即著录家谱五万二千四百零一种。即使在当代，也还有大量新家谱不断产生。谱牒因内容丰富，包罗万有，能充分反映该家族与当时社会、政治、经济、军事、文化等多方面的关系，为研究社会、了解历史提供了极为丰富的第一手资料，具有其他文献不可替代的学术研究价值。章学诚即曾指出："夫家有谱，州县有志，国有史，其义一也。然家谱有征，则县志取焉；县志有征，则国史取焉。"②

除了讲究出身外，人物品行的评定也十分重要，而品评人物的权力又来自士族阀阅之家，因而使得魏晋南北朝时期国家权力集中在少数世袭的贵族之中。反映在图书上，魏晋南北朝时期出现了大量品评人物、记述名人雅事之书，最著名的有曹魏时期刘劭的《人物志》和南朝宋刘义庆的《世说新语》。与此相关，传记类图书也大量产生，《隋书·经籍志》史部杂传类著录二百余种，多数是魏晋南北朝时期的作品。

地方志是记录某一地区自然环境、社会政治经济文化和历史等方面情况的百科性图书，在中国古代文献中占有非常重要的地位。战国时便有记载各地人文地理和风俗习惯的《禹贡》《山海经》等，东汉初年又有专记地方历史的《越绝书》等，但这些书与今天所说的地方志还是有较大的差别，相对比较接近的是东汉初年成书的《南阳风俗传》。东汉开国皇帝刘秀是南阳人，在他登极做皇帝后，便诏修《南阳风俗传》，由此带动了地方志的撰修：

---

① （明）胡应麟：《少室山房笔丛·华阳博议下》。
② （清）章学诚：《文史通义·为张吉甫司马撰大名县志序》。

后汉光武，始诏南阳，撰作风俗，故沛、三辅有耆旧节士之序，鲁、庐江有名德先贤之赞。郡国之书，由是而作。[①]

所谓郡国之书，就是地方志的前身。魏晋以后，地方志更受重视。西晋时，挚虞曾根据《禹贡》《周礼》等书纂成《畿服经》一百七十卷，"其州郡及县分野封略事业，国邑山陵水泉，乡亭城道里土田，民物风俗，先贤旧好，靡不具悉"[②]。这部书应属地理总志一类，可惜唐初即已亡佚。东晋时蜀人常璩所撰《华阳国志》，内容涉及西南地区历史、地理、人物等多个方面，是我国现存最早的地方志，刘知几曾云："郡书者，矜其乡贤，美其邦族；施于本国，颇得流行，置于他方，罕闻爱异。其有如常璩之详审，刘昺之该博，而能传诸不朽，见美来裔者，盖无几焉。"[③] 近人任乃强先生也评价说："此其于地方史中开创造之局，亦如正史之有《史记》者。"[④] 此外，北魏杨衒之所撰的《洛阳伽蓝记》也是一部颇有特色的专志。

魏晋南北朝时期地理学也取得了很大成绩，尤其是在地图的绘制方面。地图的绘制在中国有很悠久的历史，但对制图理论进行深入研究的则当首推西晋初年的裴秀。裴秀以"今秘书既无古之地图，又无萧何所得，惟有汉氏《舆地》及《括地》诸杂图。各不设分率，又不考正准望，亦不备载名山大川。虽有粗形，皆不精审，不可依据。或荒外迂诞之言，不合事实，于义无取"，"于是甄摘旧文，疑者则阙，古有名而今无者，皆随事注列，作《禹贡地域图》十八篇"[⑤]，并就制图学中比例尺、方向、距离三要素提出了"制图六体说"，奠定了中国古代地图制作的理论基础：

制图之体有六焉。一曰分率，所以辨广轮之度也。二曰准望，所以正彼此之体也。三曰道里，所以定所由之数也。四曰高下，五曰方邪，

---

① （唐）魏徵等：《隋书·经籍志》。

② （唐）魏徵等：《隋书·经籍志》。

③ （唐）刘知几著、（清）浦起龙释《史通通释》卷10《杂述》，王煦华点校，上海古籍出版社1978年版。

④ 任乃强：《华阳国志校补图注·前言》，上海古籍出版社1987年版。

⑤ （唐）房玄龄等：《晋书·裴秀传》。

六曰迂直，此三者各因地而制宜，所以校夷险之异也。有图象而无分率，则无以审远近之差；有分率而无准望，虽得之于一隅，必失之于他方；有准望而无道里，则施于山海绝隔之地，不能以相通；有道里而无高下、方邪、迂直之校，则径路之数必与远近之实相违，失准望之正矣，故以此六者参而考之。然远近之实定于分率，彼此之实定于道里，度数之实定于高下、方邪、迂直之算。故虽有峻山巨海之隔，绝域殊方之迥，登降诡曲之因，皆可得举而定者。准望之法既正，则曲直远近无所隐其形也。①

《禹贡地域图》是已知中国最早的一部历史地图集，也是世界上第一次用比例尺原理绘制的大型地图集，其"制图六体"与西方近代地图制作的基本原理几乎一致②，在世界地图史上具有划时代的意义。

北魏郦道元所撰《水经注》也是我国地理学史上的一颗瑰宝。三国时桑钦作《水经》，以水为经，记载了全国一百三十七条主要河流的情况，内容较为简略，也缺乏系统性，并有一些错误，郦道元于是"撰证本经，附其枝要者"，撰《水经注》四十卷三十万言，考证介绍了一千二百五十二条河流水道及其流域的地理沿革、自然和人文地理、相关的历史事件，是中国古代最为系统的综合性地理著作。《水经注》也是一部具有很高文学、文献学价值的著作，全书记录了不少故事传说、民谣渔歌、石刻碑碣，叙事文笔极为优美，全书引用文献四百三十七种，不少在后世已经散佚，因此也成为后世文献辑佚的重要来源。《水经注》北宋初尚有完本，其后即有散佚，兼之传抄、刊刻过程中差讹甚多，后世校勘疏证者颇多，专门研究《水经注》之"郦学"遂成显学。

魏晋南北朝时，文学创作也十分兴盛。三国曹魏时有"三曹"（曹操、曹丕、曹植）和"七子"（孔融、陈琳、王粲、徐幹、阮瑀、应玚、刘桢）所创的"建安诗风"，魏末晋初有嵇康、阮籍领导的"正始文学"，晋初有

---

① （唐）房玄龄等：《晋书·裴秀传·禹贡地域图序》。

② 当代著名地学专家王庸先生曾评价说："其说除地球经纬度为当时所不知外，今日言制图方法者，在原则上均与裴氏之说相一致。"说见王庸《中国地理学史》，民国上海商务印书馆1938年版，第58页。

三张（张载、张协、张亢）、二陆（陆机、陆云）、两潘（潘岳、潘尼）、一左（左思）所倡的"太康文学"。南北朝时期梁昭明太子萧统选编的《文选》三十卷和陈徐陵选编的《玉台新咏》十卷是中国古代影响很大的两部文学作品总集，梁刘勰的《文心雕龙》是我国古代最重要的一部文学批评著作，梁钟嵘的《诗品》则是我国第一部诗学批评著作。

　　自秦汉以后，古代印度的佛教传进了中国。中国的本土宗教道教也产生于东汉末年。两种宗教的流行，改变了中国的思想界，改变了中国社会，也对魏晋南北朝的文学创作产生了很大的影响。鲁迅先生尝云：

　　　　中国本信巫，秦汉以来，神仙之说盛行，汉末又大畅巫风，而鬼道愈炽；会小乘佛教亦入中土，渐见流传。凡此，皆张皇鬼神，称道灵异，故自晋讫隋，特多鬼神志怪之书。其书有出于文人者，有出于教徒者。①

魏晋南北朝时期的志怪小说，最著名的有托名东方朔的《神异经》《十洲记》，托名郭宪的《洞冥记》，托名班固的《汉武帝故事》《汉武帝内传》，托名曹丕（一作张华）的《列异传》，托名陶渊明的《搜神后记》以及晋代张华的《博物志》、王嘉的《拾遗记》、干宝的《搜神记》、刘宋刘义庆的《幽明录》、梁吴均的《续齐谐记》、梁任昉的《述异记》、北齐颜之推的《冤魂志》等。

　　除了志怪小说之外，笔记小说也风行一时。鲁迅先生又云：

　　　　汉末士流，已重品目，声名成毁，决于片言，魏晋以来，乃弥以标格语言相尚，惟吐属则流于玄虚，举止则故为疏放。……世之所尚，因有撰集。或者掇拾旧闻，或者记述近事，虽不过丛残小语，而俱为人间言动，遂脱志怪之牢笼也。②

----

①　鲁迅：《中国小说史略·六朝之鬼神志怪书（上）》，见《鲁迅全集》，人民文学出版社2005年版。

②　鲁迅：《中国小说史略·世说新语与其前后》，见《鲁迅全集》。

托名刘歆而实为东晋葛洪的《西京杂记》、东晋裴启的《语林》、刘宋刘义庆的《世说新语》等即其代表。

东汉末年开始，中国北方陷入了长期的战乱，北人大量南迁。北人南迁，不但促进了南方的开发，也促进了南、北方文化的交流与融合，汉语也发生了巨大的变化。清代学者钱大昕指出："汉魏以降，方俗递变，而声音与文字渐不相应。"① 这种变化促进了汉语音韵、训诂学的发展，古代印度佛教的传入也为音韵、训诂学的发展带来了新机。"自后汉佛法行于中国，又得西域胡书，能以十四字贯一切音，文省而义广，谓之婆罗门书。"② 古印度梵文是一种拼音文字，通过辅音与元音的组合可以构成一切读音。受此影响，反切注音法应运而生。反切注音法始于三国时人孙炎的《尔雅音义》，其书今已亡佚，唐陆德明《经典释文》中尚保留了其书的少量佚文。反切注音法的产生，对后世从诗文写作到字词典的编纂等很多方面，都产生了极大的影响。

魏晋南北朝时期，文坛盛行骈体文，讲究遣词用典，于是就出现了"类书"这一图书形式。类书是将典故、词语等分类编排起来的工具书，魏文帝曹丕诏儒臣编纂的《皇览》是我国第一部类书，梁代的《华林遍略》、北齐的《修文殿御览》也都是对后代产生了很大影响的类书。

魏晋南北朝时期，自然科学也取得了较大的发展，天文历法、算术、农学等方面都产生了不少重要的著作，如曹魏时刘徽的《九章算术注》和《海岛算经》，刘宋何承天的《元嘉历》、北魏贾思勰的《齐民要术》等，尤其是《齐民要术》，不仅是中国古代最重要的百科性质的农学著作，也是世界上最早的农学著作之一。

魏晋南北朝时期文化繁荣，图书市场更趋成熟。南齐"武帝时，藩邸严急，诸王不得读异书，《五经》之外，唯得看《孝子图》而已。锋（江夏王萧锋）乃密遣人于市里街巷买图籍，期月之间，殆将备矣"③。一个月内能买齐所需图书，可见当时图书市场上商品是颇为丰富的。北齐阳俊之

① （清）钱大昕：《潜研堂文集》卷15《答问十二》，民国上海商务印书馆影印《潜研堂全书》本。

② （唐）魏徵等：《隋书·经籍志·小学序》。

③ （唐）李延寿：《南史·江夏王锋传》。

"多作六言歌辞，淫荡而拙，世俗流传，名为《阳五伴侣》，写而卖之，在市不绝。俊之尝过市，取而改之，言其字误。卖书者曰：'阳五，古之贤人，作此《伴侣》，君何所知？轻敢议论！'俊之大喜。后待诏文林馆，自言：'有文集十卷，家兄亦不知吾是才士也。'"① 阳俊之所作歌辞被"写而卖之，在市不绝"，并且卖书者显然对书和书的作者并不了解，就是一位专以卖书为生的商人而已，可见当时图书贩卖已经成了一个专门的职业，抄书者与卖书者已各有分工。

三　道经、佛经的结集翻译

西汉初年，用黄老之言，道家思想盛行。汉武帝后，儒学虽然占据了正统地位，道家学说遭排斥，但在民间其学不绝。到东汉末年，张陵在民间巫教的基础上于四川大邑之鹤鸣山创立了五斗米道，奉老子为教主，以《老子》为主要经典，道教由此诞生。

道教初起之时尚处于原始宗教的状态，信奉者主要是一般社会下层民众，道教典籍也寥寥可数，内容多是房中之术和丹书符图之类的东西。魏晋以后，不少读书人和社会上层人士信奉道教，如司马懿的第九子赵王伦、号称"书圣"的王羲之、著名学者鲍靓、"竹林七贤"中的嵇康等皆笃信道教。西晋末东晋初，著名学者葛洪著《抱朴子》，从宇宙观、本体论的高度对原始道教的精髓——神仙长生进行了论证，提出了"道""玄""一"等哲学范畴，将道教理论化，从此，道教便进入了一个新的发展时期。由于社会上层和读书人的加入，道教的原始性质发生了重大变化，新的道派相继出现，道教典籍也日渐丰富。葛洪云：

> 道书之出于黄老者，盖少许耳，率多后世之好事者，各以所知见而滋长，遂令篇卷至于山积。②

葛洪《抱朴子·遐览》还详载了当时流行的道书，包括道书六百七十卷、

---

① （唐）李延寿：《北史·阳休之传》。
② （晋）葛洪：《抱朴子·释滞》，王明《抱朴子内篇校释》本，中华书局1985年版。

符五百数十卷①，在《抱朴子》的其他篇章中，还提到过不少其他道教经典。有学者统计，在《抱朴子内篇》中，"所举仙经神符，多至二百八十二种"②。刘宋时著名道士陆修静于宋明帝泰始三年（467 年）在建康（今南京）崇虚馆整理道教文献，编成了《三洞经书目录》。

> （刘）宋太始七年（471 年），道士陆修静答明帝云：道家经书并药方、符图等，总一千二百二十八卷云，一千九十卷已行于世，一百三十八卷犹在天宫（指尚未行世）。③

至北周武帝天和五年（570 年），玄都观道士编《玄都经目》，所载道书的数量较之此前增加了许多：

> 道经传记、符、图、论，六千三百六十三卷，二千四十卷有本，须纸四万五十四张，其一千一百余卷，经、传、符、图；其八百八十四卷，诸子、论。其四千三百二十三卷，陆修静录。有其数目，及本，并未得。④

所谓"六千三百六十三卷"也只是个虚数，仅二千四十卷实有其书，其余并没有现成本子，因此遭到佛教人士的反驳："（《玄都经目》）今列二千余卷者，乃取《汉艺文志》目八百八十四卷为道之经论，据如此状，理有可疑。"⑤"若据萧温等议，止有《道》《德》二篇；如取汉帝校量，便应七百余卷；约葛洪神仙之说，仅有一千；准修静所上目中，过前九十。又检《玄都经录》转复弥多，既其先后不同，虚妄明矣。增加卷轴、添足篇章，依傍佛经、改头换尾，或道名山自出，时唱仙洞飞来，何乃黄领独知、英贤

---

① 陈国符：《道藏源流考》，中华书局 1963 年版，第 105 页。

② （清）方维甸：《校刊抱朴子内篇序》，王明《抱朴子内篇校释》附录。

③ （唐）道世：《法苑珠林》卷 55《破邪篇·妄传邪教第三》，《大正新修大藏经》第 53 册，CBETA 数位藏经阁电子版。

④ （北周）甄鸾：《笑道论》，《广弘明集》卷 9 引。

⑤ （北周）甄鸾：《笑道论》，《广弘明集》卷 9 引。

不睹？书史无闻、典籍不记?"① 不过，虽说道书的来源颇为庞杂，但其数量的确在快速增加，北周时通道观道士王延整理观中图书，共得"经、传、疏、论八千三十卷"②。

佛教大约于秦汉时③从古印度传入中国，经过一番改造后，很快就适应了中国的社会与文化环境，并得到了迅速发展。佛经从东汉开始被陆续翻译成汉文。

至迟到西汉哀帝时，中国人便接触到了佛教典籍。鱼豢《魏略·西戎传》记："汉哀帝元寿元年（前2年），博士弟子景卢受大月氏王使伊存口受浮屠经"④。景卢所受的佛经看来是经大月氏贵霜王朝的使臣传译的。

古印度佛经的汉译工作，据史料记载，始于东汉明帝时。南朝梁僧祐《出三藏记集》卷二记载：

> 《四十二章经》一卷。……汉孝明帝梦见金人，诏遣使者张骞、羽林中郎将秦景到西域，始于月支国遇沙门竺摩腾（即迦叶摩腾），译写此经，还洛阳，藏在兰台石室第十四间中。其经今传于世。⑤

迦叶摩腾大概是见于史籍的第一个译经人。东汉桓帝建和二年（148年）安息国太子安清（字世高）到达洛阳，专事佛经翻译。在他二十余年的翻译

---

① （唐）道世：《法苑珠林》卷55《破邪篇·妄传邪教第三》，《大正新修大藏经》第53册。

② （宋）张君房：《云笈七签》卷85，民国上海商务印书馆《四部丛刊》影印明清真馆本。

③ 关于佛教传入中国的时间，前人多据袁宏《后汉纪》和《四十二章经》所云，以为佛教传入中土始于东汉明帝时。《续集古今佛教论衡》引韦昭《吴书》亦云："吴主孙权问尚书令都乡侯阚泽曰：'汉明帝梦神遣中郎蔡愔等向西域寻访佛教，至今可有几年？'阚泽对曰：'从汉永平十年至赤乌四年，合一百七十年。'"不过，《四十二章经》所记本身便极混乱，如谓汉明帝诏遣使者张骞等入西域求法，而张骞等出使西域在西汉武帝时（详见吴焯先生《汉明帝与佛教初传——对于中国佛教史一段历史公案的剖析》，《传统文化与现代化》1995年第5期，第55—62页）。所谓佛教汉明帝时传入中国可能是指佛教传至洛阳，而因其流布之速度极缓，以佛教从洛阳传至吴越一带即费时一百七十年类推，佛教开始传入中国的时间定在明帝以前。隋费长房《历代三宝记》载："始皇时，有诸沙门释利防等十八贤者，赍经来化。始皇弗从，逐禁释利防等。"《隋书·经籍志》亦云："或云久以流布，遭秦之世，所以埋灭。"此则谓佛教传入中国在秦始皇之时，亦可备一说。

④ （晋）陈寿：《三国志·魏书·东夷传》注引。

⑤ （南朝梁）僧祐：《出三藏记集》卷2，《大正新修大藏经》第55册。

生涯中，共翻译佛经三十五部四十一卷①。东晋释道安评论说："天竺国自称书为天书，语为天语，音训诡蹇，与汉殊异，先后传译，多致谬滥。唯高所出，为群译之首。"② 僧祐赞扬其所译佛经"义理明析，文字允正，辩而不华，质而不野，凡在读者，皆亹亹而不倦焉"③。安清之后，大月氏人支娄迦谶（又简称支谶）也来到中土，翻译出了《般若道行经》等十四部④，他的翻译"皆审得本旨，了不加饰"⑤。支娄迦谶的再传弟子大月氏人支谦在三国时来到中土，也翻译了《维摩诘经》《大般泥洹经》等四十九种。⑥西晋时流寓敦煌的大月氏人竺法护（原名昙摩罗刹）先后翻译佛经一百六十五部，他的翻译"纲领必正"，"宏达欣畅"⑦。

　　除了中亚人来华翻译佛经外，中国本土僧人在东汉末也开始了佛经的翻译和注解，中国本土僧人翻译和注解佛经较外国人更容易利用中国传统文化的思想观念来解释外来的佛教经典。据史料记载，最早对翻译佛经作注解的是安世高的弟子、三国陈慧，他在其徒康僧会（本为康居僧人）协助下作《安般守意经注》。影响和成就更大的则当推东晋时代著名僧人道安。《高僧传》载："初，经出已久，而旧译时谬，致使深藏隐没未通，每至讲说唯叙大意转读而已。安穷览经典、钩深致远，其所注《般若》《道行》《密迹》《安般》诸经，并寻文比句，为起尽之义，乃析疑甄解，凡二十二卷。序致渊富，妙尽深旨。条贯既叙，文理会通，经义克明，自安始也。"⑧ 道安之后，疏注译经的"义学"渐成显学，对于佛教的中国化发挥了重要的推动作用。

　　在佛经的汉译史上，最著名的译者是后秦鸠摩罗什。鸠摩罗什出生于龟

---

　　① （唐）释道宣《大唐内典录》则谓其译经一百七十六部，合一百九十七卷。参见《大正新修大藏经》第 55 册。

　　② （南朝梁）慧皎：《高僧传》卷 1《安清传》，《大正新修大藏经》第 50 册。

　　③ （南朝梁）僧祐：《出三藏记集》卷 13，《大正新修大藏经》第 55 册。

　　④ （唐）释道宣《大唐内典录》则谓其译经二十一部六十三卷。参见《大正新修大藏经》第 55 册。

　　⑤ （南朝梁）慧皎：《高僧传》卷 1《支娄迦谶传》，《大正新修大藏经》第 50 册。

　　⑥ （唐）释道宣《大唐内典录》则谓其译经一百二十九部合一百五十二卷。参见《大正新修大藏经》第 55 册。

　　⑦ （南朝梁）慧皎：《高僧传》卷 1《竺昙摩罗刹传》，《大正新修大藏经》第 50 册。

　　⑧ （南朝梁）慧皎：《高僧传》卷 5《道安传》，《大正新修大藏经》第 50 册。

兹（今新疆库车、沙雅一带），其父为印度人，其母为龟兹人。十六国后秦弘始三年（401年），鸠摩罗什被后秦文桓帝姚兴从凉州迎请至长安，主持佛经的翻译工作。鸠摩罗什译经非常精审，其弟子僧叡记其翻译《大品经》时的情形说：

> 法师手执胡本，口宣秦言，两释异音，交辩文旨。秦王躬揽旧经，验其得失，谘其通途，坦其宗致。与诸宿旧义业沙门释慧恭、僧㸐、僧迁、宝度、慧精、法钦、道流、僧叡、道恢、道标、道恒、道悰等五百余人，详其义旨，审其文中，然后书之。以某年十二月十五日出尽，校正检括，明年四月二十三日乃讫。文虽粗定，以《释论》（指《大智度论》）校之，犹多不尽，是以随出其《论》，随而正之。《释论》既讫，尔乃文定。①

对鸠摩罗什译经的质量，前人极为推崇，他的另一位弟子僧肇称赞什译《维摩诘经》说：

> 陶冶精求，务存圣意。其文约而诣，其旨婉而彰。微远之言，于兹显然。②

据统计，从弘始三年到弘始十一年，鸠摩罗什与其弟子一起，共译佛经九十八部四百二十五卷③。在鸠摩罗什之前，佛经只有一些零星的翻译，到这时才开始了大规模的翻译，并且译文的质量也大为提高。此后，来自印度的僧人真谛"始梁武之末，至陈宣即位，凡二十三载，所出经论记传六十四部，合二百七十八卷"④。

在鸠摩罗什到达长安并大规模翻译佛经时，中土僧人法显与其同学数人

---

① （后秦）僧叡：《大品经序》，《出三藏记集》卷8，《大正新修大藏经》第55册。

② （后秦）僧肇：《维摩诘经序》，《出三藏记集》卷8，《大正新修大藏经》第55册。

③ 据释道宣《大唐内典录》。

④ （唐）释道宣：《续高僧传》卷1，《大正新修大藏经》第50册。按，真谛译经数量，据唐智昇《开元释教录》所载，则为四十九部，一百四十二卷（实为一百三十二卷）。

又自长安出发西行取经。自隆安三年（当为弘始元年，即 399 年）至义熙九年（413 年），法显历经十四年的艰辛，回到了中土，随即开始了大规模的译经活动。据统计，法显译经六部凡百余万字。

两晋时，从西晋司马炎泰始元年（265 年）至东晋安帝司马德宗义熙末年（419 年），据《出三藏记集》所载，其间共有译经者三十余人，译经二百五十余部近一千三百卷。

南北朝时，佛经的翻译活动更盛。唐释道宣《大唐内典录》载有南北朝所译佛经统计如下：

> 南朝：
> 宋有译经者二十四人，译经二百一十部四百九十卷；
> 齐有译经者二十人，译经四十七部三百四十六卷；
> 梁有译经者二十一人，译经九十部七百八十卷；
> 陈有译经者三人，译经四十部三百四十七卷。
> 北朝：
> 北魏有译经者十三人（实际应为十二人），译经八十七部三百零二卷（实际应为八十五部二百九十六卷）；
> 北齐有译经者二人，译经七部五十三卷；
> 北周有译经者十一人，译经三十部一百零四卷①。

总计南北朝共有译经者九十四人，译经五百零九部二千四百十六卷。

除了对古印度佛经的大量翻译外，一些中国人也撰著了相当数量的佛学著作，如东汉牟融的《理惑论》②和南朝梁僧祐的《弘明集》等。

翻译及国人著述，使魏晋南北朝时的佛教典籍数量大增，阮孝绪的《七录·佛法录》即著录佛教典籍二千四百一十种二千五百九十五帙五千四百卷③。

道教的产生与佛教的传入，对中国社会的影响之巨大自不待言，对中国

---

① 按以上统计数字与《开元释教录》略有出入。
② 此书的真伪尚有争议。
③ （唐）释道宣：《广弘明集》卷 3 引。

图书发展史的影响，也是十分巨大的。一方面，随着佛、道教的流行，思想、文化、学术所受影响尤其明显，这些都直接、间接地会对图书事业的发展产生影响。另一方面，与世俗文献不同，宗教文献不仅对宗教界、学术界有影响，它对普通百姓的思想观念、行为方式也会有影响。可以说，在道教产生和佛教传入之前，图书基本上还只是读书人和上流社会的专用品，而在此后，图书才真正进入了千家万户，即或是不识字的人，也许会去寺庙道观请经供奉，这种普遍存在的社会现象在敦煌遗书中有充分的反映。

四　公私藏书及整理

魏晋南北朝时期学术风气的变化也影响到了图书的收藏。汉代那种专攻一经以图博取一官半职的风气到魏晋南北朝时已有很大改变，学术活动的范围大大扩展，图书创作繁荣多样。由于图书数量的增加，特别是这一时期图书的载体已由竹帛为主转变为以纸张为主，图书的获得远较前代为易，因此，在魏晋南北朝时期，产生了许多有名的藏书家。

曹魏时，"魏氏代汉，采掇遗亡，藏在秘书中、外三阁"[1]。当战乱未息之时，魏秘书监秘书郎郑默即将监中图书登记整理，并编成了《中经》。虽然《中经》在著录及分类方法上较之以前并无多少发展变化，但在当时的情况下，进行这项工作仍是难能可贵的。

西晋（265—316 年）建立之初，开国功臣兼著名学者、领秘书监荀勖就与张华根据刘向《别录》整理中秘藏书。西晋初年，汲郡（今河南汲县）战国古冢出土了大量的先秦简牍，荀勖又领衔整理。荀勖等根据郑默的《中经》纂《中经新簿》，著录图书"四部合二万九千九百四十五卷。但录题及言，盛以缥囊，书用细素"[2]。晋惠帝时（290—307 在位），著名地理学家裴秀之子、国子监祭酒裴頠还曾奏修国学，刻写石经[3]，可惜不久即遭永嘉之乱（311 年），"惠、怀之乱，京华荡覆，渠阁文籍，靡有孑遗"[4]。

西晋名臣张华"雅爱书籍，身死之日，家无余财，惟有文史溢于机箧。

---

① （唐）魏徵等：《隋书·经籍志》。
② （唐）魏徵等：《隋书·经籍志》。
③ （唐）房玄龄等：《晋书·裴頠传》
④ （唐）魏徵等：《隋书·经籍志》。

尝徙居，载书三十乘。……天下奇秘，世所希有者，悉在华所"①。西晋学者范平、范蔚祖孙喜藏书，"家世好学，有书七千余卷，远近来读者恒有百余人，蔚为办衣食"②。梁崔慰祖"聚书至万卷。邻里年少好事者来从假借，日数十帙。慰祖亲自取与，未尝为辞"③。梁沈约、任昉、王僧孺等均为有名的藏书家，"僧孺好坟籍，聚书至万余卷，率多异本，与沈约、任昉家书埒"④。由于私人藏书颇盛，中央政府在整理图书时，也常利用私人藏书。晋"秘书监挚虞撰定官书，皆资（张）华之本以取正焉"⑤，晋"故太常桓石秀是多书之家，请秘书郎分局采借"⑥。

西晋末衣冠南渡，中原文化在南方得到了延续和发展。由于南朝社会相对稳定，文化暨图书事业都取得了一定的成就，宋、齐、梁三朝中央政府的藏书数量有所增加，在文献的整理方面也取得了较大的成绩。从南朝几部重要的中央藏书目录来看，中央政府的藏书数量颇为可观：刘宋著名文学家、秘书丞谢灵运所编《宋元嘉八年秘阁四部目录》著录图书一万四千五百八十二卷⑦，秘书丞王俭所编的《宋元徽元年秘阁四部书目录》著录图书二千二十帙一万五千七十四卷，齐秘书丞王亮、领秘书监谢朓所编《齐永明元年秘阁四部目录》著录图书二千三百三十二帙一万八千一十卷⑧。

公元 502 年，萧衍建立梁朝，梁武帝萧衍本人就有很高的学术造诣，著述甚丰，胡应麟曾评价说：

> 古今人主才美之盛，盖无如梁武者。阴阳、算历、弈射、琴书，靡不冠代，而赋诗、谭道、徵事、缀文，每出一长，辄与专门名世并驱。至著述之饶，尤为惊绝：经则《九经义疏》二百余卷、《三礼断疑》一千余卷，史则《历朝通史》六百卷，子则《二氏经解》数百卷，集则

---

① （唐）房玄龄等：《晋书·张华传》。
② （唐）房玄龄等：《晋书·范平传》。
③ （唐）李延寿：《南史·崔慰祖传》。
④ （唐）李延寿：《南史·王僧孺传》。
⑤ （唐）房玄龄等：《晋书·张华传》。
⑥ （宋）李昉等：《太平御览》卷 233 引刘宋檀道鸾《晋阳秋》。
⑦ （唐）魏徵等：《隋书·经籍志》谓著录图书六万四千五百八十二卷，"六"或为"一"之误。
⑧ （南朝梁）阮孝绪：《古今书最》，《广弘明集》卷 3 引。

自制诗文百二十卷，其富皆古今未有，而所命诸儒纂辑《华林遍略》六百卷弗与焉。可谓学总三涂，业兼《七录》，而表章六籍，有功圣门。①

在梁武帝的重视下，梁朝的图书事业较之前代有很大的发展。梁初，著名学者、秘书监任昉对中央政府所藏图书进行了系统整理，编纂了《梁天监四年文德殿正御四部书及术数书目录》。《隋书·经籍志》载：

> 梁初，秘书监任昉，躬加部集，又于文德殿内列藏众书，华林园中总集释典，大凡二万三千一百六卷，而释氏不豫焉。

公元 548 年，侯景叛乱，次年，侯景攻入都城建康，到处烧杀抢掠，东宫被焚，所藏"图籍数百橱，焚之皆尽"②，所幸文德殿内图书犹存。其后梁"元帝克平侯景，收文德之书及公私经籍，归于江陵，大凡七万余卷"③。梁元帝萧绎未即帝位时即好聚书、读书，所著《金楼子·聚书篇》称："吾今年四十六岁，自聚书来四十年，得书八万卷。河间之侔汉室，颇谓过之矣。"④ 但是，公元 554 年西魏军队入侵，梁元帝怕典籍落入敌手，遂"入东阁竹殿，命舍人高善宝焚古今图书十四万卷"⑤，牛弘称其为"书之五厄"。

陈朝继梁乱之后，中央藏书远逊前朝，虽然陈文帝天嘉（560—566 年）年间也曾大力收集，但"考其篇目，遗阙尚多"。《隋书·经籍志》载，隋平陈后所得图书"多太建（569—582 年）时书，纸墨不精，书亦拙恶"。

南朝图书事业的最大成就不仅在于对图书的收藏，更在于对图书的整理，对后世目录学以及整个图书事业的发展，都产生了深远的影响，详后。

至于北朝，由原来文化相对落后的北方少数民族建立，图书事业可以说

---

① （明）胡应麟：《少室山房笔丛·华阳博议上》。
② （宋）李昉等：《太平御览》卷 619 引《三国典略》。
③ （唐）魏徵等：《隋书·经籍志》。
④ 按，这段话中时间可能有误，所谓得书八万卷应在其即帝位之前。
⑤ （宋）李昉等：《太平御览》卷 619 引《三国典略》。

是一张白纸，北魏太祖天兴四年（401年）开始进行文献收集整理。先是，太祖问博士李先："天下何书最善，可以益人神智？"李先回答说："唯有经书。三皇五帝治化之典，可以补王者神智。"太祖又问："天下书籍，凡有几何？朕欲集之，如何可备？"李先回答说："伏羲创制，帝王相承，以至于今，世传国记，天文秘纬不可计数。陛下诚欲集之，严制天下诸州郡县搜索备送，主之所好，集亦不难。""太祖于是班制天下，经籍稍集。"①

公元471年，北魏孝文帝即位，开始了一系列的"汉化"改革。首先，孝文帝令鲜卑人着汉服、禁止说鲜卑话，后来又改鲜卑诸姓为汉姓，鼓励与汉人通婚，在政治上重用汉族官员，推行了一系列政治、经济改革。在文化教育方面，学习汉人的礼仪典章，尊儒崇经，兴办学校，搜集书籍。太和十九年（495年）六月"癸丑，诏求天下遗书，秘阁所无、有裨益时用者加以优赏"②，史称：

> 高祖钦明稽古，笃好坟典，坐舆据鞍，不忘讲道。刘芳、李彪诸人以经书进，崔光、邢峦之徒以文史达，其余涉猎典章，关历词翰，莫不縻以好爵，动贻赏眷。于是斯文郁然，比隆周汉。③

孝文帝命人编纂《魏阙书目录》④，"借书于齐，秘府之中，稍以充实"⑤。北魏孝文帝征集、整理图书，是其汉化改革的重要内容之一，图书对于鲜卑拓跋部的汉化，促进民族融合，发挥了非常重要的作用。

北魏世宗皇帝时，孙惠蔚任秘书丞，负责管理中央藏书，入东观，见典籍未周，乃上疏曰：

> 然则六经、百氏，图书秘籍，乃承天之正术，治人之贞范。……而

① （北齐）魏收：《魏书·李先传》。
② （北齐）魏收：《魏书·高祖纪下》。
③ （北齐）魏收：《魏书·儒林列传》。
④ （清）姚振宗：《隋书经籍志考证·史部·簿录类》，开明书店1936年《师石山房丛书》排印本。又见宋王应麟《玉海》卷52《艺文·宋四部目录七志》。
⑤ （唐）魏徵等：《隋书·经籍志》。

观、阁旧典，先无定目，新故杂糅，首尾不全。有者累帙数十，无者旷年不写。或篇第褫落，始末沦残；或文坏字误，谬烂相属。篇目虽多，全定者少。臣今依前丞臣卢昶所撰《甲乙新录》，欲禅残补阙，损并有无，校练句读，以为定本，次第均写，永为常式。其省先无本者，广加推寻，搜求令足。然经记浩博，诸子纷纶，部帙既多，章篇纰缪，当非一二校书，岁月可了。今求令四门博士及在京儒生四十人，在秘书省专精校考，参定字义。如蒙听许，则典文允正，群书大集。①

世宗皇帝"诏许之"，于世宗永平三年（510 年）"六月壬寅，诏重求遗书于天下"②。

北魏后来分裂为西魏、东魏，天下纷扰，图书事业受到严重影响。直到北齐建立以后，局势才有了改观，史载："后齐迁邺，颇更搜聚，迄于天统、武平，校写不辍"③。经过不断搜集、整理，北齐时中央藏书达到三万卷（包括复本）。

图 3 - 2　宋人摹《北齐校书图》，绢本设色（美国波士顿美术馆藏）

公元 577 年，北周灭北齐后，继承了北齐的中央藏书。"保定之始，书止八千，后稍加增，方盈万卷。周武平齐，先封书府，所加旧本，才至五千。"④ 北周明帝（557—560 年在位），"幼而好学，博览群书，善属文，词彩温丽。及即位，集公卿已下有文学者八十余人于麟趾殿，刊校经史。又捃

① （北齐）魏收：《魏书·儒林列传》。
② （北齐）魏收：《魏书·世宗纪》。
③ （唐）魏徵等：《隋书·经籍志》。
④ （唐）魏徵等：《隋书·经籍志》。

采众书，自羲、农以来，迄于魏末，叙为《世谱》，凡五百卷云。所著文章十卷"①。所纂《世谱》虽然今已不存，但其篇幅达五百卷之多，几可与梁武帝《通史》六百二十卷相埒。

综观整个北朝的历史，文化发展水平虽然不及南朝，但作为文化相对落后的少数民族建立的政权，能够很快接受并融入华夏文化，其意义是十分重大的。其图书事业，虽然也不及南朝，但北朝对汉文典籍的收集、整理以及传播，在少数民族的汉化进程中发挥了重要作用，意义同样是十分重大的，也为隋朝的图书事业的大发展奠定了很好的基础。

魏晋南北朝时期，目录学取得了很大的成就。公元 265 年，司马炎建立了西晋王朝，社会政治经济渐趋稳定。晋室继承了曹魏所藏典籍，又通过灭蜀、吴而得到了两国原来所藏图书，因而中央藏书颇具规模。西晋武帝初年，著名学者荀勖受命校理图书，于是他"与中书令张华依刘向《别录》，整理错乱"②。荀勖、张华等共校书十余万卷，编制出了大型的藏书目录《中经新簿》。

《中经新簿》是继刘向《七略》以后中国目录学史上的又一巨著，不仅著录图书的数量远超《七略》，达一千八百八十五部二万九百三十五卷③，更重要的是在图书分类方法上的创新。《中经新簿》与《七略》的分类法不同，第一次将图书按类分为甲、乙、丙、丁四部。《隋书·经籍志》记：

> 魏氏代汉，采摭遗亡，藏在秘书中、外三阁。魏秘书郎郑默，始制《中经》，秘书监荀勖，又因《中经》，更著《新簿》，分为四部，总括群书。一曰甲部，纪六艺及小学等书；二曰乙部，有古诸子家、近世子家、兵书、兵家、术数；三曰丙部，有史记、旧事、皇览簿、杂事；四曰丁部，有诗赋、图赞、"汲冢书"，大凡四部合二万九千九百四十五

---

① （唐）令狐德棻：《周书·明帝纪》。

② （唐）李善：《文选·王文宪集序》注引王隐《晋书》。

③ 力按，关于《中经新簿》著录图书的数量，不同文献所载，互有歧异。梁阮孝绪《七录序》附《古今书最》云："晋《中经新簿》四部书一千八百八十五部二万九百三十五卷（其中十六卷佛经，书簿少二卷，不详所载多少）。"（《广弘明集》卷 3）《隋书·经籍志》云："大凡四部合二万九千九百四十五卷。"二者未知孰是，今姑依《古今书最》所记。

卷。但录题及言，盛以缥囊，书用缃素。至于作者之意，无所论辩。

甲、乙、丙、丁四部即相当于后世四部分类法的经、子、史、集四部。与刘向《七略》的六分法相比较，《中经新簿》的甲部与《七略》的《六艺略》相当，而乙部则包括《七略》的《诸子略》《兵书略》《数术略》《方技略》，丙部基本上是新独立出来的部类。前面已经提到，在《七略》与《汉书·艺文志》中，史学类图书数量很少，除《春秋》三传以及与之关系密切的《国语》外，只有《世本》《战国策》《奏事》《楚汉春秋》《太史公》（即《史记》）《续太史公》《太古以来年纪》《汉著纪》《汉大年纪》等历史类图书九部四百一十一篇，与《汉书·艺文志》著录图书五百九十六家、一万三千二百六十九篇相比，所占比例太小，不能独立成类。东汉以后，史学类图书数量激增，姚振宗《后汉艺文志》著录经部书二百四十七部、史部书一百九十六部、子部书二百二十六部、集部书一百一十二部，史部书所占比例占四部书总数的百分之二十五。魏晋以后，史部书的数量进一步增加。姚振宗《三国艺文志》著录甲部（经部）书一百七十六部、乙部（史部）书一百八十四部、丙部（子部）书一百七十七部、丁部书九十一部，史部书数量已居四部之首①。因此，《中经新簿》专设丙部以著录史部图书就是十分自然的事了。丁部与《七略》的《诗赋略》大致相当。大概由于当时正好出土了汲冢竹书，而荀勖正是汲冢竹书的主持整理者，当汲冢书整理完毕时，《中经新簿》已经编成，因而不便将《中经新簿》打乱重编，且汲冢书的发现是当时学术界一大盛事，内容极为丰富，争议和有待考订者也很多，所以他笼统地将"汲冢书"附于丁部。

《中经新簿》是中国目录学史上将历史类图书单独分部的开始，也是中国古代图书分类法史上的一个重要节点。图书分类法从刘向、刘歆的六分法产生以来，经过多次变化调整，至此基本定型，虽然此后部类的名称和排列次序有所变更，如《中经新簿》甲乙丙丁四部到《隋书·经籍志》时甲部更名为经部，乙部更名为子部，丙部更名为史部，丁部更名为集部，排列顺序也稍做了调整，但四分法及基本的分类体系则无大变。因此可以说，荀勖

---

①　参见谢保成主编《中国史学史》（一），商务印书馆 2006 年版，第 385—386 页。

《中经新簿》的四部分类法奠定了此后一千多年中国图书分类法的基础。

西晋初年，还发生了中国图书史上的一件大事，即汲冢竹书的发现和整理。西晋咸宁五年（279 年），汲郡人不准（不为姓，准为名）盗发界内古冢，得古书简策数十车。太康二年（281 年），晋武帝命荀勖、和峤进行校理，并以当时通行的隶书写定。由于汲冢竹书出土时情况复杂，许多竹简被盗墓者当火把烧毁，因此篇残简缺，加之竹简用战国古文写成，"勖等于时已不能尽识"，在考释隶定成魏晋通行的隶书时又"转写益误"①，因此秘书监挚虞便延请世习古文的卫恒重新考校竹书，但不久"秘书丞卫恒考正汲冢书，未讫而遭难"（卫恒于晋永平元年即公元 291 年为贾后所杀），与卫恒交情甚厚的束皙"闻恒遇祸，自本郡赴丧"，并继卫恒考正竹书，"述而成之"。除上述整理者外，著名学者傅瓒、王接等人也参加了校理和讨论定稿工作。汲冢竹书经过两次大规模和系统的整理，最后写定成书者共七十五篇，计有：

> 《纪年》十三篇（实为十二篇），"盖魏国之史书，大略与《春秋》皆多相应"；
>
> 《易经》二篇，"与《周易》上下经同"；
>
> 《易繇阴阳卦》二篇，"与《周易》略同，《繇辞》则异"；
>
> 《卦下易经》一篇，"似《说卦》而异"；
>
> 《公孙段》二篇，"公孙段与邵陟论《易》"；
>
> 《国语》三篇，"言楚晋事"；
>
> 《名》三篇，"似《礼记》，又似《尔雅》《论语》"；
>
> 《师春》一篇，"书《左传》诸卜筮"；
>
> 《琐语》十一篇，"诸国卜梦妖怪相书也"；
>
> 《梁丘藏》一篇，"先叙魏之世数，次言丘藏金玉事"；
>
> 《缴书》二篇，"论弋射法"；
>
> 《生封》一篇，"帝王所封"；
>
> 《大历》二篇，"邹子谈天类也"；

---

① 《春秋左氏传集解后序》正义引王隐《晋书》。

《穆天子传》五篇，"言周穆王游行四海见帝台、西王母"；

《图诗》一篇，"画赞之属也"；

杂书十九篇：《周食田法》《周书》《论楚事》《周穆王美人盛姬死事》。

此外还有"七篇简书折坏，不识名题"①。当代有学者把汲冢竹书同甲骨文、敦煌遗书并称为中国历史上古代文献的三次重大发现，也是中国古代继鲁壁古文后对出土文献进行的又一次科学、系统的整理。这不仅是因为汲冢出土的文献数量多，内容丰富，而且更重要的是，其中的《竹书纪年》是一部上起夏商周三代，下迄战国后期的一部编年体史书，除了其中史观与正统儒家所述有所不同外，它对于先秦史特别是中国古史年代学研究有十分重大的意义。例如，《史记》关于先秦年代的纪年最早可以追溯到公元前841年，此前则皆无考。而《竹书纪年》则详细记载了夏以来的纪年，虽然在学术界还有不少争议，但毕竟为研究者提供了十分重要的参考。长期以来，人们就发现，《史记》中关于战国时代的纪年十分混乱，不仅不能与《孟子》等书中相关的记载相印证，自身的记述也相互矛盾。而据《竹书纪年》记载，梁惠王三十六年改元从元年始，其后又有后元十六年。《史记》中因为漏记了这后元十六年，因此导致了一系列错误，《竹书纪年》正好可以厘清《史记》的相关混乱和错误问题。因此，汲冢竹书一出，立即引起了当时学者以及后世学者的广泛重视和争论。

西晋末，相继爆发了"八王之乱"和"永嘉之乱"，文献典籍又遭厄运，牛弘称其为"书之四厄"。公元317年，琅琊王司马睿在建康（今南京）称帝，国号仍为晋，史称东晋。东晋王朝建立后，中央政府又收拾旧藏，并派员整理。"著作郎李充，以勘旧簿校之，其见存者，但有三千一十四卷"②，编为书目，是为《晋元帝四部书目》。李充校理图书，"于时典籍混乱，充删除（颇）［烦］重，以类相从，分为四部，甚有条贯，秘阁以为永制"③。李充整理的图书虽然数量较少，但其《晋元帝四部书目》在中国

---

① （唐）房玄龄等：《晋书·束皙传》。

② （唐）魏徵等：《隋书·经籍志》。

③ （唐）李善：《文选·王文宪集序》注引臧荣绪《晋书》。

目录学史上却具有重要的价值：李充分儒家经典为甲部，史记为乙部，诸子为丙部，诗赋为丁部，与后世采用的经、史、子、集四部分类法的次序完全相同，清代著名学者钱大昕说：

> 至李充为著作郎，重分四部，五经为甲部，史记为乙部，诸子为丙部，诗赋为丁部，而经、史、子、集之次始定。厥后王亮、谢朏、任昉、殷钧撰书目，皆循四部之名，虽王俭、阮孝绪析而为七，祖暅别而为五，然隋唐以来，志经籍艺文者，大率用李充部叙而已。①

所以，李充的四部序次对中国古代图书的分类法产生了深远的影响。

东晋还有两部重要的目录学著作，这就是刘宋王俭的《七志》和梁代阮孝绪的《七录》。

王俭（452—489 年）出身于刘宋著名的世族家庭，官至秘书丞。宋元徽元年（473 年），王俭在秘书丞任上纂《宋元徽元年秘阁四部书目录》，著录了刘宋王朝中央所藏图书二千二十帙一万五千七百四卷②。宋顺帝升明二年（478 年），王俭以所纂《七志》四十卷进呈③。《七志》一书，今已不存，但据稍后于王俭的阮孝绪《七录》所载，该书之分类是将刘向、刘歆父子《七略》部类略加修订而成的。

> 王俭《七志》改六艺为经典，次诸子，次诗赋为文翰，次兵书为军书，次数术为阴阳，次方伎为术艺。以向、歆虽云《七略》，实有六条，故别立图谱一志，以全七限。④

《隋书·经籍志》亦载：

---

① （清）钱大昕：《补元史艺文志·序》，清光绪十六年广雅书局刻《广雅丛书》本。
② （唐）释道宣：《广弘明集》卷 3 引阮孝绪《七录序》附《古今书最》。
③ （南朝梁）萧子显：《南齐书·王俭传》谓《七志》为四十卷，而《宋书·后废帝纪》则作三十卷。
④ （唐）释道宣：《广弘明集》卷 3 引阮孝绪《七录序》。

> 元徽元年，秘书丞王俭又造目录，大凡一万五千七百四卷。俭又别
> 撰《七志》：一曰《经典志》，纪六艺、小学、史记、杂传；二曰《诸
> 子志》，纪今古诸子；三曰《文翰志》，纪诗赋；四曰《军书志》，纪兵
> 书；五曰《阴阳志》，纪阴阳图纬；六曰《术艺志》，纪方技；七曰
> 《图谱志》，纪地域及图书。其道、佛附见，合九条。

除经典、诸子、文翰、军书、阴阳、术艺、图谱七大类外，由于当时佛道之
书已颇具规模，数量庞大，因此又在七志之外别附道经和佛经两类。可以认
为，《七志》在分类上几乎完全沿用了《七略》的分类法，但由于当时学术
的发展变化，图书本身的种类较西汉末年已有增加，为了适应这种变化，王
俭在《七志》中增加了图谱一类及佛经、道经。至于《七志》所著录的图
书种数及卷数，现已没有直接的文献史料可以说明。不过，《七志》收录图
书的范围是非常广泛的，《七志》本身即为四十卷之巨著，由此可以推想其
著录的图书数量当为不少。因此，《七志》是中国历史上第一部收录宏富的
现在书目。

自西晋以后，官修藏书目录包括王俭自己主持纂修的《宋元徽元年秘
阁四部书目录》大多采用荀勖开创的四部分类法，而《七志》则一反常规，
采用刘向、刘歆的六分法，很明显地表露出了一种复古倾向，之所以如此，
可能是他对官修目录的简单著录形式不满而希望恢复刘向、刘歆父子对每一
种图书予以详细叙录的形式，因此在图书的分类上也采用了与《七略》一
致的方法。《隋书·经籍志》在批评《七志》的体例时说：

> （《七志》）然亦不述作者之意，但于书名之下，每立一传，而又作
> 九篇条例，编乎首卷之中。文义浅近，未为典则。

《隋书·经籍志》谓其"文义浅近，未为典则"并不公允，盖《七志》不述
作者之意，乃为示其慎；每书立一作者小传，则便于读者了解作者的生平从
而正确把握文章意旨。当代著名的目录学家王重民先生曾经评价《七志》
的目录学成就时说，《七志》的主要特点"是著录了极其丰富的现实书籍
（即所谓'今书'），并且采用了传录体叙录，弥补了《晋中经簿》以来的简

单著录，不能满足读者需要的缺点"①。

《七志》在中国目录学上的贡献是毋庸置疑的，不过，也有一些明显的不足。阮孝绪在《七录序》中指出：

> 刘（歆）、王（俭）并以众史合于春秋。刘氏之世，史书甚寡，附见春秋，诚得其例。今众家记传，倍于经典，犹从此志，实为繁芜。……

由于《七志》的这类不足，在大约三十年后，便又有了阮孝绪的《七录》。

阮孝绪（479—536年）出生于刘宋一个著名的世族家庭，有家资百万，不过，他一辈子没有做过官，而是潜心学术。他在《七录序》中自述说："孝绪少爱坟籍，长而弗倦，卧病闲居，傍无尘杂。晨光才启，缃囊已散；宵漏既分，绿帙方掩，犹不能穷究流略，探尽秘奥。每披录内，省多有缺。然其遗文隐记，颇好搜集。凡自宋齐已来，王公缙绅之馆苟能蓄聚坟籍，必思致其名簿。"鉴于其他图书目录的缺失和不足，于是从梁普通四年（523年）春天开始，阮孝绪"遂总集众家，更为新录"，最后编成了《七录》。

《七录》一书，今已失传，但在唐释道宣《广弘明集》卷三中还保留有《七录序》一篇并附《古今书最》。《七录序》详细地介绍了《七录》的分类原则和具体的类目设置以及收录图书的数量。

关于《七录》的分类原则，《七录序》云：

> 今所撰《七录》，斟酌王（俭）、刘（歆）。王以六艺之称不足标榜经目，改为经典，今则从之，故序经典录为内篇第一；
>
> 刘、王并以众史合于《春秋》，刘氏之世，史书甚寡，附见春秋，诚得其例。今众家记传，倍于经典，犹从此志，实为繁芜。且《七略》诗赋不从六艺诗部，盖由其书既多，所以别为一略。今依拟斯例，分出众史，序记传录为内篇第二；
>
> 诸子之称，刘、王并同。又刘有《兵书略》，王以兵字浅薄，军言

---

① 王重民：《中国目录学史论丛》，中华书局1984年版，第59页。

深广，故改兵为军。窃谓古有兵革、兵戎、治兵、用兵之言，斯则武事之总名也，所以还改军从兵。兵书既少，不足别录，今附于子末，总以子兵为称，故序子兵录为内篇第三；

王以诗赋之名不兼余制，故改为文翰。窃以顷世文词，总谓之集，变翰为集，于名尤显，故序文集录为内篇第四；

王以数术之称，有繁杂之嫌，故改为阴阳。方伎之言，事无典据，又改为艺术。窃以阴阳偏有所系，不如数术之该通。术艺则滥六艺，与数术不逮方伎之要显，故还依刘氏，各守本名，但房中、神仙既入仙道，医经、经方不足别创，故合术伎之称以名一录为内篇第五；

王氏图谱一志，刘《略》所无。刘数术中虽有历谱，而与今谱有异。窃以图画之篇，宜从所图为部，故随其名题，各附本录。谱既注记之类，宜与史体相参，故载于记传之末。

自斯已上，皆内篇也。

释氏之教，实被中土，讲说讽味，方轨孔籍。王氏虽载于篇，而不在志限，即理求事，未是所安，故序佛法录为外篇第一；

仙道之书，由来尚矣。刘氏神仙，陈于方伎之末，王氏道经，书于《七志》之外，今合序仙道录为外篇第二。

……

凡内外两篇，合为七录，天下之遗书秘记，庶几穷于是矣。[①]

至于《七录》的详细部类及所著录的图书，《古今书最》载：

经典录内篇一
易部本四种九十六帙五百九十卷
尚书部二十七种二十八帙一百九十卷
诗部五十二种六十一帙三百九十八卷
礼部一百四十种二百一十一帙一千五百七十卷
乐部五种五帙二十五卷

---

① （唐）释道宣：《广弘明集》卷 3 引。

春秋部一百一十一种一百三十九帙一千一百五十三卷

论语部五十一种五十二帙四百一十六卷

孝经部五十九种五十九帙一百四十四卷

小学部七十二种七十二帙三百一十三卷

右九部五百九十一种七百一十帙四千七百一十卷（似应为九部五百二十一种七百二十三帙四千七百九十九卷）

记传录内篇二

国史部二百一十六种五百九帙四千五百九十六卷

注历部五十九种一百六十七帙一千二百二十一卷

旧事部八十七种一百二十七帙一千三十八卷

职官部八十一种一百四帙八百一卷

仪典部八十种二百五十二帙二千二百五十六卷

法制部四十七种九十五帙八百八十六卷

伪史部二十六种二十七帙一百六十一卷

杂传部二百四十一种二百八十九帙一千四百四十六卷

鬼神部二十九种三十四帙二百五卷

土地部七十三种一百七十一帙八百六十九卷

谱状部四十二种四百二十三帙一千六十四卷

簿录部三十六种六十二帙三百三十八卷

右十二部一千二十种二千二百四十八帙一万四千八百八十八卷（似应为十二部一千十七种二千二百六十帙一万四千八百八十一卷）

子兵录内篇三

儒部六十六种七十五帙六百四十卷

道部六十九种七十六帙四百三十一卷

阴阳部一种一帙一卷

法部十三种十五帙一百一十八卷

名部九种九帙二十三卷

墨部四种四帙一十九卷

纵横部二种二帙五卷

杂部五十七种二百九十七帙二千三百三十八卷

农部一种一帙三卷

小说部十种十二帙六十三卷

兵部五十八种六十一帙二百四十五卷

右一十一部二百九十种五百五十三帙三千八百九十四卷（似应为十一部二百九十种五百五十三帙三千八百八十六卷）

文集录内篇四

楚辞部五种五帙二十七卷

别集部七百六十八种八百五十八帙六千四百九十七卷

总集部十六种六十四帙六百四十九卷

杂文部二百七十三种四百五十一帙三千五百八十七卷

右四部一千四十二种一千三百七十五帙一万七百五十五卷（似应为四部一千六十二种一千三百七十八帙一万七百六十卷）

术伎录内篇五

天文部四十九种六十七帙五百二十八卷

纬谶部三十二种四十七帙二百五十四卷

历算部五十种五十帙二百一十九卷

五行部八十四种九十三帙六百一十五卷

卜筮部五十种六十帙三百九十卷

杂占部十七种十七帙四十五卷

刑法部四十七种六十一帙三百七卷

医经部八种八帙五十卷

经方部一百四十种一百八十帙一千二百五十九卷

杂艺部十五种十八帙六十六卷

右十部五百五种六百六帙三千七百三十六卷（似应为十部四百九十二种六百一帙三千七百三十三卷）

佛法录三卷外篇一

戒律部七十一种八十八帙三百二十九卷

禅定部一百四种一百八帙一百七十六卷

智慧部二千七百七十七种二千一百九十帙三千六百七十七卷

疑似部四十六种四十六帙六十卷

论记部一百一十二种一百六十四帙一千一百五十八卷

右五部二千四百一十种二千五百九十五帙五千四百卷（似应为五部二千四百一十种二千五百九十六帙五千四百卷）

仙道录外篇二

经戒部二百九十种三百一十八帙八百二十八卷

服饵部四十八种五十二帙一百六十七卷

房中部十三种十三帙三十八卷

符图部七十种七十六帙一百三卷

右四部四百二十五种四百五十九帙一千一百三十八卷（似应为四百二十一种四百五十九帙一千一百三十六卷）

此外，还附有阮孝绪本人所撰之书：

文字集略一帙三卷序录一卷

正史删繁十四帙一百三十五卷序录一卷

高隐传一帙十卷序例一卷

古今世代录一帙七卷

序录二帙一十一卷

杂文一帙十卷

声纬一帙一卷

右七种二十一帙一百八十一卷，阮孝绪撰，不足编诸前录而载于此。①

在《七录》之前，《七略》著录三十八种、六百三家、图书一万三千二百一十九卷，《汉书·艺文志》著录图书三十八种、五百九十六家、一万三千二百六十九篇，《中经新簿》著录图书一千八百八十五部、二万九百三十五卷，《晋元帝四部书目》著录图书三百五帙、三千一十四卷，《宋元嘉八年秘阁四部目录》著录图书一千五百六十四帙、一万四千五百八十二卷，《宋

---

① （唐）释道宣：《广弘明集》卷 3 引。

元徽元年秘阁四部书目》著录图书二千二十帙、一万五千七十四卷①，《齐永明元年秘阁四部目录》著录图书二千三百三十二帙、一万八千一十卷，《梁天监四年文德正御四部及术数书目录》著录图书二千九百六十八帙、二万三千一百零六卷，而《七录》著录的图书竟达五十五部、六千二百八十八种、八千五百四十七帙、四万四千五百二十六卷（似应为五十五部六千二百十六种八千五百七十帙四万四千五百九十五卷），远远超过以前各种目录所著录的图书②！因此，《七录》是隋代以前著录最为宏富的一部图书目录。

除了著录书名、卷数、作者外，《七录》还仿《七略》，撰有叙录，上引《古今书最》记载阮孝绪还撰有《叙录》二帙十一卷，可能就是《七录》的叙录部分。《隋书·经籍志》评价《七录》说："其分部题目，颇有次序。割析辞义，浅薄不经。"由于《七录》一书的叙录今已不存，仅有他书所引的只言片语，因此我们无由得知《隋书·经籍志》的评价是否恰当，不过，从上列《七录》的部类划分中可以看到，它确如《隋书·经籍志》所言，是"颇有次序"的。

《七录》虽将群书分为七大类，但其经典录与后世四部分类法的经部、记传录与史部、文集录与集部几乎完全相同，只是在后世的四部分类法中，《七录》的子兵录、术伎部及外篇之佛法录、仙道录被合并为子部。至于其二级类目，《隋书·经籍志》及《四库全书》等除增加了少数类目及文字有所改易外，大致皆依《七录》。因此可以这样认为，《七录》在分类方法上，上承《中经新簿》及李充《晋元帝四部书目》，下启《隋书·经籍志》，后世的四部分类法实际上是在《七录》的基础上发展而来的，姚名达先生评论说：《隋志》虽谓《七录》"浅薄不经"，"而其实则《隋志》部类几于全袭《七录》，且其注中称'梁有、今亡'者皆《七录》所有。试一推究，则知《隋志》之分类法实近承《七录》，远接《七略》。而《七录》在分类史中所占之地位实为一承先启后之关键"③。

---

① 《隋书·经籍志》作"一万五千七百四卷"。
② 《七志》著录的图书数目不详，不过以情理推之，不会超过《七录》。
③ 姚名达：《中国目录学史》，上海古籍出版社 2005 年版，第 57 页。

第 四 章

科举、学校与雕版印刷：隋唐五代

公元 581 年，杨坚建立了隋王朝，结束了国家分裂割据的局面，社会逐渐安定。隋王朝建立以后，继续大力推行北魏以来实行的均田制，发展生产，同时又对政治体制进行了改革，建立了三省六部制，奠定了此后一千多年中国封建社会官僚体制的基础，具有深远的历史影响。

随着魏晋南北朝时期南方的开发和不同民族之间的交流融合，本土宗教道教的兴起和外来宗教佛教的传入及本地化，给古老的华夏文化带来了新的活力。因此，继魏晋南北朝而来的隋唐五代是一个文化空前繁荣的时代，图书编纂非常活跃。隋唐时期，还是中华文化与异域文化交流最为频繁的时期。陆上、海上的交流不仅使中华文化影响扩大到日本、朝鲜、中亚并通过中亚传至欧洲，也使印度、中亚的文化大量传至中国，对中华文化的丰富与发展起到了积极的推动作用。

特别值得关注的是，一项对中国社会影响广泛、深远的重要制度——"科举制"在这一时期诞生。科举制本是一种人才选拔制度，但其影响所及，远远不止于此。由于科举制的实施，一些原来居于社会下层的普通百姓也可以通过考试进入仕途，教育因此有了与以往不同的功能：对于一般人来说，教育不仅仅是识字、学文化，也是改变人生命运的重要途径；对于国家来说，教育也不仅仅是为了教化民众，而是关乎国家的人才培养、各级官吏的选拔和政权建设、社会治理。因此，随着科举制的兴起与发展，教育逐步走上了普及之路，教育的内容、方式也发生了根本性的变化。而教育事业的发展，又促进了人的发展，从而推动了文化艺术的生产、消费，对与之相关的图书创作、图书出版和传播等都产生了促进作用。

这一时期，还有一项与图书事业直接相关的划时代技术——雕版印刷术发明并逐步推广。雕版印刷术的发明和应用，使得以前主要靠手工抄录的低效率的文化传播模式发生了根本性的变化，大大促进了中国乃至全世界人类文明的发展进程。就中国古代图书史而言，其影响是不言而喻的。

第一节　隋唐五代文化与图书事业

一　科举制的诞生及其影响

自汉代开始直到隋初，官吏的选拔主要依靠察举制和征辟制。察举制是由地方官员向中央推荐人才，然后由中央考核录用；征辟制是由中央向地方征辟人才。察举制在其实行之初，有着严格的监察机制，但到了后来，监察废弛，人才的推荐逐渐为豪门权贵所把持，流弊渐显，因此民间有谚语云："举秀才，不知书；察孝廉，父别居；寒素清白浊如泥，高第良将怯如鸡。"① 曹魏时，魏文帝为拉拢士族，实行"九品中正制"（又名"九品官人法"），其后逐步完备。"九品中正制"是设"中正"之官负责一个地区士人的品评，品评的内容包括"家世"与"行状"，由此确定士人的"品级"，供选官参考。初时尚能以"行状"作为品评的主要依据，而"家世"只是参考，但到了两晋南北朝时，门阀专政，世家大族把持着官员的选拔，能够进入仕途的通常只有那些门第高贵的子弟，即所谓"上品无寒门，下品无士族"。晋室南渡之后，来自北方的士族即所谓"南渡衣冠""世胄之家"与南方新兴地主之间的矛盾越来越尖锐，改变人才选拔制度已是势所必然，于是，科举制便应运而生。

"科举制"曾经历了一个发展过程。最初科举的本义就是"分科举人"，即根据各人的优长而任以不同的职事，以后逐渐完善，形成了通过考试选拔人才的主要方式，与此相关联，学校教育与人才培养、人才选拔也逐渐结合起来了，构成了中国封建社会后半段最主要的官吏铨选制度和以科举为核心的教育制度。

---

① （晋）葛洪：《抱朴子外篇·审举》，杨明照《抱朴子外篇校笺》本，中华书局1991年版。

隋初各州依旧例设立中正官，继续实行九品中正制。隋文帝开皇三年（583 年）正月"诏举贤良"①，这时还是沿用旧制。到开皇四年（584 年），即"普诏天下，公私文翰，并宜实录"②，开始考虑根据不同需要而选拔不同专长的人才了。到开皇十八年（598 年）七月，新的人才选拔方式更加明确，隋文帝下诏令"京官五品已上，总管、刺史，以志行修谨、清平干济二科举人"③。到隋炀帝时则更进一步，大业三年（607 年）四月，诏："文武有职事者，五品已上，宜依令十科举人。有一于此，不必求备。朕当待以不次，随才升擢。其见任九品已上官者，不在举送之限。"④ 这道诏令分十科选举人才，只要符合其中一项，则可"随才升擢"，其分科包括从人才的道德操守到政治、法律、军事、文化等各个方面。以此为标志，所谓"分科举人"的科举制正式诞生。

隋代的科举制主要体现在选举科目的设置、选举的具体办法方面，还未涉及人才的培养。唐承隋制，并做了进一步的完善。"唐代设科取士之制的最大不同，是常科中直接与社会基础的变化相关，并深切影响了当时和后世科举制面貌的一些规定。择其要者，一是怀牒自投，二是举、选相分，三是学校与科举紧密结合。此三者上承汉以来科举制近千年之发展，下创宋以后科举制近千年之基调。汉唐之异，无过于此。"三者中最为重要的是科举与学校的结合。"唐代科举与学校相结合的要点在于：除弘文、崇文两馆贵族子弟可由门荫或考试直接出官外，其余国子监六学以及地方诸学的生徒，凡在学课试中式，经通业成者，皆分科贡举而赴省试。而凡岁试'三下与在学九岁（律生六岁）而不堪贡者，罢归'。一言以蔽之：唐代学校生徒系以科举为基本出路。故生徒之入学，实已成科举制的重要阶梯。"⑤ 正是科举与学校的结合，既大大改变了此后一千多年中国封建社会人才培养和选拔方式，也大大改变了社会对图书需求的内容和规模，从而对中国古代的图书事

---

① （宋）王钦若等：《册府元龟》卷 645《贡举部·科目》，周勋初等校订，凤凰出版社 2006 年版。
② （唐）魏徵等：《隋书·李谔传》。
③ （唐）魏徵等：《隋书·高祖纪下》。
④ （唐）魏徵等：《隋书·炀帝纪上》。
⑤ 徐连达、楼劲：《汉唐科举异同论》，《历史研究》1990 年第 5 期，第 104—118 页。

业的发展发挥了巨大的推动作用。

科举制自隋代发端，到唐代时得到了进一步的发展、完善。《唐摭言》载：

> 高祖武德四年（621 年）四月十一日，敕诸州学士及白丁，有明经及秀才、俊士，明于理体，为乡曲所称者，委本县考试，州长重覆，取上等人，每年十月随物入贡。至五年十月，诸州共贡明经一百四十三人，秀才六人，俊士三十九人，进士三十人。十一月引见，敕付尚书省考试。十二月吏部奏付考功员外郎申世宁考试，秀才一人，俊士十四人，所试并通，敕放选与理入官；其下第人各赐绢五匹，充归粮，各勤修业。自是考功之试，永为常式。①

唐初武德年间科举人数尚少，其后大增，特别是州县员额增加很多，每州县推举进入中央官学的人数二十至六十人不等，都是参加科举考试的预备人选。另外，科举出身的官员也更受到世人的重视。《唐摭言》又载：

> 进士科始于隋大业中，盛于贞观、永徽之际。缙绅虽位极人臣，不由进士者，终不为美，以至岁贡常不减八九百人。其推重谓之"白衣公卿"，又曰"一品白衫"；其艰难谓之"三十老明经，五十少进士"；其负傥偁之才，变通之术，苏、张之辨说，荆、聂之胆气，仲由之武勇，子房之筹画，宏羊之书计，方朔之诙谐，咸以是而晦之。修身慎行，虽处子之不若；其有老死于文场者，亦所无恨。故有诗云："太宗皇帝真长策，赚得英雄尽白头！"独孤及撰《河南府法曹参军张从师墓志》云："从师祖损之，隋大业中进士甲科，位至侍御史诸曹员外郎。损之生法，以硕学丽藻，名动京师，亦举进士，自监察御史为会稽令。"②

---

① （五代）王定保：《唐摭言》卷 15，民国上海中华书局《四部备要》本。
② （五代）王定保：《唐摭言》卷 1。

唐代科举考试的科目较隋代更为明确：

> 　　唐制，取士之科，多因隋旧，然其大要有三。由学馆者曰生徒，由州县者曰乡贡，皆升于有司而进退之。其科之目，有秀才，有明经，有俊士，有进士，有明法，有明字，有明算，有一史，有三史，有开元礼，有道举，有童子。而明经之别，有五经，有三经，有二经，有学究一经，有三礼，有三传，有史科。此岁举之常选也。其天子自诏者曰制举，所以待非常之才焉。[①]

唐代科举考试为"岁举之常选"，即后世所谓之"常科"，是最重要的一种科考；另外一种科考即皇帝自诏的"制举"，即后世所谓"特科"，以待非常之才，影响相较常科要小得多。应试科目中以"秀才科""明经科""进士科"三种为主，而"明法""明字""明算"等因为属于专科，影响比"秀才""明经""进士"小。秀才科选用标准高、录取率低，后来逐渐废弃。"明经科"与"进士科"最受人重视，"进士科"虽然录取率不高，但应试者众，每年应试者千余人，多则二千余人，而"明经科"应试者比"进士科"要多很多，录取率也高，"三十老明经，五十少进士"之谚即谓三十岁明经及第者已经算年龄较大的了，而五十岁能进士及第者还算年轻。科举考试方法各朝都有变化，据《新唐书·选举志》载，秀才试方略策五道，明经试帖文，然后口试经问大义十条，答时务策三道，进士试以时务策问为主，同时加读经、史。

　　唐代科举制度与隋代相比，一个最重要的变化就是科举考试与学校教育相结合。在科举制产生之前，人才选拔与人才培养基本上是脱节的。科举制出现以后，特别是进入唐代后，人才培养逐渐与学校教育结合起来了。随着科举制度的成熟，考试方式与内容逐渐标准化、程式化，由此奠定了此后一千多年中国古代教育的基本模式。

　　中国古代的学校教育很早就已经出现了：

---

① （宋）欧阳修、宋祁：《新唐书》卷44《选举志上》。

设为庠序学校以教之。庠者，养也；校者，教也；序者，射也。夏曰校，殷曰序，周曰庠；学则三代共之，皆所以明人伦也。①

天子命之教，然后为学。小学在公宫南之左，大学在郊。天子曰辟雍，诸侯曰頖宫。②

古之教者，家有塾，党有庠，术有序，国有学。比年入学，中年考校：一年视离经辨志，三年视敬业乐群，五年视博习亲师，七年视论学取友，谓之小成。九年知类通达，强立而不反，谓之大成。夫然后足以化民易俗，近者说服而远者怀之。③

以上文献所载，或多或少都带有一些理想的成分在内，但毫无疑问，从先秦到魏晋南北朝时期，从中央到地方，可能形式多样，但官办与民办的学校是一直都有的。到唐代时，各级官办学校进一步完善，规模扩大，从中央到地方形成了一套基本完整的体系：

自高祖初入长安，开大丞相府，下令置生员，自京师至于州县皆有数。既即位，又诏秘书外省别立小学，以教宗室子孙及功臣子弟。其后又诏诸州明经、秀才、俊士、进士明于理体为乡里称者，县考试，州长重覆，岁随方物入贡；吏民子弟学艺者，皆送于京学，为设考课之法。州、县、乡皆置学焉。及太宗即位，益崇儒术。乃于门下别置弘文馆，又增置书、律学，进士加读经、史一部。十三年，东宫置崇文馆。自天下初定，增筑学舍至千二百区，虽七营飞骑，亦置生，遣博士为授经。四夷若高丽、百济、新罗、高昌、吐蕃，相继遣子弟入学，遂至八千余人。④

唐代中央设六学二馆，地方府、州、县三级也设学校，各有定员：

凡学六，皆隶于国子监：国子学，生三百人，以文武三品以上子孙

①　《孟子·滕文公上》。

②　《礼记·王制》。

③　《礼记·学记》。

④　（宋）欧阳修、宋祁：《新唐书》卷44《选举志上》。

若从二品以上曾孙及勋官二品、县公、京官四品带三品勋封之子为之；太学，生五百人，以五品以上子孙、职事官五品期亲若三品曾孙及勋官三品以上有封之子为之；四门学，生千三百人，其五百人以勋官三品以上无封、四品有封及文武七品以上子为之，八百人以庶人之俊异者为之；律学，生五十人，书学，生三十人，算学，生三十人，以八品以下子及庶人之通其学者为之。京都学生八十人，大都督、中都督府、上州各六十人，下都督府、中州各五十人，下州四十人，京县五十人，上县四十人，中县、中下县各三十五人，下县二十人。国子监生，尚书省补，祭酒统焉。州县学生，州县长官补，长史主焉。

凡馆二：门下省有弘文馆，生三十人；东宫有崇文馆，生二十人。以皇缌麻以上亲，皇太后、皇后大功以上亲，宰相及散官一品、功臣身食实封者、京官职事从三品、中书黄门侍郎之子为之。①

虽然实际情况未必皆如制度，但其体系之完整、规模之宏大，确是空前。不仅如此，进入官学实际上就等于迈入了官员的预备学校。

除官学外，私学也是古代教育中的重要组成部分。私学的出现也很早，春秋末年已成风气，到了汉代，私学就已十分普遍，两汉至魏晋南北朝时，私人讲学之风盛行。不过，在科举制出现之前，私学与官员的选拔并无直接关系，自隋唐科举制兴起之后，由于官员选拔主要通过考试的方式进行，学校教育成为上自贵族下至普通百姓进入仕途的重要途径。由于官学设置有限，并且程度较高，基础教育部分便主要由私学完成，私学于是得以快速发展。唐玄宗开元二十一年（733 年）敕：

诸（许）百姓任立私学，其欲寄州县受业者亦听。②

开元二十六年（738 年）诏：

---

① （宋）欧阳修、宋祁：《新唐书》卷 44《选举志上》。
② （元）马端临：《文献通考》卷 46《学校考七》，中华书局 1986 年影印民国上海商务印书馆《万有文库》本。

天下州县，每乡一学，仍择师资，令其教授。①

这应是官私合办学校。

与以前的学校不同，唐代的私学，其教学内容与仕进的需要结合起来了，私学成为科举生员的主要来源。一般私学在考试合格后即可进入官学，从而取得科举考试的资格。而如果不进入官学，则无参加科举考试的资格：

> （天宝）十二载（753 年）七月，诏天下举人不得充乡试，皆须补国子学生及郡县学生，然［后］听举。②

唐文宗太和七年（833 年）八月：

> 制：公卿士族子弟，明年已后，不先入国学习业，不在应明经、进士之限。③

唐代的私学属于基础教育部分，主要指家学、乡村蒙学、寺院所办义学等，陈子昂即曾"入乡校"④。《唐摭言》记载了唐僖宗时顾蒙逃乱至广州教授乡村蒙学的故事："淮浙荒乱，避地至广州，人不能知，困于旅食，以至书《千字文》授于聋俗，以换斗筲之资。未几，遘疾而终。"⑤ 白居易自述云："及五六岁，便学为诗，九岁谙识声韵。十五六，始知有进士，苦节读书。二十已来，昼课赋，夜课书，间又课诗，不遑寝息矣。……年二十七，方从乡赋。既第之后，虽专于科试，亦不废诗。"他还自称"乡校竖儒"⑥。《太平广记》中有一段故事，记窦易直幼时在村学读书时的情形："窦相易直，

---

① （后晋）刘昫等：《旧唐书》卷 9《玄宗本纪下》。
② （宋）王钦若等：《册府元龟》卷 640《贡举部·条制第二》，周勋初等校订。
③ （宋）王钦若等：《册府元龟》卷 641《贡举部·条制第三》，周勋初等校订。
④ （宋）欧阳修、宋祁：《新唐书》卷 107《陈子昂传》。
⑤ （五代）王定保：《唐摭言》卷 10。
⑥ （后晋）刘昫等：《旧唐书》卷 166《白居易传》。

幼时名秘，家贫，就业村学。其教授叟有道术而人不知。一日近暮，风雪暴至，学童悉归家不得，而宿于漏屋之中。寒，争附火，唯窦公寝于榻，夜深方觉。"①窦易直后来举明经，并历任刺史、节度使等高官，这说明可以通过私学的基础学习后再进入官学，最后通过科举考试取得晋身之阶。一方面程序更为规范，另一方面，又使科举考试与教育衔接起来、私学与官学衔接起来，促进了官学与私学的共同发展。

科举制发展到后来虽然出现了各种弊端，但从历史的角度来看，它既是历史的产物，同时，在特定的时代，也对中国社会的发展和进步起到了不可估量的作用。在科举制下，全国各地不管语言是否相同，但通过科举考试而能实现政治与文化的一统。通过科举考试内容的设定，能够很好地体现国家意志、社会主流思想和社会好尚，这些对于确立国家认同、文化认同都有积极的作用。通过考试方式择优录用，也是一种比较公平的制度，寒门庶族子弟有可能通过读书和考试进入上流社会，促使更多的人去学习文化，必然会大大推动社会的发展与进步。

对于图书事业来说，科举制的贡献更不可低估。在科举制度之下，一般人必须通过读书、考试，才能进入仕途，科举是他们改变自身命运、进入上层社会的重要途径。因此，各类学校得以发展，教育得以逐渐普及。唐代元稹就曾提到他在平水市中"见村校诸童，竞习诗，召而问之，皆对曰'先生教我乐天、微之诗'"②，皮日休也曾回忆说："余为童，在乡校时，简上抄杜舍人牧之集，见有与进士严恽诗。"③可见唐代村校、乡校是比较普遍的。读书的人多了，自然也就会推动图书的生产与消费，从而推动图书事业的发展。尤其重要的是，随着教育的发展，教学用书和参考用书需求量大增，人工抄写的方式显然已经不能满足需要，批量复制图书势在必行。因此，雕版印刷术在隋唐时代发明与应用，除了宗教的因素外，科举考试带来的教育普及应该是另一个重要的因素。

---

① （宋）李昉等：《太平广记》卷223《窦易直》。

② （唐）元稹：《元氏长庆集》卷51，民国上海商务印书馆《四部丛刊》影印明嘉靖三十一年刊本。

③ （宋）计有功：《唐诗纪事》卷66《严恽》，民国上海商务印书馆《四部丛刊》影印明嘉靖钱唐洪氏刊本。

二　隋唐五代的图书编纂

战争平息，国家统一，社会有了一个和平的发展环境，教育、文化事业得以恢复和发展。隋文帝开皇三年（583 年），就曾敕秘书监牛弘"修撰《五礼》，勒成百卷，行于当世"①。开皇九年（589 年），诏曰：

> 今率土大同，含生遂性，太平之法，方可流行。……禁卫九重之余，镇守四方之外，戎旅军器，皆宜停罢。代（伐）路既夷，群方无事，武力之子，俱可学文，人间甲仗，悉皆除毁。有功之臣，降情文艺，家门子侄，各守一经，令海内翕然，高山仰止。京邑庠序，爰及州县，生徒受业，升进于朝，……②

在隋文帝的大力提倡下，文化及图书事业开始恢复。

隋文帝之后继位的隋炀帝是历史上颇受非议的帝君，曾频繁发动战争，如亲征吐谷浑、三征高丽，骄奢靡费，滥用民力，导致民变频起，最后亡国。不过，他在位期间，开凿了大运河以沟通南北，营建东都迁都洛阳对进一步开发南方发挥了很大作用，而这些工程对隋唐以后中国的政治、经济版图都产生了重大的影响。隋炀帝也非常重视发展文化。史载：

> 帝好读书著述，自为扬州总管，置王府学士至百人，常令修撰，以至为帝，前后近二十载，修撰未尝暂停；自经术、文章、兵、农、地理、医、卜、释、道乃至蒲博、鹰狗，皆为新书，无不精洽，共成三十一部，万七千余卷。③

据《隋书·经籍志》《旧唐书·经籍志》《新唐书·艺文志》等著录，隋文帝、炀帝时曾诏修了大量图书："隋大业中，普诏天下诸郡，条其风俗物产地图，上于尚书。故隋代有《诸郡物产土俗记》一百五十一卷，《区宇图

---

① （唐）魏徵等：《隋书·牛弘传》。
② （唐）魏徵等：《隋书·高祖纪下》。
③ （宋）司马光：《资治通鉴》卷182《炀皇帝中·大业十一年》，中华书局1956年整理标点本。

志》一百二十九卷，《诸州图经集》一百卷。其余记注甚众。"① 晋王杨广
（即后来的隋炀帝）召集诸儒编纂《江都集礼》一百二十卷，并"奉诏与秘
书郎虞世南、著作佐郎庾自直等撰《长洲玉镜》等书十余部"②。隋代还多
次编纂法律图书，《隋书·经籍志》即著录了《隋律》十二卷、《隋大业律》
十一卷、《隋开皇令》三十卷目一卷、《隋大业令》三十卷等。隋朝还组织
编纂了前朝国史，如《齐纪》《梁史》《魏书》《周书》等。在医药、农学
等方面，也组织编写了不少图书，如《隋书·经籍志》著录了《四海类聚
方》二千六百卷、《四海类聚单要方》三百卷③。

　　由于隋文帝、炀帝大力兴文重教，儒学复兴。《隋书·儒林列传》载：

　　　　博士罄悬河之辩，侍中竭重席之奥，考正亡逸，研核异同，积滞群
　　疑，涣然冰释。于是超擢奇隽，厚赏诸儒，京邑达乎四方，皆启黉校。
　　齐、鲁、赵、魏，学者尤多，负笈追师，不远千里。讲诵之声，道路不
　　绝。中州儒雅之盛，自汉、魏以来，一时而已。

山东大儒马光"教授瀛、博间，门徒千数，至是多负笈从入长安"④；河北
大儒刘焯"优游乡里，专以教授著述为务，孜孜不倦。贾、马、王、郑所
传章句，多所是非。《九章算术》《周髀》《七曜历书》十余部，推步日月之
经，量度山海之术，莫不核其根本，穷其秘奥。著《稽极》十卷，《历书》
十卷，《五经述议》，并行于世"，"天下名儒后进，质疑受业，不远千里而
至者，不可胜数"⑤。刘焯与另一大儒刘炫对于统一南北经学发挥了很大的
作用。隋代著名思想家王通著《中说》十卷⑥，他认为儒家思想、道家思想
与佛家思想各有长短，皆不可废，因此主张"三教可一"，对后世影响很
大。

────────────────

　① （唐）魏徵等：《隋书·经籍志》。
　② （唐）魏徵等：《隋书·虞绰传》。
　③ 按《新唐书·艺文志》："隋炀帝敕撰《四海类聚单方》十六卷"，与《隋书·经籍志》所载不
同，或唐时此书残余十六卷。
　④ （唐）李延寿：《北史》卷82《马光传》。
　⑤ （唐）李延寿：《北史》卷82《刘焯传》。
　⑥ 今本《中说》，可能出于王通后人整理，但据信基本上能够反映王通的思想。

虽然隋文帝、隋炀帝曾大力发展教育，但毕竟享国日短，前后不到四十年，其文学、史学著作数量有限，但却为其后唐代文化的发展奠定了一个很好的基础。

唐朝建立后，休养生息，又大力发展科举制度，于是唐代的经济与文化均呈现出空前繁荣的局面。

作为中国封建时代社会主流文化代表的儒家经典历来是最受重视的文献。早在隋文帝开始推行科举制时，对儒家经典的整理问题就已提出。

> 会上令国子生通一经者，并悉荐举，将擢用之。既策问讫，博士不能时定臧否。祭酒元善怪问之，晖远曰："江南、河北，义例不同，博士不能遍涉。学生皆持其所短，称己所长，博士各各自疑，所以久而不决也。"①

随着唐代科举制的进一步完善，考试科目、考试内容逐渐明确和程式化。在最受重视的"明经"和"进士"科中，儒家经典都是重要的考试内容和评判标准。因此，对儒家经典文字的整理与内容的阐释就显得十分重要而且迫切。一方面，由于南北经学流派不同，对儒家经典的理解与就阐释也就各不相同，以什么作为士子考试成绩的评判标准就成了一个非常现实的问题。另一方面，儒家经典在流传过程中，因师说派别的不同、传抄的讹误等，世间所传儒家经典的文本也出现了讹谬歧异。因此，整理校勘儒家经典以为定本就成了唐初急务。

唐太宗贞观（627—649 年）初，"太宗以经籍去圣久远，文字讹谬，令（颜）师古于秘书省考定《五经》。师古多所厘正，既成，奏之。太宗复遣诸儒重加详议。于时诸儒传习已久，皆共非之。师古辄引晋、宋已来古今本，随言晓答，援据详明，皆出其意表，诸儒莫不叹服"②。于是又命孔颖达领衔诸儒撰定《五经》义疏，书成，诏改《五经正义》，其后又经马嘉运校定、长孙无忌和于志宁等增损，最后于唐高宗永徽四年（653 年）定稿颁

---

① （唐）魏徵等：《隋书·房晖远传》；又载（唐）李延寿《北史》卷 82《房晖远传》。
② （后晋）刘昫等：《旧唐书》卷 73《颜师古传》。

行，"每年明经令依此考试"①，是为《五经正义》。

《五经正义》凡一百八十卷（或谓一百七十卷），包括《周易正义》十四卷、《尚书正义》二十卷、《毛诗正义》四十卷、《礼记正义》七十卷、《春秋左传正义》三十六卷。《五经正义》的编纂是中国经学史和文献学史上的一件大事，它使两汉魏晋南北朝以来纷争的今古文学、郑学王学、南学北学归于一统，成为经学史上的一个分水岭。清末皮锡瑞云："自唐至宋，明经取士，皆遵此本。夫汉帝称制临决，尚未定为全书；博士分门授徒，亦非止一家数；以经学论，未有统一若此之大且久者，此经学之又一变也。"②此后宋元明清科举考试均依此本。

儒家经典的文字音训，也是历来经学纷争的一个重要方面。唐初，陆德明作《经典释文》三十卷，为主要的儒家经典以及《老子》《庄子》注音释义，"所采汉魏六朝音切凡二百三十余家，又兼载诸儒之训诂，证各本之异同。后来得以考见古义者，注疏以外，惟赖此书之存。真所谓残膏剩馥，沾溉无穷者也"③。

唐代之后的五代虽然处于割据状态，但各国教育文化都较发达，儒学也颇为兴盛。后唐长兴三年到后周广顺三年（932—953 年）雕版刊成九经（详后），后蜀丞相毋昭裔不仅刊印了《昭明文选》《初学记》《白氏六帖》等大型图书，还于广政七年至十四年（944—951 年）主持上石刊刻了唐玄宗注《孝经》、何晏集解《论语》、郭璞注《尔雅》、王弼等注《周易》、孔安国传《尚书》、郑玄注《周礼》、郑玄笺《毛诗》、郑玄注《礼记》、郑玄注《仪礼》、杜预集解《左传》（仅刻十七卷），史称"广政石经""蜀石经"。

隋唐时代尤其是唐代，史学图书的编纂取得了很大的成就。中国虽然很早就有专门负责历史文献记载与管理的部门和官员，但由私人修史转向皇家修史、修前朝史、设史馆纂集实录等后世通行的修史制度，却是在唐代才确立的。

唐高祖武德中（618—626 年），秘书丞令狐德棻奏请编纂前朝国史，高

---

① （后晋）刘昫等：《旧唐书》卷 4《高宗本纪上》。

② （清）皮锡瑞：《经学历史》，周予同注释，第 198 页。

③ （清）永瑢等：《四库全书总目·经部·五经总义类·经典释文》。

祖然其奏，下诏曰：

> 中书令萧瑀、给事中王敬业、著作郎殷闻礼可修魏史，侍中陈叔达、秘书丞令狐德棻、太史令庾俭可修周史，兼中书令封德彝、中书舍人颜师古可修隋史，大理卿崔善为、中书舍人孔绍安、太子洗马萧德言可修梁史，太子詹事裴矩、兼吏部郎中祖孝孙、前秘书丞魏徵可修齐史，秘书监窦琎、给事中欧阳询、秦王文学姚思廉可修陈史。务加详核，博采旧闻，义在不刊，书法无隐。[1]

于是由官方组织修纂前代史书工作正式开始。不过"（萧）瑀等受诏历数年，竟不能就而罢"。贞观三年（629年），"于中书置秘书内省，以修五代史"[2]，任命房玄龄、魏徵为总监，令狐德棻"总知类会"（负责体例），至贞观十年（636年），梁、陈、齐、周、隋五代史修成。贞观十五年（641年），又诏修《五代史志》，至高宗显庆元年（656年），《五代史志》三十卷修成，后来《五代史志》被编入《隋书》。贞观二十年（646年），诏以两晋南北朝虽有晋书十八家（《隋书·经籍志》著录有二十二家），但其"才非良史，事亏实录"，于是"令修国史所更撰《晋书》"。贞观二十二年（648年），《晋书》告成。

从唐初开始，史学家李大师"常以宋、齐、梁、陈、魏、齐、周、隋南北分隔，南书谓北为'索虏'，北书指南为'岛夷'。又各以其本国周悉，书别国并不能备，亦往往失实。常欲改正"[3]，于是仿《吴越春秋》，着手编纂编年体的史书，未成而终，其子李延寿继承遗志，改用《史记》纪传体体裁，删节宋、南齐、梁、陈、魏、北齐、周、隋八书，并补充了一些史料，撰成《南史》《北史》。唐高宗显庆四年（659年），二书获准颁行，唐高宗还亲自为其作序[4]。至此，占中国古代正史三分之一的《晋书》《南史》《北史》及《梁书》《陈书》《北齐书》《周书》《隋书》全部修成。

---

① （后晋）刘昫等：《旧唐书·令狐德棻传》。
② （宋）王钦若等：《册府元龟》卷554《国史部·总序》，周勋初等校订。
③ （唐）李延寿：《北史·李大师传》。
④ 中华书局编辑部：《南史·〈南史〉〈北史〉出版说明》。

　　除了官修前代史外，贞观三年（630 年）"移史馆于禁中"，由宰相监修国史，成为定制。除了修纂前代史外，史馆还有一项重要的工作，就是修纂国史。"史官掌修国史，不虚美，不隐恶，直书其事。凡天地日月之祥，山川封域之分，昭穆继代之序，礼乐师旅之事，诛赏废兴之政，皆本于起居注、时政记，以为实录，然后立编年之体，为褒贬焉。既终藏之于府。"①编修《起居注》《时政记》《实录》等一整套修史制度自唐代建立，并成为此后各朝定制。据统计，唐代所修《实录》共十六帝二十六部②。

　　中国第一部专论典章制度的通史著作——杜佑的《通典》、第一部史学理论著作——刘知几的《史通》以及李泰的《括地志》、李吉甫的《元和郡县图志》和玄奘的《大唐西域记》等史学和地理学名著也都产生于这一时期。此外，专记典章制度的"会要"③体裁也是从唐代开始出现的。

　　唐代文学在中国古代文学史上是一个高峰时期。经济的发展、各种文化的交融，特别是以诗赋入科举，极大地促进了文学的繁荣。

　　唐代的诗歌达到了中国封建社会的最高水平，产生了陈子昂、孟浩然、王维、高适、岑参、李白、杜甫、孟郊、贾岛、李贺、元稹、白居易、李贺、李商隐等一大批在中国文学史上产生了巨大影响的诗人，诗歌的数量也大大超过了前代。在唐代不到三百年的时间里，仅清朝编修的《全唐诗》就著录了诗人二千三百多人，诗近五万首。

　　诗歌之外，散文也是唐代文学的重要组成部分。韩愈、柳宗元号召发起的"古文运动"对唐代散文乃至后世散文的写作都产生了重要影响，也涌现了一大批重要的散文作者，仅清朝编纂的《全唐文》，就收录了唐、五代三千余人的作品二万余篇。

　　相较于诗而言，词是一种新的文学体裁。词最初是配合歌唱而产生的，梁代沈约、萧衍的《江南弄》可称为词的滥觞。进入唐代后，词颇受民间

---

　　①　（后晋）刘昫等：《旧唐书·职官二》。

　　②　谢保成主编《中国史学史》，商务印书馆 2006 年版，第 544 页。

　　③　现在已知最早的会要为唐德宗时杭州刺史苏弁之兄苏冕所纂之《会要》四十卷。《郡斋读书志·唐会要》载："唐苏冕叙高祖至德宗九朝沿革损益之制。"《旧唐书·苏弁传》："冕缵国朝政事，撰《会要》四十卷，行于时。"唐宣宗时崔铉又监修《续会要》四十卷，"记德宗以后大中六年事迹，补苏冕前录之缺"（《玉海》卷 51 引《中兴书目》）。

欢迎，逐渐流行，敦煌文献中即有大量的曲子词，一些著名的文人也作词，如李白、张志和、刘长卿、韦应物、白居易等都写了不少有名的词。五代时，词迅速成为一种广受欢迎的文学样式，如著名的词集《花间集》就编成于后蜀广政三年（940年），全书凡十卷，收录十八位词人的五百首词。此外，南唐冯延巳、李煜都是著名的词人。

传奇也是唐代文学中的一朵奇葩。所谓传奇，"源盖出于志怪，然施之藻绘，扩其波澜，故所成就乃特异"[①]。在唐代的传奇中，元稹的《莺莺传》和李朝威的《柳毅传》最为出色。唐代传奇对元代杂剧产生了重要的影响。

话本小说也是唐代一种重要的文学体裁。在敦煌出土的文献中，有相当数量的讲说佛经故事的话本小说，统称为"变文"，为普通百姓所喜闻乐见。

科举考试和诗歌、文章写作时，常常需要快速查询典故、例句、诗文出处等，专门为满足这类用途并按类、按韵、按字编排的工具书——类书便应运而生，虽然类书的出现早在唐代之前，但大行其道却是在唐代以后，类书在唐代图书创作中独树一帜，影响也很大。唐代官修类书有三部，即高祖时欧阳询等奉敕撰《艺文类聚》一百卷，高宗时许敬宗等奉敕撰《文馆词林》一千卷[②]，玄宗时徐坚奉敕撰《初学记》三十卷。加上虞世南在隋末编成的《北堂书钞》一百七十三卷（今本一百六十卷）和白居易在唐中叶所编《白氏六帖》三十卷，为后世保存了大量失传的古籍佚文。

在科学技术方面，天文历法、医药等领域也有许多重要的著作如《大衍历》《本草》《千金方》《外台秘要》等问世。

唐代文化繁荣，各类图书数量剧增，"唐之藏书，开元最盛，为卷八万有奇。其间唐人所自为书，几三万卷"[③]。从唐初至开元仅百年时间，产生的著作就将近三万卷，由此可见当时著书盛况之一斑。

隋唐是各种宗教十分兴盛的时期，除了本土的道教外，外来的佛教、景教、摩尼教、伊斯兰教、祆教（拜火教）等都有广泛的传播，由此产生了大量的宗教文献，成为唐代图书撰著的一个重要方面。各种宗教思想广泛传

① 鲁迅：《中国小说史略·唐之传奇文（上）》，见《鲁迅全集》。
② 《文馆词林》今大部亡佚，仅有残帙存世。该书性质介于类书与总集之间。
③ （元）脱脱等：《宋史·艺文志一》。

播，也影响到社会的方方面面，包括世俗文献。

隋文帝时，大兴佛教。"开皇元年，高祖普诏天下，任听出家，仍令计口出钱，营造经像。而京师及并州、相州、洛州等诸大都邑之处，并官写一切经，置于寺内；而又别写，藏于秘阁。天下之人，从风而靡，竞相景慕，民间佛经，多于六经数十百倍。"① 由于官方的鼓励提倡，佛教僧俗信众人数剧增，佛教文献也大量传写："自（隋文帝）开皇（581—600 年）之初终于仁寿（581—604 年）末，所度僧尼二十三万人。海内诸寺三千七百九十二所，凡写经论四十六藏、一十三万二千八十六卷；修治故经三千八百五十三部。"② 隋炀帝同样十分尊崇佛教，曾"修治故经六百十二藏，计九十万三千五百八十卷"③。除修治故经外，又组织新翻佛经，"隋朝传译道俗二十余人，所出经论等九十余部五百一十余卷"④。"大业（605—618 年）时，又令沙门智果，于东都内道场，撰诸经目，分别条贯，以佛所说经为三部：一曰大乘，二曰小乘，三曰杂经。"⑤ 智果所纂《众经目录》原书今已不存，其内容略见于《隋书·经籍志》：

大乘经六百一十七部，二千七十六卷（五百五十八部，一千六百九十七卷，经。五十九部，三百七十九卷，疏）。小乘经四百八十七部，八百五十二卷。杂经三百八十部，七百一十六卷（杂经目残缺甚，见数如此）。杂疑经一百七十二部，三百三十六卷。大乘律五十二部，九十一卷。小乘律八十部，四百七十二卷（七十七部，四百九十卷，律。二部，二十三卷，讲疏）。杂律二十七部，四十六卷。大乘论三十五部，一百四十一卷（三十部，九十四卷，论。十五部，四十七卷，疏）。小乘论四十一部，五百六十七卷（二十一部，四百九十一卷，论。十部，七十六卷，讲疏）。杂论五十一部，四百三十七卷（三十二部，二百九十九卷，论。九部，一百三十八卷，讲疏）。记二十部，四

---

①　（唐）魏徵等：《隋书·经籍志》。
②　（唐）释法琳：《辨正论》卷3，《大正新修大藏经》第52 册。
③　（元）释觉岸：《释氏稽古略》卷2，《大正新修大藏经》第49 册。
④　（唐）道世：《法苑珠林》卷100《翻译部》第二，《大正新修大藏经》第53 册。
⑤　（唐）魏徵等：《隋书·经籍志》。

百六十四卷。

共计"一千九百五十部，六千一百九十八卷"。

佛教在唐代继续得到政府的大力提倡，唐代的佛经翻译是继魏晋南北朝之后的另一个高峰。与以前不同，唐代的佛经翻译不仅数量多，而且大部头的佛经也多是在这个时期翻译的，主译者也以本国僧人为主，在佛经翻译史上的四大翻译家中玄奘、义净和不空都是唐代僧人。

玄奘（600—664年）取经的故事在中国可谓家喻户晓，他历经磨难前后凡十七载，从古印度取回梵文经典六百五十部，随后组织译场开始译经，至其逝世，十九年间共译经论七十五部一千三百三十五卷，包括《瑜伽师地论》一百卷和《大般若经》六百卷。继玄奘之后，义净（635—713年）也曾经海路前往天竺取经，经二十五年、历三十余国，取回梵文佛经四百部，其后又组织译场翻译，唐卢璨谓其"前后所翻经，总一百七部，都四百二十八卷"[1]。不空（705—774年），北天竺人，自幼随叔父来华，开元二十九年（741年）经海路到狮子国（今斯里兰卡）搜求密藏及诸经论共计五百部，天宝五载（746年）回长安译经，至大历六年（771年），共译述佛经一百一十部、一百四十三卷[2]。

唐中宗时释道宣在其《大唐内典录·皇朝传译佛经录》中载："自贞观迄于龙朔（627—663年）之年，所出经论记传行法等合一百余部，一千五百余卷。"玄宗时，释智昇纂《大唐开元释教录》，收录汉魏六朝以来佛教经典一千零七十六部五千零四十八卷，其后又陆续有所增益，"开元庚午（730年）之后，洎德宗（780—804年在位）神武孝文皇帝之季年，相继新译，大凡七目四千九百余卷。……合开元崇福旧录，总一万卷"[3]。中国翻译和纂述的佛教著作还远传到了日本、朝鲜，《续日本记》记载日本遣唐僧

---

① （唐）卢璨：《大唐龙兴翻经三藏义净法师之塔铭（并序）》，《大唐贞元续开元释教录》卷上，《大正新修大藏经》第55册；义净翻译和撰述的具体情况可参见王邦维《南海寄归内法传校注·序》，中华书局1995年版。

② 据（唐）释圆照《贞元新定释教目录》卷11《总集群经录上之十一》，《大正新修大藏经》第55册。

③ （宋）李昉等：《文苑英华》卷865引唐李肇《东林寺经藏碑》，中华书局1966年影印宋版配明刊本。

玄昉于日本天平六年（734 年）回国，次年即向天皇进呈经论五千余卷。"从贞观到贞元，是我国翻译佛经的全盛时期。到贞元五年为止，主要译员共有四十五人，出经四百二十八部，合二千四百十二卷。"①

佛教僧俗信众的剧增，社会对佛经的大量需求和佛经的大量翻译，对隋唐的文化以及图书事业产生了重大的影响，特别是由于各种佛事的需要，完全靠人手抄录佛经显然已经远远不能满足社会各方面的需求，用技术的方法对文献尤其是宗教文献的批量复制已是水到渠成之事了。可以说，佛教的兴盛，是隋唐时代中国印刷术产生与应用最重要的催化剂。

与佛教相同，道教在隋唐时代也得到了快速的发展。东汉末年产生的道教到隋唐已经完全成熟，其标志就是道教的教义、科仪的成型和道教文献的结集编纂。

经过北周武帝灭佛（561—578 年在位），道教发展很快。为了巩固统治，隋文帝虽然笃信佛教，也需要得到道教信众的支持，尤其是隋文帝夺取政权时就曾利用道教符谶来制造舆论，他即帝位所用的第一个年号"开皇"一词，其意即道教一"劫"之始的意思。隋炀帝也崇信道教，并"于内道场集道、佛经，别撰目录"②。据郑樵《通志》记载，《隋朝道书总目》著录经戒三百一部九百八卷、饵服四十六部一百六十七卷、房中十三部三十八卷、符箓十七部百三卷③，总计三百七十七部一千二百一十六卷。

唐代国姓为李，皇帝自称为李耳之后，道教得到了大力支持，道教文献受到重视，朝廷不断命人收集、整理道书，编纂目录。唐玄宗先天（712—713 年）时，命史崇玄等纂《一切道经音义》一百一十三卷，引用道经七十七种，其"妙门由起序"谓是编乃"据京中藏内见在经二千余卷，以为音训"。开元（713—741 年）时，唐玄宗又发使搜访道经，纂修成藏，目曰《三洞琼纲》，总计三千七百四十四卷④（一说五千七百卷，一说七千三百卷

①　马祖毅：《中国翻译史话——我国的佛经翻译》，《安徽大学学报》1978 年第 1 期，第 83—99 页。

②　（唐）魏徵等：《隋书·经籍志》。

③　（宋）郑樵：《通志》卷 67《艺文略五·道家一》，中华书局 1984 年影印民国上海商务印书馆《万有文库》本。

④　参见陈国符《道藏源流考》，中华书局 1963 年版，第 114 页。

加上经传书论等共九千余卷）。天宝七载（748 年）诏"令内出一切道经，宜令崇玄馆即缮写，分送诸道采访使，令管内诸道转写，其官本便留采访至郡，亲劝持诵"①，史称《开元道藏》。《开元道藏》的编纂体例采取三洞分类法，洞真、洞玄、洞神各十二部，共计三十六部。《开元道藏》唐末五代毁于兵火，今已不得见。在敦煌遗书中，残存有道经五百余种，大部分是唐代抄本，超过半数未在今传明修《道藏》之中②。著名道士杜光庭、陈抟都是五代时人，尤其是杜光庭，著述甚丰，仅收入道藏者即达二十七种，收入《全唐文》者即有三百零二篇。

从隋唐时代开始，一种新的宗教文化现象值得注意，它也对隋唐时代的图书事业产生了重要的影响，这就是宗教普及读物如变文等讲唱文学图书的流行。

宗教与学术研究不同，它的受众不仅仅是读书人，更包括普通大众。为了向大众宣传其教义，就需要采用非常通俗的语言和表达方式，变文就是一种最典型的通俗文学形式。为了让社会下层民众能够听懂和接受，僧、道常常采用讲一段唱一段的方式来讲述佛经、道经中的故事，借以宣传佛教和道教教义。这种形式又称俗讲、唱导、转读等，俗讲所用的底本便是变文。

俗讲在隋唐以前就已产生，到隋唐时达到了极盛，佛道二家都用这种形式来宣传教义，争取信众。唐代韩愈在《华山女》诗中描述道"街东街西讲佛经，撞钟吹螺闹宫廷"，场面煞是热闹，而"黄衣道士亦讲说，座下寥落如明星"，场面冷清。但到了信奉道教的华山女开始讲唱时，道观冷落的局面便大为改观，佛寺里听讲的人都跑到道观里去了，以至于"观中人满坐观外，后至无地无由听"③。唐赵璘记唐俗讲僧文淑的讲唱，"愚夫冶妇乐闻其说，听者填咽寺舍"④。由于变文是一种通俗文学，不能登大雅之堂，所以大都没能流传下来。现在所能见到的变文基本上都在 1900 年发现的敦煌遗书中，著名的有《降魔变文》《破魔变文》《维摩诘经讲变文》《目连

---

① （宋）谢守灏：《混元圣纪》卷9，正统道藏本。
② 参见李德范编《敦煌道藏》，全国图书馆文献缩微复制中心 1999 年版。
③ （唐）韩愈撰、（宋）朱熹校《朱文公校昌黎先生集》卷6，民国上海商务印书馆《四部丛刊》影印元刊本。
④ （唐）赵璘：《因话录》卷4，台湾商务印书馆 1986 年影印清文渊阁《四库全书》本。

变文》《叶净能话》等。除了佛、道教的经讲变文外，还有一些讲唱民间故事和中国历史故事的变文，也深得普通百姓的欢迎，敦煌变文中就有《伍子胥变文》《捉季布传文》《孟姜女变文》《王昭君变文》《董永变文》《张义潮变文》等。

　　唐朝灿烂的文化对周边国家如日本、朝鲜半岛产生了很大的影响。至迟在战国时期，中国文化就开始影响日本，东汉光武帝还曾赐日本九州地区的委奴国"汉委奴国王"金印。但中国文化对日本文化产生全面影响却是在唐代，正如日本学者内藤湖南所指出的那样："日本在隋唐以前就开始接受中国的文化，但日本文化的兴盛是自唐代开始的。"① 唐代日本曾多次派"遣唐使"来华，还有更多的留学生、留学僧来华，学习中国文化，回国时又带回大量的中国图书，包括官制和法律方面的图书，并以此为范本构建了日本的官僚制度体系。大约成书于日本宽平三年（891 年）前后的《日本国见在书目录》著录了大量的中国图书，而这部目录乃是日本清和天皇贞观十七年（875 年）皇室藏书楼冷然院火灾后由藤原佐世奉敕编纂的烬余汉籍目录，因此只是遣唐使们带回日本的汉籍中的一部分，这部烬余书目（或谓为当时的汉籍传世目录），仿《隋书·经籍志》体例，将汉籍分为四十家（类），著录图书一千五百七十九部一万六千七百九十卷。其中有大量的图书不见于《隋书·经籍志》《旧唐书·经籍志》《新唐书·艺文志》②。在日本派来的遣唐使中，大量是僧人，他们所带回的佛教文献数量更多。

　　同日本一样，唐代朝鲜半岛的高句丽、百济、新罗三国也有大量留学生、留学僧来华，数量比日本更多，唐太宗贞观年间国子学有学舍上千间、生员八千余人，"高丽及百济、新罗、高昌、吐蕃等诸国酋长，亦遣子弟请入于国学之内"③，儒家经典以及《文选》等书在三国非常流行，著名诗人崔致远即是新罗人。新罗神文王二年（682 年）仿唐制设立国学讲授"五经"（即《易经》《书经》《诗经》《礼经》《春秋》）、"三史"（即《史记》《汉书》《后汉书》）。除了儒家经典以外，中国的《文选》、各种医书、本

---

① 〔日〕内藤湖南：《日本历史与日本文化》，刘克申译，商务印书馆 2012 年版，第 172 页。
② 孙猛先生对《日本国见在书目录》收录图书的实际种数和卷数进行了详细考证。参见孙猛《日本国见在书目录详考》，上海古籍出版社 2015 年版。
③ （后晋）刘昫等：《旧唐书·儒学上》。

草、算书在三国十分流行。至于汉文佛经更是十分普及，1966 年韩国庆州佛国寺释迦塔内发现的汉文雕版印刷品《无垢净光大陀罗尼经》据信就是中国刻印而由新罗僧人带回国的。

第二节　隋唐五代图书的收集与整理

一　隋唐五代的公私藏书

隋文帝开皇三年（583 年），秘书监牛弘以典籍散佚，向隋文帝杨坚上《请开献书之路表》，谓中国图书自秦始皇之后，凡有五厄：秦皇焚书、王莽之乱、董卓之乱、永嘉之乱、周师入郢而萧绎焚书，并称：

> 今御书单本，合一万五千余卷，部帙之间，仍有残缺。比梁之旧目，止有其半。至于阴阳河洛之篇，医方图谱之说，弥复为少。臣以经书，自仲尼已后，迄于当今，年逾千载，数遭五厄，兴集之期，属膺圣世。……昔陆贾奏汉祖云"天下不可马上治之"，故知经邦立政，在于典谟矣。为国之本，莫此攸先。今秘藏见书，亦足披览，但一时载籍，须令大备。不可王府所无，私家乃有。然士民殷杂，求访难知，纵有知者，多怀吝惜，必须勒之以天威，引之以微利。若猥发明诏，兼开购赏，则异典必臻，观阁斯积，重道之风，超于前世，不亦善乎！①

文帝从其议，下诏：凡献书一卷，赐绢一匹，校写完后，原书归还本主。于是民间藏书纷纷献出，"一二年间，篇籍稍备"。有殿内将军刘炫者，甚至伪造古书百余卷，题名为《连山易》《鲁史记》等，然后录上送官取赏而去。②

公元 589 年，隋灭陈，统一了中国。隋灭陈后接收了陈朝所藏的大批图书，但这些图书"多太建（太建，陈朝年号，569—582 年）时书，纸墨不

---

① （唐）魏徵等：《隋书·牛弘传》。
② （唐）魏徵等：《隋书·刘炫传》。

精，书亦拙恶"①，于是召天下工书之士在秘书监内补续残缺，并抄出正副两本藏于宫中，其余置于秘书省之内、外二阁，总数达三万卷。

公元 605 年，杨广即帝位，是为炀帝。炀帝本人喜好图书，因此在其统治时期，图书事业也曾辉煌一时。

> 初，西京嘉则殿有书三十七万卷，帝命秘书监柳顾言等诠次，除其复重猥杂，得正御本三万七千余卷，纳于东都修文殿。又写五十副本，分为三品：上品红琉璃轴，中品绀琉璃轴，下品漆轴。于东都观文殿东西厢构屋以贮之。东屋藏甲、乙，西屋藏丙、丁。又聚魏以来古迹名画，于殿后起二台：东曰妙楷台，藏古迹；西曰宝台，藏古画。又于内道场集道、佛经，别撰目录。其正御书，皆装翦华净，宝轴锦标，于观文殿前为书室十四间，窗户、床褥、厨幔，咸极珍丽。每三间开方户，垂锦幔，上有二飞仙，户外地中施机发。帝幸书室，有宫人执香炉前行，践机则飞仙下，收幔而上，户扉及厨扉皆自启。帝出，则复闭如故。②

隋代藏书三十七万卷，数量甚至超过了文化事业颇为繁荣的唐、宋二代，虽然有学者指出，隋代所藏三十七万卷书包括了复本，即便如此，中央聚书达三十七万卷之巨，在全靠手写人抄的时代，不能不说是一个奇迹。

有隋一代虽然积年不过四十，但也曾多次系统整理中央藏书。仅据《隋书·经籍志》《旧唐书·经籍志》《新唐书·艺文志》著录，隋代清点整理中央藏书后形成的官修目录就有《开皇四年四部目录》四卷（牛弘编）、《开皇八年四部书目录》四卷、《开皇二十年书目》（王劭编）和《隋大业正御书目录》九卷等四种。

隋末的战争，使图书事业再一次遭到破坏。唐武德五年（622 年）平郑后将缴获的图书运回京师，但运载图书的船只在行经黄河砥柱时沉没，损失巨大：

---

① （唐）魏徵等：《隋书·经籍志》。
② （元）马端临：《文献通考》卷 174《经籍考·总序》。

　　大唐武德五年，克平伪郑，尽收其图书及古迹焉。命司农少卿宋遵贵载之以船，溯河西上，将致京师。行经底柱，多被漂没，其所存者，十不一二，其《目录》亦为所渐濡，时有残缺。[①]

此为中国古代图书"五厄"后之又一厄。

　　唐初，朝廷书残简缺，令狐德棻"奏请购募遗书，重加钱帛，增置楷书，令缮写。数年间，群书略备"[②]，"至贞观二年（628 年），秘书监魏徵以丧乱之后典章纷杂，奏引学者校定四部书。数年之间，秘府粲然毕备"[③]，又参照前人书目，编成《隋书·经籍志》（详后）。唐中宗时，"以经籍多缺，使天下搜括"[④]。唐睿宗时，"以经籍多缺，令京官有学行者，分行天下，搜检图籍"[⑤]。唐玄宗时，内库藏书因长期无专人董理，常以宫人权充，库书颇有残缺散乱，于是命人进行整理：

　　开元三年（715 年），左散骑常侍褚无量、马怀素侍宴，言及经籍。玄宗曰："内库皆是太宗、高宗先代旧书，常令宫人主掌，所有残缺，未遑补缉，篇卷错乱，难于检阅。卿试为朕整比之。"至七年，诏公卿士庶之家，所有异书，官借缮写。及四部书成，上令百官入乾元殿东廊观之，无不骇其广。[⑥]

《新唐书·艺文志》更详记其事：

　　玄宗命左散骑常侍、昭文馆学士马怀素为修图书使，与右散骑常侍、崇文馆学士褚无量整比。会幸东都，乃就乾元殿东序检校。无量建议：御书以宰相宋璟、苏颋同署，如贞观故事。又借民间异本传录。及

---

① （唐）魏徵等：《隋书·经籍志》。
② （后晋）刘昫等：《旧唐书·令狐德棻传》。
③ （宋）王溥：《唐会要·经籍》。
④ （后晋）刘昫等：《旧唐书·中宗本纪》。
⑤ （宋）王溥：《唐会要·经籍》。
⑥ （后晋）刘昫等：《旧唐书·经籍志上》。

还京师，迁书东宫丽正殿，置修书院于著作院。其后大明宫光顺门外、东都明福门外，皆创集贤书院，学士通籍出入。既而太府月给蜀郡麻纸五千番，季给上谷墨三百三十六丸，岁给河间、景城、清河、博平四郡兔千五百皮为笔材。两都各聚书四部，以甲、乙、丙、丁为次，列经、史、子、集四库。其本有正有副，轴带帙签皆异色以别之。

这次图书整理，编纂了《群书四录》。《群书四录》或称《群书四部录》，史载其编纂之大略云：

> 开元九年十一月十三日（丙辰），左常侍元行冲上《群书四录》二百卷（《旧纪》云"目录"），藏内府。凡二千六百五十五部、四万八千一百六十九卷，分为经、史、子、集四部。《序例》韦述撰。毋煚〔嫈〕又略为四十卷，为《古今书录》，奏上，赐银绢二百（《旧史志》载《书录序》：改旧传之失三百余条，加新书之目六千余卷。凡四录，四十五家，三千六十四部，五万一千八百五十二卷，为四十类，并有小序，词简事具）。①

《群书四录》卷帙达二百卷，远超《七略》《汉志》，是我国最早、篇幅最大的官修目录之一，著录图书达四万八千一百六十九卷，分类仍按魏徵等《隋书·经籍志》之法分为经、史、子、集四部。《群书四录》今已不存，编纂体例及分类方法略见于《旧唐书·经籍志》：

> 四部者，甲、乙、丙、丁之次也。
>
> 甲部为经，其类十二：一曰《易》，以纪阴阳变化。二曰《书》，以纪帝王遗范。三曰《诗》，以纪兴衰诵叹。四曰《礼》，以纪文物体制。五曰《乐》，以纪声容律度。六曰《春秋》，以纪行事褒贬。七曰《孝经》，以纪天经地义。八曰《论语》，以纪先圣微言。九曰图纬，以纪六经谶候。十曰经解，以纪六经谶候。十一曰诂训，以纪六经谶候。

---

① （宋）王应麟：《玉海》卷52引《会要》，日本京都中文出版社1977年刊合璧本。

十二曰小学，以纪字体声韵。

乙部为史，其类十有三：一曰正史，以纪纪传表志。二曰古史，以纪编年系事。三曰杂史，以纪异体杂纪。四曰霸史，以纪伪朝国史。五曰起居注，以纪人君言动。六曰旧事，以纪朝廷政令。七曰职官，以纪班序品秩。八曰仪注，以纪吉凶行事。九曰刑法，以纪律令格式。十曰杂传，以纪先圣人物。十一曰地理，以纪山川郡国。十二曰谱系，以纪世族继序。十三曰略录，以纪史策条目。

丙部为子，其类一十有四：一曰儒家，以纪仁义教化。二曰道家，以纪清净无为。三曰法家，以纪刑法典制。四曰名家，以纪循名责实。五曰墨家，以纪强本节用。六曰纵横家，以纪辩说诡诈。七曰杂家，以纪兼叙众说。八曰农家，以纪播植种艺。九曰小说家，以纪刍辞舆诵。十曰兵法，以纪权谋制度。十一曰天文，以纪星辰象纬。十二曰历数，以纪推步气朔。十三曰五行，以纪卜筮占候。十四曰医方，以纪药饵针灸。

丁部为集，其类有三：一曰楚词，以纪骚人怨刺。二曰别集，以纪词赋杂论。三曰总集，以纪文章事类。

煚等撰集，依班固《艺文志》体例，诸书随部皆有小序，发明其指。

曾参与修纂的毋煚因《群书四录》篇幅太大，遂在其基础上加以简化并增补了后来新增的图书，编成《古今书录》四十卷。

《古今书录》著录图书经录十二家、五百七十五部、六千二百四十一卷，史录十三家、八百四十部、一万七千九百四十六卷，子录十七家、七百五十三部、一万五千六百三十七卷，集录三家、八百九十二部、一万二千零二十八卷。此外，还有"释氏经律论疏，道家经戒符箓，凡二千五百余部，九千五百余卷"。①

唐玄宗开元、天宝时，国力达到极盛，中央藏书也达到了顶点。史载唐玄宗开元十九年（731 年）集贤院四库图书的总数为八万九千卷，其中经库

---

① （后晋）刘昫等：《旧唐书·经籍志上》。

图书为一万三千七百五十二卷，史库图书为二万六千八百二十卷，子库图书为二万一千五百四十八卷，集库图书为一万七千九百六十卷，此外还有一些梁、陈、齐、周及隋代古书。"天宝三载（744 年）六月，四库更造见在库书目：经库七千七百七十六卷，史库一万四千八百五十九卷，子库一万六千二百八十七卷，集库一万五千七百二十卷。从三载至十四载，库续写又一万六千八百四十三卷。"①

　　天宝末年，"安史之乱"作，唐玄宗仓皇出逃，中国再陷于战乱之中，中央藏书受到很大的损失。乱平之后，虽经搜访添写，藏书稍复旧貌，但不久又遭"黄巢之乱"，于是中央藏书再遭劫难。"及广明初，黄巢干纪，再陷两京，宫庙寺署，焚荡殆尽，曩时遗籍，尺简无存。及行在朝诸儒购辑，所传无几。"② 图书事业再遭劫难。

　　从"安史之乱"到"黄巢之乱"，其间虽然战乱频仍，但一旦局势稍定，唐代诸帝即令搜访整理图书。"禄山之乱，两都覆没，乾元旧籍，亡散殆尽。肃宗、代宗崇重儒术，屡诏购募。文宗时，郑覃侍讲禁中，以经籍道丧，屡以为言。诏令秘阁搜访遗文，日令添写。开成初，四部书至五万六千四百七十六卷。"③

　　唐代是一个文人辈出的时代，私人藏书也在这种浓厚的文化氛围中得到了发展，不仅藏书的数量较大，而且藏书的管理也逐渐规整有序。著名学者吴竞藏书一万三千四百六十八卷，他将藏书分为五十七类，编为《吴氏西斋书目》。《吴氏西斋书目》是中国已知最早的私家藏书目录，在图书分类体系上也有一些自己的特色，如创设了"文史"一类，虽与当时官修书目分类不同，但对后世颇有影响，此后许多著名的图书目录如宋代的《崇文总目》《文献通考》等均依此例设立了"文史"类。著名学者、政治家李泌家藏图书丰富，号称"书城"，其藏书三万轴，皆悬牙签，不仅整理有序，而且插架陈列也极为讲究。唐德宗时苏弁"聚书至二万卷，皆手自刊校"，仅"次于集贤秘阁"④。宪宗时柳公绰家藏书万卷，"经史子集皆有三本。一

① （宋）王溥：《唐会要·经籍》。
② （后晋）刘昫等：《旧唐书·经籍志上》。
③ （后晋）刘昫等：《旧唐书·经籍志上》。
④ （后晋）刘昫等：《旧唐书·苏冕传》。

本尤华丽者镇库，又一本次者长行披览，又一本又次者后生子弟为业。皆有厨格部分，不相参错"①。

唐代私人藏书家增多，主要原因是唐代已经出现了规模化、商品化的图书交易市场。唐代吕温贞元十四年（798 年）《上官昭容书楼歌》序云："友人崔仁亮于东都买得《研神记》一卷，有昭容列名书缝处，因用感叹而作是歌。"其诗云：

> 汉家婕妤唐昭容，工诗能赋千载同。
> 自言才艺是天真，不服丈夫胜妇人。
> 歌阑舞罢闲无事，纵恣优游弄文字。
> 玉楼宝架中天居，缄奇秘异万卷余。
> 水精编帙绿钿轴，云母搥纸黄金书。
> ……
> 君不见洛阳南市卖书肆，有人买得《研神记》。
> 纸上香多蠹不成，昭容题处犹分明，令人惆怅难为情。②

诗中提到的藏书楼、书籍的装帧都极讲究，其情形与李泌藏书相类。诗中还特别提到"洛阳南市卖书肆"，可知当时在洛阳的南市有集中售卖图书的店铺。刘禹锡诗《酬令狐相公早秋见寄》③ 中也有"军士游书肆，商人占酒楼"之句。皮日休有诗云："阅彼图籍肆，致之千百编。携将入苏岭，不就无出缘。"由此可见唐时书市规模之大，入市即可致图籍"千百编"④。白居易诗深得世人喜爱，每出新诗，则被书商雕版刻印"炫卖于市井"⑤。书肆应为书铺集中之地，而书店则通名书铺，张籍诗《送杨少尹赴凤翔》云："诗名往日动长安，首首人家卷里看。西学已行秦博士，南宫新拜汉郎官。

---

① （宋）钱易：《南部新书》丁，黄寿成点校，中华书局 2002 年版。
② （清）彭定求等编《全唐诗》卷 371，中华书局 1960 年标点本。
③ （清）彭定求等编《全唐诗》卷 358。
④ （清）彭定求等编《全唐诗》卷 609。
⑤ （唐）元稹：《元氏长庆集》卷 51。

得钱只了还书铺，借宅常时事药栏。今去岐州生计薄，移居偏近陇头寒。"①
至于抄写佛经售卖，情况可能更为普遍，唐玄宗曾下《禁坊市铸佛写经
诏》："……闻坊巷之内，开铺写经，公然铸佛，口食酒肉，手漫膻腥，尊
敬之道既亏，慢狎之心斯起。……自今已后，禁坊市等不得辄更铸造佛写经
为业。"② 虽然禁止以写经为业，但事实上整个唐代以写经为业者甚众，数
量庞大的敦煌遗书，大部分出自这种专以写经为业之人。日本遣唐使、遣唐
僧、留学生、留学僧来华，归国时都要带走大量四部图书和佛经，也主要是
采购书坊售卖之书。唐代图书交易已经十分兴盛，不少地方都有专门卖书的
书市、书铺。由于抄书甚至印书的专业化、商品化，一般人得书较易，因
此，从唐代以后，私人藏书家逐渐增多。

唐代之后的五代是一个分裂割据的时代，中原有后梁、后唐、后晋、后
汉与后周五个王朝先后更迭，中原之外，则有占据南方的吴、南唐、吴越、
闽、南汉、楚、南平（荆南）、前蜀、后蜀和占据山西部分地区的北汉等十
个割据政权并立，各国国力虽不及盛唐，但对文化及图书的重视与唐代相比
却不遑多让。《五代会要》载：

> 后唐同光二年（924 年）四月，史馆司四库书，自广明年（指黄巢
> 之乱）后散失，伏乞许人进纳，仍中书门下降敕条件。敕："进书官纳
> 到四百卷已下，皆成部帙，不是重叠，及纸墨书写精细，已在选门未合
> 格人，每一百卷与减一选；无选减者，注官日优与处分。无官者，纳书
> 及三百卷，特授试衔。"③

意即捐献图书四百卷以下且完整、不重复并书写精细者，在考试、考核时视
情况给予优待，无官的捐书三百卷，也授予虚衔以资鼓励。

> （后唐）应顺元年正月敕："今后三馆所阙书，并访本添写，其进
> 书官权宜停罢。"

---

① （清）彭定求等编《全唐诗》卷 385。
② （清）董诰等编《全唐文》卷 26，清嘉庆内府刻本。
③ （宋）王溥：《五代会要》卷 18《史馆杂录》，上海古籍出版社 1978 年整理点校本。

……

（后周显德）二年十二月诏曰："史馆所少书籍，宜令本馆诸处求访补填。如有收藏书籍之家，并许进纳。其进书人据部帙多少等第，各与恩泽；如卷帙少者，量给资帛。如馆内已有之书，不在进纳之限。仍委中书门下于朝官中选差三十人，据见在书各求真本校勘，刊正舛误，仍于逐卷后署校勘官姓名，宜令馆司逐月具功课，申中书门下。"[1]

《文献通考》亦载：

（后唐）天成中，遣都官郎中庾傅美访图书于蜀，得《九朝实录》及杂书千余卷而已。明宗长兴三年初令国子监校定九经，雕印卖之。

后汉乾祐中，礼部郎司徒调请开献书之路：凡儒学之士、衣冠旧族，有以三馆亡书来上者，计其卷帙，赐之金帛，数多者授以官秩。时戎虏猾夏之后，官族转徙，书籍罕存。诏下，鲜有应者。

周世宗以史馆书籍尚少，锐意求访。凡献书者，悉加优赐，以诱致之。而民间之书，传写舛误，乃选常参官三十人校雠刊正，令于卷末署其名衔焉。自诸国分据，皆聚典籍，惟吴、蜀为多，而江左颇为精真，亦多修述。"[2]

虽然大力搜求，但各国藏书有限。宋太祖"建隆初，三馆有书万二千八卷。乾德元年，平荆南，尽收其图书，以实三馆。三年，平蜀，遣右拾遗孙逢吉往收其图籍，凡得书万三千卷"[3]，这大概就是五代各国官藏文献之数。

五代时有不少著名的私人藏书家，如罗绍威"好招延文士，聚书万卷，开学馆，置书楼，每歌酒宴会，与宾佐赋诗，颇有情致"[4]。孙隲"雅好聚书，有《六经》、汉史泊百家之言，凡数千卷，皆简翰精至，披勘详定，得

---

① （宋）王溥：《五代会要》卷18《史馆杂录》。
② （元）马端临：《文献通考》卷174《经籍考·总序》。
③ （元）马端临：《文献通考》卷174《经籍考·总序》。
④ （宋）薛居正等：《旧五代史·罗绍威传》。

暇即朝夕耽玩，曾无少怠"①。王都"好聚图书，自常山始破，梁国初平，令人广将金帛收市，以得为务，不责贵贱，书至三万卷"②。杨彦询"有书万卷"③。著名词人和凝"有集百卷，自篆于板，模印数百帙，分惠于人焉"④。和凝刻书，也是雕版印刷史上一件经常为学者提及的事例。

二 《隋书·经籍志》的编纂及其影响

唐代初年由魏徵主持的图书整理工作，是中国古代文献整理史上继刘向、刘歆父子之后的又一值得特别关注的事件，其标志性成果就是《隋书·经籍志》。

唐太宗贞观三年（629年），诏令魏徵等纂修梁、陈、北齐、北周、隋五代史，至贞观十年，五代史修成，但五代史志仍未完稿。贞观十五年，又诏于志宁、李淳风、李延寿等续修《五代史志》。十五年后，《五代史志》修成，由长孙无忌进呈御览。最初《五代史志》为单行本，后并入《隋书》。今本《隋书·经籍志》题长孙无忌等撰，但宋本《隋书》有宋天圣中（1023—1031年）旧跋，谓旧本《经籍志》题魏徵撰，由此可知《隋书·经籍志》的作者实为魏徵。

《隋书·经籍志》记其编纂的由来说：武德五年宋遵贵押运的图书在黄河之砥柱被漂没时，其目录也被水浸湿，并有残缺，于是"今考见存，分为四部，合条为一万四千四百六十六部，有八万九千六百六十六卷。其旧录所取，文义浅俗、无益教理者，并删去之。其旧录所遗，辞义可采，有所弘益者，咸附入之。远览马《史》、班《书》，近观王、阮《志》《录》，挹其风流体制，削其浮杂鄙俚，离其疏远，合其近密，约文绪义，凡五十五篇，各列本条之下，以备《经籍志》"。由此可见，《隋书·经籍志》是在《隋大业正御书目》的基础上，参照其他书目及作者亲见之书编纂而成的，还著录了不少已经亡佚了的图书，以备后人寻览，因此，《隋书·经籍志》虽与中央藏书的整理有关，但并非完全是唐中央政府的藏书目录，而是参合众目

---

① （宋）薛居正等：《旧五代史·孙隲传》。
② （宋）薛居正等：《旧五代史·王都传》。
③ （宋）薛居正等：《旧五代史·杨彦询传》。
④ （宋）薛居正等：《旧五代史·和凝传》。

形成的一部古今知见书目。

《隋书·经籍志》同《七略》《汉书·艺文志》《七录》及后来的《四库全书总目》一样，代表了当时图书整理与研究的最高成就，不仅可以据以研究隋代及唐代初年以前中国图书的基本情况，而且对于中国图书史也有着特殊的意义。

《隋书·经籍志》按经、史、子、集四部分类，其具体类目及著录图书的品种、卷数如下：

六艺（即后世之经部）

易　六十九部五百五十一卷（通计亡书，合九十四部八百二十九卷）

书　三十二部二百四十七卷（通计亡书，合四十一部二百九十六卷）

诗　三十九部四百四十二卷（通计亡书，合七十六部六百八十三卷）

礼　一百三十六部一千六百二十二卷（通计亡书，合二百一十一部二千一百八十六卷）

乐　四十二部一百四十二卷（通计亡书，合四十六部二百六十三卷）

春秋　九十七部九百八十三卷（通计亡书，合一百三十部一千一百九十二卷）

孝经　十八部六十三卷（通计亡书，合五十九部一百一十四卷）

论语（附尔雅、五经总义）　七十三部七百八十一卷（通计亡书，合一百一十六部一千二十七卷）

谶纬　十三部九十二卷（通计亡书，合三十二部二百三十二卷）

小学　一百八部四百四十七卷（通计亡书，合一百三十五部五百六十九卷）

以上共六百二十七部五千三百七十一卷（通计亡书，合九百五十部七千二百九十卷）

史部

正史　六十七部三千八十三卷（通计亡书，合八十部四千三十卷）

古史　三十四部六百六十六卷

杂史　七十二部九百一十七卷（通计亡书，合七十三部九百三十九卷）

霸史　二十七部三百三十五卷（通计亡书，合三十三部三百四十六卷）

起居注　四十四部一千一百八十九卷

旧事　二十五部四百四卷

职官　二十七部三百三十六卷（通计亡书，合三十六部四百三十三卷）

仪注　五十九部二千二十九卷（通计亡书，合六十九部三千九十四卷）

刑法　三十五部七百一十二卷（通计亡书，合三十八部七百二十六卷）

杂传　二百一十七部一千二百八十六卷（通计亡书，合二百一十九部一千五百三卷）

地理　一百三十九部一千四百三十二卷（通计亡书，合一百四十部一千四百三十四卷）

谱系　四十一部三百六十卷（通计亡书，合五十三部一千二百八十卷）

簿录　三十部二百一十四卷

以上共八百一十七部一万三千二百六十四卷（通计亡书，合八百七十四部，一万六千五百五十八卷）

子部

儒家　六十二部五百三十卷（通计亡书，合六十七部六百九卷）

道家　七十八部五百二十五卷

法家　六部七十二卷

名家　四部七卷

墨家　三部十七卷

从横家　二部六卷

杂家　九十七部二千七百二十卷

农家　五部一十九卷

小说家　二十五部一百五十五卷

兵家　一百三十三部五百一十二卷

天文　九十七部六百七十五卷

历数　一百部二百六十三卷

五行　二百七十二部一千二十二卷

医方　二百五十六部四千五百一十卷

以上共计八百五十三部六千四百三十七卷

集部

楚辞　十部二十九卷（通计亡书，合十一部四十卷）

别集　四百三十七部四千三百八十一卷（通计亡书，合八百八十六部八千一百二十六卷）

总集　一百七部二千二百一十三卷（通计亡书，合二百四十九部五千二百二十四卷）

以上共计五百五十四部六千六百二十二卷（通计亡书，合一千一百四十六部一万三千三百九十卷）

四部经传三千一百二十七部三万六千七百八卷（通计亡书，合四千一百九十一部四万九千四百六十七卷）

道经

经戒　三百一部九百八卷

饵服　四十六部一百六十七卷

房中　十三部三十八卷

符箓　十七部一百三卷

以上共计三百七十七部一千二百一十六卷

佛经

大乘经　六百一十七部二千七十六卷（经：五百五十八部一千六百九十七卷；疏：五十九部三百七十九卷）

小乘经　四百八十七部八百五十二卷

　　　　杂经　三百八十部七百一十六卷

　　　　杂疑经　一百七十二部三百三十六卷

　　　　大乘律　五十二部九十一卷

　　　　小乘律　八十部四百七十二卷（律：七十七部四百九十卷；讲疏：二部二十三卷）

　　　　杂律　二十七部四十六卷

　　　　大乘论　三十五部一百四十一卷（论：三十部九十四卷；疏：十五部四十七卷）

　　　　小乘论　四十一部五百六十七卷（论：二十一部四百九十一卷；讲疏：十部七十六卷）

　　　　杂论　五十一部四百三十七卷（论：三十二部二百九十九卷；讲疏：九部一百三十八卷）

　　　　记　二十部四百六十四卷

　　　　以上共计一千九百五十部六千一百九十八卷

　　"大凡经传存亡及道、佛，六千五百二十部，五万六千八百八十一卷。"①

　　与以往的图书目录不同，《隋书·经籍志》除著录了一些已经亡佚或者残缺而颇有价值的图书外，在著录方式上，还对一些只见其名而难知其内容的图书加以简单说明，或注明该书的不同版本，如史部杂史类《洞纪》四卷下注："韦昭撰，记庖牺已来，至汉建安二十七年。"《周载》八卷下注："东晋临贺太守孟仪撰，略记前代，下至秦。本三十卷，今亡。"集部别集类《葛龚集》六卷下注："梁五卷，一本七卷。"通过这些简单的注文，我们不仅可以知道这些图书的大致内容，也可以了解它们流传、卷帙的分合情形，在文献学上具有很大价值。

　　作为一部图书目录，《隋书·经籍志》的最大贡献还是它的分类体系。《隋书·经籍志》是在总结了《七略》《七录》以及《中经新簿》等不同的图书分类方法的优点后采用的一种较之以前图书分类方法更为合理、科学的分类方法，并在各类图书之前附有序录，对该类图书做了较为完整而科学的

―――――――――

　　①　按：以上据原书录出，数字多有讹误，总数与分列数多不能相合。

界定，从而奠定了四部分类法的科学基础。

当然，《隋书·经籍志》也并非没有缺点，由于编者抄录前代目录时没有认真复核，有个别图书的著录前后矛盾和重复，如经部易类注录《周易马郑二王四家集解》十卷，又于《周易杨氏集二王注》五卷下注："梁有《集马郑二王解》十卷，亡。"京相璠撰《春秋土地名》三卷一见于经部春秋类，一见于史部地理类。各部的类分也存在一些问题。姚振宗评论说：

> 四部之中，经部根据《七录》，大纯小疵；史部前九篇著录无多，有条不紊；杂传、地理两篇为陆澄、任昉两书所淆夺，编次无法，殊失体裁；子部五行及医家之后，半篇收载最多，紊如乱丝。此四篇为全书之疵累。集部别集一类，有时代可循，易于部署。总集一类，则各按文体，排比本易，故节次而下，亦有条理。统观，大致经、集两部为优，史、子两部瑕不掩瑜。……①

姚氏的评论是非常中肯的。

唐代除了《隋书·经籍志》这种综合性目录外，还产生了一些重要的专科目录，其中释智昇的《开元释教录》就是关于佛教经典最重要的专科目录。

自佛教传入中土并自东汉永平年间开始翻译佛经以来，曾产生过许多佛经目录，包括晋道安的《综理众经目录》、南朝梁僧祐的《出三藏记集》、隋法经等的《众经录目》、隋费长房的《历代三宝记》和唐释道宣的《大唐内典录》等，而影响最大的则当推释智昇的《开元释教录》。《开元释教录》凡二十卷，唐开元十八年（730年）成书，分前后两编，上部称《总括群经录》，主要参考《历代三宝记》与《大唐内典录》，依序述自东汉明帝永平十年至唐开元十八年六百六十四年间一百七十余名译经僧所译大小乘经律论二千二百七十八部、七千零四十六卷，包括译经异名、略名、卷数、存佚情况、原著者、翻译年代、场所等；下部则为分类整理目录。梁启超先生曾评价说："《开元录》将大小乘经论更加解剖，此应于时势要求，自然之运也。

---

① （清）姚振宗：《隋书经籍志考证·后序》，开明书店1936年《师石山房丛书》排印本。

其分类以大乘论分释经、集义两门为最合论理，盖纯依原书性质为分也。自余大乘经之分五部，而五部外单译本别自为类，小乘经分四含，而四含外单译本别自为类，此皆因部帙繁简，姑为此画分以便省览，在学理上非有绝对正确根据，但就目录学的立场言之，则取便查检，亦正是此学中一重要条件，智昇创此，其功自不可没，而后此制录者亦竟罕能出其范围也。""《开元录》一书，踵《内典录》之成规，而组织更加绵密，资料更加充实，在斯学中，兹为极轨。"[①]

第三节　敦煌遗书

一　敦煌遗书的历史

魏晋以后，纸写本图书逐渐取代了简牍帛书，至南北朝、隋唐时，纸写本图书进入了鼎盛时期。由于年代久远，许多纸写本图书都毁于各种天灾人祸，传世的隋唐时代以前纸写本图书已稀如星凤。二十世纪初，由于甘肃敦煌石室遗书被发现，人们终于对唐宋以前纸写本图书的情况有了比较系统的认识。敦煌石室遗书被发现，也向学者们提供了大量极为宝贵的从公元五六世纪到十一世纪之间有关社会、政治、经济、文化、宗教等方面的第一手资料。敦煌石室遗书与甲骨文一起，是二十世纪以来古代文献的两次最重大的发现。

敦煌，汉代河西四郡之一，唐称瓜州、沙州，地处古代中国通往西域的交通要道，为中外文化的交汇点。自前秦起，便有佛教僧侣在敦煌鸣沙山崖上开凿洞窟，雕、画佛像。至唐时，此处已有佛窟千余个。被法国人伯希和窃走的编号为"伯370"号的卷子中有一篇详细介绍莫高窟开创情况的文字：

> 右在州东南二十五里三危山上。秦建元中[②]，有沙门乐僔，仗锡西

---

① 梁启超：《佛家经录在中国目录学之位置》，见《梁启超全集》，北京出版社1999年版，第3881—3882页。

② 据后文，此年应为秦建元元年的前一年即公元364年。

游至此，遥礼其山，见金光如千佛之状，遂架空镌岩，大造龛像。次有法良禅师东来，多诸神异，复于傅师龛侧，又造一龛。伽蓝之建，肇于二僧。晋司空索靖题壁号仙岩寺。自兹以后，镌造不绝，可有五百余龛。又至延载二年，禅师灵隐共居士阴祖等造北大像，高一百四十尺。又开元年中，僧处谚与乡人马思忠等造南大像，高一百二十尺。开皇年中，僧善喜造讲堂。从初□窟至大历三年戊申，即四百四年。又至今大唐庚午（庚午疑为庚辰之误），即四百九十六年。时咸通六年正月十五日记。[①]

由于世事变迁，莫高窟曾数度为佛教僧侣和道士轮流占住。到北宋年间，西北游牧民族党项人在河西一带建立了西夏王朝。《宋史·夏国列传上》记：景祐二年（当西夏广运二年，即 1035 年），夏人"取瓜、沙、肃三州"。为了躲避战乱，当时住在莫高窟的僧侣匆匆逃离，行前将大批经卷、文书等物秘密藏在一个石窟的复室里。后来战事虽然平息，但过往客商仍日渐稀少，敦煌亦随之被冷落，逃难的僧人再也没回来，藏在石室中的经卷文书也就无人知晓了。

1879 年，匈牙利地质学家洛克齐（Lajos De Loczy, 1849 – 1920）教授随塞切尼伯爵（Grof Szechenyi Bela, 1873 – 1918，今匈牙利国家图书馆即以他的名字命名）的远征队在考察地质时首先来到敦煌，他返回欧洲后，对敦煌千佛洞的壁画和塑像大加赞赏，引起了他的朋友、英国考古学家、地理学家和探险家斯坦因（Marc Aurel Stein, 1862 – 1943）的兴趣。

十九世纪末，一个名叫王圆箓的游方道士来到莫高窟，并在此住了下来。1900 年 6 月 22 日，他在清扫洞窟中积沙时无意发现了石室遗书。当时王道士就将一些经卷携出送人，至迟到 1902 年，敦煌县令汪宗翰就曾经将石室中出土的五卷佛经写本和二轴画像送给甘肃学政、著名的金石学及版本学家叶昌炽，叶氏因此得知敦煌千佛洞石室发现了大量的古代写本，只是当时未能引起他的重视，他后来对此深感遗憾。

1907 年，斯坦因来到千佛洞，他利用金钱从王道士手中骗得二十四箱

---

① 王重民：《莫高窟记（敦煌史料之一）》，《历史研究》1954 年第 2 期，第 136 页。

写本图书和五箱精美的艺术品。1914 年，斯坦因第二次来到千佛洞，又从王道士手中骗得五大箱共六百多卷佛经写本。斯坦因骗走文献按编号共计六千九百八十件。

1908 年法国汉学家伯希和（Paul Pelliot，1878－1945）来到千佛洞，他采用与斯坦因相似的欺骗手法，从王道士手中骗得大量的写本、印本和艺术品。由于伯希和本人是颇有造诣的汉学家，他所得的敦煌遗物都经过认真挑选，如凡记有抄写时代的写本，汉文以外其他文字的写本，佛经以外的写本、刻本都是他搜寻的重点，因此他所得的敦煌遗物具有极高的学术价值。此外，日本的大谷光瑞（おおたに こうずい，1876—1948）及其考察团、美国的华尔纳（Landon Warner，1881－1955）等也都先后赶到此地，从王道士手中骗、盗走了大批经卷、文书、艺术品甚至石窟里的壁画。此外，一些中国的贪官污吏也上下其手、巧取豪夺，盗取了部分文物图书。

1909 年 8 月，伯希和将所得敦煌遗书带到北京并办了一个小型展览，中国著名学者罗振玉等人始得知敦煌有古代遗书出土并仍有部分留存于敦煌莫高窟，于是以清学部名义急电陕甘总督，令将劫余部分全部解运教育部。在解运之前，王道士又私藏、转运了不少文献，以致 1914 年斯坦因第二次到敦煌时又从他手中得到了不少；在运送过程中，敦煌劫余文献又被沿途官员窃取不少；1910 年这批文献运到北京，又被李盛铎、刘廷琛等官员窃取一些。最后拨交到京师图书馆（今中国国家图书馆）的文献，共计十八箱。

敦煌石室遗书绝大部分是写本图书，也有少量印本。在写本文献中，已知有明确抄写年代的最早文献是日本中村不折所藏前秦甘露元年（359 年）的《譬喻经》。在印本文献中，有明确刻印年代的最早文献是唐咸通九年（868 年）四月十五日王玠施财印造的《金刚经》，另外还有后晋开运四年（947 年）雕印的观世音菩萨像，其上题归义军节度使、瓜沙等州观察使"曹元忠雕此印板，奉为城隍泰安，阖郡康宁"，并署"匠人雷延美"，这是现存最早的由官府主持雕刻的印本实物，雷延美是已知的中国古代最早的刻工。除写本、印本之外，还有一些拓本，如题有"永徽三年（652 年）八月五日围谷府果毅儿"字样的《温泉铭》。

敦煌石室遗书所用的材料有纸、绢等，纸本多数经过染黄，绢本以黄绢居多。遗书的装订形式以卷轴装为主，也有经折装、蝴蝶装等形式。

二　敦煌遗书的内容

敦煌石室遗书在发现时并无数量统计，所以总数究竟有多少到现在还没有弄清，存世部分大约超过一半现藏国外，主要收藏在英国、法国、印度、俄罗斯、日本等国，加上国内公私所藏，大约有五万八千件①。国内部分，以中国国家图书馆收藏最多，有一万六千余号，另有残片若干。其他图书馆、博物馆等也多有收藏。敦煌石室遗书的文种包括汉、粟特、藏、梵、于阗、回鹘文等，内容包括宗教、经史子集四部图书和文书帐册三大类。

敦煌石室遗书的宗教文献主要是佛教、道教、景教及摩尼教的经典。

（一）佛教文献

在敦煌石室遗书中，佛教文献占绝大多数，包括一部分今天已经失传的著作。在这些佛教文献中，数量最多的是隋唐时代最为流行的五部大经，即《大般若波罗蜜多经》《金刚般若波罗蜜经》《金光明最胜王经》《妙法莲华经》《维摩诘经》。敦煌佛教文献所用纸墨及抄写的整体情况，王重民先生曾做过介绍：

> 　　大约说来，北魏到隋代的一段，纸幅较低，纸色垩白，不用潢染，笔迹犹是隶体，每行多在二十字以上，三十字上下的很普通。隋唐时代（隋代到天宝以前），纸幅与前一时期差不多，但绝大多数是经过潢染，而且捶捣得很光滑，笔迹整齐，逐渐失去隶体而成为楷体字。每行都在二十字上下，超过二十字的不很多。从吐蕃统治时代一直到宋代初期，纸幅逐渐变高了，也很少潢染，以至后来几年，没有潢染了，纸面也粗糙了。字迹端正的不多，不但书法很恶劣，也很草率，特别是佛经的注解，字体更是潦草。②

①　关于敦煌文献的收藏情况，可参考王素、李方《略谈敦煌文献的收藏》，《中国史研究动态》2005 年第 9 期，第 10—18 页。

②　方广锠：《敦煌遗书整理的回顾与展望》，《文汇报》2012 年 2 月 13 日，第 00C 版。

敦煌出土的佛教经典虽然多数都很常见，但对于文字比勘等，仍有研究价值，尤其是一些抄本所用的底本较好，并且抄录过后经过认真校对，对于学术研究仍有很大的参考价值；一些曾经失传的文献就更为珍贵，例如佛教的一个重要支派——三阶教，自隋代创立后，唐代屡遭禁止，唐代以后即湮灭无闻，其文献除日本个别古寺尚有少量收藏以及国内零星石刻外，大多失传，但在敦煌遗书中，却保存了相当数量的三阶教文献，二十世纪以后，受到日本学者、中国学者的重视。[①] 佛学家李翔灼先生曾经从敦煌遗书中选出了一百五十九种古逸经，编成《敦煌石室经卷中未入藏经论著述目录》，后来日本人根据这一目录修订补充，校订出一百八十八种古逸经，编入《大正新修大藏经》。因此，敦煌遗书对于佛学研究具有特殊的意义。此外，还有不少经卷详载了经卷抄录、校勘、管理以及供养人的情况，对于研究社会史、宗教史等都有意义。

（二）道教文献

道教经典在石室遗书中数量仅次于佛教经典，现已发现的道教文献共有一百多种五百余件，根据有纪年的道书题记，大致为公元六世纪中叶至八世纪中叶抄本[②]，有一些早已失传的重要著作，如唐玄宗撰《道德真经疏》残卷、《老子道德经想尔注》残卷、《老子化胡经》等。《老子道德经想尔注》是研究早期道教的重要资料，而《老子化胡经》据说为西晋道士王浮著，它根据《后汉书·襄楷传》中有"或言老子入夷狄为浮屠"一语演绎为老子西游天竺教化胡人、释迦牟尼即老子化身的故事，借此提高道教地位、贬斥佛教，反映了当时佛、道二教互相争斗的情况。此书元代被禁，以后便亡佚了。

（三）其他宗教文献

景教是唐代对传入中国的基督教聂斯脱利派的称呼。石室遗书中的景教经典有《景教三威蒙度赞》，其后还附有《景教译经目录》，共著录三十余种景教经典，对于研究古代基督教在中国的传播极有价值。

摩尼教是古波斯人吸收了若干种宗教而创立的一种宗教，七世纪传入中

---

① 参见张总《中国三阶教史》，社会科学文献出版社 2013 年版。

② 李德范：《敦煌道藏·敦煌道藏影印前言》。

国，又称明教、明尼教等，其经典在敦煌石室遗书中有所发现，已刊于《敦煌石室遗书》中。

（四）四部图书

敦煌文献中宗教文献之外的四部图书虽然数量有限，但有很高的学术价值。

经部图书：石室遗书中有相当数量的儒家经典，如《易》《诗》《书》《仪礼》《左传》《榖梁传》《孝经》《论语》《尔雅》等，还有陆德明《经典释文》残卷、陆法言《切韵》残卷等，对于文献校勘有一定的参考价值。其他具有较大学术价值的还有《汉藏文字典》和藏文注音《千字文》等。

史部图书：石室遗书中发现了不少世无传本的著作，较为重要的有蔡谟《汉书注》《水部式》《部颁刑部格》《贞元十道录》《诸州山河地名要略》以及有关西北包括敦煌地区的地方史文献如《沙州图经》《西州图经》和后晋天福七年（942年）的《寿昌县地境》等。在史部图书中，敦煌遗书填补了一些传世文献的空缺，有很高的史料价值。如新旧《五代史·吐蕃传》曾记："沙州，梁开平中有节度使张奉自号金山白衣天子。"关于金山国事，在中国古代传统载籍中仅有这二十字的记载，而在敦煌遗书中，却有较多的文献记述了金山国事，如伯希和所得敦煌遗书中即有《金山国白衣天子敕》《白雀歌》《龙泉神剑歌》《沙州百姓上回鹘天可汗书》《曹义金上回鹘众宰相状》及其他杂文、诗歌，王重民先生曾据上述敦煌文献作《金山国坠事零拾》，其后又有许多学者对此进行了研究，于是金山国事逐渐明了了。

子部图书：在子部著作中，以医学、历算等有关自然科学方面的著作最为重要。在医学著作方面，重要的有陶弘景的《本草集注序录》《新修本草》《新集备急灸经》等，后者还题有"京中李家于东市印"等字样，一些学者已指出其原本可能是我国已知最早的刻本医书。在历算方面，重要的有《大唐同光四年具注历》《算经》《算书》等。石室遗书中还有一些类书，其中一部据信为《修文殿御览》的残卷是我国现存最早的类书。

集部图书：在集部图书中，最有特色的是一些通俗文学著作，如通俗诗歌辞赋、变文等。在通俗诗歌中，最著名的有早已失传的隋唐之间通俗诗作者王梵志的诗集。其他较著名的还有《维摩诘经变文》《伍子胥变文》《捉季布传文》《孟姜女变文》《王昭君变文》《董永变文》《张义潮变文》等。

另外，石室遗书中还有一些唐人诗文集，如唐懿宗时宰相刘邺的《甘棠集》和现存最长的唐诗——韦庄的佚诗《秦妇吟》。

除了上述传统的四部图书之外，还有不少"杂书"，甚至包括二十多种儿童识字书、课本，对于研究敦煌当时的社会、文化有着重要的参考价值。

（五）文书帐册

敦煌石室遗书中还有各种契约、帐册、牒文、诉状、书信、日记等，其内容涉及当时的社会、政治、经济、法律、军事等各个方面，对于研究古代历史具有极其重要的意义。

第四节　雕版印刷术的发明与应用

印刷术是一种用直接或间接的方式对文献内容进行复制的技术，它能够大量、经济地复制文献内容，从而使其能够得到广泛传播。

在中国古代文明史乃至世界文明史上，印刷术的发明是一个划时代的事件，其意义不仅仅在于一种新的图书复制技术的发明，更在于其改变了文化的传播模式，极大地推动了社会的进步。美国学者卡特指出："欧洲文艺复兴初期四种伟大发明的传入流播，对现代世界的形成，曾起重大的作用。造纸和印刷术，替宗教改革开了先路，并使推广民众教育成为可能。火药的发明，削除了封建制度，创立了国民军制。指南针的发明，导致发现美洲，因而使全世界而不再是欧洲成为历史的舞台。这四种以及其他的发明，中国人都居重要的地位。"[1] 英国学者李约瑟指出："要是没有这种贡献，就不可能有我们西方文明的整个发展历程。因为如果没有火药、纸、印刷术和磁针，欧洲封建主义的消失就是一件难以想象的事。"[2] 因此，在现代几乎所有研究中国图书史的著作中，雕版印刷术的起源都是一个备受关注的问题。[3]

---

① 〔美〕卡特：《中国印刷术的发明和它的西传·序论》，吴泽炎译，商务印书馆1957年版。

② 〔英〕李约瑟：《中国对科学和技术的贡献》，见潘吉星主编《李约瑟文集》，戴开元译，辽宁科学技术出版社1986年版。

③ 参见张秀民著、韩琦增订《中国印刷史》（插图珍藏增订版），浙江古籍出版社2006年版；李致忠著《古代版印通论》，紫禁城出版社2000年版；石宗源、柳斌杰总主编《中国出版通史》，中国书籍出版社2008年版。此类研究成果很多，不俱录。

一　雕版印刷术的起源

中国古代所发明的印刷术主要有两种，一种是雕版印刷术，另一种是活字印刷术。雕版印刷是将文字反刻在木质或铜、铁等质地的一块整板上，然后在板上施墨刷印。活字印刷是用木头、金属或粘土预先制成一个个字钉（即活字），印刷时将若干字钉检排拼成一块版，然后在其上施墨刷印，印毕可以拆版，将拆下的字钉按序存放，以供下次排版使用。

谈到雕版印刷术的发明，学者大多归之于刻石捶拓技术和玺印原理的启发。

中国的刻石起源很早，初唐时在今陕西凤翔发现十个石鼓，上刻有文字，大约是春秋时期秦国的石刻，也是目前我国现存最早的石刻文字。东汉熹平四年，蔡邕等将儒家经典刻在石碑之上，作为士子学习的范本，这就是著名的《熹平石经》。南北朝以后，又出现了大量的佛经与道经的刻石。伴随着刻石，捶拓技术也发展起来了。

捶拓是把纸铺在刻有阴文文字或图案的石头上，敷平，然后用沾上墨的絮包轻轻捶打纸面，纸揭下后便成了一张黑底白字的拓片了。捶拓技术起源于何时，现已不得其详，但根据现有的史料，至迟到南北朝时，这项技术就已被普遍采用了。《隋书·经籍志》记：

> 又后汉镌刻七经，著于石碑，皆蔡邕所书。魏正始中，又立三字石经，相承以为七经正字。后魏之末，齐神武（即北齐高祖高欢）执政，自洛阳徙于邺都，行至河阳，值岸崩，遂没于水。……其相承传拓之本，犹在秘府。

北齐初石经没于黄河之中，故唐时秘府所藏的拓本应是北齐以前旧物。

捶拓是在雕版印刷术发明以前文献复制的主要手段，今中国国家图书馆藏《那罗延建尊胜经幢》[①] 题记曰："大唐元和八年（813 年）癸巳之岁，八月辛巳朔五日乙酉，女弟子那罗延建尊胜碑，打本散施，同愿授持。"所

[①]　（清）毕沅《关中金石记》卷 4 题"佛顶尊胜陀罗尼经"、（清）王昶《金石萃编》卷六十六题"佛顶尊胜陁罗尼咒"，盖此为此类经幢之通名也。

谓"打本散施",即女子那罗延建"佛顶尊胜陀罗尼经幢"后将咒文捶拓后散施,以求功德。唐宫中还专门设有"拓书手"一职,负责捶拓。

用捶拓的方法可以进行文献的批量复制,但是,一则刻石不易,二则捶拓技术也较复杂,三则刻石的字体都较大,如是篇幅较长的文献,刊刻捶拓都更加困难,再加上拓片的裱糊、收藏和展阅也都很麻烦,所以不可能用捶拓技术来进行普遍性的、大规模的文献复制。古人除了直接从碑石上捶拓,也用枣、梨等硬质木板仿刻前代一些著名的碑刻,然后再从其上捶拓,唐杜甫诗云:

> 峄山之碑野火焚,枣木传刻肥失真。[①]

后世许多"法帖"就是用此方法翻刻拓印的。用枣木翻刻古代名碑与用枣木雕印书籍,虽有阴文、阳文之异[②],但其原理毕竟是相同的,因此,将雕版印刷的产生与捶拓技术的发明联系起来自有一定道理。

由于捶拓的对象为正字书写并阴刻,与雕版印刷术的反字书写并阳刻然后刷印出正字的印本尚有一定的区别,中国古代很早就出现的玺印就提供了另一种技术方面的启示。

玺印即今天我们所说的印章,很早就已出现了,到战国时,玺印的使用已经非常普遍。玺印是将反体的文字阳刻或阴刻在金属或石、木质块上,然后沾上印泥钤在纸上(最早是封泥),这样文字便印在纸上了,阳刻者钤印出来为阳文,阴刻者钤印出来为阴文。阳刻玺印的原理与后来的雕版和活字印刷术完全一样。清人李元复曾说:

> 书籍自雕镌板印之法行,而流布始广,亦籍(藉)以永传。然创之者初不必甚难,以自古有符玺可师其意,正无待奇想巧思也。[③]

---

① (唐)杜甫:《李潮八分小篆歌》,《文苑英华》卷338,中华书局1966年影印宋版配明刊本。

② 王国维先生曾指出杜甫诗中所提到的枣木传刻之本乃阴识,非阳刻,与雕版图书不同,是。王说见《观堂别集·晋开运刻毗沙门天王象跋》,上海古籍书店1983年影印民国上海商务印书馆《王国维遗书》本。

③ (清)李元复:《常谈丛录》,台中文听阁图书公司《晚清四部丛刊》第3编,2010年。

美国学者卡特亦谓："模印的小佛像，标志着由印章至木刻中间的过渡型态。"①

古代玺印的字数较少，印面也小，但也有一些字数多、印面较大的，东晋葛洪（284—364年）所撰《抱朴子》记载，道士入山，为了避免虎狼及鬼魅的侵害，要带上一种有一百二十字的黄神越章之印②，这种印是盖在封泥之上的。一个黄神越章可以盖无数个护身的灵符，如果盖在纸上，那就是一件小小的印刷品了。这条史料是许多研究印刷起源的文章常常提到的。此外，魏晋南北朝以后，随着佛教、道教的普及，民间对各种佛道画像及禁咒需求量很大，一般手工抄录效率太低，完全不能满足需要，至迟南北朝以后，就出现了许多捺印的佛像，敦煌文献中有不少实物遗存，因此向达先生指出：印刷术最先可能是由于需要大量复制佛、道教的画像及禁咒等而发明的③。根据上面的分析，捶拓与玺印技术与印刷技术有着非常相近的原理，当然有可能是印刷术的源头之一。

不过，所谓起于玺印，起于捶拓，仅仅是就技术原理的相似性而言的，问题是：玺印早在先秦就已出现，为何那时没有用于复制图书？又，将雕版印刷技术起源与玺印、捶拓相联系，也只是局限于在纸质物品上的复制技术而言，如果眼光放远一点，就会发现：其实在先秦两汉时期，以纺织品为承印物的印刷技术就已经非常成熟了，而这种技术从原理上说与雕版印刷技术是完全一样的，印刷的品质也完全不输于宋元以后的雕版印刷品。

中国古代纺织品很早就有了印花，至迟到西汉前期，凸版印染技术就已经非常成熟了。凸版印染是用木板或其他材料雕刻成凸出的花纹，然后在纺织品上压印而成。1972年，湖南长沙市郊马王堆一号汉墓出土了大量的丝织品，其中有相当数量的印花丝织品，分为两大类：一类是印花敷彩纱，一类是金银色印花纱。根据其中一件具有代表性的印花敷彩纱分析，该件织物通体图案由若干印花菱形单元连缀而成，"印花菱形单元图案的高约为40毫米，宽约为22毫米（花穗部分，嵌入下一单元之间的缝隙中，

---

① 〔美〕卡特：《中国印刷术的发明和它的西传》，吴泽炎译。

② （晋）葛洪：《抱朴子·登涉》，王明《抱朴子内篇校释》本，中华书局1985年版。

③ 向达：《唐代刊书考》，《中央大学国学图书馆第一年刊》，1928年，第1—19页。

不计在内）。印花的图案由四个单元图案上下左右连接，构成印花分版的菱形网格。在织物上的印花单元图案纵横连续，错综排列，通幅有二十个单元图案分布"①。在这些图案花纹中，没有发现墨渗和晕染的现象，也没有出现块面花纹，根据这些现象分析，它是用阳纹版（雕刻凸版）印制而成的②（图4－1）。

图4－1　马王堆一号汉墓出土印花敷彩纱残片 *

注：* 湖南省博物馆、中国科学院考古研究所编《长沙马王堆一号汉墓》下册，图版118，文物出版社1973年版。

在马王堆出土的丝织物中，还有三件金银色印花纱，"印花纹样的单元图案由三块纹板套印而成"③（图4－2、4－3）。

① 上海市纺织科学研究院、上海市丝绸工业公司文物研究组编著《长沙马王堆一号汉墓出土丝织品的研究》，文物出版社1980年版，第105页。

② 上海市纺织科学研究院、上海市丝绸工业公司文物研究组编著《长沙马王堆一号汉墓出土丝织品的研究》，第106页。

③ 上海市纺织科学研究院、上海市丝绸工业公司文物研究组编著《长沙马王堆一号汉墓出土丝织品的研究》，第109页。

图 4 - 2　马王堆一号汉墓出土泥金银印花纱[*]

注：[*]湖南省博物馆、中国科学院考古研究所编《长沙马王堆一号汉墓》下册，第 101 页。

图 4 - 3　马王堆一号汉墓出土泥金银印花纱纹样[*]

注：[*]湖南省博物馆、中国科学院考古研究所编《长沙马王堆一号汉墓》上册，第 56 页。

　　1983 年，广州南越王墓出土了两件铜质印花凸版，其中一件正面花纹近似松树形①，同时还出土了一些印花织品，其中一件印花织品的图案恰与花纹近似松树形的凸版相吻合。② 不少学者指出，从印刷技术的原理上看，马王堆一号汉墓所出土的印花织品与文献的印刷没有什么不同，它们都是雕版印刷，只是前者是印刷在丝织品上，而后者是印刷在纸上。

　　马王堆一号汉墓中出土的印刷织物与广州南越王墓出土的印花凸版，其印刷原理与图书印刷是完全一样的，其纹样精美、精细的程度，也完全不亚于文字刻印，可见，至迟到西汉初年，中国人就已熟练地掌握了版印原理与技术，只是那时更多地将其用于纺织品花样的印刷而已。到宋代时，这项技术仍然在广泛使用并有了进一步的发展。宋代郭若虚《图画见闻志》记：

　　　　皇祐（1049—1054 年）初元，上敕待诏高克明等图画三朝盛德之事，人物才及寸余，宫殿、山川、銮舆、仪卫咸备焉。命学士李淑等编次序赞之，凡一百事，为十卷，名《三朝训鉴图》。图成，复令传摹镂版印染，颁赐大臣及近上宗室。③

这里所提到的"镂版印染"，可能不是指简单的镂版印刷，而是指彩色套印，或者先版印后着色。朱熹知台州时，控告前任唐仲友任用正在服刑的犯人，用公款雕刻《荀子》等四子书版，然后运回其在家乡开设的书铺印书出售，"又乘势雕造花板，印染斑襕之属凡数十片，发归本家綵帛铺，充染帛用"④。所谓"花板"及其使用，原理与印书雕版完全相同，只是一个是印在纸上，印的是文字；而另一个则是印在布帛上，印的是花纹。由此又提出了一个值得思考的问题：为什么早在汉初人们就已完全掌握了模印技术，但未将其用于印刷图书？徐中舒先生尝云：

　　① 西汉南越王墓博物馆编《西汉南越王墓》（下），图版 48，文物出版社 1991 年版。
　　② 西汉南越王墓博物馆编《西汉南越王墓》（下），彩版 31：3 印花纱。
　　③ （宋）郭若虚：《图画见闻志》卷 6《训鉴图》。
　　④ （宋）朱熹：《晦庵先生朱文公文集》卷 18《按唐仲友第三状》，朱杰人、严佐之、刘永翔主编《朱子全书》第 20 册，第 836 页。

盖中国雕刻当殷周之世，已极发达。其时遗物，如骨器铜器等，纹制精美，而甲骨文字及铜器铭文之刻铸，尤其铜范上反镌之字，与印刷之雕版，其形制几无差异。秦汉而后印刷用之纸张，既已发明于中国，而石刻碑碣，又日增月盛，汉魏石经，一再勒于太学，又与书有雕版何异？以如是宜于发生印刷之环境，历如是悠久之岁月，而印刷术犹不能立即发生。必待隋唐而后，石刻渐有毡拓，如今碑帖之打本，其与印刷相差只一间，以此为前导，而后印刷术乃继之而起。①

显然，在图书印刷技术发明与应用的背后，有着更为深刻的社会与文化原因。

任何一种技术发明与应用，都要有一些基本的条件：一是技术本身，包括原理和具体方法；二是制作的材料；三是功能，即能满足人们的某种需求；四是能让这种技术得以应用的社会环境。原理与方法属于技术的层面，人们通常将其纳入技术发明的范畴；而功能，它应该可以满足人们的某种需求，如果仅仅是一项技术发明，但其成果不为人们所需要，便不会得到实际的应用。V·戈登·柴尔德（V. Gordon Childe，1892－1957）教授指出："任何一种技术，就像人的生活本身一样，包含着人的群体甚至社会成员之间常规的、经常的合作，群体的规模，社会公认的需求及群体成员之间的关系（社会组织），都对这种合作性群体的特征有深刻的影响。"② 当然，社会环境也十分重要，历史上曾有一些技术和发明，被当作奇技淫巧，不被人们所认同；还有一些技术，与人们生产、生活的实际需要距离太远，因而无法得到应用和推广。只有得到社会的广泛认同与使用，一项技术发明才有意义。

印刷术的发明与印刷出版业的出现是有区别的。印刷术应用只是利用印刷技术进行文献的复制，有可能规模很大，也有可能只是小规模、小范围的应用，对于社会并没有太大的意义。而印刷出版业的出现是以社会化的需求为前提的，它需要相关产业如造纸、制墨、专业的雕版和刷印工匠以及发

---

① 徐中舒：《古代灌溉工程原起考》，《国立中央研究院历史语言研究所集刊》第 5 本第 2 分，1935 年，第 255—269 页。
② 〔英〕查尔斯·辛格等主编《技术史》第 1 卷，第 38 页，王前等译，上海科技教育出版社 2004 年版。

行、销售等条件的支撑。作为一种产业，在有组织的社会中，还应当有相关的规则与管理制度。在中国古代，虽然印刷技术的原理早就被发现并应用于纺织品印染，且其精细、精美程度不输于图书印刷，但是，在很长时间里，雕版印刷技术并未用于图书的复制，究其原因，当与中国古代社会的、经济的发展水平有关，而其直接原因，则与隋唐以前中国的文化、教育、宗教发展进程有关，即文献大规模批量复制的社会需求尚未形成，雕版印刷技术的应用尚未有足够的需求驱动，也缺乏必要的市场环境。

从社会发展的角度来看，城市在中国出现很早，但与欧洲中世纪的城乡二元结构不同，隋唐以前，城市与农村基本上是一元结构，战国以后一直到隋唐，城市的发展一直都比较缓慢，虽然有的城市规模不小，如战国时代齐国都城临淄人口已达七万户，"临淄之途，车毂击，人肩摩，连衽成帷，举袂成幕，挥汗成雨"①，但其他地方的城市功能并不十分明显，有学者指出，中古以前，城市不过是有围墙的农村。之所以如此，主要是因为中国古代的经济形态基本上是自给自足的自然经济，乡村自身就可以满足基本的生活需求，虽然自商代开始就已经出现了商业贸易，但商业活动基本上属于各地特产物资的贩运，专门为销售而生产和买卖的市场经济发展很不充分。一方面，春秋以前，农民与土地、农民与地主或者领主的依附关系十分强烈。战国以后，由于国家的控制力增强，一些原来依附于领主的农民通过赎买特别是通过政府推行的授田制，逐渐成为国家的"编户齐民"，农民与领主之间的依附关系虽然被削弱，但同国家和土地的依附关系增强了，"重农抑商"政策的社会根源即在于此。另一方面，由于土地兼并和为了逃避政府的徭役，一些原来的自耕农后来又逐渐成了豪强地主的荫附客户。魏晋南北朝时期，由于长期的战乱，人民流离失所，又转而依附于豪强地主，"流民多庇大姓以为客"②，因而魏晋南北朝时期出现了大量"坞壁""坞堡"③，社会被分割成一个个有相当独立性的社会单元，很难形成一个开放、商贸活跃的

---

① （西汉）刘向集录《战国策·齐策一·苏秦为赵合从说齐宣王》，上海古籍出版社 1985 年整理标点本。

② （南朝梁）萧子显：《南齐书·州郡志》。

③ 指魏晋南北朝时期由于战乱出现的地方据险自守、经济自足的军事堡垒。在每个坞壁、坞堡之中，聚集了大量农民，依附于豪强，以求自保。

大市场。因此，直到隋唐时代，除盐铁等由国家专营的产业以外，其他方面的手工业并没有形成规模化的产业，而在中国十分发达的纺织制造也基本上局限于自给自足或小范围内的交易。在这种情况下，像图书印刷出版这种需要造纸、制墨和雕版、刷印等多种行业配合，需要写样、刊刻、刷印、装潢装订等多项专门技术人才的结合，需要有能够满足全国范围内原料供给以及最终产品销售的大市场等多方面条件支撑的产业，必待社会发展到一定阶段后才有可能出现，而这种条件应该是随着南北朝混乱局面的结束、隋唐大一统局面的形成后才逐渐成熟的。

再从社会需求的角度来看，尽管早在商周时代中国就已进入了文明高度发达的阶段，文化的传播当然离不开书籍的流传，但直到隋唐以前，无论是文化还是学术，其传播方式都是单点式的。例如文学作品的传播，需要批量传播的社会需求很少，虽然西晋左思的《三都赋》一出，"洛阳为之纸贵"，但手工抄写本身就是一种学习和欣赏，并且属于个案，尚不足以刺激一个行业的产生。一般的文学作品以及普通百姓需求量较大的医书、占卜书、农书等的流传都主要是依赖手工抄写和小范围的市场来完成的，像东汉著名思想家王充少时家贫，就曾以替人抄书为生。同样，商周时代就已有了学校存在，特别是两汉魏晋南北朝时期经学十分发达，除了中央官学聚集了大量的学生以外，一些有影响的学者座下门徒往往以成百上千计，虽然他们对文献的需求量很大，但由于学术的专门化、家族化，老师教授、学生学习的内容常常局限于很少的几部儒家经典，抄写这些经典又是学生学习活动本身的重要内容，除了像《苍颉》《凡将》《急就》这类识字书以外[1]，通用性、标准化的图书很少，因此，对于图书批量复制的社会需求并不旺盛，其他相关条件也不成熟。

隋唐以后，中国社会发生了很大的变化，为雕版印刷术的发明与应用提供了很好的社会环境：此后虽然仍有一些战争发生，但总的来说社会相对稳定，中国由此进入了一个长期、持续的发展时期，城市快速发展，工商业有了很大的进步；佛教、道教在魏晋南北朝时期发展很快，隋唐时达到极

---

① 　前引罗振玉先生文提到，在汉代常将《急就》之类字书的文字制作于砖上，看来像这类通用的识字书的确有批量复制的社会需求，只是当时社会环境、物质条件等不成熟而未以更为方便的形式进行大规模复制而已。

盛；随着科举制的产生与发展，教育逐渐走上了普及之路。社会对宗教、教育和其他类图书的需求十分旺盛。

我们认为，直接催生雕版印刷用于图书复制的主要原因有三点：一是宗教类图书的大规模社会化需求；二是科举制产生以后对教育的推动以及科举考试自身带来的特定文献批量复制需求；三是普通百姓日常生活常用之物，如日历、字书等，社会需求量大，价格又不能过于昂贵，印制也比较简单。

自汉代以来，中国封建社会进入了其发展的高峰时期，经济高度发展，文化学术繁荣。东汉后期，佛教及其经典传入中国，道教也从本土产生，但对普通百姓的影响还很有限，佛经还没有大规模翻译成汉文（虽然也有一些佛经翻译成汉文，但数量较少，影响不大，传播的范围有限），而道经许多也"犹在天宫"，并未结集。晋代以后，佛教、道教迅速发展，佛经经鸠摩罗什、法显等人的翻译，广为传播，而道教经典也逐步成文并形成体系。由于佛、道教的盛行，人们需要大量的宗教经典和宗教画像，而人手抄录显然不能满足需要，特别是不能满足那些身居社会下层、没有文化的宗教信众的需求，社会亟须一种价廉的方法来大量复制宗教图书供人诵念甚至仅仅是供奉，因而，迄今为止所发现的早期印刷品绝大多数都与宗教特别是佛教有关，这正如卡特指出的那样："给世界以印刷术的，也就是佛教。"[①] 这是因为，在佛教文化中，制作、供奉佛经、佛教画像以及传播佛经、佛教画像本身就是一种功德。对于宗教信众来说，相当一部分是并不识字的妇孺老人，佛经对于他们来说是一种"法物"，必须有，但自己又没能力抄写，虽然可以由专门的"经生"（敦煌遗书中大量佛经即由"经生"抄写而成）来抄录，但其效率低，成本高，远不能满足一般的社会需要。因此，以批量刷印的方式制作廉价的佛经、佛像形成了强烈的社会需求。特别是唐代密宗盛行，大规模制作《陀罗尼经咒》求得菩萨护佑颇为盛行，如果依靠人工抄录，费时费力，因此，用雕版印刷技术来大规模复制的方法就成了人们的必然选择。

对于雕版印刷的另一大需求来自教育，即随着隋唐科举制出现和逐步完善而带来的教育的发展。由于科举与学校教育的结合，从中央到地方各级官

---

① 〔美〕卡特：《中国印刷术的发明和它的西传》，吴泽炎译。

学有着数量庞大的官学生，唐太宗时中央官学有学生三千二百六十人，玄宗时全国州县官学生达六万七千人①，而作为基础教育以及官学补充的私学数量自应大大超过此数。科举制是分科举人，选拔人才的方式基本固定，考试的科目基本固定，学习的内容也基本固定，特别是与经学有关的考试内容也基本固定。换言之，过去是个性化的学习，而现在变成了制式化的学习。除了普通的考试之外，还有不少专科，如医学、律学、书学、算学等，考试科目既定，学生学习的内容也就基本确定了，由此带来的一个巨大变化就是全国同一科举考试科目下学习的内容是基本相同的，教材也大同小异。因科举而产生了对文献的大规模、批量化的复制需求。

对于像日历、字书之类日常生活用品的需求，在进入文明时代后就已经产生了，但它有一个前提：日历、字书之类的东西要能够卖得出去，首先要有一个相对较大的市场，能够以销量来降低单位成本，这样才能为普通百姓所接受、购买。同时，有字的东西只有识字的人才需要，因此这类产品需求的一个社会前提就是教育特别是基础教育的相对普及，识字的人多了，购买日历、字书的人才多，产品才有销路。前面提到，隋唐时代，随着社会的发展，特别是科举制的产生，中国古代的教育开始向普及化方向发展，也为印刷品的普遍使用提供了条件。

自汉代造纸技术发明以来，经魏晋南北朝，无论是纸张的质量还是产量，都有大幅度的提升。北魏《齐民要术》记载当时已专门种植用于造纸的原料楮，其"自能造纸，其利又多。种三十亩者，岁斫十亩，三年一遍，岁收绢百匹"②。据史料记载，唐代纸的生产几乎遍及全国，用于印刷的松烟墨也早已发明。如纸、墨这种需要通过大区域流通交易的物资不仅是印刷出版的物质条件，它们的商品化也说明当时已经具备了良好的市场条件。

二　唐五代的雕版印刷

图书的雕版印刷在何时进入实用阶段并开始普及，在目前仍是一个争议很大的话题。一般学者在研究这个问题时，主要通过对史料的分析来进行，

---

① 参见王仲荦《隋唐五代史》（上），上海人民出版社 2003 年版，第 525 页。
② （北魏）贾思勰：《齐民要术》卷 5《种谷楮》，缪启愉校释，中国农业出版社 1998 年版。

这当然是正确的。然而，现在所能见到的关于早期雕版印刷的史料，一方面大都出自后人之口，其所说是否符合历史实际，难以论断；另一方面，对史料的解释也是众说纷纭。不过，从历史研究的方法来看，傅斯年先生说过一段话，可以帮助我们客观、全面地认识中国古代印刷术的发明与应用问题：

> 古史者，劫灰中之烬余也。据此烬余，若干轮廓有时可以推知，然其不可知者亦多矣。以不知为不有，以或然为必然，既违逻辑之戒律，又蔽事实之概观，诚不可以为术也。今日固当据可知者尽力推至逻辑所容许之极度，然若以或然为必然，则自陷矣。即以殷商史料言之，假如洹上之迹深埋地下，文字器物不出土中，则十年前流行之说，如"殷文化甚低""尚在游牧时代""或不脱石器时代""《殷本纪》世系为虚造"等见解，在今日容犹在畅行中，持论者虽无以自明，反对者亦无术在正面指示其非是。①

中国古代印刷术的发明与应用问题与殷商历史一样，如果仅有文献记载而没有实物证明，自不足以服人；但没有实物证明，也不能证明其无有；有实物证明，也只能反映其时间之下限，因此，"据可知者尽力推至逻辑所容许之极度"，实为研究这个问题正确而可行的方法。

关于印刷术发明的时间，学术界有许多不同的观点。最早的一种观点认为起于汉代。《后汉书·张俭传》载，东汉灵帝建宁二年（169 年）张俭因举劾宦官侯览母子二人残暴百姓，被同乡朱并诬告为与同郡二十四人结为朋党，于是被"刊章讨捕"。唐李贤注说："刊，削，不欲宣露（朱）并名，故削除之，而直捕俭等。"而元王幼学在其《资治通鉴纲目集览》卷十二注释中说："刊章，即印行之文，如今板榜。"意即刻印通缉文告，不过目前学术界一般并不赞同此说。其他还有一些说法，如始于东晋、始于六朝等，但都没有可靠的证据。

还有一条材料是人们研究雕版印刷术起源时经常引用的：明代邵经邦的

---

① 傅斯年：《性命古训辩证》第 3 章，见《傅斯年全集》第 2 卷，湖南教育出版社 2000 年版，第594 页。

《弘简录》卷四十六载，唐太宗的长孙皇后三十六岁就逝世了，太宗极为悲恸，当宫司进呈长孙皇后所撰《女则》一书时，太宗"览而嘉叹，以后此书足垂后代，令梓行之"。清人郑机据此指出："可见梓行书籍不始于冯道。"[1] 长孙皇后卒于公元 636 年，如依郑说，那么唐太宗下令印刷《女则》也就在这一年。不过同样是这条资料，《资治通鉴》则无"令梓行之"一句[2]，因此这条材料的可信度也是有争议的。

在前人的记述中，亦有谓印刷术起于唐末者。明末清初学者朱明镐云：

> 《志》曰："周显德中始有经籍刻板，学者无笔札之劳。"此言失之不考。按刊板始自后汉之乾祐中。聂崇义为国子博士，校定《公羊春秋》，刻板于国学，则经籍刻板，已大行于汉之乾祐时矣。愚又以刊板之事，固不始于周，亦不始于汉，而实始于唐之季代。五代之天子，率兵强马壮者为之，何知有诗书经籍之可重而屑屑为梓木之举乎？其事始于武宗、宣宗之世无疑，但事实年月无所考耳。又真宗景德元年夏，上幸国子监，阅库书，问邢昺经板几何？昺曰："十余万。臣少从师业儒，经有疏者，百无一二，盖力不能传写。今板本大备，士庶家皆有之。"由此言之，经籍刻板，权舆于唐，而盛行于宋，即显德学者无笔札之劳，亦非确论也。[3]

朱氏之说否定刊板始于五代之说，固属确论，但谓起于唐末，亦属推论，并且已为后来所发现的唐末之前的雕版印刷实物以及相关文献所推翻。

上面的几种说法，都只是根据古籍中一些相关记载按照各自不同的理解而言，或实或虚，有些可供参考。但是，要真正厘清相关问题，还需要从更深、更广的层面去思考、分析。

从现在所掌握的材料来看，雕版印刷术至迟在唐代初年就已经出现并已比较广泛地应用了，开始可能是用捺印即像后世加盖印信的方式来印制，后来随着印制内容的复杂化，逐渐过渡到刷印的方式。

---

① （清）郑机：《师竹斋读书随笔汇编》卷 12《杂考上·人事类》，清光绪二十八年刻本。
② （宋）司马光：《资治通鉴》卷 194《太宗贞观十年》，中华书局 1956 年整理标点本。
③ （清）朱明镐：《史纠》卷 5《艺文志》，清守山阁刻《指海》本。

目前所能见到的捺印实物几乎都出自敦煌遗书。敦煌遗书中有为数不少的捺印佛像，但都没有明确的捺印年代，只能根据一些相关的资料来分析、推测。据信年代较早的一件是收藏在中国国家图书馆的写本《杂阿毗昙心论》卷十（图4-4），其黄麻纸的背面捺印佛像数幅并永兴郡印，据学者研究，其时代大概在北周武帝改晋昌郡为永兴郡至北周武帝灭佛即公元561—574年之间。①

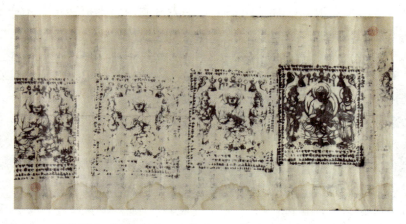

图4-4　敦煌写本《杂阿毗昙心论》背面之捺印佛像（中国国家图书馆藏）

古代印度佛教信众常制作小佛塔，里面供奉抄写的佛经，然后积许多小塔放入大佛塔之内，以积功德。唐玄奘、辩机曾介绍说："印度之法，香末为泥，作小窣堵波（即梵文'佛塔'之音译），高五六寸，书写经文，以置其中，谓之法舍利也。数渐盈积，建大窣堵波，总聚于内，常修供养。"②原本应该是手书经文置于佛塔之内，由于需求量大，手抄已不敷使用，因此便通过捺印、刷印等方式来大规模复制佛像、经咒。这种习俗也传到了中国、日本，唐义净记供奉佛像之法与《大唐西域记》所载基本相同：

> 造泥制底及拓模泥像，或印绢纸，随处供养，或积为聚，以砖裹

---

① 李之檀：《敦煌写经永兴郡佛印考》，《敦煌研究》2010年第3期，第108—110页。
② （唐）玄奘、辩机：《大唐西域记》卷9，季羡林等校注，中华书局1986年版。

之，即成佛塔，或置空野，任其销散。西方法俗，莫不以此为业。①

唐冯贽的《云仙散录》引《僧园逸录》说，唐"玄奘以回锋纸印普贤像施于四方，每岁五驮无余"②，而玄奘弟子慧立亦记，玄奘在唐高宗显庆三年（658 年）左右以唐皇所赐礼物"为国造塔及营经像，给施贫穷并外国婆罗门客等，随得随散，无所贮蓄。发愿造十俱胝（佛）像，百万为十俱胝，并造成矣"③，此与《僧园逸录》所载正可相互印证。要制作一百万佛像，如果不是采用印刷的方式，显然不可能。此所谓制百万佛像，与日本称德天皇于公元 764—770 年间制作百万陀罗尼经性质相近（详后），时代也仅相差百年，因此可信程度极高。虽如一些学者已经指出的那样，无论是道士的黄神越章之印还是佛门弟子印制佛像，都与图书印刷有些差别，但是，从印刷原理来说，印刷符咒和佛像与印刷佛教经典并无质的差异，开始可能以印刷符咒、佛像为主，到后来便用来印刷道经、佛经甚至其他文献了。根据上面的史料可以推断，在唐高宗时，大规模地印造佛像和佛经已经开始，说明雕版印刷术已经成熟。与玄奘大致同时的法藏有一段话与佛经的印刷有关：

> 于此二七之时即摄八会同时而说，若尔，何故会有前后？答：如印文，读时前后，印纸同时。④。

在法藏的著作中，曾多次以此作为譬喻。对于这一段话的理解，日本学者神田喜一郎指出：

> 我们读印刷的书籍时，是由前往后循序而读的，而书籍在印刷之

---

① （唐）义净：《南海寄归内法传》卷 4《灌沐尊仪》，王邦维校注，中华书局 1995 年版。

② 宋代张邦基、洪迈等人认为此书为宋王铚伪作，其证据并不充分。姑不论《云仙散录》成书究在何时，但所引《僧园逸录》中玄奘印普贤像一事当无可疑。

③ （唐）沙门慧立撰、释彦悰笺《大慈恩寺三藏法师传》卷 10，孙毓棠、谢方点校，中华书局 2000 年版。

④ （唐）法藏：《华严经探玄记》卷 2，《大正新修大藏经》第 35 册。

时，却没有前后的区别，而是同时被印刷出来的。明了这种用版片一版一版印刷出来制成书籍的雕版印刷方法，是有必要的。法藏则以这一众所周知的事实作为比喻来进行阐说。从以上所说的看来，我想可以充分证明，在法藏之时，雕版印刷已获广泛推行了。①

如果神田先生这一理解不错的话，在唐代前期，雕版印刷术就已经非常普及了，并且这种技术的原理已为一般人所认识，否则，法藏不会用一个世人不太明白的东西来作譬喻。孙毓修先生在其《中国雕板源流考》中说："近有江陵杨氏藏《开元杂报》七叶（《孙可之集》有读《开元杂报》文，当即此也），云是唐人雕本，叶十三行，每行十五字，字大如钱，有边线界栏，而无中缝，犹唐人写本款式，作蝴蝶装，墨影漫漶，不甚可辨，此与日本所藏永徽六年《阿毗达磨大毗婆娑论》刻本，均为唐本之仅存者。"② 可惜杨氏所藏现在已不知去向，其真伪如何也无从查考了，而所谓日本所藏永徽六年（655 年）刻《阿毗达磨大毗婆娑论》，亦不详根据何在。如果二说属实，那么至迟在唐初永徽时，已有雕版印刷的佛经，而开元年间（714—741年）已用雕版印刷来出版邸报了。

目前已知有确切年代且无争议的雕版印刷品是日本天平宝字八年（764年）称德天皇印制的《无垢净光经自心印陁罗尼》（即《无垢净光大陀罗尼经》）中的四段咒语（详后）。不过，没有争议的是，几乎中外学者都一致认为，日本的雕版印刷技术是受中国的影响产生的，因此，在此之前，中国必定早已产生了雕版印刷技术并且已经得到了普遍的应用。

1966 年韩国庆州佛国寺释迦塔内发现了用汉字印刷的《无垢净光大陀罗尼经》，虽无确切纪年，但文中使用了武则天创制的四个文字，结合藏经的石塔和寺庙均完工于公元 751 年等史实，日本学者长泽规矩也提出此卷是唐武后长安四年至唐玄宗天宝十载（704—751 年）间雕印的，钱存训先生也指出："这份经卷是在中国印成，很可能是在佛国寺建成时带往朝鲜作为

---

① 〔日〕神田喜一郎：《中国雕版印刷术的起源》，《日本学士院记要》第 34 卷第 2 页，1976 年，转引自肖东发《中国图书出版印刷史论》，北京大学出版社 2001 年版，第 57 页。

② 孙毓修：《中国雕板源流考》，民国上海商务印书馆 1934 年《国学小丛书》本，第 2 页。

贺礼的。"① 而韩国学者则坚持说此经是在韩国刻印的。围绕此经的刻印地点、时间，争论不休，各家观点，有学术性的，也有非学术性的，恐怕一时难有共识②。

还有一件有争议的雕版印刷实物据说出自吐鲁番。1906 年新疆吐鲁番曾发现了《妙法莲华经》之"分别功德品第十七"一卷，用黄麻纸印成，初归新疆布政使王树楠，后辗转由日本学者中村不折购得，因其中有武则天时制字，据长泽规矩也考定，此为武周时刻本。长泽规矩也是著名的印刷史和版本学家，他的说法曾经得到了许多学者的引用，但最近也引起了很大的争议，同样，一时恐怕也难有共识③。

---

① 钱存训：《中国科学技术史》第 5 卷《化学及相关技术》第 1 分册"纸和印刷"，第 135 页。潘吉星、李致忠等先生也有类似意见（潘说见《中国、韩国与欧洲早期印刷术的比较》，科学出版社 1997 年版；李说见《古代版印通论》，紫禁城出版社 2000 年版）。

② 参见辛德勇《论中国书籍雕版印刷技术产生的社会原因及其时间》，见《中国典籍与文化论丛》第 16 辑，凤凰出版社 2014 年版。

③ 〔日〕长泽规矩也：《和汉书の印刷とその历史》，吉川弘文馆 1952 年版，第 5—6 页。近年中国国家图书馆李际宁先生、北京大学辛德勇先生对此提出了异议（李说详见《中村不折藏吐鲁番出土小字刻本〈妙法莲华经〉雕版年代考》，载《版本目录学研究》第 1 辑，国家图书馆出版社 2009 年版；《中村不折藏传出吐鲁番出土小字刻本〈妙法莲华经〉雕版年代补证》，载《敦煌文献·考古·艺术综合研究——纪念向达先生诞辰 110 周年国际学术研讨会论文集》，中华书局 2011 年版。辛说详见《论中国书籍雕版印刷技术产生的社会原因及其时间》，载《中国典籍与文化论丛》第 16 辑。辛说基本上沿用李说），认为中村不折旧藏实与 1978 年苏州瑞光塔发现的宋天禧元年（公元 1017 年）九月初五日由雍熙寺僧人舍入之《妙法莲华经》（现藏苏州博物馆，其图版详见《第三批国家珍贵古籍名录图录》，编号 07174）的版本相同，据此认为传出吐鲁番的中村不折旧藏《妙法莲华经》的刻印时代也在北宋初年。不过，李说尚存两个疑问：

第一，所据以比较的是 2005 年日本书道博物馆出版之由矶部彰所编《台东区立书道博物馆所藏中村不折旧藏禹域墨书集成》（以下简称《禹域墨书集成》）中收录的《妙华莲华经》（编号 120），而该书编者并未明确说此即传出吐鲁番者，且其中并无武周制字，行款也与长泽规矩也所述完全不同。此外，李文介绍《禹域墨书集成》中收录的《妙华莲华经》与龙谷大学 1931 年入藏的《妙华莲华经》为同一卷而被撕裂为两段，但龙谷大学所藏，长泽规矩也曾亲自见过，并明确指出其"无异体字（即武周新字）"，"其年代远远晚于前者（指传出于吐鲁番者）"。显然，长泽规矩也明确指出了两者不仅存在着内容上的差异（用与不用武周制字），刻印的时间也不相同。关于这一点，李文怀疑长泽规矩也未曾亲见中村不折所藏，但李氏的怀疑仅仅是推测，并无确证。因此，要推翻长泽规矩也的旧说，显然还缺乏足够的证据。

第二，即使李氏前说成立，但苏州瑞光塔第三层塔心天宫中同出之佛经，还有唐大和辛卯（931 年）之前抄写、大和辛卯修补并经唐显德三年（956 年）再次修补后舍入者。同理，苏州瑞光塔所出《妙华莲华经》手书题记中"天禧元年"只是刻本《妙华莲华经》舍入佛塔之年，而非版刻之年。因此，中村不折旧藏相传出于吐鲁番之《妙法莲华经》的年代问题甚至苏州瑞光塔所出刻本佛经的年代问题都还有待于进一步研究。

　　1974 年西安柴油机厂唐墓出土了置于铜腭托中的梵文《陀罗尼经咒》印本，1975 年西安冶金机械厂唐墓又出土了一件置于小铜盒中的汉文《佛□□□□得大自在陀罗尼神咒经》（图 4 - 5），根据两种《陀罗尼经咒》纸张、雕刻技术以及同时出土的铜镜等器物的综合研究判断，整理者认为梵文陀尼罗经咒的刻印时间定为初唐（约公元七世纪），而汉文《陀尼罗经咒》刻印的时间大约在盛唐（《陀罗尼经咒》翻译成汉文时间是在唐武则天长寿二年，即公元 693 年，因此汉文《陀罗尼经咒》的刻印时间应在此之后）①。

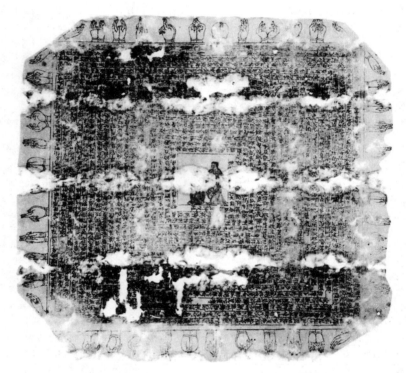

图 4 - 5　唐代刻印汉文《陀罗尼经咒》（1975 年西安冶金机械厂出土）*

　　注：* 中国国家图书馆、中国国家古籍保护中心：《第二批国家珍贵古籍名录图录》，编号 02471，国家图书馆出版社 2010 年版。此件出土地址著录为西安柴油机厂，根据原整理者韩保全文，似应为冶金机械厂。

---

　　①　韩保全：《世界最早的印刷品——西安唐墓出土印本陀罗尼经咒》，见石兴邦等编《中国考古学研究论集——纪念夏鼐先生考古五十周年》，三秦出版社 1987 年版。

1944 年，四川成都望江楼附近的一座唐墓中出土了一块一尺见方的《陀罗尼经咒》梵文印本，上题"□□□成都县□龙池坊□□□近下□□印卖咒本□□……"，主持发掘的冯汉骥先生谓"成都县"前残泐之字应为"成都府"，成都设府在至德二年（757 年），冯先生又据墓中出土铜钱分析，谓此时间上限"不能早过公元 850 年代以前"①，而潘吉星先生则谓印本刻印的时间大概在公元八世纪②。

中国国家图书馆所藏敦煌文献编号为 BD03907 的《加句灵验佛顶尊胜陀罗尼》为典型的公元八世纪写本，其纸尾有题记云"弟子王　发愿雕印"，有专家指出"说明该写本是依据某一个刻本抄写的"③。

唐司空图《司空表圣文集》卷九中有一篇为东都敬爱寺化募雕刻佛教经典的文章，其文云："自洛城罔遇，时交乃焚，印本渐虞散失，欲更雕镂。"敬爱寺化募雕刻的佛经"印本共八百纸"。向达先生考证此文写于公元 873 至 879 年间，文中所言是指唐武宗会昌五年（845 年）灭佛时，焚毁了大量雕印的佛经，所以现在司空图又撰文替敬爱寺的和尚募钱来雕印佛经④。

唐范摅《云溪友议》卷下《羡门远》记："纥乾尚书泉苦求龙虎之丹十五余稔，及镇江右，乃大延方术之士，乃作《刘宏传》，雕印数千本，以寄中朝及四海精心烧炼之者。"纥乾泉字咸一，于唐大中元年至三年（847—849年）任江南西道观察使，所以他雕印数千本《刘宏传》应在这三年之间。

被斯坦因掠走的一件敦煌卷子《金刚经》，其卷首刻有一幅《祇树给孤独园》（图 4－6），卷末刻有"咸通九年四月十五日王玠为二亲敬造普施"一行字样，说明此卷是唐咸通九年（868 年）王玠为他的父母亲祈福消灾而施财刻印的。整个卷子刻印极为精美，是一件技术纯熟的雕印作品。咸通九年即公元 868 年，说明此时我国的雕版印刷技术已达到了相当高的程度。

目前已经发现唐代雕印的文献还有不少，只是多数现在尚不能判定其确

① 冯汉骥：《记唐印本陀罗尼经咒的发现》，《文物参考资料》1957 年第 5 期，第 48—51 页。
② 潘吉星：《中国科学技术史·造纸与印刷卷》，科学出版社 1998 年版，第 348 页。
③ 方广锠：《九种早期刻本佛经小记》，采自 http://blog.sina.com.cn/s/blog_53c23f390102vhre.html［2015 年 4 月 8 日］。
④ 向达：《唐代刊书考》。

图 4 - 6　唐咸通九年刻《金刚般若波罗蜜经》（英国国家图书馆藏）

切的雕印年代。紧接唐代之后的五代，雕版印刷实物渐多，多数只能根据雕版风格以及其他参考因素来判断刻印的时间，只有少数文献有明确的纪年，如 2016 年入藏国家图书馆的后唐天成二年（927 年）刻《佛说观弥勒菩萨上生兜率天经》（图 4 - 7）。

除了宗教文献以外，雕版印刷的世俗文献在唐代中后期大量出现。唐元稹在长庆四年十二月十日（825 年 1 月 5 日）所作《白氏长庆集序》中写道：

> ……乐天《秦中吟》《贺雨》《讽谕》等篇，时人罕能知者。然而二十年间禁省观寺、邮候墙壁之上无不书，王公妾妇、牛童马走之口无不道。至于缮写模勒，炫卖于市井，或持之交酒茗者，处处皆是。（自注：杨、越间多作书模勒乐天及予杂诗，卖于市肆之中也）①

---

① （唐）元稹：《元氏长庆集》卷 51，民国上海商务印书馆《四部丛刊》影印明嘉靖三十一年刊本。

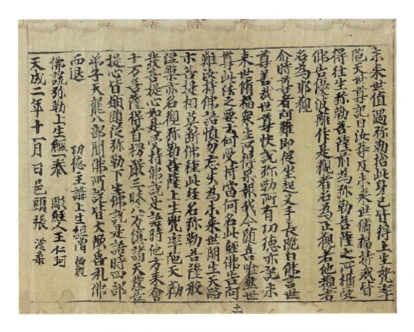

图 4 - 7　后唐天成二年刻《佛说观弥勒菩萨上生兜率天经》
（中国国家图书馆藏）

清代著名学者赵翼指出："'摹勒'即刊刻也，则唐时已开其端欤。"① 近代学者王国维先生也说："夫刻石亦可云摹勒，而作书鬻卖，自非镂板不可，则唐之中叶，吾浙已有刊板矣。"②

除了宗教文献以外，数量最大、影响最大的应该是百姓日常生活用书。唐太和九年（835 年）十二月丁丑，东川节度使冯宿奏请禁断印历日版：

> 剑南、两川及淮南道皆以版印历日鬻于市，每岁司天台未奏颁下新历，其印历已满天下，有乖敬授之道，故命禁之。③

---

① （清）赵翼：《陔余丛考》卷 33《刻书书册》，商务印书馆 1957 年排印本。
② 王国维：《观堂集林·两浙古刊本考序》，上海古籍书店 1983 年影印民国上海商务印书馆《王国维遗书》本。
③ （宋）王钦若等：《册府元龟》卷 160《帝王部·革弊第二》，周勋初等校订，凤凰出版社 2006 年版。

印历即雕版印刷的历书，是民间百姓日常生活用书，在过去几乎家置一本，且每年更新，社会需求量极大。在中国封建时代，对于农业社会来说，掌握季节的变化对于农业生产来说至关重要，《尚书·尧典》开篇即曰："乃命羲、和：钦若昊天，历象日月星辰，敬授民时。"因此，制定、颁布历书自古以来就是中央政府一项最重要的职责，民间私自编印历书，既有可能弄错季节时令致误农时，更是对国家权力的冒犯；而对于民间来说，历书除了官方历书所有的季节、时令等内容之外，还会加上其他一些内容，如六甲四柱之类的东西，关乎祭奠祖先神灵、趋吉避凶等，因此虽然国家禁止私造历书，而民间私造历书却屡禁不绝。在印刷术普及之前，仅靠手抄私造历书影响还不大，但当利用印刷技术来大规模复制后，矛盾就突显出来了。因此，冯宿奏请下令不准民间私自雕印历书。唐太和中民间刊印的"版印历日"今日仍有实物流传：《俄藏敦煌文献》新近公布了一件雕版印刷的"具注历"①，经学者考证，这是唐大和八年（834年）的历书，时间就在冯宿请禁民间私自雕印历书前一年，正可与《册府元龟》载冯宿所奏内容相印证。②据此推断，至迟在公元834年，四川、淮南等地民间已经用雕版的方式私印日历贩卖了，并且成为一种十分普遍的现象。由于历书几乎是家家必备之书，社会需求量大，同时又要求价格便宜，雕版印刷大批量复制、成本低廉的特点正好可以满足需求。根据对敦煌文献的初步清理，现在已经发现并能考证出时间的至少就有唐乾符四年（877年）刻印的历书和唐中和二年（882年）剑南西川成都府樊赏家刻印的历书等。

除了历书等居家必备之书外，小学、占卜之书也是社会需求量很大的图书，自然也成为雕版印刷对象。唐代柳玭在其《柳氏家训序》中记载说：

中和三年癸卯（883年）夏，銮舆在蜀之三年也。余为中书舍人，旬休，阅书于重城之东南，其书多阴阳杂记、占梦相宅、九宫五纬之流，又有字书小学，率雕版，印纸浸染，不可尽晓。③

---

① 〔俄〕俄罗斯科学院东方研究所圣彼得堡分所等编《俄藏敦煌文献》第10册，原编号：Дх02880，上海古籍出版社1998年版，第109页。

② 邓文宽：《敦煌三篇具注历日佚文校考》，《敦煌研究》2000年第3期，第108—112页。

③ （宋）薛居正等：《旧五代史》卷43注引。

这段文字说明当时成都书肆中所卖的小学及占卜之书等大多为雕版印刷。

唐代的雕版印刷品不仅流行于中国，还远播海外。日本仁明天皇承和九年（当唐武宗会昌二年，842年）日本惠运律师入唐，十四年（当唐宣宗大中元年，847年）回国，在其所编的《惠运律师书目录》中，著录有《降三世十八会》印子一卷①。唐咸通六年（865年），日本僧人宗睿在其《新书写请来法门等目录》中著录有"西川印子《唐韵》一部五卷，同印子《玉篇》一部三十卷"②，所谓"印子"，即雕版印刷的图书，"西川印子"即唐代四川所雕印的图书。据此，唐宣宗大中元年以前中国已有雕版印刷的佛经，唐咸通六年以前四川即有雕印的《唐韵》和《玉篇》出卖。

唐代文化，也包括印刷术，对整个东亚都产生了重大的影响，尤其是在古代新罗和日本。日本天平宝字八年（764年）称德天皇在平定了惠美押胜之乱后，为镇护国家和忏悔灭罪，发弘愿造小木塔百万基③（图4-8），内置雕版印刷（也有学者认为是铜版捺印）《无垢净光经自心印陁罗尼》（即《无垢净光大陀罗尼经》）中的四段咒语，黄麻纸印制（少数为手抄），分置于十大寺，这就是著名的"百万塔《陀罗尼经》"（图4-9）。据统计，日本国内现仍存实物三千余件，清末驻日公使黎庶昌的随员陈矩曾从日本购得二件送回国内，杨守敬在日本编印的《留真谱》中也曾影印了此塔经。虽然此经上并没有明载印刷的年代，但据记载，时间应该是称德天皇太平宝字八年至宝龟元年（764—770年）间，而木塔底也多有墨书"神护景云元年"（767年）"神护景云二年"（768年）等题记，正可与《续日本纪》的记载相印证，因此，这是目前世界上可以考订确切年代、最早的雕版印刷品实物，学术界公认为，无论是造纸还是印刷技术，都受到了中国的影响。

需要特别指出的是，无论是有争议还是无争议的雕版印刷实物及相关记载，它们所能说明的只是雕版印刷的时间下限，也只是具有傅斯年先生所说

---

① 〔日〕惠运律师：《惠运律师书目录》，《大正新修大藏经》第55册。

② 〔日〕宗睿：《新书写请来法门等目录》，《大正新修大藏经》第55册。

③ 〔日〕藤原继绳、菅野真道、秋筱安人等：《续日本纪》卷30："初，天皇八年乱平（惠美押胜之乱），乃发弘愿，令造三重小塔一百万基，高各四寸五分，基径三寸五分。露盘之下，各置根本、慈心、相轮、六度等陀罗尼，至是功毕，分置诸寺，赐供事官人已下仕丁已上一百五十七人爵，各有差。"吉川弘文馆2000年版。

图 4 – 8　日本百万《陀罗尼经咒》木塔（日本国会图书馆藏）*

注：*日本国会图书馆藏，采自 https：//www. wdl. org/zh/item/2927/#
q = % E7% 99% BE% E4% B8% 87［2016 年 9 月 14 日］。

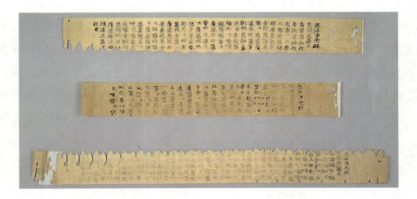

图 4 – 9　日本百万《陀罗尼经咒》木塔内所藏印本经咒（日本国会图书馆藏）*

注：*日本国会图书馆藏，采自 http：//www. ndl. go. jp/exhibit/50/html/catalog/c002 –
002 – m. html［2016 年 9 月 14 日］。

的"或然性"。至于历史的真实情况，以"逻辑所容许之极度"来推演，前面所论，虽仅及古籍记载与今日所见古代印刷品实物，但印刷术产生的实际年代应当远早于此。因为一种技术产生并得到广泛应用，是一个渐进的过程，当其刚刚出现时，一般难以引起人们的重视，只有在大量应用并对人们的生产生活产生影响后才会有人来记述。至于印刷品的实物，未见未必即是未有，所见必晚于未见。因此，在探讨雕版印刷术的产生时，只能指出其年代的下限，而很难确指其时间的上限，也没有必要纠结于一条具体记载与一件印刷品实物的发现，而应该从文化史发展的一般规律和特点来认识和思考。

大量的文献和实物资料都已充分证明，至迟到唐初，中国已用雕版印刷术印刷图书。从上面所列举的实例也可以看到，当时雕版印刷的地区既有东部的江浙，也有西南的四川，传播的范围远至西域，甚至异国的日本、朝鲜，刻印者主要来自民间的佛教寺院、道观和书坊，内容主要是佛教和道教经咒、百姓日常生活和生产所用的历书、阴阳杂记、占梦相宅等杂书，以及小学字书和时人诗文集等，而儒家所谓"正经正史"尚未开雕，而昔人所谓雕版始于五代冯道，乃基于儒者心目中"正经正史"才算得上是"正经图书"而言，并不是指雕版印刷术的发明始于冯道。

继唐而来的是后梁（907—923 年）、后唐（923—936 年）、后晋（936—946 年）、后汉（947—950 年）、后周（951—960 年）五代以及割据于南方和山西的十国。虽然五代一共只有五十三年，十国的存续时间也不及百年，是中国历史上最为混乱的时期之一，却是中国历史上雕版印书业迅速发展的时期。在这一时期，刻书者、刻书的地域范围和刻书的内容较之唐代都扩大了。

五代的雕版印刷有一个重大的变化，就是利用雕版印刷术来复制儒家所谓"经典"。关于五代时的雕版印刷史料，比较完整的有以下几条：

　　马缟为太子宾客，长兴三年（932 年）四月，敕："近以遍注石经，雕刻印板，委国学每经差专知业博士儒徒五六人勘读并注。今更于朝官内别差五人充详勘官，太子宾客马缟、太常丞陈观、祠部员外郎兼太常博士段颙、太常博士路航、屯田员外郎田敏等，朕以正经事大，不同诸书，虽以委国学差官勘注，盖缘文字极多，尚恐偶有差误。马缟已下，皆是硕儒，各专经业，更令详勘，贵必精研，兼宜委国子监于诸色选人中召能书人，谨楷写出，旋付匠人雕刻，每五百纸，与减一选，所减等第，优与选转官资。"时宰相冯道以诸经舛谬，与同列李愚委学官等，取西京郑覃所刊石经，雕为印板，流布天下，后进赖之。①

先是，后唐宰相冯道、李愚重经学，因言汉时崇儒，有三字石经，唐朝亦于国学刊刻，今朝廷日不暇给，无能别有刊立。常（力案，宋本及周勋初等校订本作"常"，或作"尝"，孰是，俟考）见吴蜀之人鬻印板文字，色类绝多，终不及经典。如经典校定，雕摹流行，深益于文教矣。乃奏闻，敕下儒官田敏等考校经注，敏于经注长于《诗传》，孜孜刊正，援引证据，联为篇卷，先经奏定，而后雕刻，乃分政事堂厨钱及诸司公用钱，又纳及第举人礼钱，以给工人。②

后唐长兴三年二月，中书门下奏："请依石经文字刻九经印板。"敕："令国子监集博士儒徒，将西京石经本，各以所业本经句度抄写注出，子细看读，然后雇召能雕字匠人，各部随帙刻印板，广颁天下。如诸色人要写经书，并须依所印敕本，不得更使杂本交错。"其年四月敕："差太子宾客马缟，太常丞陈观，太常博士段颙、路航，尚书屯田员外郎田敏充详勘官，兼委国子监于诸色选人中，召能书人端楷写出，旋付匠人雕刻，每日五纸，与减一选；如无选可减，等第据与改转官资。"③

唐末书犹未有模印，多是传写，故古人书不多而精审，作册亦不线缝，只叠纸成卷，后以幅纸概粘之（自注：犹今佛、老经）。其后稍作册子。后唐明宗长兴二年（公元 931 年），宰相冯道、李愚始令国子监田敏校六经，板行之，世方知镂甚便。宋兴，治平以前，犹禁擅镂，必

① （宋）王钦若等：《册府元龟》卷 608《学校部·刊校》，周勋初等校订，凤凰出版社 2006 年版。
② （宋）王钦若等：《册府元龟》卷 608《学校部·刊校》，周勋初等校订。
③ （宋）王溥：《五代会要》卷 8《经籍》，上海古籍出版社 1978 年整理点校本。

须申请国子监，熙宁后方尽施此禁。①

过去学者论及雕版印刷，皆云始于五代冯道，其所依据，基本即上列诸条。虽然二十世纪以来，此说已逐渐被学术界否定，但否定的依据也多是根据对文献中关于雕版印刷方面资料的梳理与印刷品实物的发现。其实，雕版印刷术应用早于五代冯道的相关文献，前人早就看到，但他们为什么仍然说雕版印刷始于冯道？我们认为，这需要从古人对于文献的观念，尤其是基于正统儒家的立场来分析。对于上面所列史料，稍加分析就可以发现，《册府元龟》《五代会要》《识遗》所记，只是指由官方主持雕印"六经""九经"始于五代，且如罗璧所言，宋代前期仍禁私刻儒家经典，如要刻印儒家经典，还需向国子监申报，这主要是因为儒家经典在当时具有相当的神圣性，如任民间擅刻，使得"杂本交错"，可能会因为错误而影响儒家经典的权威，诸书并没有说所有的雕印书籍都始于五代，故冯道说"吴蜀之人鬻印板文字，色类绝多，终不及经典"，有鉴于此，冯道才提议雕印儒家经典。于此，元代马端临亦谓：

> 世言雕板印书始冯道，此不然。但监本《五经》板道为之尔。柳玭《（家）训序》言其在蜀时，尝阅书肆，云"字书、小学，率雕板印纸"，则唐固有之矣，但恐不如今之工。②

五代开始雕印儒家经典，较之唐代雕印只限于佛道之书以及百姓所用的日历杂书和少数时人文集，印书的范围扩大了。元代王祯说：

> （古时书）或书之竹，谓之竹简；或书于缣帛，谓之帛书。厥后文籍浸广，缣贵而简重，不便于用，又为之纸，……然皆写本，学者艰于传录，故人以藏书为贵。五代唐明宗长兴二年，宰相冯道、李愚，请令判国子监田敏校正九经，刻板印卖，朝廷从之。锓梓之法，其本于此。

---

① （宋）罗璧：《识遗》卷 1《成书得书难》，台湾商务印书馆 1986 年影印清文渊阁《四库全书》本。

② （元）马端临：《文献通考》卷 174《经籍考·总序》。

　　因是天下书籍遂广。①

明代学者杨守陈更从书籍发展史的角度谈到了雕版印刷术发明对读书人的影响：

　　　　古之书汗简裁帛点漆磨石液笔书刀削，皆科斗文字，篆籀分书，盖甚难也。汉魏间始有今纸墨与楷书，笔之易矣，然未有不笔而成书者。致魏太和有石经，晋天福有铜板九经，皆可纸墨摹印，无庸笔写，传亦未广。后唐以降，乃有木板，昔以梓，今以梨，刊摹甚便。于是五经皆有印本遍天下，人不复传写，易易甚矣。②

儒家经典不再需要手工抄写，确实极大地方便了广大儒生，也使雕版印刷这种新的技术及其印刷品正式登上大雅之堂，从而大大促进了雕版印刷术更广泛的应用。

　　后唐明宗长兴三年冯道倡议刻印九经，因工程浩大，前后历时二十余年。《五代会要》载："汉乾祐元年（948 年）闰五月，国子监奏：'见在雕印板九经，内有《周礼》《仪礼》《公羊》《穀梁》四经未有印本，今欲集学官校勘四经文字镂板。'从之。"③后周广顺三年（953 年），九经刻竣，除九经外，还刻了《五经文字》和《九经字样》，共一百三十册。后周显德二年（955 年）至显德六年（959 年）三月，国子监又雕印了《经典释文》三十卷。宋洪迈据其家藏本介绍了后周所刻九经相关书写和列名校勘及刊刻情况：

　　　　予家有旧监本《周礼》，其末云：大周广顺三年癸丑五月，雕造《九经》书毕，前乡贡三礼郭嵫书，列宰相李穀、范质，判监田敏等衔于后。《经典释文》末云：显德六年己未三月，太庙室长朱延熙书，宰

------

　　①　（元）王祯：《农书·杂录·造活字印书法》，王毓瑚校，农业出版社 1981 年版。
　　②　（清）朱彝尊：《经义考》卷 293 "镂板"引，（台湾）中国文哲研究所筹备处 1998 年点校补正排印本。
　　③　（宋）王溥：《五代会要》卷 8《经籍》，上海古籍出版社 1978 年整理点校本。

相范质、王溥如前，而田敏以工部尚书为详勘官。①

田敏等所刻九经因由中央政府设立的国子监主持，所以被称为"监本"。由中央主持雕印儒家经典作为天下通行的范本，并形成制度，对后世产生了很大的影响，宋、元、明、清的国子监及其他一些中央机构都刻印了大量的儒家经典和其他部类的图书。中央政府雕印图书对推动民间刻书业的发展具有很大意义。

五代除大量刊刻儒家经典外，一些文学、史书、类书也多用版刻行世。前蜀乾德五年（923年）昙域和尚汇集他的师父贯休和尚的诗稿，编成《禅月集》并雕印行世，今本《禅月集》有昙域后序，云："寻捡稿草及暗记忆者约一千首，乃雕刻版部（印），题号《禅月集》。……时大蜀乾德五年癸未岁十二月十五日序。"② 明人丰坊也曾经提到南唐李后主建业文房收藏的雕版印刷的《史通》和《玉台新咏》③。在敦煌石室遗书中，还有《唐韵》《切韵》二种，据伯希和说"乃五代刊本细书小板"④。还有学者提出后周世宗时雕印农书并"颁下诸州"，使之"流布民间"：

> 窦俨，世宗显德末（954—960年）为翰林学士，上疏曰："……伏请于《齐民要术》及《四时纂要》《韦氏月录》之中，采其关于田蚕园圃之事，集为一卷，下三司雕木版广印，颁下诸州，流布民间。"疏奏，虽不即行，物议题之。⑤

虽然窦俨的建议没有马上得到施行，但从这段文字中也不难看出，五代时雕

---

① （宋）洪迈：《容斋续笔》卷14《周蜀九经》，中华书局2005年整理点校本。

② （五代）贯休：《禅月集》，民国上海商务印书馆《四部丛刊》影印江夏徐氏藏景宋写本。

③ （明）丰坊：《真赏斋赋》卷1："暨乎刘氏《史通》《玉台新咏》，上有建业文房之印，则南唐之初梓也。"转引自屈万里、昌彼得著，潘美月增订《图书版本学要略》，第34页，（台北）中国文化大学出版部1986年版，第34页。

④ 罗振玉：《鸣沙石室秘录》，见郑学檬、郑炳林主编《中国敦煌学百年文库文献》（一），甘肃文化出版社1999年版，第11页。

⑤ （宋）王钦若等：《册府元龟》卷553《词臣部·献替》，周勋初等校订，凤凰出版社2006年版；另见《全唐文》卷863窦俨《陈政事疏》。

版印刷已经成为官方颁行图书的主要手段，雕版印刷的内容也非常广泛，雕版印书到这时已经成为人们习见的寻常之事了。

　　大约与田敏等刻印九经同时，后蜀毋昭裔也在蜀中刻印图书。所不同的是，毋昭裔除了刻印儒家经典《九经》之外，还包括大部头的《文选》和类书《初学记》。在刻印图书的主体方面，后周是由中央政府的国子监主持，资金来源为公帑，而后蜀则是由毋氏私人主持并出资，虽然毋氏身为后蜀丞相，但其刻书实属个人行为，关于此事还有一段学林佳话：

　　　　蜀相毋公（昭裔），蒲津人。先为布衣，尝从人借《文选》《初学记》，多有难色。公叹曰："恨余贫，不能力致。他日稍达，愿刻板印之，庶及天下学者！"后公果显于蜀，乃曰："今可以酬宿愿矣。"因命工日夜雕板，印成二书。复雕《九经》、诸史，西蜀文字由此大兴。洎蜀归宋，豪族以财贿祸其家者什八九。会艺祖好书，命使尽取蜀文籍诸印本归阙，忽见卷尾有毋氏姓名，以问欧阳迥。迥曰："此毋氏家钱自造。"艺祖甚悦，即命以板还毋氏。是时其书遍于海内。初在蜀雕印之日，众多嗤笑，后家累千金，子孙禄食，嗤笑者往往从而假贷焉。①

《资治通鉴》亦载：

　　　　自唐末以来，所在学校废绝，蜀毋昭裔出私财百万营学馆，且请刻板印《九经》，蜀主从之。由是蜀中文学复盛。②

官方刊刻图书，主要是为了崇儒弘学，虽然也会售卖，但其意并不在赢利；寺院道观刊刻图书，主要是为了宣传宗教，其意也不在赢利；而一般私人刻书，除了个别特殊原因以外，就是一种市场行为。毋昭裔私人刊刻《九经》

---

① （明）焦竑：《焦氏笔乘续集》卷4《雕板印书》，上海古籍出版社1986年整理点校本。
② （宋）司马光：《资治通鉴》卷293"太祖广顺三年"，中华书局1956年整理标点本。

并由此获利，也是雕版印刷商业化运作的一个成功范例，因毋昭裔的特殊地位以及后来受到宋高祖的重视，其影响就远远超过了一般的图书雕版印刷活动。因此，毋氏刻书，其意义不仅仅是让更多的读书人能够更方便地获得图书甚至使"蜀中文学复盛""其书遍于海内"，更大的意义还在于它昭示了一个新的产业的诞生。

佛道之书在五代时仍是雕刻印刷的重点。前蜀任知玄于公元 909 至 913 年间自己出俸钱雇良工雕印了道士杜光庭的《道德经广圣义》三十卷。后晋高祖石敬瑭于天福五年（940 年）十一月令道士张荐明"以《道》《德》二经雕上印板，命学士和凝别撰新序，冠于卷首，俾颁行天下"[1]。吴越国佛教兴盛，"吴越王钱俶，天性敬佛，慕阿育王造塔之事，用金铜精钢造八万四千塔，中藏《宝箧印心呪经》布散部内，凡十年而讫功"[2]。实际上，钱俶（即钱弘俶）曾多次施印此经，见于记载并有实物佐证的最早是在显德三年（956 年），他雕印了《一切如来心秘密全身舍利宝箧印陀罗尼经》。日本僧人道喜于日本康保二年（965 年）所作《宝箧印经记》载："去应和元年（九六一）春，游右扶风，于时肥前国刺史（多治比实相）称唐物出一基铜塔示我，高九寸余，四面铸镂佛菩萨像，德宇四角，上有龛，龛形如马耳，内亦有佛菩萨像，大如姜核，捧持瞻视之顷，自塔中一囊落，开见一经，其端纸注云：天下都元帅吴越王钱弘俶折本宝（筐）［箧］印经八万四千卷之内安宝塔之中，供养回遹已毕，显德三年（九五六）丙辰岁记也……"[3] 此本瑞典斯德哥尔摩博物馆有收藏，其卷首题记云："天下都元帅吴越国王钱弘俶印宝箧印经八万四千卷在宝塔内供养。显德三年丙辰岁记。"1971 年浙江绍兴城关镇曾出土了一座金涂塔，塔底板铸"吴越国王俶敬造宝塔八万四千所，永充供养。时乙丑岁记"，塔中有佛经一卷，首题"吴越国王钱俶敬造宝箧印经八万四千卷，永充供养，时乙丑岁记"[4]，按此"乙丑岁"当为公元 965 年。钱俶最后一次雕印佛经是在宋开宝八年乙亥（975 年），1924 年杭州西湖雷峰塔倒塌时发现了钱氏印造的佛经（图 4 -

---

① （宋）薛居正等：《旧五代史·高祖纪》。
② （宋）释志磐：《佛祖统纪》卷 43，《大正新修大藏经》第 49 册。
③ 转引自释东初《中日佛教交通史》，台北东初出版社 1970 年版，第 361—362 页。
④ 参见张秀民著、韩琦增订《中国印刷史》（插图珍藏增订版），第 36 页。

10），其上有题记："天下兵马大元帅吴越国王钱弘俶造此经八万四千卷，舍入西关砖塔，永充供养。乙亥八月日记。"

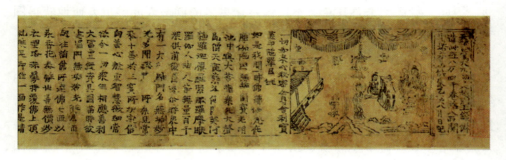

图 4 – 10　吴越国王钱俶刻《宝箧印经》（雷峰塔经，中国国家图书馆藏）

五代时刻书的地域较之唐代扩大了许多，除原来的雕版中心地区如四川、淮南、洛阳以及江南一带外，其他一些地区如北方的青州、南方的福州和西北的瓜州、沙州也有了雕版印刷。南唐刘崇远记，唐末青州人、平卢节度使王师范镇守青州时，执法不阿，"至今青州就印卖《王公判》焉"[1]。后周时著名的文学家和凝将自己的百卷作品刻印了数百帙分送于人[2]。五代初福建人徐夤刻印了自己所撰的《斩蛇剑赋》《人生几何赋》等。

雕版印刷术与造纸术一样，也是古代中国对世界文明的重大贡献之一。如前所述，雕版印刷术开始大规模使用的时期，正是中国与日本，朝鲜半岛的新罗、百济、高丽交往十分密切的时期，大量来自日本、朝鲜半岛的遣隋使、遣唐使、遣唐僧、留学生、留学僧来到中国，他们在回国时不仅带回了大量的印刷品，也学习并带回了雕版印刷技术。

雕版印刷术刚在中国出现不久，就传播到了同属汉字文化圈的日本、朝鲜半岛，稍后又传到了同样受中华文化影响的印度支那半岛。再晚一些，中国的雕版印刷术又通过中亚逐步传到了西方世界。[3]

如果说中国的雕版印刷始于隋唐，那么，到五代时，雕版印刷术已经完全成熟并得到了广泛的应用。除书坊、佛寺、道观刻书外，五代时又出现了

---

① （五代）刘崇远：《金华子杂编》卷下，台湾商务印书馆 1986 年影印清文渊阁《四库全书》本。
② （宋）薛居正等：《旧五代史·和凝传》。
③ 参见钱存训《中国科学技术史》第 5 卷《化学及相关技术》第 1 分册"纸和印刷"，第 32 章。

官府刻书和文人学者刻书；刻书的内容已不限于日历杂书、佛经道书和少量的文学作品，而是发展到了经史子集四部，刻书的范围大大增加了。尤其重要的是，雕版印刷图书范围扩大，特别是包括了儒家经典，对于一般读书人来说，雕版印刷这时才真正有了意义。所以，五代以后，中国古代雕版印书进入了快速发展和完全成熟的时期。

需要特别指出的是，因为雕版印刷可以大规模地批量复制文献，唐代以后，雕版印刷术已经完全成熟并且应用广泛，加之商品经济快速发展，所以在商业化的图书流通领域，雕版印刷图书成了主要的流通产品，而抄本图书则因复制效率低，在图书市场上很难与雕版图书相抗衡。但是，在宋、元、明、清甚至民国以后，抄本图书在社会中的实际占有量仍然十分庞大，尤其是中央藏书中，有相当数量的图书是抄本图书，如宋代"三馆""秘阁"及各宫中各殿藏书，最为重要与精美者仍是抄本图书；元、明、清三代的情况与宋代基本相同，更无论明、清时代中央藏书中最有名的《永乐大典》《四库全书》等都是抄本图书。一般而言，对于那些复制量较小的图书，人们更多的还是采用手工抄录的方式。同时，雕版印刷图书虽然可以批量复制，但其商品化后的价格对于普通百姓包括穷困书生而言，仍然是一种并不便宜的商品。并且，在古代读书人的传统观念中，抄写图书乃是对图书或者图书内容表达敬畏的一种方式，一般人对于他所喜爱的图书，往往都会亲自或者请人抄写，这一点在宗教类图书方面表现得最为充分。至于那些没有刻本的图书，一般学者、藏书家也只能用抄写的方式复制，甚至对一些特别珍贵的雕版图书，也会特别通过"影抄"的方式来复制、保存，著名的汲古阁影抄本，世称"毛抄"，其价值不让宋元刻本。因此，在进入雕版印刷时代以后，抄本图书仍大量存在，其社会上的实际保有量甚至可能超过了雕版印刷的图书。在许多藏书家眼中，抄本图书的价值也往往会高于一般的雕版印刷图书。只是因为抄本图书的收藏与使用分散，在一般的图书史研究中也包括本书研究中，难以重点、专门讨论而已。

第　五　章

印本的黄金时代：宋代

宋代是中国历史上一个十分重要而有特色的时代。就文化及图书事业而言，宋代算得上中国古代最为繁荣的一个时代，思想、文学、艺术以及许多学科领域都取得了很大的成就，尤其是在图书印刷出版方面，堪称中国古代的"黄金时代"。

第一节　崇文抑武的宋代

宋代是一个社会变化剧烈、内部政争不断、外部战争频繁的时代，也是思想与文化非常活跃的时代。陈寅恪先生曾经指出：

> 吾国近年之学术，如考古历史文艺及思想史等，以世局激荡及外缘熏习之故，咸有显著之变迁。将来所止之境，今固未敢断论。惟可一言蔽之曰，宋代学术之复兴，或新宋学之建立是已。华夏民族之文化，历数千载之演进，造极于赵宋之世。后渐衰微，终必复振。①

宋代学术与文化的兴盛，与宋代特定的社会历史环境有关，也与宋朝统治者的统治策略及文化政策有关。

---

① 陈寅恪：《邓广铭〈宋史职官志考证〉序》，《金明馆丛稿二编》，生活·读书·新知三联书店2001年版，第277页。

一 宋代图书事业的发展环境

宋代包括北宋和南宋（960—1279 年），与其他封建王朝不同，宋代之前的五代，诸国普遍是君弱臣强，最后，作为臣子而拥有重兵的赵匡胤在陈桥驿发动兵变，黄袍加身，取得了政权。殷鉴不远，如何保证皇帝的绝对权力，就成为宋初几位皇帝政权建设的重中之重，所采取的主要措施就是削弱中央和地方官员的权力特别是兵权，以文官治国，因此，"崇文抑武"成为宋朝的基本国策。

建隆三年（962 年）宋太祖谓近臣曰："今之武臣欲尽令读书，贵知为治之道。"① 太平兴国七年（982 年），宋太宗亦谓近臣曰："朕每读《老子》至'佳兵者不祥之器，圣人不得已而用之'，未尝不三复以为规戒。王者虽以武功克定，终须用文德致治。朕每退朝，不废观书，意欲酌前代成败而行之，以尽损益也。"② 重视文化、重视图书是政治的需要，这一点在宋代表现得尤为突出，故明儒丘浚说："宋朝以文为治，而于书籍一事尤切用心，历世相承，率加崇尚。屡下诏书，搜访遗书，或给以赏，或赐以官，凡可以得书者，无不留意。"③ 后人评论有宋一朝屡败于辽金夏最后亡于蒙元，乃是崇文而不修武备之故。虽然此论不免失之片面，但宋朝诸帝对文化的重视确为空前，宋朝的文化也确实达到了中国封建时代的最高水平。

如果说宋代文化前所未有的繁盛现象从表面上看是统治者因政治需要而大力倡导所致，那么，宋代经济以及社会的发展变化则是形成这种表象的内在动因。

宋代是中国封建时代社会经济制度发生结构性变化的时代。变化首先来自土地制度。北魏到隋唐以来实行的均田制经过了几百年的发展，已经不能适应社会发展的需要了，土地私有化已成必然之势。因此，宋太祖在政权建立伊始即宣称："本朝不抑兼并。"在这种政策的推动下，土地私有化迅速发展。

---

① （宋）李焘：《续资治通鉴长编》卷 3 "建隆三年二月壬寅"，中华书局 1979—1995 年整理标点本。

② （清）毕沅：《续资治通鉴》卷 11 "太平兴国七年十月癸亥"，中华书局 1957 年整理标点本。

③ （明）丘浚：《大学衍义补》卷 94，明嘉靖三十八年福建吉澄等校刻本。

　　土地制度的变化导致了社会结构的变化。通过土地买卖、兼并，小地主可以成为大地主，而大地主也可能下降成为小地主甚至破产。隋唐以前，农民对于庄园主有着很强的人身依附关系，进入宋代以后，这种关系大大被削弱了，农民与地主的关系变成了单纯的土地租赁关系，农民可以比较容易地离开地主，甚至离开农村而进入城市；而地主对于土地的权利也变得简单了，只管收租，因此也可以离开农村进入城市，过上"坐食租税"的生活；由于土地兼并，农民增加了失去土地的可能性，也增加了离开土地的可能性，当然也就增加了选择从事土地耕种以外如手工、商贸等职业的可能性。这一系列的变化，冲破了过去小范围、小区域自给自足、自我保障的社会经济模式，促进了商品化、货币化的发展，促进了城市的发展。

　　手工业的快速发展也是宋代社会变化的一个重要方面。宋代兵役及力役制度都发生了较大变化。宋代实行募兵制，厢军承担修河、筑路等工作，农民的兵役和力役负担大大减轻。唐代工匠受到政府的严格控制，每年必须向官府应役二十天，宋代则取消了这种办法，改为招募，工匠应役之外的时间可以自由支配，从而促进了民间手工业的发展。社会分工越来越细、越来越专。这些变化，既促进了文化产品数量的增长，也提高了文化产品的质量，促进了产业的发展。

　　城市及城市生活的变化也是宋代社会变化的另一个重要方面。宋代的城市发展很快，城市的人口聚集能力大大提高，许多农民、地主离开土地进入城市，一个庞大的市民阶层已经形成。庞大的市民阶层既是文化产品的生产者，也是文化产品的主要消费者。城市成了名副其实的手工业中心、商贸中心和消费中心，城市的功能也更加完善，全国性商业体系已经形成，对外贸易也快速发展，商业票据交易、金融体系已经十分发达，商业活动十分活跃。北宋元祐三年（1088 年）范锷同京东路转运司奏称：

　　　　本镇自来广南、福建、淮、浙商旅乘海船贩到香药诸杂税物，乃至京东、河北、河东等路商客船运见钱、丝绵、绫绢往来交易，买卖极为繁盛……①

---

　　① 　（宋）李焘：《续资治通鉴长编》卷 409 "元祐三年三月"。

南宋诗人刘克庄有诗云：

> 南船不至城无米，北货难通药阙参。①

倘若南方运粮的船未到，城市里就没有米卖；倘若北方的运输中断了，连药里要配的参都很难找到，这形象地反映了宋代的商贸盛况以及商业在整个社会中所起的作用。北宋画家张择端笔下的《清明上河图》就是北宋汴梁商业高度发达、社会专业分工精细、城市生活活跃最形象直观的写照。

隋唐时期出现的雕版印刷经五代的发展之后，到宋代进入了成熟期，不仅体现在雕版印刷技术本身的进步上，更体现在相关产业的协调发展和市场的成熟上。雕版印刷涉及造纸、制墨、雕版、刷印及装订等相关行业和专业技能，宋代社会分工的精细化为雕版印刷进入专业化生产提供了条件；城市的快速发展和市民阶层的壮大、科举制的发展特别是教育的普及造就了一个包括学者、书生到普通百姓的庞大的图书消费人群；宋代庞大的官僚体系以及繁杂的政令传递系统需要大量的雕版印刷工匠来雕印各种法律、敕令和公文，也大大促进了雕版印刷行业的发展；高度发达的商贸又使得图书成为一种重要的商品，并有了良好的商业流通条件。通过对现存宋版图书上记载的刻工姓名以及相关资料的分析，许多刻工一生都在刻书，流动性也很大，可知宋代从事雕版印刷的工人已经高度职业化了，图书的出版与销售也已成为一项重要的产业。

宋代社会的变化，还来自科举制度的完善和教育的发展。

较之唐代的科举，宋代扩大了科举的录取名额，简化了考试手续。唐代科举录取人数最多的一次也不过八十人，而宋代一般都在五百人以上，多则上千人。宋代还一改唐代举人礼部考试及格后还须经吏部考试才能任职的做法，取消了吏部考试，一次考试及格后便可为官，并且待遇优厚。更为重要的是，随着魏晋南北朝以来门阀制度的消亡，官员的选拔主要通过科举考试来进行，使科举成为广大中小地主甚至普通百姓进入社会上层的主要途径，

---

① （宋）刘克庄：《后村先生大全集》卷2《小斋》，民国上海商务印书馆《四部丛刊》影印旧抄本。

"朝为田舍郎，暮登天子堂"，就反映了科举对普通人的影响。读书求功名，功名带来仕进，是社会上层到社会下层的共识。为做官而读书，使教育得以快速发展和普及。即使是科举落榜，情况好的至少也可以当个塾师谋生，因为上学的人多，对师资的需求也大，落榜的书生也很好地解决了基础教育的师资问题。科举像发动机，推动了教育的发展；科举也像润滑剂，使教育的各个环节都能顺利地运作，了无窒碍。

　　唐代从中央到地方已经建立起了相当规模的官学体系，私学作为官学的基础与补充，也得到了较大发展，社会教育体系已基本形成。但是，除了进入官学而获得参加科举考试的机会外，一般士人"怀牒自列于州县"，即可应举，科举与前期的学校教育没有直接、必然的联系，因此一般人并不十分注重学校教育的经历，人们往往重科举而轻学校①。到了宋代，这种情况引起了重视。"仁宗庆历二年（1042 年），天章阁侍讲王洙言：'国子监每科场诏下，许品官子弟投保官家状量试艺业，给牒充广文、太学、律学三馆学生，多或致千余人，即随秋试召保取解，及科场罢日，则生徒散归，考官倚席。若此，但为游士寄应之所，殊无国子肄习之法。居常讲筵，无一二十人听讲者。'"② 科考前为了取得考试资格而临时进入广文、太学、律学等学馆充任学生的做法，反映了并没有将学校教育作为人才培养的必经阶段，于是就出现了考试前入学、考试后便离馆四散的情况，以致老师"倚席"、无事可干、无生可教。针对这种选士之法与育人之法脱节的现象，范仲淹指出这是"不务耕而求获"③，呼吁改革。此后，特别是王安石"三舍法"后，学校的人才培养与科举的人才选拔终于完全结合起来，从而大大促进了教育的发展。到元丰（1078—1085 年）时，设于中央的太学生员已达二千四百人④，崇宁（1102—1106 年）时，太学生员竟达三千八百人，地方县学大县五十人、中县四十人、小县三十人。到大观三年（1109 年），其岁终之数为：

---

① 张希清：《北宋的科举取士与学校选士》，漆侠主编《宋史研究论文集》，河北大学出版社 2002 年版。

② （元）马端临：《文献通考》卷 42《学校考三》。

③ （宋）范仲淹：《范文正公文集》卷 9《上执政书》，见李勇先、王蓉贵校点《范仲淹全集》，四川大学出版社 2007 年版，第 219 页。

④ 《宋会要辑稿·职官·国子监》，国立北平图书馆 1936 年影印本。

　　总天下二十四路，教养大小学生，以人计之，凡一十六万七千二百六十二；学舍以楹计之，凡九万五千二百九十八；学钱以缗计之，岁所入凡三百五万八千八百七十二，所用凡二百六十七万八千七百八十七；学粮以斛计之，岁所入凡六十四万二百九十一，所用凡三十三万七千九百四十四；学田以顷计之，凡一十万五千九百九十；房廊以楹计之，凡一十五万五千四百五十四。既已逐州县离为析数，又以天下合为总数，凡二十有五册，而中都两学之数不与焉。①

宋政和六年（1116 年）十一月十五日诏云：

　　学校以善养天下，比来法行令具，士有所养，余二十万人。②

由此可见，至北宋末，官办学校已有很大规模③。不过，官办学校的情况是参差不齐的，有的可能较好，有的可能则很差，宋代当时即有人批评说一些官办学校，或者有学而无书④，或者有学而无田⑤，或者有学而无师⑥。

　　与官学相对的是民间所办私学。北宋范仲淹曾记范阳人窦禹钧办学行善事："公每量岁之所入，除伏腊供给外，皆以济人之急。家惟素俭，器无金玉之饰，室无衣帛之妾。于宅南构一书院四十间，聚书数千卷，礼文行之儒，延置师席。凡四方孤寒之士，贫无供须者，公咸为出之，无问识不识。

---

　　① （宋）葛胜仲：《丹阳集》卷 1《乞以学书上御府并藏辟雍札子》，清乾隆四十一年孔继涵抄本。

　　② 《宋大诏令集》卷 157《政事十·学生怀挟代笔监司互察御笔手诏》，中华书局 1962 年整理排印本。

　　③ 按宋袁褧《枫窗小牍》卷上载，宋徽宗南渡前天下共有"一千八百七十八万"，则宋徽宗时天下平均不到一百户有官学生一人。

　　④ （宋）朱熹《朱子大全文集》卷 77《泉州同安县学官书后记》："熹为吏同安，得兼治其学事。学有师生诵说而经籍弗具，学者四来，无所业于其间。"（朱杰人、严佐之、刘永翔主编《朱子全书》第24 册，第 3692 页）

　　⑤ （宋）朱熹《朱子大全文集》卷 79《建宁府崇安县学田记》："崇安县故有学而无田，遭大夫之贤而有意于教事者，乃能缩取他费之赢，以供养士之资。其或有故而不能继，则诸生无所仰食而往往散去，以是殿堂倾圮，斋馆芜废，率常更十数年乃一闻弦诵之声，然又不一二岁，辄复罢去。"（朱杰人、严佐之、刘永翔主编《朱子全书》第 24 册，第 3772 页）

　　⑥ （宋）赵汝愚：《国朝诸臣奏议》卷 78 刘敞《上仁宗请诸州各辟教官》："今州郡幸皆有学，学皆有生徒，而终患无师以教之，但令掾曹杂领其事。职既不专，教用不明。"（宋淳祐刻元明递修本）

有志于学者，听其自至。"① 窦氏私人所办书院达四十间，可见其规模不小。苏东坡幼时曾从邑人道士张从简学，同门读书的小孩达数百人②。可见，除官学外，宋代私学的设置是非常普遍的，总体规模也十分庞大。

除了基础教育外，层次较高的民办书院在宋代也得到了很好的发展。书院之设，起源很早，清代黄以周说：

> 今之书院，在古为天子藏书之所，其士子之所肄业者。……至宋有白鹿、石鼓、岳麓、应天府四书院，又别有嵩阳、茅山书院。其地不在朝省，而有天子之赐书，故额之曰书院。……沿及南宋，讲学之风聿盛，奉一人以为师，聚徒数百，其师既没，诸弟子群居不散，讨论绪余，习闻白鹿、石鼓诸名，不复加察，遂尊其学馆曰书院。其地乃私居也，其书之有否，不可得而知也。③

虽然唐代已经有了好几个著名的书院，但作为一种普遍性设立，官办、民办、官民共办等形式多样的学术与教育机构，则主要是在宋元以后。宋代洪迈记：

> 太平兴国五年，以江州白鹿洞主明起为褒信主簿。洞在庐山之阳，常聚生徒数百人。李煜有国时，割善田数十顷，取其租廪给之。选太学之通经者，俾领洞事，日为诸生讲诵。于是起建议以其田入官，故爵命之。白鹿洞由是渐废。大中祥符二年，应天府民曹诚即楚丘戚同文旧居造舍百五十间，聚书数千卷，博延生徒，讲习甚盛。府奏其事，诏赐额曰应天府书院，命奉礼郎戚舜宾主之，仍令本府幕职官提举，以诚为府助教。宋兴，天下州府有学自此始。其后潭州又有岳麓书院。及庆历（力案：时在庆历四年）中，诏诸路州郡皆立学，设官教授。④

---

① （宋）范仲淹：《范文正公别集》卷4《窦谏议录》，见李勇先、王蓉贵校点《范仲淹全集》，第511—512页。

② （宋）苏轼：《东坡志林》卷2《道士张易简》，中华书局1981年整理标点本。

③ （清）黄以周：《儆季杂著·史说略四·论书院》，清光绪二十年南菁讲舍刻本。

④ （宋）洪迈：《容斋随笔》三笔卷5《州郡书院》，中华书局2005年整理点校本。

据不完全统计，宋代的书院至少有七百一十一所①，其中北宋书院在一百所至二百余所之间②。南宋书院更多，见诸记载者据统计就有四百四十多所，还有一些书院始建情况不明③。宋代的书院，既有官办，也有民办，还有官私合办或民助公办，如应天府书院本是民办，因其影响甚大，改为官办：

> 应天府民曹诚，以资募工就戚同文所居造舍百五十间，聚书千余卷，博延生徒，讲习甚盛。府奏其事，诏赐额曰应天府书院，命奉礼郎戚舜宾主之，仍令本府幕职官提举，又署诚府助教。④

在地方书院中，有不少是官办书院，如浙江金华丽泽书院、福建建安书院、韶州相江书院、江西贵溪象山书院等⑤。还有一些书院则与地方官学合而为一，例如应天府书院即是府学⑥。

书院不仅是一个人才培养的机构，也是主要的思想和学术研究机构，还是重要的图书收藏与出版机构。书院办学层次一般较高。由于教学、研修的需要，书院大多有较为丰富的藏书，不少书院财力雄厚，师生可兼校勘之职，因此出版了不少书籍，大大推动了宋代图书事业的发展。

可以这样说，宋代社会各方面的发展与变化，为图书业的快速发展提供了一个良好的环境。特别是教育的发展，既培养了大量读书之人，也提供了庞大的图书销售市场。科举制本身，不仅促进了教育的发展，也直接推动了

---

① 陈谷嘉、邓洪波：《中国书院制度研究》，浙江教育出版社1997年版，第355页。

② 邓洪波先生谓北宋书院在100所以上。说见其《中国书院史》，东方出版中心2004年版，第65页。而另据李劲松博士考证，北宋时期各路新建书院共206所。说见《北宋书院研究》，华东师范大学2009年博士学位论文，第67页。

③ 参见邓洪波《中国书院史》，第110页。

④ （清）毕沅：《续资治通鉴》卷28"大中祥符二年二月庚戌"。

⑤ 《宋史·理宗本纪》："婺州布衣何基，建宁府布衣徐几，皆得理学之传，诏各补迪功郎，何基婺州教授兼丽泽书院山长，徐几建宁府教授兼建安书院山长。"《宋史·度宗本纪》："初，命迪功郎邓道为韶州相江书院山长，主祀先儒周敦颐。""以汤汉为显文阁直学士、提举玉隆万寿宫兼象山书院山长。"这些书院山长由皇帝直接任命，可知其为官办书院。据邓洪波先生《中国书院史》统计，宋代官办书院至少有108个，占已知书院的15.19%。

⑥ （清）毕沅：《续资治通鉴》卷40："以应天府书院为府学，仍给田十顷。"

与科举相关的图书的出版，从宋代至清末，科举类图书始终是图书出版中份额最大的部分。

二 "四大书"修纂与宋代的学术文化

两宋时期，由于社会经济的发展以及特定的历史背景，可以说是中国历史上学术思想自战国百家争鸣以来最为活跃的时代，图书的创作十分活跃。以"四大书"的修纂为标志，宋代"崇文抑武"的政策得以确立。

赵宋王朝从政权建立之日起就十分重视利用图书为其统治服务。先是，赵匡胤在陈桥驿发动兵变，篡夺了政权，接着又统一了全国，不少原来五代旧臣人虽降而心未降，为了安置他们并使其不再心生异志，宋太宗于是下令编纂了篇幅各达一千卷的《太平御览》《文苑英华》和五百卷的《太平广记》，真宗朝又编纂了一千卷的《册府元龟》，这就是中国图书史上著名的"四大书"。关于宋王朝编纂"四大书"的动机，宋代王明清引朱希真语云：

> 太平兴国中，诸降王死，其旧臣或宣怨言，太宗尽收用之，置之馆阁，使修群书，如《册府元龟》《文苑英华》《太平广记》之类。广其卷帙，厚其廪禄赡给，以役其心，多卒老于文字之间云。①

有人指出王明清引朱希真语有误，谓《册府元龟》乃真宗时纂而非太宗时纂，但借修纂图书以笼络文人旧臣，其意或者不误。元人刘埙也说：

> ……如宋初编《文苑英华》之类，尤不足采。或谓当时削平诸僭，降臣聚朝，多怀旧者。虑其或有异心，故皆位之馆阁，厚其禄爵，使编纂群书，如《太平御览》《广记》《英华》诸书，迟以岁月，困其心志。于是诸国之臣，俱老死文字间，世以为深得老英雄法，推为长策。

虽然上述说法并不一定全面，但不管宋太宗、真宗出于什么动机，宋初官修"四大书"都是中国古代图书史上的一件大事，既是宋朝提倡"文治"的一

---

① （宋）王明清：《挥麈后录》卷1《太宗收用旧臣处之编修以役其志》。

个标志，也是对民间图书创作的一种积极倡导，它造成了一种"崇文抑武"的社会风气，宋代的学术与文化由此进入了一个黄金时期，图书事业得到了快速的发展。

《太平御览》的编纂始于宋太宗太平兴国二年（977 年），初名《太平总类》，太平兴国八年编成，前后历时近七年，书成，宋太宗赐名《太平御览》。《太平御览》全书分五十五部，大小类目五千四百多个，凡一千卷。《太平御览》前附有大约编于宋仁宗以后的《太平御览经史图书纲目》，著录《太平御览》所摘引宋以前一千六百九十种书目，但这个目录并不完备，有学者统计，《太平御览》实际引书二千五百七十九种。① 不过，《太平御览》所采用的图书可能并非都是当时实有之书，宋陈振孙云："或言：国初古书多未亡，以《御览》所引用书名故也。其实不然，特因前诸家类书之旧尔。以《三朝国史》考之，馆阁及禁中书，总三万六千余卷，而《御览》所引书多不著录，盖可见矣。"② 但无论如何，由于《太平御览》取材范围包括经、史、子、集四部图书，在它所摘录的两千多种图书中，许多图书在宋代以后亡佚了，即使是《修文殿御览》和《文思博要》等类书，宋以后也已亡佚，故尔后世学者常常利用《太平御览》来进行古籍的辑佚和校勘，因此它在文献辑佚、校勘方面具有很高的价值。

《太平广记》的编纂也始于宋太宗太平兴国二年，次年编成。全书五百卷附目录十卷，分九十二大类一百五十多个小类，其"引用书目"载引书三百四十一种，实际引用图书五百二十六种③，取材范围主要是汉代以来的笔记、小说及野史、逸闻。《四库全书总目》评价说：

> 其书虽多谈神怪，而采摭繁富，名物典故，错出其间，词章家恒所采用，考证家亦多所取资。又唐以前书，世所不传者，断简残编，尚间存其什一，尤足贵也。

---

① 马念祖：《水经注等八种古籍引用书目汇编·凡例》，中华书局 1959 年版。

② （宋）陈振孙：《直斋书录解题》卷 14《类书类》，徐小蛮、顾美华点校，上海古籍出版社 1987 年版。

③ 马念祖：《水经注等八种古籍引用书目汇编·凡例》。

如《太平御览》一样，后人也常用它来进行辑佚和校勘。

《文苑英华》的编纂始于宋太宗太平兴国七年（982 年），宋太宗雍熙四年（987 年）编成，全书共一千卷。《文苑英华》汇集了梁末以来二千二百余人的诗文二万三千多篇，分为三十六大类，实际上是梁昭明太子萧统《文选》的续编。《宋史·艺文志》等古籍著录的六朝及唐人文集，今天大都已经亡佚，后人对六朝特别是隋唐人文集的辑佚大多依靠此书，《四库全书》《全唐文》、严可均《全上古三代秦汉三国六朝文》都从中辑出了相当数量的六朝和隋唐人文集、文章。当然，《文苑英华》在编纂上也有不少问题，宋周必大《文苑英华序》就曾经指出：“元修书时，历年颇多，非出一手，丛脞重复，首尾衡决，一诗或析为二，三诗或合为一，姓氏差互，先后颠倒，不可胜计。”虽然，《文苑英华》仍不失为一部重要的古代文献。

《册府元龟》的编纂始于宋真宗景德二年（1005 年），成于宋真宗大中祥符六年（1013 年），原名《历代君臣事迹》，后宋真宗改题为《册府元龟》，这是一部史料性质的类书。《册府元龟》汇集了宋代以前的“正经”“正史”及部分子书中可供统治者借鉴的史事，而对于一般的野史、逸闻及小说、故事则一概不取。

> 群书中如《西京杂记》《明皇杂录》之类，皆繁碎，不可与经史并行，今并不取，止以《国语》《战国策》《管》《孟》《韩子》《淮南子》《晏子春秋》《吕氏春秋》《韩诗外传》与经史俱编，历代类书《修文殿御览》之类，采摭铨择。凡三十一部，部有总序，千一百四门，门有小序。初撰篇序，诸儒皆作，帝以体例不一，祥符元年二月丙午，遂择李维等六人撰讫，付杨亿窜定……凡八年而成。①

由于《册府元龟》收书范围几乎涵盖了宋代以前的所有正经正史和诸子百家之书，这些多为古代习见之书，加之《册府元龟》引书又不注出处，因此在过去不为人们重视，宋代袁褧批评此书说：“开卷皆常目所见，无罕觌

---

① （宋）王应麟：《玉海》卷54《景德〈册府元龟〉》。

异闻，不为艺家所重。"① 宋代洪迈更是对照司马光《资治通鉴》详述其失云：

真宗初，命儒臣编修君臣事迹，后谓辅臣曰："昨见《宴享门》中录唐中宗宴饮，韦庶人等预会和诗，与臣寮马上口摘含桃事，皆非礼也。已令削之。"又曰："所编事迹，盖欲垂为典法，异端小说，咸所不取，可谓尽善。"而编修官上言："近代臣僚自述扬历之事，如李德裕《文武两朝献替记》、李石《开成承诏录》、韩偓《金銮密记》之类，又有子孙追述先德叙家世，如李繁《邺侯传》《柳氏序训》《魏公家传》之类，或隐己之恶，或攘人之善，并多溢美，故匪信书。并僭伪诸国，各有著撰，如伪《吴录》《孟知祥实录》之类，自矜本国，事或近诬。其上件书，并欲不取。余有《三十国春秋》《河洛记》《壶关录》之类，多是正史已有；《秦记》《燕书》之类，出自伪邦；《殷芸小说》《谈薮》之类，俱是谈谐小事；《河南志》《邠志》《平剡录》之类，多是故吏宾从述本府戎帅征伐之功，伤于烦碎；《西京杂记》《明皇杂录》，事多语怪；《奉天录》尤是虚词。尽议采收，恐成芜秽。"并从之。及书成，赐名《册府元龟》，首尾十年，皆王钦若提总，凡一千卷，其所遗弃既多，故亦不能暴白。如《资治通鉴》则不然，以唐朝一代言之，叙王世充、李密事，用《河洛记》；魏郑公谏争，用《谏录》；李绛议奏，用《李司空论事》；睢阳事，用《张中丞传》；淮西事，用《凉公平蔡录》；李泌事，用《邺侯家传》；李德裕太原、泽潞、回鹘事，用《两朝献替记》；大中吐蕃尚婢婢等事，用林恩《后史补》；韩偓凤翔谋画，用《金銮密记》；平庞勋，用《彭门纪乱》；讨裘甫，用《平剡录》；记毕师铎、吕用之事，用《广陵妖乱志》。皆本末粲然，然则杂史、琐说、家传，岂可尽废也！②

可见，编纂《册府元龟》时，编者出于正统观念甚至偏见，对一些重要史

---

① （宋）袁褧：《枫窗小牍》卷下，台湾商务印书馆 1986 年影印清文渊阁《四库全书》本。
② （宋）洪迈：《容斋随笔》四笔卷 11《册府元龟》，中华书局 2005 年整理点校本。

料并未选用，从这一点看，与《资治通鉴》广泛采择史料相比，确有相当的差距。不过，由于《册府元龟》编于宋初，当时所见史料，后来或者亡佚不存，或者篇帙散乱，因此对于辑佚补史，仍有很重要的意义。清代乾隆以后，学者逐渐认识到《册府元龟》的价值。乾隆中，邵晋涵等从《永乐大典》中辑出了原已失传的薛居正《五代史》，又从《册府元龟》等书中辑录出相关资料作为考异互注，以与辑本《五代史》相印证。当代著名史学家陈垣先生曾以《册府元龟》校《魏书》为例说明了《册府元龟》在校勘学上的意义：

> 《魏书》自宋南渡后即有缺页，严可均辑《全后魏文》，其三十八卷刘芳上书言乐事，引《魏书·乐志》仅一行，即注"原有阙页"；卢文弨撰《群书拾补》，于《魏书》此页认为"无从考补"，仅从《通典》补得十六字，不知《册府》五百六十七卷载有此页全文，一字无缺。卢、严辑佚名家，号称博洽，乃均失之交臂，致《魏书》此页埋没八百年，亦可为清儒不重视《册府》之一证。

近年中华书局出版的标点整理本二十五史中，宋以前诸史都曾利用此书进行校补。

官修图书历来是图书编纂的重要方面，儒家经典历来是编纂整理的重点。宋真宗"咸平四年（1001 年）九月，翰林侍讲学士国子祭酒邢昺、直秘阁杜镐、秘阁校理舒雅、直集贤院李维、诸王府侍讲孙奭、殿中丞李慕清、大理寺丞王焕、刘士玄、国子监直讲崔偓佺等表上重校定《周礼》《仪礼》《公羊》《穀梁传》《孝经》《论语》《尔雅七经疏义》，凡一百六十五卷，命摹印颁行"①。

在宋代的官修图书中，史学是最多的一类，《资治通鉴》是其最著名者。

《资治通鉴》是中国古代最著名的官修史书之一。初，司马光撰《通志》八卷，表进于朝，得到宋英宗重视，于是在治平三年（1066 年）命

---

① （宋）程俱撰、张富祥校证《麟台故事校证·麟台故事辑本》卷 2 之 3，中华书局 2000 年版。

图 5 – 1　北宋司马光《资治通鉴》手稿（中国国家图书馆藏）

"龙图阁直学士司马光论次历代君臣事迹，俾就秘阁翻阅，给吏史笔札"①，继续编纂。与司马光一同编纂的还有刘攽等人。"温公遍阅旧史，旁采小说，抉摘幽隐，荟粹为书，劳矣。而修书分属，汉则刘攽，三国迄于南北朝则刘恕，唐则范祖禹，各因其所长属之，皆天下选也，历十九年而成"②。书成，宋神宗赐名《资治通鉴》。《资治通鉴》全书凡二百九十四卷，另有考异、目录各三十卷。全书上起周威烈王二十三年（前 403 年），下迄后周世宗显德六年（959 年），记事共计一千三百六十二年。所取材料除各朝正史以外，兼采野史逸文、文集谱录，为中国史学史上继《左传》《史记》之后的又一巨制。《资治通鉴》最后由司马光一人定稿，文辞优美，叙事生动，也是一部文学价值很高的作品。《资治通鉴》于元丰七年（1084 年）成书表进，诏令国子监镂板，元祐元年（1086 年）又下杭州镂板，稍后又有成都费氏进修堂之刻。南宋以后，此书多次刊刻，元代胡三省为《资治通鉴》刊正作注，是目前最通行之本。

　　宋代非常重视官修实录，官修实录多且详，国史、会要的编纂也极受重视。从北宋太祖到南宋理宗，共修实录二十一种三千六百零九卷、册（其

①　（宋）赵顼（神宗）：《资治通鉴序（御制）》，《资治通鉴》附。
②　（元）胡三省：《新注资治通鉴序》，《资治通鉴》附。

中《重修绍兴神宗实录》卷数不详）；国史八种共一千二百八十卷（其中《四朝正史》卷数不详）；会要十种二千三百二十三卷（其中《续修嘉泰宁宗会要》卷数不详）。除此之外，还有官修正史两部，即《旧五代史》《新唐书》①。至于官修地方志，则数量更多，详后。

在宋代的官修图书中，特别值得一提的是各种法典和法律文件的编纂。宋朝建立伊始，即开始了法典——《宋刑统》的纂修。

> 太祖建隆四年（963 年）二月五日，工部尚书判大理寺窦仪言：《周刑统》科条繁浩，或有未明，请别加详定。乃命仪与权大理少卿苏晓等同撰集，凡削出令、式、宣敕一百九条，增入制敕十五条，又录律内余条，准此者凡四十四条，附于名例之次，并目录成三十卷，取旧削去格、令、宣敕及后来续降要用者，凡一百六十条，为《编敕》四卷。……至八月二日上之，诏并模印颁行。②

《宋刑统》一直沿用到南宋末年。另《宋史·刑法志》云："宋法制因唐律、令、格、式，而随时损益，则有编敕。"宋代的编敕数量极多，据统计，两宋编敕大约有二百一十部、一万七千二百四十九余卷③，并且朝廷和地方各有编敕，"一司、一路、一州、一县又别有敕"④，除国子监、崇文院、进奏院等机构雕印了大量的法律图书外，中央后来还设有专门的编敕所负责编敕的雕印颁行，这是中国其他封建王朝所没有的现象，这与宋代社会的变化以及官僚体制的变化是分不开的。宋代冗官冗员之多，历来闻名。庞大的官僚体系和相当发达的商品经济都使得法律成为规范人们日常行为的依据，因此，各类法典和法律图书的编纂、刊印、传播、收藏等，在宋代图书事业中占有十分重要的地位。除官方外，民间刊印各种法律、诉讼类图书之风盛行，甚至到了需要明令禁止民间私刻的地步。只是这些多为当时实用之书，

---

① 参见林平、张纪亮《宋代官修史学文献概述》，《四川图书馆学报》1999 年第 5 期，第 70—75 页。
② （宋）王应麟：《玉海》卷 66《诏令·建隆新定〈刑统〉、编敕》。
③ 漆侠：《宋史研究论丛》，河北大学出版社 1990 年版，第 79 页。
④ （元）脱脱等：《宋史·刑法志》。

为一般藏书家所忽视，传于今日的实物很少，因此常常被一般研究图书史者
所忽略。

宋代官修医书也非常有名，影响最大的有《太平圣惠方》《太平惠民和
剂局方》和《圣济总录》。太平兴国三年（978 年），尚药奉御王怀隐与副
使王祐、陈昭遇、郑奇等奉诏编修医药方书，淳化三年（992 年）二月成
书，宋太宗作序并赐名《太平圣惠方》（简称《圣惠方》），令国子监开雕，
颁行天下。《太平圣惠方》是中国历史上第一部大型官修方书，而《太平惠
民和剂局方》则是中国第一部由政府颁布的中成药药典。《圣济总录》全书
共二百卷，登载历代方书和民间医方二万首，北宋政和间（1111—1118 年）
成书，镂版已成，因遭靖康之难，未及颁布，金大定间（1161—1189 年）、
元大德间（1297—1307 年）又两次刊刻。

在崇文抑武的政策之下，宋代文官的地位很高，文人群体在整个社会中
所扮演的角色也非常重要。清代著名学者顾炎武曾经评论说：

> ……真、仁之世，田锡、王禹偁、范仲淹、欧阳修、唐介诸贤，以
> 直言谠论倡于朝，于是中外荐绅知以名节为高，廉耻相尚，尽去五季之
> 陋。故靖康之变，志士投袂，起而勤王，临难不屈，所在有之。及宋之
> 亡，忠节相望。[1]

宋代文人积极参与政治的风气，有其特定的社会历史背景。一方面，宋代社
会经济结构的巨大变化，不同社会阶层之间相互关系的变动，必然会反映在
社会的方方面面尤其是知识阶层。另一方面，宋代与周边的辽、金、夏处于
长期的敌对状态，外患加深了国内的政治危机。在这种背景下，宋朝统治阶
级内部便产生了变法与反对变法、和与战的对立，不同的利益集团为了各自
的利益而不断地争斗、辩论，使得宋代的思想界处于非常活跃的状态，甚至
"处士横议"。自北宋后期起，不仅朝堂上纷争不断，民间也出现了不少议
论时政的著作。

在学术界，自北宋庆历（1041—1048 年）以后，传统的经学也发生了

---

① （清）顾炎武：《日知录》卷 13《宋世风俗》，清道光十四年西谿草庐刻本。

重大变化。宋代王应麟说：

> 自汉儒至于庆历间，谈经者守训故而不凿。《七经小传》出而稍尚新奇矣。至《三经义》行，视汉儒之学若土梗。①

所谓"守训故而不凿"，指此前学者解经皆墨守前人旧说，而自宋代之后，情况发生了很大的变化，《七经小传》②好以己意改易经文；《三经义》③虽不改经，却以己意解经。传统经学墨守师说，缺乏独立思辨的自我意识，因此难以发展，而宋代这种以自己的观点来改易或解释经文，当然与此前因循守旧的学风迥然不同。在刘敞、王安石等人的影响下，宋代学术风气为之一变。陆游评论说：

> 唐及国初，学者不敢议孔安国、郑康成，况圣人乎！自庆历后，诸儒发明经旨，非前人所及；然排《系辞》，毁《周礼》，疑《孟子》，讥《书》之《胤征》《顾命》，黜《诗》之序，不难于议经，况传注乎！④

刘、王以后，二程、朱熹、陆九渊等，他们都从不同的角度对汉儒的经学提出过怀疑和修正。

对传统经学持怀疑态度的意义不限于经学本身，其更大的意义在于它实际上蕴含着一种批判精神和求实精神，在这种风气的影响下，便有了吴棫、朱熹对《古文尚书》的怀疑，更有了如王应麟的《困学纪闻》、王观国的《学林》等考据著作的出现。可以这样说，疑古惑经的风气导致了考据风气的兴起，这种考据风气堪称清代乾嘉考据学之先声。

宋代疑古之风的兴起只是传统经学发生变化的一种表现形式，更大的变化则是自宋代以后，经学转而为理学，学者们从章句训诂之学转向了"明

---

① （宋）王应麟：《困学纪闻》卷 8《经说》，上海古籍出版社 2008 年整理标点本。

② 《七经小传》，（宋）刘敞撰，七经指《尚书》《毛诗》《周礼》《仪礼》《礼记》《公羊传》《论语》。

③ 《三经义》，（宋）王安石、王雱撰，三经指《尚书》《毛诗》《周礼》。

④ （宋）王应麟：《困学纪闻》卷 8《经说》引。

道致用"，希望"为天地立心，为生民立命，为往圣继绝学，为万世开太平"①。虽然理学不免有空谈性理之弊，但理学所提倡的思辨精神对元明乃至清代的思想界和学术界都产生了深刻的影响。宋代理学的昌盛，活跃了宋代的思想界，不仅造就了一大批理学大师，理学著作在宋代的图书创作中也占有很大的分量。

除思想领域外，宋代的文学、史学等方面也都取得了很大的成就。

文学方面，继唐代文学之后，宋代产生了一大批著名的文学家，深为后世称道的"唐宋八大家"中除韩愈、柳宗元为唐人外，其余王安石、曾巩、欧阳修、苏洵、苏轼、苏辙都是宋人。唐代以诗歌创作闻名，宋代的诗在一般人看来虽不如唐诗，但实际上从规模上看，宋代的诗歌创作较之唐代并不逊色。清代官修的《全唐诗》收录唐代二千三百多位诗人的作品，而仅清代学者厉鹗编纂的《宋诗纪事》即收录了三千八百余位宋代诗人的作品。此外，唐代开始出现的按一定格律填写的"词"到宋代达到了鼎盛，涌现出如辛弃疾、陆游、李清照、姜夔等一大批著名的词人。与唐诗一样，宋词也是中国文学创作中的一朵奇葩。

史学方面，宋代的史学成就可以说超过了以前各代。北宋司马光主持编纂的《资治通鉴》以及其他官修史书的情况已见前述。郑樵的《通志》、欧阳修的《五代史记》（即今人所称之《新五代史》）、李焘的《续资治通鉴长编》、李心传的《建炎以来系年要录》、徐梦莘的《三朝北盟会编》、袁枢的《通鉴纪事本末》等，在中国史学史上都占有非常重要的地位。在传统史学之外，宋代兴起了一种专门研究古代铭刻的学问，这就是金石学。宋代产生了许多重要的金石学著作，如欧阳修的《集古录》、吕大临的《考古图》、王黼等的《博古图》、赵明诚的《金石录》、薛尚功的《历代钟鼎彝器款识法帖》、王俅的《啸堂集古录》等，有学者将其视为中国现代考古学之先声。

地方志的纂修是宋代史学的重要组成部分。宋代各地修志之风极盛，宋初中央政府规定："凡土地所产，风俗所尚，具古今兴废之因，州为之籍，遇闰岁造图以进。"② 景德四年（1007 年）诏以四方所上图经修《图经总

---

① （宋）张载：《张子全书》卷 14《近思录拾遗》，中华书局 1978 年排印《四部备要》本。

② （元）脱脱等：《宋史·职官志三》。

集》一千五百六十六卷，并于大中祥符四年（1011 年）颁行全国。元丰三年（1080 年），王存等又奉诏修成著名的《元丰九域志》，随后刊板颁行天下。除中央多次主持修纂全国总志外，各地也纷纷编修地方志，南宋周辉称："近时州郡，皆修图志。"① 据学者考证，宋朝路、州、县、镇志共有一千零三十一种②，其数量超过了以前各代方志的总和。宋代的方志不仅数量超过前代，体例也更为完备。以前方志大多详于地理而略于人文，宋代方志除地理外，又增加了姓氏、人物、风俗以及文化等方面的内容，真正成为地方性的百科全书。在宋代的方志中，颇受后人称道的有罗愿所纂之《新安志》、高似孙所纂之《剡录》和范成大所纂之《吴郡志》，三志皆出自名家之手，在纂修体例上亦有创新，对后世的影响颇大。

由于雕版印刷术的普及，人们获取图书远较前代为易，兼之整个社会的崇文环境，因此公私藏书都远非前代可比。除了对图书的学习利用外，以图书本身为研究对象的文献学包括目录学、版本学、校勘学等都有了很大的发展，也取得了很大的成绩。在众多的文献学成果中，尤以晁公武的《郡斋读书志》、陈振孙的《直斋书录解题》和郑樵的《通志》最为著名。

晁公武的《郡斋读书志》、陈振孙的《直斋书录解题》是西汉刘向以后、《四库全书总目》之前最重要的解题性目录，在中国目录学史上具有重要地位。

《郡斋读书志》作者晁公武曾为四川转运使、著名藏书家井度属官，井度临终前将藏书悉送晁公武，加上晁氏自己所藏，除去重复，得书二万四千五百余卷。公武"日夕躬以朱黄，雠校舛误。终篇，辄撮其大旨论之"③，纂成我国第一部私家藏书的解题目录。《郡斋读书志》共著录图书一千四百九十六部④，按四部分类，并增设史评类、文说类（文学批评）。全书首列总序，每部有大序，部之下类目有小序，每类图书大致按时代先后排列。每种书著录书名、卷数、篇目、篇数及相关序跋，并有简明扼要的介绍，如第一篇《王弼周易》十卷，其著录为：

---

① （宋）周辉：《清波杂志》卷 4《修图经详略》，刘永翔校注，中华书局 1994 年版。
② 顾宏义：《宋朝方志考·前言》，上海古籍出版社 2010 年版。
③ （宋）晁公武：《郡斋读书志序》，孙猛校证本，上海古籍出版社 1990 年版。
④ 据《郡斋读书志》，孙猛校证本。

右上下经，魏尚书郎王弼辅嗣注。《系辞》《说卦》《杂卦》《序卦》，弼之门人韩康伯注。又载弼所作《略例》，通十卷。《易》自商瞿受于孔子，六传至田何而大兴，为施雠、孟喜、梁丘贺。其后焦赣、费直始显，而传受皆不明，由是分为三家。汉末，田、焦之学微绝，而费氏独存。其学无章句，惟以《彖》《象》《文言》等十篇解上下经。凡以《彖》《象》《文言》等参入卦中者，皆祖费氏。东京荀、刘、马、郑皆传其学。王弼最后出，或用郑说，则弼亦本费氏也。欧阳公见此，遂谓孔子古经已亡。按刘向以中古文《易经》校施、孟、梁丘经，或脱去"无咎""悔亡"。惟费氏经与古文同，然则古经何尝亡哉！①

除了对王弼《周易注》一书书名、作者、注者、卷数等客观信息的著录外，还考证了《易》注的学术流变史，正符合后人所谓"辨章学术、考镜源流"这一对目录学的最高要求，虽然晁氏所考未必有清代《四库全书总目》那样高的学术水准，但晁氏这种文献著录方法的确给后来的目录编纂者很多启示，并为《四库全书总目》等所袭用。

《直斋书录解题》作者陈振孙亦为著名藏书家，家藏图书五万一千余卷。《直斋书录解题》五十六卷，原书除有残卷存世外，余皆散佚，今本系清乾隆中四库馆臣从《永乐大典》中辑出，经重编，凡二十二卷。《直斋书录解题》体例主要仿《郡斋读书志》，但较晁书多了一些考证与评论，如同样著录王弼的《周易注》，《直斋书录解题》云：

魏尚书郎山阳王弼辅嗣注上、下经，撰《略例》。晋太常颍川韩康伯注《系辞》《说》《序》《杂卦》。自汉以来，言《易》者多溺于象占之学，至弼始一切扫去，畅以义理，于是天下后世宗之，余家尽废。然王弼好老氏，魏、晋谈玄，自弼辈倡之。《易》有圣人之道四焉，去三存一，于道阙矣。况其所谓辞者，又杂以异端之说乎！范宁谓其罪深于桀、纣，诚有以也。弼父业长绪，本王粲族兄凯之子，粲二子坐事诛，

---

① （宋）晁公武：《郡斋读书志》卷1，孙猛校证本。

　　文帝以业嗣粲。弼死时年二十余。①

　　两相比较，自可见二者之异同，《四库全书总目》评价说："其例以历代典籍分为五十三类，各详其卷帙多少、撰人名氏，而品题其得失，故曰解题。虽不标经史子集之目，而核其所列，……实仍不外乎四部之说也。马端临《经籍考》惟据此书及《读书志》成编。……古书之不传于今者，得藉是以求其崖略；其传于今者，得藉是以辨其真伪、核其异同，亦考证之所必资，不可废也。"②

　　除了晁、陈二书外，尤袤的《遂初堂书目》也是宋代重要的目录学著作之一。《遂初堂书目》最大的特点是"一书而兼载数本，以资互考"③，即对收录的文献注明版本，如旧本、旧监本、秘阁本、京本、杭本、旧杭本、严州本、越州本、江西本、吉州本、池州本、川大字本、川小字本、湖北本等，这种注明图书版本的方法为后世沿用。今本《遂初堂书目》共著录了图书三千余种，《四库全书总目》谓："宋人目录存于今者，《崇文总目》已无完书，惟此与晁公武志为最古，固考证家之所必稽矣。"

　　郑樵的《通志》在宋代乃至中国文献学史上都算得上是一部重要的著作。郑樵（1103—1162 年），字渔仲，宋兴化军莆田（今福建莆田）人，"好著书，不为文章，自负不下刘向、杨雄。居夹漈山，谢绝人事。久之，乃游名山大川，搜奇访古，遇藏书家，必借留读尽乃去"④。《通志》本为纪传体通史著作，其"本纪""世家""列传""载记"等与通行正史同，唯改"年表"为"年谱"，改"志"为"略"，凡二十。《通志》二十略属于专志性质，其中"艺文略""校雠略""图谱略""金石略"专论图书及相关文献，尤其是"校雠略"可称中国古代第一部系统的文献学理论著作，内容涉及文献收集、辑佚、分类、编目等。而"艺文略"，则是郑樵文献学理论的实践记录。

---

① （宋）陈振孙：《直斋书录解题》卷1《易类》，徐小蛮、顾美华点校，上海古籍出版社1987年版。

② （清）永瑢等：《四库全书总目·史部·目录类一·直斋书录解题》。

③ （清）永瑢等：《四库全书总目·史部·目录类一·遂初堂书目》。

④ （元）脱脱等：《宋史·郑樵传》。

关于"校雠略"编纂之旨，郑樵在《总序》中指出："册府之藏，不患无书，校雠之司未闻其法。欲三馆无素餐之人、四库无蠹鱼之简，千章万卷，日见流通，故作'校雠略'。"[1] 因此他特别就文献收集、分类编目等进行了较为系统的论述。

关于文献收集，"校雠略"云：

> 求书之道有八：一曰即类以求，二曰旁类以求，三曰因地以求，四曰因家以求，五曰求之公，六曰求之私，七曰因人以求，八曰因代以求，当不一于所求也。[2]

所论遍及求书的各个方面、各种方法。

关于文献分类与编目，"校雠略"中有"编次必谨类例论"，云：

> 学之不专者，为书之不明也。书之不明者，为类例之不分也。有专门之书，则有专门之学。有专门之学，则有世守之能。人守其学，学守其书，书守其类。人有存没而学不息，世有变故而书不亡。以今之书校古之书，百无一存，其故何哉？士卒之亡者，由部伍之法不明也。书籍之亡者，由类例之法不分也。类例分，则百家九流，各有条理，虽亡而不能亡也。
>
> 类例既分，学术自明。[3]

他从分析不同学科间的关系出发，对于《七略》的"六分法"和当时流行的四部分类法提出了批评，谓"七略所分，自为苟简；四库所部，无乃荒唐"[4]，于是自编了一套分类方法，如将原来属于经部的礼、乐、小学独立出来，与经部并列；将原来属于诸子类的天文、五行、艺术、医方、类书独立出来，与诸子类并列。应该说，从学术性来说，郑樵的分类方法有一定的

---

① （宋）郑樵：《通志·总序》。
② （宋）郑樵：《通志》卷71《校雠略第一·求书之道有八论》。
③ （宋）郑樵：《通志》卷71《校雠略第一·编次必谨类例论》。
④ （宋）郑樵：《通志》卷71《校雠略第一·编次必谨类例论》。

合理性，只是由于四部分类法已经成为学术界的主流，因此并没有被普遍接受。

关于文献著录，郑樵主张以书名标目，以突出书的主体性质。"校雠略"中有"不类书而类人论"，云：

> 古之编书以人类书，何尝以书类人哉！人则于书之下注姓名耳。……且如别集类自是一类，总集自是一类，奏集自是一类。令狐楚集百三十卷，当入别集类；表奏十卷，当入奏集类。如何取类于令狐楚而别集与奏集不分？皮日休文数十卷，当入总集类；文集十八卷，当入别集类。如何取类于皮日休而总集与别集无别？

如果以书类人，而一人所作之书又分属不同部类，那么所有的图书就会混杂在一起。而如果以人类书，则可以按书的内容置于相应的部类之下。郑樵还非常关注一些细节问题，如："《炙毂子杂录注解》五卷，乃王叡撰，若从《唐志》之例，则当曰'王叡炙毂子杂录注解五卷'，是王叡复为注解之人矣。若用《隋志》例，以其人之姓名著注于其下，无有不安之理。"[①]

关于文献辑佚，"校雠略"中专有一篇"书有名亡实不亡论"，谓"书有亡者，有虽亡而不亡者。有不可以不求者，有不可求者"。因为有似亡而实非亡之书且不可以不求者，因此辑佚也就十分重要。郑樵指出：对于亡书，如果通过他书所载、他书所引，仍能大致复其旧貌，其方法即后世所谓之辑佚。与此相关，郑樵特别强调书目要记录"亡书"。

> 古人编书皆记其亡阙，所以仲尼定《书》，逸篇具载；王俭作《七志》已，又条刘氏·《七略》及二汉《艺文志》、魏《中经簿》所阙之书为一志；阮孝绪作《七录》已，亦条刘氏《七略》及班固《汉志》、袁山松《后汉志》、魏《中经》、晋《四部》所亡之书为一录；隋朝又记梁之亡书。自唐以前，书籍之富者，为亡阙之书有所系，故可以本所

---

① （宋）郑樵：《通志》卷71《校雠略第一·不类书而类人论》。

系而求，所以书亡于前而备于后，不出于彼而出于此。①

他对唐人以后书目著录图书只记存书，不记亡书的做法提出了批评，因为不记亡书，则后人征集遗书时将无所凭藉，因此著录已佚亡之书，不仅可以给后人的学术研究留下资料和线索，对于辑佚、校勘等也有很大的意义。在《通志》的"艺文略"中，郑氏著录了图书一万余种，数量超过了此前所有史志目录，其中有很多都是亡佚之书，目的亦如他自己所言："古人编书，必究本末，上有源流，下有沿袭，故学者亦易学，求者亦易求。"②

图书的著录、分类、辑佚，是文献学最基础的部分，郑樵之前，虽然在文献收集、著录、整理以及编目等方面，都曾经有过一些研究成果，有的还对后世产生了很大的影响，但谈到对上述文献学各方面系统、综合和深入的研究，郑樵是第一位。以今天的眼光来看，郑樵的研究在有的方面似嫌粗疏，但他的研究对此后文献学以及相关实际工作所产生的影响，厥功至伟。因此，《通志》堪称中国学术史上第一部系统的文献学理论研究著作。

除了《通志》以外，郑樵还撰有著作多部。《诗辨妄》是一部关于《毛诗》辨伪的著作，郑樵在自序中说："《毛诗》自郑氏既笺之后，而学者笃信康成，故此《诗》专行，三家遂废。《齐诗》亡于魏，《鲁诗》亡于西晋。隋、唐之世，犹有《韩诗》可据。迨五代之后，《韩诗》亦亡，致今学者只冯（凭）毛氏，且以《序》为子夏所作，更不敢拟议。盖事无两造之辞，则狱有偏听之惑。今作《诗辨妄》六卷，可以见其得失。"③ 郑樵的辨伪方法与辨伪成果对其后的朱熹以及二十世纪古史辨派都产生过较大的影响。不过，《诗辨妄》很早就已散佚，直到二十世纪二十年代初，顾颉刚先生才从其他古籍中辑出，编入《辨伪丛刊》由朴社刊行。

① （宋）郑樵：《通志》卷71《校雠略第一·编次必记亡书论》。
② （宋）郑樵：《通志》卷71《校雠略第一·编次必记亡书论》。
③ （元）马端临：《文献通考》卷179《经籍考六·夹漈诗传辩妄》引。

第二节　宋代藏书与刻书

一　宋代藏书

史载宋太祖赵匡胤"酷好看书，虽在军中，手不释卷"[1]，宋朝政权建立以后，在"崇文抑武"的国策之下，历朝皇帝都非常重视图书文献的收集整理。更由于宋代社会的发展变化以及雕版印刷术的普及，公私藏书及整理取得了很大成就。

宋代公藏图书包括中央的三馆及内廷诸阁藏书和中央各部门，相关司、局、院等以及地方各级政府、官办各类学校和军事部门等机构的藏书。

宋初，沿唐、五代藏书之制，有史馆、昭文馆和集贤院三大藏书机构。不过，有宋一朝，三馆的设置及名称经常变化。

昭文馆原名弘文馆，唐时隶门下省。宋太祖建隆元年（960 年）因避先祖讳而改昭文馆。史馆原寓集贤院。太宗太平兴国二年（978 年），在原史馆、昭文馆和集贤院的基础上，建立了崇文院。宋代程俱云：

> 三馆通为崇文院，别置官吏，有：检讨，无定员，以京朝官充；校勘，无定员，以京朝幕府州县官充。掌聚三馆之图籍。监一人，内侍充，兼监秘阁图书，天禧五年又置同勾当官一人。[2]

宋代叶梦得亦云："国朝以史馆、昭文馆、集贤院为三馆，皆寓崇文院，其实别无舍，但各以库藏书，列于廊庑间尔。"[3] 崇文院实际上是三馆的总称，为北宋前期主要的国家藏书机构。北宋神宗元丰三年到五年（1080—1082 年）进行了官制改革，以崇文院为秘书省，原史馆并入著作局。

北宋崇文院之"东廊为昭文书库，南廊为集贤书库，西廊分经、史、

---

①　（宋）邵伯温：《邵氏闻见录》卷 7，中华书局 1983 年整理标点本。

②　（宋）程俱撰、张富祥校证《麟台故事校证·麟台故事辑本》卷 4 之 1。

③　（宋）叶梦得：《石林燕语》卷 6，侯忠义点校，中华书局 1984 年版。

子、集四部，为史馆书库"①，藏书八万卷。书库内皆用"雕木为架，以青绫幕之"，陈设颇为堂皇。真宗太中祥符八年（1015年）四月荣王宫失火，延及崇文院、秘阁，藏书皆被焚毁，于是又在皇城外另建外院，并重写书籍。

作为北宋中央主要的藏书机构，昭文、集贤及史馆六书库藏书的来源为：乾德初有书仅数柜，共一万三千卷，主要是乾德元年（963年）平荆南后所收高氏图书，乾德三年平蜀后取其藏书以实三馆。开宝九年（976年）平南唐，收其图书二万余卷。吴越钱俶来朝，吴越所藏图书也归宋室所有。宋王应麟记：

> 建隆初，三馆书仅万二千余卷。及平诸国，收图籍，蜀、江南最多。开宝中，参以旧书，为八万卷（自注：凡得蜀书一万三千卷、江南书二万余卷）。至祥符，凡三万六千三百八十卷，崇文院、龙图阁皆有四部书（自注：真宗谓辅臣曰：臣庶家有聚书者，朕皆借其目录参校，借本抄填之）。②

从宋朝立国至开宝仅十余年间，三馆所藏图书即由原来的万余卷增至正副本八万卷。

除了收集五代十国政府旧藏外，宋代中央政府对民间藏书的征集也可说是不遗余力。太祖乾德四年（966年）闰八月，诏求亡书："凡吏民有以书籍来献者，令史馆视其篇目，馆中所无则收之。献书人送学士院试问吏理，堪任职官，具以名闻。是岁，《三礼》涉弼、《三传》彭幹、学究朱载皆应诏献书，总千二百二十八卷，命分置书府。赐弼等科名。"③ 太宗太平兴国九年（984年）正月，又下诏进行大规模的图书征集工作。

> 国家勤求古道，启迪化源。国典朝章，咸从振举；遗编附简，宜在询求。致治之先，无以加此。宜令三馆所有书籍，以《开元四部书目》比校，据见阙者，特行搜访，仍具录所少书，于待漏院榜示中外。若臣

---

① 《宋会要辑稿·职官一八·崇文院》。
② （宋）王应麟：《玉海》卷52《祥符龙图阁四部书、景德六阁图书》。
③ （宋）李焘：《资治通鉴长编》卷7"太祖乾德四年闰八月"。

僚之家有三馆阙书，许上之，及三百卷以上者，其进书人送学士院引验
人材书判，试问公理，如堪任职官者，与一子出身；或不亲儒墨者，即
与安排。如不及三百卷者，据卷帙多少，优给金帛。如不愿纳官者，借
本缮写毕，却以付之。①

真宗咸平三年（1000 年）也曾下诏广求图书，继续实行太宗对献书者的优
惠政策：“中外臣庶家有收得三馆所少书籍，每纳一卷，给千钱。判馆看
详，委是所少书，数及卷秩别无差误，方许收纳。其所进书及三百卷以上，
量才试问与出身。”②。后因献书者日众，所献图书日多，因此将赏格提高，
规定献五百卷者可以赐予出身。即使如此，献书者仍很踊跃。“神宗熙宁
中，成都府进士郭友直及其子大亨献书三千七百七十九卷，得秘阁所无者五
百三卷，诏官大亨为将作监主簿。”③ 宣和五年（1123 年）“二月二日，提
举秘书省言：‘奉旨搜访士民家藏书籍，悉上送官，参校有无，募工缮写，
藏之御府。近荣州助教张颐进五百四卷，开封府进士李东进六百卷，与三
馆、秘阁参校，内张颐二百二十一卷，李东一百六十二卷，委系阙遗，乞加
褒赏。’诏张颐赐进士出身，李东补迪功郎”④。宣和七年，王阐、张宿等上
三馆、秘阁所无图书六百五十八部、一千五十一册轴，计二千四百一十七
卷⑤。由于献书的赏赐优厚，有的藏书家为了获取功名或赏钱，甚至“伪立
名目，妄分卷帙”，以邀厚赏。

除了有偿征集民间藏书外，中央及地方各级政府机关刻印的图书按例均
须向各中央藏书机构缴呈。正是宋代历朝的大力收集，才使国家藏书急剧增
加。北宋仁宗时编成的国家藏书目录《崇文总目》著录图书三万零六百六
十九卷。但是，由于管理不善，到北宋末年的大观四年（1110 年），馆阁所
藏图书与《崇文总目》对照，“十才六七，号为全本者，不过二万余卷。而

① 《宋会要辑稿·崇儒四·求书藏书》。
② （宋）王明清：《挥麈前录》卷 1《皇朝列圣搜访书籍》，民国上海商务印书馆《四部丛刊续编》
影印汲古阁影宋钞本。
③ （明）陆深：《俨山外集》卷 16，台湾商务印书馆 1986 年影印清文渊阁《四库全书》本。
④ 《宋会要辑稿·崇儒四·求书藏书》。
⑤ 《宋会要辑稿·崇儒四·求书藏书》。

脱简断编，亡散（门）［阙］逸之数浸多"①。靖康之难后，宋室藏书丧失殆尽。宋高宗将首都迁往临安（今杭州）后，重建藏书机构秘书省，专门负责图书的收集工作，并依前代故事，对民间献书者重加赏赐。绍兴二年，贺廪献书五千卷、曾温夫献家藏累朝典籍二千余卷；三年，林俨上家藏徽宗书画及历朝实录、会要、国史及古文书籍共二千一百二十二卷；五年，诸葛行仁献《册府元龟》等书凡一万一千五百一十五卷②。

除了下诏征集图书外，还要求各地官员着力访求图书，凡民间有珍秘善本，均缮录一部进呈。绍兴五年（1135年）"闰二月十二日，诏史馆、秘书省：'四库书籍未备，令下诸路州县学，及民间见收藏官书，并开到书板，不以经、史、子、集、小说异（时）［书］，仍具目录一本，申纳秘书省。'"③ 由于南宋政府的大力搜求，国家藏书逐渐恢复。孝宗时编成的《中兴馆阁书目》，著录国家藏书四万四千四百八十六卷，较《崇文总目》多了一万三千八百一十七卷。宁宗时又编成《中兴馆阁续书目》，著录图书增加了一万四千九百四十三卷。④

对于中央藏书，历朝皆设校雠之官进行校订整理。太宗端拱元年（988年），命孔维等校理《五经正义》；淳化五年（994年），诏选官分校《史记》《前汉书》，工作完成后即遣人持校正本送杭州镂版；真宗咸平二年（999年），命邢昺等校定《七经义疏》；三年，诏选官校勘《三国志》《晋书》《唐书》；六年，诏选官校《道德经》；景德四年（1007年），诏三馆、秘阁直馆校理分校《文苑英华》、李善注《文选》，校成后即"摹印颁行"⑤；大中祥符四年（1011年），诏崇文院校勘《列子》。

三馆除了访求及典藏图书外，主要的日常工作是校理所藏图书。"宋朝三馆书，直馆官校对。太祖、太宗朝收诸伪国图籍实馆阁，亦或召京朝官校对，皆题名卷末。"⑥ 其管理之情形及流变，宋代沈括曾有所记述：

---

① 《宋会要辑稿·崇儒四·求书藏书》。
② 《宋会要辑稿·崇儒四·求书藏书》。
③ 《宋会要辑稿·崇儒四·求书藏书》。
④ （宋）王应麟：《玉海》卷52《淳熙中兴馆阁书目　嘉定续书目》。
⑤ 据《宋会要辑稿·崇儒四·勘书》，二书在编校、刻板过程中几经周折，"未几宫城火，二书皆烬"。
⑥ 《宋会要辑稿·崇儒四·勘书》。

前世藏书，分隶数处，盖防水火散亡也。今三馆、秘阁，凡四处藏
书，然同在崇文院。其间官书多为人盗窃，士大夫家往往得之。嘉祐
中，置编校官八员，杂雠四馆书。给吏百人，悉以黄纸为大册写之，自
此私家不敢辄藏。校雠累年，仅能终昭文一馆之书而罢。①

崇文院所藏图书原本可以出借，学者们得以利用其藏书。当然，允许朝臣借
阅，难免要丢失一些，咸平二年宋真宗云："近闻图书之府甚不整齐，假借
之余，散失尤多；兼雠校不精"，曾受命点检崇文院三馆藏书的朱昂也上
奏："四部书为朝臣所借者，凡四百六十卷"。嘉祐七年（1062 年）十二月，
"诏以所写黄本书一万六百五十九卷，黄本印书四千七百三十四卷，悉送昭
文馆"②。为了防盗，以黄纸大册抄写或者装订，也算是藏书管理的一个
"创举"，这也说明当时三馆藏书是处于流通状态的。为了满足借阅需要，
熙宁时（1068—1077 年）还"将借本书库原书籍添入经、史、子、集，书
数足备，及准备借阅。……科场借书，外面无本，方许于馆阁权借。如遇殿
试科场，即馆阁一面供书入殿"③。所谓"借本书库"即可供外借的书库，
借阅对象除了朝臣、编校所（中央政府编纂图书的主要部门）等机构官员
以外，还包括应试的举人。由此可以看出，崇文院实际上具有某些现代图书
馆的功能（如外借、阅览等）。后来因为图书丢失情况严重，管理趋严，外
借限制渐多。元祐四年（1089 年）五月，"秘书省言：'《崇文总目》内书
籍是将四馆分书并合著录，自来逐馆分书，多少不等，每处未有全依得
《总目》内数目者。今既先用黄纸书一本充秘阁收藏，即自嘉祐中编校、后
来所写书本尚犹未能足数，即今见行添补，欲将秘阁先退下旧白本及诸馆分
旧书或兼本者，亦依《崇文总目》编次一本，充史馆收藏，其余接续编次。
集贤、昭文内，集贤一本充诸处借取外，其余更不得借出。又江南、西川、
荆南、两浙等书，并是祖宗初平僭伪收取入馆，可惜散失将尽，今欲不拘全
与不全，并于下库收贮。内有唐朝零碎旧书，仍乞别藏秘阁。又近世书并家
籍等，多是一时献到，送付秘阁，乞别作一帐收系。内有名贤著述，亦别誊

---

① （宋）沈括：《梦溪笔谈》卷 1，胡道静校证本，上海古籍出版社 1987 年版。
② 《宋会要辑稿·崇儒四·勘书》。
③ 《宋会要辑稿·职官一八·秘书省》。

写，其余即于空闲库分收管。'从之"①。看来自元祐以后，只有集贤院藏书可供借出阅览，其余均不再外借。

除三馆之外，宋朝中央及内廷藏书机构还有诸阁如秘阁、龙图阁、天章阁、宝文阁、显谟阁、徽猷阁、敷文阁及太清楼、玉宸殿、四门殿等。

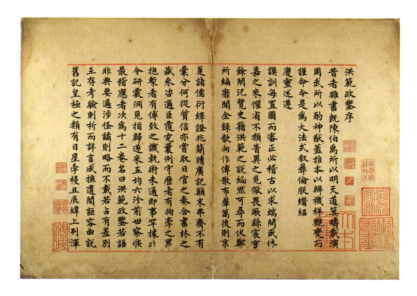

图 5-2 南宋淳熙十三年内府写本《洪范政鉴》（中国国家图书馆藏）*

注：*《宋会要辑稿·职官一八·秘书省二》：（淳熙）"十三年二月八日，令秘阁缮写《洪范政鉴》一本进纳。"今中国国家图书馆藏此本《洪范政鉴》大字工楷，手绘朱栏，蝶装绢面，为宋代宫装。书中避宋讳至"慎"，"敦"字不避，此可证即淳熙十三年秘阁缮写。书中有"内殿文玺""御府图书""缉熙殿书籍印"等，皆宋代内府藏书印。

秘阁建于太宗端拱元年（988 年）。《宋会要》载：

太宗端拱元年五月，诏就崇文院中堂建秘阁，择三馆真本书籍万余卷及内出古画墨迹藏其中。凡史馆先贮天文、占候、谶纬、方术书五千一十二卷、图画百四十轴，尽付秘阁。②

① 《宋会要辑稿·职官一八·秘书省》。
② 《宋会要辑稿·职官一八·秘阁》。

秘阁最初无专阁，以崇文院的中堂为之。太宗淳化二年（991年）李至等以秘阁的藏书主要供皇帝御览，其藏书"黄绫装之，谓之太清本"①，属于宫廷藏书的一部分为由，建议另建新阁，次年新阁建成。秘阁初建时书仅一万二千卷，到仁宗时增至三万六千二百卷。元祐二年（1087年）又将昭文馆所藏黄本书（即前引沈括的《梦溪笔谈》中提到的嘉祐时为防止有人盗窃四馆书而专门用黄纸大册抄写以便识别的图书）藏于秘阁。秘阁藏书主要供皇帝御览，因此书籍的装潢极为考究，"旧制，秘阁书用蘖黄纸，栏界书写，用黄绫一样装背，碧绫面签，黄绢垂签，编排成帙，及用黄罗夹复檀香字号牌子，入柜安顿"②。书用蘖黄纸可以防蠹，用号牌则便于排架，可见，秘阁的藏书管理也是非常有序的。秘阁除收藏图书外，也有专人进行图书的整理工作。嘉祐七年（1062年），"先是，判阁（殿）［欧］阳修言：'秘阁初为太宗藏书之府，并以黄绫装之，谓之太清本。后因宣取入内，多留禁中，而书颇不完。请降旧本，令补写之。'遂诏龙图、天章、宝文阁、太清楼管勾内臣检所阙书录本于门下省誊写。至是上之，赐判阁范镇及管勾补写官银绢有差。十二月，诏以所写黄本书一万六百五十九卷，黄本印书四千七百三十四卷，悉送昭文馆。七史板本四百六十四卷，送国子监"③。

龙图阁位于禁宫之中，它主要贮藏宋朝历代皇帝的御制诗文手稿、古器物和一般的典籍图书。龙图阁之下又分经典阁、史传阁、子书阁、文集阁、天文阁及瑞总阁。咸平四年（1001年）十一月，宋真宗召近臣往龙图阁观书，曰："先帝留意词翰，朕孜孜缀缉，片幅寸纸，不敢失坠。因念古今图籍多所散逸，购求甚难，在东宫时，惟以聚书为急，多方购求，亦甚有所得。……今已类成正本，除三馆、秘阁所藏外，又于后苑及龙图阁并留正本各及三万余卷。"④ 到真宗时，龙图阁有宋太宗御制书及文集五千一百一十五卷轴册，经部书三千三百四十一卷，史传七千二百五十八卷，子书八千四百八十九卷，文集七千一百零八卷，天文书二千五百六十一卷，另有一些图画，总数达二万九千七百一十四卷。真宗赞扬龙图阁的藏书质量说："龙图

① 《宋会要辑稿·崇儒四·勘书》。
② （宋）程俱：《南宋馆阁录》卷3，清光绪十二年刻武林掌故丛编本。
③ 《宋会要辑稿·崇儒四·勘书》。
④ 《宋会要辑稿·职官七·龙图阁学士直学士》。

阁书屡经雠校，最为精详。"①

内廷中的太清楼、玉宸殿、四门殿和宣和殿等也藏有大量图书。"真宗咸平二年闰三月，诏三馆写四部书一本来上，当置禁中太清楼，以便观览。"② 太清楼中藏书也按四库分贮："景德四年三月乙巳，召辅臣对于苑中，登太清楼，观太宗圣制书及新写四部群书。上亲执目录，令黄门举其书示之。总太宗圣制诗及故事墨迹三百七十五卷，文章九十二卷。经库二千九百一十五卷，史库七千三百四十五卷，子库八千五百七十一卷，集库五千三百六十一卷，四部书共二万五千一百九十二卷。"③

玉宸殿的藏书则以收藏正经正史及皇帝御书为主，真宗景德时即藏正经正史并屡经校雠者八千余卷，后来藏书又增至一万一千二百九十三卷，另有宋太宗的文集手迹之类七百五十二卷。④

四门殿也是重要的藏书之所，"真宗时，命三馆写四部书二本，置禁中之龙图阁及后苑之太清楼，而玉宸殿、四门殿亦各有书万余卷"⑤。

宣和殿为宋哲宗绍圣二年（1095 年）建成，后又毁拆重建，宣和中又改名保和殿。宣和殿是北宋后期重要的藏书之所。宣和四年（1122 年）四月十八日诏："三馆图书之富，而历岁滋久，简编脱落，字画讹舛，较其卷（秩）〔帙〕，尚多逸遗。甚非所以示崇儒右文之意。乃命建局，以补完校正文籍〔为〕名，设官综理，募工缮写。一置宣和殿，一置太清楼，一置秘阁。仍俾提举秘书省官兼领其事。凡所资用，悉出内帑，毋费有司。庶成一代之典。"⑥ 宣和殿除藏书外，还藏有大量字画文玩，《宣和画谱》《宣和书谱》就著录了大量书画作品。北宋末年靖康之难时，"宣和殿、太清楼、龙图阁御府所储，靖康荡析之余，尽归于燕；置之秘书省，乃有幸而得存者

---

① 《宋会要辑稿·职官七·龙图阁学士直学士》。

② 《宋会要辑稿·崇儒四·勘书》。

③ （宋）王应麟：《玉海》卷 52《景德太清楼四部书目、嘉祐补写太清楼书》。

④ （宋）王应麟：《玉海》卷 52《景德玉宸殿藏书》："景德四年三月乙巳，如辅臣至玉宸殿，盖退朝宴息之所。……殿在太清楼之东，聚书八千余卷。上（真宗）曰：'此唯正经正史，屡经校雠，他小说不与。'其后群书又增及一万一千二百九十三卷、太宗御集御书又七百五十二卷。"

⑤ （元）脱脱等：《宋史·艺文志一》。

⑥ 《宋会要辑稿·崇儒四·勘书》。

焉"①。除此之外，内廷其他所在如宗正寺等也多有藏书。

宋代皇帝大多喜欢文学艺术，著述甚丰。内廷中的天章、宝文、显谟、徽猷、敷文诸阁即专为收藏历朝皇帝御制诗文之处。

天章阁建于真宗天禧五年（1021 年），主要收藏宋真宗的御制诗文。

宝文阁原名寿昌阁，宋仁宗庆历时（1042—1048 年）改名为宝文阁，主要收藏宋仁宗、英宗等御制诗文。

显谟阁建于哲宗元符元年（1098 年），主要收藏宋神宗的御制诗文集。

徽猷阁建于徽宗大观二年（1108 年），主要收藏宋哲宗的御制诗文。

敷文阁建于绍兴十年（1140 年），主要收藏宋徽宗的御制诗文。

靖康之难后，宋室南迁，除秘书省藏书被运往临安外，宣和殿、太清楼、龙图阁所藏图书悉为金人掳去②。

宋朝皇帝多笃信道教，太宗时曾建有太平上清太一宫，是专门为皇家收藏道经的场所。祥符"九年（1016 年）二月己酉，王钦若上《详定道藏经》，凡三洞四辅四千三百五十九卷。初，唐明皇撰《琼纲》，裁三千余卷，皇朝得七千余卷，命徐铉等校勘，得三千七百三十七卷，分置上清太一宫"③。南宋徽宗政和三年《道藏》编成，于是在内廷建玉清和阳宫，专门收藏《道藏》④。

宋朝中央各部门也有大量藏书。景祐"四年（1034 年）二月甲子，赐御史台《册府元龟》《天下图经》各一部"⑤。谏院也藏有大量图书，景祐七年，除原藏的九经、三史、《册府元龟》外，又被赐予《九经正义》、历代史书、诸子书、"今文"等⑥。负责起草诏书的舍人院也藏有"国子印本群书"⑦。由此可见，中央各部门藏书是非常普遍的，来源大多是国子监等机构所刻之书。

宋朝皇帝对图书的整理非常重视，经常直接去检查三馆、秘阁和内廷诸

① （宋）洪迈：《容斋随笔》续笔卷 15《书籍之厄》，中华书局 2005 年整理点校本。
② （宋）洪迈：《容斋随笔》续笔卷 15《书籍之厄》。
③ （宋）王应麟：《玉海》卷 52《祥符宝文统录》。
④ 《宋会要辑稿·礼五十一·玉清和阳宫奉安圣像》。
⑤ （宋）王应麟：《玉海》卷 55《景祐赐〈册府元龟〉》。
⑥ 《宋会要辑稿·职官三·谏院》。
⑦ 《宋会要辑稿·职官六·知制诰》。

阁藏书，就图书的收藏与整理发表意见，即使是南渡之后，对图书收集与整理的重视仍不稍减。《宋史》载：

> 尝历考之，始太祖、太宗、真宗三朝，三千三百二十七部，三万九千一百四十二卷。次仁、英两朝，一千四百七十二部，八千四百四十六卷。次神、哲、徽、钦四朝，一千九百六部，二万六千二百八十九卷。三朝所录，则两朝不复登载，而录其所未有者。四朝于两朝亦然。最其当时之目，为部六千七百有五，为卷七万三千八百七十有七焉。

> 迨夫靖康之难，而宣和馆阁之储，荡然靡遗。高宗移跸临安，乃建秘书省于国史院之右，搜访遗阙，屡优献书之赏，于是四方之藏，稍稍复出，而馆阁编辑，日益以富矣。当时类次书目，得四万四千四百八十六卷。至宁宗时续书目，又得一万四千九百四十三卷，视《崇文总目》，又有加焉。

> 自是而后，迄于终祚，国步艰难，军旅之事，日不暇给，而君臣上下，未尝顷刻不以文学为务，大而朝廷，微而草野，其所制作、讲说、纪述、赋咏，动成卷帙，累参而数之，有非前代之所及也。……①

以上宋代各朝馆阁藏书数量的变化也从一个侧面反映了宋代图书事业兴衰之迹。

宋代州府监县曾普遍建有藏书楼，通名之"敕书楼"，一方面收藏皇帝制诏敕书，另一方面也收藏由中央统一配发的版刻图书。

> 令县邑门楼，皆曰"敕书楼"。淳化二年（991 年）六月癸未，诏曰："近降制敕，决遣颇多，或有厘革刑名，申明制度，多所散失，无以讲求，论报逾期，有伤和气。自今州府监县应所受诏敕，并藏敕书楼，咸著于籍，受代批书、印纸、历子，违者论罪。"②

---

① （元）脱脱等：《宋史·艺文志一》。
② （宋）王林：《燕翼诒谋录》卷 4《敕书楼》，中华书局 1981 年整理标点本。

印纸，即印本图书，历子即雕版印刷的历书。据此，宋代地方所建的"敕书楼"既有藏书楼的作用，也有档案馆的性质。不过，由于宋代内忧外患不断，"敕书楼"后来逐渐废置，故成书于南宋宝庆三年（1227 年）的王栐《燕翼诒谋录》云："敕书楼，州县皆有之也，今州郡不闻有敕书楼矣。"

宋代学者在充任地方官时，也常常会建立藏书楼，例如著名学者叶梦得知建康府时，以"公厨适有羡钱二百万，不敢他费，乃用遍售经史诸书，凡得若干卷。厅事西北隅有隙地三丈有奇，作别室，上为重屋以远卑湿，为之藏而著其籍于有司，退食之暇，索习未忘，或时以展诵。因取太史公金匮石室之意，名之曰绅书阁，而列其藏之目于左右，后有同志，日增月益之，愈久当愈多。"①

宋代地方公藏图书还有一个重要的方面就是官办学校藏书。宋代中央设国子监，有时称国子学，也是太学的管理机构，因此二者常常混称。国子监除了培养人才外，也是最重要的编纂图书、刊刻图书和收藏图书的机构。国子监所藏图书，主要提供给太学师生阅览使用，内容以正经正史为主，兼及其他一般图书。关于国子监刊刻图书的情况详见后述。

除中央的太学和国子学外，州县普遍设有官学。《宋会要》载："自明道、景祐间累诏州郡立学，赐田给书，学校相继而兴。……庆历诏诸路州府军监各令立学，学者二百人以上，许更置县学，于是州郡不置学者鲜矣。"②官学一般都有藏书之所，或名藏书阁，或名藏书库，如熙宁四年（1071 年）四川成都知府吴中度于府学建经史阁，"聚书万卷"③。地方官学藏书之所名称并不统一，大观三年（1109 年）九月宋徽宗还下诏统一"赐天下州学藏书阁名'稽古'"④。宋朝皇帝经常向地方学校颁赐图书，如天圣九年（1031年）赐青州州学九经，明道元年（1032 年）赐寿州州学九经，明道二年赐大名府学九经，景祐二年（1035 年）赐楚州学九经⑤。"咸平四年六月，诏

---

① （宋）叶梦得：《建康集》卷 4《绅书阁记》，台湾商务印书馆 1986 年影印清文渊阁《四库全书》本。

② 《宋会要辑稿·崇儒二·郡县学》。

③ （宋）吕陶：《净德集》卷 14《府学经史阁落成记》，台湾商务印书馆 1986 年影印清文渊阁《四库全书》本。

④ （元）脱脱等：《宋史·徽宗本纪二》。《玉海》卷 120《庆历州县学》作"大观二年九月"。

⑤ （宋）王应麟：《玉海》卷 55《天圣赐九经》。

诸路郡县有学校聚徒讲诵之所，赐九经书一部。"① 除一般图书外，其他政府文书也下发给地方官学。北宋崇宁"二年（1103年）二月二十九日，臣僚言：'乞诏有司，每遇有制书、手诏、告词，并同赏功罚罪事迹，录付准奏院。本院以印本送太学并诸州军，委博士、教授揭示诸生。'从之"②。前引《宋会要》所载绍兴五年诏令诸路州县学将收藏的官书编成目录上报秘书省，供朝廷征集图书之用，即说明宋代州县学的藏书是非常普遍的，而这些藏书又多来自政府的颁赐。

宋代的民间藏书大致可以分为书院藏书、私家藏书和寺观藏书几类。

书院自唐代开始快速发展，到宋代已经成为重要的讲学和藏书机构。与官学相比，书院更加注重讲习与学理探讨，因此藏书较为丰富，所谓"书院者，读书之处也"③。元代欧阳玄云："唐宋之世，或因朝廷赐名士之书，或以故家积书之多，学者就其书之所在而读之，因号为书院。"④

宋代书院，官办民办皆有，甚至一些书院就曾径直转为官学。即使是民办，其藏书与纯粹的私人藏书还是有较大的区别。书院藏书中，一部分来自皇帝的颁赐，如太平兴国二年（977年），赐"印本九经"于江西白鹿洞书院；至道二年（996年），赐登封太室书院"九经子史"；咸平四年（1001年），赐"诸经释文、义疏、《史记》《玉篇》《唐韵》"于长沙岳麓书院；大中祥符三年（1010年），"赐太室书院九经"；八年，赐长沙岳麓书院中秘书⑤。另一部分则来自购买和捐赠，还有些则是书院自己刻印、抄录的。福建漳浦梁山书堂藏书二万卷，浙江东阳南园书院聚书三万卷，江西贵溪叶梦得创建的石林书院聚古今图书数万卷，四川邛崃魏了翁创建的鹤山书院除其自家原有之书外，"又得秘书之副而传录焉，与访寻于公私所板行者，凡得十万卷"⑥。

---

① 《宋会要辑稿·崇儒二·郡县学》。

② 《宋会要辑稿·职官二八·国子监》。

③ （宋）汪应辰：《文定集》卷9《桐源书院记》，台湾商务印书馆1986年影印清文渊阁《四库全书》本。

④ （元）欧阳玄：《圭斋文集》卷5《贞文书院记》，台湾商务印书馆1986年影印清文渊阁《四库全书》本。

⑤ 以上参见白新良《中国古代书院发展史》，天津大学出版社1995年版，第6页。

⑥ （宋）魏了翁：《书鹤山书院始末》，《鹤山集》卷41，台湾商务印书馆1986年影印清文渊阁《四库全书》本。

一些书院还设有严格的管理制度，如江西德安陈氏东佳书院（又称义门书院、乐林书院、陈氏书堂）为民办书院，自唐代创建，南唐时即有"书楼堂庑数十间，聚书数千卷，田二十顷，以为游学之资。子弟之秀者，弱冠以上皆就学焉"①。该书院有严格的管理制度，唐末陈崇撰《义门陈氏家法三十三条》，其中专门有一条论及藏书及其管理：

> 立书堂一所于东佳庄，弟侄子孙有智慧聪敏者令修学，稍有业优须遣赴举。见置书籍外，须令增置。书生内立一人掌书籍，出入俱令知悉照管，不得失去。②

宋代文莹亦谓陈氏"别墅建家塾，聚书延四方学者，伏腊皆资焉，江南名士皆肄业于其家"③。东佳书院因其声名远播，自五代时起，就受到免征徭役的优待，宋淳化元年（990 年）因天灾流行，知州康戬报告陈家"常苦食不足，诏本州每岁贷粟二千石"④，并多次获赐御书，凡百余卷。

由于雕版印刷术的普及，人们可以大批量地复制图书，使得图书的获得更为容易，因此，宋代的私家藏书非常普遍，王明清说："承平时士大夫家如南都戚氏、历阳沈氏、庐山李氏、九江陈氏、番易吴氏俱有藏书之名，今皆散逸。近年所至郡府，多刊文籍，且易得本传录，仕宦稍显者，家必有书数千卷，然多失于雠校也。"⑤

江正为宋初有名的藏书家，王明清记其得书并丧书之事甚详："江氏名正，字元叔，江南人。太祖时同樊若水献策取李氏，仕至比部郎中。尝为越州刺史，越有钱氏时书，正借本誊写，遂并其本有之。及破江南，又得其逸书，兼吴越所得，殆数万卷。老为安陆刺史，遂家焉，尽辇其书，筑室贮之。正既殁，子孙不能守，悉散落于民间，火燔水溺，鼠虫啮弃，并奴仆盗去，市人裂之以藉物。有张氏者所购最多，其贫，乃用以为爨，凡一箧书为

① （南唐）徐锴：《陈氏书堂记》，《全唐文》卷 888，清嘉庆内府刻本。
② 《毗陵陈氏宗谱·家法》，清光绪六年排印本。
③ （宋）释文莹：《湘山野录》卷上《吴国五世同居者》，中华书局 1984 年整理标点本。
④ （元）脱脱等：《宋史·陈兢传》。
⑤ （宋）王明清：《挥麈前录》卷 1《士大夫家藏书多失于雠校》。

一炊饭。江氏书至此穷矣。"①

北宋时最有名的藏书家当推宋绶。宋绶（991—1040 年），字公垂，谥宣献，著名学者，少年时曾得其舅——著名藏书家杨徽之的全部藏书，以后又得数家之藏，洪迈称其藏书之富"盖有王府不及者"。宋代沈括记："宋宣献博学，喜藏异书，皆手自校雠。常谓：'校书如扫尘，一面扫，一面生。故有一书每三四校，犹有脱谬。'"② 宋氏所校之书世称善本。宋氏"居春明坊。昭陵时，士大夫喜读书者多居其侧，以便于借置故也。当时春明宅子比他处僦直常高一倍"③。

赵宗绰为宋宗室，北宋藏书大家。"濮安懿王之子宗绰，蓄书七万卷。始与英宗偕学于邸，每得异书，必转以相付。宗绰家本有《岳阳记》者，皆所赐也。此国史本传所载。宣和中，其子淮安郡王仲糜进目录三卷。忠宣公在燕得其中秩，云：'除监本外，写本、印本书籍计二万二千八百三十六卷。'观一秩之目如是，所谓七万卷者为不诬矣。三馆秘府所未有也，盛哉！"④

北宋王钦臣既是著名学者，又是著名藏书家。钦臣为宰相王洙之子，家藏书多至四万三千卷，且均经其手校，世称善本。宋代徐度记："予所见藏书之富者，莫如南都王仲至侍郎家，其目至四万三千卷，而类书之卷帙浩博如《太平广记》之类，皆不在其间。虽秘府之盛，无以逾之。闻之其子彦朝云，先人每得一书，必以废纸草传之，又求别本参较，至无差误，乃缮写之。必以鄂州蒲圻县纸为册，以其紧慢厚薄得中也。每册不过三四十页，恐其厚而易坏也。此本专以借人，及子弟观之。又别写一本，尤精好，以绢素背之，号镇库书，非已，不得见也。镇库书不能尽有，才五千余卷，盖尝与宋次道相约传书，互置目录一本，遇所阙则写寄，故能致多如此。宣和中御前置局求书时，彦朝已卒，其子问以镇库书献，诏特被承务郎。"⑤ 王氏藏

① （宋）王明清：《挥麈后录》卷 5《江氏令樊若水献下江南之策宋咸郑毅夫记其事甚详》，民国上海商务印书馆《四部丛刊续编》影印汲古阁影宋钞本。

② （宋）沈括：《梦溪笔谈》卷 25，胡道静校证本。

③ （宋）朱弁：《曲洧旧闻》卷 4《世畜书以宋次道为善本》，孔凡礼点校，中华书局 2002 年版。

④ （宋）洪迈：《容斋随笔》四笔卷 13《荣王藏书》，中华书局 2005 年整理点校本。

⑤ （宋）徐度：《却扫编》卷下，台湾商务印书馆 1986 年影印清文渊阁《四库全书》本。

书副本散失于建炎初年。

因靖康之难，公私藏书均遭浩劫，著名词人李清照《金石录后序》就曾经记载了他们夫妇二人收集、研习图书、古器物之乐和丧失图书、古器物之痛的情形，其辞真切动人，读之令人怅然：

余建中辛巳（1101 年）始归赵氏，时先君作礼部员外郎，丞相时作吏部侍郎，侯年二十一，在太学作学生。赵、李族寒，素贫俭，每朔望谒告出，质衣取半千钱，步入相国寺，市碑文、果实。归，相对展玩咀嚼，自谓葛天氏之民也。后二年，出仕宦，便有饭疏衣練、穷遐方绝域、尽天下古文奇字之志。日将月就，渐益堆积。丞相居政府，亲旧或在馆阁，多有亡诗逸史、鲁壁汲冢未见之书，遂力传写，浸觉有味，不能自已。后或见古今名人书画、三代奇器，亦复脱衣市易。……后屏居乡里十年，仰取俯拾，衣食有余。连守两郡，竭其俸入，以事铅椠。每获一书，即同共勘校，整集签题；得书画彝鼎，亦摩玩舒卷，指摘疵病，夜尽一烛为率，故能纸札精致，字画完整，冠诸收书家。余性偶强记，每饭罢，坐归来堂，烹茶，指堆积书史，言某事在某书、某卷、第几叶、第几行，以中否角胜负，为饮茶先后。中即举杯大笑，至茶倾覆怀中，反不得饮而起。甘心老是乡矣，故虽处忧患困穷而志不屈。收书既成，归来堂起书库大橱，簿甲乙，置书册，如要讲读，即请钥上簿关出卷帙。或少损污，必惩责揩完涂改，不复向时之坦夷也。……余性不耐，始谋食去重肉，衣去重采，首无明珠翡翠之饰，室无涂金刺绣之具，遇书史百家字不刓缺、本不讹谬者，辄市之，储作副本。……至靖康丙午岁（1126 年），侯守淄川，闻金人犯京师，四顾茫然，盈箱溢箧，且恋恋，且怅怅，知其必不为己物矣。建炎丁未（1127 年）春三月，奔太夫人丧，南来，既长物不能尽载，乃先去书之重大印本者，又去画之多幅者，又去古器之无款识者，后又去书之监本者、画之平常者、器之重大者，凡屡减去，尚载书十五车。至东海，连舻渡淮，又渡江至建康，青州故第尚锁书册什物，用屋十余间，期明年春再具舟载之。十二月，金人陷青州，凡所谓十余屋者，已皆

为煨烬矣。……①

赵氏夫妇随身携带的二万余卷图书和二千余卷金石拓本后来也在建炎己酉（1129 年）金人攻陷洪州时毁于战火之中。

宋室南渡之后，虽然偏安一隅，但南方的文化得到很快的发展，出现了许多著名的藏书家，其中最著名的有叶梦得、尤袤、晁公武、陈振孙、郑樵、周密等。

叶梦得藏书三万余卷，并且校雠精善。南宋绍兴中，他任江东安抚使兼知建康府时，为便于士子研习，利用公库余款，收集图书，建起了"绅书阁"，并编出书目，供读者查阅。

晁公武藏书二万四千五百余卷，并据以编成《郡斋读书志》，已见前述。

南宋著名文学家尤袤字延之，其藏书处名"遂初堂"，陈振孙称其藏书为近世之冠，陆游《遂初堂诗》赞其藏书之富云："异书名刻堆满屋，欠伸欲起遭书围。"尤氏藏书多系其亲手抄录，宋李焘云：

> 延之于书靡不观，观之靡不记。每公退，则闭户谢客，日计手抄若干古书，其子弟及诸女亦抄书。一日，谓余曰："吾所抄书，今若干卷，将汇而目之。饥读之以当肉，寒读之以当裘，孤寂而读之以当友朋，幽忧而读之以当琴瑟也。"②

尤氏之"四当"名言被后世读书人奉为圭臬。周密曾列举两宋藏书最富之家，其文云：

> 宋承平时，如南都戚氏，历阳沈氏，庐山李氏，九江陈氏，番易吴氏，王文康，李文正，宋宣献，晁以道，刘壮舆，皆号藏书之富。邯郸李淑五十七类二万三千一百八十余卷，田镐三万卷，昭德晁氏二万四千

---

① （宋）李清照：《金石录后序》，《金石录》，民国上海商务印书馆《四部丛刊续编》影印张氏涉园藏吕无党手抄本。

② （宋）李焘：《〈遂初堂书目〉跋》，清道光二十九年海山仙馆丛书《遂初堂书目》附。

五百卷，南都王仲至四万三千余卷，而类书浩博，若《太平御览》之类，复不与焉。次如曾南丰及李氏山房，皆一二万卷，然后靡不厄于兵火者。至若吾乡故家如石林叶氏、贺氏，皆号藏书之多，至十万卷。其后齐斋倪氏，月河莫氏，竹斋沈氏，程氏，贺氏，皆号藏书之富，各不下数万余卷，亦皆散失无遗。近年惟直斋陈氏书最多，盖尝仕于莆，传录夹漈郑氏、方氏、林氏、吴氏旧书至五万一千一百八十余卷，且仿《读书志》作解题，极其精详，近亦散失。至如秀岩，东窗，凤山三李，高氏，牟氏皆蜀人，号为史家，所藏僻书尤多，今亦已无余矣。吾家三世积累，先君子尤酷嗜，至鬻负郭之田以供笔札之用。冥搜极讨，不惮劳费，凡有书四万二千余卷，及三代以来金石之刻一千五百余种，庋置书种、志雅二堂，日事校雠，居然籝金之富。余小子遭时多故，不善保藏，善和之书，一旦扫地！①

宋代藏书家之多、所藏图书数量之大，远胜于前，尤其是陈振孙藏书五万一千余卷，其数与天府相埒②，但后来均毁于兵、火，令人惋惜。不过，宋代私人藏书也给后人留下了许多宝贵的精神财富，《郡斋读书志》《直斋书录解题》在目录学史上的成就令人瞩目，尤延之的"四当"名句也激励了后来的莘莘学子。

宋代佛道二教皆盛，宋真宗天禧五年（1021 年）有"道士万九千六百六人，女冠七百三十一人。……僧三十九万七千六百一十五人，尼六万一千二百三十九人"③，而这仅仅是官方统计的在册之数。至于寺院，其数则达四万所。由于寺院通常都拥有大量寺产，又享受许多朝廷的优惠，规模稍大的佛寺道观一般都建有藏经阁、藏经楼，因此寺观是宋代重要的藏书之所。

在雕版印刷术发明之前，人们手抄佛经，或作诵习，或作供养，因此许多寺观都有为数不少的佛经及相关文献，敦煌出土的大量宋代以前佛教文献抄本就是一例，宋代张邦基《墨庄漫录》卷三载："今蜀中导江迎祥院经

---

①　（宋）周密：《齐东野语》卷 12《书籍之厄》。

②　《玉海》卷 52《艺文·淳熙中兴馆阁书目　嘉定续书目》载：淳熙五年《中兴馆阁书目》著录宫廷藏书"现在书四万四千四百八十六卷"。

③　《宋会要辑稿·道释一·披度　普度　度牒》。

藏，世称藏中《佛本行经》六十卷，乃（吴）彩鸾所书"；《宋稗类钞》卷七记："真定大历寺有藏，虽小而精巧。藏经多唐宫人所书，经尾题名氏，极可观。"当雕版印刷术普及之后，佛道甚至包括其他一些宗教文献得到更为广泛的传播，因此寺院藏书较之前代更为普遍，藏书规模也更大。

宋太祖乾德四年（966年）即曾敕令编修《大藏经随函索引》六十六卷，开宝中敕令内臣入蜀主持雕刊大藏经，大约在太平兴国八年（983年）雕成并运送至京师，是为《开宝藏》。《开宝藏》全藏共十三万板，其后又屡有修订，熙宁四年八月，板赐显圣寺圣寿禅院公开流通印行[1]，请经者只要支付很少的纸墨费即可刷印，宋代杨亿记婺州开元寺请经之原委云：

> 开元寺者，兹郡之大招提也。前临九逵，旁接万井。金碧绚彩，上拟天宫。钟梵交音，居然福地。土木壮且丽矣，岁祀寝以远矣。龙象六和之众，禅律交修；香灯四事之供，檀施总萃。而琅函宝揭，有所缺然。乃有本寺僧文靖，与本州都知兵马使曹维旭，同发志诚，共营胜利。爰以淳化中，相率诣阙，击登闻鼓，求借方版，摹印真文。奏牍上闻，帝俞其请。逮至道初，维旭等始共莘置楮墨之直，聿来京都。诏免关市之征，授以要券。缮造既毕，护持而归。特给上计之回舟，俾达金华之本郡。……[2]

宋朝皇帝也常常将《开宝藏》颁赐各地寺院，甚至远至高丽、日本。

自《开宝藏》之后，宋代还有多种大藏经先后开雕（详后）。大藏经的雕版刊行，大大降低了手抄佛经的难度，也大大降低了获得佛经的费用，从而大大地促进了佛教文献的流通与收藏。四川人冯楫笃信佛教，"建炎后名山巨刹，教藏多不存，公累以己俸印施，凡一百二十八藏，用祝君寿，以康

---

① 山西省高平市文博馆藏开宝四年刻"开宝藏"《妙法莲华经》大观二年（1108年）印本卷末有牌记云："熙宁辛亥岁仲秋初十日，中书札子奉圣旨，赐大藏经板于显圣寺圣寿禅院印造，提辖管勾印经院事演梵大师慧敏等。"

② （宋）杨亿：《婺州开元寺新建大藏经楼记》，《全宋文》卷296，上海辞书出版社2006年版，第14册，第409页。

兆民"①。冯楫施印的图书都捐给了各个寺院，成为寺院的藏书。与此同时，手抄佛经作为一种功德，仍然十分流行。著名的浙江海盐茶院《金粟山大藏经》就是用人工抄录而成的。宋陈舜俞《海惠院经藏记》载，秀州海惠院"募人书所传之经，其函八百，其卷五千四十有八。而居人吴氏子行义好施，号为长者，为之募财倩工，作转轮而藏之。其屋若干楹，载峚载琢，饰以金碧"②。

由于宋代帝君多笃信道教，因此对于道教文献的收集、整理、雕印与颁赐极为重视，道教盛极一时。宋自太宗时开始纂修道经，其后又多次征集、校定，至宋徽宗政和时（1111—1118 年）编定并在福州开局镂板雕印，毕工后板送京师，是为《万寿道藏》（详后）。由于最高统治者的提倡，民间普建道教宫观，多有道藏收藏。史载宋徽宗重和元年（1118 年）八月"辛未，资政殿大学士、知陈州邓洵仁，奏乞选择《道藏经》数十部，先次镂板，颁之州郡，道录院看详，取旨施行"③。据学者考订，福建闽县九仙山之天宁万寿观、宋东京建隆观、上清储祥宫、祥源观、登封嵩阳崇福宫、华山休粮院、亳州太清宫、亳州明道宫、江宁府茅山崇禧观、镇江府金山神霄宫以及苏州、越州等地多有道藏抄本与刻本收藏④，可惜后来都在战乱中损毁了。

除了佛经道经之外，宋代寺观还收藏宋朝皇帝"御书"及其他一些世俗图书。宋代许多寺观都建有"御书阁"。据称宋太宗"向用儒学，尊尚经术，观书稽古，多所述作，于其闲暇，则又玩意于翰墨之间"；真宗时，"始聚其书，诏儒臣章别次第，著定为一百二十卷，刻之金石，副在有司，又以分藏于天下之名山，凡道宫、佛寺往往得被其赐。每岁推恩度其守藏之学者一人"⑤。浙江天台桐柏崇道观自孙吴时建立，宋代建御书阁，收藏有"三朝宸翰及高宗所临晋唐帖"⑥。

① （宋）释普济：《五灯会元》卷 20，苏渊雷点校，中华书局 1984 年版。

② （宋）陈舜俞：《海惠院经藏记》，《全宋文》卷 1544，第 71 册，第 85 页。

③ （清）毕沅：《续资治通鉴》卷 93。

④ 参见陈国符《道藏源流考·历代道书目及道藏之纂修与镂板》，中华书局 1963 年版。

⑤ （宋）刘挚：《忠肃集》卷 9《南岳御书阁记》，台湾商务印书馆 1986 年影印清文渊阁《四库全书》本。

⑥ （宋）陈耆卿：（嘉定）《赤城志》卷 13《寺观门四》，台湾商务印书馆 1986 年影印清文渊阁《四库全书》本。

二　宋代刻书

过去学者研究宋代图书史，常常根据刻印图书的主体，将宋代刻书分为"官刻""家刻"和"坊刻"三大系统。"官刻"，主要是指从中央到地方各级各类官府包括军事机构、官办学校所刻的图书，如中央各殿、院、监、司、局及地方各州（府、军）、县，各路茶盐司、安抚司、提刑司、转运司、漕司、公使库、仓台、各州学、府学、军学、郡斋、郡庠、学宫、学舍、各县县斋、县学等主持并用公帑刻印的图书；"家刻"，也可称家塾刻书，传统上指不专以出售为目的、由私人出资刊刻的图书；"坊刻"，即专以赢利为目的的私人出版发行单位——书坊所刻图书。著名版本学家叶德辉在《书林清话》中曾有专节分别叙述宋代各级官府及书院刻书、私宅家塾刻书和坊刻图书，也有学者总结三者的特点：官府刻书财力雄厚，故常常不惜工本，所刻书精美大方；家刻书底本精善，校勘仔细；坊刻书虽"雕镂不如官刻之精，校勘不如塾刻之审"，但其所印书籍数量大，流通广，"无远不至"。

实际上，在三大刻书系统中，官府刻书比较容易区分，至于家刻和坊刻，则很难区分。叶德辉《书林清话》中提到的私宅家刻代表如岳氏相台家塾、廖莹中世綵堂、婺州唐宅等，虽然皆由著名学者主持，但所刻书几乎也都是以赢利为目的，与所谓"坊刻"并无二致。而叶氏所列坊刻之代表如建安余仁仲，乃国学进士；临安陈氏，既是进士出身，又是著名诗人，所刻书皆极精美，质量上乘，则又与所谓"私宅刻书"并无不同。因此在下面的叙述中，我们将"家刻"与"坊刻"和民间寺观刻书等一并归入民间刻书的范畴。

宋代的书院设置颇为普遍，书院作为一种集教学、研究为一体的机构，其性质既有官办，也有民办，还有民办官助，也刻印了不少图书。

宋代官府刻书始于宋太祖建隆中。建隆四年（963 年）二月，窦仪建议编修《宋刑统》。同年八月，《宋刑统》三十卷及《编敕》四卷编成，"诏并模印颁行"。这是宋朝建立后官府刻书的开始，也是见于记载的中国历史上第一部雕版印刷的法典。

宋代中央刻书主要由国子监、崇文院及秘书省、司天监和校正医书局等机构负责，尤以国子监刻书最多。

国子监设有书库官，专司刻书。"淳化五年（994 年），判国子监李志言：'国子监旧有印书钱物所，名为近俗，乞改为国子监书库官。'始置书库监官，以京朝官充。掌印经史群书，以备朝廷宣索赐予之用，及出鬻而收其直以上于官。"① 宋初，儒家经典及史书如五代一样，仍由国子监负责刻印。初时国子监所印儒家经典都是以五代时刻成的"九经"书板刷印，后来因板片残损过甚，于是从太宗端拱元年（988 年）开始校勘孔颖达的《五经正义》。史载：

> 端拱元年三月，司业孔维等奉敕校勘孔颖达《五经正义》百八十卷，诏国子监镂板行之。
>
> 《易》，则维等四人校勘，李说等六人详勘，又再校。十月，板成，以献。《书》，亦如之，二年十月以献。《春秋》，则维等二人校，王炳等三人详校，邵世隆再校，淳化元年（990 年）十月，板成。《诗》，则李觉等五人再校，毕道升等五人详勘，孔维等五人校勘，淳化三年壬辰四月，以献。《礼记》，则胡迪等五人校勘，纪自成等七人再校，李至等详定，淳化五年五月，以献（淳化三年以前印板召前资官或进士写之）。
>
> 是年，判监李至言："义疏释文尚有讹舛，宜更加刊定。杜镐、孙奭、崔颐正苦学强记，请命之覆校。"至道二年（996 年），至请命礼部侍郎李沆，校理杜镐、吴淑，直讲崔渥佺、孙奭、崔颐正校定。咸平元年（998 年）正月丁丑，刘可名上言，诸经版本多误，上令颐正详校可名奏《诗》《书》正义差误事。二月庚戌，奭等改正九十四字。沆预政，二年，命祭酒邢昺代领其事。舒雅、李维、李慕清、王涣、刘士元预焉，《五经正义》始毕（国子监刻诸经正义板以赵安仁有苍雅之学，奏留事之，逾年而毕）。②

从太宗至道二年开始至真宗咸平四年（1001 年）又校刊了《七经义疏》。

---

① （元）脱脱等：《宋史·职官五·国子监》。
② （宋）王应麟：《玉海》卷 43《端拱校五经正义》。

以上十二经注疏共计三百四十五卷，即所谓单疏本。大中祥符五年（1012年），国子监又校勘镂板《孟子》，并依例附刊《音义》二卷①。宋初校刊的原本今已无存，但有南宋覆刻本传世，皆半叶十五行，行二十四至三十字不等。大约在雍熙三年（986年），国子监刻印了《说文解字》；天圣二年（1024年），又刻印了《经典释文》。

史籍之刻，始于太宗淳化五年（994年）。"淳化五年七月，诏选官分校《史记》《前后汉书》，……既毕，遣内侍裴愈赍本就杭州镂版。"②"咸平三年十月，诏选官校勘《三国志》《晋书》《唐书》。……五年校毕，送国子监镂版。"③ 因为将新修《唐书》，所以这次并未刊印《唐书》。此后，又于仁宗天圣二年（1024年）校刊了《南史》《北史》《隋书》，嘉祐五年（1060年）校刊了《唐书》（即《新唐书》）。大约在宋神宗时，又刻印了欧阳修的《五代史记》。嘉祐六年（1061年）开始校勘南北朝七史（即《宋书》《南齐书》《梁书》《陈书》《魏书》《北齐书》《周书》），校理工作到宋徽宗政和（1111—1118年）中才完成，所以，七史之刻实毕工于北宋末年。自淳化五年至政和时，十七史历时一百二十余年方才校勘刻成，其事虽主要由国子监董理，但刻印工作则主要是在杭州进行。

除儒家经典和史部图书外，国子监还刻印了大量的子书特别是医家类图书和集部图书，如《老子》《庄子》《黄帝内经素问》《注解伤寒论》《脉经》《千金翼方》《金匮要略方》《补注本草》《图经本草》以及李善注《文选》和《初学记》《白孔六帖》等。国子监刻书除拨付各地方出售外，自己也出售图书。为便于民间购买，在医书刊刻方面，国子监在刊刻了大字本后，为降低成本，还刻印了小字本：

> 国子监准尚书礼部元祐三年八月七日酉时，准都省送下，当月六月敕中书省勘会下项医书，册数重大，纸墨价高，民间难以买置。八月一日奉圣旨，令国子监别作小字雕印，内有浙路小字本者，令所属官司校对，别无差错，即摹印雕版，并候了日，广行印造，只收官纸工墨本

---

① 《宋会要辑稿·崇儒四·勘书》。
② （宋）程俱撰、张富祥校证《麟台故事校证·麟台故事残本》卷2之20。
③ （宋）程俱撰、张富祥校证《麟台故事校证·麟台故事残本》卷2之21。

价，许民间请买，仍送诸路出卖。①

叶德辉亦记："吾所藏明仿宋本王叔和《脉经》十卷，前有公牒，略云：国子监准监关准尚书礼部符，准绍圣元年六月二十五日敕，中书省尚书省送到礼部状，据国子监状，据翰林医学本监三学看治任仲言状：伏睹本监先准朝旨，开雕小字《圣惠方》等共五部出卖，并每节镇各十部，余州各五部。本处出卖，今有《千金翼方》《金匮要略方》《王氏脉经》《补注本草》《图经本草》等五件医书，日用而不可缺，本监虽见出卖，皆是大字，医人往往无钱请买，兼外州军尤不可得。欲乞开作小字，重行校对出卖，及降外州军施行，本部看详，欲依国子监申请事理施行，伏候指挥，六月二十六日奉圣旨，依。钞如右。"② 国子监还于政和中刊印过《重修政和经史证类备用本草》③。

国子监刻书有国家经费的支持，所印图书除用于赏赐外，主要是供出售的，所得经费，主要用于国子监的日常开支，由国子监自行掌握。太宗雍熙四年（987 年）诏：

国子监应卖书价钱，依旧置帐，本监支用，三司不得管系。④

朝廷还颁布诏书，禁止民间私自翻刻国子监所刻图书。至道三年（997 年）诏："国子监经书，外州不得私造印板。"⑤ 国子监刻书售书规模大，因此所得利润颇为可观，北宋太宗时，孔维任国子监祭酒，"私用印书钱三十余万，为掌事黄门所发，维忧惧，遽以家财偿之，疾遂亟，上赦而不问"⑥。宋初孔维就私自挪用国子监印书钱三十万，可见国子监印卖图书的数量不小。

北宋时官府藏书的整理及校定工作通常都由崇文院、秘阁等负责，当书

---

　① （东汉）张仲景著、刘渡舟主编校注《伤寒论校注·伤寒（卒）［杂］病论集》，人民卫生出版社 1991 年版。

　② 叶德辉：《书林清话》卷 6《宋监重刻医书》，岳麓书社 1999 年排印本。

　③ 《四部丛刊》影印泰和晦明轩本即据政和本刻成。

　④ 《宋会要辑稿·职官二十八·国子监》。

　⑤ 《宋会要辑稿·职官二十八·国子监》。

　⑥ （元）脱脱等：《宋史·孔维传》。

籍经过校理后，凡值得刊行者通常送国子监镂版，也有一些由崇文院、秘阁等自行镂版，但版成后一般要送国子监收贮印卖。一些地方所刻善本，其版片也要缴呈并贮于国子监。司马光于皇祐二年（1050 年）奏请印行《荀子》《杨子法言》状云：

> 臣等伏以战国以降，百家蠹午，先王之道荒塞不通，独荀卿、杨雄排攘众流，张大正术，使后世学者坦知去从。国家博采艺文，扶翼圣化，至于《庄》《列》、异端医方细伎，皆命摹刻，以广其传。顾兹二书，犹有所阙，虽民间颇畜私本，文字讹误读不可通，诚恐贤达之言寖成废缺。今欲乞降敕下崇文院，将《荀子》《杨子法言》本精加考校讫，雕板送国子监，依诸书例印卖。①

国子监的大量刻书和集中收贮印板，对外公开发卖，对促进宋代文化的繁荣起到了重要的推动作用。前面提到，宋朝建立之初，国子监仅有书板四千，而到真宗景德二年（1005 年），国子监即有印板十万，"经史义疏悉备"②，短短四十多年，国子监印板就增至十万，可见国子监刻书规模之大，而这只是北宋前期的情形，其后，国子监刻印的书籍就更多了。

国子监刻书，还有一个很重要的目的就是为科举考试提供标准读物。宋仁宗天圣四年（1026 年）：

> 十一月，翰林侍读学士判国子监孙奭言："诸科举人，惟明法一科律文及疏未有印本，是致举人难得真本习读。乞令校定，镂板颁行。"从之。命本监直讲杨安国、赵希言、王圭、公孙觉、宋祁、杨中和校勘，判监孙奭、冯元详校，至七年十二月毕。③

据此条，当时除明法一科所涉及的律文未有刊本外，其他科举考试科目所涉

---

①　（宋）司马光：《皇祐二年九月十四日具官臣光等状奏乞印行荀子杨子法言状》，《温国文正司马公文集》卷16，民国上海商务印书馆《四部丛刊》影印宋绍熙刊本。

②　《宋会要辑稿·职官二十八·国子监》。

③　《宋会要辑稿·崇儒四·勘书》。

及的图书都有刊本，这反映了科举制度对雕版印刷术广泛应用及图书事业发
展的推动作用。

宋代中央政府机构设置较为复杂，变化亦多。在中央机构中，秘书省、
崇文院、秘阁等与藏书、校书、刻书等关系最为密切。

崇文院不仅是宋朝国家主要的藏书机构，也是仅次于国子监的刻书机
构，所刻书主要有皇帝敕纂、御制书，也有一般的四部书，如《广韵》①
《儒行篇》②《皇祐大飨明堂纪要》③《晋书》④《庄子》并释文和《列子》⑤
《释奠元圣文宣王庙仪注》及《祭器图》⑥《圣制攻守卫图》⑦《吴志》《隋
书》《齐民要术》《群经音辨》⑧以及法律类书籍⑨等。

秘书省在北宋元丰七年刻了《孙子》《五曹算经》、张丘建《算经》、夏
侯阳《算经》、王孝通《缉古算经》、《周髀算经》《九章算术》等⑩。

此外，左司廊局是一个"受六曹之事，而举正文书之稽失，分治省事"
的机构。淳熙三年（1176 年）左廊司局刻了《春秋经传集解》三十卷，其
卷末有题记云："淳熙三年四月十七日，左廊司局内曹掌典秦玉桢等奏闻：
《壁经》《春秋》《左传》《国语》《史记》等书，多为蠹鱼伤牒，不敢备进
上览。奉敕用枣木椒纸各十部，四年九月进览。监造臣曹栋校梓，司局臣郭
庆验牒。"⑪由此看来，该机构刻书不少。

户部负责刊印其管辖范围内的文献。嘉泰元年（1201 年）主持雕印了
《庆元编类宽恤诏令》《役法撮要》⑫。

刑部负责刊刻法律类文献。北宋神宗熙宁"九年十二月二十二日，诏

---

① 《大宋重修广韵序》，《四部丛刊》影印宋刻巾箱本。
② （宋）王应麟：《玉海》卷 55《淳化赐儒行篇》。
③ （宋）王应麟：《玉海》卷 57《皇祐大飨明堂记》。
④ （宋）王应麟：《玉海》卷 55《景德赐经史》。
⑤ （宋）王应麟：《玉海》卷 55《祥符赐庄列子》。
⑥ （宋）王应麟：《玉海》卷 56《祥符释奠祭器图》。
⑦ （宋）王应麟：《玉海》卷 141《至和御制攻守卫图》。
⑧ 叶德辉：《书林清话》卷 3《宋司库州军郡府县书院刻书》。
⑨ （宋）王应麟：《玉海》卷 66《天圣新修令、编敕》《天圣律文音义》《庆历编敕》。
⑩ （清）毛晟：《缉古算经跋》，台湾商务印书馆影印清文渊阁《四库全书》本《缉古算经》附。
⑪ 叶德辉：《书林清话》卷 3《宋司库州军郡府县书院刻书》。
⑫ 《宋会要辑稿·刑法一·格令四》。

自今颁降条贯，并付刑部雕印行下"①。

敕令所是专门负责修订敕令的机构，雕印敕令即其分内之职："（宣和）八月二十四日，详定一司敕令所奏：新修《明堂敕令格式》一千二百六册，乞下本所雕印颁降施行。从之。"② 不过，国子监等机构也会刊印法律类图书，如《元丰敕令格式》即由"国子监雕印颁降"③，崇文院也雕印了编敕之类的法律文书。

宋代官僚机构庞大，皇帝的御笔手诏、各种法律文书、行政命令以及历日之类的东西极多，基本上都以雕版印刷的方式颁行全国，因此各部门几乎都有雕印图书文献之事，雕印的数量也极多。

宋代内廷也雕印图书，如德寿殿本是南宋内廷德寿宫的一处所在，也刻了《隶韵》十卷。

北宋末，金人入侵，宋王室南逃，迁都临安（杭州），国子监及其他机构所刻书板，全被金人掳走："靖康丙午（1126 年）冬，金人既破京城，当时下鸿胪寺，取经板一千七百片。"④ "靖康二年（1127 年）二月二日，（金人）坏司天台浑仪，输军前。虏图明堂九鼎，观之，不取，止索三馆文籍图书、国子书板。"⑤ 由于金人将国子监书板悉数掠走，南宋中央又无力重新刊刻，于是地方政府机构和学校、书院开始大规模地刻印图书。国子监将一些图书分配给各地方刊刻，如南宋"绍兴中，分命两淮、江东转运司刻三史板（指《史记》《汉书》《后汉书》）"⑥。南宋国子监不仅取地方官刻书为监本，还取私人刊刻之书板以充监本。

宋代地方官府所刻的图书多由"公使库"（类似于现在的招待所，公使库内往往都设有印书局刻印图书）出钱刻印，所刻书籍统称"公使库本"。另外还有所谓盐茶司本、庾司本、漕司本、提刑司本、计台本、仓台本、安抚使本、郡斋本、各地州府县署刻本、各地州学本、县学本、军学本、郡学

---

①　《宋会要辑稿·职官十五·刑部》。

②　《宋会要辑稿·刑法一·格令三》。

③　《宋会要辑稿·职官二十八·国子监》。

④　（宋）徐梦莘：《三朝北盟会编》卷 98 引赵子砥《燕云录》，台湾商务印书馆 1986 年影印清文渊阁《四库全书》本。

⑤　（宋）佚名：《靖康要录》卷 15，清光绪十八年刻十万卷楼丛书三编。

⑥　（宋）洪迈：《容斋随笔》续笔卷 14《周蜀九经》。

（郡庠）本、学宫本等。据叶德辉统计，见于著录的地方刻书机构达二百余个。① 史载：

> 嘉祐中，王琪知制诰守郡，始大修设厅，规模宏壮，假省库钱数千缗。厅既成，漕司不肯破除。时方贵《杜集》，人间苦无全书。琪家藏本雠校素精，即俾公使库钱镂版，印万本，每部为直千钱。士人争买之，富室或买十许部。既偿省库，羡余以给公厨。②

当时是否一下就印了"万本"，学术界尚有不同意见，但从这段文字来看，公使库印书主要是用于出售，并且许多是能够赢利的，当无疑问。另外，《杜集》为大部头书，一套价值千钱，对于一般读书人来说，这个价格是可以接受的，富裕人家完全可能买上十几部作为馈赠、交换之用。

两宋地方官刻图书的具体数量因为缺乏详细资料，难以统计，虽然只有一些零星不全的记载，但已非常可观。北宋仁宗嘉祐七年（1062 年）"十二月，诏以所写黄本书一万六百五十九卷、黄本印书四千七百三十四卷，悉送昭文馆"③。此"黄本印书"是为了防止被人盗窃，专用黄纸装订的国子监雕版书。南宋淳熙四年（1177 年）陈骙所编《淳熙中兴馆阁书目》即载有"诸州印版书六千九十八卷一千七百二十一册"④，这应当是靖康之难后各地官刻图书上缴的样书。

佛藏和道藏也是宋代官刻图书的一个重要方面。所谓佛藏，就是若干佛经的结集，道藏就是若干道经的结集。宋代以前，佛经和道经虽曾大量刊印，但多是单本刊印，只有到了宋代以后，才开始大规模系统刊印。

开宝四年（971 年），宋太祖命高品⑤张从信至成都雕造大藏经，大约在

---

① 详见叶德辉《书林清话》卷 3《宋司库州军郡府县书院刻书》《宋州府县刻书》。

② （宋）蒋堂：《府治重修大厅记》，（宋）郑虎臣《吴都文粹》卷 2 引，台湾商务印书馆 1986 年影印清文渊阁《四库全书》本。

③ 《宋会要辑稿·崇儒四·勘书》。

④ （宋）王应麟：《玉海》卷 52《淳熙中兴馆阁书目　嘉定续书目》。

⑤ 过去许多学者误以为是人名，其实高品为内侍的一个等级，详见《宋史·职官九》。

宋太宗太平兴国八年（983 年）刻成并运送到京师，这就是著名的《宋开宝刊蜀本大藏经》，简称《开宝藏》，又称《蜀藏》（图 5 - 3）。《开宝藏》人藏是现存佛藏的最早刻本，它按唐释智昇的《开元释教录》编排，共一千零七十八部五千零四十八卷，四百八十帙。《开宝藏》按千字文编号，始"天"，终"英"。《开宝藏》每版刻字二十二行至二十五行不等，每行十四字至十七字不等，共刻了十三万多块板片，刻完后板运汴京，全书用卷轴装。《开宝藏》自太平兴国八年刻成后，又于咸平、天禧、熙宁中三次校订，并于熙宁四年（1071 年）八月初十日将书板赐予显圣寺圣寿禅院，由其公开印造流通。宋徽宗时，又对《开宝藏》进行过一次增补①。《开宝藏》刻成后，宋廷曾将印本赐赠契丹、西夏、高丽、日本②、交趾等国。《开宝藏》全藏早已亡佚，现仅有零星残卷传世。

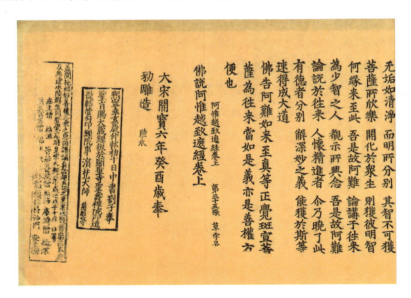

图 5 - 3　北宋开宝六年刻熙宁四年印《开宝藏》（中国国家图书馆藏）

---

①　李富华、何梅：《汉文佛教大藏经研究》，宗教文化出版社 2003 年版，第 83 页。
②　《宋史·日本国列传》载日本东大寺僧人奝然太平兴国八年曾面谒宋太宗："又求印本《大藏经》，诏亦给之。二年，随台州宁海县商人郑仁德船归其国。"另《佛祖统纪》卷 43 亦记："雍熙元年（984 年）三月。日本国沙门奝然来朝。……奝然求谒五台，及回京师，乞赐印本大藏经，诏有司给与之。"

五代时，后晋高祖就曾命人雕印《道德经》并颁行天下①，但当时所有道书尚未结集。入宋以后，宋太宗广求道书，共得七千余卷，其中还包括一些诸子百家之书，太宗因命徐铉等校正，删去重复，得三千七百余卷。此后宋朝皇帝又多次派员纂集校订道书。真宗时，命王钦若等整理道书，得四千三百九十五卷，分为三洞、四辅、十二类，赐名《宝文统录》。崇宁中，徽宗赵佶命广求道书，并命道士刘元道就书艺局校定，得道书五千三百八十七卷。政和三年（1113年），"诏天下访求道教仙经"②，并设经局校定，最后得道书五百四十函、五千四百八十一卷，徽宗命将已编纂完成的道藏送福州万寿观，令福州知州黄裳募工雕版，刻成后板送京师。因其刻于万寿观，故定名为《万寿道藏》③。《万寿道藏》是道藏最早的刻本，其板片在靖康之变时被金人掠去，现在已无传本。

除了《道藏》外，宋朝皇帝还多次命人校理并雕印道经。"大中祥符元年（1008年）六月，崇文院检讨杜镐等校定《南华真经》摹刻版本毕，赐辅臣人各一本。五年四月，崇文院上新印《列子冲虚至德真经》，诏赐亲王、辅臣人各一本。景德中，朝谒诸陵，路经列子观，诏加至德之号，又命官校正其书。至是刊版成，赐校勘官金帛有差。二年二月，诸王府侍讲兼国子监直讲孙奭言：'《庄子》注本，前后甚多，惟郭象所注特会庄生之旨，请依《道德经》例，差馆阁众官校定，与陆德明所撰《庄子释文》三卷雕印。'诏奭与龙图阁待制杜镐等同校定以闻。已而言者以为国学版本《尔雅释文》颇多舛误，又命镐、奭同详定之。至大中祥符四年，又命李宗谔、杨亿、陈彭年等雠校《庄子序》，摹印而行之。"④

两宋官刻图书中，一般而言，北宋以中央刻书居多，而南宋则以地方刻书居多，这与南渡前后中央与地方财力的变化有关。

书院是讲学和藏书机构，也是重要的刻书机构。书院汇集了学者和研习

---

① （宋）谢守灏《混元圣纪》卷9：后晋天福"五年五月，赐张荐明号通玄先生，令以《道德》二经雕上印板，命学士和凝别撰新序冠于卷首，俾颁行天下"（正统道藏本）。

② 《宋史·徽宗本纪》。

③ （宋）梁克家《淳熙三山志》卷38："《政和万寿道藏》，政和四年，黄尚书裳奏请建'飞天法藏'，藏天下道书，总五百四十函，赐今名，以镂板进于京。淳熙二年，令以所藏经文送于行在所。"

④ （宋）程俱撰、张富祥校证《麟台故事校证·麟台故事辑本》卷2之5。

的学生，又有藏书可充编纂校勘底本，加之有公帑、捐款及学田等收入，资金相对比较充裕。关于宋代书院的刻书情况，史料有限，主要集中在南宋后期。据叶德辉《书林清话》，宋代书院刻书主要有：

绍定三年（1230 年）丽泽书院刻《切韵指掌图》二卷、无年号刻《新唐书略》三十五卷

绍定四年（1231 年）象山书院刻《袁燮絜斋家塾书抄》十二卷

淳祐六年（1246 年）泳泽书院刻《四书集注》十九卷

淳祐八年（1248 年）龙溪书院刻《北溪集》五十卷《外集》一卷

宝祐五年（1257 年）竹溪书院刻《秋崖先生小稿》八十三卷

景定五年（1264 年）环溪书院刻《仁斋直指方论》二十六卷、《小儿方论》五卷、《伤寒类书活人总括》七卷、《医学真经》一卷

咸淳元年（1265 年）建安书院刻《晦庵先生朱文公文集》一百卷、《续集》十卷、《别集》十一卷[①]

此外，据今人研究，还有：嘉定十七年（1224 年）白鹭州书院刻《汉书集注》一百卷、《后汉书注》九十卷、《汉志注补》五十卷；嘉定年间（1208—1224 年）梅隐书院刻《书集传》六卷，鹄山书院刻《资治通鉴》二百九十四卷，紫阳书院刻《周易要义》十卷、《周易集义》六十四卷[②]。

书院不仅自己刻书，同时对所在地的刻书业也会产生重要的影响。宋代坊刻中心福建建阳一带有书院十余所，如朱熹所建的考亭书院、同文书院、云谷书院和寒泉精舍，朱熹弟子黄榦也在此建潭溪书院、环峰书院，蔡沈建庐峰书院，刘爚建云庄书院。建阳刻书之盛与此地书院林立不无关系，宋熊禾同文书院之上梁文即写道："儿郎伟，抛梁东，书籍高丽日本通。……儿郎伟，抛梁北，万里车书通上国。"[③] 在今日所见宋代建阳刻书中，有不少

---

① 以上参见叶德辉《书林清话》卷 3《宋司库州军郡府县书院刻书》。

② 以上参见张树栋、庞多益、郑如斯等《中华印刷通史》（修订版）（电子版），台北财团法人印刷传播兴才文教基金会 2004 年版，第 196 页。

③ （宋）熊禾：《同文书院上梁文》，赵模等修、王宝仁等纂（民国）《建阳县志·学校志》，民国十八年铅印本。

是由当地书院学生充任校勘的。

地方官学刻书是宋代刻书的重要组成部分。宋代地方官学，名目甚多，或称府学、州学、军学、县学，或称郡庠、学宫、頖宫、学舍等。关于宋代地方官学的刻书情况，叶德辉曾做过详细的梳理①，就其所录，宋代地方官学刻书的数量远远超过书院，这大概与地方官学有充足资金保障有关。不过，宋代战乱频仍，时局多艰，地方官学兴废不定，书院在很多时候也具有强烈的官学色彩，书院有时也被改作官学，例如应天府书院本为奉诏兴办，景祐二年十一月"以书院为府学，给田十顷"②，因此一部分题为官学刻书者，可能也是书院刻书。

民间刻书五代时便已见诸记载了，前面提到的毋昭裔出私财刻印《文选》《初学记》及九经、昙域刻《禅月集》、和凝刻自己的文集等皆是。

在宋代，商品经济已高度发达，士人经商之风颇为盛行。《夷坚志》记载了一个故事，说"吴兴士子六人入京师赴省试，共买纱一百匹，一仆负之"，结果被人半道抢劫，幸得其中一位霍秀才号霍将军者击退。③《西湖老人繁胜录》亦载："天下待补进士，都到京赴试。各乡奇巧土物，都担戴来京都货卖，买物回程。"④ 连进京赶考都不忘顺便做点生意，至于士人刻书卖书，则更加普遍。宋代张文潜《道山清话》记："近时印书，而鬻书者往往皆士。"有些士人甚至"躬自负担"，倾其家资以为贩书之费。宋代魏泰曾记述过一则北宋著名学者穆修买书的故事，谓修"晚年得《柳宗元集》，募工镂板，印数百帙，携入京相国寺，设肆鬻之。有儒生数辈至其肆，未评价直，先展揭披阅，修就手夺取，瞋目谓曰：'汝辈能读一篇，不失句读，吾当以一部赠汝！'"并谓穆修如此卖书，以至于"经年不售一部"⑤。《林希野史·政府客篇》也记载了王安石与其子王雱的一段故事："安石子雱，上即位初，中第，调旌德尉，耻不赴，求侍养。及安石暴进执

---

① 　以上参见叶德辉《书林清话》卷 3《宋司库州军郡府县书院刻书》。

② 　（宋）王应麟：《玉海》卷 117《应天府书院》。

③ 　（宋）洪迈：《夷坚志·夷坚丁志卷十一·霍将军》，何卓点校，中华书局 1981 年版。

④ 　（宋）西湖老人：《西湖老人繁胜录·遇补年》，古典文学出版社 1957 年点校排印本。

⑤ 　（宋）魏泰：《东轩笔录》卷 3，李裕民点校，中华书局 1983 年版。此事又见（宋）朱弁《曲洧旧闻》卷 4《穆伯长自刻韩柳集鬻于相国寺》，孔凡礼点校，中华书局 2002 年版。

政，用诸少年，雱欲预选，与父谋：'执政子弟不可预事，惟经筵可处。'安石欲上知而自用，雱乃以所为策及注《道德经》镂板鬻于市，遂得达于上。"① 像穆修、王雱那样为了达到特定目的而刻书、卖书的可以说是特例，更多的是，由于刻书卖书有较高的利润，这个行业又与读书人有着天然的联系，因此读书人自己著书、自己校书、自己主持刻书和卖书，便成为宋代一个非常突出的社会现象。南宋的一桩著名公案——著名学者、思想家朱熹控告另一位著名学者、思想家唐仲友贪污、私印会子（纸币）就是一个很好的案例，由此也可见当时士人刻书、卖书之盛况。

南宋淳熙九年（1182 年），朱熹任提举两浙东路常平茶盐公事，发现台州知州同时也是著名学者的唐仲友贪污、枉法任用因私刻假钞而在台州服刑的犯人刻印书籍，并将书板运回婺州自家店铺等种种不法之事，曾连上六状，其第三状称：唐仲友在家乡开綵帛铺、鱼鲞铺、书坊：

> 仲友自到任以来，关集刊字工匠在小厅侧雕小字赋集，每集二千道。刊板既成，般运归本家书坊货卖。其第一次所刊赋板印卖将漫，今又关集工匠又刊一番。凡材料、口食、纸墨之类，并是支破官钱。又乘势雕造花板，印染斑缬之属凡数十片，发归本家綵帛铺，充染帛用②。

这是告唐仲友用公款刻书后，将书板运回自家的书坊印卖，并且在板片漫漶之后又用公款再雕一次，还用公款雕刻印染布匹绸缎等的花板数十片运回自家开的綵帛铺用来染帛。第四状称：

> 仲友所印"四子"，曾送一本与臣，臣不合收受，已行估计价直，还纳本州军资库讫。但其所印，凡是一千来本，不知将作何用？伏乞圣察。
> ……
> 据叶志等供，草簿内，仲友以官钱开《荀》《杨（扬）》《文中子》

① （宋）李焘：《续资治通鉴长编》卷226"熙宁四年八月"注引，中华书局1979—1995 年整理标点本。

② （宋）朱熹：《晦庵先生朱文公文集》卷18《按唐仲友第三状》，见朱杰人、严佐之、刘永翔主编《朱子全书》第20 册，第836 页。

《韩文》四书，即不见得尽馈送是何官员。[①]

这是告唐仲友刊刻《荀子》（图 5－4）《扬子》（即《法言》）《文中子》《韩文》四书后，到处送人（包括送给朱熹本人，只是朱已将相关钱款缴送本州军资库），印数达一千多本，去向不明，朱熹怀疑其中有问题，希望彻查。

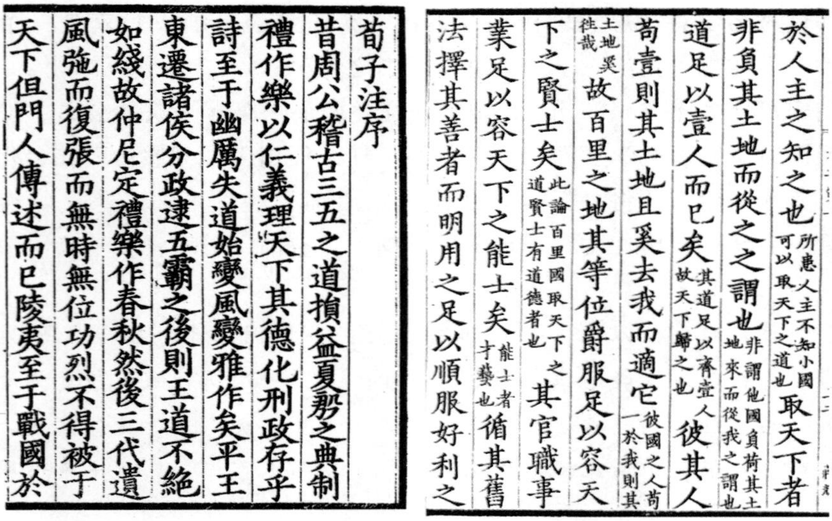
荀子注序
昔周公稽古三五之道損益夏殷之典制
禮作樂以仁義理天下其德化刑政存乎
詩至于幽厲失道始變風變雅作矣平王
東遷諸侯分政逮五霸之後則王道不絕
如綫故仲尼定禮樂作春秋然後三代遺
風弛而復張而無時無位功烈不得被于
天下但門人傳述而已陵夷至于戰國於

於人主之知之也所患人主不知小國可以取天下之道也取天下者
非負其土地而從之之謂也非謂他國負荷其土地來而從我之謂也
道足以壹人而已矣其道足以齊壹人故天下歸之也彼其人
苟壹則其土地且奚去我而適它彼國之人苟一於我則其土地奚往哉
故百里之地其等位爵服足以容天
下之賢士矣此論百里國取天下之道賢士有道德者也其官職事
業足以容天下之能士矣能士者才藝也循其舊
法擇其善者而明用之足以順服好利之

图 5－4　南宋唐仲友台州刻《荀子》*

*（清）黎庶昌编《古逸丛书》影印日本金泽文库藏本《荀子》，清光绪十年刻本。案：右图下书口有刻工名蒋辉。

第六状称：

唐仲友开雕《荀》《杨》《韩》《王》（即王通《文中子》）四子印板，共印见成装了六百六部，节次径纳书院，每部一十五册，除数内二百五部自今年二月以后节次送与见任寄居官员，及七部见在书院，三部安顿书表

① （宋）朱熹：《晦庵先生朱文公文集》卷 19《按唐仲友第四状》，见朱杰人、严佐之、刘永翔主编《朱子全书》第 20 册，第 845 页。

司房，并一十三部系本州史教授、范知录、石司户、朱司法经州纳纸兑换去外，其余三百七十五部，内三十部系□表印，及三百四十五部系黄坛纸印到，唐仲友逐旋尽行发归婺州住宅。内一百部于二月十三日令学院子董显等与印匠陈先等打角，用箸笼作七担盛贮，差军员任俊等管押归宅。及于六月初九日，令表背匠余绶打角一百部，亦作七担，用箸笼盛贮，差承局阮崇押归本宅。及一百七十五部，于七月十四日又令印匠陈先等打角，同别项书籍亦用箸笼盛贮，共作二十担，担夯系差兵级余彦等管押归宅分明。

　　……

　　据蒋辉供，元是明州百姓，淳熙四年六月内，因同已断配人方百二等伪造官会，事发，蒙临安府府院将辉断配台州牢城，差在都酒务着役月粮，雇本州住人周立代役，每日开书籍供养。去年三月内，唐仲友叫上辉，就公使库开雕《杨子》《荀子》等印板，辉共王定等一十八人在局开雕，……①

这是告唐仲友将用公使库钱印制装订的三百七十五部"四子"书差人送回唐宅贩卖，还任用曾经私刻会子而在台州服刑的犯人蒋辉，用公使库款与王定等共十八人雕造"四子"印板。关于唐仲友用公使库钱刻印书籍之事，他在所刻《扬子法言》后序中也说是"假守余隙，乃以公帑锓木"，自应为官刻，所刻当称"公使库本"；但是其刻印事项，又似出于唐仲友个人安排，唐仲友本人也是著名学者，曾著有《六经解》《帝王经世图谱》《说斋文集》等书，因此又与所谓"家刻"无异；最后采取不法手段将刻印书籍盗运回老家婺州书坊售卖，则与坊刻莫辨。

　　唐仲友所刻书向称精善，其中《荀子》杨倞注二十卷，后入藏日本金泽文库，清末黎庶昌影刻入《古逸丛书》中。其书大字八行十六、十七字不等，小字双行夹注，有刻工蒋辉、王定、李忠、吴亮、宋琳、叶祐、林俊、金华、陈岳、僖华、王震、周言、周侁、陈显、林桧、徐逑、徐通、周安、徐逯等十八人，"字仿欧体，想见当时雕镂之精，不在北宋蜀刻之下"②。另外

　　①　（宋）朱熹：《晦庵先生朱文公文集》卷19《按唐仲友第六状》，见朱杰人、严佐之、刘永翔主编《朱子全书》第20册，第864—866页。

　　②　叶德辉：《书林清话》卷10《宋朱子劾唐仲友刻书公案》。

辽宁省图书馆藏有唐仲友淳熙八年刊《扬子法言》，行款版式及刻工与《荀子》同，曾于 1987 年由巴蜀书社影印出版。

除了唐仲友以外，许多学者或者在为官任上以公帑主持刻印图书，或者自己出资刻印并销售图书，朱熹本人就曾刻印过不下四十种图书，与他同时的大学者吕祖谦等也编纂、刻印过图书，有的还是大部头图书。据叶德辉《书林清话》所记，两宋的"家刻本"即文人学者所刻图书见于著录者有四十多家，主要集中在四川、浙江、福建等地，著名的有北宋临安进士孟琪刻《唐文粹》一百卷、京台岳氏刻《新雕诗品》三卷等；四川广都费氏进修堂刻大字本《资治通鉴》二百九十四卷（世称"龙爪本"），施元之在衢州刻《苏子美集》十五卷、《新仪象法要》三卷，建安黄善夫宗仁家塾之敬室刻《史记索隐正义》一百三十卷（图 5－5）、《前汉书》一百二十卷，廖莹中世綵堂刻"九经"和《昌黎先生集》四十卷（图 5－6）及《河东先生集》四十四卷等。叶氏这些所谓的"家刻本"，实际上与坊刻本无异。当然，由官员、文人学士主持刻印的图书一般而言在底本选择，内容的校勘、刻印及纸墨质量的控制等方面比纯商业性的书铺、书坊质量要高得多。

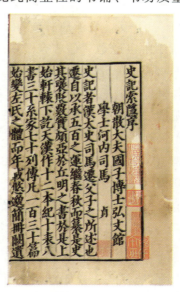

图 5－5　南宋黄善夫刻《史记索隐正义》
（中国国家图书馆藏）

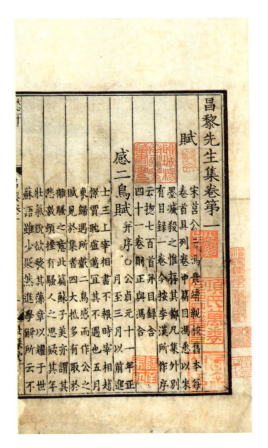

图 5－6　南宋廖莹中世綵堂刻《昌黎先生集》（中国国家图书馆藏）

　　还有一些人刻书纯为沽名钓誉，其质量自然不足为道。叶梦得曾记述了一段故事："李公武既以文词见称诸公间，杨大年尝为序其诗，为《闲燕集》二十卷。柴宗庆亦尚太宗鲁国公主，贪鄙粗暴，闻公武有集，亦自为诗，招致举子无成者相与酬唱。举子利其余食，争言可与公武并驰。真宗东封亦尝献诗，强大年使为之序，大年不得已为之，遂亦自名其诗为《平阳》《登庸》二集，镂板以遗人，传者皆以为笑。"①

①　（宋）叶梦得：《避暑录话》卷下，清宣统元年叶氏观古堂刻本。

在民间刻书中，有不少是纯商业性的书铺、书坊，书铺、书坊专以刻印出售图书为业，其目的全在赢利，因此与学者主持刻印的图书在质量上还是有相当大的差别。

书坊又称书肆、书林、书堂、书棚、书铺、书籍铺、经籍铺等，所刻书一般称作坊本、书棚本等。书坊自汉代就已经见诸记载，不过，在印刷术发明之前，书坊之书都是人工手抄的，在文献记载中就有不少一生专事抄书之人。唐代雕版技术开始应用以后，书坊除了继续抄书卖书以外，为了扩大经营，也以雕版印刷的方式大量刻印书籍，特别是一般百姓的日常生活用书、科举考试所用的参考书以及脍炙人口的文学作品等，都是书坊争相刊刻的对象。就今日所见，唐代成都府的樊赏家、过家、龙池坊卞家，上都（长安）东市的大刁家、李家等所刻图书均有实物传世或者见诸记载。

到了宋代，由于手工业和商业发达，特别是雕版印刷的普及，书坊又有了很大的发展。据《东京梦华录》等书记载，北宋时首都汴京的大相国寺内及寺东门街巷一带是书肆较为集中的地方。

南宋时首都临安为全国三大刻书中心之一，书坊很多，今日尚有刻本传世的书坊有：

临安府棚北睦亲坊南陈解元书籍铺（或作"临安府棚北睦亲坊陈宅经籍铺"）；

临安府洪桥子南河西岸陈宅书籍铺；

临安府鞔鼓桥南河西岸陈宅书籍铺；

临安府太庙前尹家书籍铺（或作"太庙前尹家父子文字铺"）；

临安府众安桥南街东开经书铺贾官人宅；

临安府修文坊相对王八郎家经铺；

临安府中瓦南街东开印输经史书籍荣六郎家；

钱塘门里车桥南大街郭宅经铺；

行在棚南街前西经坊五念三郎家；

保佑坊前张官人经史子文籍铺；

太学前陆家；

杭州猫儿桥河东岸开笺纸马铺钟家；

杭州沈二郎经坊。

以上书坊、书籍铺，有一些是文人学者开设，如陈宅书籍铺的主人为著名诗人陈起，但也有纯商业性书铺，甚至像"猫儿桥河东岸开笺纸马铺钟家"这种可能主要是以刻印"纸马"① 为主的铺子也兼营刻书之事。

在四川的成都、眉山、广都等地，也有许多书坊。至于福建建阳（因建阳汉属建安郡，故又称建安）一带，书坊林立，其数不胜枚举。

宋代的书坊刻书以建安余氏和临安陈氏最为著名。叶德辉云："夫宋刻书之盛，首推闽中，而闽中尤以建安为最，建安尤以余氏为最，且当时官刻书亦多由其刊印。"② 余氏至迟从北宋起就世代以刻书卖书为业，支脉繁衍，一直到清代。宋代最著名的为国学进士余仁仲的"万卷堂"。据清代以来各种书目统计，万卷堂所刻书共有十余种传世，如《尚书精义》五十卷、《春秋公羊传解诂》十二卷、《春秋穀梁经传》十二卷、《事物纪原》二十六卷等，最有名的即是"九经"，《九经三传沿革例》谓其"称为善本"。清《东华续录》载：清乾隆四十年乾隆皇帝因见内府所藏宋版书中多有余氏勤有堂字样，又因《九经三传沿革例》论书版之精者有建安余仁仲，命军机大臣等调查余氏刻书源流。钟音调查后覆奏：

> ……其先世自北宋迁建阳县之书林，即以刊书为业。彼时外省板少，余氏独于他处购选纸料，印记"勤有"二字，纸板俱佳，是以建安书籍盛行。至"勤有堂"名，相沿已久。宋理宗时，有余文兴，号勤有居士，亦系袭旧有堂名为号。今余姓见行绍庆堂书集，据称即勤有堂故址，其年代已不可考。③

宋代建安余氏刻书者还有余恭礼宅、余唐卿明经堂、余彦国励贤堂、余腾夫

---

① 纸马，旧时民间祭祀财神、月神、灶神、寿星等神祇时所使用的物品。（宋）吴自牧《梦粱录·十二月》："岁旦在迩，……纸马铺印钟馗、财马、回头马等，馈与主顾。"（古典文学出版社 1957 年点校排印本）

② 叶德辉：《书林清话》卷 2《宋建安余氏刻书》。

③ （清）王先谦纂《东华续录》卷 81，清光绪十年长沙王先谦刻本。

等。建安余氏刊刻之书，历来校雠皆称精审，故深得学者珍视。

叶德辉云："南宋临安业书者，以陈姓为最著。"① 陈氏书坊或题"临安府棚北睦亲坊南陈宅书籍铺"，或题"临安府棚北大街陈解元书籍铺"，其主人名起，宋宁宗时乡贡第一，时称陈解元，亦称陈道人。起能作诗，藏书甚富，其藏书楼称"芸居楼"。陈起喜欢与当时文人交游，诗人黄顺之赠诗云："羡君家阙下，不踏九衢尘。万卷书中坐，一生闲里身。"陈氏辑刻唐宋诗文集和笔记小说近百种，王国维先生曾经考证说："今日所传明刊十行十八字本唐人专集、总集，大抵皆出陈宅书籍铺本也。然则唐人诗集得以流传至今，陈氏刊刻之功为多。"② 陈起不仅刻印书籍，还自己选编书籍，如《圣宋高僧诗选》《增广圣宋高僧诗选》等。陈起以刻书为业，最后也以刻书遭祸：因他所刻《江湖集》中有刘潜夫讥讽当朝权相史弥远的文字而遭流放③。陈起之子陈思继承父业，也以刻书为业④。《宋会要》载：开禧元年（1205 年）"特奏名陈思已下六百一十一人，赐同进士出身、同学究出身"⑤，其所著《小字录》结衔成忠郎，缉熙殿、国史实录院、秘书省搜访，一般也称他为陈道人、陈解元。陈思编刻有《宝刻丛编》《海棠谱》《书苑菁华》《书小史》《小字录》《两宋名贤小集》《南宋六十家小集》等书。

纯商业性经营的书坊刻书，以文学、科举及生活用书为主。宋岳珂在谈到建阳书坊刻书时说："自国家取士场屋，世以决科之学为先，故凡编类条目、撮载纲要之书稍可以便检阅者，今充栋汗牛矣。建阳书肆方日辑月刊，时异而岁不同，以冀速售；而四方转致传习，率携以入棘闱，务以眩有司，谓之怀挟，视为故常。"⑥ 建阳书坊正是编纂、印刷出版这类图书的中心。科举考试几乎是当时普通读书人仕进的唯一出路，因此从读书所用的教科书到准备考试用的各种范文以及常用的工具书（类书）所需量极大，是当时

① 叶德辉：《书林清话》卷 2《南宋临安陈氏刻书之一》。

② 王国维：《两浙古刊本考》卷上《李丞相诗集二卷》，上海古籍书店 1983 年影印民国上海商务印书馆影印《王国维遗书》本。

③ 事见（宋）周密《齐东野语》卷 16《诗道否泰》，中华书局 1983 年点校排印本。

④ 一说陈思并非陈起之子，参见《书林清话》卷 1《南宋临安陈氏刻书之一》；吴启寿：《南宋临安陈氏书籍铺考略》，《图书馆研究与工作》1982 年第 7 期。

⑤ 《宋会要辑稿·选举八·举士·亲试》。

⑥ （宋）岳珂：《愧郯录》卷 9《场屋编类之书》，民国上海商务印书馆《四部丛刊续编》影宋本。

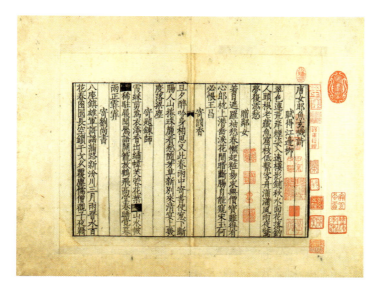

图5-7　南宋临安府棚北睦亲坊南陈宅书籍铺刻《唐女
郎鱼玄机诗》（中国国家图书馆藏）

社会一个非常重要的产业。一些书坊还将业务延伸，充当举子保人，代举子办理从考试到及第委官后的一切杂务，"凡举子预试并仕宦，到部参堂应该节次文书，并有书铺承干。如举子乏钱者，自请举至及第，一并酬劳书铺者"①。由此可以想见宋代出版业之繁盛。

书坊为获取更大的商业利益，有的也请人自行编纂图书，然后刻印出卖。绍熙中，临安书坊汇集时人文章，编纂了《圣宋文海》。此书传至内廷，宋孝宗命临安府将此书校正刻版。只是因吕祖谦反对，指出此书"元系书坊一时刊行，取去未精，名贤高文大册，尚多遗落"②，后才由吕祖谦领衔重新编纂，是为《宋文鉴》。书坊还非常注意抓住商机，将一些名人著作或有市场价值的图书在很短的时间内刻印出版。宋洪迈《容斋续笔》序称：

---

① （宋）赵升：《朝野类要》卷5《书铺》，上海古书流通处1921年影印《知不足斋丛书》本。
② 《宋会要辑稿·崇儒五·校勘经籍》。

　　是书（即《容斋随笔》）先已成十六卷，淳熙十四年（1187 年）
八月在禁林日，入侍至尊寿皇圣帝（宋孝宗）清闲之燕，圣语忽云：
"近见《甚斋随笔》。"迈竦而对曰："是臣所著《容斋随笔》，无足采
者。"上曰："煞有好议论。"迈起谢，退而询之，乃婺女（今浙江金
华）所刻，贾人贩鬻于书坊中，贵人买以入，遂尘乙览。①

　　洪迈写书尚未完稿，即有书坊刻售其书，并很快传入了内廷，可见书坊刻书
贩书之快、行销之广。

　　宋代民间的佛寺道观也曾刻印过大量书籍。寺观刻书本来也属于民间刻
书，但其刻书的内容和规模都与一般的文人学者刻书、书坊刻书有差别。

　　佛寺和道观刻书以佛经和道经为主。宋代以前，佛经和道经只是以单本
的形式刻印。到了宋代，佛藏和道藏都已结集并刊印了。宋代刊印的佛藏著
名的有《开宝藏》《崇宁万寿大藏》《毗卢藏》《圆觉藏》《资福藏》《碛砂
藏》等；道藏则有《万寿道藏》。《开宝藏》和《万寿道藏》为官刻，前面
已有介绍，其余各藏均为寺院刻本。

　　《崇宁万寿大藏》，简称《崇宁藏》，又称《福州东禅寺大藏》《福藏》，
由福州东禅寺等觉禅院住持冲真等募雕，这是已知的中国第一部寺院所刻汉
文大藏经，始刻大约在元丰三年（1080 年）以前②，毕工于崇宁二年（1103
年）冬，历时三十余年雕成。南宋以后，《崇宁藏》又有增补、续刻③。《崇
宁万寿大藏》每版三十六行，行十七字，经折装，每折六行，以后的《毗
卢藏》《圆觉藏》《资福藏》《碛砂藏》及元明所刻佛藏都遵用其版式。《崇
宁万寿大藏》共六千四百三十四卷，现仅有零本存世。

　　《毗卢藏》由福州开元寺募雕于两宋之际，北宋政和二年（1112 年）
开雕，南宋绍兴二十一年（1151 年）刊竣。全藏五百九十五函，收经一千
四百五十二部、六千三百五十九卷，目录与《崇宁藏》同④。宋末元初又重
刻了其中的一部分。《毗卢藏》与《崇宁藏》都雕板于福州，有学者指出，

①　（宋）洪迈：《容斋续笔序》，中国国家图书馆藏宋嘉定五年赣郡斋刻本。
②　参见李际宁《佛经版本》，江苏古籍出版社 2002 年版，第 71 页。
③　李富华、何梅：《汉文佛教大藏经研究》第 5 章，宗教文化出版社 2003 年版。
④　李富华、何梅：《汉文佛教大藏经研究》第 5 章。

可能是开元寺出于宗派原因，不满东禅寺所为，同时，也为本寺"传灯"①。《毗卢藏》已无全藏，但零散之本存世尚多。

《圆觉藏》，又称《思溪圆觉藏》，由湖州归安思溪（今浙江吴兴）圆觉禅院募雕，靖康元年（1126 年）二月开雕，刻成于南宋初年。后来圆觉禅院升格为资福禅寺，并对《圆觉藏》残损经板进行过补刻，故又称《资福藏》。《圆觉藏》《资福藏》又称《前思溪藏》《后思溪藏》，《资福藏》全部共计五百四十八函，收录佛经一千四百一十九部五千九百一十三卷②，每板三十行，行十七字，经折装，每折六行。《圆觉藏》原来中土已无全藏，清末杨守敬从日本山城国天安寺购回该藏大部（天安寺藏本原缺《大般若波罗蜜经》六百卷，其他部分稍有残缺），后入藏中国国家图书馆，近年中国国家图书馆又从韩国购得原缺《大般若波罗蜜经》六百卷中的三百余卷，遂大致完备。

《碛砂藏》，南宋嘉定九年（1216 年）由平江府陈湖（今江苏吴县陈湖）碛砂延圣院募刻，完成于元至治二年（1322 年），历时百余年，明代以后续有补板。全藏六千三百六十二卷，每板三十行，行十七字，经折装，每折六行，每函首卷有扉画。现陕西省图书馆、山西太原崇善寺和美国普林斯顿大学等均有收藏（间有残缺、补配），其他零散之本各地多有收藏。

宋代佛教、道教盛行外，还有其他一些宗教流行，如明教的经典也有刻本印行。陆游《老学庵笔记》载："闽中有习左道者，谓之明教。亦有明教经，甚多刻版摹印，妄取道藏中校定官名衔赘其后。"③ 由此可见宋时刊印宗教文献是非常普遍的事。

寺观刻书，有的是寺观自己出资，有的则是由信众施财镂板；有的是寺观自己刻印供信众迎请，也有的是由信众以赁板的方式自备纸墨刷印，形式多样。

宋代刻书较之后代有一些明显的风格，宋代各地的刻书也有一些特色。前人有许多文字阐述宋版图书的特点，如明代学者屠隆说：

---

① 谢水顺、李珽：《福建古代刻书》，福建人民出版社 1997 年版，第 45—46 页。
② 李富华、何梅：《汉文佛教大藏经研究》第 6 章。
③ （宋）陆游：《老学庵笔记》卷 10，李剑雄、刘德权点校，中华书局 1979 年版。

　　书贵宋元者，何哉？以其雕镂不苟，校阅不讹，书写肥细有则，刷印清明，况多奇书，未经后人重刻。……宋书纸坚刻软，字画如写，格用单边，间多讳字，用墨稀薄，虽着水湿，燥无湮迹，开卷一种书香，自生异味。元刻仿宋，单边，阔多一线，字画不分粗细，纸松刻硬，用墨秽浊，无讳字，开卷了无嗅味。①

　　屠氏对宋版书的夸赞常被后人尤其是佞宋之人称引。宋人之书至明时已极珍贵，故明清以后人多重之，其评论亦不免夸饰之辞。如谓宋版书字画如写，是与明代中后期出现并普遍采用的"宋字"字画规整但不免失之呆板相比较而言的；谓宋版书"间多讳字"，是与元明刻书并不讲究避讳相比较而言的；谓宋版书"虽着水湿，燥无湮迹"，则恐怕是与元代书坊刻书为求降低成本而用纸墨滥恶相比较而言的。有宋一代，刻书极多，能够流传至今者，大多是经历代收藏家选择出来的，因此也是宋代刻书比较好的部分，至于那些刻印质量较差的科场用书、生活用书，则很少流传下来。换句话说，今日所看到的宋版书基本上是宋代刻书中比较好的部分，而并非宋代刻书的全貌。关于宋代的刻书特点，还需具体分析。

　　在刻书字体上，一般而言，确如屠氏所说，宋代许多刻书字体笔画多一丝不苟，与元代刻书多手写上版常有连笔字不同，也与明代中后期刻书多用宋字不同，宋代多用欧体、颜体和柳体。欧体字呈长方形，挺拔俊秀；颜体字形方正，笔画略肥，端庄肃穆；柳体笔画劲瘦，清新雅致。浙刻本多用欧体，蜀刻本多用颜体，建本则多用柳体。总体而言，官府刻书、书院刻书、学者刻书多比较讲究，校勘亦精，而坊刻书则一般质量较低。

　　前人研究版本之学，常常比较关注不同时代刻书的版式特点。一般认为，在版式上，宋代早期多为四周单边，后来逐渐变为左右双边、四周双边。日本学者岛田翰说："宋之初，去古未远，其刊四部之书，以其多出于卷子本，界栏尚是则乌丝栏界之旧，大抵用单边画，其非观美也，则有左右双边。宋之南渡，流风既远，古法几乎息矣！于是始有四周双边。"② 清人

---

　　① （明）屠隆：《考槃余事》卷 1《书》，明万历绣水沈氏刻宝颜堂秘笈本。
　　② 〔日〕岛田翰：《古文旧书考》卷 2《宋椠本考·吕氏家塾读诗记》，1905 年东京民友社排印本。

曾经很注意宋版书每叶行数与字数的关系，试图从中寻出一些鉴定宋版图书的规律，如江标曾著有《宋元行格表》，但实际上宋版图书每叶的行数与每行的字数并无一定之规，清代藏书家王端履云："或谓余曰：宋人刻书，每行字数如其行数，如每叶二十行，则每行各二十字。每叶二十二行，则每行各二十二字。此亦不尽然，如《钱竹汀日记钞》所载宋板《仪礼注》每叶二十八行，行二十四字；宋刻《汉书》，每叶二十八行，行二十四字；宋刻《司马温公集》每叶二十四行，行二十字；宋刻《史记》每叶二十六行，行二十五字，又一本，每叶十八行，每行十六或十七字；宋刻《列子》，每叶二十四行，行二十五字……，则其说不足据矣。"① 宋本每行字有相同的也有不同的，即使是相同的各行字也多错落不一。

　　一般而言，宋版书一般字疏行宽，书品宽大；北宋及南宋早期由于多用蝴蝶装，版心向内，故北宋及南宋早期书多白口，黑口很少。南宋以后逐渐有了包背装和线装，版心向外，故黑口渐多，以便于书叶的折叠装订。佛藏、道藏一般用卷轴装（如《开宝藏》）和经折装（如《碛砂藏》），单刻本佛经道经则与普通图书差不多。宋版书版心多记刻工姓名和字数。浙刻本和蜀刻本无耳子且多无牌子，而建本则多有牌子，一些还在左边外上角刻有耳子，耳子内刻篇名或小题。牌子是书铺为了做广告，宣传自家的书铺和所印图书而加；耳子内刻篇名或小题是为了让读书人尽快找到他想查看的内容，对于像应付科举考试、写诗作文查找典故来说，尤其适用，可见福建的书商们是深谙营销之道的。

　　宋代浙刻和蜀刻多用麻纸，而闽刻多用竹纸，刻印佛经则多用硬黄纸。古代造纸需用帘网，故将纸迎着日光照看，大多可见网纹。宋代刻书用纸帘纹较宽且疏密不一，唯有一些书用罗纹纸，则无帘纹，印刷佛经的硬黄纸也因其纸质太厚而不见帘纹。因得纸不易，并且宋时纸一般都较厚，所以宋版书中有很多以用过的纸反背印刷，而用公文纸背印刷者尤多，如宋版《北山集》四十卷用乾道六年簿籍印成，宋版《芦川词》二卷用宋时收粮册籍纸背印成。元、明两代刻书也有一些用公文纸背印成，不过不如宋代普遍。

　　宋代刻书大多避讳较严，尤其是官刻本，不仅与历朝皇帝同名之字须避

---

① （清）王端履：《重论文斋笔录》卷5，清道光二十六年刻本。

讳，就是同音字也须避讳，甚至有皇帝的父亲并没做过皇帝，但他们的名字也须避讳。宋代规定：

> 诸犯圣祖名、庙讳、旧讳（旧讳内贰字者连用为犯，若文虽连，而意不相属者非）、御名，改避。余字（谓式所有者）、有佗音（谓如角徵之类）及经传子史有两音者，许通用（谓如"金作赎刑"其"赎"字一作石欲切之类），正字皆避之。若书籍及传录旧事者，为字不成，御名易以佗字。①

避讳以避帝讳为主，间有避家讳者。避讳的方式以缺末笔为主，改字次之，有时则在讳字之下刻小字"今上御名"以示避讳，也有的将讳字用框廓圈识，如宋刻元明递修本《宋文鉴》即是。

除那些专以赢利为目的小书坊外，宋人刻书一般都比较注意文字的校勘。宋代设有校书之官，一方面负责校理三馆秘阁藏书，另一方面也司校刻图书之职，所以宋代的官刻图书如监本等一般文字校勘较为精审。不过，自宋元时就有人批评监本质量低，宋代岳珂云：

> 九经本行于世多矣，率以见行监本为宗，而不能无讹谬脱落之患（监中大、小本凡三，岁久磨灭散落，未有能修补之者）。盖京师胄监经史多仍五季之旧，今故家往往有之，实与俗本无大相远（晁公武云：公武守三荣，尝对国子监所模长兴板本读之，其差误盖多……）。绍兴初，仅取刻板于江南诸州，视京师承平监本又相远甚。②

宋代刻书校勘最精者多为一些著名学者主持刊刻，如南宋廖莹中世綵堂刻九经，"凡用十余本对定，各委本经人点对，又圈句读，极其精妙。皆以抚州萆钞清江纸，造油烟墨印刷，其装饰至以泥金为签。然或者惜其删略经注为

---

① （宋）丁度等：《附释文互注礼部韵略·韵略条式》附，民国上海商务印书馆《四部丛刊续编》影印宋刊本。

② （宋）岳珂：《刊正九经三传沿革例》，台湾商务印书馆1986年影印清文渊阁《四库全书》本。

可议耳。"①《九经三传沿革例》亦称"世所传'九经'，自监、蜀、京、杭而下，有建安余氏、兴国于氏二本，皆分句读，称为善本。廖氏又以余氏不免误舛，于氏未为的当，合诸本参订为最精。板行之初，天下宝之。"旧题宋岳珂刻"相台九经"即以廖氏世綵堂刻九经为底本重新刊刻的②。

宋刻精于校勘只是概而言之，不能否认，其中也有一些是校勘粗疏甚至改篡古书的。叶梦得批评说：

> 唐以前，凡书籍皆写本，未有模印之法，人以藏书为贵。人不多有，而藏者精于雠对，故往往皆有善本。学者以传录之艰，故其诵读亦精详。五代时，冯道始奏请官镂六经板印行。国朝淳化中，复以《史记》《前后汉》付有司摹印，自是书籍刊镂者益多，士大夫不复以藏书为意。学者易于得书，其诵读亦因灭裂，然板本初不是正，不无讹误。世既一以板本为正，而藏本日亡，其讹谬者遂不可正，甚可惜也。余襄公靖为秘书丞，尝言《前汉书》本谬甚，诏与王原叔同取秘阁古本参校，遂为《刊误》三十卷。其后刘原父兄弟，《两汉》皆有刊误。余在许昌得宋景文用监本手校《西汉》一部，末题用十三本校，中间有脱两行者。③

因得书易且多而不重校雠，这是版刻图书的一个缺点，若选用底本不精、校对不审，则印书愈多其谬误之流传亦愈广。宋张淏引苏轼的话说：

> 近世人轻以意改书，鄙浅之人，好恶多同，故从而和之者众，遂使古书日就讹舛，深可忿疾。……自予少时，见前辈皆不敢轻改书，故蜀本大字书皆善本。④

———————————

①　（宋）周密：《志雅堂杂钞》卷下，清刻《粤雅堂丛书》本。

②　参见张政烺先生《读〈相台书塾刊正九经三传沿革例〉》，《中国与日本文化研究》第 1 辑，中国大百科全书出版社 1991 年版。又据张先生考证，所谓《相台九经三传》，并非宋岳珂所刻，实为元初岳浚所刊。

③　（宋）叶梦得：《石林燕语》卷 8，侯忠义点校，中华书局 1984 年版。

④　（宋）张淏：《云谷杂记》卷 3《疑凝二字》，张宗祥点校整理本，中华书局上海编辑所 1958 年版。

陆游也曾指出：

> 近世士大夫所至喜刻书版，而略不校雠，错本书散满天下，更误学
> 者，不如不刻之愈也。①

宋代刻书，虽有不少系名人主持刻印，甚至亲负校雠之责，因而多有精刻精
校之本，但不容否认，宋代刻书者并非都是饱学之士，以刻书邀清名者有
之，以刻书牟利者亦有之，甚至有专为科场作弊而刻书者，如前引岳珂
《愧郯录》卷九记载，为应付科举考试，建阳书坊编纂刊刻了大量便于快速
查检的"编类条目、撮载纲要之书"，应试举子则"四方转致传习，率携以
入棘围，务以眩有司，谓之怀挟"。刻书目的各异，刻书的质量也就有高有
低。淳熙三年建阳刻本《春秋经传集解》之书牌记有云："谨依监本写作大
字，附以释文，三复校正刊行，如履通衢，了亡窒碍处，诚可嘉关。兼列图
表于卷首，迹乎唐虞三代之本末源流，虽千载之久，豁然如一日矣，其明经
之指南欤？以是衍传，愿垂清鉴。淳熙柔兆涒滩中夏初吉，闽山阮仲猷种德
堂刊。"在这短短的广告词中"窒碍"即误作"室碍"，居然还称"三复校
正"。《云谷杂记》卷四也说："近时闽中书肆刊书，往往擅加改易，其类甚
多，不能悉纪。"清代著名校勘家顾广圻曾批评说："南宋时，建阳各坊刻
书最多，惟每刻一书，必倩雇不知谁何之人，任意增删换易，标立新奇名
目，冀自炫价，而古书多失其真。"②

宋代刻书的地区分布遍及全国，即使是僻在西部的敦煌也有不少刻书，
今存敦煌遗书中，就有不少宋代刻书，有些明显是当地所刻。宋代刻书之
盛，尤以四川、浙江、福建为最。

四川从唐、五代起就有不少书坊，因此宋初百废待兴，开宝中《大藏
经》编成，特下成都镂版。北宋末到南宋，因北方战事不断，靖康之变，
中原沦陷，刻书业遭到极大的破坏，而此时唯有四川五十余州未遭兵燹，所
以此地的刻书业得以保存，像篇幅达一千卷的《太平御览》《册府元龟》等

---

① （宋）陆游：《渭南文集》卷26《跋历代陵名》，《四部丛刊》影印明华氏活字本。
② （清）顾广圻：《思适斋集》卷10《重刻古今说海序》，清道光二十九年徐氏校刊本。

大型图书也在四川刊刻。南宋著名文学家陆游曾为宦四川，在嘉州（今乐山）曾刻过岑参的诗集，当他离开四川时，"出峡不载一物，尽买蜀书以归"①。蜀刻本在宋代刻书中素以精善称，如四川成都所刻《春秋经传集解》刻印精美，字大如钱，墨黑似漆，为宋刻之最精者。眉山文中家刻《淮海先生闲居集》二十六卷也是宋刻中的上品。此外，四川所刻的《礼记》《新刊经进详注昌黎先生文》《新刊增定广百家详补注唐柳先生文》《史记》《三国志》《孟子》等也都非常有名。四川在宋代的刻书量是相当大的，《通志》著录的宋代目录中，有《国子监书目》一卷，而《川本书籍目录》则有三卷②。我们知道，宋代国子监刻书的量是相当大的，如果这两种目录的"卷"分量大致相当的话，由此可见四川刻书数量之多。

论及四川刻书，有一桩公案即所谓"眉山七史"，尚存争议。晁公武《郡斋读书志》卷五《宋书》记：

> 嘉祐中，以《宋》《齐》《梁》《陈》《魏》《北齐》《周书》舛谬亡阙，始诏馆职雠校。曾巩等以秘阁所藏多误，不足凭以是正，请诏天下藏书之家悉上异本，久之，始集。治平中，巩校定《南齐》《梁》《陈》三书上之。刘恕等上《后魏书》，王安国上《周书》。政和中，始皆毕。颁之学官，民间传者尚少。未几，遭靖康丙午之变，中原沦陷，此书几亡。绍兴十四年，井宪孟为四川漕，始檄诸州学官求当日所颁本。时四川五十余州皆不被兵，书颇有在者，然往往亡阙不全，收合补缀，独少《后魏书》十许卷。最后得宇文季蒙家本，偶有所少者，于是七史遂全，因命眉山刊行。

眉山所刊七史，世称"眉山七史"。近代学者多以今日各藏书机构所藏宋刻元明递修本《宋书》《南齐书》《梁书》《陈书》《魏书》《北齐书》《周书》当之，并推论井宪孟主持刊刻的"七史"书板后来被运到了杭州国子监，明洪武时又运到南京，存于国子监。从元至明，其间迭经修补，清朝时板存

---

① （宋）沈作宾修、施宿等纂（嘉泰）《会稽志》卷16《藏书》，中华书局宋元方志丛刊影印清嘉庆十三年刻本。

② （宋）郑樵：《通志》卷66《艺文略四·目录》。

于江宁藩库，嘉庆时毁于火灾。不过，井宪孟曾刻"七史"，并不能证明其所刻即今存之"七史"递修本，因为，南宋时据国子监本重刻各朝正史者，并不止四川一地。南宋李心传记：

> 监本书籍者，绍兴末年所刊也。国初艰难以来，固未暇及。九年九月，张彦实待制为尚书郎，始请下诸道州学，取旧监本书籍，镂板颁行。从之。然所取诸书多残阙，故胄监刊六经无《礼记》，正史无《汉》《唐》。二十一年五月，辅臣复以为言，上谓秦益公曰："监中其它阙书，亦令次第镂板，虽重有所费，盖不惜也。"繇是经籍复全。①

现存"七史"中所列刻工多与南宋杭州刻本之刻工相同，因此也有不少学者据此认为后来明南京国子监所存的"七史"书板，实际为杭州所刻而并非眉山所刻②，笔者也以为此说近是。不过无论如何，井宪孟在四川曾刻"七史"也是事实。

浙江素为文化之区，杭州又是南宋的首都，经济发达，人文荟萃，所以刻书业极其繁盛。浙江刻书俗称"浙刻本"，以杭州最盛，浙江的其他地区刻书业也较发达。据王国维先生《五代两宋监本考》考证，两宋时监本有一百八十二种，大半为杭州刻印；又据王先生《两浙古刊本考》考证，两宋时杭州府有刊版一百八十八种，嘉兴、湖州、绍兴、宁波、台州、严州、金华、衢州、温州、处州等地刻书三百零一种。浙江刻书不仅量多，而且质量也高，公私刻书皆有刊印极善之本，如杭州所刻的《礼记注》《说文解字系传》《咸淳临安志》、廖氏世綵堂刻《昌黎先生集》《河东先生集》、陈宅书籍铺刻《周贺诗集》《朱庆余诗集》《李丞相诗集》、两浙东路茶盐司刻《资治通鉴》《外台秘要方》《事类赋》、楼氏家刻《攻媿先生集》等都是传世精品。

福建的刻书业以坊刻为主，其书坊又主要集中在建阳，所以福建刻本俗称建本。建阳的书坊主要集中在麻沙和崇化两镇。《新编方舆胜览》卷十一

---

① （宋）李心传：《建炎以来朝野杂记》甲集卷4《监本书籍》，徐规点校，中华书局2000年版。
② 参见赵万里《两宋诸史监本存佚考》，《庆祝蔡元培先生六十五岁论文集》，1933年，第167—173页。此外，王国维、长泽规矩也、阿部隆一、王重民、潘美月等人也都有相同的意见。详见〔日〕尾崎康《以正史为中心的宋元版本研究》，陈捷译，北京大学出版社1993年版，第42—51页。

记载："麻沙、崇化两坊产书，号为图书之府。"麻沙距县城七十里，崇化在麻沙西南二十余里，因崇化交通不如麻沙便利，因此崇化书坊所刻图书通常都运到麻沙出售。麻沙一方面刻书，另一方面也是版刻图书的集散地，因此人们常用"麻沙本"泛指建阳刻本，甚至泛指福建刻本。

建阳成为宋代坊刻中心之一，有诸多原因。福建地区盛产竹子，造纸业非常发达。据说建阳的北洛里与崇政里皆产竹纸，崇泰里产印书之墨。因此在这里开办印刷业的物质条件很好。朱熹晚年曾长住建阳，建沧州精舍（即考亭书院）等，"兴学校，明教化，四方学者毕至"①。在朱熹的提倡下，建阳文教大盛，客观上也促进了该地区刻书业的发展。

除四川、浙江、福建外，江西、江苏、安徽、湖北、广东等地也刻了不少图书。

宋代四川、浙江、福建刻本均有各自的特点，叶梦得曾评价三地刻书说：

> 今天下印书，以杭州为上，蜀本次之，福建最下。京师比岁印板，殆不减杭州，但纸不佳；蜀与福建多以柔木刻之，取其易成而速售，故不能工；福建本几遍天下，正以其易成故也。②

四川、浙江、福建三地中，四川、浙江二地官刻与学者校刻之书相对较多，校勘、刻工、纸墨均较好，而福建之刻书多为书坊所刻，书坊刻书本为牟利，大多校勘草草，甚至任意删节、改换名题，为省成本，所用雕板也尽量选取容易雕镂之软木，故叶梦得谓其为最下。谈到建本，陆游曾记述了一个有名的笑话，于此可见建本校勘之粗疏。

> 三舍法行时③，有教官出《易》义题云："乾为金，坤又为金，何也？"诸生乃怀监本《易》至帘前请云："题有疑，请问。"教官作色

---

① （明）夏玉麟、汪佃纂（嘉靖）《建宁府志》卷18《人物·朱熹》，上海书店1964年《天一阁藏明代方志选刊》影印宁波天一阁藏明嘉靖刻本。

② （宋）叶梦得：《石林燕语》卷8，侯忠义点校，中华书局1984年版。

③ "三舍法"，北宋王安石推行的元丰新法之一，其主要内容是将人才选拔与学校教育更紧密地结合起来。三舍法推出后，颇有争议，陆游所记故事也有批评三舍法之意。

曰："经义岂当上请？"诸生曰："若公试，固不敢。今乃私试，恐无害。"教官乃为讲解大概。诸生徐出监本，复请曰："先生恐是看了麻沙本。若监本，则坤为釜也。"教授皇恐，乃谢曰："某当罚。"即输罚，改题而止。①

这个故事嘲笑了学识浅陋的教官，也从另一个侧面反映出麻沙本质量的低劣，因此周煇感叹道："若麻沙本之差舛，误后学多矣！"② 当然，浙本最佳，蜀本次之，建本最下只是一般而论，其实浙江、四川刻书也未必尽善，而福建刻书也未必皆劣，如建阳龙山书堂所刻的《挥麈录》二十卷即刻印甚精，明毛氏汲古阁曾据以影抄，素为学林所重。

三　宋代的出版管理与图书市场

虽然唐代就开始用雕版印刷图书，但规模有限，还没有能够形成一个产业。五代以后，雕版印刷迅速普及，到宋初时雕版印刷的应用范围十分广泛，雕版印刷的文献类型、规模、数量已十分惊人。史载：

> 真宗景德二年（1005 年）五月，真宗幸国子监，召从臣学官赐座，历览书库，观群书漆板及匠者模刻，问祭酒邢昺书板几何？昺曰："国初印板止及四千，今仅至十万，经史义疏悉备。曩时儒生中能具书疏者，百无一二，纵得本，而力不能缮写。今士庶家藏典籍者多矣，乃儒者逢时之幸也！"③

此时距宋朝立国仅四十余年，国子监雕版就已至"十万，经史义疏悉备"，由此可见宋代雕版印书之盛。宋代极重文教，从中央到地方，从行政到军务，各个层次、各个系统都大量刻书，兼之宋代官僚体系十分庞大，法令、公文繁多，许多官方文书都以雕版印刷的方式颁行。

宋代的图书出版从雕版印刷到销售，都形成了全国性的网络与市场，也

---

① （宋）陆游：《老学庵笔记》卷 7，李剑雄、刘德权点校，中华书局 1979 年版。
② （宋）周煇：《清波杂志》卷 8《板本讹舛》，刘永翔校注，中华书局 1994 年版。
③ 《宋会要辑稿·职官二十八·国子监》。

辐射到了宋朝统治之外的地区和国家。宋初开宝间编成佛教大藏经，诏下成都开局镂板，是为《开宝藏》；政和中又编成道藏，诏下福州开局镂板，是为《政和万寿道藏》。佛、道藏经篇幅巨大，下成都和福州镂版，说明这些地区雕版已有很大规模。在宋代，重要的图书除送国子监、崇文院等中央机构镂板外，常下发杭州、福州等雕版印刷业发达的地区镂版，说明这些地方的雕版印刷业已十分成熟。

雕版印刷已经形成了一个规模庞大的产业，因此从中央到地方都有非常完整的管理制度，包括出版申报和审批制度、版权申报和保护制度、出版物缴送制度。

关于出版申报，宋代有专门的规定：凡民间雕印文字，均须呈报国子监或其他有关部门"看详"（审查），否则不许刊版。天圣五年（1027年）二月：

> 诏今后如合有雕印文集，仰于逐处投纳，附递闻奏，候差官看详，别无防碍，许令开板，方得雕印。如敢违犯，必行朝典，仍候断遣讫，收索印板，随处当官毁弃。[①]

绍兴二十九年（1159年）六月辛未：

> 诏州、县书坊，非经国子监看详文字，毋得擅行刊印，以言者论私文异教，或伤国体，漏泄事机，鼓动愚俗，乞行禁止也。[②]

除国子监负责审定外，地方官署也有专员负责审查。

在宋代以前，图书主要是靠抄写，因此流通的范围有限。入宋以后，一方面由于雕版印刷的普及，人们可以较为方便地大量复制图书，使得图书的流通范围扩大；另一方面，宋朝与周边的辽、金、夏长期交战，这自然会对老百姓的日常生活产生影响，而朝廷内部也处于无休止的政治斗争之中，朋

---

① 《宋会要辑稿·刑法二·禁约一》。

② （宋）李心传：《建炎以来系年要录》卷182，民国上海商务印书馆《丛书集成初编》排印《史学丛书》本。

党之争常常会影响到普通官员的前程。宋代科举考试中也常常将时政问题作为策问的题目，因此社会上便有大量议论时政的文章、图书传抄、刊刻。在这种情况下，关心时政成为宋代普遍存在的一种社会风气，士子百姓常常就朝廷动向、边事军机街谈巷议。宋朝时已有较为周详的新闻发布制度，每日由门下后省汇总消息经审定后，由进奏院"报行天下"，是谓"朝报"。但民间小报为了提前探知消息，专门安排打探内廷、中央各重要部门和具体办事衙门消息的探子，"有所谓'内探''省探''衙探'之类，皆衷私小报，率有漏泄之禁，故隐而号之曰'新闻'"①。这是中国最早关于新闻报刊的记载，由此亦可见宋代雕版印刷及出版业之发达和对社会影响之巨大。不少书坊也将人们感兴趣的政治性读物刊刻出售，因此，对这类图书、报刊的管理是宋代图书管理中的重点。

宋代刊刻的图书，不仅在国内销售，也远销国外，雕版甚至雕版技工也大量输出。与茶、盐、铁等物资一样，宋朝对于图书的出口特别是向处于战争中的敌国的出口也是严格加以控制的，对于其他非交战国，图书的出口也是有限制的。

史载，仁宗天圣"五年（1027 年）二月二日，中书门下言：'北戎和好已来，岁遣人使不绝，及雄州榷场商旅往来，因兹将带皇朝臣僚著撰文集印本传布往彼，其中多有论说朝廷防遏边鄙机宜事件，深不便稳。'诏：'今后如合有雕印文集，仰于逐处投纳，附递闻奏，候差官看详，别无妨碍，许令开板，方得雕印。如敢违犯，必行朝典。仍候断遣讫，收索印板，随处当官毁弃。'"② 北宋至和二年（1055 年）欧阳修曾上《论雕印文字札子》，谓：

> 臣伏见朝廷累有指挥禁止雕印文字，非不严切，而近日雕板尤多，盖为不曾条约书铺贩卖之人。臣窃见京城近有雕印文集二十卷，名为《宋文》者，多是当今论议时政之言。其首篇是富弼往年让官表，其间陈北虏事宜甚多，详其语言，不可流布。而雕印之人不知事体，窃恐流

① （宋）赵升：《朝野类要》卷 4《朝报》。
② 《宋会要辑稿·刑法二·禁约一》。

布渐广，传入虏中，大于朝廷不便。及更有其余文字，非后学所须，或不足为人师法者，并在编集，有误学徒。臣今欲乞明降指挥下开封府，访求板本焚毁，及止绝书铺，今后如有不经官司详定，妄行雕印文集，并不得货卖。许书铺及诸色人陈告，支与赏钱贰佰贯文，以犯事人家财充。其雕板及货卖之人并行严断。①

苏轼在元祐五年（1090 年）八月十五日奏称："检会杭州去年十一月二十三日奏泉州百姓徐戬公案，为徐戬不合专擅为高丽国雕造经板二千九百余片，公然载往彼国，却受酬答银三千两，公私并不知觉。"② 因此请求禁止。苏辙出使辽国，在其所上的《论北朝所见于朝廷不便事》札子中谈到了当时中原书籍流入辽国的情形：

> 本朝民间开版印行文字，臣等窃料北界无所不有。臣等初至燕京，副留守邢希古相接送，令引接殿侍元辛传语臣辙云："令兄内翰（谓臣兄轼）《眉山集》已到此多时，内翰何不印行文集？亦使流传至此。"……臣等因此料本朝印本文字多已流传在彼，其间臣僚章疏及士子策论，言朝廷得失、军国利害，盖不为少。兼小民愚陋，惟利是视，印行戏亵之语，无所不至。若使得尽流传北界，上则泄漏机密，下则取笑夷狄，皆极不便。访闻此等文字贩入虏中，其利十倍。③

因此苏辙建议立法严禁刊刻议论时政、边事军机以及会要、实录之类文字。哲宗元祐五年（1090 年）"七月二十五日，礼部言：'凡议时政得失、边事军机文字，不得写录传布，本朝会要、实录不得雕印，违者徒二年，告者赏缗钱十万。内国史、实录仍不得传写。即其他书籍欲雕印者，选官详定，有益于学者方许镂板，候印讫送秘书省，如详定不当，取勘施行。诸戏亵之文，不得雕印，违者杖一百。委州县、监司、国子监觉察。'从之。以翰林

---

① （宋）欧阳修：《欧阳修全集》卷 108《论雕印文字札子》，李逸安点校，中华书局 2001 年版。
② （宋）苏轼：《苏轼文集》卷 31《乞禁商旅过外国状》，中华书局 1986 年版。
③ （宋）苏辙：《栾城集》卷 42《论北朝所见于朝廷不便事》，曾枣庄、马德富校点，上海古籍出版社 1987 年版。

学士苏辙言奉使北界，见本朝民间印行文字多以流传在北，请立法故也"①。
光宗绍熙四年（1193 年）六月十九日，"臣僚言：朝廷大臣之奏议、台谏之
章疏、内外之封事、士子之程文，机谋密画，不可漏泄。今乃传播街市，书
坊刊行，流布四远，事属未便。乞严切禁止。诏四川制司行下所属州军，并
仰临安府、婺州、建宁府，照见年条法指挥，严行禁止。其书坊见刊板及已
印者，并日下追取，当官焚毁，具已焚毁名件申枢密院。今后雕印文书，须
经本州委官看定，然后刊行。仍委各州判专切觉察，如或违戾，取旨责
罚"②。宁宗嘉泰元年（1201 年）十二月，有大臣上书言利害四事，其四
曰："国朝正史与凡实录、会要等书，崇护惟谨，人间私藏，具有法禁。惟
公卿子弟，或因父兄得以窃窥，而有力之家冒禁传写，至于寒远士子，何缘
得知？而近时乃取本朝故事，藏匿本末，发为策问，是责寒远之士以素所不
见之书，欲其通习，无乃不近人情。"③ 可见当时国史及实录、会要等都有
法禁，不得私藏。宋代与周边少数民族连年战争，由于担心一些内容敏感的
雕版图书传到敌国而泄漏机密，禁止相关图书输出到敌国也是宋朝长期实行
的一项政策。

南宋时法律关于禁止雕印贩卖各类图书的规定十分详细，涉及面也极
广：

> 诸雕印御书、本朝会要及言时政边机（书文）[文书] 者，杖八
> 十，并许人告。即传写国史、实录者，罪亦如之。诸私雕或盗印律、
> 敕、令、格、式、刑统、续降条例、历日者，各杖壹伯（增添事件、撰
> 造大小本历日雕印贩卖者，准此，仍仟里编管），许人告。即节略历日
> 雕印者，杖捌拾（止雕印月分大小及节气、国忌者非）。

> 诸举人程文辄雕印者，杖捌拾（诗赋经义论曾经所属详定者非），
> 事及（敌者情）[敌情者]，流叁仟里（内试策事干边防及时务者准
> 此），并许人告。

> 诸私雕印文书，不纳所属详定，辄印卖者，杖壹伯；印而未卖者，

---

①　《宋会要辑稿·刑法二·禁约一》。
②　《宋会要辑稿·刑法二·禁约二》。
③　《宋会要辑稿·选举五·贡举杂录》。

减叁等。

　　……①

法令虽然详密，但受利益驱使，私雕禁书者仍时有发生。更有甚者，还有人专门打探政府正在研究未决之事，并将其立即雕印出版牟利，甚至编造新闻，以耸人听闻，其情形与今日无异：

　　（绍熙四年，1193 年）十月四日，臣僚言："恭惟国朝置（建）[进] 奏院于京都，而诸路州郡亦各有进奏吏，凡朝廷已行之命令，已定之差除，皆以达于四方，谓之邸报，所从久矣。而比来有司防禁不严，遂有命令未行，差除未定，实时誊播，谓之小报。始自都下，传之四方，甚者凿空撰造，以无为有，流布近远，疑悟群听。且常程小事，传之不实，犹未害也，倘事干国体，或涉边防，妄有流传，为害非细。乞申明有司，严行约束，应妄传小报，许人告首。根究得寔，断罪追赏，务在必行。"又言："朝报逐日自有门下后省定本，经由宰执，始可报行。近年有所谓小报者，或是朝报未报之事，或是官员陈乞未曾施行之事，先传于外，固已不可。至有撰造命令，妄传事端，朝廷之差除，台谏百官之章奏，以无为有，传播于外。访闻有一使臣及閤门院子，专以探报此等事为生。或得于省院之漏泄，或得于街市之剽闻，又或意见之撰造，日书一纸，以出局之后，省部、寺监、知杂司及进奏官悉皆传授，坐获不赀之利，以先得者为功。一以传十，十以传百，以至遍达于州郡监司。人情喜新而好奇，皆以小报为先而以朝报为常，真伪亦不复辨也。欲乞在内令临安府重立赏榜，缉捉根勘，重作施行。其进奏官令院官以五人为甲，递相委保觉察，不得仍前小报于外。如违，重置典宪。"从之。②

庆元四年（1198 年）：

① （宋）谢深甫等纂修《庆元条法事类》卷17，上海古籍出版社 2002 年《续修四库全书》影印中国国家图书馆藏清抄本。
② 《宋会要辑稿·刑法二·禁约三》。

二月五日，国子监言："福建麻沙书坊见刊雕太学总新文体，内丁巳太学春季私试都魁郭明卿《问定国是》《问京西屯田》《问圣孝风化》。本监寻将案籍拖，照得郭明卿去年春季策试即不曾中选，亦不曾有前项问目。及将程文披阅，多是撰造怪辟虚浮之语，又妄作祭酒以下批凿，似主张伪学，欺惑天下，深为不便。乞行下福建运司，追取印版，发赴国子监交纳。及已印未卖，并当官焚之。仍将雕行印卖人送狱根勘因依供申，取旨施行。"从之。①

如果说有关军国大事的文字不能随便印刷出版尚属情有可原的话，那么因为政治斗争的需要而查禁对手的著作，则是一种极为恶劣的做法。

北宋后期，王安石等推行变法，遭到了以司马光为首的"旧党"反对，苏轼等因对王安石变法中一些措施不满而被新党视为旧党中人。元丰二年（1079 年），御史何大正等弹劾苏轼作诗讥谤王安石新政，于是苏轼下御史台受审，史称"乌台诗案"（御史台旧称乌台），同案受牵者有王巩、王诜、苏辙、黄庭坚、司马光等二十余人。崇宁二年（1103 年）四月，诏令焚毁苏洵、苏轼、苏辙、黄庭坚、张耒、晁补之、秦观、马涓等人文集及范祖禹《唐鉴》、范镇《东斋记事》、刘攽《诗话》、释文莹《湘山野录》等印板②，其原因是三苏皆反对王安石变法，攻击他所推行的青苗法，而黄、张、晁、秦诸人皆出苏轼门下；范镇与司马光私交极好，其侄孙范祖禹与刘攽都曾协助司马光编修《资治通鉴》，在其著作中也多有讥刺新政之处。释文莹之《湘山野录》专记宋朝逸事，其中不免有些对宋朝皇帝不利的记载。在上述诸人著作中，似乎苏轼的诗文集因最受士人喜爱而被禁最严。宣和元年（1119 年）十月，"时天下禁诵轼文，其尺牍在人间者皆毁去"③。宣和五年（1123 年）七月十三日，"中书省言：勘会福建等路近印造苏轼、司马光文集等。诏：今后举人传习元祐学术，以违制论。印造及出卖者，与同罪，著为令。见印卖文集，在京，令开封府；四川路、福建路，令诸州军毁板"④。

---

① 《宋会要辑稿·刑法二·禁约三》。
② （清）毕沅：《续资治通鉴》卷88。
③ （清）毕沅：《续资治通鉴》卷93。
④ 《宋会要辑稿·刑法二·禁约二》。

同样，当旧党得势时，也大肆查禁王安石等新党人士的著作。

图书出版是一个有利可图的行业，因此版权保护与查禁盗版也是图书管理中的一项重要内容。

在雕版印刷术普及前的写本时代，版权、著作权意识是非常淡泊的，一则与当时的学术研究环境有关，一般作者都希望他人传抄自己的著作，以获得更大的社会影响和学术影响；一则传抄图书基本上是无利可图的事，虽然至迟到汉代已有专门的抄书人及贩卖图书的书铺，但对于作者来说几乎没有经济利益的损失，反而可以借以扩大自己的影响。但是，当雕版印刷术可以大规模复制文献之后，特别是随着社会对图书需求量的剧增，图书出版、销售已经成为一项利润颇丰的行业时，出于同行之间的竞争，版权意识便逐步产生并强化，著作权意识亦随着畅销书特别是消费类图书的增长而逐步形成。

在宋代，书坊刻书，旨在牟利，自然希望能够在图书市场上占据最大份额，特别是一些规模较大的书坊不但刊刻前贤或时人的著作，自己也出资组织人员编纂图书，自然不希望别的书坊翻版。因此，宋代许多书坊都有着强烈的版权意识。

按宋时惯例，凡自己编辑、校刊的图书在申报官府后便可获得版权，官府可以应刻书者要求在各刻书处张榜晓示，严禁他人翻版。眉山程舍人刻《东都事略》目录后有牌记曰："眉山程舍人宅刊行，已申上司，不许覆板。"宋咸淳中福建刻本《新编方舆胜览》祝穆跋后附有福建转运使司的榜文，称：

> 据祝太傅宅干人吴吉状称："本宅先隐士私编《事文类聚》《方舆胜览》《四六妙语》，本官思院续编朱子《四书附录》进尘御览，并行于世，家有其书，乃是一生灯窗辛勤所就，非其它剽窃编类者比。当来累经两浙转运使司、浙东提举司给榜，禁戢翻刊。近日书市有一等嗜利之徒，不能自出己见编辑，专一翻板。窃恐或改换名目，或节略文字，有误学士大夫披阅，实为利害。照得雕书，合经使台申明，状乞给榜下麻沙、书坊、长平、熊屯刊书籍等处张挂晓示，仍乞帖嘉禾县，严责知委，如有此色，容本宅陈告，追人毁板，断治施行，庶杜翻刊之

患。"……

　　祝氏申请版权的理由不外有二：一是此书乃祝穆"一生灯窗辛勤所就"，因此版权不容侵犯；二是"恐或改换名目，或节略文字，有误学士大夫披阅"，因此著作权不容侵犯。祝氏除了向福建转运使司申请版权外，同时还向两浙转运使司申请版权。现存另一宋刻本《方舆胜览》也附有一则两浙转运使司的榜文，其内容与上述福建转运使司的榜文大致相同，只是榜文张挂的地方改作了"衢、婺州雕书去处"。

　　宋代虽然已经有了一些出版管理与版权保护的法规、制度、措施，但是，由于书籍刊印是一项利润较高的行业，因此私刻私印、盗版、胡编乱造的情况非常普遍。吕祖谦为南宋著名的学者，他自己也主持刻印过一些书籍，他的作品也被坊间盗印，朱熹曾感叹说："麻沙所刻吕兄文字真伪相半，书坊嗜利，非闲人所能禁。在位者恬然不可告语，但能为之太息而已。"① 朱熹曾主持刻印过几十种图书，他的作品也常常被坊间盗版。朱熹所作《易经本义》尚未成书，即被人盗印，他在与朋友的信中抱怨说："然《本义》未能成书，而为人窃出，再行模印，有误观览。"②

　　科举类图书在宋代图书出版中占有很大的份额。一些书坊，印卖书籍的目的专在赢利，因此难免采用一些不法勾当。宋神宗政和二年，即有大臣谓"鬻书者以《三经新义》并庄、老子说等作小册刊印，可置掌握，人竞求买，以备场屋检阅之用"，建议严禁③。有人总结出科场作弊最突出的十二种名目，其中就有书坊编印出版、专为作弊的"怀挟之具"——"夹袋册"。

　　　　（嘉定十六年，1223 年）七月十日，国子博士杨璘言："……今书坊自经子史集事类，州县所试程文，专刊小板，名曰夹袋册，士子高价竞售，专为怀挟之具，……乞申严〔怀〕挟之禁，仍下诸路运司，令州县拘收书坊挟袋夹小板，并行焚毁，严立罪赏，不许货卖。自临安府

---

① （宋）朱熹：《晦庵先生朱文公文集》卷 53《答沈叔晦》。
② （宋）朱熹：《晦庵先生朱文公文集》卷 60《答刘君房》。
③ 《宋会要辑稿·选举四·考试条制》。

书坊为始。"后批送礼部看详。既而礼部国子监据太学博士胡刚中等言："怀挟之禁非不严切，近来场屋违庚，书坊规利，撰印小册，名曰夹袋，以便其用。若不痛革，此弊日滋。欲从礼部行下诸路运司，遍州县，应书坊夹袋小板怀挟，日下焚毁，不许货卖。严立罪赏，务在必行。本部欲从国子监看详施行。"从之。①

除了出版科举参考图书甚至作弊用书外，不良书坊老板还干起了帮助无才举子安排代考之人的勾当。因为举子多来自外地，人地生疏，而书坊乃坐地铺商，既是举子买书必到之地，又与考官和相关办事人员熟悉，并且作弊经验丰富，洞悉其中堂奥，因此在宋代被揭出的科场弊案中，往往有书坊书铺的参与，《宋会要》中多有记载。

宋代还初步建立了出版物的缴送制度，高宗绍兴"十四年（1144年）三月二十九日，诏诸州军应有开板书籍并用黄纸印造一部，发赴秘书省"。绍兴二十八年（1158年）九月十三日，"诏国子监并诸路转运司，所管州县应有印板书籍去处，各印造一部送国史院"②。不过，这项规定是否涵盖了数量庞大的坊刻图书，尚不十分清楚。

前面曾经提到，无论是国子监刻书还是各级地方政府及相关机构刻书，基本上都是用于出售的。国子监除了直接印书出卖外，也准许士人交纳纸墨钱后借版刷印。如北宋国子监所刻《说文解字》后附有雍熙三年中书门下的牒文，称："宜付史馆，仍令国子监雕为印板，依《九经》书例，许人纳纸墨钱收赎。"③景德五年又诏令各路（宋时的地方行政机构）出卖国子监所印书籍。宋代周密曾记述浙江吴兴沈偕科举及第后，"尽买国子监书以归"④。

一般说来，国子监印书虽然并不以追求利润为主要目的，但由于国子监

---

① 《宋会要辑稿·续宋会要·选举六·举士·贡举杂录》。

② 《宋会要辑稿·职官十八·国史院》。

③ 《说文解字》附，民国上海商务印书馆《四部丛刊》影印日本静嘉堂藏宋刻本。又（宋）李心传《建炎以来朝野杂记》甲集卷四《监本书籍》："王瞻叔为学官，尝请摹印诸经义疏及《经典释文》，许郡县以瞻学或系省钱各市一本，置之于学。上许之。今士大夫仕于朝，率费纸墨钱千余缗，而得书于监云。"

④ （宋）周密：《齐东野语》卷11《沈君与》，中华书局1983年点校排印本。

刻书质量、用纸、刷印、装订以及其他成本很高，因此书售价远较书坊所刻图书为高，而实际利润可能并不太高，史载天禧元年（1017 年）"（九月）癸亥，上封者言国子监所鬻书，其直甚轻，望令增定。上曰：'此固非为利也，（政）［正］欲文字流布耳。'不许"①。可见，在宋真宗的心目中，国子监卖书，目的并不是为了牟利，而是为了"文字流布"。因为价高，为便于士子购买及各地学校置备，北宋陈师道曾上奏建议说：

> 臣伏见国子监所卖书，向用越纸而价少，今用襄纸而价高，书莫不迫而价增于旧，甚非圣朝明古训以教后学之意。臣愚欲乞计工纸之费以为之价，务广其传，不以末利，亦圣教之一助。伏候敕旨。
>
> 臣惟诸州学所卖监书，系用官钱买充官物，价之高下何所损益？而外学常苦无钱而书价贵，以是在所不能具有国子之书，而学者闻见亦寡。今乞止计工纸别为之价，所冀学者益广见闻，以称朝廷教养之意，及乞依公使库例，量差兵士般取。②

陈师道的建议是否得到落实，史籍无载，不过，其意与前引《续资治通鉴长编》载宋真宗不许国子监书涨价相同。

国子监印书，得由各地代卖。大中祥符"五年（1012 年）九月十五日诏：国学见印经书，降付诸路出卖，计纲读领，所有价钱，于军资库送纳"③。

地方各级官刻图书皆定价出售。南宋朱熹控唐仲友将公款刻印的"四子"据为己有私卖案中，提到其中"一十三部系本州史教授、范知录、石司户、朱司法经州纳纸兑换"，即是说史、范、石、朱诸人用纸向官府兑换印成的图书。④

---

①　（宋）李焘：《续资治通鉴长编》卷 90 "天禧元年九月癸亥"。

②　（宋）陈师道：《后山集》卷 10《论国子卖书状》，台湾商务印书馆 1986 年影印清文渊阁《四库全书》本。

③　《宋会要辑稿·职官二十八·国子监》。

④　（宋）朱熹：《晦庵先生朱文公文集》卷 19《按唐仲友第六状》，见朱杰人、严佐之、刘永翔主编《朱子全书》第 20 册，第 864—866 页。

地方官刻图书，成本由公费支出，刻印质量通常也很好，成本与售价也相对较高。与中央刻书印卖相同，地方官刻图书也都定价出售，日本内阁文库藏宋乾道高邮军学刻《淮海集》末记：

> 高邮军学《淮海文集》计四百四十九板，并副叶裱背等共用纸五百张：三省纸钱每张二十文，计一十贯文省；新管纸每张一十文，计五贯文省；竹下纸每张五文，计二贯五百文省；工墨每版一文，计五百文省；青纸裱背作一十册，每册七十文，计七百文省；官收工料钱五百文省。①

淳熙十年象山县学所刻的《汉隽》后有题记云：

> 象山县学《汉隽》，每部二册，见卖钱六百文足。印造用纸一百六十幅，碧纸二幅，赁版钱一百文足，工墨装背钱一百六十文足。②

除买印装现成图书以外，士子也可租赁书板按需刷印。明影宋抄黄州知州沈虞卿刻《小畜集》三十卷跋文云：

> 黄州契勘诸路、军、州间有印书籍去处，窃见王黄州《小畜集》文章典雅，有益后学，所在未曾开板。今得旧本，计一十六万三千八百四十八字，检准绍兴令，诸私雕印文书，先纳所属，申转运司选官详定，有益学者，听印行。除依上条申明施行，今具雕造《小畜集》一部，共八册，计四百五十二板，合用纸墨工价等项：
>
> 印书纸并副板四百四十板；
>
> 表楷碧青纸一十一张，大纸八张，共钱二百六文足；
>
> 赁板棕墨钱五百文足；
>
> 装印工食钱四百三十文足。

---

①　日本书志学会编《内阁文库宋本书影》，汲古书院 1984 年版。

②　（清）彭元瑞等：《天禄琳琅后编》卷 4，徐德明标点，上海古籍出版社 2007 年版。

除印书纸外，共计钱一贯一百三十六文足。见成出卖，每部价钱五贯文省。右具如前。绍兴十七年七月日。……①

这里所列书价包括直接购买的价格和赁板刷印的价格，如果直接购买，价格是五贯文省（力案，宋时行省陌，以百数为一百者谓之足陌，简称"足"；七十七为一百者谓之"省陌"，简称"省"②），而如果是赁板刷印，则纸钱自付（大概因为可以由买方自行决定选择不同质量、不同价格的纸），其余赁板及刷印装订等费为一贯一百三十六文足，以前面《淮海集》题记所载纸张价格作为参考，如果使用"竹下纸"，加上赁板刷印及装订费，全套《小畜集》的价格应不到四贯文省，比买印装现成的书要便宜许多，当然，如果使用"三省纸""新管纸"，则价格就要贵很多了③。

作为一种重要的商品，宋代官刻图书与其他商品相比较，价格并不算便宜。宋代不同时期货币的购买力各有不同，上述图书刻印的时间分别是绍兴、乾道、淳熙，同时期的米价，绍兴九年东南地区每石三贯三百余文，到绍兴二十六年已回落至每石不足二贯，而同时的北方金国米价则非常便宜，每石仅二三百文。宋乾道时米价在每石一贯二百文足至三贯省之间④，虽然这些价格并不一定十分准确，但相比较而言，购买官刻图书仍然是一种高消费。

---

① 《四部丛刊》初编影印明经鉏堂影宋抄本《王黄州小畜集》附。

② 《宋史·食货志下二》："宋初，凡输官者亦用八十或八十五为百，然诸州私用则各随其俗，至有以四十八钱为百者。至是（指太平兴国二年），诏所在用七十七钱为百。"《续资治通鉴》卷9：宋太宗太平兴国二年九月"丁酉，诏所在悉以七十七钱为百"。

③ 程民生先生曾据此条计算宋代物价及刻印书籍的利润，谓该书定价5贯省，折足钱为3贯850文，扣除成本1贯396文足，其利润为"2贯454文足"，但细绎上文，成本部分只有表背的纸钱，而并没有包括印书所用纸钱，因此该书的实际利润远远没有程文所说的那么高。

中国国家图书馆藏宋淳熙三年舒州公使库刻《大易粹言》二十册，其牒文记："舒州公使库雕造所本所依奉台旨，校正到《大易粹言》雕造了毕。右具如前。淳熙三年正月　日。……今具《大易粹言》一部，计贰拾册。合用纸数印造工墨钱下项：纸副耗共壹千叁百张；表背饶青纸叁拾张；背青白纸叁拾张；棕墨糊药印背匠工食等钱共壹贯伍百文足；赁板钱壹贯贰百文足。本库印造，现成出卖，每部价捌贯文足。右具如前。"同样，程民生先生计算《大易粹言》的"成本是租赁版钱1贯200文足，工费、材料费等1贯500文足，共2贯700文足。卖价8贯文足，利润是5贯300文足。平均每册价钱400文足"。程文同样没有计算印书所用纸张钱。程说参见《宋代物价研究》第3章，人民出版社2008年版。

④ 参见程民生《宋代物价研究》第3章。

　　由于官刻图书用公帑刻印，又准许售卖，因此其间难免出现一些贪污不法事情，前引朱熹状告唐仲友案即是其典型案例。此外，北宋庆历四年（1044年）五月，原卫尉寺丞邱浚将出任饶州军事推官、监邵武军酒税，有人上奏，举报邱浚曾经作诗一百首讪谤朝政，并且还"印书令州县强卖，以图厚利"①，这是利用自己身份地位强行推销自己著作牟利的典型案例。

　　相比官刻图书，民间刻书特别是坊刻图书成本较低，商品化程度也更高，因此售价一般要比官刻图书低得多，但由于缺乏具体的资料，现在还无法进行详细的比较②，但宋代学者李焘编纂的《续资治通鉴长编》记载了北宋熙宁四年（1071年）二月官刻历书和民间私刻历书的价格，可作参考：

　　　　诏司天监印卖历日，民间毋得私印，以息均给本监官属。后自判监已下凡六十八员皆增食钱，判监月七千五，官正三千，见卖历日官增食钱外，更支茶汤钱三千。……（注：司马光《日记》云：王安石为政，欲理财富国，人言财利者辄赏之。旧制，太府寺造斗升，用火印，颁于天下诸州卖之。禁民私造升斗，其法甚严。熙宁四年诏：自今官司止卖印板，令民自造升斗以省钉鍱之费，于是量法坏矣。又民侯氏世于司天监请历本印卖，民间或更印小历，每本直一二钱，至是尽禁小历，官自印卖大历，每本直钱数百，以收其利。③

日历本是家家所需，并且每年更换，应是一宗大买卖。王安石变法，以"理财富国"标榜，为保证官方部门的垄断利益，禁止原本由官方颁布、民间自行印卖以得微利的小生意，而由颁布历法的主管部门司天监自行印造大历（即开本比民间所印日历更大者），原本民间小历只售一二钱，现在官印大历售价竟达数百钱！虽然官印大历成本稍高，但与民间小历价格相差百

---

　　①　（宋）李焘：《续资治通鉴长编》卷149"庆历四年五月乙亥"；又见《宋会要辑稿·职官六十四·黜降官一》。

　　②　关于宋代的书价，现存宋版书籍及见于记载者有不少注明了售价，但通常都是按套标价，由于具体情况较为复杂，例如年代不同、书籍性质不同，刻工、纸张、刷印装订不同，都会影响图书的定价，因此现存资料大多不具可比性。最新的研究成果可参见田建平《书价革命：宋代书籍价格新考》，《河北大学学报》（哲学社会科学版）2013年第5期，第48～57页。

　　③　（宋）李焘：《续资治通鉴长编》卷220"熙宁四年二月戊寅"。

倍，虽然这可能只是极端案例，但官刻图书售价远高于坊刻图书则是毫无疑问的。

另外，不同性质的图书，价格也各不相同，一般说来，所谓正经、正史、诸子、文集等"正经书"的价格要高一些，而与科举有关的书籍以及前面提到的像历书这样的日常生活用书，因其发行量大，刊刻、用纸、用墨等也不如"正经书"讲究，所以价格会便宜一些。宋人陈藻有《谢余荐鸮听易惠诗》云："诗社已收风月美，举场只用粃糠残。百钱聊买时文看，容易如君直换官。"①

宋代的图书刊刻出版业总的规模及经营状况，因缺乏足够的资料，今已难以详言。不过可以确定的是，在不少地区，坊刻图书已经形成了一套完整的产业链，有负责编纂图书者，有负责校定书稿者，有专门代人刊刻雕板者，也有只备纸墨而赁板刷印者。既有产销一条龙者，也有代销、代售者。

面对宋代雕版印刷术的普及，图书市场的繁荣，北宋时苏轼曾说：

> 余犹见老儒先生，自言其少时，欲求《史记》《汉书》而不可得，幸而得之，皆手自书，日夜诵读，惟恐不及。近岁市人转相摹刻诸子百家之书，日传万纸，学者之于书，多且易致如此，……②

苏轼这段话充分反映了北宋雕版印书之盛以及对读书人甚至整个社会的影响，而南宋以后，雕版印刷更为普及，出版图书更多，元代学者吴澄书赠鬻书人杨良甫云：

> 锓板肇于五季，笔功简省，而又免于字画之讹，不谓之有功于书者乎！宋三百年间，锓板成市，板本布满乎天下，而中秘所储莫不家藏而人有。不惟是也，凡世所未尝有与所不必有，亦且日新月益。书弥多而弥易，学者生于今之时，何其幸也！无汉以前耳受之艰，无唐以前手抄

---

① （宋）陈藻：《乐轩集》卷3，台湾商务印书馆1986年影印清文渊阁《四库全书》本。
② （宋）苏轼：《李氏山房藏书记》，《全宋文》卷1968，第90册，第397—398页。

之勤，读书者事半而功倍宜矣。①

虽然吴澄也提出了书多且易致所带来的一些问题，但毫无疑问，雕版印刷的普及，对于教育、学术以及社会的发展和进步有着巨大的推动作用。

第三节　活字与套印

一　活字印刷术的发明

雕版印刷术的发明是中国乃至世界图书发展史上的一次革命，它较之手抄要便捷得多，但需逐字镂板，费时费工费钱。所以，在雕版印刷术的基础上，宋代又发明了活字印刷术。

活字印刷术是预先制成单个的字钉，印书时按书稿内容检出相应的字钉，排成书版付印，印完后，可将书版拆掉，取下字钉，以备排印其他书籍。由于书版可以灵活拼拆，字钉可以反复使用，所以这种技术被称作活字印刷术，所用的字钉通称活字。因活字制作的材料不同而分为泥活字、木活字、金属活字（包括铜活字、锡活字、铅活字和铁活字等）。

据文献记载，中国的活字印刷术是北宋庆历年间（1041—1048 年）由毕昇发明的，字钉以泥制成，故称泥活字。记载毕昇活字印刷术的文字首先见于沈括的《梦溪笔谈》。其文曰：

> 板印书籍，唐人尚未盛为之。自冯瀛王始印五经，已后典籍，皆为板本。庆历中，有布衣毕昇，又为活版。其法：用胶泥刻字，薄如钱唇，每字为一印，火烧令坚。先设一铁板，其上以松脂腊和纸灰之类冒之，欲印，则以一铁范置铁板上，乃密布字印，满铁范为一板，持就火炀之。药稍熔，则以一平板按其面，则字平如砥。若止印三二本，未为简易；若印数十百千本，则极为神速。常作二铁板，一板印刷，一板已

---

① （元）吴澄：《赠鬻书人杨良甫序》，《全元文》卷 481，江苏古籍出版社 1999 年版，第 14 册，第 246 页。

自布字，此印者才毕，则第二板已具，更互用之，瞬息可就。每一字皆有数印，如"之""也"等字，每字有二十余印，以备一板内有重复者。不用则以纸贴之，每韵为一贴，木格贮之。有奇字素无备者，旋刻之，以草火烧，瞬息可成。不以木为之者，木理有疏密，沾水则高下不平，兼与药相粘，不可取，不若燔土。用讫，再火令药熔，以手拂之，其印自落，殊不沾污。昇死，其印为予群从所得，至今宝藏。①

根据沈括的上述记载，毕昇的活字印刷术是完全可行的，但毕昇用这套技术印过什么书籍，今天已无从得知了。在此之后，历代有不少人根据沈括的记载仿印过书籍。南宋学者周必大于宋光宗绍熙四年（1193 年）在致程元诚的信中说："近用沈存中（即沈括）法，以胶泥铜板移换摹印，今日偶成《玉堂杂记》二十八事。"② 元代姚燧说元代初年姚枢曾经教弟子杨古用"沈氏活板"排印过朱熹的《小学》《近思录》和吕祖谦的《东莱经史说》等书③。但是，周必大和杨古所印的活版书并没有流传下来。

　　1965 年浙江温州市郊白象塔出土了《佛说观无量寿经》印本残页，有学者认为应为北宋刊泥活字本④。近年有学者在敦煌遗书中发现了一些活字印本⑤，"除了木活字的一般情况（字体肥瘦正欹、字列歪扭不齐、字间互不参插、版面四角开口、绝无断版等等）外，几乎每个字都磨损了方角，而仅剩圆形的字核。这是因为多次的重新排列组合，使得字角磕碰；还有是因为刷墨时、刷印时鬃刷的压力和摩擦，也会使得边角首先磨损。相对来说，木活字相对坚韧而有弹性，不怕磕碰，耐受压力，就不太会有单个字体边角塌陷的情况"，因此认为这是泥活字（实际应该

---

　　① （宋）沈括：《梦溪笔谈》卷 18，胡道静校证本。

　　② （宋）周必大：《文忠集》卷 198。

　　③ （元）姚燧：《牧庵集》卷 15《中书左丞姚文献公神道碑》，《四部丛刊初编》影印清武英殿聚珍版。

　　④ 金柏东：《早期活字印刷术的实物见证——温州市白象塔出土北宋佛经残页介绍》，《文物》1987 年第 5 期，第 15—18、97 页。另见潘吉星《中国金属活字印刷史》，辽宁科学技术出版社 2001 年版，第 30—32 页。

　　⑤ 史金波：《现存世界上最早的活字印刷品——西夏活字印本考》，《北京图书馆馆刊》1997 年第 1 期，第 67—78 页。

是陶活字）印本[①]。

　　古代文献中关于活字印刷术应用情况的记载，前面已经做过介绍。目前所能见到的最早的活字印刷实物，当推二十世纪九十年代在宁夏贺兰县拜寺沟方塔废墟出土的西夏文佛经《吉祥遍至口和本续》（图 5 - 8），印刷时代大约在公元十二世纪左右。

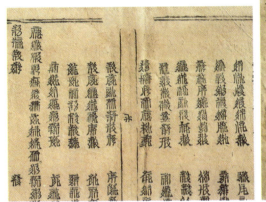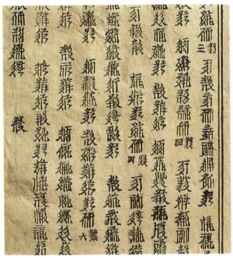

图 5 - 8　西夏文活字本《吉祥遍至口和本续》

左图中缝"廿七"字倒置；右图右二小字"四"字倒置。[②]

　　此外，现存于宁夏回族自治区博物馆的元代西夏文《大方广佛华严经》也应当是活字印刷品。这部佛经字体、行格有明显的歪斜现象，正面着墨不匀，背面透墨也是深浅不同，并且文中既有多排之字，也有漏排之字，而这些都是活字印刷的典型特征。日本京都大学东洋史研究室藏有《大方广佛华严经》五卷，在这部书的第五卷末有"一院发愿，使雕碎字"一句，中

────────────────

　　①　束锡红、府宪展：《英藏黑水城文献和法藏敦煌西夏文文献的版本学价值》，《敦煌研究》2005年第 5 期，第 43—48 页。

　　②　参见宁夏回族自治区文物考古研究所、宁夏回族自治区贺兰县文化局《宁夏贺兰县拜寺沟方塔废墟清理纪要》和牛达生《西夏文佛经〈吉祥遍至口和本续〉的学术价值》，《文物》1994年第 9 期，第 4—20、58—65 页。

国国家图书馆所藏《大方广佛华严经》卷四十末题记中有"选字工"字样①，因此我国著名的科技史和西夏史专家王静如先生指出碎字当指活字②，其他有关专家也鉴定认为此书确系活字印本。《大方广佛华严经》是在元皇庆元年（1312 年）以后印行的。在敦煌莫高窟也曾发现过不少回鹘文木活字。

活字印刷术同雕版印刷术一样，从技术原理到实际应用，都是首先由中国人在宋代发明的，以后又传到了朝鲜、日本、越南等地。

公元 1436 年，德国人谷腾堡（Johannes Gutenberg，约 1397—1468）开始研究活字印刷术，1440 年研制成功螺旋式手扳木质印书机，1445 年即设厂印书。从原理上看，谷腾堡的活字印刷术与毕昇的活字印刷术并没有多大差异，但是，谷腾堡的活字印刷术发明之后在欧洲很快得到迅速推广和普及，从而奠定了现代印刷技术的基础，而中国传统的活字印刷术始终未取代技术上更为原始的雕版印刷术，其中原因，值得认真分析。

图 5-9　谷腾堡活字排印本《圣经》（美国国会图书馆藏）*

注：*采自《世界数字图书馆》，https：//www.wdl.org/zh/item/7782/#q=%E5%9C%A3%E7%BB%8F&qla=zh［2016 年 9 月 15 日］。

---

① 史金波：《西夏文〈过去庄严劫千佛名经发愿〉文译证》，见白滨编《西夏史论文集》，宁夏人民出版社 1984 年版。
② 王静如：《西夏文木活字版佛经与铜牌》，《文物》1972 年第 11 期，第 8—18、73 页。

　　张秀民、韩琦先生曾经指出：同样是使用汉字，由中国人发明的活字印刷术在古代朝鲜得到了很好的应用，有两个重要的原因：第一是政府重视。朝鲜"李氏王朝重视活字印刷，公私刻了二十八次木活字，政府设铸字所，每次铸字多者数十万，铸造三十四次铜、铁、铅活字，而我国只有康熙时刻铜字，印《古今图书集成》，乾隆造武英殿木活字聚珍版而已，民间用铜锡造活字者更少"。第二是从技术上看，古代朝鲜造金属活字用铸造的方法，而中国则主要采用雕刻的方法。① 除了张秀民、韩琦先生所提到的上述原因之外，我们认为，还有更重要的原因，这就是文化和社会环境的差异。

　　中国传统的活字印刷术与谷腾堡的活字印刷术是不同文化背景下的发明，也是不同社会环境的产物，后来的发展情况也大不相同。

　　从技术上看，中国传统的活字印刷术虽然从理论上说可以反复使用（当然事实上也确实如此），但在实际应用中有一些很难根本解决的问题：首先，汉字的单字太多，仅《汉语大字典》就收录汉字五万六千多个，古籍中常用的汉字数至少也在一万五千个以上，要制作如此之多的活字，本身就是一项艰巨的工作，再加上不少单字在一板中重复率高，必须多刻一些备用。其次，活字的检字排版和拆版后活字的分类存放不易。再次，中国古代民间刻书包括书坊刻书通常规模不大，按照一般情况，图书首次印刷的印数一般在二三百部甚至更少，因为一次印得太多，如不能及时销售出去，会造成资金周转困难，因此在实际操作中，大多采用按需刷印的方式。中央政府刻书，虽然财力雄厚，但因中国幅员辽阔，考虑到运输等问题，对于社会需求量大的图书，一般也采用中央刊刻样本，再由各地翻刻的方式，例如宋代的监本、明代《大诰》《大明一统志》、清代的《武英殿聚珍版丛书》等，就是由中央颁行正本以后，各地自行翻刻。在这种印刷、销售发行模式下，活字印刷并不太适用。因为印数少，则成本与雕版相比并不能降低；排好的书版在短期内不再刷印，就必须拆版，否则，不但失去了活字可以反复使用的优势，甚至书版本身也会出现字钉松动而不能再用的问题，这也是古朝鲜能够大量使用而中国则很少使用活字印书的一个重要原因，因为古朝鲜比中国幅员小得多。对于一般百姓来说，倘若只印一种二种书的话，活字可以反

① 张秀民著、韩琦增订《中国印刷史》（插图珍藏增订版），第630—631页。

复使用的优点并不能得到充分体现，反而比雕版印刷更麻烦，并且印刷的效果也不如雕版印刷。清代医家冯兆张曾先后用木活字和雕版印刷了自己的《冯氏锦襄秘录》，他在雕版《痘疹全集》凡例中谈到了用木活字排印的甘苦：

> 　　向年误听梓人，创成活版，疲精瘁神，二载始竣。但字少用多，不耐久印，无如索者日众。今板废书完，势必数十年之心血，一旦付之流水。壬午岁，复入都门，誓成此集，日竭鞍马之劳，拮据刻资；夜备悬刺之苦，查对舛错，不顾性命，方得书成。①

《世庙识余录》明徐兆稷活字印本书末附识语亦云：

> 　　是书成，凡十余年，以贫不任梓，仅假活板印得百部，聊备家藏，不敢以行世也。活板亦颇费手，不可为继，观者谅之。

反观雕版印刷，初时雕板虽然比较麻烦，但板片一旦雕好后便可长期使用，例如南宋时雕刻的"七史"板片，直到清代还可以印书。所以，与雕版印刷相比，活字印刷并没有什么优势。

归结起来，中国传统的活字印刷术，一直是手工生产的产物，在技术上没有很好地解决大规模生产和重复利用的问题，在印制成本上也高于传统的雕版印刷方式，字体及印刷效果不及雕版印刷。因此，虽然毕昇发明的活字印刷术一直延续了下来，并远传到西夏及朝鲜、日本和越南等国，但始终没有占据印刷市场的主流，甚至元代王祯发明的转轮排字架和转轮排字法，使得印刷术曾经有了由手工操作向机械化生产转变的契机，但终究没有能够再向前有大的发展。到了清代，武英殿活字印书采用了字柜盛贮活字式的拣字排版方法，但仍然没有能够很好地解决大批量、重复印刷的关键技术问题，更没有解决机械化印刷的问题（这还与造纸、油墨等有关，用中国传统的造纸方法所造之纸，并不适合机械化印刷），因此虽然受到皇帝的重视，用

---

① 　（清）冯兆张：《冯氏锦襄秘录·痘疹全集·凡例》，人民卫生出版社 1998 年标点排印本。

活字印刷技术排印了诸如《古今图书集成》和《武英殿聚珍版丛书》等分量很大的类书和丛书，但终究没能推广普及，《古今图书集成》仅仅印行了六十四部，铜活字就被销毁化铜；而《武英殿聚珍版丛书》除了清宫武英殿用活字排印外，地方翻印时都采用了传统的刻印方式。至于民间，清代的萃文书屋虽然排印了《红楼梦》（程甲本、程乙本），但真正占领市场的，却是各种雕版印刷本。

与中国传统的活字印刷术相对照，谷腾堡所发明的活字印刷术对应的是拼音文字，如拉丁文字，字母加上各种符号，数量是非常有限的，远较汉字简单。并且，谷腾堡的发明涵盖了现代印刷技术的几个要素，如活字及冲压字模、排版方法、木制印刷机、油脂性油墨以及一套完整、高效率的印刷程序，为印刷的机械化开辟了道路，也奠定了现代印刷术的基础。另外，欧洲当时印书所用纸张也与中国传统的纸张不同。

除了技术层面的原因，社会因素可能是更重要的原因。

前面在分析雕版印刷术的产生及应用时曾经提到，雕版印刷技术从原理上很早就被发现并被应用于染织业，但迟迟未用于印刷图书，其中起决定性作用的并不是技术问题，而是社会问题。

谷腾堡活字印刷术的发明，正值欧洲宗教改革和工业革命的前夜，是由中世纪向近代迈进的转折点。谷腾堡的活字印刷术发明后，首先就用于印刷像《圣经》这类社会需求量极大的文献，因其印刷批量大，成本便能大大节省，因此能够很快占领市场。反过来，市场需求量大，又能大大促进活字印刷的推广和普及。谷腾堡的活字印刷术的发明，对于文艺复兴和宗教改革运动产生了不可估量的作用，不久之后到来的工业革命，使谷腾堡的活字印刷术得到了更为迅速的发展，而随着工业革命的到来，欧洲社会结构、工商业环境都发生了革命性的变化，这些又为活字印刷更广泛的使用提供了条件。

在中国，毕昇发明活字印刷术以后，并没有出现过像欧洲那样的宗教改革和工业革命，社会结构未发生革命性的变化。虽然毕昇之后也有过一些技术方面的改进，但没有能够产生促使中国传统活字印刷术根本性改进的动力，活字印刷特别是机械化、规模化的印刷技术没有能够得到发展，活字印刷的应用面狭小，只能在一些很窄的领域内"试用"或者用于像"谱匠"（指旧时专为人续修家谱的匠人，他们通常挑着担子走街串巷，用活字为人续谱，取其方便灵活）这种带有临时性、补苴性的工作。

二　套印技术的发明与应用

套印是指一版之中刷印出不同的颜色。套印有不同的形式，一种是一版中根据需要涂上不同的颜色，一次印成，称为涂版。这种套印方法虽然简便，但在施彩时不够精确，是一种早期的套印方法；另一种是一版之中，按颜色分别刻成不同的板片，然后依次刷印不同的颜色，这是一种比较成熟的套印方法。

套印技术是在需求的驱动下产生的，有的是为了印刷品的美观，有的是为了一些特殊的功能。目前最早的彩色套印实物应该是 1974 年山西应县木塔中发现的三幅彩印《南无释迦牟尼佛》，印刷时间在辽统和年间（983—1012 年）。1973 年陕西省文管会在整修西安碑林《石台孝经》时发现《东方朔盗桃图》①（图 5 - 10），虽未记刊印时间，但从与此画同出的还有女真文书残页以及宋、金时期的钱币等情况判断，此画应是宋、金时期的印刷品，线条流畅，套印准确，显示出相当高的套印技巧。

另外还有 1941 年发现的元顺帝至元六年（1340 年）中兴路（今湖北江陵）资福寺刻印的《无闻和尚金刚经注解》，经文用红色、注文用黑色套版印成，卷首有一幅图画，画中有几枝灵芝，灵芝也是用朱墨二色套印而成。

中国最早的纸币——交子也是用彩色套印技术印刷的。史载：

> 始益州豪民十余万户，连保作交子，每年与官中出夏秋仓盘量人夫，及出修糜枣堰丁夫物料，诸豪以时聚首，同用一色纸印造，印文用屋木人物、铺户押字，各自隐密题号，朱墨间错，以为私记。书填贯，不限多少，收入人户见钱便给交子，无远近行用，动及万百贯。街市交

---

① 文字报道及黑白照片见刘最元、朱捷元《西安碑林发现女真文书、南宋拓全幅集王〈圣教序〉及版画》，《文物》1979 年第 5 期，第 1—6、18 页；彩色照片载西安碑林博物馆编《西安碑林博物馆》，陕西人民出版社 2000 年版。

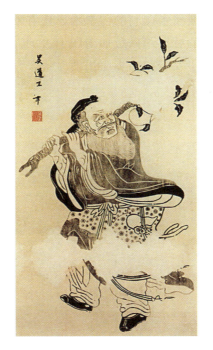

图 5 - 10　彩色套印《东方朔盗桃图》
（西安碑林博物馆藏）

易，如将交子要取见钱，每贯割落三十文为利。每岁丝蚕米麦将熟，又印交子一两番，捷如铸钱。①

这种民间的交易凭证由于伪造及无法兑现等情况时有发生，宋天圣元年（1023 年）十一月，官府在成都设立了"益州交子务"，将交子改为官营，每张交子都有固定面值，一贯至十贯不等，于是"交子"便成为一种法定的钱币。宋大观元年（1107 年），改交子务为钱引务，所印钱币"为铸印凡六：曰敕字，曰大科例，曰年限，曰背印，皆以墨；曰青面，以蓝；曰红团，以朱。六印皆饬（饰）以花纹，红团背印则以故事"②。这种用于防伪造而出现的"朱墨间错"和更多色彩的就是套色印刷品。不过，这些有不

---

① （宋）李攸：《宋朝事实》卷 15，《武英殿聚珍版丛书》本。
② （明）曹学佺：《全蜀艺文志》卷 57。

同颜色的交子是采用什么技术印制的，学术界还有不同看法，有学者认为交子的色彩是先用墨版印就后再用朱版加盖印上去的。

　　宋代应该是彩色套印发明和初步应用的时代，到明代以后，套印技术得到了快速的发展，详后。

第 六 章
冲突与融合：辽金夏蒙元

　　与宋朝同时的还有辽、金、夏（本称"大夏"，因其在宋朝之西，宋人称其为"西夏"，今沿用之）、蒙古几个由少数民族建立的政权，它们各自的文化虽然与汉文化有着很大的差异，但在和、战之间，各种文化既冲突又交流，最后，随着元朝的建立而实现了政治上的统一和文化上的融合。

第一节　辽、金、西夏的藏书与刻书

　　在宋朝统治区域的北部，有由契丹人建立的辽朝、由女真人建立的金朝以及在河西走廊及北部由党项人建立的大夏王朝。虽然与宋朝相比，辽、金、西夏社会经济和文化发展的水平尚有不及，但其文化也各有特点，特别是也都比较重视图书事业。

一　辽代的文化与雕版印书

　　公元 916 年，契丹族首领耶律阿保机建立了契丹国；公元 947 年，耶律德光改国号为辽。契丹本无文字，阿保机时，汉人教其用汉字笔画创制了文字数千个，称"契丹大字"；阿保机之弟又从回鹘人那里学来了"契丹小字"。

　　契丹的图书业具体情况如何，在宋代时就不太清楚，因为与宋朝严禁图书输出到辽国一样，"契丹书禁甚严，传入中国者，法皆死"[①]，所以契丹所

[①] （沈括）：《梦溪笔谈》卷 15，胡道静校证本。

刻的图书传世甚少，但据记载，契丹图书业在宋时颇盛，因此高丽曾派人前往购书。辽道宗清宁九年（1063 年），辽国曾以所刻《契丹藏》作为礼品送给高丽王朝。公元 1011 至 1082 年高丽刻成的《高丽藏》六千卷依据的底本，主要就是宋初所刻的《开宝藏》和辽人所刻的《契丹藏》。

关于《契丹藏》，过去由于缺乏资料，人们对其详情知之甚少。1974 年文物考古工作者在检查山西应县佛宫寺木塔塑像时，在佛像胸部发现了一批刻经、写经和其他文物，共计一百六十件。在这批文物中，有辽代刻经四十七件，其中十二卷按千字文编次，应为《契丹藏》，具体包括：

> 大方广佛华严经卷第四十七
> 大方广佛花严经卷第二十四
> 大方广佛花严经卷第二十六
> 大方广佛花严经卷第五十一
> 妙法莲花经卷第二
> 称赞大乘功德经一
> 大法炬陀罗尼经卷第十三
> 大方便佛报恩经第一
> 中阿含经卷第卷三十六
> 阿毗达磨发智论卷第十三
> 佛说大乘圣无量寿决定光明王如来陀罗尼经一卷
> 一切佛菩萨名集卷第六①

《契丹藏》用汉字雕成，卷轴装。根据《契丹藏》本身的一些题记和经中的避讳文字，可以推测出其雕印的大致时间。在这批经卷中，千字文编号为"女"字的《称赞大乘功德经》卷尾有题记云：

> 燕台圣寿寺慈氏殿主讲法华经传菩萨戒忏悔沙门道撰，……时统和

---

① 阎文儒、傅振伦、郑恩淮：《山西应县佛宫寺释迦塔发现的〈契丹藏〉和辽代刻经》，《文物》1982 年第 6 期，第 9—19、102 页。

贰拾壹祀癸卯岁（1003 年）季春月蓂生五叶记□□弘业寺笃迦佛舍利塔主沙门智云书，穆咸宁、赵守俊、李存让、樊遵四人共雕。

据此知《契丹藏》始刊于辽统和二十一年以前。又《高丽史》卷八云："文宗十七年癸卯（当辽道宗清宁九年，1063 年）叁月，契丹送大藏经至，王备法驾迎于西郊。"由此知《契丹藏》刊成于辽道宗清宁九年之前。参见图 6 - 1。

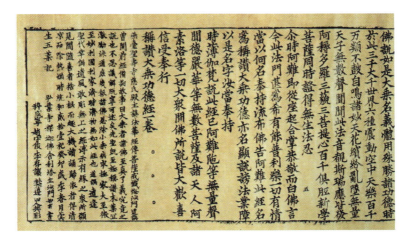

图 6 - 1　辽代刻《契丹藏·称赞大乘功德经》，1974 年山西应县木塔内发现*

注：* 采自 http：//res. bigc. edu. cn/shebeiziyuanku2/html/20130923 - 2560. html ［2015 年 6 月 19 日］。

《金石萃编》著录了辽咸雍四年，辽沙门志延所撰旸台山清水院创造藏经记碑，碑文云：

> 旸台山者，蓟壤之名峰；清水院者，幽都之胜概。……今优婆塞南阳邓公从贵，善根生得，净行日严。咸雍四年（1068 年）三月，舍钱三十万葺诸僧舍，又五十万募同志印大藏经，凡五百七十九帙，创内外藏而龛措之。①

---

① （清）王昶：《金石萃编》卷 153《旸台山清水院创造藏经记》，清嘉庆十年经训堂刻本。

邓从贵施钱五十万刷印的大藏经，应当就是《契丹藏》。据此，《契丹藏》全藏共有五百七十九帙，较《开宝藏》多九十九帙。

辽代刊印的《契丹藏》至少有大字、小字两种版本，应县木塔所出应为大字本。高丽僧释宓庵称《契丹藏》"念兹大宝，来自异邦，帙简部轻，函未盈于二百；纸薄字密，册不满于一千，殆非人功所成，似借神巧而就"[①]，可知其所见《契丹藏》当为小字本。1987 年在对河北丰润天宫寺塔进行清理时发现了一些《契丹藏》零本，据专家分析，大概就是所谓小字本《契丹藏》或其覆刻本。

应县木塔中发现的其他辽代刻经共有三十五卷，在这些佛经中，有的记有刻印时间，印本纪年最早的是统和八年（990 年）刻印的《上生经疏科文》，最晚的是辽道宗咸雍七年（1071 年）刻印的《释摩诃衍论通赞疏科卷下》和《释摩诃衍论通赞疏卷第十》。应县木塔中发现的佛经单刻本以寺院所刻为主，也有官刻、私刻。刻印的地点大多在燕京（即今北京）一带。

应县木塔中除发现了佛经外，还发现了唐李翰所撰的《蒙求》三卷附释音。此本半叶十行，行十六字，左右双边，白口，版心刻叶数，蝴蝶装。文中避明（辽穆宗名明）、慎、镇诸字，但不避真字（辽兴宗名真），应当是辽兴宗（1031—1055 年）以前的刻本。

二　金代的文化与《赵城金藏》

金朝是由原居住在黑龙江中下游地区的女真人建立的少数民族政权。女真人原本臣属于辽，公元十二世纪初完颜阿骨打统一了女真诸部落，公元1115 年在会宁府（今黑龙江哈尔滨市阿城区）建立金朝，国号大金。十年后，金朝与宋朝以及西夏合作，灭掉了辽朝，接着又与宋朝作战，势如破竹，很快攻克了宋朝首都。

金人受汉文化影响很大，颇重图书文籍，灭辽时，尽取辽宫中藏书。靖康元年（1126 年）冬，金人攻克北宋都城开封，俘获了宋徽宗和宋钦宗，将其作为人质送到北方，又将宋朝的"浑天仪、铜人、刻漏、古器、秘阁

---

① （高丽）释宓庵：《丹本大藏庆赞疏》，见《东文选》卷 112，日本东京朝鲜古书刊行会 1914 年排印《朝鲜群书大系》本。

三馆书籍、监本印板……宋人文集、阴阳医卜之书"悉数掳去[1]，于是北宋中央政府所藏图书包括国子监所刻书板几乎全都落入了金人之手。金朝还大量收集民间藏书，靖康元年十二月"二十三日，金人索监书、藏经，如苏、黄文及《资治通鉴》之类，皆指名取索，仍移文开封府，令支拨见钱收买，开封府直取于书籍诸铺"[2]。

金人仿辽、宋制度，仍实行科举制，并在中央设立了国子监，金代官刻图书以国子监为多；在地方设州学。由于科举设词赋、策试、律科、经童等项，考试在"六经、十七史、《孝经》《论语》《孟子》及《荀》《扬》《老子》内出题"[3]，因此需要大量汉文经、史、子部图书，这些书多由国子监印行后下发给各级学校，作为教本。《金史·选举志一》记：

> 凡经，《易》则用王弼、韩康伯注，《书》用孔安国注，《诗》用毛苌注、郑玄笺，《春秋左氏传》用杜预注，《礼记》用孔颖达疏，《周礼》用郑玄注、贾公彦疏，《论语》用何晏集注、邢昺疏，《孟子》用赵岐注、孙奭疏，《孝经》用唐玄宗注，《史记》用裴骃注，《前汉书》用颜师古注，《后汉书》用李贤注，《三国志》用裴松之注，及唐太宗《晋书》、沈约《宋书》、萧子显《齐书》、姚思廉《梁书》《陈书》、魏收《后魏书》、李百药《北齐书》、令狐德棻《周书》、魏徵《隋书》、新旧《唐书》、新旧《五代史》，《老子》用唐玄宗注疏，《荀子》用杨倞注，《扬子》用李轨、宋咸、柳宗元、吴秘注，皆自国子监印之，授诸学校。

至于这些书是金人自刻还是从宋朝国子监掠去的雕版重新刷印，现已不可考，估计后一种情况可能性较大。金朝还设有女直（直同真）进士科，所以"大定四年（1164 年），金世宗命颁行女直大小字所译经书，每谋克（金代军政合一的社会基层组织，所辖口数、户数各时期有所不同）选二人

---

① （宋）佚名：《靖康要录》卷 15，清光绪十八年刻十万卷楼丛书三编，又见《三朝北盟会编》卷 77。

② （宋）佚名：《靖炎两朝见闻录》卷上，民国刻《芋园丛书》本。

③ （元）脱脱：《金史·选举志一》。

习之"①。中央所设女直国子学，地方所设女直府学均以此为教本。据此，金朝国子监不仅刻印汉文图书，还将汉文儒家经典翻译成女真字刻印颁发。世宗大定二十三年（1183 年）九月"译经所进所译《易》《书》《论语》《孟子》《老子》《扬子》《文中子》《刘子》及《新唐书》。上谓宰臣曰：'朕所以令译《五经》者，正欲女直人知仁义道德所在耳。'命颁行之"②。

　　金朝民间刻书业也颇为繁盛。金人攻下开封时，当地的书肆和刻工一部分随宋高宗南迁至杭州，另一部分则到了金人统治下的平阳（即平水，今山西临汾），继续以刻书印书为业。当时平水的书坊很多，叶德辉《书林清话》曾列举了平水有名书坊所刻图书，如：

　　　　书轩陈氏金大定二十六年（1186 年）刻《铜人腧穴针灸图经》五卷
　　　　李子文大定二十九年（1189 年）刻《重刊增广分门类林杂说》十五卷
　　　　张谦明昌三年（1192 年）刻《新刊图解校正地理新书》十五卷
　　　　中和轩王宅正大五年（1228 年）刻《道德宝章》一卷
　　　　晦明轩张宅泰和四年（1204 年）刻《经史证类大观本草》三十卷，泰和六年（1206 年）刻《丹渊集》四十卷并《拾遗》二卷《附录》一卷
　　　　嵩州福昌孙夏氏书籍铺贞祐二年（1214 年）刻《经史证类大全本草》三一卷和《本草衍义》二十卷
　　　　碣石赵衍刻《李贺歌诗编》四卷③

其他如著名的《南丰曾子固先生集》《壬辰重改证吕太尉经进庄子全解》《萧闲老人明秀集注》《刘知远诸宫调》《重编补添分门字苑撮要》等也都是平水书坊所刻。

　　此外，山西太原、河北宁晋也曾刻印了一些图书，如洨川（即宁晋）荆氏曾刻五经、《泰和律义篇》《广韵》等书，其中崇庆元年荆珍刻印的

---

①　（元）脱脱：《金史·选举志一》。
②　（元）脱脱：《金史·世宗本纪下》
③　叶德辉：《书林清话》卷 4《金时平水刻书之盛》，岳麓书社 1999 年排印本。

《崇庆新雕改并五音集韵》非常有名。

在金代刻本中，规模最大、特别值得提出的是二十世纪三十年代在山西赵城县广胜寺发现的《金藏》。

金人笃信佛教，贵族多舍男女为僧尼，京中寺庙林立，上自官府，下至民间、寺庙，都刻印了不少佛经。金代潞州女子崔法珍断臂募雕佛经，她的行为感动了不少善男信女，或捐银钱，或捐梨树，或捐驴骡，于是很快便募集到了大量资金，大约在皇统九年（1149 年）由解州天宁寺以北宋初刻《开宝藏》为底本开雕，前后经三十余年方才雕成，并于大定十八年（1178 年）进贡朝廷，大定二十一年，全部经板运至京师。全藏按千字文编次，始"天"终"几"，共六百八十二帙，六千九百八十卷，经板十六万八千一百一十三块。[①]《金藏》为卷轴装[②]，每版二十三行，行十四字。元初因经卷已有残损，曾经补雕过一些。《金藏》1933 年被发现于山西赵城县东南四十里的广胜寺内，其中一些经卷扉画上也题刻有"赵城县广胜寺"，所以又称《赵城藏》。1942 年侵华日军企图抢走这部佛经，后因抗日部队和当地群众的保护、抢救而幸免。《赵城藏》现存四千八百余卷，绝大部分收藏于中国国家图书馆。任继愈先生主编的《中华大藏经》即用《赵城藏》作为主要底本。参见图 6 - 2。

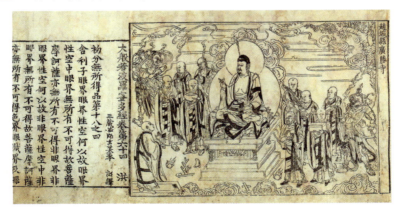

图 6 - 2　金代刻《赵城金藏》（中国国家图书馆藏）

---

① 参见李际宁《佛经版本》，第 109—113 页。

② 另据李际宁先生研究，二十世纪九十年代在敦煌莫高窟北区石窟发现的《华严经》经折装残片就是《金藏》，由此可知《金藏》除卷轴装外，还有经折装。李说见《佛经版本》，第 114—118 页。

在金人统治区内，道教十分盛行，全真教即产生于此。为了逃避兵役，许多百姓投向了道教，使道教的发展形成了"势如风火"的盛况。在这种背景下，民间对道书的需求大增，因此道教经典的刊行极为普遍。全真道宗师谭处端的《水云集》在不到百年的时间内曾四次刻版印刷。中都道观大天长观（今北京白云观）被火烧后，金世宗除了拨款重修外，又以该观旧藏道经尚不完备，在大定二十八年（1188 年）诏"以南京道藏经板付（大天长）观，又易置玉虚观经于飞玄之阁，以备观览，天长旧经，还付玉虚，其旧有名籍而玉虚不具者，听留勿还，须补完则遣之"。观中道士孙明道又派道士四出搜访遗经、募化板材、召集刻字工人，明昌元年（1190 年）即告完工。"凡得遗经千七十四卷，补板者二万一千八百册有畸，积册八万三千一百九十八，列库四区，为楹三十有五，以架计者百有四十。"全藏共"六千四百五十五卷，为帙六百有二，题曰《大金玄都宝藏》"①。所谓南京道藏经板，当即金人于靖康之难时所掠北宋时福建雕版后移往京师万寿观的《万寿道藏》经板。

《大金玄都宝藏》雕成后，除中都大天长观外，其他一些道观也有收藏，其中就包括管州（今山西省静乐县）道观，元代曾以此为底本重修了《玄都宝藏》。

三　西夏文化与佛经翻译

西夏是宋仁宗宝元元年（1038 年）由党项人在西北地区所建立的王朝，其统治区域为以今天的宁夏银川为中心的西北地区。在西夏正式立国之前的大庆元年（1036 年），西夏国君元昊开始创制文字。

> 元昊自制蕃书，命野利仁荣演绎之，成十二卷，字形体方整，类八分，而画颇重复。教国人纪事用蕃书，而译《孝经》《尔雅》《四言杂字》为蕃语。复改元大庆。②

---

① （金）魏搏霄：《十方大天长观玄都宝藏碑铭》，《正统道藏》"不"字号《宫观碑志》。

② 《宋史》卷 485。《辽史》卷 115："西夏，本魏拓跋氏后，……至李继迁始大。……子德明，晓佛书，通法律，曾观《太一金鉴诀》《野战歌》，制番书十二卷，又制字若符篆。"《梦溪笔谈》卷 25 记："景祐中，党项首领赵德明卒，其子元昊嗣立。……未几，元昊果叛。其徒遇乞，先创造蕃书，独居一楼上，累年方成，至是献之。元昊乃改元，制衣冠礼乐，下令国中悉用蕃书、胡礼，自称大夏。"（胡道静校证本）诸书所载，互有歧异。

西夏文在古代文献中又称"蕃书""蕃文""河西字"，共约六千字，形体方整，结构仿汉字而有其特点，单体字较少，合体字占绝大多数。由于统治者的大力推行，西夏文很快在西夏境内得到了普及，许多汉文、藏文、回鹘文的宗教、语言文字、法律、文学、医药、历法等方面的典籍被译成了西夏文。西夏国灭亡后，西夏文仍在继续使用，元代杭州还刊刻了河西字大藏经，河北保定也曾出土过两座刻于明弘治十五年（1502 年）的西夏文经幢。随着党项族的消失，西夏文渐渐被人遗忘，而成为"死文字"。清嘉庆九年（1804 年），著名学者张澍在甘肃武威游清应寺时无意中发现了《重修护国寺感应塔碑》，此碑为西夏天祐民安五年（1094 年）所立，碑正面刻西夏文，并以西夏文篆字题名，碑文用西夏文楷字，计二十八行，每行六十五字。碑背面刻汉文，碑额篆书"凉州重修护国寺感应塔碑铭"，正文楷书，计二十六行，每行七十字。碑中西夏文、汉文所述内容大体相同，但叙事略有差别，两面文字不能互译，而是各自撰成。碑文记录了西夏天祐民安三年（1092 年）冬天凉州（今甘肃武威）大地震，还有关于西夏社会经济、阶级关系、官制、民族关系、宗教信仰等方面的内容。张澍根据碑文中之年号断定其为西夏文，并撰写了《书西夏天祐民安碑后》，但尚未能对其文字进行释读①，直到 1898 年才第一次由法国学者德维利亚（Gabriel Devéria）进行了释读。1908 年，俄国探险队在今内蒙古额济纳旗境内的西夏边防重镇黑水城盗掘出大批西夏文献，其中包括西夏人骨勒茂才编纂的西夏文汉文双解字典《番汉合时掌中珠》、西夏文形音义字典《文海》、以声母分类的西夏文字典《音同》、韵表《五音切韵》、分类字典《要集》等，其后西夏文献续有发现，西夏学也逐渐成为国际显学。

西夏人信奉佛教，因此佛教典籍的翻译、雕印和传播是当时文化生活的重点。根据汉文献记载，西夏统治者曾先后多次向宋朝请赐或求购《大藏经》，宋朝也用《大藏经》作为礼物赠送给西夏，如天圣八年（1030 年）十二月"丁未，定难军节度使西平王赵德明遣使来献马七十匹，乞赐佛经

---

① 有学者考证，差不多与张澍同时，鹤龄、刘师陆、翁树培也发现了西夏文，不过，由于张澍在学术界的影响要大得多，因此一般人仍然认为西夏文的发现者是张澍。

一藏，从之"。景祐元年（1034 年）十二月"癸酉，赵元昊①献马五十匹，求佛经一藏，诏特赐之"。至和二年（公 1055 年）四月"庚子，赐夏国《大藏经》"②。嘉祐三年（1058 年）西夏因新建庙宇，故依常例以马七十匹充作印造工值，请赎《大藏经》，诏许之，并于嘉祐十一年正旦给付③。熙宁五年（1072 年）"十二月，（西夏）遣使进马，赎《大藏经》，诏赐之而还其马"④。西夏得到了宋刻《大藏经》后，设蕃汉二字院，并请回鹘僧侣翻译《大藏经》，不久就开始用西夏文雕印《大藏经》。西夏仁宗（1140—1193 年在位）时又重译《大藏经》，西夏皇帝甚至亲自翻译、校订佛经，因此在西夏佛经中常常有"××皇帝御译""××皇帝御校"等题款。在存世的西夏文献中，数量最多的部分是二十世纪初俄国探险队从黑水城盗掘所得，这部分文献现藏于俄罗斯圣彼得堡的东方学研究所，其中百分之四十的佛经都是西夏仁宗校译的。⑤ 元朝大德年间，皇帝曾下圣旨令"江南浙西道杭州路大万寿寺雕刊河西字（西夏文）《大藏经》经版三千六百二十余卷，《华严》诸经谶板"，"至大德六年完备"，松江府僧录管主八"钦此胜缘，印造三十余藏及《华严大经》《梁皇宝谶》《华严道场谶仪》各百余部，《焰口施食仪轨》千有余部，施于宁夏、永昌等路寺院，永远流通"⑥。这部西夏文《大藏经》可能就是西夏仁宗时所译。⑦ 1917 年宁夏灵武出土、现藏中国国家图书馆的西夏惠宗时期（1068—1085 年在位）西夏文刻本佛经《现在贤劫千佛名经》卷首有《西夏译经图》版画一幅，生动地反映了西夏时期佛经翻译的情况。译经图中上部正中有高僧一位，其上有西夏文题识

---

① 即西夏国君元昊，又称李元昊。西夏本为鲜卑拓跋氏之后，唐朝时拓跋思恭因平黄巢有功，被赐姓李，以为国姓。入宋后，元昊祖父李继迁被赐姓赵，故元昊又称赵元昊。

② 以上具见（宋）李焘《续资治通鉴长编》。

③ （清）张鉴：《西夏纪事本末》卷 20。

④ 《宋史·夏国传下》。

⑤ 〔俄〕捷连提耶夫－卡坦斯基：《西夏书籍业》，王克孝、景永时译，宁夏人民出版社 2000 年版，第 52 页。

⑥ 《碛砂藏》本《大宗地玄文本论》卷 3 管主八愿文。按：中国国家图书馆、山西崇善寺、日本善福寺藏《碛砂藏》本《大宗地玄文本论》上都有松江僧录管主八的愿文，文字略有差异。于道泉先生考证"管主八"为"通经藏大师"的藏语音译，大致相当于汉语之"三藏法师"〔王静如《西夏研究》第 1 辑《河西字藏经雕版考》引述，"中央研究院"历史语言研究所单刊甲种之八，1932 年〕。

⑦ 参见王国维先生《两浙古刊本考》卷上《河西字大藏经》，上海古籍书店 1983 年影印民国上海商务印书馆影印《王国维遗书》本。

"都译勾管作者安全国师白智光"。白智光是西夏惠宗李秉常时的高僧，封号安全国师，译有《金光明最胜王经》等。在白智光左右两旁各有僧俗人物十六人，其题识为"辅助译经者僧俗十六人"。译经图的下部左右两侧各有人物四位，左侧人物形象较大者旁书"母梁氏皇太后"，右侧人物形象较大者旁书"子明盛皇帝"。这是迄今发现的唯一一件反映古代佛经翻译的版画，不仅刻画了西夏时期佛经翻译的具体场面，也反映出西夏统治者对佛经翻译的重视。参见图 6 - 3。

图 6 - 3　西夏惠宗刻《译经图》（中国国家图书馆藏）

西夏人除了引进、翻译汉文佛经外，还翻译了相当数量的汉文典籍。《西夏书事》载："元昊既制蕃书，尊为国字，凡国中艺文诰牒尽易蕃书。"苏联戈尔巴切娃和克恰诺夫在《西夏文写本和刊本》一书中，公布了二十世纪初俄国柯兹洛夫从黑水城盗掘所得的西夏文献目录，共计：

佛经 345 种，政治、法律、军事、语言文字、文学、医卜、历法等著作 60 种，合计 405 种。其中有译自汉文古籍或依据汉籍编译成书的

《论语》《孟子》《孝经》《贞观政要》《六韬》《孙子兵法》《类林》《黄石公三略》《孙子传》《十二国》《德行集》《慈孝纪》等等；有西夏自撰的《天盛年改定新律》《猪年新律》《新律》《官阶封号表》《贞观玉镜统》《三世明言集》《贤智集》《月月娱诗》《治疗恶疮要论》《降魔要论》《掌中珠》《文海》《文海杂类》《钦定义海》《音同》《五声切韵》《杂字》《义同一类》《谚语集》等等；还有日历和佛历等数种。①

此外还有译自汉、藏、梵文的佛经多种以及其他一些文书。仅从上面所列的书目中就可以看出，除了翻译汉文典籍外，西夏人自己也编纂了不少图书。

除了写本文书外，在西夏文献中最受关注的是雕版印书和活字印书。

西夏不仅雕印了相当数量的文献，在印刷技术上也非常先进。1914 年，英国人斯坦因从黑水城得到过一批西夏文图书，"除小残片不计外，搜集所得稍加估计，西夏文写本在一千一百页以上，印本约三百页；中多残缺。汉文写本五十九页，印本十九页。……所获西夏文束中尚夹有绘成佛像及其它圣迹之雕板插图及单页图画至伙"，这些版画有的非常精美，充分表现了西夏地区高超的雕版印刷技术。② 在现存的西夏文献中，正文虽用西夏文雕成，但页码常常用汉字标注，根据这种情况，俄罗斯学者孟列夫认为这是因为当时的刻工除了西夏人以外，还有汉人。③

西夏书籍用纸，据学者研究，一部分取自其占领的城市和边防哨所抢得的汉文文书档案，他们在这些文书档案背面印刷西夏文献，俄藏西夏文字典《文海》《文海杂类》背面就是汉文文书，上面还有有关宋朝边防要塞"保安军"的内容，甚至还有"金贼""夏贼"等字样。还有一部分是西夏人自己造的纸，其原料与宋人造纸多有不同，大量使用碎布，表面还使用了与宋纸不同的涂布方法。④

西夏人除了具有高超的雕版印刷技术外，其活字印刷技术也具有相当水平，见前述。

---

① 黄振华：《评苏联近三十年的西夏学研究》，见白滨编《西夏史论文集》。
② 向达：《斯坦因黑水获古纪略》，《国立北平图书馆馆刊》1932 年第四 4 卷 3 号"西夏文专号"。
③ 〔俄〕捷连提耶夫－卡坦斯基：《西夏书籍业》，王克孝、景永时译，第 42 页。
④ 参见〔俄〕捷连提耶夫－卡坦斯基：《西夏书籍业》第 1 章。

第二节　元代社会与文化

元代是中国文化史上一个非常特殊的时代。一方面，建立元朝的蒙古人本是游牧民族，与中原民族在文化上差异很大。因为民族歧视，中原人尤其是中原的知识分子多受压抑，民族矛盾很深。但另一方面，随着入主中原日久和政权逐渐稳定，元朝的教育、文化尤其是图书事业也得到了很快的发展，并且很有特色，在中国古代图书史上占有重要而特殊的地位。

一　元代图书事业的发展环境

南宋后期，北方的游牧民族蒙古族逐渐强盛起来，到十三世纪初，蒙古族先后灭掉了西夏（1227 年）和金（1234 年），然后开始全力进攻宋朝。公元 1271 年，忽必烈建国号"大元"，次年迁都"大都"即今北京。公元 1279 年，元军灭掉了宋朝。

蒙古的统治者原来并不重视文化，许多儒生被杀或被掳为奴。公元 1233 年，蒙古人围困了金人占据的开封，开封危在旦夕。四月二十二日，金朝著名文学家元好问致函具有很高汉文化修养、出身于契丹贵族、时任蒙古窝阔台汗中书令（宰相）的耶律楚材，希望耶律楚材利用其地位改变现状，并推荐了士人五十四位，云：

> 百年以来，教育讲习非不至，而其所成就者无几，丧乱以来，三四十人而止矣。夫生之难，成之又难，乃今不死于兵，不死于寒饿，造物者挈而授之维新之朝，其亦有意乎？无意乎？诚以阁下之力，使脱指使之辱，息奔走之役；聚养之、分处之；学馆之奉不必尽具，馔粥足以糊口，布絮足以蔽体，无甚大费。然施之诸家，固已骨而肉之矣。他日阁下求百执事之人，随左右而取之：衣冠礼乐，纪纲文章，尽在于是。将不能少助阁下萧、曹、丙、魏、房、杜、姚、宋之功乎？假而不为世用，此诸人者，可以立言，可以立节，不能泯泯默默以与草木同腐。其所以报阁下终始生成之赐者，宜如何哉？阁下主盟吾道，且乐得贤才而

教育之。一言之利，一引手之劳，宜不为诸生惜也。①

耶律楚材听取了元好问的意见，在蒙古军队围困开封但尚未破城时，即"奏遣使入城，索取孔子五十一代孙袭封，封衍圣公元措，令收拾散亡礼乐人等。及取名儒梁陟等数辈，于燕京置编修所、平阳置经籍所，以开文治"。及至开封城破，蒙古首将速不台欲按惯例屠城，当时开封城加上避难逃来的百姓共达一百四十七万户，耶律楚材不仅劝止了屠城行为，还"奏选工匠、儒、释、道、医、卜之流，散居河北，官为给赡。其后攻取淮、汉诸城，因为定例"②。在耶律楚材的努力下，蒙古统治者开始对文人和汉族旧官员采取拉拢和收买政策，规定不得掠士人为奴，并将士人著在儒籍③。太宗窝阔台七年（1235年），蒙古军南下攻宋，中书令杨惟中"凡得名士数十人，收伊、洛诸书送燕都，立宋大儒周敦颐祠，建太极书院，延儒士赵复、王粹等讲授其间，遂通圣贤学，慨然欲以道济天下"④。十年（1238年），开科取士。⑤ 不过，虽然实现科举制，但儒生的待遇仍然不太好。"国朝儒者，自戊戌选试后，所在不务存恤，往往混为编氓。"⑥ 后来情况逐渐好转，世祖中统二年（1261年）诏："宣圣庙及管内书院，有司岁时致祭，月朔释奠；禁诸官员使臣军马，毋得侵扰亵渎，违者加罪"⑦。元世宗至元五年（1268年），忽必烈采纳了西夏人高智耀的建议，免除儒生的徭役，释放各地为奴的儒士。⑧

---

① （金）元好问：《元遗山集》卷 39 "癸巳寄中书耶律公书"。

② （元）苏天爵：《元朝名臣事略》卷 5《中书耶律文正王（楚材）》，姚景安点校，中华书局 1996 年版。

③ （明）宋濂等：《元史·廉希宪传》："国制，为士者无隶奴籍，京兆多豪强，废令不行。希宪至，悉令著籍为儒。"

④ （明）宋濂等：《元史·杨惟中传》。

⑤ （元）元好问：《遗山先生文集》卷 23《故河南路课税所长官兼廉访使杨公神道之碑》："戊戌，天朝开举选，特诏宣德课税使刘公用之，试诸道进士。"民国上海商务印书馆《四部丛刊》影印乌程蒋氏密韵楼藏明弘治十一年刊本。

⑥ （明）陶宗仪：《南村辍耕录》卷 2《高学士》，中华书局 1959 年整理标点本。

⑦ （明）宋濂等：《元史·世祖本纪一》。

⑧ （明）宋濂等《元史·高智耀传》载：高智耀"世仕夏国。……登本国进士第，夏亡，隐贺兰山。……皇子阔端镇西凉，儒者皆隶军役，智耀谒藩邸，言儒者给复已久，一旦与厮养同役，非便，请除之。皇子从其言，欲奏官之，不就。宪宗即位，智耀入见，言：'儒者所学尧、舜、禹、汤、文、武之道，自古有国家者，用之则治，不用则否，养成其材，将以资其用也。宜蠲免徭役以教育之。'帝问：'儒家何如巫医？'对曰：'儒以纲常治天下，岂方技所得比。'帝曰：'善。前此未有以是告朕者。'诏复海内儒士徭役，无有所与"。

灭宋以后，忽必烈为了更有效地统治广大的汉族地区，便大力网罗汉族人才，如重用宋室后裔、著名学者赵孟頫，以此争取南方汉族读书人。同时，忽必烈尊崇儒学，加号孔子为大成至圣文宣王，封孔子后裔为衍圣公，陆续以颜回、曾参、孟子、董仲舒、许衡、周敦颐、二程、朱熹等儒学大师配祀；又加封屈原为忠节清烈公，柳宗元为文惠昭灵公，杜甫为文贞公，并广设学校。不过，由于蒙古与汉人之间有很大文化差异，民族歧视问题始终存在。

在元朝统治者的民族歧视政策下，许多法律、规定只是约束"汉人"和"南人"的，而"国人"（指蒙古人）、"色目人"（指国人以外，"除汉儿、高丽、蛮子"的其他人①）则不受或很少受约束。虽然后来元朝统治者也采取了一些收买读书人的政策，但在官员的委任等方面仍存在着严重的民族歧视，如规定"以蒙古人充各路达鲁花赤，汉人充总管，回回人充同知，永为定制"，而达鲁花赤是地方的最高长官。在国子学生员的选拔上，元世祖时国子学定员二百人，入学者一百人。这一百人内，"蒙古半之，色目、汉人半之"。成宗大德时规定"蒙古、色目、汉人生员二百人，三年各贡二人"②，由于汉族儒生的数量远多于蒙古、色目人，因此这些规定对汉族儒生来说是不平等的。在仕进、科举等方面的民族歧视，使得不少读书人产生了强烈的失落感，于是当时便有"九儒十丐"之说，一些不得志的汉族文人也通过文学形式来发泄心中的郁闷。明代胡侍指出：

> 元曲如《中原音韵》《阳春白雪》《太平乐府》《天机余锦》等集，《范张鸡黍》《王粲登楼》《三气张飞》《赵礼让肥》《单刀会》《敬德不伏老》《苏子瞻贬黄州》等传奇，率音调悠圆，气魄宏壮，后虽有作，鲜之与京矣。盖当时台省元臣，郡邑正官，及雄要之职，尽其国人为之。中州人每每沉抑下僚，志不获展，如关汉卿乃太医院尹，马致远江浙行省务官，宫大用钓台山长，郑德辉杭州路吏，张小山首领官，其他

---

① 《元典章》（即《大元圣政国朝典章》）卷49《刑部十一·流远出军地面》，陈高华等点校，中华书局、天津古籍出版社2011年版。

② （明）宋濂等：《元史·选举志一·学校》。延祐时情况稍有改善，如通过考试而"充高等生员"者，"以四十名为额，内蒙古、色目各十名，汉人二十名"。

屈节在簿书，老于布素者，尚多有之。于是以其有用之才，而一寓之乎声歌之末，以舒其怫郁感慨之怀，盖所谓不得其平而鸣焉者也。①

这仅仅是从元代文学现象的一个角度而言，其他方面的民族歧视和矛盾还有很多。

一方面，元朝的民族矛盾必定会对文化的发展造成影响；但另一方面，蒙古帝国是一个横跨欧亚大陆的庞大帝国，有不少中国的少数民族加入了蒙古的征服大军，蒙古人在征服战争中攻城略地，也有不少民族被征服而成为被统治者。随着蒙古人的西进，元朝与中亚乃至欧洲建立起了广泛的联系。在这种特殊的历史环境下，元朝的文化呈现多元化的特征。元代学者戴良说：

我元受命，亦由西北而兴，而西北诸国如克烈乃蛮、也里可温、回回、西蕃、天竺之属，往往率先臣顺，奉职称藩，其沐浴休光，沾被宠泽，与京国内臣无少异。积之既久，文轨日同，而子若孙遂皆舍弓马而事诗书。②

清代王士禛也说：

元名臣文士，如移剌楚才（即耶律楚材），东丹王突欲孙也；廉希宪、贯云石，畏吾人也；赵世延、马祖常，雍古部人也；李术鲁翀，女直人也；迺贤，葛逻禄人也；萨都剌，色目人也；郝天挺，朵鲁别族也；余阙，唐兀氏也；颜宗道，哈剌鲁氏也；瞻思，大食国人也；辛文房，西域人也。事功、节义、文章，彬彬极盛，虽齐、鲁、吴、越衣冠士胄，何以过之。③

---

①　（明）胡侍：《真珠船》卷4《元曲》，齐鲁书社《四库全书存目丛书》影印清华大学图书馆藏明刻本。

②　（元）戴良：《九灵山房集》卷21《鹤年吟稿序》，民国上海商务印书馆《四部丛刊》影印明正统间戴统刊本。

③　（清）王士禛：《池北偶谈》卷7《元人》，中华书局1982年版。

在元代产生的大量著作中，除了汉人的作品外，还有不少少数民族和寓居中国的外国人的作品。更为重要的是，各民族之间的互相交往与交流，对于文化的发展有着重要的意义。

在过去许多的历史研究中，人们关注得比较多的是元朝统治者实行民族歧视政策所带来的负面影响，而对元代教育、文化以及图书事业的发展则关注不够。

对元代文化事业影响最大的是儒学及书院制度。蒙古统治者在取得政权后，制定了一系列的政策，在国内遍设儒学，广立书院，教育、文化由此得到了相当的发展。

元代的学校大致可以分为两类：一类是由各级政府直接兴办的官学，一类是最初由民间兴办后来逐渐官学化的书院。中央兴办的官学主要是国子学，此外还有蒙古国子学和回回国子学。地方兴办的官学包括诸路蒙古字学、诸路儒学、诸路医学、诸路阴阳学。官学统归司农司管辖。为了保证经费，元朝政府特赐学田以为赡学之资。元世祖至元二十三年（1286 年）二月："江南诸路学田昔皆隶官，诏复给本学，以便教养。"[1] 对于原无学田者，也由政府划拨土地。[2] 元朝刑法中还专门设有"学规"一项，对学校教师的考绩、生员学习纪律的考核、学校经费的管理等都有详细规定，其中就有严禁地方官吏、豪绅及学校负责人随意侵占、变卖学田、侵吞校产，规定：

> 诸随路学校，计其钱粮多寡，养育生徒，提调正官时一诣学督视，必使课讲有程，训迪有法，赏勤罚惰，作成人材，其学政不举者究之。诸教官在任，侵盗钱粮，荒废庙宇，教养无实，行止不臧，有忝师席，从廉访司纠之；任满，有司辄朦胧给由者究之。诸赡学田土，学官职吏或卖熟为荒，减额收租，或受财纵令豪右占佃，陷没兼并，及巧名冒支

---

① （明）宋濂等：《元史·世祖本纪十一》。

② 《元典章》（即《大元圣政国朝典章》）卷 2《圣政一·兴学校》：世祖至元三十一年四月□日诏："学校之设，本以作成人材。仰各处教官、正官钦依先皇帝已降圣旨，主领敦勤，严加训诲，务要成才，以备擢用。仰中书省议行贡举之法，其无学田去处，量拨荒闲田土，给赡生徒，所司常与存恤。"（陈高华等点校）

者，提调官究之。诸贫寒老病之士，必为众所尊敬者，保申本路体覆无异，下本学养赡，仍移廉访司察之；但有冒滥，从提调官改正。诸各处学校，为讲习作养之地，有司辄侵借其钱粮者，禁之。教官不称职者，廉访司纠之。诸在任及已代教官，辄携家入学，亵渎居止者，从廉访司纠之。①

由于中央的大力提倡，加之各地儒学有学田的收入作为赡学之资，因此发展很快。元朝政府还鼓励民间兴办"社学"。"社"是元代基层的社会组织，五十户立一社，社学是元代最基层的业余学校。元世祖至元二十三年（1286年）规定：

> 今后每社设立学校一所，择通晓经书者为学师，于农隙时月，各令子弟入学。先读《孝经》《小学》，次及《大学》《论》《孟》、经史，务要各知孝悌忠信，敦本抑末，依乡原例出办束修。如自愿立常学者，听。若积久学问有成者，申覆官司照验。②

同时也规定："各处乡村小学，训蒙童师，乃训诲人家子弟，与路、州、县别无统摄"，"所在州县学官毋得妄行勾扰，有妨学业"③。到元世祖至元二十三年（1286年），"诸路学校凡二万一百六十六所"④；到元世祖至元二十五年（1288年），诸路所设学校更增至二万四千四百余所。⑤ 而据《元史·地理志》记载，元世祖至元二十七年（1230年），全国共有一千三百一十九万六千二百零六户，五千八百八十三万四千七百一十一人。按此计算，平均二千四百余人即有学校一所。

在元代的教育体系中，书院是最重要且最有特色的。元世祖至元二十八

---

① （明）宋濂等：《元史·刑法志二》。
② 《至正条格（校注篇）》卷25《农桑事宜》，〔韩〕李玠奭等校注，韩国学中央研究院2007年版。
③ 王颋点校《庙学典礼》卷5《行台坐下宪司讲究学校便宜》，浙江古籍出版社1992年版。
④ （明）宋濂等：《元史·世祖本纪十四》。
⑤ （明）宋濂等：《元史·世祖本纪十五》。

年（1291 年）命：

> 其他先儒过化之地，名贤经行之所，与好事之家出钱粟赡学者，并立为书院。①

书院之设，肇于唐，兴于宋，盛于元。南宋朱熹等就曾将书院作为其讲学和宣传其思想主张的重要场所。在周敦颐、朱熹、张栻、吕祖谦等学者的推动下，南宋曾出现过许多有名的书院。特别是南宋后期，理学大兴，书院成为最重要的讲学场所，因此增加很多。到了元代，由于政权更替，不少文人绝意仕进，退而讲学，书院就成为他们主要的教学和学术活动场所。另外，元朝政府也对书院采取了保护和鼓励的政策，因此书院得到了更进一步的发展。

宋代书院最初多为民间所办，以后出现了官学化的趋势，而元代这种现象更为明显。元朝时，书院从机构的设置、教授的选派、日常的管理到生徒的考核和出路，都有规定：

> 凡师儒之命于朝廷者，曰教授，路府上中州置之。命于礼部及行省及宣慰司者，曰学正、山长、学录、教谕，路州县及书院置之。路设教授、学正、学录各一员，散府上中州设教授一员，下州设学正一员，县设教谕一员，书院设山长一员。中原州县学正、山长、学录、教谕，并受礼部付身。各省所属州县学正、山长、学录、教谕，并受行省及宣慰司札付。凡路府州书院，设直学以掌钱谷，从郡守及宪府官试补。直学考满，又试所业十篇，升为学录、教谕。凡正、长、（谕）[学] 录、教谕，或由集贤院及台宪等官举充之。谕、录历两考，升正、长。正、长一考，升散府上中州教授。上中州教授又历一考，升路教授。教授之上，各省设提举二员，正提举从五品，副提举从七品，提举凡学校之事。后改直学考满为州吏，例以下第举人充正、长，备榜举人充谕、录，有荐举者，亦参用之。自京学及州县学以及书院，凡生徒之肆业于

---

① （明）宋濂等：《元史·选举志一·学校》。

是者，守令举荐之，台宪考核之，或用为教官，或取为吏属，往往人材辈出矣。①

书院生徒学成后得录用为教官或取为吏属，书院与官学成为主要的仕进之途，当然是很有吸引力的。元朝政府还颁布了一系列政令，明确赡学田收入的管理与使用权限，如至元二十年（1283 年）中书省即规定：

江南赡学田产所收钱粮，合令所在官司明置文簿，另行收贮。如遇修理庙宇、春秋释奠、朔望祭祀、学官请俸、住学生员食供，申覆有司，照勘端的，依公支用。若有耆宿名儒、实无依倚者，亦于上项钱内约量给付，毋令不应人员中间作弊。除贡士庄钱粮系开选用度，合听官为拘收外，赡学钱粮，合令学官收贮，依公支用。②

赡学钱粮由学官专管，是将书院经济掌握于政府手中，但是，书院的官学化也为书院的发展提供了政治上的保障和经济上的支持。除了民间捐资外，政府还拨给学田，甚至书院山长、教授的薪俸也由官府支付，因此书院在元代获得了前所未有的发展。

据统计，元代的书院共计四百零六所，其中二百八十二所为元代新建，另外修复和重建前代书院一百二十四所。在这四百零六所书院中，除八十余所是由政府举办的，其余全是民办。③ 各地书院不仅有学田充养学之资，不少书院还网罗了一批饱学之士作为教授，不但保证了较高的办学质量，也为图书的创作和刊刻出版提供了大量的物力和人力。

在元代大兴学校的风气影响下，儒学复兴，图书创作复盛。仅据清代学者钱大昕《补元史艺文志》的统计，在元代不到一百年的时间里，共产生经史子集四部图书三千余种，而其中尚不包括数量巨大的通俗读物如杂剧等。

元代书院是最重要的藏书机构，藏书最多的当推四川成都的草堂书院，

---

① （明）宋濂等：《元史·选举志一·学校》。
② 王颋点校《庙学典礼》卷 4《庙学田地钱粮分付与秀才每为主》。
③ 白新良：《中国古代书院发展史·元朝时期书院的继续发展和衰落》，天津大学出版社 1995 年版。

聚书二十七万卷。① 河南许昌人冯梦周捐资创建了颍昌书院，"平日捐金以购买之书籍，自六经传注、子史别集以至稗官杂说，其为书凡若干万卷，亦悉归之书院。师生有欲借之者，则具姓名列书目而以时谨其出纳"②，其图书借还制度已相当完善。

元代的儒学与书院既是学术活动的中心，也是学者讲学和培养人才的场所；既是藏书中心，又是刻书的重要机构。许多著作都产生于各级儒学与书院，出版于儒学和书院；大量的儒学和书院师生也是这些图书的重要消费群体。因此，儒学和书院成为元代图书事业发展的重要因素。

二　元代的图书编纂

同以前各朝一样，元代中央也主持编纂了不少图书。元太宗八年（1236年），中央在原来金代的刻书中心平阳（即平水）设经籍所以编集经史，又在燕京设编修所③。至元元年（1264年），元世祖忽必烈命令选拔儒生编修国史，译写经书，并为所选儒生专门建立馆舍、发给薪俸④，但因义例未定，故未能实施。至正三年（1343年）三月，元顺帝"诏修辽、金、宋三史，以中书右丞相脱脱为都总裁官，中书平章政事铁木儿塔识、中书右丞太平、御史中丞张起岩、翰林学士欧阳玄、侍御史吕思诚、翰林侍讲学士揭傒斯为总裁官"⑤。到至正五年（1345年）十月，仅仅两年多一点，《辽史》《金史》《宋史》三史即告修成，六年，下杭州路刊行。《辽史》《金史》《宋史》三史都是篇幅很长的图书，如《宋史》达四百九十六卷，是二十四史中篇幅最长的，《辽史》《金史》的篇幅也分别达一百一十六和一百三十五卷。在如此之短的时间内修成（《辽史》修纂的时间仅十一个月），其质量根本无法保证，只是抄撮旧书，草草编成，遗漏、重复、错舛比比皆是，如《宋史》"以宋人国史为稿本。宋人好述东都之事，故史文较

---

① （元）李祁：《云阳集》卷10《草堂书院藏书铭》，台湾商务印书馆1986年影印清文渊阁《四库全书》本。

② （元）郑元祐：《侨吴集》卷9《颍昌书院记》，台湾商务印书馆1986年影印清文渊阁《四库全书》本。

③ （明）宋濂等：《元史·太宗本纪》。

④ （明）宋濂等：《元史·世祖本纪五》。

⑤ （明）宋濂等：《元史·顺帝本纪四》。

详，建炎以后稍略。理、度两朝，宋人罕所纪载，故史传亦不具首尾。《文苑传》止详北宋，而南宋止载周邦彦等数人，《循吏传》则南宋更无一人"①，因此，《辽史》《金史》《宋史》三史被公认为是中国古代官修正史中质量最差的。

在元代官修图书中，法律类的图书对后世影响很大。元代制定的法律很多，曾先后颁布了《至元新格》《风宪宏纲》《大元通制》《至正条格》等。英宗至治三年（1323 年）编成的《大元通制》甚为繁苛，"其书之大纲有三：一曰诏制，二曰条格，三曰断例。凡诏制为条九十有四，条格为条一千一百五十有一，断例为条七百十有七，大概纂集世祖以来法制事例而已"②，其主要内容保存在《元史·刑法志》中。元顺帝至正五年（1345 年）编成的《至正条格》内容更多，包括诏制一百五十条、条格一千七百条、断例一千零五十九条。这部法律全书已散佚，2003 年在韩国庆州发现了该法的卷二十三至三十四残卷。

除法律图书外，还有至顺三年（1332 年）官修政书《皇朝经世大典》八百八十卷附目录十二卷附公牍一卷、纂修通议一卷。该书全部散佚，仅在《永乐大典》残卷中尚存小部分内容。

《大元大一统志》是元代官修的地理总志，由回回人、著名科学家札马剌丁建议并与虞应龙共同主持修纂，从元世祖至元二十二年（1285 年）开始，到至元三十一年（1294 年）历时九年修成，初稿七百五十五卷。该志初成后，又获得《云南图志》《甘肃图志》《辽阳图志》，遂由孛兰盼、岳铉等主持重修，到元成宗大德七年（1303 年），全书完成，共一千三百卷、六百册，定名为《大元大一统志》（以后常被简称《大元一统志》），元顺帝至正六年（1346 年）在杭州开始镂版印行。《大元大一统志》大约在明代中期散佚，但它对后世的影响颇大。《四库全书总目》云："考舆志之书出自官撰者，自唐《元和郡县志》、宋《元丰九域志》外，惟元岳璘③等所修《大元一统志》最称繁博。《国史经籍志》载其目，共为一十卷，今已散佚无传。虽《永乐大典》各韵中颇见其文，而割裂丛碎，又多漏脱，不复能

---

① （清）永瑢等：《四库全书总目·史部·正史类二·宋史》。

② （明）宋濂等：《元史·刑法志一》。

③ 似应为"岳铉"。

排比成帙。惟浙江汪氏所献书内，尚存原刊本二卷，颇可以考见其体制。知明代修是书时，其义例一仍《元志》之旧，故书名亦沿用之。"① 其实，清代所修三种《一统志》，也基本上沿用了《大元大一统志》的体例。据记载，《大元大一统志》除文字外，还在每路卷首附有地图。

元代不仅用汉文编书，还用八思巴字和畏吾儿字翻译了一些汉文著作，如《孝经》《大学衍义》《资治通鉴》《帝范》《贞观政要》等。元成宗大德年间（1298—1307 年）译成了蒙文大藏经。

元代在图书创作方面，特别值得一提的是农学和医学图书。

蒙古人原来过着游牧生活，对农业经济缺乏了解，因此在攻进中原之初，元太祖近臣别迭等甚至提出"汉人无补于国，可悉空其人以为牧地"②，试图将汉人赶走，将良田废为牧场。但当他们对中原农业有所了解后，发现农耕收入显然胜于游牧，因此转而重视农业。为适应发展农业的需要，元代公私都编纂了不少很有影响的农书。元世祖至元十年（1273 年）大司农司"遍求古今所有农家之书，披阅参考，删其繁重，撮其切要，纂为一书"，编成了《农桑辑要》。至元二十三年《农桑辑要》编成后，"诏以大司农司所定《农桑辑要》书颁诸路"③，又于延祐二年（1315 年）"诏江浙行省印《农桑辑要》万部，颁降有司遵守劝课"④。此后，司农司又编纂了《农桑杂令》《栽桑图说》等书。由于统治者的提倡，民间也产生了一些影响很大的农书，如王祯撰《农书》三十七集⑤、畏吾人（即维吾尔族）鲁明善撰《农桑衣食撮要》二卷、罗文振撰《农桑撮要》七卷等。参见图 6－4。

早在 1237 年，元太宗窝阔台即在燕京等十路设"惠民药局"，"官给钞本，月营子钱，以备药物，仍择良医主之，以疗贫民"⑥。同时，还在地方官学中专设医学以培养专门人才，因此，元代的医学极为发达，不仅继承了汉族的传统医学，还结合了蒙古医学、回回医学（阿拉伯－伊斯兰医学），

① （清）永瑢等：《四库全书总目·史部·地理类一·明一统志》。
② （明）宋濂等：《元史·耶律楚材传》。
③ （明）宋濂等：《元史·世祖本纪十一》。
④ （明）宋濂等：《元史·仁宗本纪二》。
⑤ 《四库全书》因避雍正讳，改王祯为王桢，又将其书误分为二十二卷（说详王毓瑚《王祯农书·校者说明》，农业出版社 1981 年版）。
⑥ （明）宋濂等：《元史·食货四》。

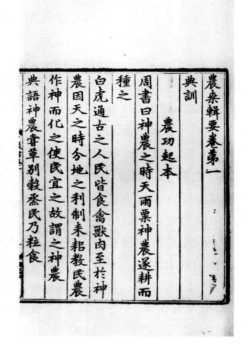

图6-4 元后至元五年杭州路刻《农桑辑要》
（上海图书馆藏）*

注：*采自中国国家图书馆·中国国家古籍保护中心编《第一批国家珍贵古籍名录》，国家图书馆出版社2008年版。

产生了一批有影响的医学、药学著作，如《丹溪心法》《汤液本草》《回回药方》《饮膳正要》等。

除农学和医学外，元代的天文学、数学、水利等方面的成就也非常突出，产生了不少重要的著作：如由郭守敬实际主持编制的《授时历》，不仅是中国古代最重要的天文历法著作，也是一部数学著作；李至的《测圆海镜》是中国古代数学史上具有里程碑意义的著作；任仁发的《水利集》、回回人赡思的《重订河防通义》等，都是重要的水利学著作。

元代的文学在中国文学史上具有特殊的地位。由于元朝幅员广大、民族众多，因此，除汉族文学家外，还产生了不少著名的少数民族文学家，如契丹人耶律楚材、姚燧，鲜卑人元好问、白朴，回族人萨都剌、丁鹤年，突厥人迺贤，"色目人"余阙，维吾尔人贯云石，蒙古人马祖常，党项人倪瓒等。

元代民间通俗文学颇为繁荣。郑振铎先生曾经指出，元代对汉族文人的民族歧视，使得汉族文人仕途闭塞。文人失意是当时消极、玩世、享乐情绪漫延至文坛的重要原因。他们也由此加入了通俗文学创作的队伍。[①] 同时，城市经济的发展、对外交流的增加和市民对文化的需求以及农村中戏曲活动的普及都促进了戏曲的创作。

继唐诗、宋词之后，元曲是元代文学中最有特色的文学体裁和样式。元曲是杂剧与散曲的统称，所不同者，杂剧中的唱曲配有音乐，并且须按一定的宫调和曲牌来写作，另外还有对白、动作等；而散曲则只作清唱，并无对白与动作。

关于元代杂剧的作家和作品，元至顺间钟嗣成所编之《录鬼簿》著录作家一百五十二人、作品四百五十八种，元末明初成书的《录鬼簿续编》又著录了作家七十人、作品一百五十六种，除去少量明人外，仅这两种书所记载的元代剧作家就超过了二百人，剧目超过了五百部。此外，明初戏曲家朱权的《太和正音谱·古今英贤乐府格势》也著录、评论了元、明杂剧、散曲作家一百八十七人，近人傅惜华先生的《元代杂剧全目》则著录了元代杂剧七百余种。在元代的杂剧中，关汉卿的代表作《窦娥冤》《救风尘》《单刀会》等、王实甫的代表作《西厢记》、白朴的代表作《墙头马上》《梧桐雨》、马致远的代表作《汉宫秋》等，都是中国文学史、戏曲史上具有代表性的重要作品。

散曲是在金元时代北方民间"俗谣俚曲"的基础上兴起的一种诗歌体裁。元代的散曲作家群十分庞大，今人隋树森先生所编《全元散曲》即收录散曲四千二百余首，其中小令三千八百多，套数四百多，作家有名者二百一十三人，无名氏作家一批。在这些作家中，有不少既作散曲，也作杂剧，如关汉卿、马致远等皆是。

---

① 参见郑振铎《中国文学研究·元明之际文坛概观》，《郑振铎全集》，花山文艺出版社 1998 年版。

元代的文献学也取得了一定的成绩。马端临所撰《文献通考》是中国古代关于典章制度的重要著作，与唐杜佑的《通典》、宋郑樵的《通志》并称"三通"。《文献通考》凡三百四十八卷约四百七十余万字，虽然字数不及《通志》，但因《通志》中"纪传"所占篇幅甚大，所以，《文献通考》实际上是元代以前关于典章制度方面内容最为完备的图书。《四库全书总目》评价说：

> 大抵门类既多，卷繁帙重，未免取彼失此。然其条分缕析，使稽古者可以案类而考。又其所载宋制最详。多《宋史》各志所未备。案语亦多能贯穿古今，折衷至当。虽稍逊《通典》之简严，而详赡实为过之，非郑樵《通志》所及也。①

《文献通考》包括"经籍考"七十六卷，《四库全书总目》批评说："卷帙虽繁，然但据晁、陈二家之目，参以诸家著录，遗漏宏多。"根据今人研究，《文献通考》所著录的图书主要依据的是晁公武的《郡斋读书志》、陈振孙的《直斋书录解题》和《崇文总目》，最晚的书目来源是宋嘉定十三年（1220年）成书的《中兴馆阁续书目》，而该书目距《文献通考》撰著时已达六十七年②。从图书著录数量的角度而言，《文献通考》并无特别突出的贡献，但"经籍考"对图书的著录方式却颇便后来的研究者利用，"凡各种学术之渊源，各书内容之梗概，览此一篇而各说俱备。虽多引成文，无甚新解，然征文考献者，利莫大焉。较诸郑樵之仅列书目者，有用多矣"③。

第三节　元代的藏书与刻书

一　元代的公私藏书

元朝统治者在夺取政权的过程中以及建立政权的最初阶段，对文化及图

---

① （清）永瑢等：《四库全书总目·史部·政书类一·文献通考》。
② 参见邹明军《〈文献通考·经籍考〉研究》，华中师范大学 2011 年博士学位论文，第 45—46 页。
③ 姚名达：《中国目录学史》，上海古籍出版社 2005 年版，第 159 页。

书事业是不太重视的，特别是为了加强思想统治、防止汉族儒生利用图书制造不利于其统治的舆论，元朝统治者曾经在图书方面颁布了一些禁令，如："诸阴阳家天文图谶应禁之书，敢私藏者罪之。诸阴阳家伪造图谶、释老家私撰经文，凡以邪说左道诬民惑众者，禁之，违者重罪之。在寺观者，罪及主守，居外者，所在有司察之。诸妄言禁书者，徒。""诸乱制词曲，为讥议者，流。"① 因害怕藏书招祸，一些并非在禁之书也受殃及，元代最大的私人藏书家庄肃的后人在公元 1346 年元朝中央政府为编修宋、辽、金三史而广求遗书并派员来庄家选书时，因害怕所藏书中有违禁之书遭殃，便把全部藏书付之一炬。②

当政权稳固之后，元朝统治者对图书的收藏整理转加重视，曾经多次向民间征集图书。至正六年（1346 年）朝廷开局修宋、辽、金三史时曾下令：如有书献上者，便给一个官职。③ 由于中央政府的大力搜求，元朝的中央藏书数量虽不及宋代之富，但考虑到元朝历时尚不及百年，并且是与汉族文化不同的少数民族所建立的政权，因此还算颇具规模。据元《秘书监志》载，秘书监所藏书有如下。

　　在库书
　　书：
　　经部一百二十一部，一千零二十三册
　　史部七十九部，一千七百二十四册
　　集部五十七部，一千七百二十四册
　　道书三百三部，四百二册
　　医书一十四部，一百七十一册
　　方书八部，一百五十二册
　　先次送库书一十二部四百七十八册：
　　经六部，一百一十三册
　　史四部，七十五册
　　集二部，二百九十册

① （明）宋濂等：《元史·刑法志四》。
② （明）陶宗仪：《辍耕录》卷 27《庄蓼塘藏书》，辽宁教育出版社 1998 年版。
③ （明）陶宗仪：《辍耕录》卷 27《庄蓼塘藏书》。

后次发下书一千一百五十四部，一万六百三十四册：

经书二百四十四部，二千一百四十五册

史一百三十二部，一千八百四十三册

子一百二十二部，七百一十二册

集四百六十三部，五千九百三十四册

法帖四十二部，二百一十七册

续发下书六百四十二部，七千五百一十册：

经一百六十六部，一千九百四十六册

史四十六部，一千二百七十册

子二十六部，七十三册

集部一百二十部，二千五十三册

类书九十六部，九百三十一册

小学书六十八部，二百二十八册

志书三十三部，三百三十册

医书五十一部，四百六十一册

阴阳书一十五部，一百三十册

农书一十二部三十七册

兵书五部，二十一册

释道书三部，二十二册

法帖一部，一十册

另外还有书画、名画等。①

蒙古在与宋朝的战争中，非常注意搜括宋人的雕版。元世祖至元十二年
（1275 年）九月，"括江南诸郡书版及临安秘书省《乾坤宝典》等书"②。十
三年二月，诏收拾宋秘书省图书及天文地理图册等。三月，伯颜入临安，
"遣郎中孟祺籍宋太庙四祖殿，景灵宫礼乐器、册宝暨郊天仪仗，及秘书
省、国子监、国史院、学士院、太常寺图书祭器乐器等物"③。十五年三月，

---

① （元）王士点、商企翁编次《秘书监志》卷 6，高荣盛点校，浙江古籍出版社 1992 年版。

② （明）宋濂等：《元史·世祖本纪五》。

③ （明）宋濂等：《元史·世祖本纪六》。

"以许衡言，遣使至杭州等处，取在官书籍板刻至京师"①。元朝西湖书院所藏图书雕板，绝大多数为宋朝旧刻。

二　元代的图书出版与管理

早在入主中原以前，蒙古人在打败辽、金之后，原来属于辽、金统治区域内的刻书业在蒙古人的统治下仍继续发展，如平阳府的张存惠晦明轩自金代设立，蒙古、元代继续刻印书籍。其他如邓州析城郑氏家塾曾刻有《析城郑氏家塾重校三礼图集注》（1147 年），北京地区的赵衍曾刻有李贺《歌诗编》（1156 年，这是北京地区现存最古老的刻本）。这些书都是由原来居住在该地的汉人所刻，只是刻印时这些地方已被蒙古人占领，因此传统版本学上将其称为蒙古刻本。参见图 6 - 5。

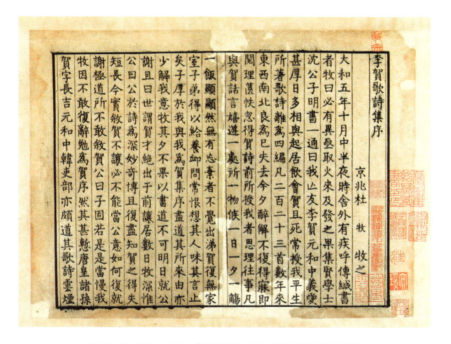

图 6 - 5　蒙古刻本《歌诗篇》（中国国家图书馆藏）

---

①　（明）王圻：《续文献通考·经籍一》卷 172《经籍考》，上海古籍出版社 2002 年《续修四库全书》影印明万历刻本。

　　蒙古人入主中原后，战乱结束，社会稍稍得到了一点安宁，在以后的九十余年中，元代的刻书业又有了一定程度的发展。

　　如宋代一样，元代图书出版也有审批制度。明代陆容云："尝爱元人刻书，必经中书省看过下所司，乃许刻印。"① 清代蔡澄亦云："先辈云：元时人刻书极难，如某地某人有著作，则其地之绅士呈词于学使，学使以为不可刻，则已；如可，学使备文咨部，部议以为可，则刊板行世；不可，则止。"② 刻书须经中书省审查过后才能刊刻，这虽然对把控图书质量、防止盗版有一定帮助，但会影响图书的自由创作与出版。同时，报请中书省审查的，大多只是官刻和著名学者以及大的书坊所刻图书，至于民间小书坊，所刻图书良莠不齐，是否皆经审读批准，恐未必然，但可以确定的是，官刻书籍要经过审批才准印行当是惯例，故《天禄琳琅书目》谓"元时书籍并由中书省牒下诸路刊行"③。

　　元代的官府刻书分中央刻书和地方刻书。在中央，有专门负责刻印书籍的兴文署，兴文署刻印的书籍数量较多，质量也好。另外，艺文监的广成局、太史院的印历局和太医院的广惠局及医学提举司等也刻印过一些书籍。

　　早在元太宗八年（1236 年）六月，"耶律楚材请立编修所于燕京，经籍所于平阳，编集经史，召儒士梁陟充长官，以王万庆、赵著副之"④。元世祖至元三年（1266 年）十月"徙平阳经籍所于京师"，四年二月"改经籍所为弘文院，以马天昭知院事"⑤。至元十年（1273 年），立兴文署。

　　兴文署的职责是"掌雕印文书"，属秘书监。兴文署有官三名，包括令一名、丞二名，下有校理四员、楷书一员、掌纪一员，另配有雕字匠四十名（含作头一名、匠三十九名）、印匠一十六名。至元十三年，兴文署并入翰林院⑥，至元二十四年与国子监"皆属集贤院"⑦。至元二十七年，又"复立

　　① （明）陆容：《菽园杂记》卷 10，佚之点校，中华书局 1985 年版。
　　② （清）蔡澄：《鸡窗丛话》，清宣统至民国间新阳赵氏刻《峭帆楼丛书》本。
　　③ （清）于敏中等：《天禄琳琅书目·天禄琳琅鉴藏旧版书籍联句》，徐德明标点，上海古籍出版社 2007 年版。
　　④ 《元史·太宗本纪》。
　　⑤ 《元史·世祖本纪三》。
　　⑥ （元）王士点、商企翁编次《秘书监志》卷 7。
　　⑦ （明）宋濂等：《元史·艺文志》。

兴文署，掌经籍板及江南学田钱谷"①。无论兴文署归属如何，在有元一代，它始终是中央刻书的主要部门。兴文署刻本中最著名的是公元1290年雕印的《胡三省音注资治通鉴》二百九十四卷及《通鉴释文辨误》十三卷。由于兴文署存有大量的宋刻书板，所以兴文署还对这些书板重加修葺，印刷了大量图书。

元文宗天历二年（1329年）设艺文监，顺帝至元六年（1340年）改为崇文监，隶翰林国史院。艺文监负责用蒙古语翻译校订儒家著作，其下设负责藏书的艺林库和负责刻书的广成局。《元史·艺文志》："广成局，秩七品。掌传刻经籍，及印造之事。"广成局所印之书今已无传。

太医院本是医疗机构，但也刻有一些图书。太医院所刻书主要是医书，传世的有大德四年（1300年）所刻《圣济总录》等。

负责元朝内廷事务的徽政院还刻印过《大藏经》，即世所谓"《元官藏》"。《元官藏》现已无全藏存世，仅中国国家图书馆、云南省图书馆及日本有零星收藏，因此具体情况不明，但据研究，该藏刊印的时间大概在至顺三年与至元二年（1332—1336年）前后。与此前的大藏经不同，《元官藏》用《至元录》编目，其内容规模也比大致同时刊成的《普宁藏》和《碛砂藏》大得多。②

元代中央也设有国子监，虽然它已不像宋代那样是一个官刻图书的中心，但也主持刻印了一些图书，如延祐三年曾刻小字本《仲景全书》四种，其中《伤寒论》"伤寒卒病论集"载有牒文云："……敕中书省勘会：下项医书，册数重大，纸墨价高，民间难以买置。八月一日奉圣旨：令国子监别作小字雕印，内有浙路小字本者，今所属官司校对，别无差错，即摹印雕版，并候了日，广行印造，只收官纸工墨本价，许民间请买，仍送诸路出卖。"③可见它的图书刻印、销售方式与宋代大致相同。

元中央还刻印过八思巴字蒙古语（称"国字"）的《孝经》《大学衍义》《列女传》《贞观政要》等书。大德十一年（1307年）"辛亥，中书（右）［左］丞孛罗铁木儿以国字译《孝经》进，诏曰：'此乃孔子之微言，

---

①　（明）宋濂等：《元史·世祖本纪十三》。

②　李富华、何梅：《汉文佛教大藏经研究》第8章，宗教文化出版社2003年版。

③　（东汉）张仲景著、刘渡舟主编校注《伤寒论校注》，人民卫生出版社1991年版。

自王公达于庶民，皆当由是而行。其命中书省刻版模印，诸王而下皆赐之。'"① 元至大元年（1308 年），"时有进《大学衍义》者，命詹事王约等节而译之。帝曰：'治天下，此一书足矣。'因命与《图象孝经》《列女传》并刊行，赐臣下"②。至顺三年（1332 年）四月"戊午，命奎章阁学士院以国字译《贞观政要》，锓板模印，以赐百官"③。

元代除京师附近地区直隶中书省外，其余地区设河南、江浙等十一个行中书省。行中书省为地方最高的行政机构，它们也刻印了一些图书，如元代官修的《宋史》《辽史》《金史》曾在至正五六年（1345、1346 年）由江浙等处行中书省刊刻行世。中国国家图书馆藏至正五年刻《金史》后附牒文云：

> 去岁教纂修辽、金、宋三代史书，即目辽、金史书纂修了，有如今将这史书令江浙、江西两省开板，就彼有的学校钱内就用，疾早教各印造一百部来呵。

元代在各路、府、州、县都设立了儒学。由于刻书有足够的资金，所以元代儒学刻书量大、质精。仅据《书林清话》卷四"元监署各路儒学书院医院刻书"所录，元代曾经刻有书籍的各路、郡、府儒学便有：

中兴路儒学	赣州路儒学
太平路儒学	宁国路儒学
瑞州路儒学	建康路儒学
池州路儒学	绍兴路儒学
信州路儒学	无锡儒学
嘉兴路儒学	武昌路儒学
临江路儒学	龙兴路儒学
庆元路儒学	南京路转运使

---

① （明）宋濂等：《元史·武宗本纪一》。
② （明）宋濂等：《元史·仁宗本纪一》。
③ （明）宋濂等：《元史·文宗本纪五》。

集庆路儒学	漳州路儒学
婺州路儒学	扬州路儒学
杭州路儒学	饶州路儒学
抚州路儒学	淮东道本路儒学
福州路儒学	江浙省本路儒学
平江路儒学	临川路儒学
无锡郡学	婺郡学
嘉兴郡学	三山郡庠
吴郡庠	吉水郡庠
赣州路府学	

实际上，元代刻书的路、府儒学远远不止这些。有些图书是由路、府儒学牵头，并有下属县学以及书院实际参与刻印的，如信州路儒学刻《北史》，其版心下便有"信州路儒学刊""信州象山刊""象山书院刊""道一书院刊""稼轩书院刊""蓝山书院刊""玉山县学刊""弋阳县学刊""贵溪县学刊""上饶学刊"等字样。对于一些大部头的著作，如一路儒学不能独任的话，便往往合诸路儒学之力共为之，如元代江东建康道九路儒学分刻的十史：

《史记》，饶州路刻

《汉书》，太平路刻

《后汉书》，宁国路刻

《三国志》，池州路刻

《晋书》，不详

《隋书》，饶州路刻

《南史》，广德路刻

《北史》，信州路刻

《唐书》，建康路刻

《五代史记》，崇文书院（铅山州）

以上十史虽由九路儒学分刻，但字体、版式基本是统一的，并且也比较注意校勘。大德九年太平路儒学所刻《汉书》之孔文声跋记其事较详：

> 江东建康道肃政廉访司以十七史书艰得善本，从太平路学官之请，遍牒九路，令本路以《西汉书》率先，俾诸路咸取而式之。置局于尊经阁，致工于武林。三复对读者，耆儒姚和中辈十有五人；重校修补者，学正蔡泰亨。板用二千七百七十五面，工费具载学记，兹不重出。始大德乙巳仲夏六日，终是岁十有二月廿四日。①

上面提到刻印十七史，后来实际只刻了十史，南北朝七史并未刊刻。元至顺中，江西湖东道肃政廉访司也曾谕令其管下诸路儒学刊刻十七史。

对于大部头图书，既可由各地儒学分刻其中一部分，最后凑成完书，也可由一处儒学负责具体的雕版事项，而经费由多处儒学分摊。元顺帝至元中，浙东道所属庆元路儒学刻印了王应麟的《玉海》《诗考》《汉艺文志考》《诗地理考》《通鉴地理考释》《补注周书王会》《汉制考》《集解践阼篇》《急救篇补注》《小学绀珠》《姓氏急就篇》《六经天文编》《周易郑康成注》《通鉴答问》，而经费则是由浙东道下属"各路学院钱粮内分派"。

元成宗元贞元年（1295 年）六月，诏各路儒学除配备《四书》《九经》《通鉴》等书外，还要修补刷印各儒学中所藏书板：

> 各处学校见有书板，令教官检校。全者，整顿成帙，置库封锁，析类架阁，毋致失散，仍仰各印一部。及置买《四书》《九经》《通鉴》各一部，装背完整，以备检阅，不许借出学。如有书板但有欠阙，教官随即点勘无差，于本学钱粮内刊补成集。②

儒学因其有充裕的学田收入作刊刻之资，所以刻印了许多高质量的四部图书，如嘉兴路儒学所刻的《大戴礼记》十三卷和《诗外传》十卷，无锡州学所刻的《白虎通德论》十卷、《风俗通义》十卷，绍兴路儒学所刻的《越

---

① （清）于敏中等：《天禄琳琅书目》卷 5，徐德明标点。
② 王颋点校《庙学典礼》卷 5《行台坐下宪司讲究学校便宜》。

绝书》十五卷和《吴越春秋音注》十卷，福州路儒学所刻的《乐书》二百卷目录二十五卷正误一卷和《礼书》一百五十卷，三山郡庠所刻的《通志》二百卷，集庆路儒学所刻的《乐府诗集》一百卷，集庆路儒学和溧阳州学及溧水州学合资刻印的《金陵新志》十五卷等都是元代有名的刻本，其中不少书的刻印质量都不亚于宋刻善本。参见图6-6。

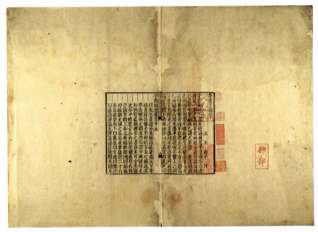

图6-6　元茶陵东山书院刻《梦溪笔谈》（中国国家图书馆藏）

在元朝所刻图书中，书院刻本最有特色、最为著名。除了教学外，校勘刊刻图书是书院的主要活动。元代书院经费颇为充裕，既有政府拨款，也有私人捐款。同时，书院山长多由著名学者充任，他们往往亲自负责选书和校勘，所以书院刻书不仅刻印精，校勘也精。书院所刻精本如西湖书院刻印的《文献通考》三百四十八卷、铅山广信书院刻印的《稼轩长短句》十二卷、茶陵东山书院刻印的《梦溪笔谈》二十六卷等都是中国古代刻书中的精品。清初著名学者顾炎武在评价宋元雕版印书的优劣时说：

> 闻之宋元刻书，皆在书院，山长主之，通儒订之，学者则互相易而传布之。故书院之刻有三善焉：山长无事而勤于校雠，一也；不惜费而工精，二也；版不贮官而易印行，三也。[1]

---

[1]　（清）顾炎武：《日知录》卷18《监本二十一史》。

虽然元代的书院刻书未必都如顾炎武所说那样尽善尽美，但书院刻书质量普遍较高则是一个事实。元代刻有书籍的书院很多，《书林清话》卷四即著录有：

兴贤书院	广信书院
宗文书院	梅溪书院
圆沙书院	西湖书院
苍岩书院	武溪书院
龟山书院	建安书院
屏山书院	豫章书院
南山书院	临汝书院
桂山书院	梅隐书院
雪窗书院	虚谷书院
东山书院	建阳书院
圭山书院	师山书院[①]

当然，这个统计也是不全面的，如前面提到的象山书院、稼轩书院、蓝山书院、道一书院、广信书院等都不在上列名单中。有学者统计，今日所能辑录的宋代书院共有十三所，刻书二十种，而元代则有三十二所，刻书一百九十二种[②]。

元代书院刻书最著名者莫过于西湖书院。西湖书院名为书院，实际上也是元代朝廷主办的藏书机构和图书出版机构。杭州西湖书院建于南宋国子监旧址，南宋国子监书板尽聚于此。据元代胡师安《西湖书院重整书目》载，元至治癸亥（1323 年）至泰定甲子（1324 年）间重整西湖书院所藏书板时，尚存宋国子监书板及元代所刻书二十余万片，计有图书一百二十三种[③]。西湖

---

①　叶德辉：《书林清话》卷 4《元监署各路儒学书院医院刻书》。

②　陈谷嘉、邓洪波：《中国书院制度研究》，浙江教育出版社 1997 年版，第 236—260 页。

③　（元）胡师安：《西湖书院重整书目》，台北新文丰出版公司 1989 年丛书集成续编影印仁和吴氏双照楼刊本。力案：吴昌绶刻印后记谓《西湖书院重整书目》著录书为一百二十二种，但因《书目》将《玉篇》《广韵》合为一种，故实际为一百二十三种。

书院最重要的工作就是修补南宋国子监书板。据记载，到至正二十一年十月一日，"重刻经史子集欠缺以板计者七千八百九十有三，以字计者三百四十三万六千三百五十有二；所缮补各书损毁漫灭以板计者一千六百七十有一，以字计者二十万一千一百六十有二。用粟以石计者一千三百有奇，木以株计者九百三十。书手刊工以人计者九十有二"。① 此外，西湖书院还刊刻了一些大部头的图书，如《文献通考》三百四十八卷、《国朝文类》七十卷目录三卷、《鄂国金陀粹编》二十八卷续编三十卷等。

元代刻书之风盛行，即使是私人著述也可用公款刻印。清代倪灿谓："元奎章、崇文之积，不下于历朝。其尤可嘉尚者，郡邑儒生之著述，多由本路进呈，下翰林看详。可传者，命江浙行省或所在各路儒学刊行，故何、王、金、许之书，多赖以传。鄱阳马氏《通考》且出于羽流之荐达。其他或命以官，或给以禄，亦古今来所未有。"② 清代宋宾王亦谓："元时名集，动国帑镂版，故得名手书文、良工刊刻。"③ 元代西湖书院本《国朝文类》有一段很长的牒文：

> ……奎章阁授经郎苏天爵自为国子诸生，历官翰林僚属，前后蒐辑，殆二十年，今已成书，为七十卷，凡歌诗赋颂、铭赞序记、奏议杂著、书说议论、铭志碑传，其文各以类分，号曰《国朝文类》。虽文字固富于网罗，而去取多关于政治。若于江南学校钱粮内刊板印行，岂惟四方之士广其见闻，实使一代之文焕然可述矣。……翰林待制谢端等官建言：一代之兴，斯有一代之制作，参详上项《国朝文类》七十卷，以一人之力，搜访固甚久，而天下之广，著述方无穷，虽非大成，可为张本。若准所言，镂梓刊行，以广其传，不唯黼黻太平，有禅于昭代，抑亦铅椠相继，可望于后人。如蒙准呈，宜从都省移咨江浙行省，于钱粮众多学校内，委官提调，刊勒流布，相应具呈照详。得此，都省今将

---

① （元）陈基：《夷白斋稿》卷21《西湖书院书目序》，台湾商务印书馆1986年影印清文渊阁《四库全书》本。

② （清）倪灿：《宋史艺文志补·明史艺文志序》，清光绪十六年广雅书局刻《广雅丛书》本。

③ （清）陆心源：《皕宋楼藏书志》卷98《〈汉泉曹文贞公诗集（影写元刊本）〉宋宾王跋》，中华书局1990—1995年《书目题跋丛刊》影印清光绪八年十万卷楼刻本。

《文类》检草，令收管赍咨顺带前去咨请依上施行。准此。省府今将上项《文类》随此发去，合下仰照验，依准都省咨文内事理施行。奉此。及申奉江南浙西道肃政廉访司书吏冯谅承行旨挥看详，上项《文类》纪录著述，实关治体，既已委自西湖书院山长计料工物价钱，所需赡学钱，遵依省准明文，已行分派各处，除已移牒福建、江东两道廉访司，催促疾早支拨起发外，其于刊雕誊写之时，若有差讹，恐误文献之考。宪司合下仰照验，委自本司副提举陈登仕，不妨本职，校勘缮写施行。奉此。又奉省府札付，仰委自本司副提举陈登仕，不妨本职，校勘缮写，监督刊雕，疾早印造完备，更为催取各各工物价钞，就便从实销用，具实用过数目开中。奉此。至元四年八月十八日承奉江浙等处行中书省札付，准中书省咨礼部及太常礼仪院，书籍损缺，差太祝陈承事赍咨到来，于江南行省所辖学校、书院有板籍去处，印造装褙起解，以备检寻，无复阙文之意，数内坐到《国朝文类》二部，仰依上施行。奉此。照得西湖书院申：交割到《国朝文类》书板于本院安顿，点视得内有补嵌板面，虑恐日后板木干燥脱落，卒难修理，有妨印造，况中间文字刊写差讹，如蒙规划刊修，可以传久，不误观览。申乞施行。续奉省府札付照勘到西湖书院典故书籍数内，《国朝文类》见行修补，拟合委令师儒之官较勘明白，事为便益。奉此。除已委令本院山长方员同儒士叶森，将刊写差讹字样比对较勘明白、修理完备、印造起解外，至正元年十一月二十二日准本司提举黄奉政关，伏见今中书省苏参议昨任奎章阁授经郎编集《国朝文类》一部，已蒙中书省移咨江浙等处行中书省，札付本司，刊板印行。当职近在大都于苏参议家获睹元编集，检草较正，得所刊板本第四十一卷内缺少下半卷，计一十八板、九千三百九十余字，不曾刊雕；又于目录及各卷内较正，得中间九十三板脱漏差误，计一百三十余字，盖是当间较正之际，失于卤莽，以致如此。宜从本司刊补改正，庶成完书。今将缺少板数、漏误字样录连在前，关请施行。准此。儒司今将上项《文类》板本刊补改正，一切完备，随此发去，合下仰照验收管施行，须至指挥。

右下杭州路西湖书院，准此。

至正二年二月日

施渊①

从这篇牒文中，可以很清楚地了解元代刻书的申报、审查、刻书、校勘乃至书板管理、修补等一整套程序。

书院及儒学刻书也是可以供士子出资刷印的。元人谢应芳有《募朋友置十七史疏》云：“命甥女婿周明举诣集庆路干托，士友陈雪心买纸，儒学内印置，共作四百六十册，所用装潢、作料、工直等费计二百贯。”② 如果谢氏没有漏记的话，自己出纸墨钱刷印，比宋代还少了租赁雕版的费用。

元代民间刻书如宋代一样，一部分为学者刊刻，一部分则为专以刻书为业的书坊所刻。由于元代学者多在儒学、书院，其刻书活动往往与儒学和书院的刻书有关，对学者自己刻书的文献记载相对较少。据史载，元初名儒姚枢为牙鲁瓦赤幕长，牙鲁瓦赤贪图贿赂，姚枢因不愿与其同流合污，遂辞官回到辉州，“作家庙，别为室奉孔子及宋儒周敦颐等象，刊诸经，惠学者，读书鸣琴，若将终身”③。姚枢之侄姚燧更详记其事说：姚枢回到辉州后，“……又汲汲以化民成俗为心，自版小学书、《语孟或问》《家礼》，俾杨中书版《四书》，田和卿版《尚书》《声诗折衷》《易程传》《书蔡传》《春秋胡传》，皆脱于燕。又以小学书流布未广，教弟子杨古为沈氏恬（活）板，与《近思录》《东莱经史说》诸书，散之四方”。④ 这大概是对元代学者自己刻书最早的记载。值得注意的是，前面曾经提到，在姚枢及其弟子所刻诸书中，不仅有雕版，还有用活字印刷术制成的活版。

如果把学者刻书与书坊刻书算在一起的话（实际上二者也很难分别），今世所传元代的民间刻书实物颇多，岳氏荆溪家塾刻印的《春秋经传集解》（即旧题为宋岳珂刻相台九经三传本）、《孝经》（图6-7），东平丁思敬刻印的《元丰类稿》，平水进德斋曹氏刻的《中州集》，福建魏天佑刻印的

---

① （元）苏天爵：《国朝文类》，民国上海商务印书馆《四部丛刊》影印上海涵芬楼藏元至正二年杭州路西湖书院刊大字本。

② 《全元文》卷1357，第43册，第425页。

③ （明）宋濂等：《元史·姚枢传》。

④ （元）姚燧：《牧庵集》卷15《中书左丞姚文献公神道碑》，民国上海商务印书馆《四部丛刊》影印清武英殿聚珍版。

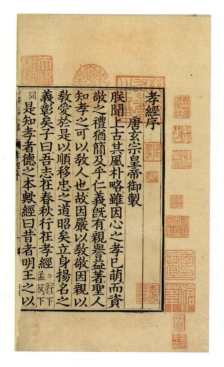

图 6 − 7 元相台岳氏荆溪家塾刻《孝经》
（中国国家图书馆藏）

《资治通鉴》等都极有名。叶德辉曾经指出，不少元刻本实际胜于宋刻本。在他所举的例证中，有不少是民间刻书，如平阳梁宅刻印的《论语注疏》胜于宋十行本，平水曹氏进德斋刻印的《尔雅郭璞音注》胜于明代吴元恭所据以翻刻的宋本，张伯颜刻印的《文选李善注》胜于宋尤袤刻本。

从今日尚存的元代刻书实物来看，元代的民间刻书特别是书坊刻书比官刻规模更大。一些书坊除汇刊已有图书外，甚至还发布广告征集书稿。张秀民先生曾经发现天一阁藏元至元二年丙子（1336 年）孙存吾编、虞集校选《元诗》有征稿广告云：

　　本堂今求名公诗篇，随得即刊，难以人品齿爵为序。四方吟坛多友，幸勿责其错综之编。倘有佳章，毋惜附示，庶无沧海遗珠之叹云。

李氏建安书堂谨咨。①

这一方面反映出元代出版业的兴盛，另一方面也反映出元代社会对出版物的需求是相当强烈的。

前面提到，元人著作的印刷出版需要经过层层审阅，经过部议批准的书籍有时甚至就由官府直接交书坊刊板。勤有堂本胡炳文撰《四书通》二十六卷后张存中之跋文云："泰定三年存中奉浙江儒学提举志行杨先生命，以胡先生《四书通》能删《纂疏》《集成》之所未删，能发《纂疏》《集成》之所未发，大有功于朱子，委命赍付建宁路建阳县书坊刊印。志安余君命工绣梓，度越三稔始克就云云。"② 由官府将书稿派送书坊刊印，也反映出元代政府与书坊之间的紧密关系。

与前代相同，元代的坊刻图书主要以适应科举需要的图书以及医学等日常生活用书居多。

元代儒学、书院数量庞大，生员众多，因此，科举图书成为书坊刻书的重点。元建阳书坊翠岩精舍刻《诗集传附录纂疏》卷首有牌记云：

> 文场取士，《诗》以朱子《集传》为主，明经也。新安胡氏编入《附录纂疏》，羽翼朱传也；增以浚仪王内翰《韩鲁齐三家诗考》，求无遗也。今以《诗考》谨锓诸梓，附于《集传》之后，合而行之。学《诗》之士，潜心披玩，蜚英声于场屋间者，当自此得之。时泰定丁卯日长至，后学建安刘君佐谨识。③

一般文人作诗填词、引经据典的工具书也是书坊刻书的重点。元建阳书坊刘锦文日新堂《新增说文韵府群玉》有牌记云："端阳阴君所编《韵府群玉》，以事系韵，以韵摘事，乃韵书而兼类书也，检阅便益，观者无不称善。本堂今将元本重加校正，每字音切之下，续增许氏《说文》以明之。间有事未备者，以补韵书之编，诚为尽美矣。敬刻梓行，嘉与四方学者共之。至正丙

---

① 张秀民著，韩琦增订《中国印刷史》（插图珍藏增订版），第 230 页。
② 瞿镛：《铁琴铜剑楼藏书目录》卷 6，上海古籍出版社 2000 年版，第 158 页。
③ 上海古籍出版社 2002 年《续修四库全书》影印元泰定四年翠岩精舍刻《诗集传附录纂疏》。

申暮春，刘氏日新堂谨白。"

元代官方除设儒学外，还设有医学，培养医药方面的人才，并实行太医科举考试，在地方设官医及惠民药局。太医科举考试设十三科（后合并为十科），还规定了详细的考试书目：

大方脉杂医科：《素问》壹部、《难经》壹部、《神农本草》壹部、张仲景《伤寒论》壹部、《圣济总录》（八十二卷）

小方脉科：《素问》壹部、《难经》壹部、《神农本草》壹部、《圣济总录》壹拾陆卷（第壹佰陆拾柒至壹佰捌拾贰卷）

风科：《素问》壹部、《难经》壹部、《神农本草》壹部、《圣济总录》壹拾陆卷（第伍至贰拾卷）

产科兼杂病科：《素问》壹部、《难经》壹部、《神农本草》壹部、《圣济总录》壹拾柒卷（第壹佰伍至壹佰贰拾壹卷）

眼科：《素问》壹部、《难经》壹部、《神农本草》壹部、《圣济总录》壹拾叁卷（第壹佰贰至壹佰壹拾肆卷）

口齿兼咽喉科：《素问》壹部、《难经》壹部、《神农本草》壹部、《圣济总录》捌卷（第壹佰壹拾柒卷至壹佰贰拾肆卷）

正骨兼金镞科：《素问》壹部、《难经》壹部、《神农本草》壹部、《圣济总录》肆卷（第壹佰叁拾玖至壹佰肆拾并佰肆拾肆至佰肆拾伍卷）

疮肿科：《素问》壹部、《难经》壹部、《神农本草》壹部、《圣济总录》贰拾壹卷（第壹佰卷至壹佰拾肆，又壹佰拾陆，并壹佰贰拾伍至壹佰贰拾捌，又壹佰肆拾壹卷）

针灸科：《素问》壹部、《难经》壹部、《铜人针灸经》壹部、《圣济总录》肆卷（第壹佰玖拾壹至壹佰玖拾肆卷）

祝由书禁科：《素问》壹部、《千金翼方》贰卷（第贰拾玖至叁拾卷）、《圣济总录》叁卷（第壹佰玖拾伍至壹佰玖拾柒卷）①

---

① 《大元通制条格》卷21，郭成伟点校，法律出版社2000年版。

因此，上述科举考试参考书就成为书坊刊印的重点，现存各种元刻医书就达四十余种，大多数为坊刻图书。

前面提到，元代编纂的法律图书很多，因此，法律书籍也是书坊刻书的一个重点，例如建阳书坊就刊印了《大元圣政典章新集至治条例》，建阳余氏勤有堂刊印了《唐律疏义》。

元代通俗文学特别是戏曲说唱非常流行，在现存元代所刊图书中也有所反映，如《至治新刊全相平话三国志》（建安虞氏刊）《大唐三藏取经诗话》《大宋宣和遗事》《五代史平话》以及《赵氏孤儿》《关大王单刀会》等。

元代的书坊，以福建的建阳和山西的平阳最为集中。建阳和平阳在宋末以及元朝灭金的战乱中，未受战火之殃，因而刻书业得以保全。

建阳是元代书坊刻书最为繁盛之区，其刻书之多，为他处所不及。从宋代开始，此地就集中了大量的书坊，如余氏勤有堂、建安熊氏即是几世相传的著名书坊。入元以后，由于此地相对比较安定，因此刻书业较之前代更为兴盛。元代建阳书坊中较著名的有：建安余氏勤有堂、刘锦文日新堂、刘氏南涧书堂、陈氏余庆堂、朱氏与耕堂、同文堂、万卷堂、虞平斋务本堂、郑天泽宗文堂、叶氏广勤堂等。据张秀民、韩琦先生统计，元代建阳书坊可考者达四十二家，计有：

建安余氏勤有堂

崇化余志安勤有堂（或称勤有书堂）

建安余氏勤德堂

建安余氏双桂书堂

余彦国励贤堂

建安书林刘锦文日新堂（又刘叔刚日新堂）

建安刘氏南涧书堂

麻沙刘氏南涧书堂

建安云庄书院刘氏

建安刘承父

建阳刘君佐翠岩精舍

建阳刘氏书肆

建阳书林刘克常

书市刘衡甫

麻沙刘通判宅

建安虞氏务本书堂

建安虞信亨宅

建安虞氏

虞氏明复斋

建安郑天泽宗文书堂（又郑希善）

建安郑明德宅

建安叶日增广勤书堂

建阳吴氏友于堂

富沙碧湾吴氏德新书堂（富沙即建州）

建安朱氏与耕堂

建安陈氏余庆堂

建安高氏日新堂

建安詹璟

詹氏建阳书院（私人而托名书院）

建安蔡氏

建安张氏中溪书院

建安傅子安宅

建安书堂李氏

建安万卷堂

建安同文堂

建安玉融书堂

麻沙万卷堂

麻沙明德堂

熊氏卫生堂

杨氏清江书堂

书林魏家

博文书堂[①]

上列建阳书坊，有些可能是同店异名，因此谢水顺、李珽先生谓有近四十家，近是。[②] 当然，还有不少建阳刻本并没有标明是哪家书坊所刻，从字体风格以及其他因素综合分析，可以判断为建阳书坊所刻。在建阳的众多书坊中，有些书坊刻书规模很大，所刻图书数量很多，如余氏勤有堂刻书（图 6 - 8），仅现在已知的就超过了四十种，其他诸如刘氏日新堂、刘氏翠岩精舍刻书也超过了二十种。

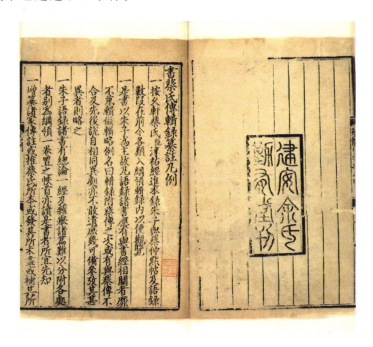

图 6 - 8　元余氏勤有堂刻《书集传》（中国国家图书馆藏）

平阳在金代就是非常有名的刻书之地，一些金代的书坊到蒙古及元代仍在继续刻书，元代又新设了一些书坊。据不完全统计，现今有实物流传下来

---

① 张秀民著、韩琦增订《中国印刷史》（插图珍藏增订版），第 203 页。

② 参见谢水顺、李珽《福建古代刻书》，福建人民出版社 1997 年版，第 184 页。

或有明确记载的平阳刻书有如下几家。

平阳张惠存晦明轩，金代就已开设，蒙古定宗四年（1249 年）刻《重修政和经史证类备用本草》三十卷，蒙古宪宗三至五年（1253—1255 年）刻《增节标目音注精议资治通鉴》一百二十卷。①

平阳府梁宅，元贞二年（1296 年）刻《论语注疏》二十卷。

平水许宅，大德十年（1306 年）刻《重修政和经史证类备用本草》三十卷。

平水曹氏进德斋，大德三年（1299 年）刻巾箱本《尔雅郭注》三卷、《音释》三卷；至大三年（1310 年）刻《中州集》十卷、《乐府》一卷。

平水高昂霄尊贤堂，皇庆二年（1313 年）刻《河汾诸老诗集》八卷。

平阳司家颐真堂，无元号癸巳刻《新刊御药院方》十一卷。

平阳段子成，中统二年（1261 年）刻《史记集解附索隐》一百三十一卷。②

平水中和轩王宅，大德十年（1306 年）刻《新刊韵略》五卷；元统二年（1334 年）刻《滏水文集》二十卷。③

平水刘敏仲，刻《尚书注疏》二十卷附《新雕尚书纂图》一卷④

元代杭州书坊刻书的规模已大不如宋代，但也有一些刻本传世，如今中国国家图书馆所藏《古今杂剧三十种》中有七种题名"古杭新刊的本"〔即《关大王单刀会》《风月紫云庭》《尉迟恭三夺槊》《李太白贬夜郎》（图6-9）《辅成王周公摄政》《霍光鬼谏》《小张屠焚儿救母》〕应该就是最初刊刻于杭州的。

如前面提到的那样，坊刻书一般来说速成易售，因而质量一般不高，元代的坊刻本也是如此，当然，在元代坊刻中也不乏善本，如叶曾南阜书堂刻印的《东坡乐府》即胜于宋绍兴中曾慥刻本。

---

① 此二书今藏中国国家图书馆。
② 以上俱见叶德辉《书林清话》卷4《元私宅家塾刻书》。
③ 叶德辉：《书林清话》卷4《金时平水刻书之盛》。
④ （清）瞿镛《铁琴铜剑楼藏书目录》卷2著录为金刻本，近李西亚先生《金代出版研究》（吉林大学2011年博士学位论文）认为《论语注疏》为金代平水家刻本，证据似不足，今据《北京图书馆古籍善本书目》及《第三批国家珍贵古籍名录》著录定为蒙古刻本。

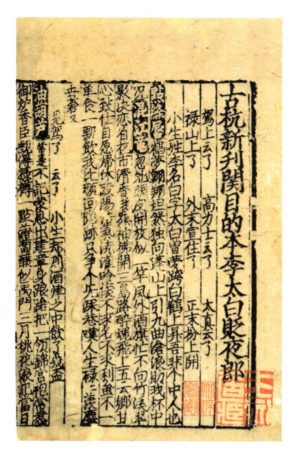

图 6 – 9 元杭州书坊刻《古今杂剧·李太白
贬夜郎》（中国国家图书馆藏）

　　蒙古人信奉佛教，佛经之刻在元朝建立前就已开始了。蒙古宪宗七年，京兆府（今西安）龙兴院刻有《大方广佛华严经》等大部头佛经。入元以后，各寺院也刊刻了相当数量的佛经。前引《碛砂藏》中《大宗地玄文本论》管主八愿文："近见平江路碛砂延圣寺大藏经板未完，遂于大德十年（1306 年）闰正月为始，施财募缘，节续雕刊，已及一千余卷。又见江南闽浙教藏经板，比直北教藏缺少秘密经律论数百卷，管主八发心，敬于大都弘法寺取到经本，就于杭州路立局，命工刊雕圆备，装印补足。"在松江僧录管主八的董理下，从元大德十年开始续雕，至延祐二年（公元 1315 年）才正式完工。

　　元代刊印的大藏经数量较多，如徽政院刊印了《元官藏》、杭州路余杭县南山大普宁寺刊印了《普宁藏》①、元延祐中福建建阳县后山报恩万寿堂陈觉琳募化重刊了《毗卢藏》。除此之外，还有些大藏因早已亡佚，情况不详。

　　除了汉文《大藏经》外，元代还刻印了不少其他少数民族文字的文献。

　　西夏文《大藏经》。前引《碛砂藏》管主八愿文中提到元朝大德年间，圣旨曾令"江南浙西道杭州路大万寿寺雕刊河西字（西夏文）《大藏经》经版三千六百二十余卷，《华严》诸经谶板，至大德六年完备"。河西字《大藏经》全藏已亡，但在敦煌遗书中尚有残片保存。②

　　藏文佛经。前引《碛砂藏》管主八的愿文中还有"装印西番字《乾陀》《般若》《白伞盖》三十余件、经咒各千余部，散施土番等处流通读诵"等语，可见当时还雕刊了大量藏文佛经。1908年被俄国探险队在黑水城盗掘的文献中，也有相当数量的藏文刻本佛经，其时代大致在西夏至元朝时期。

　　回鹘文佛经。新疆高昌（今吐鲁番）、甘肃甘州（今张掖）、元大都（今北京）、杭州等地都曾发现有回鹘文的印刷品或木刻雕版，主要是佛教文献。③

　　金代及蒙古初年，道教十分流行。但由于战争的破坏，各地所藏《大金玄都宝藏》多毁于兵火。蒙古太宗九年（1237年），宋德方遵其师丘处机遗志，倡刊《道藏》，于是与其弟子秦志安等在平阳玄都观设经局，以管州所藏《大金玄都宝藏》为基础，参校宋朝的道藏目录，搜罗遗经，并加入全真派的著作，"立局二十有七，役工五百有奇"④，纂成《道藏》，仍称《玄都宝藏》，凡七千八百余卷。"又厘为六局，以为印造之所。真人（宋德方）首制三十藏，藏之名山洞府。既而诸方附印者百余家。虽楮札自备，

---

　　①　普宁藏《大方广佛华严经》卷第40后附普宁寺住持如志题记，记述了普宁藏刊刻的详细情况。参见《CBETA 电子佛典集成》。

　　②　参见束锡红、府宪展《英藏黑水城文献和法藏敦煌西夏文文献的版本学价值》。

　　③　参见史金波、黄润华《中国历代民族古文字文献探幽》第4章，中华书局2008年版。

　　④　（元）元好问：《通真子墓碣铭》，《全元文》卷42第1册，第670页。

其工墨装题，真人仍给之。"① 此事自蒙古太宗九年（1237 年）至蒙古乃马真皇后称制三年（1244 年），历时八年②，前后参与其事者达三千人。

除《玄都宝藏》外，保定、真定、太原、河中府、王祖师庵头、关西等处都有道藏经板③，由此可见金、元之际道经刊刻之盛。

蒙哥汗和元世祖忽必烈时，佛道之间矛盾激化，最初道教在与佛教的斗争中占据上风。据《至元辨伪录》记载，当丘处机弟子李志常掌教时，侵占各路寺院四百八十二处，并撰集经文攻击佛教，而佛教僧人也以辩论道经中《老子化胡经》的真伪为由，试图引起本为"胡人"的蒙古统治者对道教的不满。在这种情况下，宪宗八年（1258 年）蒙哥汗主持了一场佛、道辩论，结果李志常失败，蒙哥汗遂颁旨焚毁道经四十一种印板④。元世祖至元十八年（1281 年），佛道辩论时道士再次失败，元世祖颁旨"除《老子道德经》外，随路但有道藏说谎经文并印板，尽宜焚去"⑤，《玄都宝藏》全藏由此不存，到明永乐中编纂《道藏》时，仅收集到道书五千三百余卷。不过，虽然道教经历了两次大的挫折，但在民间仍有较大势力，特别是至大三年（1310 年），元武宗又加封道教的五祖七真，道教重新取得官方认可的地位。

元代白莲教盛行。白莲教是产生于宋代的一种民间秘密宗教，元代民族矛盾的加剧使白莲教在民间得到了更广泛的传播，信教者很多，民间刊刻了不少宣传白莲教教义的著作。白莲教等民间宗教的流行，严重地威胁到了元朝的统治，因此元朝政府对这类图书屡加查禁。

元代刻书基本上继承了宋代的传统，官刻不惜成本，刻用良工，纸墨多用上等，一般也校勘较精，特别是各级儒学和书院刻书质量不让宋本；学者刻书精于校雠，刻工纸墨亦佳；书坊刻书专为营利，所以质量稍差，但其传布较广，读者面大，对于图书事业的发展也是功不可没。

由于时代不同，元代刻印的书籍具有一些独特的风格。

① （元）商挺：《玄都至道崇文明化真人道行之碑》，《全元文》卷 73 第 2 册，第 513 页。
② （元）元好问《通真子墓碣铭》谓八年，而（元）商挺《玄都至道崇文明化真人道行之碑》称为六年。八年者，当为自编纂至印成之时间；六年者，当为编纂之时间。
③ （元）释祥迈：《大元至元辨伪录》卷 2 载元世祖至元十八年诏书，上海古籍出版社 2002 年《续修四库全书》影印元刻本。
④ （元）释祥迈：《大元至元辨伪录》卷 2。
⑤ （元）释祥迈：《大元至元辨伪录》卷 2 载元世祖至元十八年诏书。

　　在字体上，元初刻书与南宋刻本比较接近。自从著名的书法家赵孟頫仕元后，因其书法在社会上影响较大，所以刻书多仿赵体。清徐康说："元代不但士大夫竞学赵书，……其时如官本刻经史、私家刊诗文集，亦皆摹吴兴体。"① 赵字字体柔美娟秀，用赵字刻成的书籍清丽可爱，兼之元代官府及文人学者刻书多请名人手书上板，所印之书读来令人赏心悦目，如《梅花字字香》《梅花百咏》等都写、刻精美，为古代刻书中的精品。书坊刻书虽也有不少是精写精刻，但总的来说质量要差些。

　　元人刻书，好用俗字（类似今日的简体字），这也是元刻书的一大特点。一般而言，官刻图书和学者刻书俗字较少，而书坊刻书则较多；经、史、子、集类图书俗字稍少，而部头较大的类书和一些通俗读物如小说平话等则较多。

　　元人刻书无讳，这是元刻书的又一大特点。宋时刻书避讳很严，已见前述。蒙元立国后，因其君主名字本用蒙古新字，汉文图书只是用其译名，所以无关宏旨。再则元人礼俗与汉人不同，对冲犯名讳之事并不计较。《大元圣政国朝典章》规定："拟作称贺表章，元禁字样太繁，今拟除全用御名庙讳不考外，显然凶恶字样，理宜回避。至于休、祥、极、化等字，不须回避。"② 只是在全用御名时，才须避讳，而蒙古人的汉译名很长，所以一般图书中文字与帝讳字样全同的情况几乎不可能出现。

　　在版式上，元初刻本比较接近于宋版书，字大行疏，以白口居多。中期以后，版心多为大黑口、双鱼尾（以花鱼尾居多），由左右双边渐趋四周双边，行格也逐渐变密，特别是书坊为了节省纸张，刻书多小字密行。元代建阳坊刻本多有耳子，这也是其特点之一。

　　元版书除官刻图书、学者刻书用纸较好外，书坊刻书的纸质大多较差。由于元代的书坊主要集中在福建，此地盛产竹纸，其颜色多呈黑褐色，质地比较粗糙。书坊刻书用墨多黑而少光泽，并且易脱落。

　　元代印刷技术较之宋代也有了一些新的进步，主要反映在王祯对活字印刷术的改进上。

---

　　① （清）徐康：《前尘梦影录》卷下，民国上海商务印书馆《丛书集成初编》排印《灵鹣阁丛书》本。

　　② 《元典章》（即《大元圣政国朝典章》）卷28《表章回避字样》，陈高华等点校。

北宋末年毕昇发明了活字印刷技术，但其法不易掌握，应用也不广，所以当时并没有活字印刷的实物遗传下来。不过，由于沈括的记录，人们对活字印刷的基本原理是了解的。到了元代，有人曾经发明了锡活字。王祯在《造活字印书法》（附于其所著的《农书》后）中记载说："近世又铸锡作字，以铁条贯之。"至于当时用锡活字印过何书，现已不得其详了。王祯是我国元代前期著名的农学家，著有《农书》。因《农书》字数甚多，难以刊印，"故尚己意命匠创活字，二年而工毕。试印本县志书（即他纂修的《旌德县志》，时在大德二年即 1298 年），约计六万余字，不一月而百部齐成，一如刊板，始知其可用。后二年，予迁任信州永丰县，挈而之官，是《农书》方成，欲以活字嵌印，今知江西见行命工刊板，故且收贮，以待别用"①。王祯用活字排印的《旌德县志》，现已亡佚。王祯在《造活字印书法》中详细地记述了从刻字到排版、刷印等各个步骤。特别值得重视的是，鉴于汉字数量巨大，活字排检不便，他发明了"写韵刻字法"和转轮排字架。写韵刻字法就是根据汉字的音韵、声调分类雕刻木活字和归类存放；转轮排字架是把木活字按韵排列在两个木制转轮上，人坐在中间排字。王祯说："盖以人寻字则难，以字就人则易，此转轮之法，不劳力而坐致。字数取讫，又可铺还韵内，两得便也。"

附王祯《造活字印书法（写韵刻字法、锼字修字法、作盔嵌字法、造轮法、取字法、作盔安字刷印法附）》。

造活字印书法：……五代唐明宗长兴二年，宰相冯道、李愚请令判国子监田敏校正九经，刻板印卖，朝廷从之。锼梓之法，其本于此。因是天下书籍遂广。然而板木工匠所费甚多，至有一书字板，功力不及，数载难成；虽有可传之书，人皆惮其工费，不能印造，传播后世。有人别生巧技，以铁为印盔界行，用稀沥青浇满，冷定，取平火上，再行煨化，以烧熟瓦字排于行内，作活字印板。为其不便，又以泥为盔界行，内用薄泥将烧熟瓦字排之，再入窑内烧为一段，亦可为活字板印之。近世又有铸锡作字，以铁条贯之作行，嵌于盔内界行印书。但上项字样难

---

① （元）王祯：《农书·杂录·造活字印书法》，王毓瑚校。

于使墨，率多印坏，所以不能久行。今又有巧便之法，造板木作印盔，削竹片为行，雕板木为字，用小细锯锼开，各作一字，用小刀四面修之，比试大小高低一同，然后排字作行，削成竹片夹之。盔字既满，用木掮掮之，使坚牢，字皆不动，然后用墨刷印之。

写韵刻字法：先照监韵内可用字数分为上下平、上、去、入五声，各分韵头，校勘字样，抄写完备，择能书人取活字样制大小写出各门字样，糊于板上，命工刊刻。稍留界路，以凭锯截。又有语助辞“之”“乎”“者”“也”字及数目字，并寻常可用字样，各分为一门，多刻字数。约三万余字。写毕，一如前法。……

锼字修字法：将刻讫板木上字样，用细齿小锯，每字四方锼下，盛于筐莒器内，每字令人用小裁刀修理齐整，先立准则，于准则内试大小高低一同，然后另贮别器。

作盔嵌字法：于元写监韵各门字数，嵌于木盔内，用竹片行行夹住，摆满，用木掮轻掮之，排于轮上，依前分作五声，用大字标记。

造轮法：用轻木造为大轮，其轮盘径可七尺，轮轴高可三尺许，用大木砧凿窍，上作横架，中贯轮轴，下有钻臼，立转轮盘，以圆竹笆铺之，上置活字板面，各依号数上下相次铺摆。凡置轮两面，一轮置监韵板面，一轮置杂字板面。一人中坐，左右俱可推转摘字。盖以人寻字则难，以字就人则易。此转轮之法，不劳力而坐致。字数取讫，又可铺还韵内，两得便也。

取字法：将元写监韵另写一册，编成字号，每面各行各字，俱记号数，与轮上门类相同。一人执韵，依号数喝字；一人于轮上元布轮字板内摘字只，嵌于所印书板盔内。如有字韵内别无，随手令刊匠添补，疾得完备。

作盔安字刷印法：用平直干板一片，量书面大小，四围作栏。右边空，候摆满盔面，右边安置界栏，以木掮掮之。界行内字样，须要个个修理平正。先用刀削下诸样小竹片，以别器盛贮。如有低邪，随字形衬垫掮之，至字体平稳，然后刷印之。又以棕刷顺界行竖直刷之，不可横刷。印纸亦用棕刷顺界行刷之。此用活字板之定法也。①

① （元）王祯：《农书·杂录·造活字印书法》，王毓瑚校。

第　七　章
极盛时期的图书事业：明初至清代中期

　　明清时期，是中国封建社会发展到极盛的时期。一方面，社会生产力达到了封建时代的最高水平，人口迅速增加。明洪武十四年（1381 年），全国人口大约六千万①；到了明末，全国总人口增至一亿五千万至二亿；而到了清咸丰元年（1851 年），人口已超过了四亿三千万。另一方面，"商业的规模、商人的活动范围和商业资本的累积，都大大地超越了前一个历史阶段的水平"②。商品经济快速发展，社会结构发生了巨大变化，城市规模扩大，城市功能也更加健全，市民阶层迅速壮大，到明万历年间，北京城市人口就已超过了一百万，到了清末，数量更是剧增。这些变化，自然会反映在社会的方方面面，包括从社会风气到学术研究、从对图书的需求到图书的编纂出版以及贩运销售。

　　明清时期，产生了一大批中国封建时代文化之集大成作品，如《水浒传》《三国演义》《西游记》《红楼梦》代表了中国封建时代最高的文学成就，《永乐大典》《古今图书集成》《四库全书》则是中国封建时代规模最大影响也最大的大型图书，《四库全书总目》代表了中国封建时代文献学的最高水平。在这一时期，图书的出版、收藏和整理研究，无论是数量还是质量，都达到了中国封建时代的顶点。

　　明清时期，中国封建专制主义也达到了登峰造极的程度。元末红巾军领袖朱元璋建立的明朝与关外满族人建立的清朝，虽然文化背景各不相同，但

---

　　①　《明太祖实录》卷140："天下人户一千六十五万四千三百六十二，口五千九百八十七万三千三百五。"

　　②　傅衣凌：《明清时代商人及商业资本》，人民出版社1956年版，第4页。

它们建国之初，都面临着差不多的问题——文化认同。作为统治者，他们也都意识到，文化是统治的基础，为了让出身低微的朱元璋得到能够影响社会主流意识的知识分子的认同，让本为"异族"的清朝统治者能够得到被征服的广大汉族知识分子的认同，明清两朝统治者除了采用拉拢的手段外，又企图通过专制主义强权来达到目的，从明初的"文字之祸"到清代的"文字狱"，图书都首当其冲。因此，在极盛的背后，封建专制主义也极大地影响和制约了图书事业的进一步发展。

第一节　明代图书事业的发展环境

经过元末的农民战争，朱元璋建立了明朝，他一方面在政治上加强中央集权，另一方面在经济上采取了一系列发展生产的措施，如奖励垦荒，实行屯田、兴修水利等，明代社会生产力很快得到了恢复和提高。

永乐十八年（1420 年），明朝迁都北京，明朝政权进入了一个稳定的发展时期，先后出现了所谓"永宣盛世"和"弘治中兴"。随着农业技术的进步，粮食产量有了很大的提高，加之玉米、白薯等高产作物的引进，粮食供求得到了根本性的改善，人口迅速增加，同时，在传统粮食主产区的江南地区，出现了大量的农业剩余人口，产业结构也随之发生了变化。

从明初开始，政府就大力提倡经济作物的种植，改变元代工匠的应役制度，减轻商税，这些都为手工业和商业的发展提供了很好的条件。在江南地区，手工业如纺织已经脱离了男耕女织的传统模式，发展成了一个专门面向市场的产业，原料不再是自家甚至本地生产，产品也不再是自家或者本地消费，有些产品还远销海外。一部分农村剩余劳动力转入了非传统产业领域，如采矿、冶金、陶瓷；另一部分则进入了城市，专门从事手工业和商业。城市人口激增，一个典型的现象是在像江南这样传统的粮食生产地区，明代中后期的粮价远比其他地区高，甚至超过了基本上靠外地输入粮食的北京。在苏州、松江、杭州一带，都出现了资本主义生产关系的萌芽，全国形成了北京、南京、扬州、徽州等数十个大的商业中心。商品经济的发展、城镇数量的增加和规模的扩大，造就了一个庞大的市民阶层，市民文化需求旺盛，为明代特别是明代中后期文化暨图书事业的发展提供了有利条件。

明代后期，嘉靖、万历皇帝长期不理朝政，宦官专权，天启时达到顶点，宦官集团与文官集团之间的斗争、文官集团内部派系之间的斗争愈演愈烈，"南倭北虏"形成了严重的外患。一些读书人结党集社，议论时政；另一些读书人则消极避世。"出世"与"入世"两极分化，由此产生了一些颇有时代特色的作品。也在这一时期，天主教传入中国，除了宗教的因素以外，也给国人带来了新的观念、新的思想和新的科学技术知识。各种因素交织在一起，使得明代后期思想界、学术界和文化界十分活跃，这些，都对图书事业的发展产生了重大影响。

一　明代社会与文化

在中国历史上，出身卑微而当上皇帝的并不多，朱元璋算是其中一位。朱元璋原为游方僧人，当上皇帝之后，为了加强对思想和文化的控制，他一方面通过科举制来笼络读书人，另一方面则通过推行文化专制主义政策来威慑、控制读书人，通过极端专制主义来建立自己的威权。有学者分析说："明初的'文字之祸'与清初的'文字狱'似乎还不尽相同。清初的'文字狱'在专制政治中或多或少还带有了一些民族征服的色彩，而明初的'文字之祸'则是彻头彻尾的极端专制政治的产物。"[①]

洪武初，朱元璋规定，国子博士"一以孔子所定经书诲诸生"[②]，但他读被宋元诸儒奉为经典的《孟子》时，因其中有"民为贵，社稷次之，君为轻""君之视臣如土芥，则臣视君如寇雠"等句，大怒，甚至说："使此老在今日，宁得免耶！"下令将孟子牌位从孔庙中撤出。[③] 后来其虽然恢复了孟子在孔庙中配享的地位，但又于洪武二十七年（1394年）命刘三吾等删节《孟子》，删去了原书中八十五条因具有民本思想而"抑扬太过"的文字，将剩下的一百七十多条编成《孟子节文》，雕印并颁行全国，规定删去的部分"课士不以命题，科举不以取士"[④]。不少读书人由于对靠参加红巾

---

①　商传：《明代文化志》，上海人民出版社1998年版，第5页。

②　（明）黄佐：《南雍志》卷1，明嘉靖二十三年刻本。

③　参见（清）全祖望《鲒埼亭集》卷35《辨钱尚书争孟子事》，民国上海商务印书馆《四部丛刊》影印姚江借树山房刻本。

④　（明）刘三吾：《孟子节文·题辞》，书目文献出版社1988年《北京图书馆珍本丛刊》影印明刻本。

军发迹的朱元璋心怀仇恨，拒绝替明朝效命。为了立威，也为了让读书人为其效命，朱元璋因苏州人姚叔闰、王谔拒绝朝廷选拔，"不行赴京以就官位而食禄"，结果被枭并籍没其家，谓："寰中士大夫不为君用，是外其教者，诛其身而没其家，不为之过。"① 士人在诗文作品中发发牢骚，都可能招致杀身之祸。翰林院编修高启《宫女图》诗中因有"小犬隔花空吠影，夜深宫禁有谁来？"② 而被腰斩。文字之祸使得人人自危，自号可闲老人的张昱有一首诗充分反映了读书人在明初那种严酷环境下的心态：

> 洪武初年自日边，诏许还家老贫贱。
> 池馆尽付当时人，惟存笔砚伴闲身。
> 刘伶斗内葡萄酒，西子湖头杨柳春。
> 见人斲轮只袖手，听人谈天只箝口。③

公元 1398 年，朱元璋死，因太子朱标早夭，由皇太孙朱允炆即位，是为建文皇帝。建文皇帝为巩固政权，实行"削藩"，燕王朱棣以"清君侧，靖内难"为号召，发动"靖难之役"而得位，是为明成祖。原来一些建文旧臣不愿与其合作，因此被诛杀。大儒方孝孺因拒绝为燕王朱棣拟即位诏书，被诛九族再加上门人共为十族，其书《逊志斋集》被禁。在严酷的"文字狱"下，读书人思想受到钳制，没有也不敢有学术研究和创作的热情。

明代封建专制主义发展的另一个结果是科举制的变化。科举制肇于隋，兴于唐，盛于宋，变于明，亡于清。所谓"变"，主要在于考试方法与考试内容的改变，体现在考试方法的程式化、考试内容的标准化。导致变化的重要原因之一就是封建专制主义对社会、对人们思想控制的需要。

科举制度虽然早已存在，通过科举考试选拔人才是其产生以来的主要目的。

---

① （明）朱元璋：《御制大诰》3 编第 13 "苏州人材"，上海古籍出版社 2002 年《续修四库全书》影印明洪武十八年内府刻本。

② （明）高启：《高青丘集》卷 17，（清）金檀辑注，徐澄宇、沈北宗点校，上海古籍出版社 1985 年版。案，《明史·高启传》则云其诛因为苏州知府魏观改修府治作《上梁文》所致。

③ （明）张昱：《可闲老人集》卷 1《寄河南卫镇抚赵克家叙旧》，台湾商务印书馆 1986 年影印清文渊阁《四库全书》本。

虽然考试的内容会对读书人乃至社会主流思想产生影响或者引导作用，但直接将其作为加强封建专制主义的工具，在明代表现得尤为突出。因为不满孟子的"民本思想"，朱元璋采取了删节《孟子》、限制出题内容的做法，朱元璋还将他亲自编纂的《大诰》作为科举考试的内容。到明成祖时，更是敕纂了《四书大全》《五经大全》和《性理大全》，作为科举考试出题范围和答题标准。

明代科举主导下的教育是典型的"应试教育"。自唐代开始，科举考试与学校教育逐渐结合，到明代，二者的结合达到了一个新的高度，学校的设置、教学的内容、教学活动的组织等，完全围绕科举的需要来进行：

> 选举之法，大略有四：曰学校，曰科目，曰荐举，曰铨选。学校以教育之，科目以登进之，荐举以旁招之，铨选以布列之，天下人材尽于是矣。明制，科目为盛，卿相皆由此出，学校则储才以应科目者也。其径由学校通籍者，亦科目之亚也，外此则杂流矣。……科举必由学校，而学校起家可不由科举。学校有二：曰国学，曰府、州、县学。府、州、县学诸生入国学者，乃可得官，不入者不能得也。①

明代规定，科举出身者必须是学校的生员，因而学校的一切活动皆以科举考试为务。明末清初顾炎武批评说：

> 今日科场之病，莫甚乎拟题。且以经文言之，初场试所习本经义四道，而本经之中，场屋可出之题不过数十。富家巨族，延请名士，馆于家塾，将此数十题各撰一篇，计篇酬价，令其子弟及僮奴之俊慧者记诵熟习。入场命题，十符八九，即以所记之文抄誊上卷。……发榜之后，此曹便为贵人，年少貌美者多得馆选。天下之士，靡然从风，而本经亦可以不读矣。……故愚以为八股之害，等于焚书；而败坏人材，有甚于咸阳之郊所坑者但四百六十余人也。②

---

① （清）张廷玉等：《明史·选举志一》。
② （清）顾炎武：《日知录》卷16《拟题》。

"八股之害，等于焚书"，准确而深刻地揭露了明代科举制对文化和学术造成的不良影响甚至破坏。

明代科举制虽然流弊不少，但是科举是普通人求得功名、步入仕途最主要的途径，因此中科举成为许多人追求的目标。以科考中举为目的而从小进入私塾、乡校社学并进而通过层层考试步入县学、州府学，最后参加科考，这是明代许多普通人的成长之路。有学者考证，明代中叶秀才大约有三十一万，到了明末，秀才数量达到了五十万左右。① 除此之外，自朱元璋建立明朝政权之后，就非常重视基础教育，并将其作为"行教化""美风俗"的重要手段。明洪武八年（1375 年）正月丁亥，"命天下立社学"。朱元璋谓中书省臣曰：

> 昔成周之世，家有塾，党有庠，故民无不知学，是以教化行，而风俗美。今京师及郡县皆有学，而乡社之民未睹教化。宜令有司，更置社学，延师儒以教民间子弟，庶可导民善俗也。②

明代社学的规模很大，设置十分普遍，仅从朱元璋亲拟的《大诰》中对于涉及社学的官吏犯罪情形的描述即可见一斑：

> 社学之设，本以导民为善，乐天之乐。奈何府州县官不才，酷吏害民无厌。社学一设，官吏以为营生，有愿读书者，无钱不许入学；有三丁四丁不愿读书者，受财卖放纵其愚顽不令读书；有父子二人，或农或商，本无读书之暇，却乃逼令入学，有钱者又纵之，无钱者虽不暇读书，亦不肯放，将此辏生员之数，欺诳朝廷。③

可见，明初时社学几乎已成制度性教育。社学的广泛设置，需要大量的师

---

① 〔韩〕吴金成：《明清时期绅士层研究的诸问题》，见《中国史研究的成果与展望》，中国社会科学出版社 1991 年版。

② 《明太祖实录》卷 96，（台湾）"中央研究院"历史语言研究所 1962 年校印原国立北平图书馆藏红格钞本。

③ （明）朱元璋：《御制大诰·社学第四十四》，上海古籍出版社 2002 年《续修四库全书》影印明洪武十八年内府刻本。

资，而那些未能进入仕途的童生、秀才就成了各种基础教育的师资来源。从这个意义上说，明代科举制对于推动基础教育的发展也起到了重要的作用。基础教育的发展，又培育出了一个数量庞大的读书人或识字人群，这些人后来就成了消费类图书的市场主体。

　　明代科举制的变化，对宋、元以来的书院也产生了重大的影响。明初，即有书院之设，洪武元年十一月，"立尼山、洙泗二书院，各设山长一人"①。但实际上，由于明代科举制影响较前代更大，官学教育与科举直接挂钩，一般人皆重官学而轻书院，官办的国学、州府学、县学以及由官方提倡兴办的社学几乎涵盖了以科举为目的的整个教育体系，原来作为官学重要补充甚至是官学一部分的书院渐渐失去了生存的基本条件，日渐衰落。明代学者胡谧说：

　　　　国家既内设国学、外设郡县学及社学，且专宪臣以董之，其于通祀常教固皆振举，罔或废坠。然诸旧遗书院，以不隶于官，如同文、嵩阳、颍谷三院，皆荡然靡存。伊川、洛西二院，间虽修葺，亦日入于坏，将俾前人育才之意泯矣。②

近人柳诒徵先生在谈到元明书院之异同时说：

　　　　元以山长为学官，故书院等于郡县之学校。明初教士一归儒学，士夫讲学书院之风一变，其存者徒以崇祀先儒耳③。

虽然根据史料统计，明代书院的数量远远超过宋元，但大部分仅有书院之名，与宋元讲学、研习为主的书院性质完全不同，而只是一般应付科举考试的学校而已。

　　明代中后期以后，知识界转趋活跃，以讲学、研习为主的书院复兴。这时的书院主要属于讲习性质，与专门以八股文章为学习内容的官学有所不

---

① （清）张廷玉等：《明史·孔希学传》。
② （明）胡谧：《伊洛书院记》，见（清）龚崧林纂（乾隆）《重修洛阳县志》，1924 年石印本。
③ 柳诒徵：《江苏书院志初稿》，《江苏省立国学图书馆年刊》1931 年第四年刊。

同，讲学的内容没有太多的局限，山长与讲师的个人影响很大，有些书院具有很高的学术水平，对社会产生了重大的影响。明正德四年（1509年），王阳明（1472—1529年）讲学于贵阳文明书院，首倡"知行合一"之说，对明代后期思想文化界产生了重大影响。王阳明后来又在江西、湖南以及浙江绍兴、余姚等地创办和利用书院讲学，其弟子众多，所建书院遍及天下。与王阳明同时的湛若水（1466—1560年）也在各地广建书院，利用书院讲学，宣传"随处体认天理"的主张。王、湛之学对于明代后期书院的发展都产生了很大的影响。

明代后期还有一些书院则充当了政争与党争的工具和舆论阵地，具有浓厚的政治色彩，如明末的东林书院，因此屡遭禁毁①。明末沈德符详记明代中后期书院的情形说：

> 书院之设，昉于宋之金山徂徕及白鹿洞。本朝旧无额设明例，自武宗朝王新建以良知之学行江浙两广间，而罗念庵、唐荆川诸公继之，于是东南景附，书院顿盛，虽世宗力禁，而终不能止。嘉靖末年，徐华亭以首揆为主盟，一时趋鹜者人人自托吾道，凡抚台莅镇，必立书院，以鸠集生徒，冀当路见知。其后间有他故，驻节其中，于是三吴间竟呼书院为中丞行台矣。今上初政，江陵公（力案：指张居正）痛恨讲学，立意翦抑，适常州知府施观民以造书院科敛见纠，遂遍行天下拆毁，其威令之行，峻于世庙，江陵败而建白者力攻，亦以此为权相大罪之一，请尽行修复，当事者以祖制所无折之，其议不果行。近年理学再盛，争以皋比相高，书院聿兴，不减往日，李见罗在郧阳，遂拆参将衙门改造，几为武夫所杀，于是人稍有戒心矣。至于林下诸君子，相与切磋讲习，各立塾舍名书院者，又不入此例也。当正德间，书院偏宇内，宸濠建阳春书院于南昌，以刘养正为讲学盟主，招致四方游士，求李梦阳为之记，张璁尚为乡贡士，亦立罗山书院于其乡，聚徒讲学，其不自揆类此。②

---

① 明神宗万历七年正月甚至"诏毁天下书院"，熹宗崇祯五年七月"毁首善书院""毁天下东林讲学书院"（《明史·神宗本纪一》《明史·熹宗本纪》）。当然，这也与当时朝廷内部政治斗争有关。

② （明）沈德符：《万历野获编》卷24《书院》，中华书局1959年标点本。

明代后期书院的复兴，既是明代后期思想解放的产物，也推动了明代后期知识界文化界的思想解放。

有明一代的文化，其发展和轨迹与明代政治的发展轨迹相一致。明代前期对文化的摧残，不仅仅限于思想、教育、学术层面，宋元以来迅速发展的通俗文化同样受到了严格的限制。永乐九年（1411年）七月一日，朝廷颁布命令：

> 今后人民倡优装扮杂剧，除依律神仙道扮，义夫节妇，孝子顺孙，劝人为善，及欢乐太平者不禁外，但有亵渎帝王圣贤之词曲、驾头杂剧（力案：驾头杂剧，有皇帝出现的杂剧），非律所该载者，敢有收藏传诵、印卖，一时拿送法司究治。奉旨："但这等词曲，出榜后，限他五日，都要干净将赴官烧毁了，敢有收藏的，全家杀了！"①

明正统七年（1442年）三月，国子监祭酒李时勉上奏：

> 近年有俗儒假托怪异之事，饰以无根之言，如《剪灯新话》之类，不惟市井轻浮之徒争相诵习，至于经生儒士多舍正学不讲，日夜记意，以资谈论。若不严禁，恐邪说异端日新月盛，惑乱人心，实非细故。乞敕礼部行文内外衙门及提调学校佥事御史并按察司官巡历去处，凡遇此等书籍，即令焚毁，有印卖及藏习者，问罪如律，庶俾人知正道，不为邪妄所惑。

明英宗是其议②。

在明代前期沉闷的学术空气下，文坛上盛行内容空虚、形式华丽的台阁体；学术研究则承袭宋元理学之旧，亦步亦趋，毫无创新与发展；中国历来重视的史学也无可称述，如明初官修《元史》质量低劣，备受后世史家非议。凡此种种，也从一个侧面反映了明初学人的治学态度与

---

① （明）顾起元：《客座赘语》卷10《国初榜文》，谭棣华、陈稼禾点校，中华书局1987年版。

② 《明英宗实录》卷90，（台湾）"中央研究院"历史语言研究所1962年校印原国立北平图书馆藏红格钞本。

水平。

　　明代中期即公元十五世纪中叶以后，手工业、商业迅速发展。在江南地区，出现了资本主义生产关系的萌芽。随着社会环境的变化，特别是工商业的活跃和市民阶层的壮大，明代前期学术界那种沉闷的学风与社会环境之间的不协调日益加剧。在这种情况下，思想学术界发生了重大的变革。导致这种变革的，除了社会政治经济的因素外，王阳明"心学"的产生与西方传教士的东来也是其重要的因素。

　　随着明代前期沉闷的政治和文化空气的弥漫，特别是八股取士制度的确立，原来曾经是开阔人们思想、在中国哲学史上占有重要地位的程朱理学到这时已走上了末路，异化为追求功名的工具，也成了束缚人们思想的轻梏。迅速发展的社会经济要求一种新的东西来领导思想界，因此明代正德、嘉靖间王阳明"心学"便应运而生了。

　　王学的主旨是"致良知"，他认为"良知之在人心，无间于圣愚，天下古今之所同也"①，因此只要能"依此良知实行"，便可以"立地作圣"，甚至可能出现"满街都是圣人"的情形。不少学者指出，王阳明这一思想的现实意义在于它冲击了传统的封建礼法，激发了人们对个性解放的要求。王阳明还认为，"良知是尔自家底准则"，因此人们可以自己的"良知"作为判断是非的标准，而不必以二程、朱熹甚至孔子孟子的言论作准则。这种大胆的批判和怀疑精神对明代后期的思想解放产生了重大的影响。明代学者顾宪成说：

　　　　当士人桎梏于训诂词章间，骤而闻"良知"之说，一时心目俱醒，恍若拨云雾而见白日，岂不大快！然而此窍一凿，混沌几亡，往往凭虚而弄精魂，任自然而藐竞业。②

明末清初的顾炎武也说：

_____

　　① （明）王阳明：《王阳明全集》卷2《传习录（中）·答聂文蔚》，吴光等编校，上海古籍出版社1992年版。
　　② （明）顾宪成：《小心斋札记·丙申》卷3，明万历三十六年刻本。

　　自弘治、正德之际，天下之士，厌常喜新，风气之变，已有所自来，而文成以绝世之资，倡其新说，鼓动海内，嘉靖以后，从王氏而诋朱子者始接踵于人间。①

明代另一位学者章衮说："《圆觉经》说理精到，是与孔子对床睡的；宋儒传注只在孔子床脚底下钻，如何会识得？"并对王安石之"祖宗不足法""天变不足畏""人言不足惜"大加赞赏。② 梁启超先生评价说：

　　　　明朝以八股取士，一般士子，除了永乐皇帝钦定的《性理大全》外，几乎一书不读。学术界本身，本来就象贫血症的人，衰弱得可怜。王阳明是一位豪杰之士，他的学术象打药针一般，令人兴奋，所以能做五百年道学结束，吐很大光芒。③

王阳明"心学"的哲学意义在这里自不必多说，但王学给此前占统治地位的理学所带来的前所未有的冲击，却对明代后期思想界和文化界产生了重大的影响。

　　继王阳明之后，以王艮为首的"泰州学派"进一步发展和改造了王阳明的"心学"，贵心悟，重实践，讲求"百姓日用之学"，首开明末经世致用学说之先河。明末颜元、李塨注重实践，著《存性编》《存学编》《存治编》《存人编》等书；顾炎武、黄宗羲、王夫之等针对王学末流空谈心性之弊，提倡经世致用，著《天下郡国利病书》《明夷待访录》《黄书》《噩梦》等。至于一代畸儒李贽，更是"好为惊世骇俗之论，务（返）［反］宋儒道学之说"，以至于"少年高旷豪举之士，多乐慕之，后学如狂，不但儒教溃防，而释氏绳检亦多所屑弃"④。李贽高举反孔反程朱理学的大旗，写出了《焚书》《续焚书》《藏书》和《续藏书》等一大批颇具影响的著作。其他

① （清）顾炎武：《日知录》卷18《朱子晚年定论》。
② （明）何良俊：《四友斋丛说》卷3，中华书局1959年排印本。
③ 梁启超：《中国近三百年学术史·先驱与反动》，见《梁启超全集》，北京出版社1999年版，第4429页。
④ （明）沈瓒：《近事丛残·李卓吾》，广业书社1928年版。

如四川新繁的费经虞、费密父子著《弘道书》，反对程朱的道统学说；四川达州的唐甄著《潜书》，倡导社会平等理论。这些，对当时和以后的思想界产生了强烈的震动。

明代后期还一个很重要的社会现象，就是文人学士结社成风，起初交游唱和，以后便逐渐结成党社，议论时政，反对宦官专权，他们也有不少相关作品问世。

明代中期以后社会的巨大变化，也反映到了文学、史学等各个领域。在文学上，以李梦阳、何景明为代表的"前七子"和以李攀龙、王世贞为代表的"后七子"倡导文学复古运动，一反前期的沉闷空气，文学创作十分活跃，取得了很大成绩。稍后，徐渭、袁宏道、焦竑、李贽等又进一步提出"文必西汉，诗必盛唐"的口号，对于突破理学对文学的桎梏，起到了革命性的作用。

唐宋以后，通俗文学逐渐兴盛，元明时期小说戏曲更成为普通百姓甚至一些文人喜闻乐见的文学形式。明初朱元璋将其子嗣分封到各地为藩王，有记载说，"洪武初年，亲王之国，必以词曲一千七百本赐之"[①]，其用意在于"以教导不及，欲以声音感人，且俚俗之言易入"[②]。明宪宗成化皇帝也"好听杂剧及散词，搜罗海内词本殆尽"。明武宗正德皇帝"亦好之，有进者，即蒙厚赏。如杨循吉、徐霖、陈符所进，不止数千本"[③]。明神宗万历皇帝"天性至孝，上事圣母，励精勤政。万几之暇，博览载籍。每谕司礼监臣及乾清宫管事牌子，各于坊间寻买新书进览。凡竺典、丹经、医卜、小说、出像、曲本，靡不购及。先臣陈太监矩，凡所进之书，必册册过眼。如《人镜阳秋》《闺范图说》《仙佛奇踪》等类，每岁之中，何止进数次，所进何止数十部哉！"万历皇帝还把《闺范图说》赐给宠妃郑贵妃，郑贵妃捐资重刊此书。[④] 据太监刘若愚记载，像《三国志通俗演义》之类的图书，内府也

---

① （明）李开先：《李中麓闲居集》卷6《张小山小令后序》，见路工辑校《李开先集》，中华书局上海编辑所1959年版，第370页。

② （清）梁清远：《雕丘杂录》卷15《晏如斋繁史》，上海古籍出版社2002年《续修四库全书》影印清康熙二十一年梁允桓刻本。

③ （明）李开先：《李中麓闲居集》卷6《张小山小令后序》，路工辑校《李开先集》，第370页。

④ （明）刘若愚：《酌中志》卷1《忧危竑议前纪》，冯宝琳点校，北京古籍出版社1994年版。

"皆乐看爱买"①。《西游记》的作者吴承恩曾回忆说："余幼年即好奇闻，在童子社学时，每偷市野言稗史，惧为父师诃夺，私求隐处读之。"②

由于统治者的爱好和提倡，同时由于明代中后期数量庞大的市民阶层的强烈需求，以小说戏曲为主的市民文学繁荣了起来。明代叶盛云：

> 今书坊相传射利之徒伪为小说杂书，南人喜谈如汉小王（光武）、蔡伯喈（邕）、杨六使（文广），北人喜谈如继母大贤等事甚多。农工商贩，钞写绘画，家畜而人有之；痴騃女妇，尤所酷好，好事者因目为《女通鉴》，有以也。甚者晋王休徵、宋吕文穆、王龟龄诸名贤，至百态诬饰，作为戏剧，以为佐酒乐客之具。有官者不以为禁，士大夫不以为非；或者以为警世之为，而忍为推波助澜者，亦有之矣。③

因为社会特别是城市居民有了需求，自然便有人为适应这种需求而进行创作和刊刻贩卖。金圣叹回忆说，他十一岁时即读《水浒传》，"其无晨无夜不在怀抱者，吾于《水浒传》，可谓无间然矣"④。

随着商品经济的发展，明代商人的社会地位逐渐提高，到明后期甚至出现了"士不如商"的情形。另外，由于宦官专权，不少文人仕进之路受阻，明末清初著名学者归庄为身兼士商的严舜作《传砚斋记》，感叹道："盖今之世，士之贱也甚矣，自京朝官外吏以至诸生，陷之以升斗逋赋，辄禁锢；乡会试中式之士，久滞不选。"⑤ 过去一向自命清高的士大夫人格发生了变化，或者呼朋引类，积极投身于政治特别是反对宦官专权的活动中；或者归隐山林，沉醉于山水园林之间；或者出入于勾栏瓦舍，纵情声色，其创作的兴趣和爱好也转到了通俗文学特别是小说、戏曲的创作上。

文人和学者参与通俗文学创作是明代中后期的一个突出现象，其风气一

① （明）刘若愚：《酌中志》卷18《内板经书纪略》，冯宝琳点校。

② （明）吴承恩：《禹鼎志序》，转引自丁锡根编《中国历代小说序跋集》，人民文学出版社1996年版，第611页。

③ （明）叶盛：《水东日记》卷21《小说戏文》，魏中平点校，中华书局1980年版。

④ （清）金人瑞：《第五才子书水浒传序三》，转引自丁锡根编《中国历代小说序跋集》，第611页。

⑤ （清）归庄：《归庄集》卷6《传砚斋记》，中华书局上海编辑所1962年标点本。

直影响到清代。例如徐渭（1521—1593 年）著有杂剧集《四声猿》、杂剧《歌代啸》；汤显祖（1550—1616 年）著有传奇"临川四梦"〔《还魂记》（即《牡丹亭》）《南柯记》《邯郸记》《紫钗记》〕，小说《续虞初新志》等；沈璟（1553—1610 年）著有传奇《义侠记》《红蕖记》《双鱼记》《桃符记》《一种情》（即《坠钗记》）《埋剑记》和《博笑记》等十三种，并著有《南九宫十三调曲谱》；冯梦龙（1574—1646 年）著有拟话本小说"三言"即《喻世明言》《警世通言》《醒世恒言》，此外还有《新列国志》《增补三遂平妖传》《古今烈女演义》《广笑府》《智囊》《古今谈概》《太平广记钞》《情史》《墨憨斋定本传奇》等；凌濛初（1580—1644 年）著有拟话本小说"二拍"即《初刻拍案惊奇》《二刻拍案惊奇》，并有杂剧《虬髯翁》《颠倒姻缘》《北红拂》等十三种和传奇《衫襟记》《合剑记》《雪荷记》三种；祁彪佳（1602—1645 年）著有传奇《全节记》，改编了释湛然的《地狱生天》，并著有戏曲批评著作《远山堂曲品》和《远山堂剧品》。

为了吸引读者，明代刊刻的小说、剧本多附以精美的绣像插图，"图文并茂"。这一方面反映了明代市民文学的繁荣，另一方面也展现了明代高超的雕版印刷艺术。

明正德、嘉靖间，杨慎、王世贞等反对理学的空谈，提倡博学、考信，不仅推动了史学研究风气的变化，也唤起了学术界对文献的重视，涌现了一大批著名的藏书家。如杨慎、王世贞、焦竑、胡应麟等人，既是著名的藏书家，也是著名的学者、文学家、史学家，著作等身。明代后期，以胡应麟为代表的文献考据之风渐兴。胡应麟本人对文献学进行过全面的研究，尤其是在古籍辨伪理论方面，对后世影响很大。梁启超先生谓其所著《四部正讹》为"有辨伪学以来的第一部著作。也可以这样说，辨伪学到了此时，才成为一种学问"①。

二 明末清初西学东渐及其影响

明代后期图书事业发展的另一个重要标志是基督教②图书和西方近代科技图书的大量译介。

---

① 梁启超：《古书真伪及其年代》第 3 章"辨伪学的发达"，《梁启超全集》，第 5026 页。
② 这里所称的"基督教"指广义的基督教，是天主教、东正教、新教及其他较小教派的总称。

中外的文化交流自上古时代起就已存在，不同文化之间的交流对于社会的进步有着十分重要的意义。古代印度佛教的传入，对中国社会产生了重大影响；中国的造纸术、印刷术对整个古代世界文明的进程产生了重大的推动作用；遣隋使、遣唐使则给日本、朝鲜半岛以及东南亚带回了优秀的汉文化。明代中后期，对外的交往从早期的商业贸易为主转为思想文化的交流，尤其是王阳明、湛若水的思想在日本、越南等都有很大的影响。明代后期，随着西方天主教耶稣会士的东来，中西方的文化交流呈现出十分活跃的局面，对中国社会产生了深刻的影响。

基督教早在唐太宗时就已传入中国，当时称为"景教"。景教是从希腊正教（东正教）分裂出来的基督教教派，由叙利亚教士君士坦丁堡牧首聂斯脱里于公元 428 至 431 年创立。景教进入中国后发展很快，今西安尚存有《大秦景教流行中国碑》，敦煌遗书中也有一些唐代景教的译著。唐武宗时，景教被禁。元代时基督教又一次传进中国，也是聂斯脱里派，蒙古语称"也里可温"，当时一些皇后、公主、亲王等贵族都非常崇奉，但随着元朝的灭亡，中国的基督教也消失了。

基督教第三次来到中国是在明代嘉靖年间。最早来华的是天主教耶稣会的创始人之一方济各·沙勿略（St. Francois Xavier, 1506 – 1552），但因为当时明朝实行海禁，沙勿略没能够进入中国内地，死于广州的上川岛。耶稣会是天主教修会之一，产生于十六世纪中叶。耶稣会与中世纪传统的天主教有所不同，会士可以不穿僧衣、不过隐修生活，积极地介入世俗社会，开办学校、医院，进行科学研究，积极开展海外传教。

最早进入中国内地的是耶稣会传教士、意大利人利玛窦（Matteo Ricci, 1552 – 1610）和罗明坚（Michele Ruggieri, 1543 – 1607），随后西班牙传教士庞迪我（Diego de Pantoja, 1571 – 1618）、意大利传教士熊三拔（Sabatino de Ursis, 1575 – 1620）、法国传教士金尼阁（Nicolas Trigault, 1577 – 1629）、意大利传教士罗雅谷（Giacomo Rho, 1593 – 1638）、德国传教士邓玉函（Johann Schreck, 1576 – 1630）、意大利传教士艾儒略（Jules Aleni, 1582 – 1649）、德国传教士汤若望（Johann Adam Schall von Bell, 1592 – 1666）等也陆续来到中国。西方传教士们打开中国大门的钥匙正是图书。

利玛窦在来中国前，曾精习数学、天文学。明万历十年（1582 年），利玛窦先到澳门学习汉语，次年进入内地。利玛窦来到中国后，与中国的士大夫们广交朋友，并认真学习中国文化。李贽在《续焚书》中称他"凡我国书籍无不读，请先辈以订音释，请明于四书性理者解其大义，又请明于六经疏义者通其解说"。西方传教士们来到中国，主要目的是传教。他们积极了解中国人的生活习惯、思维方式等也主要是传教的需要。利玛窦在广东肇庆时，先是向中国人展示新奇的自鸣钟、三棱镜和印刷精致、装帧精美的图书，这引起了中国人极大的好奇心和兴趣。著名学者李日华说利玛窦"携有彼国经典，綵䌽金宝杂饰之，其纸如美妇之肌，不知何物也，云其国之树皮治薄之如此耳"①。顾起元也称赞说：利玛窦"携其国所印书册甚多，皆以白纸一面反复印之，字皆旁行，纸如今云南绵纸，厚而坚韧，板墨精甚。间有图画人物屋宇，细若丝发，其书装钉如中国宋折式，外以漆革周护之，而其际相函，用金银或铜为屈戍钩络之，书上下涂以泥金，开之则页页如新，合之俨然一金涂版耳"②。外表华丽的东西能够吸引普通大众，而新奇的思想却能吸引求知欲极强的中国知识分子。《明史》记载说：

> 其国人东来者，大都聪明特达之士，意专行教，不求利禄，其所著书多华人所未道，故一时好异者咸尚之，而士大夫如徐光启、李之藻辈，首好其说，且为润色其文词，故其教骤兴。

最为震撼人心的大概是西方的世界观念。在利玛窦带来的诸多新奇之物中，有一幅世界地图，它第一次向国人介绍了世界五大洲。

> 意大里亚，居大西洋中，自古不通中国。万历时，其国人利玛窦至京师，为《万国全图》，言天下有五大洲：第一曰亚细亚洲，中凡百余国，而中国居其一。第二曰欧罗巴洲，中凡七十余国，而意大里亚居其一。第三曰利未亚洲，亦百余国。第四曰亚墨利加洲，地更大，以境土

---

① （明）李日华：《紫桃轩杂缀》卷1，上海书店《丛书集成续编》影印清光绪孙氏望云仙馆刻本。
② （明）顾起元：《客座赘语》卷6《利玛窦》，谭棣华、陈稼禾点校。

相连，分为南北两洲。最后得墨瓦腊尼加洲为第五。①

中国人自古以来就认为中国居天下之中，而世界其他国家不过为环列上国的蛮荒小邦而已。《万国全图》终于使一些中国人清楚地看到了他们身外的世界，从而对延续了几千年的传统观念形成了巨大的冲击。李之藻引用艾儒略之语感叹道："地如此其大也，而其在天中一粟耳。吾州吾乡又一粟中之毫末，吾更藐焉中处，而争名竞利于蛮触之角也与哉！"② 瞿式耜在《职方外纪小言》中更云："尝试按图而论，中国居亚细亚十之一，亚细亚又居天下五之一，则自赤县神州而外，如赤县神州者且十其九，而戈戈持此一方，胥天下而尽斥为蛮貉，得无纷井底蛙之诮乎！"③ 仅在万历年间，这幅世界地图就翻刻了十二次！参见图7-1。

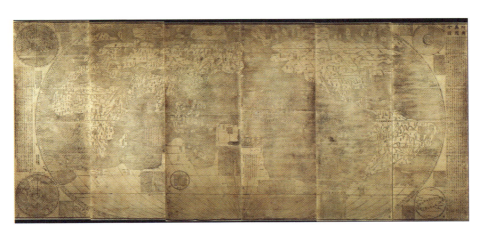

图7-1　〔意〕利玛窦制，（明）李之藻刻印《坤舆万国全图》
（美国明尼苏达大学图书馆藏）*

注：* 采自 http：//www. wdl. org/zh/item/4136/#q = % E4% B8% 87% E5% 9B% BD% E5% 85% A8% E5% 9B% BE〔2015 年 7 月 21 日〕。

---

① （清）张廷玉等：《明史·意大里亚传》。

② （明）李之藻：《刻职方外纪序》，〔意〕艾儒略著、谢方校释《职方外纪校释》，中华书局 2000 年版。

③ （明）瞿式耜：《职方外纪小言》，〔意〕艾儒略著、谢方校释《职方外纪校释》。

外国人来到中国传教，首先要做的事是图书翻译。明末清初来华的耶稣会士除了有近乎狂热的宗教热情以外，他们来华前大多曾经过了长期、系统的科学训练，因此在数学、天文学、植物学、地理学、历史学甚至文学等方面都有很高的造诣。为了引起完全不熟悉天主教的中国统治者和读书人的兴趣，他们所翻译的图书中包括了大量的自然科学类图书。另外，传教士们自己也编写大量著作，散布福音，传播西方近代人文和科技知识。

耶稣会士对于非宗教类图书的翻译始于万历三十五年（1607 年）利玛窦与徐光启合作翻译其师丁先生（今译克拉维乌斯，Christopher Clavius，1537－1612）注释的欧几里德《几何原本》（The Elements of Euclid，原书题"泰西利玛窦口译、吴淞徐光启笔受"）。此后，许多传教士都进行了图书的翻译工作，其中还包括文学，例如利玛窦和庞迪我都曾向中国人介绍过《伊索寓言》的故事。据统计，自明万历中西方传教士大批涌入中国到清康熙三十九年（1700 年），传教士们在中国的译著有三百七十余种。这些书以宣传基督教教义等宗教著作为主；也有不少自然科学方面的著作，其数在一百二十种左右。如果从 1584 年罗明坚的《圣教实录》在广州刊行算起，到乾隆末年，传教士译述西书总数达四百三十七种，其中宗教类图书二百五十一种，人文科学类图书五十五种，自然科学类图书一百三十一种。[①] 另有学者统计，在十二位明末清初中国著名的藏书家的藏书目录中，收藏有一百三十八种耶稣会士撰写和编译的著作，其中百分之七十是非宗教类的图书。[②]

西方近代先进的科学技术传入中国，其影响还不仅限于让中国的知识界了解和掌握了先进的科学技术本身，更重要的在于它给中国人带来了新的思想、新的世界观，在一定程度上改变了中国人的知识结构。梁启超先生指出：

---

① 钱存训：《近世译书对中国现代化的影响》，戴文伯译，《文献》1986 年第 2 期，第 176—204 页。

② 〔比利时〕钟鸣旦（Nicolas Standaert）、杜鼎克（Adrian Dudink）：《简论明末清初耶稣会著作在中国的流传》，尚扬译，《史林》1999 年第 2 期，第 60—64 页。

自明之末叶，利玛窦等输入当时所谓西学者于中国，而学问研究方法上，生一种外来的变化。其初惟治天算者宗之，后则渐应用于他学。[①]

虽然曾有学者认为西方传教士带来的只不过是一些过时的东西，没有或很少有反映西方文艺复兴时代最新科学技术成就以及研究方法，但考虑到传教士来华的基本目的乃是传教，似不应过于苛求西方传教士，而且事实上，这种批评也未见得全面。例如明末金尼阁等人所带来的图书中，就包括十六世纪中叶才问世的哥白尼的《天体运行论》，现今就收藏于中国国家图书馆（图7-2）。

图7-2　公元1566年巴塞尔出版《天体运行论》
（中国国家图书馆藏）

随着中西方交往的增加和"经世致用"思想的盛行，明代后期科学技术发展很快，产生了《徐霞客游记》（徐弘祖撰）、《本草纲目》（李时珍撰）、《天工开物》（宋应星撰）（图7-3）、《河防一览》（潘季驯撰）、《物

———————
① 梁启超：《清代学术概论》，《梁启超全集》，第3078页。

理小识》（方以智撰）等一大批自然科学的著作，从一个侧面反映了明代图书事业的进步。

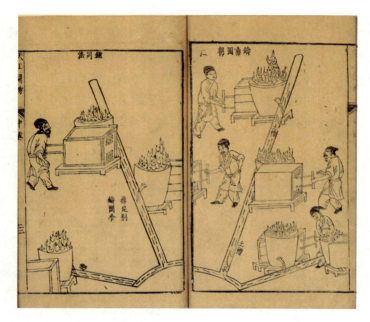

图 7-3　明崇祯刻《天工开物》（中国国家图书馆藏）

在介绍、翻译西方文献的同时，利玛窦、金尼阁等也把中国的《四书》《五经》翻译成拉丁文，将其介绍到欧洲，并对欧洲产生了重大的影响。1687 年，由比利时耶稣会士柏应理（Philippe Couplet，1623－1692）等人编译的《中国哲学家孔子》（Confucius Sinarum Philosophus）拉丁文本在法国出版，引起了极大的轰动，莱布尼茨（Gottfried Wilhelm Leibniz，1646－1716）看到此书后，在给友人的信中说："今年巴黎曾发行孔子的著述，彼可称为中国哲学之王者。"他在《中国近况》一书的绪论中还写道："全人类最伟大的文化和最发达的文明仿佛今天汇集在我们大陆的两端，即汇集在欧洲和位于地球另一端的东方的欧洲——中国。""中国这一文明古国与欧洲相比，面积相当，但人口数量则已超过。""在日常生活以及经验地应付自然的技能方面，我们是不分伯仲的。我们双方各自都具备通过相互交流使对方受益的技能。在思考的缜密和理性的思辨方面，显然我们要略胜一筹"，但"在时间哲学，即在生活与人类实际方面的伦理以及治国学说方面，我们实在是相形见绌了"。①

中国文化对欧洲人的影响，还有一个很好的例子是法国启蒙思想家伏尔泰（Voltaire，本名 François-Marie Arouet，1694－1778）所著的《中国孤儿》。元代纪君祥曾编有杂剧《赵氏孤儿》，讲的是一个在中国家喻户晓的故事：春秋时期晋国大臣赵朔的门客公孙杵臼与朋友程婴为了保护主人的遗孤，一位不惜牺牲生命，一位则忍辱抚养赵朔遗孤长大成人并复仇。伏尔泰对这个剧本十分欣赏，改编了这个剧本，起名《中国孤儿》，还加了一个副标题：《孔子的理论》。故事说：成吉思汗为了向金朝报其祖先俺巴汗被杀之仇，下令杀掉金朝所有的皇族。金朝忠臣盛缔为了保护皇族遗孤，不惜用自己的孩子去顶替，成吉思汗被盛缔一家的忠诚所感动，决定由他的夫人养育金朝孤儿。此举令金朝人惊讶不已，便问是什么促使大汗改变了主意。成吉思汗回答：是你们的道德与忠诚。虽然伏尔泰的《中国孤儿》和中国的《赵氏孤儿》在故事的时间和具体情节方面有所不同，但反映出，《赵氏孤儿》经过传教士的翻译介绍到欧洲后，戏剧中所表现的牺牲精神和高尚的道德力量以及东方艺术的魅力感动了伏尔泰，也感动了欧洲。在伏尔泰的《风俗论》《路易十四时代》等书中，都有关于中国大量的、详尽的评述，显然，是图书在影响伏尔泰，在影响欧洲。

在明代后期中西文化交流中，还有一件涉及中西图书与文化交流的重大事件，即所谓"西书七千部"之东来。

最早提到"西书七千部"的是入教的中国学者杨廷筠，他在《代疑篇》中提到："自西泰利氏用宾上国，蒙朝廷生养死葬，其国主感恩图报，特遣陪臣金尼阁远来修贡，除方外物，有装演图书七千余部。重复者不入，纤细者不入。若然，并国中所有，即万部不啻矣。此非可饰说也。书笈见顿香山澳已经数年，为疑议未息，贡使难通，俾一朝得献明廷，当宁必发仪部及词林，与西来诸儒翻译雠订，自尔昭然无疑，兹辩

---

① 转引自冯天瑜《剪不断，理还乱——从梁启超对中国文化两极评断说开去》，《光明日报》，2010 年 8 月 24 日第 012 版。

亦属剩语矣。"① 把金尼阁携书来华事当作远方朝贡，反映了当时中国人的自大心态。

1610 年，法国传教士金尼阁来华，希望在中国办一个教会图书馆，除宗教神学书籍以外，还包括一些使中国人感到新奇的科学书籍，例如数学、文学、哲学、医学、法学和音乐等方面的，并准备将其中一些书翻译成中文，以"打动中国人的心"（利玛窦语），吸引中国士大夫入教。1613 年金尼阁从澳门启程并于 1614 年 11 月回到了罗马，他四处募集图书，还得到了罗马教皇保禄五世的赠书和一千金币作为图书装潢的费用。1620 年 7 月 22 日，金尼阁与其他传教士带着大约七千部图书回到了澳门。但是，1616 年中国发生了"南京教案"，传教士或被驱逐到澳门，或躲藏在教友家中。在这种情形下，金尼阁采取分批北上、分散带进的方法，让去内地的传教士尽其可能随身携带，一部分赠送给中国人，另一部分收藏于教堂。金尼阁之后，大多数来华的传教士都带来了图书，由此构成了北京南堂（金尼阁藏书主要收藏于此）、东堂、北堂和西堂藏书的主要来源。据记载，沙皇遣使团也曾带来过一些图书。所有这四堂的西文善本藏书，包括金尼阁来华携入的"西书七千部"中七百五十七种六百二十九册②图书现均完好地收藏在中国国家图书馆。

据学者们研究，金尼阁带来的"西书七千部"中至少有十五部被翻译成了中文，例如：德国矿冶学家乔治·鲍尔（Georg Barter，1494 – 1555）《矿冶全书》被汤若望和李天经合译，1640 年完成，中文名《坤舆格致》（未印）；由邓玉函口译、王徵笔录的《远西奇器图说录最》三卷，主要以古罗马建筑学家维特鲁维（Marcus Vitruvius Pollio）的《建筑十书》，荷兰数学家、军事工程学家西蒙·史特芬（Simon Stevin，1584 – 1620）的《数学札记》，德国矿冶学家乔治·鲍尔的《矿冶全书》和意大利工程技术专家拉梅里（Agostino Ramelli，1531 – 1610）的《各种精巧的机械装置》为基础编译而成的；徐光启等人编纂《崇祯历书》时，参考了金尼阁带来的七

---

① （明）杨廷筠：《代疑篇》，见郑安德辑《明末清初耶稣会思想文献汇编》第 29 册，北京大学宗教研究所，2003 年。

② 据（荷兰，一说比利时）惠泽霖（H. Verhaeren, C. M.）《北堂书史略》，《北堂书目》附录，1949 年。

千部图书中关于天文、历法等方面的内容，它几乎全文照译了哥白尼的《天体运行论》的第十一章，还明确地使用了"地球"这一概念。《崇祯历书》的编译者中除徐光启、李天经和李之藻等中国学者外，还有外国传教士龙华民（Nicolas Longobardi，1559－1654）、邓玉函、汤若望、罗雅谷等人，而龙华民本人就是派遣金尼阁回国募集图书的中国耶稣会会长，其余三位传教士都是金尼阁 1618 年第二次来华时挑选并随同"西书七千部"一起来华的。

1623 年，艾儒略增译的《职方外纪》刊印。这部著作以庞迪我和熊三拔所写的抄本为底本，增加了"西书七千部"中一些新材料，反映了十六世纪欧洲地理科学和航海技术的成就，"至 19 世纪 30 年代，《职方外纪》仍是中国士大夫可以从中获得地理知识的珍本"。魏源撰写《海国图志》时就大量引用了《职方外纪》的内容。[1]

明清之际中外文化交流还对学术风气产生了影响。在西方近代科学中，观察与试验是最重要的手段，而逻辑推理又是西方学术精密细致的渊源。随着西方传教士的到来，他们的研究方法与研究手段也对中国学者自觉与不自觉地产生了影响，明末出现的"实学"以及清代注重实证的乾嘉学派在研究方法上都多少受到了影响。顾颉刚先生曾经指出："自利玛窦东来，徐光启译书，西方文艺复兴后的科学思想与技术，在有意无意中形成了清代朴学家的注重实证的研究。"[2] 清代编纂《四库全书》时，收录了二十二种西学汉籍，另有十五种入《存目》。

第二节　明代修书、藏书与刻书

有明一代产生的图书数量颇为可观。特别是明代中后期社会和学术风气发生巨大变化，活跃了读书人的思想，激发了他们的创作热情，涌现了一大批著作等身的高产作家，如杨慎、胡应麟、王世贞、焦竑等，他们都为后人留下数量巨大的作品。仅清初黄虞稷以个人之力编纂的《千顷堂书目》即

---

① 参见毛瑞方《明清之际七千部西书入华及其影响》，《文史杂志》2006 年第 3 期，第 4—8 页。

② 顾颉刚：《顾颉刚日记》第 11 卷，台湾联经出版事业股份有限公司 2007 年版，第 616 页。

著录了明人著作一万五千四百余部（这还远非明人著作之全部），远超《宋史·艺文志》所著录宋嘉定以前历朝著作九千八百余部①之数。此外，由于明末剧烈的社会动荡，产生了不少寄寓亡国之恨的野史杂记，这种撰述私史的风气一直延续到了清代前期。

一　《永乐大典》与明代图书

洪武元年（1368 年）八月己卯，诏"书籍、田器等物不得征税"②，有利于在经历了元末战乱之后图书出版业的恢复。明代中后期，元代以来严格的图书出版审查制度逐渐废弛③，图书的编纂出版环境较为宽松，促进了图书出版业的进一步发展。图书出版数量大增，大大推动了明代图书事业的发展。当然，图书出版数量增加，特别是通俗出版物、科举类图书的大量出版，在正统学者看来，不免失之于滥。明代学者陆容在批评明代宣德、正统以后刻印书籍之滥时曾说："今所在书版，日增月益，天下古文之象，愈隆于前已。但今士习浮靡，能刻正大古书以惠后学者少，所刻皆无益，令人可厌。……尝爱元人刻书，必经中书省看过下所司，乃许刻印。此法可救今日之弊。"④ 陆容所谓"正大古书"，乃是正统儒家心目中的"正经正史"，而他所批评的滥印之书除了应付科举考试的时文选本以及当时盛行作为礼品在官员朋友之间互赠的"书帕本"之外，还有很多是与百姓日常生产生活有关的以及通俗文学类图书。陆容的批评未必妥当，但他提到明代书版"日增月益"的情况正好反映了明代中后期图书出版的盛况。如果说宋元时期是中国古代印本的黄金时代，明清时期则是中国古代图书出版业的鼎盛时期，图书出版的规模更大，图书的内容更加丰富，图书的市场需求更加旺

---

① 参见（元）脱脱《宋史·艺文志·序》。

② 《大明太祖高皇帝实录》卷 34，（台湾）"中央研究院"历史语言研究所 1962 年校印原国立北平图书馆藏红格钞本。

③ 明代仍然存在着一定的图书审查，也经常有学者建议对于那些"敢倡异说、违背经传，及籍口著述，创为私史，颠倒是非，用泄私愤者，俱不许擅刻"（冯琦《宗伯集》卷 57《为遵奉明旨开阵条例以维世疏》，《四库禁毁丛书》影印明刻本），同时对这类图书严加查禁，但几乎没有什么实际效果，如明末李贽之书被明令焚毁，亦不许坊间发卖，但实际上"士大夫多喜其书，往往收藏，至今未灭"（顾炎武：《日知录》卷 18《李贽》）。最关键一点是，明代对图书出版的管理比较宽松，与元代严格周密的图书审查制度有着很大的区别。

④ （明）陆容：《菽园杂记》卷 10，佚之点校。

盛，图书的创作与印刷、出版、销售等都呈现出前所未有的繁荣景象。

明代官修图书甚多，数量与规模远超前朝。官修史书是中国古代重要的文化传统，修前朝史是政权建立并稳固后的大事之一。明洪武二年（1369 年）二月诏修《元史》，以宋濂为总裁官组织修纂，当年八月即修成。次年二月又续修元元统以后事迹，六个月以后即告结束。因成书仓促，错漏极多，前后重复并时见抵牾，加之与修之人多不熟蒙古等少数民族语言文字，以致译名不一甚至全反原意，在中国历代正史中属于质量最差者。

除修纂前朝史外，明代历朝实录是官修史书的重要组成部分。明代历朝实录篇幅都很大，《太祖实录》有二百五十七卷，《成祖实录》有一百三十卷，《仁宗实录》有十卷，《宣宗实录》有一百一十五卷，《英宗实录》有三百六十一卷，《宪宗实录》有二百九十三卷，《孝宗实录》有二百二十四卷，《武宗实录》有一百九十七卷，《睿宗实录》有五十卷①，《世宗实录》有五百六十六卷，《穆宗实录》有七十卷，《神宗实录》有五百九十六卷，《光宗实录》有八卷，《熹宗实录》有八十四卷，各朝实录另附《宝训》若干卷。明朝实录虽然修纂完整，但修纂过程中任意篡改，不少实录屡修屡改，清代学者徐乾学曾批评道："明之实录，洪、永两朝，最为率略。莫详于弘治，而焦芳之笔，褒贬殊多颠倒；莫疏于万历，而顾秉谦之修纂，叙述一无足采。其叙事精明而详略适中者，嘉靖一朝而已。仁、宣、英、宪胜于文皇，正德、隆庆劣于世庙，此历朝实录之大概也。"②

与以往历朝不同，明初起即强调以重典治国，因此，在明代官修图书中，政书包括法律图书的编纂修订是为重点，这对于明代中后期商品经济的发展、城市的发展、市民阶层的成长壮大有重要的意义。

明代官修政书主要有《大明律》《大诰》《大明集礼》《大明会典》等。早在明朝建立之前，朱元璋即颁布了《律令》四百三十条和《律令直解》。明朝建国后，洪武六年（1373 年）十一月，朱元璋命刑部尚书刘惟谦以《律令》为基础，详定律文，次年二月书成，是为《大明律》。《大明

---

① 睿宗为世宗父，虽未登极，亦得修纂《实录》。

② （清）徐乾学：《明史例案》卷 2《修史条议》，民国吴兴刘氏嘉业堂刊本。

律》篇目仿《唐律》，分《卫禁》《斗讼》《诈伪》《杂律》《捕亡》《断狱》《名例》等十二篇，凡三十卷、六百零六条。洪武二十二年（1389年），又对《大明律》进行了修订，全书共三十四卷、四百六十条。《大明律》以笞、杖、徒、流、死为五刑，即所谓正刑，其他如律例内的杂犯、斩、绞、迁徙、充军、枷号、刺字、论赎、凌迟、枭首、戮尸等，有的是取之前代，有的是明代新创，例如所谓"廷杖"就是自朱元璋开始实行的。

洪武二十六年（1393年），朱元璋命仿《唐六典》修《诸司职掌》，详细地规定了吏、户、礼、兵、刑、工六部及都察院、通政司、大理寺、五军都督府的官制及其职掌。弘治十年（1497年），命修累朝典制；十五年，书成，赐名《大明会典》，以后又不断续修。早在明朝正式建立之前，朱元璋就命人编纂礼书，以规范各种礼仪、制度。洪武三年（1370年），《大明集礼》五十卷编成，但朱元璋并不满意，因此一直未曾付印，直到一百六十年后，嘉靖皇帝才命人修订补充后正式刊印。这样，明朝各种礼仪、典章制度，基本完备，与《大明律》相配合，形成了法律、礼制和规章一整套制度。

在建立法律、礼制、规章等国家治理秩序的同时，朱元璋又极力强化封建王权统治，通过编纂、发布反映自己统治意志的《大诰》等图书，以此凌驾于法制之上，这是明初乃至明代前期封建专制主义加强的突出表现。

洪武十八年至十九年（1385—1386年），朱元璋仿周公《大诰》，颁布了《大诰》《大诰续编》《大诰三编》和《大诰武臣》，统称《大诰》。《大诰》通过案例的形式，详列各种罪名，包括诽谤皇帝、结党乱政、寰中士夫不为君用、抗粮、抗差、抗租等，也包括官吏玩忽职守、滥设吏卒、贪赃受贿、科敛害民侵吞钱粮、逃避粮差等各种罪名，其中惩处贪污的罪案占全部罪案的一半左右，所列酷刑，令人不寒而栗。朱元璋还规定："朕出是诰，昭示祸福，一切官民诸色人等，户户有此一本，若犯笞杖徒流罪名，每减一等，无者每加一等，所在臣民，熟观为戒。"① 拒不接收者，迁居化外，

---

① （明）朱元璋：《御制大诰·颁行大诰第七十四》，上海古籍出版社2002年《续修四库全书》影印明洪武十八年内府刻本。

永不令归，学校课士和科举策试也以《大诰》为题。由于《大诰》过于严苛，朱元璋死后就渐渐被弃置不用了。

在思想文化领域，封建专制主义加强的另一个重要表现就是纂修和颁布《四书大全》《五经大全》《性理大全》，作为明朝统治者强化思想控制的工具。

《四书大全》《五经大全》《性理大全》皆明永乐十三年（1415 年）由翰林学士胡广等奉敕纂，明成祖朱棣亲制序文，颁行天下，作为士子学习与科举考试的主要内容，"二百余年尊为取士之制者也"①。从清代初年开始，一直到《四库全书总目》，学者们在评论《四书大全》《五经大全》《性理大全》诸书时，都从其学术价值着眼，谓诸书几乎全部抄录前人之书，了无新义。顾炎武批评《四书大全》《五经大全》说：

> 当日儒臣奉旨修《四书五经大全》，颁餐钱，给笔札，书成之日，赐金迁秩，所费于国家者不知凡几。将谓此书既成，可以章一代教学之功，启百世儒林之绪，而仅取已成之书，抄誊一过，上欺朝廷，下诳士子，唐宋之时，有是事乎？岂非骨鲠之臣，已空于建文之代？而制义初行，一时人士尽弃宋元以来所传之实学，上下相蒙，以饕禄利，而莫之问也，呜呼！经学之废，实自此始。②

《性理大全》的情况也差不多，《四库全书总目》批评说：

> 大抵庞杂冗蔓，皆割裂襞积以成文，非能于道学渊源真有鉴别。③

《四书大全》《五经大全》《性理大全》的编纂，充分反映了明代前期粗疏

---

① （清）永瑢等：《四库全书总目·经部·四书类二·四书大全》，中华书局 1965 年影印清浙江杭州刻本。

② （清）顾炎武：《日知录》卷 18《四书五经大全》。案，《四书五经大全》抄袭他书的情况，清朱彝尊《经义考》《四库全书总目》均有考。

③ （清）永瑢等：《四库全书总目·子部·儒家类三·性理大全书》，中华书局 1965 年影印清浙江杭州刻本。

的学风。近年来，学术界也有学者对《四书大全》《五经大全》《性理大全》进行分析研究，提出要重新认识其学术价值。

作为学术研究，当然可以对《四书大全》《五经大全》《性理大全》进行重新分析与评价，特别是诸书在儒学发展史中的作用。不过，在中国封建社会中，官修图书总是带有很强的政治目的，因此，对于《四书大全》《五经大全》《性理大全》的认识和评价，不能仅仅局限于学术水平和文献价值方面，还应该从另一个更重要的方面来分析、认识，即它对明代社会特别是对明代的思想和文化方面所产生的影响和作用。明成祖朱棣命人编纂诸书，显然不是为了编纂几部学术著作。有研究者指出，主要是为了宣示明王朝的正统地位，同时如宋初编纂四部大书一样，"也有浇平士人不平之气的作用"①。这种观点有一定的道理，但我们认为，明朝编修这几部图书，更重要的目的是统一宋元以来纷乱的思想文化。《四书大全》《五经大全》《性理大全》既是宋元理学的集大成之作，也是明朝统治者"钦定"的范本。诸书编成后，被颁赐全国学校，作为学校教材和科举考试出题的范围、判题的标准，既是为了建立从隋唐以来科举考试的标准化体系，也是为了通过教育和人才选拔来统一全社会思想。因此，从这个意义上说，《四书大全》《五经大全》《性理大全》的编纂与颁布，是明朝统治者对思想文化界强化控制的表现，也是明代特别是明代前期封建专制主义在思想文化领域加强的一个表现。

依明代制度，官修图书，各地都应翻刻，一是为了强化官修图书对社会的影响，另一方面也是为了减少中央刊印和运输分发的压力。因此，《四书大全》《五经大全》《性理大全》编成后，各地大量翻刻，使其成为明代社会非常为普遍的图书。《四书大全》《五经大全》《性理大全》还被赐予朝鲜国王，朝鲜有多种翻刻本和活字印本，越南也有翻刻本。诸书还传到了日本，对日本的朱子学也产生了重要的影响。

明代官修图书中，最有名的莫过于《永乐大典》。关于《永乐大典》编纂的目的，清代学者孙承泽说：

---

① 林庆彰：《〈五经大全〉之修纂及其相关问题探究》，见《明代经学研究论集》，文史哲出版社1994年版。

　　陆文裕公深曰：宋太宗既平列国，所得裸将之士至多，无地以处之，于是设六馆修三大部书。……永乐靖难后修《永乐大典》亦此意。……至靖难之举，不平之气遍于海宇，文皇借文墨以销垒块，此实系当日本意也。①

明永乐元年（1403 年）七月，明成祖朱棣命翰林院学士解缙、胡广、胡俨、杨士奇等按汉字韵部编辑一部大类书：

　　天下古今事物，散载诸事［书］，篇帙浩穰，不易检阅。朕欲悉采各书所载事物类聚之，而统之以韵，庶几考察之便，如探囊取物再［尔］。尝观《韵府》《回溪》二书，事虽有统，而采摘不广、纪载大略。尔等其如朕意：凡书契以来经史子集百家之书，至于天文地志阴阳医卜僧道技艺之言，备辑为一书，毋厌浩繁。②

次年十一月，类书编成，朱棣赐名《文献大成》。之后不久，朱棣亲阅这部类书，发现书中收罗并不完备，于是在永乐三年命令重修，命太子少师姚广孝、礼部尚书郑赐、侍读解缙为监修，刑部侍郎刘季篪等为副监修，布衣陈济为都总裁，开馆于南京国子监，汇集了当时朝廷内外的宿学老儒充任纂修，又选拔国子监中及外县能书的生员任缮写，参与编修的各类人员达三千余人。《永乐大典》最后于永乐五年（1407 年）十一月编成，全书共计二万二千八百七十七卷，目录六十卷，装订成一万一千零九十五册。③ 参见图 7-4。
　　明成祖朱棣在《永乐大典》序文中称，《永乐大典》之编，乃"纂集四库之书，及购募天下遗籍，上自古初，逮于当世，旁搜博采，汇聚群分，著为奥典。……包括宇宙之广大，统合古今之异同，巨细精粗，粲然明备。其

---

　　①　（清）孙承泽：《春明梦余录》卷 12《文渊阁》，王剑英点校，北京古籍出版社 1992 年版。
　　②　《明太宗实录》卷 21，（台湾）"中央研究院"历史语言研究所 1962 年校印原国立北平图书馆藏红格钞本。
　　③　据张忱石《永乐大典史话》（国家图书馆出版社 2014 年版）。按明太监刘若愚《酌中志》卷 18《内板经书纪略》中记《永乐大典》原本二万二千八百七十册、一万一千九十五本（据《海山仙馆丛书》本），而嘉靖抄本为二万二千九百余卷；清黄虞稷《千顷堂书目·类书类·永乐大典》著录为二万二千二百一十一卷。

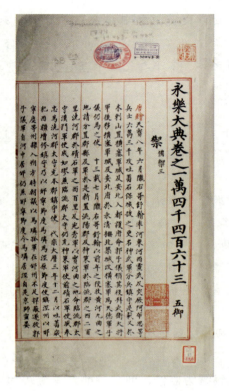

图7－4　明嘉靖抄本《永乐大典》
（中国国家图书馆藏）

余杂家之言，亦皆得以附见。盖网罗无遗，以存考索，使观者因韵以求字，因字以考事，自源徂流，如射中鹄，开卷而无所隐。始于元年之秋，成于五年之冬，总若干卷，名之曰《永乐大典》"①。据说《永乐大典》辑录的古籍达八千余种之多，于此可见其收罗之宏富。

　　《大典》仿宋代阴幼遇《韵府群玉》的体例，按《洪武正韵》分韵列字，每一单字下先注《洪武正韵》的音义，然后抄录其他各韵书、字书的反切和解说，并列出该字楷、篆、隶各体字形，最后再分类汇辑有关此字的图书诗文，所引书名人名都用红字写出，以醒眉目。但是，《永乐大典》在

---

① （清）黄虞稷：《千顷堂书目》卷15《类书类·永乐大典》，瞿凤起、潘景郑整理，上海古籍出版社2001年版。

内容的组织上却芜杂无章。《四库全书总目》批评《永乐大典》的编辑体例说：

> 割裂庞杂，漫无条理。或以一字一句分韵，或析取一篇，以篇名分韵，或全录一书，以书名分韵，与卷首凡例多不相应，殊乖编纂之体。①

这一批评无疑是非常中肯的。其实，《永乐大典》的问题还不止于此，如有以书名之首字相合者而抄录全书或部分篇章，也有以书名中任一字相合者而抄录全书或部分篇章，以致前后重复。明代张四维曾以《名公书判清明集》一书为例，指出《永乐大典》因为体例不纯而致前后重复混乱的问题：

> 《永乐大典》于"清"字编见有《清明集》二卷者，……"判"字编则见所谓《清明集》者，篇帙穰浩，不止前所录，而前所录者亦在其中。②

《永乐大典》编纂的杂猥，正反映了明代前期学者学问空疏之弊。不过，可能正是因为编纂者基本上是把相关文献简单摘录甚至直接照抄原本，因此很多古籍反而赖有《永乐大典》而保存了下来，故《四库全书总目》又称：

> 元以前佚文秘典，世所不传者，转赖其全部全篇收入，得以排纂校订，复见于世。

通过《永乐大典》来辑录已经亡佚的图书，就成了这部被批评为没有什么学术价值的大书最大的学术价值了。

从《永乐大典》中辑录佚书，至迟从明嘉靖、隆庆时就已开始了，如

---

① （清）永瑢等：《四库全书总目·子部·类书类存目一·永乐大典》。
② （明）张四维：《名公书判清明集·刻清明集叙》，明隆庆三年盛时选刻本。

张四维即从《永乐大典》中先后辑录了二卷本和十四卷本的两种《名公书判清明集》。大规模地从《永乐大典》中辑录古书，则是在清代。清代编《四库全书》时，从《永乐大典》中辑出了古代佚书三百八十五种四千九百四十六卷，如杜预的《春秋释例》、薛居正的《五代史》、李心传的《建炎以来系年要录》、林宝的《元和姓纂》、陈振孙的《直斋书录解题》以及夏竦的《文庄集》、宋庠的《宋元宪集》等。嘉庆中纂修《全唐文》时，著名学者徐松又从《永乐大典》中辑出了长达五百卷的《宋会要》和一百五十卷的《宋中兴礼书续中兴礼书》等。此后，还有一些学者如文廷式、缪荃孙、赵万里等，都从《永乐大典》中辑出了不少极有学术价值的古代佚书。据今人张忱石先生最新考证，从《永乐大典》中辑录出来的图书达六百八十三种，另附录四十四种。[①]

《永乐大典》编成后，曾有阁臣上疏请求刊刻行世，但终因其卷帙浩繁，未能付诸实施[②]，只有原写本一部存于南京文渊阁。明永乐十九年（1421 年），明朝迁都北京，《永乐大典》也随同北迁。嘉靖三十六年（1557 年），内廷发生火灾，经奋力抢救，《永乐大典》得以幸免。有鉴于此，嘉靖皇帝便命阁臣徐阶等照式重抄副本，至于正本下落，明末宫中经管文书、熟悉明宫制度与掌故的太监刘若愚《酌中志》曾略有提及，但已不清楚有关情况了：

> 累臣若愚曾闻成祖敕儒臣纂修《永乐大典》一部，系湖广王洪等编缉，时号召四方文墨之士，累十余年而就，计二万二千八百七十卷，一万一千九十五本。因卷帙浩繁，未遑刻板。其写册原本，至孝庙弘治朝以大典金匮秘方外人所未见者，乃亲洒宸翰，识以御宝，赐太医院使臣王圣济殿内臣宠，盖欲推之以福海内也。阁臣王文恪鏊恭撰颂以揄扬盛美。相传至嘉靖年间，于文楼安置。偶遭回禄之变，世庙亟命挪救，幸未至焚，遂敕阁臣徐文贞阶，复令儒臣照式摹抄一部。当时供誊写官生一百八名，每人日抄三叶。自嘉靖四十一年起，至隆庆元年始克告

---

① 张忱石：《永乐大典史话》。
② （明）周弘祖《古今书刻》在内府刻书中列有《永乐大典》，或者为误记，或者是先有刊刻之议，但最后可能并未付诸实施，或者曾经刊刻了部分，但迄今未之见。待考。

成。凡二万二千九百余卷。及万历年间，两宫三殿复遭回禄，不知此二部，今又见贮藏于何处也？①

刘若愚著《酌中志》，时在明崇祯二年到十四年之间。看来，到明末时，人们对《永乐大典》正副本的收藏情况已不甚了。但根据其他一些记载，我们大概知道，嘉靖至隆庆抄录完成后，正本藏于文渊阁，副本则藏于皇史宬。现在人们所能见到的《永乐大典》残存零本，都是嘉靖年间的重抄副本，至于正本，或谓已于明末时为李自成军队焚毁，或谓仍深藏内廷之皇史宬，或谓随嘉靖皇帝葬于永陵。关于正本藏于皇史宬之说，嘉庆中著名学者礼亲王昭梿记："尝闻徐昆山先生述闻李穆堂侍郎言，其中（指皇史宬）藏全分《永乐大典》，较今翰苑所贮者多一千余本，盖即姚广孝、解缙所修初本，缮写精工，非隆庆间誊本之所能及。惜是日忽忽瞻礼，不得从容翻译，未审是书尚存与否也。"② 以礼亲王之尊且以博学知名的昭梿亦不知《永乐大典》的确切情况，只是传述风闻之言，看来皇史宬藏正本之说并不可靠。另据闻，近年有关部门曾对传言可能藏有《永乐大典》正本的皇史宬夹墙进行过探测，并未能有所发现。至于藏于永陵之说，因永陵迄今尚未发掘，究竟是否如传言，目前还难以判断。所以，《永乐大典》正本存亡至今仍是一个谜。

《永乐大典》重抄之后，一些官员便监守自盗，加之明末社会动荡，《永乐大典》也难逃劫难，到清代乾隆朝编修《四库全书》时，已丢失千余册共二千二百七十四卷（有些可能是被四库馆臣以修纂《四库全书》为名携回家后丢失）。后来《永乐大典》移至翰林院，盗窃更加容易。一些官员早上入院时带一个包袱，里面包一件马褂，约如两本《大典》大小，晚间出院时，将马褂穿在身上，又将两册《永乐大典》包在包袱内带出。清代后期，有人又与洋人勾结，将《大典》以一册十两银子的价格售予洋人。清光绪元年（1875 年）重修翰林院时，《永乐大典》的数量已从乾隆时的九千多册降至不到五千册，一年过后，又被盗走近两千册。到清光绪二十年

---

① （明）刘若愚：《酌中志》卷 18《内板经书纪略》，冯宝琳点校。
② （清）昭梿：《啸亭续录》卷 1《皇史宬》，何英芳点校，中华书局 1980 年整理点校本。

（1894 年）翁同龢入翰林院清点时，发现又有二千多册被盗，最后全部《永乐大典》仅剩八百余册。1900 年庚子之乱中，这八百余册几乎全被焚毁，到 1909 年筹建京师图书馆时，只剩六十四册了。此后，经多方收集，一些散落民间者又稍稍复见于世。现国内外公私所藏，据不完全统计，总共有四百余册八百余卷，尚不及原书的百分之四。

明代的官修图书中，还有一类图书在中国图书史上具有特殊地位，这就是各种志书。明代志书主要包括一统志、地方志和官署志。

一统志是全国性的地理总志。全国性的地理总志在中国虽然很早就出现了，例如东汉班固的《汉书地理志》，唐代的《元和郡县图志》，宋代的《元丰九域志》《方舆胜览》等。元代也有《大元一统志》，虽然这些文献在学术研究方面有很大的价值，但对于社会的影响则远不如明代编修的《大明一统志》。早在洪武三年，《大明志书》即告修成，但当时天下未定，大明尚未一统，到洪武二十七年（1394 年），云、贵、川等地尽入大明版图，于是又修成了《寰宇通衢》。但是《大明志书》与《寰宇通衢》篇幅都不长，所载未详，如《寰宇通衢》仅一卷，于是到明成祖永乐时，诏令编纂《天下郡县志》，明代宗景泰中编成《寰宇通志》，但书成未刊。至明英宗天顺三年（1459 年），再令李贤、彭时等重修。天顺五年（1461 年）《大明一统志》完成，凡九十卷。《大明一统志》按天顺时京师和南京布政使司所辖之府分卷，明神宗万历时增修《大明一统志》，增加了嘉靖、隆庆时的建置内容。《大明一统志》仿《大元一统志》体例，以两京十三布政使司以及所属一百四十九府为纲，以城池、坛庙、山陵、苑囿以及建置沿革、郡名、形胜、风俗、山川、土产、公署、学校、书院、宫室、关津、寺观、祠庙、陵墓、古迹、名宦、流寓、人物、列女、仙释为目，各做简要说明，全书最后两卷记朝鲜、日本、安南等周边国家情况。虽然书中错误不少，学者多有诟病，但是书前附全国总图，虽然粗略，但大致勾画了山川河流及府州方位。各府以府治为中心，记州、县道里远近以及四至。该书还记录了各府至京师的里程，有了比较明确的地理方位与远近概念，对于方便行旅、促进商贸，进而完善国内统一市场等都有非常重要的意义。《大明一统志》由内府刊行后，各地纷纷覆刻印刷，在明代影响极大（图 7－5）。

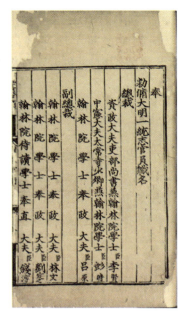

图 7-5　明天顺五年内府刻《大明一
统志》（中国国家图书馆藏）

地方志的修纂，始于明代初年，永乐时形成制度。永乐十年（1412年），颁降《修志凡例》①，永乐十六年，又颁降《纂修志书凡例》②，并"诏天下郡、县、卫、所皆修志"③。《修志凡例》和《纂修志书凡例》规定了各地编修地方志的基本体例，这大大推动和规范了地方志的修纂，由是地方纂修志书之风大盛。明代南、北两京及各省均编有通志，府、州、县以及边关卫所等也都各修有志书，有些地方修志达六七次之多。据统计，有明一代，所修地方志至少有三千四百七十种，而流传至今者也有一千一百一十四种。④ 著名的天一阁即以收藏明代地方志之富而闻名于世。明代地方志不少

---

① （万历）《重修寿昌县志》附，（明）李世芳续修、中国国家图书馆地方志和家谱文献中心编《明代孤本方志选》，中华全国图书馆文献缩微复制中心 2000 年影印本。

② （正德）《莘县志》附，《天一阁藏明代方志选刊》，上海古籍书店 1965 年版。

③ （清）王道亨修，（清）张庆源纂：（乾隆）《德州志·凡例》，清乾隆五十三年刻本。

④ 巴兆祥：《论明代方志的数量与修志制度——兼答张升〈明代地方志质疑〉》，《中国地方志》2004 年第 4 期，第 45—51 页。

质量很高，如康海所纂《武功县志》三卷，不仅体例谨严，叙事"文简事核，训词尔雅"，而且与以前的志书对于地方官员多"有美无刺，隐恶扬善"不同，康氏之书"善恶并著，以寓劝惩"，人称"乡国之史，莫良于此"①，"后来志乘，多以康氏为宗"②。他如王鏊所纂《姑苏志》六十卷，《四库全书总目》称其"繁简得中，考核精当，在明人地志之中，尤为近古"③。韩邦靖所纂《朝邑县志》二卷也是古代地方志中的佳作。

除总志、方志以外，明代中央各官署以及内廷也各修有志书，如《吏部志》《刑部志》《刑部狱志》《工部志》《南雍志》《南京锦衣卫志》等。

在明代后期的官修图书中，值得一提的是明末由徐光启、李之藻主持，包括李天经以及邓玉函、罗雅谷、汤若望等多位西方传教士参与编纂的《崇祯历书》。

历书在中国传统文化中有着十分独特而重要的作用，因此历朝历代对于历书的编纂都十分重视。明代所用历书为明初刘基所进《大统历》。《大统历》基本上沿用元代郭守敬、王恂、许衡等人创制的《授时历》，虽然误差很小，但因年深日久，误差积小成大，交食往往不验。至万历三十八年（1610年）十一月日食时，钦天监预测不准，因此引发修历争论。崇祯二年（1629年），钦天监预测日食再次失误，而徐光启以西法测算则准确无误，于是礼部奏请开局修历，以徐光启督修。④ 徐光启上任后，聘请李之藻、李天经（徐光启去世后由李之藻主持修历）以及西洋传教士龙华民、邓玉函、罗雅谷、汤若望等参加修历工作，历时五年，终于完成《崇祯历书》的编纂工作。《崇祯历书》全书共四十六种一百三十七卷。不过，《崇祯历书》修成后由于争议不断，终有明之世，一直未得施行；直到清顺治时，汤若望将其改编过的《崇祯历书》更名为《西洋新历法》奏报清廷才被收入《四库全书》（因避乾隆讳又更名为《西洋新法算书》），这是中国科技史上一部重要著作。

在明代编纂的图书中，丛书和类书也颇具特色。

丛书，可分为狭义和广义两种：前者即将不同部类的图书汇编而成一套

---

① （清）永瑢等：《四库全书总目·史部·地理类一·武功县志》。
② （清）永瑢等：《四库全书总目·史部·地理类一·朝邑县志》。
③ （清）永瑢等：《四库全书总目·史部·地理类一·姑苏志》。
④ （清）张廷玉等：《明史·历志一》。

书；后者则是将两种以上的图书汇编为一套书，而不论其部类相同与否。目前学术界在使用"丛书"一词时比较模糊，通常采用广义的概念。将多种图书汇集起来刊印出版这种做法始于宋代，宋人所编《儒学警悟》《百川学海》是中国已知最早的丛书。丛书虽然在宋代就已出现，但数量不多，也未形成风气。到了明代，特别是嘉靖以后，编纂、辑刻丛书蔚然成风。这些丛书或汇编各类图书如：

《续百川学海》　　　　　　《广百川学海》
《说郛》　　　　　　　　　《金声玉振集》
《范氏奇书》　　　　　　　《夷门广牍》
《古今逸史》　　　　　　　《格致丛书》
《宝颜堂秘籍》　　　　　　《津逮秘书》
《古今说海》

或按性质汇编，如：

《闲情小品》　　　　　　　《快书》
《广快书》　　　　　　　　《重订欣赏编》
《绿窗女史》　　　　　　　《居家必备》

或按时代汇编，如：

《两京遗编》　　　　　　　《汉魏丛书》
《广汉魏丛书》　　　　　　《增订汉魏六朝别解》
《唐宋丛书》　　　　　　　《今献汇言》
《百陵学山》　　　　　　　《纪录汇编》

或按部类汇集，如：

《十三经古注》　　　　　　《历代小史》

《六子全书》　　　　　　《子汇》

《二十子》　　　　　　　《诸子汇函》

《古今医统正脉全书》　　《西洋新法历书》

《天学初函》　　　　　　《十家宫词》

《绣刻演剧》　　　　　　《六十种曲》

《顾氏明朝四十家小说》（一名《梓吴》）

《稗海》　　　　　　　　《宋名家词》

《元人十种诗》　　　　　《盛明百家诗》

　　有明一代，所刻丛书不胜枚举。明代辑刻的丛书，不少收书很多，分量很大，如《说郛》收书一千二百二十三种，《续百川学海》收书一百二十种，《广百川学海》收书一百三十种，《宝颜堂秘籍》收书二百二十六种，《格致丛书》收书一百六十八种，《津逮秘书》收书一百四十五种。内容相关、相近的图书汇集在一起，既可省读者搜寻之劳，图书单价也比单刻本低，因此清末张之洞极为推崇："丛书最便学者，为其一部之中可该群籍，搜残存佚，为功尤巨。欲多读古书，非买丛书不可。"①

　　明代丛书的大量编纂与刊刻出版，是明代商品经济发展的产物。明代的丛书绝大部分是专业的书商主持编纂出版的，即使是由学者编纂并主持刻印的丛书，也多是按商业模式来进行销售的。同类的著作编纂在一起，既便于读者购买收藏，对于出版者来说也可降低出版和销售的单位成本。明代许多丛书收书种数很多，但每种书的卷帙很小，像《历代小史》所收书多摘录一卷；有的则把一人著作拆分，每一卷单列一种，如题明屠本畯辑并编的丛书《山林经济策》则把高濂《遵生八笺》按内容拆分成若干种书，这大概也与书商的经营策略有关。

　　明代丛书的大量编纂与刊刻出版与明代市民文化发展、普通百姓对图书的需求增长也有关系。市民阶层喜欢的小说、戏曲、异闻、生活用书以及医学图书等在明代的丛书中占有很大的比例，从前面罗列的丛书及汇编类图书名单中就清楚地反映出这一点。有些丛书先是出版单行本，再根据市场反

---

　　①　（清）张之洞：《书目答问》卷5《丛书目》，范希曾补正，上海古籍出版社2001年版。

应，不断增刻同类图书，最后冠以丛书之名，以便读者使用、收藏。有的丛书由于市场需求旺盛，多次重印，每次重印，还会根据市场的情况对内容进行调整。明末清初刊印的《说铃》版次之多、收录图书增减变化之大，在明清丛书中堪称典型。

明代丛书的大量编纂与刊刻出版，也与明代私人藏书风气兴盛有关；同时，大量丛书的出版，也推动了私人藏书。

类书之编，始于曹魏，唐宋时期都有不少著名的类书，如宋代初年的大型类书《太平御览》《册府元龟》。据统计，宋代各种类书可逾百种。到明代，由于社会的需要和印刷出版业的发达，除前述官修的《永乐大典》外，民间类书的编纂与出版十分活跃，仅《明史·艺文志》即著录了明代修纂包括《永乐大典》在内的类书八十三部共计二万七千一百八十六卷，清初黄虞稷的《千顷堂书目》则著录了明代类书一百五十余部。而实际上，明代编纂的类书应该超过此数。除《永乐大典》外，陈耀文的《天中记》六十卷、冯琦的《经济类编》一百卷、彭大翼的《山堂肆考》二百四十卷、俞安期的《唐类函》二百卷、凌以栋的《五车韵瑞》一百六十卷、陈仁锡的《潜确居类书》一百二十卷和《经济八编类纂》二百五十五卷等，都是篇幅很长、影响很大的类书。湖州人吴琉所纂《三才广志》篇幅竟达一千一百八十四卷。[①] 明代的类书较之前代，除了满足文人写诗作文、引经据典和科举应试之需的类书外，为满足一般百姓日常生活需要而编纂的小型类书也颇具特色。有学者考证，明代的日用类书至少有三十五种，例如万历二十七年（公元 1599 年）余象斗双峰堂刊刻的《新刻天下四民便览三台万用正宗》四十三卷，被认为是十六世纪具有代表性的日用百科全书，对于今天研究当时的农业、手工业和商业都很有参考价值。[②]

二　明代的公私藏书

明朝建立伊始，朱元璋就命令有关官员访求图书。"洪武元年四月，上

---

① 参见陈秉仁《中国最大的私纂类书——〈三才广志〉考述》，见上海图书馆历史文献研究所编《历史文献》第 2 辑，上海科学技术文献出版社 1999 年版，第 247—257 页。

② 参见刘天振《明代通俗类书研究》，齐鲁书社 2006 年版，第 110—112 页。

命有司访求古今书籍，资览阅。"① 明军攻入元大都后，接收了元朝中央政府的全部藏书，将其运回明朝的首都南京，并建立了大本堂和文渊阁，以收藏古今图书。

大本堂为明代皇子读书之所，因此藏有大量图书，为明初宫廷最重要的藏书处。"（洪武元年十一月）辛丑，宴东宫官及儒士，各赐冠服。先是，上建大本堂，取古今图书充其中，延四方名儒教太子、诸王，分番夜直，选才俊之士充伴读。"② 今中国国家图书馆藏傅增湘双鉴楼旧藏《洪范政鉴》南宋淳熙十三年内府抄本即钤有"大本堂书"（图版 17）印。大本堂作为皇子读书之所的时间不长，大约在几年后，皇子读书之所即迁至文华堂。③

文渊阁是明代中央最重要的藏书机构。洪武三年设秘书监，专掌内府图书，不久罢秘书监，将图书收藏管理之职"并其任于翰林院，设典籍二员，掌凡国家所有古今经籍之在文渊阁者"④。明永乐四年（1406 年），即《永乐大典》成书的前一年，明成祖朱棣亲至文渊阁看书，当得知文渊阁藏书尚多阙略时，便命主管官员派人到民间访购图书，并指示如民间有愿意售书者，可以不考虑书价高低买入。永乐十九年，明成祖迁都北京，于是将南京文渊阁图书每种皆取一部送至北京文渊阁，中央政府的藏书中心从南京转到了北京。至明英宗正统六年（1441 年）杨士奇受命编《文渊阁书目》时，所登记的文渊阁藏书已达六千七百余种，四万三千二百余册。⑤ 后来因管理人员的职位多是用钱买得，不善管理，加之管理人员的品秩低微，对一些入阁取书的官员不敢过问，任其随意拿取，所以到明万历年间张萱等编《内阁藏书目录》时，"视前所录，十无二三。所增益者，仅近代文集、地志，

① （明）徐学聚：《国朝典汇》卷 22《朝端大政二十二·编辑诸书》，北京大学出版社 1993 年影印明天启刻本。

② 《大明太祖高皇帝实录》卷 36 上，（台湾）"中央研究院"历史语言研究所 1962 年校印原国立北平图书馆藏红格钞本。

③ 参见张升《明清宫廷藏书研究》（修订本），商务印书馆 2015 年版，第 67—68 页。

④ 《明孝宗敬皇帝实录》卷 63，（台湾）"中央研究院"历史语言研究所 1962 年校印原国立北平图书馆藏红格钞本。

⑤ （明）杨士奇等：《文渊阁书目》，民国上海商务印书馆《丛书集成初编》排印《读画斋丛书》本。按：《文渊阁书目》只记书名而不记卷数。

其他唐宋遗编，悉归乌有"①。明末谢肇淛也说："余尝获观中秘之藏，其不及外人藏书家远甚，但有宋集五十余种，皆宋刻本，精工完美，而日月不及，日就泯腐，恐百年之外尽成乌有矣。"②

到仁宗、宣宗时（即洪熙、宣德皇帝，1425—1435 年），因为历年和平，社会经济繁荣，"当是之时，典籍最盛"③。中央藏书机构又增加了广寒殿、清暑殿、琼花岛、通集库、皇史宬等，《明史·艺文志》载宣宗时"秘阁贮书约二万余部，近百万卷，刻本十三，抄本十七"。除此之外，明代中央各职能部门多藏有图书，其中藏书最多者当数负责传旨、册封、慰问等职的行人司。明人沈德符说："京师蓄书，自文渊阁之外，即推行人司与刑部提牢厅。"④ 清代王夫之也说："翰林名曰读中秘书，而实无一书之藏可读，惟行人司每一员出使，则先索书目以行，购书目中所无者，多至数册，少亦必一册，纳之司署，专设司吏一人，收贮简晒，而厚给其糈，故行人司藏书最富，盖得《周礼·大行人》之遗意。"⑤

明代中央藏书的用途之一是供皇帝阅览。朱元璋虽然出身卑微，但对于读书却颇有见地，尝云："读书穷理，于日用事物之间，自然见得道理分明，所行不至差谬，书之所以有益人也如此。"⑥ 明成祖朱棣也说："金玉之利有限，书籍之利岂有穷也！"⑦ 因此明代前期的几个皇帝都很重视读书。

明代中央藏书的用途之二是供文人学士入阁阅览。如明永乐二年明成祖命解缙等新科进士中成绩优秀者共二十八人就学于文渊阁，由司礼监供给纸笔，光禄寺提供早晚餐，礼部提供蜡烛钱，工部就近安排住房。他们可以随意取看文渊阁藏书。

明代中央藏书的用途之三是为官修图书和编纂《永乐大典》提供资料。明代中央政府主持编纂了不少图书，所用资料大都取自文渊阁等中央藏书，

① （清）万斯同：《明史》卷 133《艺文志》，上海古籍出版社 2002 年《续修四库全书》影印清抄本。

② （明）谢肇淛：《五杂组》卷 13，上海书店出版社 2001 年版。

③ （清）万斯同等：《明史》卷 133《艺文志·叙》。

④ （明）沈德符：《万历野获编》卷 20。

⑤ （清）王夫之：《识小录》，岳麓书社 2011 年整理标点《船山全书》本。

⑥ （明）黄佐：《南雍志》卷 1，明嘉靖二十三年刻本。

⑦ （明）娄性：《皇明政要》卷 1，明嘉靖五年戴金刻本。

特别是《永乐大典》所引典籍几乎全部出自文渊阁所藏。

除中央藏书外，地方官府包括各级儒学也有不少藏书，《（嘉靖）建阳县志》即详列了福建建阳县儒学尊经阁藏书目录，凡四大厨，为明嘉靖十六年教谕章悦捐资购置。①

明初朱元璋曾将他的二十三个儿子分封到全国各地做藩王，之后又加封了侄子靖江王、孙子徐王。安置藩王对于历代皇帝来说都是一个非常棘手的问题。为了防止藩王分裂割据，朱元璋分封时都赐给藩王们一些图书，意在让他们读书明理，不要企图作乱。由于皇帝的提倡劝诱，藩王们为求自保，多以读书、藏书、刻书为务。钱谦益说："海内藏书之富，莫先于诸藩。今秦、晋、蜀、赵燼矣。周藩之竹居，宁藩之郁仪，家藏与天府埒。"②

周藩朱睦㮮二十岁通五经，精《易》《春秋》之学，"谓本朝经学一禀宋儒，古人经解残阙放失，乃访求海内通儒，缮写藏弄，若李鼎祚《易解》、张洽《春秋传》，皆叙而传之。吕柟尝与论《易》，叹服而去。益访购古书图籍，得江都葛氏、章丘李氏书万卷，丹铅历然，论者以方汉之刘向"③。其又在汴梁（今河南开封）之宅西建"万卷堂"，所撰《万卷堂家藏艺文自记》云："仿唐人法，分经、史、子、集，用各色牙签识别。经类凡十一，《易》《书》《诗》《春秋》《礼》《乐》《孝经》《论语》《孟子》经解小学，凡六百八十部，六千一百二十卷；史类凡十二，正史、编年、杂史、制书、传记、职官、仪注、刑法、谱牒、目录、地志、杂志，凡九百三十部，凡一万八千卷；子类凡十，儒、道、释、农、兵、医、卜艺小说、五行家，凡一千二百部，凡六千七十卷；集类凡三，楚辞、别集、总集，凡一千五百部，凡一万二千五百六十卷。"④ 其子朱勤美编成《万卷堂书目》十六卷。

由于社会经济的发展，特别是图书出版业作为明代的一个重要产业，明代图书的印刷出版规模远超宋元。因此，明代私家藏书之风甚盛，藏书家之多、收书之富都超过了前代。

---

① （明）冯继科纂（嘉靖）《建阳县志》卷5，上海古籍书店1962年影印明嘉靖三十二年刻本。

② （清）钱谦益：《牧斋有学集》卷26《黄氏千顷斋藏书记》，钱仲联标校本，上海古籍出版社1996年版。

③ （清）张廷玉等：《明史·朱睦㮮传》。

④ （明）朱勤美：《万卷堂书目》，上海古籍出版社《续修四库全书》影印清光绪长沙叶德辉刊本。

姜绍书曾列举明代著名的藏书家，说：

> 昭代藏书之家，亦时聚时散，不能悉考。就其著述之富者，可以类推。时则有若宋文宪濂、刘诚意基、杨文贞士奇、李文正东阳、王文恪鏊、吴文定宽、史明古鉴、陆文裕深、程篁墩敏政、邱文庄浚、邵文庄宝、杨文襄一清、林见素俊、王文成守仁、杨升庵慎、李空同梦阳、顾东桥璘、文衡山征明、杨南峰循吉、郑澹泉晓、雷司空礼、王凤洲世贞、王麟州世懋、唐荆川顺之、先少保凤阿（讳宝）、薛方山应旂、李沧溟攀龙、冯北海琦、黄癸阳洪宪、胡元瑞应麟、何元朗良俊、茅鹿门坤、焦澹园竑、顾邻初起元、袁中郎宏道、王损庵肯堂、屠赤水隆、汤若士显祖、李温陵贽、董文敏其昌、何士抑三畏、陈眉公继儒、冯元成时可、李本宁维桢、冯具区梦祯、黄贞父汝亨、朱平涵国桢、李君实日华、谢在杭肇淛、钟伯敬惺、陈明卿仁锡、文湛持震孟、俞容自彦、张天如溥，以上诸公，皆当世名儒，翱翔艺苑，含英咀华，尚论千古。其所收典籍，纵未必有张茂先之三十乘、金楼子之八万卷，然学海词源，博综有自，亦可见其插架之多矣。①

除姜氏所举诸藏书家外，明代还有许多著名藏书家，如四明（今浙江宁波）丰坊、范钦，常熟毛晋、赵用贤赵琦美父子、钱谦益，涿州高儒，连江陈第，山阴祁承㸁、祁彪佳父子，会稽钮石溪、昆山叶盛等。他们有的著作等身，有的嗜书如命，有的藏书、刻书并美，不少人以藏书为乐，并以此炫耀于同志间。

天一阁是中国现存最古老的藏书楼。范钦，明嘉靖十一年进士，官至兵部右侍郎。明嘉靖末，钦告老还乡，接着就在家乡宁波建起了天一阁，以收藏图书、碑帖和校刊图书为事，清人称"两浙藏书，以天一阁为第一"。其侄范大澈亦为著名藏书家。② 天一阁藏书部分来自同里丰坊之万卷楼。万卷

---

① （清）姜绍书：《韵石斋笔谈》卷上《名贤著述》，上海古书流通处 1921 年影印乾隆刻《知不足斋丛书》本。

② 参见叶昌炽著、王欣夫补正《藏书纪事诗附补正·范钦尧卿、从子大澈子宣》，上海古籍出版社 1989 年版。

楼藏书肇自北宋元祐，藏书曾达五万卷。丰坊晚年患心疾（精神病），藏书多为门人窃取，残余部分转让给了范钦。此外，范钦还广收图书。范氏收藏图书的标准与当时一般藏书家唯重宋元本不同，他着重收集当代文献，其中明代各地方志和历代登科录尤具特色。据骆兆平先生《天一阁明代地方志考录》，天一阁原藏明代地方志四百三十五种，较清代官修的《明史·艺文志》所著录的还多。虽经几百年的天灾人祸，现仍存二百七十一种，其中一百七十二种是现存方志中最早的志书，一百六十四种为海内孤本。天一阁收藏明朝各代科举考试的《登科录》极富。时人俞宪辑《皇明进士登科考》，其序云："各科有缺略，不能衔接，或谓四明范氏藏录最多，盍就询之？辗转乞假，果得补全。"据统计，现存明代登科录的百分之八十收藏在天一阁。范钦死于明万历十三年，自明宣德五年起，历正统、景泰、天顺、成化、弘治、正德、嘉靖、隆庆，到明万历十一年，其间五十二科的会试录和进士登科录一科不缺，自明万历十四年丙戌科后全部缺藏。不过，在范钦死后，范氏后人又陆续收藏了万历十四年至崇祯十三年的十种进士履历便览。现天一阁尚存明代登科录三百七十种，百分之九十以上是海内孤本。天一阁还收藏了八百余种碑帖，也不乏珍稀之本。因图书的最大祸患为火，天一阁即取"天一生水"之意。天一阁在建筑设计和管理措施等方面都极为科学，特别是其防火措施极为完善，因而得以保存至今。天一阁在清初时藏书已至七万余卷，清代特别是乾隆嘉庆以后，天一阁藏书开始散失①，至民国时，天一阁之藏书散失殆尽。二十世纪五十年代后因政府重视，管理人员逐步购回了部分天一阁旧藏，并新购了一些善本古籍，于是天一阁又重见生机。

　　明末常熟毛晋的汲古阁以藏书、刻书闻名于世，所藏书达八万四千册。毛氏收购图书不惜重金，史载："（晋）性嗜卷轴，榜于门曰：'有以宋椠本至者，门内主人计叶酬钱，每叶出二佰；有以旧抄本至者，每叶出四十；有以时下善本至者，别家出一千，主人出一千二佰。'于是湖州书舶云集于七星桥毛氏之门矣，邑中为之谚曰：'三百六十行生意，不如鬻书于毛氏。'前后积至八万四千册，构汲古阁、目耕楼以庋之。"② 毛氏收藏图书除自己

---

　　① 　清嘉庆中范邦甸编《天一阁书目》，尚余图书四千九百零四种五万三千七百九十九卷、碑帖七百二十余通。

　　② 　（清）毛晋著、潘景郑校订《汲古阁书跋》附《汲古阁主人小传》，古典文学出版社 1958 年版。

阅读之外，更多的是用于校雠刊刻图书，详后。

明代市民文化兴盛，大量小说、戏曲、杂记之类通俗读物出版发行，也对私人藏书产生了很大的影响，嘉靖中武人高儒喜藏书，其藏书目录为著名的《百川书志》，其中包括大量的小说、戏曲、杂记。不仅如此，甚至一些士大夫之家也广为收藏。明人李开先说："士大夫家率喜小说，古人经解之书，多阁（搁）而不行。"① 著名藏书家钮纬世学楼收藏小说数百种，黄宗羲称"越中藏书之家，纽石溪世学楼其著也。余见其小说家目录亦数百种，商氏之《稗海》皆从彼借刻"②。著名学者、藏书家祁承煠之旷园后来败落，藏书流散于市，黄宗羲检其残存，得"经学近百种、稗官百十册"③。可见，收藏通俗读物者，不仅有一般百姓，也包括学者、藏书家。

明代不少的私人藏书家都将自己的藏书编成书目，较为著名的有叶盛的《菉竹堂书目》、祁承煠的《澹生堂书目》、陈第的《世善堂书目》、赵琦美的《脉望馆书目》等。

三　明代的图书出版与管理

明代由于商品经济和城市的发展，市民阶层的壮大，无论是图书出版的品种还是图书销售的数量，较之前代都有很大的增加。

随着手工业的发展，明代的造纸、印刷术都较前代有很大进步，纸的品种、质量、产量都有增加和提高，谢肇淛记明代各种印书用纸的特点说："印书纸有太史、老连之目，薄而不蛀，然皆竹料也。若印好板书，须用绵料白纸无灰者，闽、浙皆有之，而楚、蜀、滇中，绵纸莹薄，尤宜于收藏也。"④ 明代图书用纸总的来说虽然不如宋代讲究，但如竹纸之类的低档印书用纸产量大、价格便宜，正好能够满足一般百姓对于生活类图书、通俗文学作品和科举类图书价廉的要求。在印刷出版方面，大批农民加入了手工业者的行列，使得图书印刷的从业人数较前代增加了许多。为适应社会特别是市民文学和商业文化的需要，印刷技术包括版画和彩色套印技术得到了迅速

---

① （明）李开先：《寄题葛芝山藏书歌·序》，路工辑校《李开先集》，第 15 页。
② （清）黄宗羲：《天一阁藏书记》，见《黄宗羲全集》第 10 册，浙江古籍出版社 1985 年版。
③ （清）黄宗羲：《天一阁藏书记》，见《黄宗羲全集》第 10 册。
④ （明）谢肇淛：《五杂组》卷 12。

的发展。

目前已知明代最早的官府刻书是洪武三年南京内府所刻《元史》（图7－6）。在明代中央刻书中，司礼监和国子监刻书最多，其他如都察院、礼部、兵部、工部、钦天监、史局和太医院等都曾刻印了一些图书。

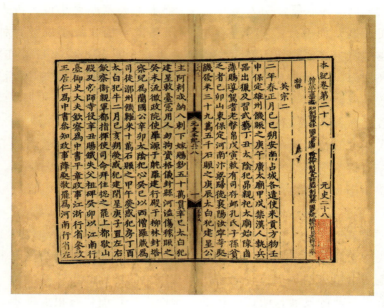

图 7－6 明洪武三年内府刻《元史》（中国国家图书馆藏）

早在洪武建元前一年（1367 年）朱元璋就设立了内使监等内府机构，到洪武十七年，正式设立司礼监。司礼监承担刻印图书事宜，大概是在永乐七年（1409 年）以后。司礼监设"掌印太监一员，秉笔、随堂太监八九员或四五员。……职掌古今书籍、名画、册叶、手卷、笔、墨、砚、绫纱、绢布、纸札，各有库贮之"。司礼监下设有经厂，由宫内太监主理，"经厂掌司四员或六员，在经厂居住，只管一应经书印板及印成书籍、佛藏、道藏、番藏，皆佐理之"①。另据《大明会典》载，明嘉靖十年时，司礼监负责刻印图书的各种工匠即达一千数百人，其中笺纸匠六十二人、表背匠二百九十

① （明）刘若愚：《酌中志》卷 16《内府衙门识掌》，冯宝琳点校。

三人、折配匠一百八十九人、裁历匠八十一人、刷印匠一百三十四人、黑墨匠七十七人、笔匠四十八人、画匠七十六人、刊字匠三百一十五人。① 司礼监内设有经厂库，除收藏历朝秘书典籍外，还专门收储内府及中央相关机构所刻书版，其所刷印之书世称"经厂本"，但实际上有一些书板片并非司礼监或内府所刻，例如《四书大全》《五经大全》《性理大全》《大学衍义补》可能就是原来礼部所刻。②

据《酌中志·内板经书纪略》统计，司礼监共存书板一百五十四种，另有佛经一藏计六百七十八函、道经一藏计五百十二函、番经一藏计一百四十七函，此外还有一些单刻佛经。③ 经厂本一般都版框宽大，黑口双边，字大如钱，并且多刻有句读，纸墨刻工也无不精妙。胡应麟在论各地书的价钱时说：

> 凡刻，闽中十不当越中七，越中七不当吴中五，吴中五不当燕中三（此以地论，即吴、越、闽书之至燕者，非燕中刻也），燕中三不当内府一。五者之中，自相较，则又以其纸其印其装为差。④

这里所说的书价是由图书纸张、刻印和装帧质量决定的。内府本价格虽然最高，但是，历来学者对内府本评价却不高。《四库全书总目·经厂书目》云：

> 经厂即内繙经厂，明世以宦官主之。书籍刊版，皆贮于此。……今印行之本尚有流传，往往舛错，疑误后生。盖天禄石渠之任，而以寺人领之，此与唐鱼朝恩判国子监何异！明政不纲，此亦一端。

---

① （明）申时行等修、赵用贤等纂《大明会典》卷189，上海古籍出版社2002年《续修四库全书》影印明万历十五年刻本。

② 关于司礼监及内府刻书的具体情况，可参考马学良《明代内府刻书》（南京大学2014年博士学位论文）。

③ （明）刘若愚：《酌中志》卷18《内板经书纪略》，冯宝琳点校。案：此数只是据崇祯时经厂现有书板统计而成，实际上有明一代经厂刻书应该不止此数，因为经厂管理不善，除鼠咬虫噬及霉烂外，太监们甚至"劈经板以御寒，去其字以改作"，"若以万历初年较之，已减十六七矣"。

④ （明）胡应麟：《少室山房笔丛·经籍会通四》。

明代内府本刻书质量不高，原因是多方面的。由于明人学问本来就上不及宋元，下不如清代，更不用说与乾嘉之学相比，因此校勘不精，非独内府本为然；即使是由学者主持的国子监刻书，校勘质量也不高，其他明代民间刻书情况也基本相同。

明代国子监分南京国子监和北京国子监，分别简称"南监"和"北监"。洪武元年八月明军攻入元大都时，曾将元都中收藏的宋元雕版全数运到了当时明朝的首都南京，存于国子监中，之后南京国子监就将这些雕版加以修补后刷印。因其多数刻于宋代，又先后经元、明人的修补，所以这些书被后人称作"三朝本"或"宋刻元明递修本"。又因其板片雕刻已久，屡经修补，刷印出来后大多版面模糊，面目可憎，所以人们又将其称作"大花脸本"或"邋遢本"。明嘉靖中黄佐《南雍志》曾详细记述了南监修补刻印二十一史的情形：

> 嘉靖七年，锦衣卫闲住千户沈麟奉准校勘史书。礼部议以祭酒张邦奇、司业江汝璧博学有闻，才猷亦裕，行文使逐一考对修补，以备传布，于顺天府收贮。变卖庵寺银，取七百两发本监，将原板刊补。其广东布政司原刻《宋史》，差人取付，该监一体校补。《辽》《金》二史原无板者，购求善本翻刻，以成全史，完日通印进呈，以验劳绩。制曰可。于是邦奇等奏称：《史记》《前、后汉书》残欠模糊，原板脆薄，剜补随即脱落，莫若重刊。又于吴下购得《辽》《金》二史，亦行刊刻。共该用工价银一千一百七十五两四钱七分，刷印等费不在数内。其余十五史费用尚多，合于本监师生折干鱼银寄贮，南京户部羡余银内动支一千八百两，以给费用。……①

明万历中，南监又重刻了二十一史，其经费来源为"赃罚银"②。

明永乐元年二月，即于北京设国子监，并刊刻图书。北京国子监成立之初，印本图书中有部分是用从南京国子监运来的书板刷印的，自己也刻印了

---

① （明）黄佐：《南雍志》卷18《经籍考·梓刻本末》。
② 参见（明）何良俊《四友斋丛说》卷3，中华书局1959年排印本。

一些，如万历中所刻十三经、二十一史等，"其板视南（监）稍工，而士大夫遂家有其书，历代之事迹粲然于人间矣。然校勘不精，讹舛弥甚，且有不知而妄改者"①。北监刻书活动晚于南监，且多是就南监本翻刻，质量多不如南监本，刻书数量也比南监少一些。

据《南雍志》统计，南监刻书共二百余种。明周弘祖《古今书刻》也著录了二百七十四种，另著录北京国子监共刻书四十一种，共计三百一十五种。② 但这个统计是很不完整的，因为周弘祖是明嘉靖中人，至少明代后期南北二监所刻图书并未统计在内。国子监刻书主要以正经、正史为主。沿宋时旧例，国子监刻书亦许士子纳纸墨钱刷印。③

都察院是明代的一个监察机构，据《古今书刻》记载，都察院共刻书三十三种（同样，这个数字也不完整），刻书的内容较杂，除一种《都察院巡方总约》一卷与其职掌有关外，其余则是如《史记》《文选》一类的书，甚至有《三国演义》和《水浒传》。

礼部刻书主要是儒家经典，如洪武二十七年刻《书传会选》、永乐十三年刻《四书大全》《五经大全》《性理大全》、成化二十三年刻《大学衍义补》。除了儒家经典外，礼部也刻印了一些其他部类的图书，如《大狩龙飞集》《素问钞》等④，历朝《登科录》、历科《会试录》等也由礼部刻印。

兵部、工部、太医院、钦天监等机构都曾刻过一些图书。

明代地方各级政府刻印了不少图书。据《古今书刻》的不完全统计，省一级的行政机构布政使司刻书达二百六十二种，按察司刻书达七十七种，省下所属各府刻书达八百余种，至于各县刻书就更多了。明代共有一千多个县，仅其所刻县志，即为数不少。

明代各县均设儒学，官方和民间都办有一些书院，各儒学、书院也刻有不少图书，其中不乏上乘之作，如弘治中扬州正谊书院所刻《铁崖文集》、正

<hr>

① （清）顾炎武：《日知录》卷 18《监本二十一史》。

② （明）周弘祖：《古今书刻·上编》，古典文学出版社 1957 年排印本。

③ （明）胡居仁：《胡文敬集》卷 1《奉于先生》："京中凡有先儒书籍，如《程子遗书》《朱子语类》《伊洛渊源》《晦庵文集》等书，皆发于义理，切于人心，有志圣贤之学者不可不求也。闻国子监有板，未知真否？若的有板可以入印，烦报数字，即附买纸，印毕分赐，万幸。"台湾商务印书馆 1986 年影印清文渊阁《四库全书》本。

④ （明）周弘祖：《古今书刻·上编》。

德十年白鹿洞书院所刻《史记集解》和嘉靖五年陕西正学书院所刻《国语》都是明刻善本。不过，由于明代书院已没有像元代书院那样充裕的学田收入，所以刻书远不如元代之盛，质量亦不如元代之精了。明代陆深评论说：

> 胜国时郡县俱有学田，其所入谓之学粮，以供师生廪饩，余则刻书，以足一方之用。工大者则纠数处为之，以互易成帙，故雠校刻画颇有精者，初非图鬻也。国朝下江南郡县，悉收上国学，今南监十七史诸书，地里岁月勘校工役并存可识也。今学既无田，不复刻书，而有司间或刻之，然以充馈赆之用，其不工反出坊本下，工者不数见也。①

这个评论是比较客观的。

在明代官刻本中，还有所谓"书帕本"。明代官员奉使出差，回京时必刻一部书，然后以帕裹书馈赠同僚好友，因此被称为"书帕本"。明代陆容即曾批评说："上官多以馈送往来，动辄印至百部，有司所费亦繁。偏州下邑寒素之士，有志占毕，而不得一见者多矣。"② 书帕本因为官场应酬而刻，故其校勘不精，向来不为人们重视。

在明代官刻图书中，质量较高的当属所谓"藩刻本"，即各藩府所刻之书，历来深得学者宝爱。资金充裕、藏书丰富以及藩王们对图书的重视和了解，是藩府刻书的最大优势，尤其是大量的藏书为各藩府刻书提供了上好的底本和参校之本。据张秀民、韩琦先生统计，目前已知藩府刻本至少有四百三十四种，计有：

秦藩十六种

晋王府十五种

周王府三十三种

南陵王府一种

博平王府二种

---

① （明）陆深：《俨山外集》卷8，台湾商务印书馆1986年影印清文渊阁《四库全书》本。
② （明）陆容：《菽园杂记》卷10，佚之点校。

楚王府二十八种

武冈王府四种

鲁王府十四种

蜀王府四十种

华阳王府一种

代王府五种

山阴王府四种

肃王府四种

辽王府十三种

光泽王府八种

庆王府十七种

宁王府三十六种

弋阳王府五十五种

岷王府一种

韩王府二种

沈王府十三种

唐王府九种

伊王府四种

靖江王府三种

汉王府一种

赵王府二十种

郑王府六种

襄王府四种

淮王府四种

德王府九种

崇王府四种

吉王府六种

徽王府十二种

兴王府一种

益王府十五种

衡王府八种

新乐王府三种

汝王府二种

荣王府二种

潞王府六种

福王府一种

蒲王府一种

津王府一种①

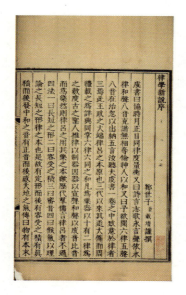

图 7-7　明万历郑藩刻《乐律全书》

（中国国家图书馆藏）

藩府刻书，既多且精。一方面是因为藩王们本身大多有一定的学术造诣，另一方面也由于他们有较强的经济实力。藩刻本中如崇府所刻的《贞观政要》、秦藩所刻的《史记集解索隐正义》、德藩最乐轩所刻的《汉书》、徽藩所刻的《词林摘艳》、晋藩所刻的《元文类》、益藩所刻的诸茶书等都是有

---

①　张秀民著、韩琦增订《中国印刷史》（插图珍藏增订版），第 292—308 页。

名的精品。

如同宋元时代，明代的民间刻书也大致可分为学者、藏书家主持刻印的图书、书院刻印的图书和书坊刻印的图书几大类。

明代由学者、藏书家主持刻印的书籍在内容和方式上都有一些特点：刻书内容多为儒家经典或前贤著作，或祖父辈著作，或自己的著作。这些图书，不仅底本质量较高，校勘较精，刻印质量也较好，甚至为了保存宋元底本的原貌，刻印时常常采用影刻或仿宋刻的方式，如吴县袁褧嘉趣堂影宋本《大戴礼记》《世说新语》《六臣注文选》，锡山安国桂坡馆影宋本《初学记》，苏州徐时泰东雅堂影宋廖氏世綵堂本《韩昌黎集》、郭云鹏济美堂影宋本《柳河东集》、震泽王延喆影宋黄善夫刻本《史记》、吴郡赵均影宋本《玉台新咏》等，皆雕印精美、用纸上乘，几可乱真。他如吴县顾春世德堂刻的《六子全书》，黄鲁曾、省曾、贯曾兄弟三人所刻的《孔子家语》《方脉举要》（鲁曾刻），《申鉴》《山海经》《水经注》（省曾刻），《唐诗二十六家》（贯曾刻），昆山叶盛刻的《云仙杂记》等也都堪称精品。

明代由学者主持刻印的图书很多，数量远远超过宋元，如唐顺之、茅坤、胡应麟、冯梦祯、胡震亨等都主持校刻过大量图书。他们常常是学者兼藏书家，不仅本人著作等身，藏书亦富，与其他藏书家的交往也多，因此佳善之底本易得。这类刻书也几乎完全属于商业行为，因其底本好、校勘精、刻印美，颇受读书人及藏书家喜爱。在整个明代，藏书兼刻书最为著名的当属宁波范钦天一阁，而刻书最多、影响最大的则当推常熟毛晋的汲古阁。

范钦刻书中，最有名的当属所谓"范氏奇书"二十种（旧说为二十一种），因底本珍稀，颇得学术界重视，其中《竹书纪年》为"今本《竹书纪年》"最早的完整刻本，而此书从清代起就被认为是后人伪造，并且往往被当作"伪书"的代表之一。清代钱大昕、《四库全书总目》以及王国维、梁启超等都有专门考证，清代著名学者姚振宗甚至认为伪造者就是范钦。虽然此说并不可靠①，但于此可见范氏刻书影响之大。此外范氏还刻了《天一阁帖》八种以及其他一些图书。

---

① 参见陈力《今本〈竹书纪年研究〉》，《四川大学学报丛刊》第28辑《研究生论文选刊》，1985年，第4—15页；又译载于《中国社会科学》（英文版）1993年第3期，第97—114页。

　　毛晋字子晋，原名凤苞，本有田数千亩、典当铺若干，后来他将其卖掉作买书、刻书之用。毛氏于隐湖边筑汲古阁，分上、中、下三楹，按干支分为十二架，所藏宋金元本古籍多为稀见之本。"子晋日坐阁下，手翻诸部，雠其讹谬，次第行世。"[①] 毛晋还延揽了不少海内名士入阁校书。在汲古阁后面"有楼九间，多藏书板。楼下两廊及前后，俱为刻书匠所居"[②]。从明万历间开始到清顺治四十多年中，毛氏所刻、经、史、子、集、丛书、道藏皆有，其中最著名的有《十三经注疏》十三种三百三十卷、《说文解字》十五卷、《十七史》十七种一千五百七十四卷、《五唐人集》五种二十六卷、《唐六名家集》六种四十二卷、《唐人选唐诗》八种二十三卷、《元人集》十种五十九卷、《文选李善注》六十卷、《宋名家词》六十一种九十卷、《十家宫词》十种十卷、《词苑英华》九种四十五卷、《六十种曲》六十种一百一十五卷、《津逮秘书》一百四十四种七百五十二卷等。毛氏刻书版心下多镌有"绿君亭"或"汲古阁"字样，尤其绿君亭所刻，板印皆精，纸墨并善，素为藏书家所重。汲古阁除自刻图书之外，还代人刻了很多书，如代张溥刻《汉魏六朝三百名家集》，代毛象晋刻《二如亭群芳谱》，代钱谦益刻《列朝诗集》。毛氏书闻名天下，以至于远在云南的买家，也"万里遣币以购毛氏书"[③]。毛晋于清顺治中去世，其子又承父业刻了一些书。至其孙辈时，汲古阁败落，所藏宋元善本大部归泰州季振宜，书板则归席氏扫叶山房等书坊，直到清乾隆嘉庆中扫叶山房仍在用汲古阁书板刷印图书。

　　毛氏刻书，据陶湘统计，有六百余种，在中国印刷出版史乃至文化史上具有重大影响。对于毛氏刻书的质量，古今褒贬不一，最为人诟病的是刻书的质量。不过，陶湘的一段评论尚称公允：

　　　　明常熟毛晋，字子晋，校刻书籍，起万历之季，迄顺治之初，垂四十年，刻成六百种有零。其名誉最著而流行最广者，《十三经》《十七史》《文选李善注》《六十种曲》。刷印既繁，模糊自易。顺治初年，子

　　① （清）陈瑚：《确庵文稿》卷 16《为毛潜在隐居乞言小传》，北京出版社四库禁毁书丛刊影印清康熙毛氏汲古阁刻本。
　　② （清）钱泳：《履园丛话》卷 22《汲古阁》，张伟校点，中华书局 1979 年版。
　　③ （清）陈瑚：《确庵文稿》卷 16《为毛潜在隐居乞言小传》。

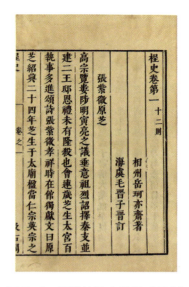

图 7-8　明崇祯汲古阁刻《桯史》
（中国国家图书馆藏）

晋修补损缺，已至变易田产。康熙间，板已四散，经、史两部归苏州席
氏扫叶山房，始而剜补，继则重雕，亥豕鱼鲁，触目皆是，读者病之。
窃维毛氏雕工精审，无书不校，既校必跋；纸张洁炼，装式宏雅，如唐
宋人诗词及丛书、杂俎等刊，均可证明其良善，岂有煌煌经史，反如斯
之恶劣耶？于是刻意搜求，得《十三经注疏》原板初印，《十七史》为
开花纸，内府有之，经史之钱谦益序，均未抽毁，《文选》字口如新，
与通行汲古本迥判霄壤！而毛刻之含冤蒙垢，遂昭然大白。①

　　毛氏汲古阁不仅以刻书闻名，其抄本更是精妙至极。毛氏访得宋元善本，则
选善书以上等纸墨影抄，清代孙从添《藏书纪要》说："汲古阁影宋精钞，
古今绝作。字划纸张、乌丝图章，追慕宋刻，为近世无有能继其作者。"②
毛氏影抄本世称"毛抄"，其价值与宋元精椠等。
　　在宋元时代，书院刻书非常普遍，而明代前期由于书院已大不如前，因

---

①　陶湘：《明毛氏汲古阁刻书目录》，辽宁教育出版社 2000 年《新世纪万有文库》排印本。
②　（清）孙从添：《藏书纪要》第 3 则"钞录"，民国《芋园丛书》本。

此刻书完全不能与宋元相比，明代中后期随着书院的复兴，书院刻书也逐渐增多。①

明初，朱元璋取消了书籍税，明代工商业的发展、市民生活的需要，都大大刺激了图书的出版和销售，使得刻书贩书更加有利可图，从业人员因而大增。清初孔尚任所著《桃花扇》中有一段南明金陵（今南京）书商二酉堂主人蔡益所的自白，十分生动：

> 在下金陵三山街书客蔡益所的便是。天下书籍之富，无过俺金陵；这金陵书铺之多，无过俺三山街；这三山街书客之大，无过俺蔡益所。（指介）你看十三经、廿一史、九流三教、诸子百家、腐烂时文、新奇小说，上下充箱盈架，高低列肆连楼。不但兴南贩北，积古堆今，而且严批妙选，精刻善印。俺蔡益所既射了贸易诗书之利，又收了流传文字之功。凭他进士举人，见俺作揖拱手，好不体面。（笑介）今乃乙酉乡试之年，大布恩纶，开科取士。准了礼部尚书钱谦益的条陈，要亟正文体，以光新治。俺小店乃坊间首领，只得聘请几家名手，另选新篇。今日正在里边删改批评，待俺早些贴起封面来。（贴介）风气随名手，文章中试官。②

戏曲虽然以南明金陵为背景，但剧中的二酉堂就是明代一般书坊的真实写照，所贩卖者，既有十三经、廿一史、诸子百家等"正经正史"，也有供举子学习参考的"腐烂时文"，还有供一般百姓阅读消遣的"新奇小说"，其规模是"上下充箱盈架，高低列肆连楼"，南北图书皆汇聚于此。

明代书坊刻书以建阳最盛，许多宋元以来的书坊仍继续以刻书为业，如余氏勤有堂、刘氏翠岩精舍、刘氏日新堂、叶氏广勤堂等都是宋元以来刻书世家，其刻书字体版式仍是宋元风格。余彰德萃庆堂、余氏自新斋等刻书也非常多。据统计，就今日所知者，明代建阳地区书坊达八十余家③。元代书

---

① 尹斌：《明代书院刻书考略》，《佳木斯教育学院学报》2012 年第 5 期，第 69、71 页。
② （清）孔尚任：《桃花扇》第 29 出《逮社》，王季思等合注，人民文学出版社 1982 年版。
③ 参见张秀民《张秀民印刷史论文集·明代印书最多的建宁书坊》，另参见李致忠《历代刻书考述·明代刻书述略》，巴蜀书社 1990 年版。

坊集中的麻沙镇曾被大火烧毁，但"麻沙虽毁，崇化愈藩"①，崇化即宋元明建阳县之崇化镇，与麻沙镇或称麻沙坊一样，在涉及刻书之事时习惯称崇化坊，明为崇化里，或称书坊。崇化以同文书院为中心，书坊列布，宋时即为坊刻图书集中之地，只是其名为麻沙所掩，《（景泰）建阳县志》称"天下书籍备于建阳之书坊（此书坊即指崇化坊）"，并著录了建阳书坊所刻图书目录一百七十五种，有许多是上百卷的大部头图书。② 麻沙在明代也曾一度复兴，《（嘉靖）建阳县志》载"今麻沙乡进士张璇偕刘、蔡二氏新刻书板寝盛，与崇化并传于世"。不过，明代建阳刻书仍是以崇化书坊为中心，人们一般说的麻沙本实际上很多是崇化书坊所刻。《（嘉靖）建阳县志》又载："书市在崇化里，比屋皆鬻书籍，天下客商贩者如织。每月以一、六日集。"其卷五列有建阳书坊书目，据张秀民先生统计，其数达四百五十一种，而这仅是嘉靖二十四年以前的刻书，"自嘉靖二十四年以后至明末，建本小说杂书，更如雨后春笋，其数当在千种左右，占全国出版总数之首位"③。

以今日所见，建阳书坊虽然也刻印了一些小说戏曲之类的图书，但还是以刻印科举用书以及一般文人写诗作文所用之参考书为主。如《明代版刻综录》著录明弘治、正德、嘉靖间刘洪慎独斋刻书二十三种，没有一部小说戏曲；万历中余彰德萃庆堂刻书三十余种，除少数几种外，其余主要是蒙学、科举类图书以及类书。他如余氏自新斋、克勤斋等书坊刻书也很少有小说戏曲类图书。

建阳书坊刻书，专为牟利，故刻书大多粗制滥造，这种情况除了建阳书坊外，其他地区的书坊刻书情况也多有相同。明代郎瑛批评说：

> 我朝太平日久，旧书多出，此大幸也，亦惜为福建书坊所坏。盖闽

①　（明）冯继科纂（嘉靖）《建阳县志》卷5《图书》。

②　（明）赵文、黄璿纂修，袁铦续修（景泰）《建阳县志续集·典籍》，齐鲁书社《四库全书存目丛书》影印天一阁藏明弘治刻本。

③　张秀民：《张秀民印刷史论文集·明代印书最多的建宁书坊》。按（嘉靖）《建阳县志》仅列书坊书目，并未言为嘉靖二十四年之前所刊，而（嘉靖）《建阳县志》之编纂时在嘉靖三十二年。张说未知何据。

专以货利为计，但遇各省所刻好书，闻价高，即便翻刊，卷数目录相同，而于篇中多所减去，使人不知，故一部止货半部之价，人争（搆）[购]之。近如徽州刻《山海经》，亦效闽之书坊，只为省工本耳。呜呼！秦火燔而六经不全，势也。今为利而使古书不全，为斯文者宁不奏立一职以主其事，如上古之有学官！①

采用如此卑鄙手段营利，殊为可恨。同时，为了尽量减少刻印成本，一些书坊的板、纸、墨等质量都很低劣。胡应麟批评说："闽中纸短窄黧脆，刻又舛讹，品最下而直最廉。"② 叶德辉《书林清话》著录了明福建刻《五经》《四书》前所附提刑按察司牒建宁府云：

> 　　福建等处提刑按察司为书籍事：照得《五经》《四书》，士子第一切要之书，旧刻颇称善本。近时书坊射利，改刻袖珍等版，款制褊狭，字多差讹。如"巽与"讹作"巽语"、"由古"讹作"犹古"之类，岂但有误初学，虽士子在场屋，亦讹写被黜，其为误亦已甚矣！该本司看得书传海内，板在闽中，若不精校另刊，以正书坊之谬，恐致益误后学。议呈巡按察院详允会督学道选委明经师生，将各书一遵钦颁官本，重复校雠，字画句读音释，俱颇明的。《书》《诗》《礼记》《四书》传说款识如旧，《易经》加刻程传，恐只穷本义，涉偏废也。《春秋》以胡传为主，而《左》《公》《谷》三传附焉，资参考也。刻成合发刊布。为此牒仰本府着落当该官吏，即将发出各书，转发建阳县。拘各刻书匠户到官，每给一部。严督务要照式翻刊。县仍选委师生对同，方许刷卖。书尾就刻匠户姓名查考，再不许故违官式，另自改刊。如有违谬，拿问重罪，追版划毁，决不轻贷。仍取匠户不致违谬结状同依准缴来。嘉靖拾壹年拾贰月□□日。故牒建宁府。③

---

① （明）郎瑛：《七修类稿》卷45《书册》，上海古籍出版社2002年《续修四库全书》影印明刻本。

② （明）胡应麟：《少室山房笔丛·经籍会通四》。

③ 叶德辉：《书林清话》卷7《明时官刻书只准翻刻不准另刻》。

这段牒文，反映了建阳书坊刻书影响之大，也反映了建阳书坊刻书质量之劣以及官府的管理情况。当然，建本书质量低劣只是概而言之，其实明代尤其是明代前期建阳书坊也刻了一些精品，如刘洪慎独斋以细字刻书，胜于元人旧刻大字巨册。高濂曾赞道："国初慎独斋刻书，似亦精美。"①

建阳书坊除雕版印书外，还用活字印书，著名的"芝城铜板活字"即建阳书坊的产品。

明代中期以后，金陵（南京）书坊逐渐兴盛。金陵曾是明朝前期的首都，南方的经济、文化中心，加之明代中期以后湖州、歙县一带刻书业发展很快，此地许多农民弃农当上了雕版工匠，除在本地从事雕版刻书外，还有相当数量的刻工流向金陵一带，因此金陵的刻书业发展很快，书坊林立，刻书极多。据张秀民、韩琦先生统计，就今日所知者，仅标明"金陵"的书坊就有近八十家，加上其他如标南京、京都、白下、秣陵等以及可以确定是金陵书坊者，则近百家。② 金陵书坊以唐姓、周姓书坊最为有名，他如陈大来的继志斋、萧腾鸿的师俭堂等也刻了不少图书。金陵本为六朝金粉地，又为明代商业中心，其地商贾辐辏，仕女如云，勾栏瓦舍连屋比栋，因此金陵书坊刻书以小说、戏曲为主。金陵唐姓的富春堂最为著名，据《明代版刻综录》统计，唐氏富春堂刻书四十七种，小说即有三十种。富春堂所刻小说戏曲多附插图，故书名前多缀"新刻出像"之类的字眼，如：

《新刻出像音注花栏王十朋荆钗记》
《新刻出像音注花栏南调西厢记》
《新刻出像音注花栏裴度香山还带记》
《新刻出像音注花栏韩信千金记》
《新刻出像音注管鲍分金记》
《新刻出像音注刘汉卿白蛇记》
《新刻出像音注劝善目莲救母行孝戏文》
《新刻出像音注点板徐孝克祝发记》

① （明）高濂：《遵生八笺》卷14《论藏书》，明刻本。
② 张秀民著、韩琦增订《中国印刷史》（插图珍藏增订版），第243—247页。

《新刻出像音注韩湘子九度文公升仙记》

《新刻出像音注五代刘智远白兔记》

《新刻出像音注薛仁贵跨海征东传白袍记》

《新刻出像音注王昭君出塞和戎记》

《新刻出像音注唐韦皋玉环记》

《新刻出像音注司马相如琴心记》

《新刻出像音注何文秀玉钗记》

《新刻出像音注唐朝张巡许远双忠记》

《新刻出像音注商辂三元记》

《新刻出像音注释义王尚忠节癸灵庙玉玦记》

《新刻出像音注花将军虎符记》

《新刻出像音注姜诗跃鲤记》

《新刻出像音注苏音皇后鹦鹉记》

《新刻出像音注范睢绨袍记》

《新刻出像音注刘玄德三顾草庐记》

《新刻出像音注岳飞破虏东窗记》

《新刻出像点板音注十郎紫箫记》

《新刊出像增补搜神记》

《新刊出像音注韩朋十义记》

《新刊音注出像齐世子灌园记》

《新镌图像音注周羽教子寻亲记》

《新刻牡丹亭还魂记》

唐氏文林阁刻书三十余种，除少数几种外，其他都是小说戏曲。唐氏世德堂刻书十余种，大部分也是小说戏曲。其他如唐振吾广庆堂、陈大来继志斋、萧腾鸿师俭堂等都刻印了大量的小说戏曲类图书。

明朝迁都北京后，北京成为全国的政治、文化中心，为达官贵人、名流学者聚居之地，兼之每当会试时，各地应试举人皆汇集于此，书坊渐多。不过相对于建阳、金陵而言，北京书坊贩书者多，刻书者少。北京书坊中刻书者以汪谅的汪氏书肆刻书最多，质量也较高。汪氏书肆于嘉靖元年所刻的

《文选注》上还附有卖书广告，从中可以对明代书坊的刻书和售书情况有更进一步的了解：

> 金台书铺汪谅，见居正阳门内西第一巡警更铺对门。今将所刻古书目录列于左，及家藏古今书籍，不能悉载，愿市者览焉。

后面又具体登载了汪家所刻十四种，皆一一注明版本、册数。此外，北京的永顺堂所刻《新编刘知远还乡白兔记》等十余种南戏、说唱词话，金台岳家书坊所刻《新刊大字魁本全相参订奇妙注释西厢记》也都非常有名。

杭州为南宋时临安，本为版刻集中之地，明代刻书虽不及南宋之盛，但据统计，明代杭州书坊可考者至少有三十六家①，其著名者有洪楩清平山堂所刻《清平山堂话本》、武林容与堂刻《李卓吾先生批评水浒传》等，特别是其地当水陆交通要冲，经济发达，市民文化繁荣，明代成为全国重要的图书集散地。

苏州自古为人文荟萃之地，图书出版业也极为发达，除王延喆、沈与文之野竹斋和繁露堂，顾春之世德堂，赵钧之小宛堂等著名藏书、刻书之家外，还有专以刻售图书为业的书坊六十余家②，所刻图书尤以通俗小说著名，如冯梦龙之"三言"与凌濛初之"二拍"。

徽州自宋代起就是重要的刻书之地。明代特别是明代后期，随着徽商的兴起，图书出版业迅速发展，著名学者唐顺之、抗倭名将胡宗宪均为徽州人，也都主持刻印了不少图书。其他如歙县盐商吴养春泊如斋、制墨大家程君房滋兰堂都刻印了不少插图精美的图书，新安程荣刻《汉魏丛书》、吴勉学刻《二十子》《资治通鉴》《朱子大全》《古今医统正脉全书》《痘疹大全》《东垣十书》《师古斋汇聚简便单方》《刘河间伤寒六书》及陶华刻《伤寒六书》等、方于鲁美荫堂刻《方氏墨谱》《风流色畅图》、休宁程百二刻《程氏丛刻》《方舆胜略》、福建人吴琯任职婺源令时刻《古今逸史》《薛氏医按二十四种》等皆为明代有名版刻图书，对后世影响极大。除了传

---

① 缪咏禾：《明代出版史稿》，江苏人民出版社 2000 年版，第 91 页。
② 缪咏禾：《明代出版史稿》，第 77—78 页。

统典籍外，明代家谱族谱开始盛行，而现存明代谱牒，以徽州一带大族居多[①]，于此亦可见徽州地区版刻之盛。

自宋代起，不少书坊就自行编纂图书刊刻出卖，到了明代，这种情况更为普遍。为了迎合社会的需要，加快图书的制作、刊刻，不少书肆都自撰、自编、自校、自刊，有的书肆专门聘有编辑人员，甚至形成了一整套编辑体例。如建阳双峰堂主人余文台曾自编自刻了《西汉志传》《南游记》《北游记》等，书林熊大木也曾自编自刻了《全汉志传》《南宋志传》《北宋志传》，吴兴凌濛初自编自刻了《初刻拍案惊奇》《二刻拍案惊奇》等。

书坊刻书专为销售，不少图书在全国定价发行，因此书中多直接标有定价。福建安正堂万历三十九年刻《新编事文类聚翰墨大全》一百二十五卷，书前牌子记："万历辛亥岁孟夏月重新整补好纸版，每部价银壹两整。安正堂梓。"案此书因其以旧板刷印，故其价尤廉。有些图书因其畅销，价格相对也较便宜，如大部头的小说《封神演义》，全书共一百回，明万历苏州舒仲甫刻本书前有"每部定价纹银贰两"印记；美国哈佛大学燕京图书馆藏明万历杨氏归仁斋刊《大明一统志》九十卷，卷首钤"每部实价纹银叁两"红色木记。[②] 而一些发行量相对小一些的图书，则定价更高。万历四十四年刻

---

① 赵万里：《从天一阁说到东方图书馆》，天津《大公报》1934年2月3日《图书副刊》。

② 明代的书价，情况非常复杂，原编与重刻、原刻与翻刻、版刻质量、有无插图、纸墨好坏等，都是影响书价的重要因素，现姑列相关资料如下：

明万历福建书林拱唐金氏刻本《新调万曲长春》一卷，扉页有朱印"每部纹银一钱二分"；

中国国家图书馆藏明万历中翻刻万历乙卯本《新镌陈眉公先生批评春秋列国志》，封面有木戳"每部纹价壹两"；

中国国家图书馆藏《月露音》封面钤朱文长方碑记："杭城丰东桥三官巷李衙刊发，每部纹银捌钱"；

孙殿起《贩书偶记续编》，明万历丙申年（1596年）刻《集古印正》5卷附说1卷，卷首有木记："计六册，每部纹银三钱"；

日本尊经文库藏明万历中闽建书林金拱唐绣梓《新调古长春》，扉页钤朱文方印"每部银一钱二分"；

上海博物馆藏《玉华堂日记》记万历中买普通图书价格，如湖州《稗编》二两三钱，《翰藻》二两，《名山记》《地理统宗》一两二钱，《十大家文》二钱五分。参见张安奇《明稿本〈玉华堂日记〉中的经济史资料研究》，载《明史研究论丛》第5辑，江苏古籍出版社1991年版。

对应明代物价，根据明末张萱《宝日堂杂抄》卷末所附光禄寺宫膳底账，明万历三十九年正月的物价是：猪肉每斤银约0.0241两，而同时期沈榜的《宛署杂记》所记价格略低，"白面五斤，银三分五厘；猪肉五斤，银九分；牛肉四斤，银五分二厘"，"白面五斤，银三分五厘；猪肉四斤，银七分二厘；牛肉四斤，银五分二厘"。明张履祥《杨园先生全集》卷49引沈氏《补农书》载长工一年的工资为银五两，一名妇女织绢扣除成本外可得银十五两，每匹绢的价格合银1两，每石大米平价合银1两，而猪肉每斤的价格是2分5厘。

《月露音》四卷，封面钤朱文印记："杭城丰乐桥三官巷口李衙刊发，每部纹银八钱。如有翻刻，千里究治。"万历四十六年余献可居仁堂刻《新刻李袁二先生精选唐诗训解》七卷，其封面钤朱文印记"每部纹银一两"。

由于工商业的发展，大量的工商从业者需要相应的图书作为其经营的参考，所以明代书坊尤其是苏州、徽州等工商业发达地区的书坊刻印了大量便利工商活动的指南、手册，如《士商必要》《商程一览》《水陆路程宝货辨疑》等，一些商人甚至专门刻印带有广告性质的图书，如徽州制墨商人程君房刻有《程氏墨苑》、方于鲁刻有《方氏墨谱》等书，以此来宣传其产品，《程氏墨苑》后面还直接刻有程家卖墨的启事。

明代的图书出版发行已经成为一个产、运、销系统完整的产业。像福建等书坊集中的地区，所刻印图书不仅行销全国，甚至远销日本、朝鲜。为了销售，书坊通过各种方式发布广告；为了保障自己的知识产权不被侵犯，常常在书牌上刊刻"不许翻板""千里究治"等声明，甚至出奇招防止盗版。明代文学家冯梦龙曾记述了一个防止盗版的故事："吴中镂书多利，而甚苦翻刻。俞羡章刻《唐类函》将成，先出讼牒，谬言新印书若干，载往某处，被盗劫去，乞官为捕之，因出赏格，募盗书贼。由是《类函》盛行，无敢翻者。"[①]

宗教类图书也是明代刻书中的重要组成部分。明代大部头的佛藏与道藏的刊刻主要是由寺观和内府完成。明代的佛藏主要有《南藏》《北藏》《武林藏》《万历藏》和《嘉兴藏》，道藏则有《正统道藏》与《万历续道藏》。

《南藏》又称《洪武南藏》，明洪武五年由金陵蒋山寺奉敕雕造，于洪武三十一年完成。全藏收书一千六百余部七千余卷，现该藏仅四川省图书馆藏有一部。《洪武南藏》板片于永乐六年焚毁，于是永乐皇帝命令重新刊刻，后于永乐十七年完工，称《永乐南藏》，全藏收书一千六百一十四部六千三百三十一卷。

永乐元年，明成祖朱棣效洪武故事，下令在北京雕造佛藏，自永乐十九

---

① （明）冯梦龙：《智囊全集》卷28《杂智部·唐类函》，栾保群、吕宗力校注，中华书局2007年版。

年开雕，英宗正统五年刻成，是为《永乐北藏》。《北藏》较《南藏》卷数略多，共一千六百一十五部六千三百六十一卷，卷次的划分也有些差异。

《万历藏》大约始刻于万历十七年（1589 年），清顺治十四年完成。此藏于 1973 年在山西省宁武县发现。全藏六千二百三十四卷，系据《永乐南藏》覆刻。

《嘉兴藏》又名《径山藏》，明万历十七年（1589 年）在山西五台清凉山妙德庵开雕①，后来又先后移至杭州径山的兴圣万寿禅寺寂照庵及嘉兴、吴江、金坛等地雕刻，最后于清康熙十五年完成。全藏分正、续、又续三个部分，共一万二千六百余卷。《嘉兴藏》与此前其他诸藏不同，它采用了线装形式，每版二十行（半叶十行），行二十字，有边框、行线及书口等，书口刻部类、经名、叶数和千字文编次。

除了以上各藏外，明代还有所谓《武林藏》。据记载，《武林藏》为方册本，明代杭州雕造，明代万历以后失传。有学者提出发现于 1982 年的一批明永乐年间雕造的十七卷《大藏经》残卷即为久以失传的《武林藏》，不过，有学者已经指出：这批新发现的《武林藏》，实际上是明代杭州补刊《碛砂藏》本。②

此外，明成祖还下诏在南京刻印了藏文《甘珠尔》，万历中又在北京重刻永乐版《甘珠尔》，并增刻《丹珠尔》（《酌中志·内板经书纪略》中载经厂库内收藏有蕃经一藏，未知是否即此本）。明天启中云南丽江纳西族土司木增还出资刊印了藏文"丽江版《甘珠尔》"③。

明成祖即位之初即令第四十三代天师张宇初重编《道藏》。永乐八年（1410 年），张宇初去世，又令其弟第四十四代天师张宇清继续主持编纂，至明英宗正统九年（1444 年）编成并刊板，又令道士邵以正督校，增所未备，于正统十年校定付印，名《正统道藏》。全藏按三洞、四辅、十二类分类，按《千字文》排序，始"天"终"英"，凡四百八十函、五千三百零五

---

① 在明万历十七年之前，《嘉兴藏》已有零星刊刻，参见李际宁《佛经版本》，第 170—175 页。

② 李际宁：《〈武林藏〉之我见》，《佛学研究》1995 年第 4 期，第 168—171 页；李际宁：《国图新收〈大宝积经〉卷五十四版本研究》，《文献》2002 年第 2 期，第 122—140 页。

③ 桑吉札西文，格桑、宗烈图：《藏文版大藏经概述》，《法音》2003 年第 2 期，第 28—29、49—52 页。

卷。明神宗万历三十五年（1607 年），又命第五十代天师张国祥续补《道藏》，仍以《千字文》为序，自"杜"至"缨"，共三十二函、一百八十卷，名《万历续道藏》，与《正统道藏》共计五百一十二函、五千四百八十五卷，计经板十二万一千五百余块，这是我国现存的唯一官修道藏。清代后道藏经板庋于大光明殿，光绪庚子（1900 年）尽数焚毁。

寺观刻书，也供出售。胡应麟记杭州"梵书多鬻于昭庆寺，书贾皆僧也"①。不过，有别于一般世俗图书，寺观所售之书，主要还是收取刷印及纸张费。官府对寺观刻书售书亦有一定的管理规则，通过明代葛寅亮《金陵梵刹志》所载"请经条例"可以了解当时请经、印经和管理的大致情形及所费金额：

南京礼部祠祭清吏司为议定藏经规则，合应勒石，以垂示久远事。奉本部批：据本司呈前事，奉批如议行。奉此。案查万历三十三年四月间，该本司呈为申明造经定规事。据湖广、四川等处请经僧本宗、乐闻、古宗等节次禀称经铺冒滥捐掯缘由。据此看得，报恩寺藏经板一副，原系圣祖颁赐，令广印行。先年，该本司主事郭□□，责令经铺酌议各项物料，裁定规则，来时给与书册对查，去时给与札批防护，条款甚详。迩来本寺将书册废阁，各经铺俱不照行。查本宗经一藏，多索价至四十余两，纸绢仍滥恶不堪。乐闻经一藏，违限至两月。古宗经一藏，将纸充绢用。种种奸玩，弊无纪极。该寺见得有板头银两，亦竟坐视，不为禀理。远僧独非人情，造经独非交易，乃物价半值犹亏，明欺无告，易虐盘费，经年累竭，致使流落难归，漠不关情，心亦何忍？除将经铺徐理□、徐自强等各重责，追价给僧；管经僧正浃、自高亦各责治外，复拘集经铺，吊取纸绢，逐项估算，编写上、中、下三等，等各三号，备细开明物价，仍限造经日期，来时领给号票，去时缴票，领给扎批，逐月经铺经匠具结查验。又照每印经一藏，有板头银十二两。藏内缺续藏四十一函，合扣银八两，刻补经板。刻匠恐有潦草偷工，亦给与号票缴查等因呈堂。奉批：悉照议行，以垂永久。奉此。又于万历三

---

① （明）胡应麟：《少室山房笔丛·经籍会通四》。

十四年八月内，本司呈为拨给禅堂，以励行僧事。议将板头银给禅堂赡僧，目今除刻经八两，经完日通给堂内，管经僧用堂内、堂外各一人，堂主、管理官住查考。呈堂，奉批：僧非禅则不成僧，寺无禅堂则不成寺，圣祖赡养本意，原为此辈。俗僧反怀忌嫉，殊可恨也。如议拨给。有敢生事扰害者，查出重究。奉此。今奉前因，合将酌定九号经价并条约，行该寺刻簿立碑，永为定规，遵守施行。①

该条例还详细规定了不同装帧、不同纸张的藏经的具体函数、卷数和所费纸张数以及价钱：如上等一号经总价二百八十九两八钱八分二厘，合每函四钱五分五厘；上等二号经总价二百五十两九钱七厘，合每函三钱九分四厘；上等三号经总价二百两四钱八分二厘，合每函三钱一分五厘。中等一号经一百五十四两四钱七分一厘，合每函二钱四分二厘；中等二号经总价一百四十三两二分二厘，合每函二钱二分四厘；中等三号经总价一百二十三两二钱四分，合每函一钱九分三厘。下等一号经总价八十一两四钱九分四厘，合每函一钱二分五厘；下等二号经总价七十三两一钱六分，合每函一钱一分二厘；下等三号经总价六十四两六钱五分二厘，合每函九分八厘。②

前面曾经提到，明代后期，西洋天主教传教士相继来华传教，他们在其所到之处设立教堂，这些教堂也刻印了不少天主教和自然科学方面的图书。

较之元代对刻书的严格管理，明代特别是明代后期刻书限制要少得多，并且刻书的成本较低，因此图书出版与销售得到了极大的发展。清人蔡澄云：

> 明书皆可私刻，刻工极廉。闻前辈何东海云：刻一部古注十三经，费仅百余金，故刻稿者纷纷矣。尝闻王遵岩、唐荆川两先生相谓曰：数十年来读书人能中一榜，必有一部刻稿。③

明代的刻书较之宋元时期，一个很大的特点就是从书籍的编纂、刻印到销

---

① （明）葛寅亮：《金陵梵刹志》，何孝荣点校，天津人民出版社 2007 年版，第 729 页。
② （明）葛寅亮：《金陵梵刹志》，何孝荣点校，第 730—736 页。
③ （清）蔡澄：《鸡窗丛话》，清宣统至民国间新阳赵氏刻《峭帆楼丛书》本。

售、贩卖，都已经高度商业化。胡应麟曾在其《经籍会通》中言及明代得书之易与得书之难，谓有明一代，得书之易，远超前代，仅十三经注疏、廿一史、宋代类书即已达万卷，释、道二藏及神仙小说诸家，又不下万卷。加上先秦诸书、盛唐诸书、宋世诸书大约又有数百家。如再进一步，"录金之闰者、史之支者、子之胜者、集之副者，又无虑数百家"，而这些图书，皆"悉世所恒，好而且力，则无弗至也"，以至"朝贵达官，多有数万以上者，往往猥复相杂，芟之不能万余。精绫锦标，连窗委栋，朝夕以享群鼠"。①

就图书刊刻而言，明代很多地方都有刻书，但主要集中在江南一带。胡应麟说：

> 凡刻之地有三，吴也，越也，闽也。蜀本，宋最称善，近世甚稀。燕、粤、秦、楚，今皆有刻，类自可观，而不若三方之盛。其精，吴为最；其多，闽为最，越皆次之；其直重，吴为最；其直轻，闽为最，越皆次之。

又说："余所见当今刻本，苏、常为上，金陵次之，杭又次之。近湖刻、歙刻骤精，遂与苏、常争价。蜀本行世甚寡，闽本最下。"② 谢肇淛说：

> 今杭刻不足称矣，金陵、新安、吴兴三地剞劂之精者不下宋版。楚、蜀之刻，皆寻常耳。闽建阳有书坊，出书最多，而板、纸俱最滥恶，盖徒为射利计，非以传世也。③

苏、常一带正是明代后期商品经济迅速发展的地区，由此可见，明代刻书业的发展特别是坊刻书的发展，是与商品经济的发展息息相关的。同时，手工业生产技术的进步，带动了印刷技术的提高，浙江吴兴闵、凌二家的套色印刷技术也就是在这种背景下得到发展的。

就图书销售而言，由于交通的便利和通畅的国内市场网络，形成了北

---

① （明）胡应麟：《少室山房笔丛·经籍会通四》。
② （明）胡应麟：《少室山房笔丛·经籍会通四》。
③ （明）谢肇淛：《五杂组》卷13。

京、杭州、南京、苏州四大聚书之地。北京虽然刻书不多，"燕中刻本自稀，然海内舟车辐辏，筐篚走趋，巨贾所携，故家之蓄，错出其间，故特盛于他处，第其直至重。诸方所集者，每一当吴中二，道远故也；辇下所雕者，每一当越中三，纸贵故也"。杭州刻书数量虽不及南京、苏州，但因"其地适东南之会，文献之衷，三吴七闽，典籍萃焉。诸贾多武林龙丘，巧于垄断，每瞰故家有储蓄而子姓不才者，以术钩致，或就其家猎取之（此盖海内皆然）。楚、蜀、交、广，便道所携，间得新异。关、洛、燕、秦，仕宦囊装所挟，往往寄鬻市中，省试之岁，甚可观也"。"吴会、金陵，擅名文献，刻本至多，巨帙类书，咸会萃焉。海内商贾所资，二方十七，闽中十三，燕、越弗与也。"① 至于建阳崇化，既有宋元以来刻书的传统，也有产业聚集效应的因素，商业贸易的发展也很好地解决了产品的销路问题。

关于明代刻书的特点，明洪武至正德以前刻书基本上承袭了元代遗风，刻书字体多为赵字，版式以大黑口居多，装订多用包背装，印书用纸多棉纸，少数用麻纸。明代嘉靖以后，装订多用线装；万历以后，刻书多用竹纸。明正德、嘉靖、隆庆至万历前期，对于经史子集四部图书，人多喜欢覆刻宋版，其他刻书也多模仿宋本版式字体。版式由以黑口为主变为以白口为主，字体也多用欧、颜体，但似显板滞，不如前期刻书字体自然。明万历以后，书业快速发展，刻书字体由方变长，笔画横轻直重，形成了后人所说的"宋字"。

"宋字"与手写的欧字、楷字不同，横平竖直，形态呆板，缺乏个性，历来为文人所轻视。不过，从手写体向宋体的改变，正是明代后期图书出版业降低生产成本，向标准化、规模化生产发展的现实反映。手写体刻字，对写样的要求较高，刻字时亦须逐字雕刻，速度也较慢；而宋字结体规范，横平竖直，笔画规整，虽然看起来呆板，但写样容易，刻字工人可以在一版之中将相同笔画一气刻成，再转动书板，雕刻其他笔画，易于凑刀，大大提高了刻字的效率，降低了刻书的成本。因为资料有限，明代各种字体写刻工价的差别还不太清楚，但根据清代武英殿刻书的工价，可以推测明代后期不同字体写、刻工工价的差别。

---

① （明）胡应麟：《少室山房笔丛·经籍会通四》。

外雇匠役工价：……凡书刻宋字，每百字工价银八分，刻软字，每百字工价银八分，刻欧字，每百字工价银一钱四分，枣木板加倍。……凡书写宋字，每百字工值银二分，软字三分，欧字四分。①

"软字"即一般的手写字体，虽然刻字价与宋字一样，但写样却比宋字贵，欧字的要求更高，因此写样、刻字的价格最高。宋字写样、雕刻容易，效率较高，因此价格最低。宋字写样、刻字技术要求降低，既提高了刻字效率，又降低了职业准入的难度，能够使更多的人更容易地进入雕版印刷的行业。宋字虽然缺少变化，但正因为如此，当多名工人分头写样刻字时，因字形标准，一般不会出现因写样师傅与刻工不同而字体差别太大的情形，有利于规模化生产。大概正是由于上述诸多原因，宋字就成了此后书坊刻书的主要字体。

明代刻书与宋元刻书有一个很大的不同，宋元刻书往往有很详细的刻工姓名，并记每板字数，这应该是为了计算每个刻工的工钱；而明代刻书，刻工的姓名已大大减少，往往一本书只有很少的刻工姓名，而雕刻的风格明显不同，显然不是一人所刻。对于这种现象，日本学者长泽规矩也指出，这些刻工名多是工头名。长泽规矩也的说法虽然缺乏直接的证据，但结合前面所分析的明代后期雕版字体变化所折射出来的出版行业的种种变化，长泽规矩也的猜测应该是有一定道理的。由此，也反映出明代在图书出版业方面已出现了高度的行业分工和工匠组织，这与学术界过去对明代中后期江浙一带在诸如纺织业中所出现的资本主义萌芽的研究结果是相一致的。

明代商品经济的发展和市民文化的繁荣，对图书的品种、内容和刻印技术都产生了深刻的影响。谢肇淛曾说：

近时书刻，如冯氏《诗纪》、焦氏《类林》及新安所刻《庄》《骚》等本，皆极精工，不下宋人。然亦多费校雠，故舛讹绝少。吴兴凌氏诸刻，急于成书射利，又悭于倩人编摩，其间亥豕相望，何怪其然！至于《水浒》《西厢》《琵琶》及《墨谱》《墨苑》，反覃精聚神，

---

① 《钦定总管内务府现行则例·武英殿修书处则例》，海南出版社 2000 年《故宫珍本丛刊》本。

穷极要眇，以天巧人工徒为传奇耳目之玩，亦可惜也！①

如冯氏《诗纪》等书刻校俱精，与吴兴凌氏诸书贾所刻之异正是传统所谓"家刻"与"坊刻"之间的区别所在；《水浒》等文学读物因深得一般读者喜爱，《墨谱》《墨苑》为造墨商人的商品广告，因此书坊刻书时肯下本钱，使之图文并茂、美轮美奂，对一般百姓很有吸引力。

明代刻书业较前代虽然有很大发展，但也有一些显著的缺点。

第一，受商业文化的影响，世风浮华不实，因此刻印了不少了无新意、庸俗的作品，前引王慎中、唐顺之曾经讥讽这种风气说："宇宙间有一二事，人人见惯而绝是可笑者：其屠沽细人，有一碗饭吃，其死后则必有一篇墓志；其达官贵人与中科第人，稍有名目在世间者，其死后则必有一部诗文刻集，如生而饭食，死而棺椁之不可缺。……若皆存在世间，即使以大地为架子，亦安顿不下矣。"② 明末学者曹溶也批评道："近来雕版盛行，煤烟塞眼，挟资入贾肆，可立致数万卷，于中求未见籍，如采玉深崖，旦夕莫觊。"

第二，明代刻书特别是专以营利为目的的书坊刻书很多都纸墨不精，粗制滥造。为了降低成本，明代书坊图书，一般纸、墨、刻多价低质差。明代蔡清《易经蒙引》前有勘合云："嘉靖八年九月二十九日礼部题：臣等访得科举之书，尽出建宁书坊，合无俟命下之日，本部移咨都察院，转行福建提学副使，将《易经蒙引》订正明白，发刊书坊，庶几私相贸易，可以传播远迩。就便刊刻，亦不至虚费国财。十月初一日奉圣旨：'是。钦此。'都察院卯字一千八百十九号勘合札付。九年正月十四日，福建按察司副使案验其书，嫌木理疏松。"③ 木理疏松，盖取材便宜、雕刻易成耳，当然后果就是版印模糊，质量低劣。

第三，序跋太多。喜请人作序是明刻图书的一大特点，少则三五篇，多则十来篇。明天启罗氏家刻《罗整庵先生存稿》竟有序跋十八篇，明末刻清初修补印本《鸟鼠山人集》之序跋则达二十一篇。书序多为应酬之作，

---

① （明）谢肇淛：《五杂组》卷13。
② （明）唐顺之：《唐荆川文集》卷6《答王遵岩书》，民国上海商务印书馆《四部丛刊》影印明万历刊本。
③ （清）俞正燮：《癸巳存稿》卷12《刻书》，民国上海商务印书馆《丛书集成初编》排印本。

令人生厌。

第四，字用古体。刻书本应以字体清晰易识为上，而明人刻书好用古体字以示其文雅渊博，但又往往不明六书，多有误字，贻笑大方。

第五，伪造古书。明代一些学者以藏有孤本、秘本来向学术界同仁炫耀，有时便不惜伪造古书，如杨慎伪造《汉杂事秘辛》，四明丰坊伪造《子贡诗传》《申培诗说》《朝鲜尚书》《日本尚书》等；一些书商为了营利，也往往伪造出古书刻印出版，如《苏批孟子》。

第六，妄改古书，随意增删。顾炎武曾经指出："万历间人多好改窜古书，人心之邪、风气之变，自此而始。"① 不仅内容妄改妄删，书名也随意更改，当代学者谢国桢先生曾指出："三古遗书，汉唐子集，原书罕见，若隐若亡，经明人刊刻，赖以得存，或记史料，或志乡贤，昔人不易经见之书，今则可置诸几席之间，其功不可胜量，然而明人刻书，喜妄立名目，臆改卷第，如冯梦祯刻唐刘肃《大唐新语》误改为《唐世说新语》，《两京遗编》之《春秋繁露》八卷实非足本。至删改文字，自立标题，更不遑论已。"② 自古以来，改窜古书大致有三种原因：第一种是为达到某种目的而有意窜改；第二种是校勘不精而致误；第三种则是不学无术，不懂古书而又强作解人，以致贻笑大方。关于第二种，历来抄、刻书籍，难免有误，但明代刻书特别是书坊刻书，因求其速成而校勘草率的现象非常普遍，清代周亮工说："予见建阳书坊中所刻诸书，节缩纸板，求其易售，诸书多被刊落。……六十年前，白下、吴门、虎林三地书未盛行，世所传者，独建阳本耳，即今童子所习经书，亦尚是彼地本子，其中错讹颇多。近己亥（指万历二十八年）闱中麟经题讹，至形之白简。宋时场屋中，亦因题目字讹，致士子喧争，皆为建阳书本所误。古今事相同如此，故予谓建阳诸书，尽可焚也。"③ 关于第三种，明人刻书，常因不懂古书文义而妄下雌黄，如明人有刻《金石录》者，李清照后序有"绍兴二年玄黓壮月朔"一句，刻书人不解"壮月"即八月，因改为"牡丹"，故"凡万历以来所刻之书多'牡

---

① （清）顾炎武：《日知录》卷18《改书》。
② 谢国桢：《明清笔记谈丛·丛书刊刻源流考》，上海书店出版社2004年版。
③ （清）周亮工：《因树屋书影》卷1，清康熙六年刻本。

丹’之类也”①。不仅妄改内容，书名也被随意改篡。叶德辉指出：“明人刻书，有一种恶习：往往刻一书而改头换面，节删易名。如唐刘肃《大唐新语》，冯梦祯刻本改为《唐世说新语》；先少保公（指宋代叶梦得）《岩下放言》，商维浚《稗海》本改为郑景望《蒙斋笔谈》；郎金奎刻《释名》，改作《逸雅》以合《五雅》之目。”古书常有缺佚，明人有时便凭己意臆补。有些书商为了谋利，甚至采取欺骗手段，割裂古书，前引郎瑛《七修类稿》批评福建与徽州书坊翻刻外省图书卷数目录相同但减去篇章即是其例。

第七，校勘不精、脱落讹误是明刻本最大的缺点。叶德辉曾经评价说："明人好刻书，而最不知刻书者。"不仅坊刻本质量普遍低劣，就是官府刻书和文人学者刻书，质量也难以完全保证。顾炎武曾以明北监本《二十一史》为例，略举其中错讹之处后说："此则秦火之所未亡，而亡于监刻矣!"②同样有不少地方官府刻书是粗制滥造，明代何良俊记："近日黄毅所（希宪）巡下江，刻《五经集注》于苏州府，最是盛事，但不知委之何人？将何处本作式？写完即刻，全不校勘，讹舛太甚，甚至一板中有差六七字者。"③明嘉靖刻本《张说之文集》脱落一行者竟有数十处。

需要特别指出的是，蒙文通先生曾从版本学的角度谈到了一个常常被人忽视的问题。蒙先生指出：

> 从板本学上来看，《四库提要》常常丑诋明刻本随意删改古籍，错误很多。虽这也是事实，但这些荒谬的刻本，多是出于笃守宋学的旧派学者之手。明刻、明钞的善本书，为数也很多，往往出自北宋本，其价值更在宋刻坊本之上，向为清代校勘家所重视。这一些善本多刻于嘉靖时代，而刻书的人和作序跋的人，几乎都和十才子、四十才子有师友渊源，这岂不是两派间的又一道鸿沟，《四库提要》的作者由于没有看到这种新、旧的差别，当然也就笼统其词了。④

---

① （清）顾炎武：《日知录》卷18《别字》。
② （清）顾炎武：《日知录》卷18《监本二十一史》。
③ （明）何良俊：《四友斋丛说》卷36，中华书局1959年排印本。
④ 蒙文通：《中国历代农产量的扩大和赋役制度及学术思想的演变》，《古史甄微》，巴蜀书社1999年版，第374—375页。

蒙先生的这一论断是符合实际情况的，也是在评价明代刻书时所必须注意的。

第三节　清代图书事业的发展环境

清朝是中国最后一个封建王朝，前期，社会经济达到了中国封建时代的最高水平；后期，则经历了从一个封建大帝国沦落为西方列强可以任意宰割蹂躏的国家的痛苦历程，也经历了从思想上完全封闭到逐步开放的过程。

一　清代的"文字狱"

公元 1644 年，北方少数民族的满族打进了山海关，推翻了腐朽的明王朝，建立起了清王朝。清王朝为了巩固统治，在文化领域采取了一系列措施，这些措施对整个清代的文化及图书事业产生了重大的影响。

图书之厄，莫过于"文字狱"。兵火水灾仅能对图书本身造成危害，而"文字狱"则不仅使图书遭厄，写书、贩书之人也难逃厄运，更为严重的是，它将造成一种社会恐怖，钳制人们的思想，阻碍社会的进步。在中国历史上，每一次"文字狱"无不给文化事业带来灾难性的后果。在中国古代，历时最久、破坏最大的莫过于清代的"文字狱"。

明清鼎革之际，民族矛盾、社会矛盾交织在一起，整个社会处于剧烈的动荡之中。对于刚入主中原的清朝统治者来说，他们希望通过拉拢和打击双重手段来对付能够对社会主流思想产生很大影响的读书人。一方面，清朝统治者以高官利诱一些前明知识界精英如号称明末文坛领袖的钱谦益以及吴伟业、黄宗羲、方以智、傅山、顾炎武等；另一方面，则采用严厉的手段进行镇压，对那些具有甚而被认为具有反清思想的著作严加查禁销毁。而对于清初读书人来说，明清鼎革，可称"天崩地解"，亡国之痛、民族之恨对他们的思想、著述也产生了重大影响。面对清朝统治者的拉拢与利诱，他们有的选择了归顺清朝，如钱谦益、吴伟业；有的则以抗命的方式拒绝朝廷的征召，如顾炎武、方以智、黄宗羲等；还有的甚而起兵抗清，如傅山。无论哪一种情况，对于读书人来说，都会反映在著述上面。因此，明末清初虽然战乱未平、天下未靖，但思想界却非常活跃，宣传抗清反清、恢复明室，借文寄托亡国之思的作品非常多。清初学者全祖望称"明野史凡千余家"①，就是当时情况的真实写照。贯穿于清朝前半叶的"文字狱"就是在这种背景下发生的。

早在清顺治五年（1648 年），即有"毛重倬坊刻《制艺序》案"，因为毛氏坊刻图书序文中只用了干支纪年而未用清朝顺治年号，因此被诬为"目无本朝，阳顺阴违，逆罪犯不赦之条"② 而被治罪。清顺治末，浙江乌程南浔人庄廷鑨购得同乡、先后任明朝国子监祭酒、文渊阁大学士、首辅的朱国桢所著《大事记》和《史概》稿本，于是便召集名士加以修改增损，并补崇祯一朝事，以《明书》为名（一说为《明史稿》）刊刻行世，不久被归安县令吴之荣告发。此事始于顺治十八年（1661 年），结案于康熙二年（1663 年）。结案时庄廷鑨已死，但也被掘墓戮尸；除庄氏诸子与门生弟子被杀外，所有与此事有关联的人均遭迫害：凡在书上题名之人，列名参校之士，刻书及送板、订书之工，贩书之贾一应俱斩，死者达二百二十一人，所有人犯之妻女则被送往边地为奴。

到了康熙以后，清朝统治者更是变本加厉，大兴"文字狱"。清康熙五十一年（1712 年），又发生了"戴名世《南山集》案"。此案只因《南山集》中曾经引用方孝标《钝斋文集》和《滇黔纪闻》语，提到明永历帝的年号（当时清朝已经建立），又在给其弟子的信中讨论修史的规则时说清朝应以康熙元年为定鼎之始（此前一年南明永历帝被吴三桂所杀），结果被人告发遭族诛之罪，方氏后人及有服者也全被杀。

雍正四年（1726 年），查嗣庭主持江西乡试，所出题目为《尚书》中的一句话——"维民所止"，后被人诬告说"维止"二字意在去"雍正"之头，结果查嗣庭被杀。

雍正中，永兴县人曾静鼓动川陕总督岳钟琪反清，事发被拘。在曾静的供词中，涉及吕留良评点时文有"夷夏之防"等语，并且曾静与吕留良弟子严鸿逵以及严氏弟子沈在宽多有诗文往来。雍正皇帝以吕留良鼓吹民族思想可能动摇国本，亲将与曾静问答之词编为《大义觉迷录》并广为颁发、

---

① （清）全祖望：《鲒埼亭集外篇》卷 44《与卢玉溪请借钞续表忠记书》，清嘉庆十六年刻本。
② （清）郑敷教：《郑桐庵笔记补遗》，赵诒琛、王大隆 1937 年辑《丁丑丛编》排印本。

宣讲。其时吕留良及其子吕葆中、严鸿逵等虽早死，仍戮尸枭示，吕留良子吕毅中、沈在宽斩立决，族人俱诛。

乾隆时，"文字狱"愈演愈烈。乾隆二十年（1755 年），湖南学政胡中藻所著《坚磨生诗钞》中有"一世无日月，斯文欲被蛮"等语句，并且所出试题中有"鸟兽不可与同群"和"狗彘食人肉"句，因此被诬为大逆不道而遭凌迟，其家十六岁以上的男性皆斩立决；出资替胡氏刊板并作序的张开泰也被杀。

乾隆四十二年（1777 年），举人王锡侯删改《康熙字典》另刻《字贯》一书，只因该书序文中列有康熙、雍正皇帝名讳而遭重罪。

乾隆四十三年，举人徐述夔的《一柱楼诗集》中多有"悖逆"之语，特别是其中有"明朝期振翮，一举去清都"句，被诬为借朝夕之朝为朝代之朝，"且不言到清都，而云去清都，显有欲兴明朝、去本朝之意"①，因此被控为大逆不道。徐述夔本人虽早已去世，但还是牵连了不少人，就连曾是文坛泰斗、当时也已去世的沈德潜，只因为徐氏作过传，因此被革去了原来所有的官衔谥典，在乡贤祠的牌位被撤出，所赐祭葬碑文也被"查明仆毁"。

康、雍、乾三朝，仅见于记载的"文字狱"就达一百余次，绝大多数都是捕风捉影，株连无辜，如有人只因为诗中有"清风不识字，何事乱翻书"句而丢了性命，于此可见清代"文字狱"之惨烈。

因为朝廷屡兴"文字狱"，于是告讦之风盛行，各地方官员也是宁滥勿纵。乾隆时御史曹一士上疏论当时之情形云：

> 比年以来，小人不识两朝（力案：指康熙、雍正）所以诛殛大憝之故，往往挟睚眦之怨，借影响之词，攻讦诗文，指摘字句。有司见事生风，多方穷鞫，或致波累师生，株连亲故，破家亡命，甚可悯也！②

"文字狱"不仅是对读书人人身的直接迫害，也是对图书事业的大摧残。

---

① （清）王先谦纂《东华续录》（乾隆朝）卷 88，清光绪十年长沙王先谦刻本。

② 《清史稿·曹一士传》。

清朝的"文字狱"不仅表现在对有意或无意中触犯了清王朝禁条的学者、儒生及其家属、弟子的人身迫害上，它的另一个表现形式就是大肆禁书、焚书。在对具有反清意识的读书人实行严厉镇压的同时，清王朝对凡是他们认为不利于其统治的著作也严加查禁，就连发了一点牢骚的著作也在查禁之列。清代著名学者何焯一生曾著有许多极有价值的学术著作，康熙五十四年，何焯因事下狱，门人恐怕何氏书中有忌讳之语，便将何氏《语古斋识小录》未刊稿本付之一炬。

乾隆三十三年（1768 年），著名的王学大师李绂仅仅因在其文集中发了几句牢骚，乾隆皇帝即令查禁并销毁板片，以"毋听谬种流传"。对于书中有反清文字或被认为是反清的著作以及不利于清朝统治的著作，查禁就更为严厉。清顺治、康熙中曾屡次查禁销毁"小说淫词及各种秘药"。乾隆三十八年又下谕要销毁内中有"忌讳诞妄字句"和"诋毁本朝"之书及"稗官私载"。仅乾隆三十九年至四十年间，就焚书二十四次共一万三千八百余部，至于整个清代查禁图书的次数及销毁图书的种数、部数就更是不可胜数了。清朝的军机处、四库馆及各省都将应禁之书编成目录，如军机处的禁书目录达一千零一十六种，四库馆的禁书目录达三百二十七种，河南省的禁书目录达七百五十六种，浙江省的禁书目录达五百零九种。① 在焚书、禁书的同时，一些被认为危害不大的图书也被大量抽毁和篡改。例如宋、明人著作中凡有涉及金、满洲，有清帝讳字者，引用"叛臣"如钱谦益、屈大钧、吕留良、顾炎武、黄宗羲等人的著作言论者，都要加以抽毁、篡改。在清朝官修的《四库全书》中，这种现象尤其严重。

"文字狱"的盛行也影响到了图书的流通和收藏。和前代所有封建王朝一样，清朝统治者也很注意图书的收藏。清王朝接收了明王朝中央政府的藏书，但"内府书籍，篇目粗陈，而搜集未备"，因此便开始向民间大规模地征集图书。《东华录》记载：清顺治十四年，诏令直省学臣征求遗书，但因为当时文学狱已经兴起，民间虽有藏书，但害怕书中有干犯忌讳之语，于是都"争相焚弃"。康熙二十五年又下诏征求图书：

---

① 清代禁书的详细情况可参见雷梦辰《清代各省禁书汇考》，书目文献出版社 1989 年版。

应令直隶、各省督抚，出示晓谕：如得遗书，令各有司会同儒学教官转详督学及该督抚，酌定价值，汇送礼部。其无刻板者，亦令各有司雇募缮写，交翰林院进呈。有愿自行呈送者，交礼部汇缴。……今搜访藏书善本，惟以经学史乘、实有关系修齐治平助成德化者，方为有用。其它异端诐说，概不准收录。①

清乾隆时，官府征书更是频繁。不过，终因人们畏惧"文字狱"，献书总是不太踊跃，连各地方官员都怕牵连，因而收书也不积极。乾隆皇帝于三十八、三十九年接连下谕征求图书，三十九年八月丙戌下谕：

前曾谕令各督抚，采访遗书，汇登册府。下诏数月，应者寥寥。彼时恐有司等因遗编中或有违背忌讳字面，惧涉干碍，而藏书家因而窥其意指，一切秘而不宣。因复明切宣谕：即或字意触碍，乃前人偏见，与近时无涉，不必过于畏首畏尾，朕断不肯因访求遗籍，于书中寻摘瑕疵，罪及收藏之人。若仍前疑畏，不肯尽出所藏，将来或别露违碍之书，则是有意收存！……书中或有忌讳诞妄字句，不应留以贻惑后学者，进到时亦不过将书毁弃，转谕其家，不必收存，与藏书之人，并无干涉。至督抚等经手汇送，更无关碍。②

这道谕旨虽然旨在让人们打消疑虑，但其中文字却充满威胁：如果仍藏匿不交，则今后发现有违碍之书，则是有意收存，其罪自属不小。如果收到书中有违碍字样，亦当"将书毁弃"！在这道谕旨中还更进一步提到了征集图书的重点：

乃各省进到书籍不下万余种，并不见奏及稍有忌讳之书。岂有裒集如许遗书，竟无一违碍字迹之理？况明季末造野史者甚多，其间毁誉任意，传闻异词，必有诋触本朝之语。正当及此一番查办，尽行销毁，杜

---

① 《清圣祖仁皇帝实录》卷126，中华书局1986年影印本。
② 《清高宗纯皇帝实录》卷964，中华书局1986年影印本。

遏邪言，以正人心而厚风俗，断不宜置之不办。①

于此可见，清廷征集图书的主要目的，就是借征集图书之机查办禁书，将不利清朝统治的图书"尽行销毁"，以达到"杜遏邪言"的目的，而其重点是明末那些"诋触本朝"的"野史"。

"文字狱"的盛行，使广大读书人不能也不敢关心国家大事，只能埋头于古代文献的考据中，学术活动局限在考据等极为有限的范围之内，而明末已经出现的资本主义启蒙文化遭到了扼杀，明末思想文化界所呈现的那种繁荣景象消失了。

二　"乾嘉之学"与清代学术

提倡实证的考据学是清代学术的主流。考据学本来发端于宋代，但研究方法的成熟并得到学术界的普遍认可则是以顾炎武的《日知录》《音学五书》《天下郡国利病书》等成书为标志。考据学到乾隆、嘉庆年间达到了鼎盛。乾、嘉之后，其研究、考据方法仍然在学术界占据主流地位。直到二十世纪以后，"新史学"等国外近代学术研究方法传入中国，其主流地位才逐渐被取代。学术界把这种以考据为主、盛行于清代的学术研究方法称为"乾嘉之学"，其学术流派称为"乾嘉学派"。

清朝初年，尚袭明末以来学风，不少读书人在"经世致用"的口号下，关心时事政治，力图匡复明朝，其代表人物有顾炎武、黄宗羲、王夫之、方以智等。当清兵入关后，他们或组织义兵抗清，或著书立说以唤起民族意识。

顾炎武字宁人，号亭林。清兵南下时曾举兵抗清，失败后归隐山林，清廷虽屡次征召，仍拒绝效命。他曾提出"天下兴亡，匹夫有责"，反对专制制度。顾炎武提倡穷经致用，其弟子潘耒说：

顾宁人先生生长世族，少负绝异之资，潜心古学，九经诸史略能背诵，尤留心当世之故，实录奏报，手自钞节，经世之务，一一讲

---

① 《清高宗纯皇帝实录》卷964。

求。……足迹半天下，所至，交其贤豪长者，考其山川风俗、疾苦利病如指掌。精力绝人，无他嗜好，自少至老，未尝一日废书，出必载书数麓自随。旅店少休，披寻搜讨，曾无倦色。有一疑义，反覆参考，必归于至当；有一独见，援古证今，必畅其说而后止。①

他还提倡实事求是的学风，对清代的考据学产生了很大的影响。梁启超先生评价说：

> 亭林的著述，若论专精完整，自然比不上后人。若论方面之多、气象规模之大，则乾嘉诸老，恐无人能出其右。要而论之，清代许多学术，都由亭林发其端，而后人衍其绪。②

《日知录》三十二卷是顾炎武的学术代表作，《四库全书总目》评价说："炎武学有本原，博瞻而能通贯，每一事必详其始末，参以证佐，而后笔之于书，故引据浩繁，而抵牾者少。"③《天下郡国利病书》一百卷、《肇域志》一百卷为其地理学方面的代表作，《音学五书》五种三十八卷则是其音韵学方面的代表作，成为清人研究音韵学之先导。顾氏近五十种著作不但数量多、学术成就高，更重要的是它开了清代考据学之先河，其研究方法对乾嘉学者有很大的启发和影响。

黄宗羲字太冲，号梨洲。清兵南下时曾组织义兵抗清。他猛烈地抨击了专制主义制度，提倡民主学说，指出：

> 今也以君为主，天下为客，凡天下之无地而得安宁者，为君也。是以其未得之也，屠毒天下之肝脑，离散天下之子女，以博我一人之产业也；其既得之也，敲剥天下之骨髓，离散天下之子女，以奉我一人之淫乐，视为当然，曰："此我产业之花息也。"然则为天下之大害者，君

---

① （清）潘耒：《日知录序》，清道光十四年西谿草庐刻本。
② 梁启超：《中国近三百年学术史》，《梁启超全集》，第 4460 页。
③ （清）永瑢等：《四库全书总目·子部·杂家类三·日知录》

而已矣。①

因此他主张限制君权。所著《明夷待访录》反映了黄氏的政治理想，是明末清初最重要的一部思想启蒙著作，后来甚至被清末革命党人作为宣传民主主义的思想武器。黄宗羲不仅是清初一位杰出的思想家，还是一位大藏书家、著名学者。全祖望说：

> （黄宗羲）愤科举之学锢人生平，思所以变之。既尽发家藏书读之，不足，则抄之同里世学楼钮氏、澹生堂祁氏，南中则千顷斋黄氏，吴中则绛云楼钱氏。穷年搜讨，游屐所至，遍历通衢委巷，搜剔故书。薄暮，一童肩负而返，乘夜丹铅，次日复出，率以为常。②

黄宗羲曾与许元溥、刘城诸人约建钞书社，他自己的藏书楼亦命名为"续钞堂"。黄氏一生著述颇丰，凡五十余种，最著名的有《明夷待访录》《明史案》（二百四十卷，已佚）《行朝录》（八种）《明儒学案》《宋元学案》③《南雷文定》（以后又删定为《南雷文约》），辑《明文海》四百八十二卷。在学术上，《明儒学案》《宋元学案》最为重要。梁启超先生称："中国有完善的学术史，自梨洲之著学案始。"此外，黄宗羲所著"《易学象数论》六卷，……为后来胡胐明（渭）《易图明辨》的先导。如《授书随笔》一卷，则阎百诗（若璩）问《尚书》而作此告之，实百诗《古文尚书疏证》的先导"④。黄氏善历算之学，故有不少这类著作，如《历代甲子考》《授时历故》等。除了已成的著作外，黄宗羲还有不少未成稿，如重修《宋史》、续辑《宋文鉴》和《元文钞》等。

　　顾、黄学术格局之大，可谓前无古人，实证考据之绵密虽不及乾嘉诸君，但开乾嘉学术风气者，则当属顾、黄。

---

① （清）黄宗羲：《明夷待访录·原君》，清道光二十九年刻《海山仙馆丛书》本。
② （清）全祖望：《梨洲先生神道碑》，《鲒埼亭集》卷 11，民国上海商务印书馆《四部丛刊》影印姚江借树山房刻本。
③ 此书由黄宗羲发凡起例，并先成十七卷，后由其子黄百家和全祖望完成。
④ 梁启超：《中国近三百年学术史》，《梁启超全集》，第 4453 页。

顾、黄以后，从康熙后期开始，"文字狱"屡兴，在封建专制主义的淫威下，学术风气变化，从"经世致用"转变为消极避世，研究范围多局限于文献考证和名物训诂研究。梁启超先生曾经指出：

> （清代）文字狱频兴，学者渐惴惴不自保，凡学术之触时讳者，不敢相讲习。然英拔之士，其聪明才力，终不能无所用也；诠释故训，究索名物，真所谓"于世无患、与人无争"，学者可以自藏焉。①

因为惧怕"文字狱"而潜心于"于世无患、与人无争"的古代典籍的整理，对于中国古代文化的传承自然是有意义的。实际上清代在古代文献整理等方面也确实取得了前所未有的成就。但是，清代"文字狱"抑制了人们的思想，剥夺了读书人的创作自由，也使明代后期以来出现的思想解放运动夭折，学术活动呈畸形发展之象。

经学是清代学术的重点。与明代经学不同，清代经学受考据学的影响，呈现出不同的特点。清末学者皮锡瑞评论说：

> 经学自两汉后，越千余年，至国朝而复盛。……康熙五十四年，御纂《周易折中》二十二卷；乾隆二十年，御纂《周易述义》十卷；康熙六十五年，钦定《书经传说汇纂》二十四卷，钦定《诗经传说汇纂》二十卷，序二卷；乾隆二十年，御纂《诗义折中》二十卷；乾隆十三年，钦定《周官义疏》四十八卷，钦定《仪礼义疏》四十八卷，钦定《礼记义疏》八十二卷；康熙三十八年，钦定《春秋传说汇纂》三十八卷；乾隆二十三年，御纂《春秋直解》十六卷；乾隆四十七年，钦定《四库全书总目》，以经部列首，分为十类。……乾隆五十八年，诏刊十三经于太学，依开成《石经》，参以善本，多所订正。嘉庆八年，复命廷臣磨改，以期尽善，尤为一代盛典，足以别黑白而定一尊。
>
> 　　凡事有近因，有远因。经学所以衰而复盛者，一则明用时文取士，至末年而流弊已甚。顾炎武谓八股之害，甚于焚书。阎若璩谓不通古

---

① 梁启超：《清代学术概论》，《梁启超全集》，第 3079 页。

今，至明之作时文者而极。一时才俊之士，痛矫时文之陋，薄今爱古，弃虚崇实，挽回风气，幡然一变。王夫之、顾炎武、黄宗羲皆负绝人之姿，为举世不为之学。于是毛奇龄、阎若璩等接踵继起，考订校勘，愈推愈密。斯为近因。①

由于清朝统治者大力提倡经学，有清一代，经学著作数量十分庞大，其研究内容或者以版本著，或者以古经古注著，或者以校勘辑佚著，或者以注释疏解著。从学术研究的角度看，无论是经学的角度还是文献学的角度，都取得了前所未有的成绩。

清代经学文献整理成果丰硕。清康熙初，纳兰成德与其师徐乾学辑刊《通志堂经解》一百四十种一千八百六十卷，这是一套总结唐、宋、元朝（也包括唐以前经学著作二种和明代经学著作三种）经学的丛书，所用底本以著名藏书家徐乾学家藏为主。明人经学以《四书大全》《五经大全》为依归，少有创新，《通志堂经解》则一反明人旧习，刊刻唐宋元人经学著作，对于清代经学的复兴产生了重要的影响。《通志堂经解》每种书前都有序，概括该书内容与价值，这种方法对《四库全书总目》编纂也产生了很大的影响。继《通志堂经解》之后，嘉庆中张金吾又将家藏宋元经解著作（其中有少量唐人和明清人著作）八十七种一千四百三十七卷，以《诒经堂续经解》为名传写行世，此书后来辗转归上海东方图书馆，1932 年 2 月 1 日被日本浪人纵火焚毁。

《皇清经解》本名《大清经解》，又名《学海堂经解》，是清代另一部重要的经学丛书，为著名学者阮元任两广总督时由其创设的书院学海堂罗致学者编纂而成。全书共收七十三家、一百八十三种著作，凡一千四百卷，道光九年（1829 年）全书辑刻完成。咸丰七年（1857 年），英法联军攻陷广州，书版大部被毁。咸丰十年，两广总督劳崇光等捐资补刻，并增补冯登府著作《汉石经考异》等七种八卷，是为"咸丰庚申补刊本"。同治九年（1870 年），广东巡抚李福泰增刊许鸿磐《尚书札记》四卷，是为"庚午续刊本"。《皇清经解》所收图书的作者上起清初顾炎武，下迄道光时人刘逢禄、宋翔凤等，

① （清）皮锡瑞：《经学历史》，周予同注释，第 295—299 页。

是清代前期、中期经学之集大成者，反映了清代考据学的最高成就，编成刊印后，颇受学者重视，成为清代最重要的学术丛书之一。继《皇清经解》之后，清光绪中江苏学政王先谦在其创设的南菁书院仿《皇清经解》体例，汇刊清儒经学及相关著作，编成《皇清经解续编》，共收书一百一十一家二百零九种，收书范围仍上起顾炎武，下迄时人龚自珍、俞樾等。清光绪十四年（1888年）全书刊刻完成，与《皇清经解》并为清代经学丛书之双璧。

清代与经学相关的重要著作还有阮元编纂之《经籍籑诂》《十三经注疏校勘记》、段玉裁的《说文解字注》、朱骏声的《说文通训定声》、刘文淇的《左传旧注疏证》、孙诒让的《周礼正义》等。

清代在文学艺术方面也取得了很大的成就。清代虽然有严酷的"文字狱"，但在文学艺术方面，却产生了不少脍炙人口、具有很高文学价值和充满批判现实主义精神的作品，与乾嘉考据家们的著作形成了鲜明的对比。在清代的小说、戏曲中，不少作品通过人物形象的塑造、故事情节的叙述，反映了汉族人对满洲统治者的抗争，表现出强烈的民族主义思想。虽然一方面清朝统治者不断查禁所谓"诲淫诲盗"的作品，但这些书在民间、在读书人中却广为流传，短篇小说集《聊斋志异》和长篇小说《红楼梦》甚至达到了家喻户晓的地步。

蒲松龄的《聊斋志异》借鬼狐故事揭露了当时社会的黑暗、封建统治者对人民的残酷压榨和迫害，歌颂了争取婚姻自由的青年男女，鞭挞了封建礼教束缚青年的罪恶。不少篇章字里行间还透露出了强烈的反清色彩。

曹雪芹的《红楼梦》通过贾宝玉和林黛玉的爱情悲剧，反映了当时的社会现实，揭露了封建制度和封建礼教的对人性的戕害。在这部小说中，各种人物栩栩如生，情节精彩动人。无论是思想性还是艺术性，其在中国小说史上都达到了前所未有的高度。

吴敬梓的长篇小说《儒林外史》对科举制度进行了辛辣的讽刺，具有很高的思想性和艺术性。鲁迅先生曾评论说："迨吴敬梓《儒林外史》出，乃秉持公心，指摘时弊，机锋所向，尤在士林；其文又感而能谐，婉而多讽，于是说部中乃始有足称讽刺之书。"①

---

① 鲁迅：《中国小说史略·清之讽刺小说》，见《鲁迅全集》。

在戏曲方面，清代也产生了一大批有影响的戏曲家，如李玉、李渔、洪昇、孔尚任、蒋士铨等，他们所作的《精忠谱》《笠翁十种曲》《长生殿》《桃花扇》《红雪楼九种曲》等在中国戏曲史上均占有重要地位。

清代史学成绩斐然。为矫明代后期王学末流空论误国之弊，顾炎武、黄宗羲倡经世之学，尤其是顾炎武开考据实证之风气，而黄宗羲、全祖望为首的"浙东史学"则在研究方法上对清代史学产生了很大影响。顾、黄以外，清初王夫之"多闻博学，志节皎然，不愧黄、顾两君子"①，其《永历实录》《读通鉴论》《宋论》都是清代重要的史学著作。清代史学在一些断代史、专门史方面也取得了很高的成就，如西夏史、元史、明史等都有开创之作。

明清易代之后，民间修纂明史之风颇甚，著名的有谈迁的《国榷》、吴伟业的《绥寇纪略》、计六奇的《明季北略》和《明季南略》、查继佐的《罪惟录》以及庄廷鑨的《明书》。顺治十八年（1661 年）"庄氏史案"以及随后一系列"文字狱"发生后，民间私修明史之风稍息。

在清代考据学的影响之下，实证的研究方法在各个学术研究领域都得到了应用，产生了一大批重要的学术成果。讲求实证的史学研究取得了很大的成绩，赵翼的《廿二史札记》、钱大昕的《廿二史考异》、王鸣盛的《十七史商榷》等都是学术水平很高的史学考据著作。在史学理论上，章学诚的《文史通义》对后世产生了很大的影响。在地理学方面，顾炎武的《天下郡国利病书》《肇域志》都是很重要的地理学著作。梁启超先生评价说："这两部书愿力宏伟，规模博大。后来治掌故学、地理学者，多感受他的精神。"② 此外，顾祖禹的《读史方舆纪要》、赵一清的《水经注释》以及晚清杨守敬的《水经注疏》也都是经典之作。在文字音韵训诂学方面，顾炎武的《音学五书》、江永的《古韵标准》和《四声切韵表》、段玉裁的《六书音韵表》和《说文解字注》、朱骏声的《说文通训定声》、戴震的《声类表》和《方言疏证》、钱大昕的《十驾斋养新录》、王念孙父子的《广雅疏证》《读书杂志》《经义述闻》《经传释词》、郝懿行的《尔雅义疏》以及阮元的《经籍籑诂》等都是清代乃至整个中国古代最具代表性的著作。

---

① 赵尔巽等：《清史稿·儒林一·王夫之传》。
② 梁启超：《中国近三百年学术史》，《梁启超全集》，第 4461 页。

除了传统学术领域以外，受明末以来西方传教士的影响，清代在自然科学方面也取得了很大成就，有的甚至超过了欧洲。清康熙皇帝酷好西方的自然科学尤其是天文算学、地理测绘学，他曾延请西方传教士帮助编纂了一些图书如《数理精蕴》《历象考成》等，又历时三十余年亲自组织进行了当时全国范围内的大地测绘，按四十万分之一的比例，完成了东北至库页岛，东南至台湾，西至伊犁河，北至北海（贝加尔湖），南至崖州（今海南岛）的测绘，编制了《皇舆全览图》，这是全世界范围内最早的一次科学的大地测绘成果。由于当时蒙古准噶尔汗国尚未归附，因此新疆一带未能详绘，直至乾隆帝两次派员测绘，才得以补全。在历法算学方面，梅文鼎的《古今历法通考》、蒙古族学者明安图的《割圆密率捷法》等在中国科技史上都占有重要的地位。

清代文献学取得了前所未有的成就，在文献辨伪、文献校勘、文献辑佚、文献整理等方面，都有不少重要成果，尤其是在理论与方法上，产生了一批总结性的成果。可以说，清代是中国古典文献学的成熟期。

古籍辨伪，起于北齐颜之推，唐代刘知几、柳宗元、宋代吴棫、郑樵、朱熹，元代吴澄、明代宋濂、梅鷟等或者曾对古籍辨伪的方法有所论及，或者进行过古籍考辨的实践，但真正对古籍辨伪方法进行系统论述的是明末学者胡应麟，在古籍辨伪的实践方面，则是清代学者成就最大、成果最多。清代阎若璩、姚际恒、崔述、姚振宗等，运用已有的古籍辨伪理论与方法，通过对一大批古代重要文献进行系统的研究，进一步丰富、完善了古籍辨伪的理论与方法。

清康熙时，阎若璩作《尚书古文疏证》八卷，以一百二十八事从文献传授的统绪、卷帙的分合、引文的异同、史实与典制的差异、文体与语言的风格、历法与地名的考订等方面论证了《古文尚书》与孔传之伪。黄宗羲评价说："余读之终卷，见其取材富，折衷当"，"足以祛后儒之蔽"。[①] 梁启超先生也评价其书说："阎若璩的最大功劳是著了一部《尚书古文疏证》，把《伪古文尚书》的案件朱熹、梅鷟、胡应麟等所怀疑而未能决定的，用

---

① （清）黄宗羲：《尚书古文疏证序》，《尚书古文疏证》附，上海古籍出版社 1987 年影印清眷西堂本。

种种铁证证明了，正式宣告伪古文的死刑。"① 当然，阎若璩《尚书古文疏证》出后，著名学者毛奇龄曾作《古文尚书冤词》，与阎说相论辩。虽然《四库全书总目》谓毛说"终不能以强辞夺正理"，但关于《古文尚书》的疑问，还有一些并未能完全得到解决，有些问题尚待进一步探讨。

与阎若璩同时，胡渭作《易图明辨》十卷，辨宋儒关于"河图""洛书"之诬妄，考证所谓"河图""洛书"不过是华山道士陈抟误读谶纬之书穿凿附会而来。胡渭另有《禹贡锥指》二十四卷，则是关于《禹贡》研究集大成之作。

姚际恒的《古今伪书考》是一部综合性的古籍辨伪著作，虽然姚氏的考证失之粗疏，被后来有的辨伪学者称为"浅薄之辨伪书"②，但该书开了系统考辨群书真伪之先河，涉猎之广，前所未有。姚氏对古代文献的怀疑精神，对二十世纪"古史辨派"产生了重大的影响。

乾隆嘉庆间，崔述作《考信录》等数十种，对古史、古书进行考辨。针对当时经学中的汉、宋之争，他不仅将怀疑的眼光投向宋儒，也对汉学多有批评。与姚际恒不同的是，他不仅对古书进行大胆怀疑、考辨，也对古史特别是传统儒家所笃信、称道的古史大胆怀疑，其考辨方法也远较姚际恒细密。不过，"他不仅不敢疑经，而且以经为其他一切的标准，这种疑古，还是一种信孔尊经的疑古"③。崔述的著作当其在世时默默无闻，二十世纪初，日本学者将它标点排印出版，引起了胡适、钱玄同、顾颉刚等人的注意，顾颉刚先生又亲加收集、点校、整理，于是成为"古史辨派"最重要的参考文献之一。

除了像姚际恒、崔述等专以考辨古书与古史的真伪的学者外，清代还有一些学者对古籍进行了全面的研究，其成就远远超过姚、崔二氏。清代后期姚振宗作《汉书艺文志拾补》六卷、《汉书艺文志条理》八卷、《后汉艺文志》四卷、《三国艺文志》四卷、《七略别录佚文》一卷、《七略佚文》一卷。尤其是他的《隋书经籍志考证》五十二卷，可称清代后期文献学研究

①　梁启超：《古书真伪及其年代》第 2 卷第 3 章"辨伪学的发达"，《梁启超全集》，第 5027 页。
②　黄云眉：《古今伪书考补证·序》，金陵大学中国文化研究所丛刊（甲种），1932 年。
③　蔡尚思：《中国文化史要论（人物·图书）·历史学与地理学上的代表人物和主要图书》，湖南人民出版社 1979 年版，第 23 页。

的集大成之作，《清史稿》称其为"目录之学，卓然大宗"①。姚振宗的成就不仅仅限于目录之学，他更大的贡献是对古代文献的系统研究，可以说是清代后期最杰出的文献学家。

"版本学"是研究文献经过复制后形成的不同传本之间关系的学问。"版本"一词虽然起源于雕版印刷术发明之后，但对于文献复制后所形成的不同传本之间关系的关注与研究，却是从有了文献及文献复制之后就已经出现了。《吕氏春秋·察传》："子夏之晋，过卫，有读史记者曰：'晋师三豕涉河。'子夏曰：'非也，是己亥也。夫己与三相近，豕与亥相似。'至于晋而问之，则曰晋师己亥涉河也。"这是比较早的"版本"问题实例。两汉经学昌明，儒家经典不同传本文字内容的异同，更是学者们研究的重要内容之一。但是，那时的研究主要还是基于经学门派的区分，对于某种文献不同传本的异同以及不同传本变化的过程和不同传本之间关系的研究，是在雕版印刷术发明之后（所以在不少古代文献中，"版本"一词多专门指"刻本"，与"抄本"相对）。为了区分不同印本的优劣，才逐渐成为一种专门的学问。前面提到的陆游《老学庵笔记》中所讲关于监本与麻沙本由于版本不同而致文字内容差异的故事，就属于现在所称之"版本学"的主要研究内容。宋元明时期，中国雕版印刷术已经发展到了很高的水平，对于版本的区分与研究逐渐成为一种专门之学。不过，直到清代以前，版本学的研究还是比较粗疏的，像明代最重要的文献学家胡应麟，他对于版本学的研究，也基本上局限于对不同地区刻本优劣的一般性关注，有宏观的观察，但缺乏微观、深入、系统的研究。清代以后，受乾嘉考据学的影响，涌现了一大批著名的版本学家，版本学的研究成果达到了中国封建时代的高峰。

清代的文献学成就很值得一提的还有古书的辑佚。一些古书在流传过程中，早已散佚，只是因为另外一些古书特别是类书中摘引了其中一些字句和段落，于是学者们便将这些佚文钩辑整理，汇编成书，是谓"辑佚"。在清代的辑佚书中，比较著名的有宋翔凤辑《帝王世纪》、孙星衍辑《括地志》、朱右曾辑《汲冢纪年存真》等。更有学者，一生专事辑佚，并将成果汇集成丛书刻印行世，如王谟的《汉魏遗书钞》，辑佚书一百零四种；黄奭的

---

① 《清史稿·文苑传二·姚振宗传》。

《汉学堂丛书》，辑佚书二百零五种；马国翰的《玉函山房辑佚书》，辑佚书五百九十三种。此外，清代成书但当时未曾刊印的还有清末王仁俊的几部辑佚丛书：《玉函山房辑佚书续编》，辑佚书二百七十种；《玉函山房辑佚书补编》，辑佚书一百四十种；《经籍佚文》，辑佚书一百一十六种。这些辑佚书极大地方便了学术研究。

能够全面反映清代文献学包括目录学、版本学、辨伪学以及校勘学成就的当属纪昀、邵晋涵、姚鼐、余集、翁方纲等人参与编纂的《四库全书总目》（后人或称《四库全书总目提要》）。

经过长期的发展，从唐初所编《隋书·经籍志》起，"四部分类法"成为中国古代文献主要的分类方法，但其类目的设置、部类之间的关系等一直都在变化之中。《四库全书总目》以钦定图书的方式，明确了四部分类法的体系框架，类目的设置比较符合中国传统文化的特点和中国古代文献的实际情况，文献著录方法也非常清晰、完整，反映了中国古代学术的特点，具有很强的科学性和合理性。《四库全书总目》著录的图书虽然数量并非最多，却是反映中国古代文献最全面、最权威的一部目录学著作，因此，《四库全书总目》堪称中国古代文献学之集大成者。同时，《四库全书总目》对万余种文献进行了系统的考证，其考证方法与考证成果集中地反映了"乾嘉之学"的学术成就，因此也堪称"乾嘉之学"之集大成者。

虽然清代曾经有过十分严酷的"文字狱"，"寓禁于编""寓禁于征"一直是清朝统治者基本的文化政策。如果在思想上可能会危及清朝统治秩序时，统治者从来都是坚决镇压。在这种高压态势下，在政治、思想方面，从清初直到清末，一直非常压抑，与明代后期的思想解放形成了很大的反差。虽然也有个别学者曾经有过大胆的言论，如戴震的《孟子字义疏证》对程朱理学提出了严厉的批判，指出："举凡民之饥寒愁怨、饮食男女、常情隐曲之感，咸视为人欲之甚轻者矣，轻其所轻，乃'吾重天理也、公义也'，言虽美，而用之治人，则祸其人。""酷吏以法杀人，后儒以理杀人。"不过，这些言论并没有直接触及清朝的统治，因此，在不会危及清朝的统治时，清朝统治者还是鼓励文化、艺术和学术创作，"稽古右文"是清朝统治者的另一张面孔。因此，与现实政治脱节的文化、学术活动也十分活跃，公私编纂的图书数量十分巨大。章钰等编纂的《清史稿·艺文志》所著录的四部图书计有：

> 经部书二千一百五十五种一万四千九百零六卷；
> 史部书二千四百七十三种五万七千九百九十五卷；
> 子部书二千三百七十一种二万六千二百一十一卷；
> 集部书二千六百三十四种三万八千九百六十六卷。
> 总计九千六百三十三种十三万八千零七十八卷。

武作成编纂的《清史稿艺文志补编》① 所著录的图书在章目上又有较多增加，计有：

> 经部书一千二百六十七种七千六百八十七卷；
> 史部书三千四百四十二种五万四千二百零五卷；
> 子部书一千八百三十五种一万一千一百二十七卷；
> 集部书三千八百九十四种二万零七百五十三卷。
> 总计一万零四百三十八种九万三千七百七十二卷。

近人王绍曾先生主编之《清史稿艺文志拾遗》又在上述二目的基础上增加了清人著述五万四千八百八十部三十七万五千七百一十卷。② 据此，清代创作的图书在七万五千种左右。

第四节　清代修书、藏书与刻书

一　《四库全书》《四库全书总目》与官修图书

在清朝二百多年的历史中，尤其是在清朝前期，清朝政府主持编纂了不少大型图书。

---

① 章钰等编、武作成补编《清史稿艺文志及补编》，中华书局 1982 年版。
② 王绍曾主编《清史稿艺文志拾遗·前言》，中华书局 2000 年版。

早在清王朝建立之前，皇太极就曾遣人致祭孔子，并仿旧制，以颜子、曾子、子思、孟子配享。入关后，顺治帝即加封孔子为"大成至圣文宣先师孔子"，并亲撰《御注孝经》，敕编《孝经衍义》《易经通注》。同时，为了表现出"稽古右文"的盛世气象，更为了加强对读书人的控制，又效宋朝故事，让大批读书人"老于文字之间"，因此组织编纂了数十种大型字典、词典、类书、丛书，如《康熙字典》《佩文韵府》《古文渊鉴》《全唐诗》《历代赋汇》《渊鉴类函》《古今图书集成》《四库全书》等，其规模之大，涉及文献之多，是过去历朝所没有的，其影响也是前所未有的。

《古今图书集成》由陈梦雷于康熙四十年在皇三子诚亲王胤祉的帮助下开始编纂，初稿完成于康熙四十五年。康熙去世后，皇四子胤禛即位，是为雍正，胤祉被贬斥，陈梦雷受到牵连被流放卜魁（今齐齐哈尔），然书未废，雍正又命经筵讲官、户部尚书蒋廷锡负责修订，并以铜活字正式排印了六十四部①。《古今图书集成》全书共一万卷目录四十卷，包括六汇编、三十二典、六千一百九十部，其下分别设汇考、总论、图、表、列传、艺文、造句、纪事、杂录、外编，缺者不设，资料搜罗宏富，编排体例也比较严谨、科学，是现存中国古代最为完善、实用的类书。

乾隆时，社会经济发展达到清代乃至中国封建时代的最高峰，在经济上有能力保障大型图书的编纂，因此，乾隆时官修图书的规模超过了前代，其中最重要的是《四库全书》的编纂。

清乾隆皇帝继位后，便开始大规模地征集图书，但因当时严酷的"文字狱"，征书的效果很不理想。乾隆三十七年又下严旨要求各省督抚会同学政访求图书，于时安徽学政朱筠建议：

（一）首先征集汉唐遗书及宋辽金元经注文集；

（二）将《永乐大典》中所收而世间已经失传的古书辑出；

（三）每书必经校雠，撰写提要；

---

① （清）永瑢等："内务府奏清查武英殿修书处余书请将监造司库等官员议处折"："又有不全《古今图书集成》一部，内每典缺欠不一，共少六百八十一本。查此一书于雍正六年刷印六十四部之后，并未重印，今已将各处陈设并颁赏、现存《古今图书集成》数目按册逐一详查，与原刷六十四部之数相符。"载《史料旬刊》第 14 期，故宫博物院 1930 年版，第 515 页。

（四）搜罗各种图谱、金石、碑刻。

朱筠的建议得到了文华殿大学士兼军机大臣于敏中的支持，经军机处讨论后，上奏乾隆皇帝，乾隆皇帝立即照准，于是在乾隆三十八年（1773 年）开四库馆，前后选派三百六十人参与编修，又命纪昀、陆锡熊、孙士毅任总纂官。参加编修、抄写、装订等项工作的近四千人。为收贮《四库全书》，乾隆皇帝令仿宁波天一阁式样，在北京紫禁城中建文渊阁（乾隆四十年始建，四十一年告成）、圆明园建文源阁（乾隆三十九年始建，四十年告成）、热河避暑山庄建文津阁（乾隆三十九年始建，四十年告成）、盛京（沈阳）建文溯阁（乾隆四十七年告成）。四阁建成时，《四库全书》尚未竣事，于是各库均先贮《古今图书集成》一部，以壮其观。《四库全书》于乾隆四十六年十二月告成，是为文渊阁本。乾隆四十七年，文溯阁本告成。乾隆四十八年，文源阁本告成。乾隆四十九年，文津阁本告成（图 7 - 9）。以上四阁称北四阁。

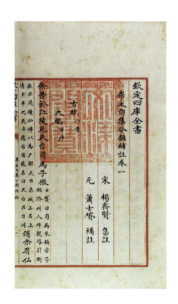

图 7 - 9 清乾隆抄文津阁本《四库全书》
（中国国家图书馆藏）

　　当北四阁建成后，乾隆又命在江苏镇江金山寺建文宗阁（乾隆四十四年建成），在扬州大观堂建文汇阁（乾隆四十五年建成），在杭州圣因寺建文澜阁（乾隆四十九年建成），称南三阁。南三阁初建时，只为庋藏《古今图书集成》，并无庋藏《四库全书》之意。乾隆四十七年七月，乾隆皇帝谕："江浙为人文渊薮，……其间力学好古之士愿读中秘书者，自不乏人。兹《四库全书》允宜广布流传，以光文治。如扬州大观堂之文汇阁、镇江金山寺之文宗阁、杭州圣因寺行宫之文澜阁，皆有藏书之所，着交四库馆再缮写《全书》三分，安贮各该处，俾江浙士子得以就近观摩誊录，用昭我国家藏书美富……"① 至乾隆五十二年，三部书钞成，但由于其中有不少错误，又不断修改，到乾隆五十五年才陆续颁贮。

　　乾隆五十二年三月，乾隆皇帝发现《四库全书》中李清《诸史同异录》书中"语多悖缪"，令将其撤出销毁，李清所著《南唐书合订》《南北史合注》《不知姓名录》等也一并销毁。此事引起了乾隆皇帝的注意，乾隆五十二年五月上谕："热河文津阁所贮《四库全书》，朕偶加翻阅，其中讹谬甚多，已派随从热河之阿哥及军机大臣……再行详加校阅改正。因思文渊、文源二阁所贮《四库全书》，其讹舛处所，亦皆不一而足。除年老大学士嵇璜不派外，着派科甲出身之尚书、侍郎、京堂以及翰詹科道部属等官分司校阅，……总计大小各员，不下二百余人，每日每人二匣计算，不过两月，两阁书籍，即可校阅完竣。"② 文津阁本随后亦由纪昀领原校文渊阁、文源阁各员覆校，到乾隆五十三年二月复核工作结束，"查出誊写错落、字句偏谬各书六十一部，漏写《永乐大典》书三部，坊本抵换者一部，漏写遗书八部，缮写未全者三部，坊本抵换者四部，排架颠倒书四十六部，匣面错刻、漏刻及书签误写者共三十部"③。文溯阁由陆锡熊率员校勘，到乾隆五十五年七月，"查出誊写错落、字句偏谬书六十三部，漏写书二部，错写书三部，脱误及应删处太多应行另缮书三部，匣面错刻、漏刻者共五十七部"④。四库书虽经覆校，仍有不少错误，如乾隆五十七年乾隆皇帝发现文津阁本

---

①　《清高宗纯皇帝实录》卷 1160。
②　《清高宗纯皇帝实录》卷 1281。
③　中国第一历史档案馆编《纂修四库全书档案》，上海古籍出版社 1997 年版，第 2119 页。
④　中国第一历史档案馆编《纂修四库全书档案》，第 2192 页。

《扬子法言》卷一首篇即有空白两行，其他谬误也不少。四库书中因"违碍""悖谬""谤讪"等被抽毁、销毁者数量不少，除了挖补重抄者外，还补入了一些图书。有些书经抽毁后无书可补，则径以白纸匀装空匣。

《四库全书》共收书三千四百六十一种，七万九千三百零九卷，装订成三万六千余册①。北四阁书全用开化榜纸，半页八行，行二十一字。经、史、子、集四部分别用绿色、红色、蓝色、灰色绢作书皮，包背装。南三阁书版式与北四阁相同，但用坚白太史连纸，尺幅稍小，书皮颜色也有些差异。

北四阁为皇家藏书，而南三阁则主要供士子阅览抄录。北四阁深藏宫禁，士子阅览抄录不便，因此可以前往阅览抄录藏于翰林院的修书底本。乾隆五十五年（1790 年）五月癸卯，谕：

> 《四库全书》，荟萃古今载籍，至为美备，不特内府珍藏，藉资乙览，亦欲以流传广播，沾溉艺林。前因卷页浩繁，中多舛错，特令总纂等复加详细雠校，俾无鲁鱼亥豕之讹。兹已厘订藏工，悉臻完善。所有江浙两省文宗、文汇、文澜三阁，应贮全书，现在陆续颁发藏庋。该处为人文渊薮，嗜古好学之士，自必群思博览，藉广见闻。从前曾经降旨，准其赴阁检视、钞录，俾资蒐讨。但地方有司恐士子等翻阅污损，过为珍秘，以阻其争先快睹之忱，则所颁三分全书，亦仅束之高阁，转非朕搜辑全书，津逮誉髦之意。即武英殿聚珍版诸书，排印无多，恐士子等亦未能全行购觅。著该督抚等，谆饬所属，俟贮阁全书排架齐集后，谕令该省士子，有愿读中秘书者，许其呈明，到阁钞阅，但不得任其私自携归，以致稍有遗失。至文渊等阁，禁地森严，士人等固不便进内钞阅，但翰林院现有存贮底本，如有情殷诵习者，亦许就近检录，掌院不得勒阻留难。如此广为传播，俾茹古者得睹生平未见，互为钞录，传之日久，使石渠天禄之藏，无不家弦户诵，益昭右文稽古、嘉惠士林盛事，不亦善乎！②

---

①　诸阁《四库全书》的种数、卷数、册数以及内容都有一些差异，中国国家图书馆杨讷、李晓明先生曾根据文津阁本与文渊阁本对勘，仅集部就从文津阁本中辑出文渊阁本所无诗文四千余编，编成《文渊阁四库全书补遗——集部》（北京图书馆出版社 1997 年版），可参阅。

②　《清高宗纯皇帝实录》卷 1355。

文渊阁书现藏于台湾；文津阁书现藏于中国国家图书馆；文溯阁书原藏于辽宁省图书馆，1966 年调运至甘肃省图书馆；文澜阁书（有抄配）现藏于浙江图书馆。文源阁书在 1860 年英法联军火烧圆明园时被焚毁，文宗阁和文汇阁书在 1853、1854 年毁于战火。

《四库全书》编成后，又于乾隆四十七年（1782 年）完成了《四库全书总目》二百卷。《四库全书总目》对收入《四库全书》的三千四百六十一种图书以及未收入《四库全书》的六千七百九十三种存目图书做了提要。与一般图书目录的简单著录不同，《四库全书总目》是一部解题性目录，它有以下几大特点：第一，对于每种文献几乎都详细著录了版本来源，使读者可以知其书传授之统绪；第二，详细著录作者爵里、师承关系、简要介绍以及行事品评，使读者可以知其学之渊源与本人之"道德文章"；第三，注明该作者所著其他图书，使读者可知其所涉猎之学术研究领域，并方便参阅；第四，对每种文献有一段详略不定的介绍评价，对于影响很大、争议很大的文献，则有非常详细的考订，其内容常常涉及版本学、辨伪学、辑佚校勘学等方面。当然，涉及最多、学术影响最大的还是对该文献本身的研究和相关史事的考证，这是《四库全书总目》最具学术价值的部分。清代学者周中孚评论《四库全书总目》云：

> 窃谓自汉以后，簿录之书，无论官撰私著，凡卷第之繁富、门类之允当、考证之精审、议论之公平，莫有过于是编矣。[①]

周中孚的这一评价是比较公允的。应该注意的是，《四库全书》中每种图书前都有一个提要，北四阁书中的提要都不尽相同，同时，《四库全书》中书前的提要与单独成书的《四库全书总目》也不尽相同，有的差异还很大。[②]

《四库全书总目》的另一大学术成就是在目录分类上。该书按中国古代传统的图书分类法，分经、史、子、集四部，每部之下又分小类，比较复杂

---

① （清）周中孚：《郑堂读书记》卷 32《钦定四库全书总目》，民国吴兴刘氏嘉业堂刻本。

② 参见司马朝军《〈四库全书总目〉研究》第 2 章，社会科学文献出版社 2004 年版。

的小类之下再分细目。每部及小类的前面均有小序，子目之后有案语，扼要地说明该类图书的源流及所以分这一类目的理由。在每一类的后面附有"存目"，即纂修官们认为价值不高而未收入《四库全书》的著作。《四库全书总目》是中国古代图书目录分类特别是四部分类法的集大成之作，因其部类设置与中国传统学术契合而深得后世学者的推许。《四库全书总目》编成后，著名目录版本学家邵晋涵又在该书的基础上编成了《四库全书简明目录》二十卷，也具有极高的学术价值。

在编修《四库全书》时，除《四库全书总目》外，还另外选编了《四库全书荟要》①，同时，编纂人员又从《永乐大典》中辑出了一大批佚书，其中一部分用活字印出，是为《武英殿聚珍版丛书》②。

关于清朝编纂《四库全书》的影响，清人王芑孙在《洴澼百金方》序中说：

> 自朝廷开四库全书馆，天下秘书，稍稍出见，而书禁亦严，告讦频起，士民葸惧，凡天文地理言兵言数之书，有一于家，惟恐召祸，无问禁与不禁，往往拉杂摧烧之。③

清朝政府通过征书和编书，从民间搜得了不少被认为不利于其统治的图书而加以销毁、抽改。从乾隆三十九年到四十七年，各地进呈的图书被焚毁的数量，据有的学者研究分析大概超过了万种，至于民间因惧怕干犯厉禁而自行销毁的图书更是无法计算。除了书籍被焚毁外，"违禁"书的书板也同样遭到了厄运。据清军机处上谕档载，从乾隆三十八年到四十六年，先后销毁了六万八千多块书板，其板片较厚者则铲平改刻他书，板片较薄者则用作烧柴取火。

---

① 此丛书为《四库全书》的选编本，但其中少数书在卷数、文字上都与《四库全书》略有差异，乾隆四十三年编成，收书四百七十三种，一万九千九百三十一卷。

② 四库馆臣从《永乐大典》中辑出图书数量各家统计不完全相同，清嘉庆七年孙冯翼撰《四库全书辑永乐大黄本书目》，著录三百八十八种、存目一百二十八种，总共五百一十六种。此后缪荃孙、赵万里等都有重辑、补辑，数量亦各不相同。《武英殿聚珍版丛书》系乾隆三十八年至五十九年完成，共收书一百三十八种，二千三百余卷，其中最早的四种为雕版，其余为木活字版。

③ （清）王昶编《湖海文传》卷29，清道光十七年王氏经训堂刻本。

军机大臣奏节年各省解到销毁书板难以铲用俱作烧柴片

乾隆四十六年十月十六日

臣等遵旨将节年各省解到应行销毁书板，分别铲改应用及作为烧柴两项，共有若干数目，并节省银两若干之处，交查武英殿。

兹据覆称：乾隆三十八年十二月起至四十五年十月，共收到应销板片五万二千四百八十块，俱系双面刊刻，仅厚四、五分不等，难以铲用。节经奏明交造办处玻璃厂作为硬木烧柴，共三万六千五百三十斤，每千斤价银二两七钱，计共节省银九十八两六钱零。又四十五年十一月起至四十六年九月，共收到板片一万五千七百五十九块。现在逐加拣选，如有堪用者，留用；余统俟年底汇总，仍交玻璃厂作为烧柴。等语。谨奏。①

这仅是上缴集中到清宫造办处作为烧柴之用者，至于各地自行销毁（特别是刻书者惧祸自己销毁）者，其数当更大。因此，清代编修《四库全书》也是中国文化史上的一场大浩劫。不过，从另一层面看，清代编修《四库全书》不管其目的如何，终究是对中国古代文献的一次全面的整理，所编选的三千四百多种图书，基本涵盖了中国古代最重要的文献，较为全面地反映了中国古代的主流思想与文化。可以说，《四库全书》不仅是中国古代文献之集大成者，也是中国古代文化之集大成者。

清嘉庆以后，由于经济逐渐走下坡路，中央政府再也无力主持编纂大型图书，虽然也编过如《全唐文》之类的大型图书，但总的编书规模较之康熙和乾隆两朝要小得多了。

在清代官修图书中，值得一提的还有地方志。清代统治者对地方志的重视超过了以前各代。清康熙十一年，大学士周祚奏："各省通志宜修，如天下山川形势、户口丁徭、地亩钱粮、风俗人物、疆域险要，宜汇集成峡，名曰通志。"② 康熙皇帝允其所请，因诏令直隶及各省督抚撰修通志，中央也开始组织纂修《大清一统志》等大型地理志书。

清代编修《大清一统志》凡三：一是康熙时所纂《大清一统志》；二是

---

① 中国第一历史档案馆编《纂修四库全书档案》，第 1417 页。

② （清）万邦维纂（康熙）《莱阳县志》卷首《奉上修志敕文》引礼部咨文，江苏古籍出版社、上海书店、巴蜀书社编《中国地方志集成》影印清康熙刻本。

雍正时开始编纂、至乾隆初年时完成的《大清一统志》（收入《四库全书》中）；三是嘉庆时所纂《大清一统志》。清修《一统志》是中国古代地理总志之集大成者，代表了中国古代地志编纂的最高水平。

除了《大清一统志》的纂修以外，各省州府县纂修地方志的规模与次数都远远超过明代。据《中国地方志联合目录》不完全统计，清代撰修的地方志有五千七百多种，但实际数量应该远远超过此数。根据朱士嘉先生的统计，"清代地方志具有十五个类型，通志（省志）、府志、直隶州志、州志、直隶厅志、厅志、道志、关志、卫志、所志、旗志、司志、镇志、井志和乡土志。每个类型与各级行政区划相适应"，"全国除新疆、辽宁、吉林、黑龙江以及西南个别省份以外，几乎所有县一级的基层行政单位都修有志书。南方几省所编乡镇志，仅江苏一省就有 120 多种"。① 在修志质量上，清代地方志也有提高。章学诚在其《文史通义》中总结出修志应"除八忌"，即忌条理混乱，忌详略失体，忌偏尚文辞，忌妆点名胜，忌擅翻旧案，忌浮记功绩，忌泥古不变，忌贪载传奇。一些著名学者也亲自参与撰修地方志，如黄宗羲参与纂修《浙江通志》，章学诚纂修《和州志》《永清县志》《湖北通志》，钱大昕修纂《长兴县志》《鄞县志》，王鸣盛修纂《嘉定志》，朱彝尊修纂《新安志》，洪亮吉修纂《怀庆府志》《登封县志》和《固始县志》，戴震参订《汾州府志》，孙星衍修纂《偃师县志》。清末，新学渐兴，另一种志书体裁——乡土志出现。乡土志专记一乡一地的风俗人情、物产资源以及商贸情况，规模体例虽不如县志庞大、严整，但所取材料多有县志不取者，可补县志之缺。

二 清代的公私藏书

清康熙时宫廷藏书之处甚多，包括乾清宫、昭仁殿、文渊阁、武英殿等，内府几乎所有宫殿包括行宫都有藏书②，其中较为重要者为乾清宫东侧昭仁殿之天禄琳琅、武英殿藏书和文渊阁藏书。

---

① 朱士嘉：《清代地方志的史料价值》（上），《文史知识》1983 年第 3 期，第 31—38 版。

② 例如清光绪二十年《热河总管世纲等奏查明文津阁并园内各殿宇书籍折》中载明经清查，承德避暑山庄中的文津阁"并各殿书籍共四千二百五十三部，十六万二千七百五十三卷"（中国第一历史档案馆编《纂修四库全书档案》），除文津阁《四库全书》和《古今图书集成》外，还包括其他一些图书。

明代宫廷藏书，经明末之乱，几乎全毁。清朝建立以后，经顺治、康熙、雍正诸朝的大力搜求，藏书日丰，于是乾隆在九年（1744 年）"命内直诸臣检阅秘府藏书，择其善本，进呈御览。于昭仁殿列架庋置，赐名天禄琳琅"。① 昭仁殿本为康熙皇帝起居之所，至是改作内府最重要的藏书处，清宫宋元精椠，皆藏于此。这些藏书除了供皇帝御览、皇子皇孙阅览之外，也供近臣校勘文献。乾隆四十年（1775 年），于敏中等奉敕编《天禄琳琅书目》，收录善本书籍四百二十六部。《天禄琳琅书目》所收书并不是昭仁殿全部藏书的目录②，原则上同一版本只收一部，但"同一书而两椠均工，同一刻而两印各妙者，俱从并收，以重在鉴藏，不嫌博采也"。《天禄琳琅书目》在目录学上很有特点："每书首举篇目，次详考证，次订鉴藏，次胪阙补。至考证，于镂刻加详，与向来志书目者少异。"③

嘉庆二年（1797 年）十月二十一日，乾清宫交泰殿失火，昭仁殿原有藏书被焚。很快，昭仁殿重建，彭元瑞又奉敕负责搜集清宫各殿藏书，仿《天禄琳琅书目》体例而略有调整，纂《天禄琳琅书目后编》，以图恢复昭仁殿旧藏。七个月后，《天禄琳琅书目后编》编成，收录图书六百六十四部。

嘉庆以后，昭仁殿藏书还陆续有所增加，只是不如乾隆之盛罢了。

武英殿本为一组建筑群，由武英门、武英殿、敬思殿、凝道殿、焕章殿、恒寿殿、浴德堂及左右廊房共六十三楹组成，始建于明，入清后为主要的修书处、刻书处，也是重要的藏书处，隶属于内务府。乾隆开四库馆，在地方大规模征集图书，各省采进及藏书家进呈的书籍达一万三千余种，在《四库全书》编修完成后，除部分发还各藏书家外，大多集中在武英殿（其后移往翰林院）④，武英殿自己刻成的图书也就地存放于此，中央各机构编

① （清）永瑢等：《四库全书总目·史部·目录类一·钦定天禄琳琅书目》。
② 参见刘蔷《天禄琳琅研究》第 3 章，北京大学出版社 2012 年版。
③ （清）于敏中：《天禄琳琅书目·凡例》，清光绪十年长沙王先谦刻本。
④ 据杜泽逊先生考证，存于武英殿的《四库全书》底本、存目书、重本书及禁毁书在乾隆五十二年七月三十日以后又移往翰林院，直至1900 年庚子之变。说见《四库采进本之存贮及命运考略》，《图书馆工作与研究》2001 年第 2 期，第 30—32 页。黄爱平、朱赛虹先生则谓存目书及未入存目书等一直存于武英殿，直至同治信息年武英殿大火被焚。黄说见《四库全书纂修研究》（中国人民大学出版社1989 版，第 282—283 页）；朱说见《武英殿修书处藏书考略——兼探四库"存目"等书的存放地点》（《文献》2000 年第 4 期，第 165—177 页）。二说之中，似以杜说为是。

纂图书，多从武英殿取用。后因管理不善，武英殿藏书大量失窃。同治八年（1869 年）武英殿大火，藏书及书板被焚，相传为"典守者假火逃罪"所致①。

文渊阁自明初始设，其后迭经变化，清初以大学士分兼殿阁，有"文渊阁大学士"之名但无其实。乾隆中修《四库全书》，文渊阁才重新受到重视。《文渊阁记》云："凡事豫则立，书之成虽尚需时日，而贮书之所则不可不宿构。宫禁之中不得其地，爰于文华殿后建文渊阁以待之。文渊阁之名，始于胜朝，今则无其处，而内阁大学士之兼殿阁衔者尚存其名，兹以贮书所，为名实适相副。"②

此外，清宫几乎各殿皆藏图书，其中一些还非常有名，如御花园内摛藻堂收藏《四库全书荟要》；养心殿收藏《宛委别藏》，收《四库全书》未收之书。

紫禁城外各行宫也都收藏图书，如圆明园收藏文源阁《四库全书》，长春园之味腴书屋收藏《四库全书荟要》，承德避暑山庄收藏文津阁《四库全书》，等等。远在江南的杭州、扬州、镇江都有清廷设置的文澜阁、文汇阁、文宗阁，收藏了《四库全书》《古今图书集成》等图书。

清宫藏书之外，翰林院、国子监是最重要的中央藏书机构。

清代翰林院下辖国史馆、起居注馆，其主要职责是编纂、校勘图书。敕纂图书多由翰林院承担，因此翰林院也是清廷最重要的藏书机构之一，《永乐大典》即藏于此，编修《四库全书》时各地采进之本也收藏于此，这些图书也向一般读书人开放，提供阅览抄录。

国子监是清代最高学府，同时也是内府刻书、书板的存藏处。清代国子监收藏了明代北京国子监书板、清武英殿寄存书板和国子监自身所刻书板，乾隆中所刻《十三经》石碑也立于监中。国子监设有御书楼，收藏各种赐书。

地方藏书以府、州、县学为主，一些县衙也建有专门的藏书楼。

①　参见朱赛虹《武英殿修书处藏书考略——兼探四库"存目"等书的存放地点》，第 165—177 页。

②　（清）高宗弘历：《文渊阁记》，《御制文集》2 集卷 13，台湾商务印书馆 1986 年影印清文渊阁《四库全书》本。

　　书院是清代最重要、最普及的藏书机构。清初，有鉴于明末书院成为"处士横议""聚党空谈"之地，统治者唯恐其有碍统治，因此曾严禁设立书院。随着清朝统治的稳固，统治者对书院的态度也由严禁改为鼓励。雍正十一年（1733 年）谕令各省兴办书院①，于是各地举办了许多书院。据不完全统计，有清一代，共有书院四千三百六十五所，"其数是唐、五代、辽、宋、金、元、明各朝书院总和的 1.49 倍。其时，十八行省的通都大邑无不设有书院，即使是山村水寨，也可寻觅到书院的踪影。……书院已成遍布寰宇的普及之势"②。书院有官办，有民办，也有民办官助。

　　书院除了聚徒讲学之外，另外一个重要的功能就是收藏图书供士子阅览。因此大的书院都有专门的藏书楼，小的书院也多少有些藏书。书院藏书，除来自地方绅士捐赠和书院自行购置外，另一个重要渠道就是朝廷和地方官员的颁赐、捐赠，还有的甚至就是直接由官府出资置办。乾隆九年（1744 年）上谕："各省学宫陆续颁到圣祖仁皇帝钦定《易》《书》《诗》《春秋传说汇纂》及《性理精义》《通鉴纲目》《御纂三礼》诸书，各书院院长自可恭请讲解。至《三通》等书，未经备办者，饬督抚行令司道各员，于公用内酌量置办，以资诸生诵读。"③ 湖南岳麓书院为官办书院，《长沙岳麓书院续志》详载了其藏书楼设置、日常管理以及各方捐赠图书的情况。④ 四川锦江书院为官办书院，《锦江书院纪略》中详载了书院藏书存佚目录。⑤ 清末官办的陕甘味经书院藏书不算太多，但亦有提督、巡抚等各级官员颁发图书万余卷。⑥ 福建鳌峰书院为康熙四十六年（1707 年）由福建巡抚、著名

---

　　① 清雍正十一年正月十三日上谕："……建立书院，择一省文行兼优之士读书其中，使之朝夕讲诵，整躬励行，有所成就，俾远近士子观感奋发，亦兴贤育才之一道也。督抚驻札之所，为省会之地，着该督抚酌量举行，各赐帑金一千两，将来士子群聚读书，须预为筹画，资其膏火，以垂永久，其不足者，在于存公银内支用。"（《上谕内阁》卷 127，台湾商务印书馆 1986 年影印清文渊阁《四库全书》本）

　　② 邓洪波：《中国书院史》，东方出版中心 2004 年版，第 404 页。

　　③ （清）昆冈等修：《钦定大清会典事例（光绪朝）》卷 395，清内府写本。

　　④ （清）丁善庆：《长沙岳麓书院续志》，见赵所生、薛正兴编《中国历代书院志》影印民国刻本，江苏教育出版社 1995 年版。

　　⑤ （清）李承熙：《锦江书院纪略》，见赵所生、薛正兴编《中国历代书院志》影印民国刻本。

　　⑥ （清）刘光蕡：《陕甘味经书院志》卷 6《藏书》，见赵所生、薛正兴编《中国历代书院志》影印民国刻本。

理学家张伯行创办，历任山长皆由福建巡抚聘请，经费既有官府拨付，也有官员捐俸，还有地方士绅捐赠，雍正、乾隆皇帝也曾亲自赐帑金各千两。鳌峰书院除了培养人才外，其藏书也非常有名，清人游光绎所撰《鳌峰书院志》详细记载了书院的藏书、管理情况，所附《藏书章程》除一般的图书分类、抄补之外，还有专门的借阅条款：

> 书院各书，原以备士子观览，但恐任凭取阅，或凭书吏经手借观，仍易遗失、抽换，此番查修之后，应请于贮收时每橱封锁，如有肄业生等取阅，必须告知监院，开橱领书，随时登记档册，限以时日缴还。倘前借之书未还，不准再借。其夏月应行晒晾之时，分日晒晾，归贮，呈报粮道衙门稽查，并给予饭食。
>
> 各上司借书，用印札，差役至书院，向监院取阅，札存书院为据，发还时仍将原札缴销，以杜假冒侵蚀之弊。如逾三个月未经发还，及有升迁等事，监院官禀请发还归款，如监院不行禀请发还，着落赔补。
>
> ……
>
> 诸生借书，凡有大部书籍，仅许先领一二卷，阅毕即缴，再换下卷，只准在院中披阅抄录，不得私带回家。如有带回者，查出即将原书取回，不许再借。如有遗失，饬该生赔偿。
>
> 每年将散馆时，该书吏将诸生所借之书一概收回，监院官详细查点，倘有遗失，着落该胥赔补。[1]

《鳌峰书院志》有三卷专载藏书目录，著录藏书达八百九十六部二万三千六百二十五卷。[2] 鳌峰书院还在张伯行的主持下，刊刻了著名的《正谊堂全书》，收录宋元明人理学著作五十五种（同治时左宗棠又主持了重刻、续刻工作）。

清代私人藏书风气之盛，远远超过前代。明末清初，如江苏常熟钱谦益

---

①　（清）游光绎：《鳌峰书院志》卷7，见赵所生、薛正兴编《中国历代书院志》影印清嘉庆刻本。

②　（清）游光绎：《鳌峰书院志》卷10，见赵所生、薛正兴编《中国历代书院志》影印清嘉庆刻本。

的绛云楼、钱曾的述古堂、秀水朱彝尊的曝书亭等，都是有名的藏书楼，其主人也几乎都是著名的版本学家、目录学家。由于藏书者收藏图书的旨趣各有不同，从而形成了不同类型的藏书家。清代著名学者洪亮吉曾评论说：

> 藏书家有数等：得一书必推求本原，是正缺失，是谓考订家，如钱少詹大昕、戴吉士震诸人是也；次则辨其板片，注其错讹，是谓校雠家，如卢学士文弨、翁阁学方纲诸人是也；次则搜采异本，上则补石室金匮之遗亡，下可备通人博士之浏览，是谓收藏家，如鄞县范氏之天一阁、钱塘吴氏之瓶花斋、昆山徐氏之传是楼诸家是也；次则第求精本，独嗜宋刻，作者之旨意纵未尽窥，而刻书之年月最所深悉，是谓赏鉴家，如吴门黄主事丕烈、邬镇鲍处士廷博诸人是也；又次则于旧家中落者，贱售其所藏，富室嗜书者要求其善价，眼别真赝，心知古今，闽本蜀本一不得欺，宋椠元椠见而即识，是谓掠贩家，如吴门之钱景开、陶五柳，湖州之施汉英诸书估是也。①

清末杨守敬稍做改易，曰：

> 于是有考订家，推寻本原，是正缺失，竹汀、东原之流是也；有校雠家，辨其版片，正其讹谬，抱经、苏斋之流是也；有收藏家，补金匮石室之遗，备博士通人之择，鄞县之范、钱唐之吴以及诸家是也；有赏鉴家，专嗜精本，能别流传，荛甫、以文诸家是也。②

民国学者叶德辉则云：

> 吾谓考订校雠，是一是二，而可统名之著述家。若专以刻书为事，则当云校勘家。如顺康朝钱谦益绛云楼、王文简士禛池北书库、朱彝尊曝书亭，皆著述家也。毛晋汲古阁，校勘家亦收藏家也。钱曾述古堂、

---

①　（清）洪亮吉：《北江诗话》卷3，清道光同治间刻《粤雅堂丛书》本。
②　杨守敬：《藏书绝句·序》，古典文学出版社1957年版。

也是园，季沧苇振宜，赏鉴家也。毛氏刻书风行天下，而校勘不精，故
不能于校雠分居一席，犹之何焯《义门读书记》，平生校书最多，亦止
可云赏鉴，而于考订校雠皆无取也。与洪同时者，尚有毕制军沅经训堂，
孙观察星衍平津馆、岱南阁、五松园（后均入金陵孙忠愍祠堂，著有
《孙祠书目》。书前有印文曰孙忠愍祠堂藏书记。粤匪乱后，其书多归吾
县袁芳瑛卧雪庐，吾见之甚多），马微君曰璐丛书楼、玲珑山馆，考订、
校雠、收藏、赏鉴皆兼之。若卢转运见曾雅雨堂、秦太史恩复石研斋以
及张太守敦仁、顾茂才广圻，则纯乎校勘家也。若康熙朝纳兰侍卫成德
之通志堂，乾隆朝吴太史省兰之《艺海珠尘》，刻书虽多，精华甚少。然
古书赖以传刻，固亦有功艺林。但求如黄丕烈《士礼居丛书》、鲍廷博
《知不足斋丛书》，既精赏鉴，又善校勘，则亦绝无仅有者矣。此外如阙
里孔农部继涵红桐书屋《微波榭丛书》，李太守文藻《贷园丛书》，收藏
亦各名家，校勘颇多有用，是亦当在标举之列者也。①

清代浓厚的藏书文化，以及不同类型藏书家对于收藏、整理校勘、刊刻出版
的研究，极大地推动了清代学术与文化的发展，也形成了与前代不同的藏书
文化。

清代私人藏书经历了不同的发展阶段，各个发展阶段虽然具有许多一致
性，但还是有比较明显的不同的时代特色。清代以前的藏书家多以增加藏书
数量为目的，虽也讲求版本，但评价版本的优劣大多只是以时代的先后、刻
工纸墨的好坏为标准。清代以后，对于古书版本尤其是宋元善本的追求成为
一大时尚，清代前期一些著名藏书家都以收藏宋元善本为主要目标，乾隆、
嘉庆、道光间的黄丕烈自号"佞宋主人"，对于宋元善本的追求达到极致。

乾隆、嘉庆时，为了适应文学、语言、史学、地理学等考证、研究的需
要，私人藏书得到了迅速发展，目录学、校勘学以及文献辑佚等都成为乾嘉考
据学的重要内容。清代的版本学除考订古籍的版本源流而外，还对各本的内容
细加考辨、校勘。在这方面取得了巨大成就的，除上面洪亮吉提到的黄丕烈、
卢文弨、翁方纲、鲍廷博等人外，顾广圻、孙星衍等都是清代著名的版本学家。

---

① 叶德辉：《书林清话》卷9《洪亮吉论藏书有数等》，岳麓书社排印本1999年版。

　　绛云楼是著名学者、明末文坛领袖钱谦益的藏书楼。钱氏"早岁科名，交游满天下，尽得刘子威、钱功父、杨五川、赵汝师四家书，更不惜重赏购古本，书贾闻风奔赴，捆载无虚日。用是所积充牣，几埒内府，视叶文庄、吴文定及西亭王孙或过之。中年拘拂水山房，凿壁为架，庋其中，……入北未久，称疾告归，居红豆山庄，出所藏书，重加缮治，区分类聚，栖绛云楼上，大椟七十有三，顾之自喜，曰：我晚而贫，书则可云富矣！甫十余日，其幼女中夜与乳媪嬉楼上，剪烛炧，误落纸堆中，遂燹。宗伯楼下惊起，熖已涨天，不及救，仓皇走出，俄顷，楼与书俱尽"①。绛云楼藏书之富，令饱读诗书的黄宗羲也艳羡不已，曰："绛云楼藏书，余所欲见者无不有"。②绛云楼一炬，江左图书之一劫也。钱谦益后将绛云楼焚余之书尽付其族孙钱曾。钱曾亦为清代著名藏书家、版本学家，所著《读书敏求记》为清代版本学名著，所纂《也是园书目》《述古堂书目》为清代目录学名著。

　　朱彝尊，号竹垞，康熙时著名学者，其藏书楼曰曝书亭、潜采堂等，编有《曝书亭书目》《潜采堂宋金元人集目》等多种，特别是其所纂《经义考》，为中国古代经学研究的重要著作。《四库全书总目》谓其书考证儒家经典"上下二千年间，元元本本，使传经源委，一一可稽"。朱彝尊藏书八万卷，为清初重要的藏书家。

　　徐乾学，号健庵，顾炎武外甥，为清初著名学者。康熙朝钦定之书，多由其主持编纂，如《大清一统志》《大清会典》《古文渊鉴》《明史列传》。他自己也编纂了多部重要的图书，如《读礼通考》《资治通鉴后编》等。著名的《通志堂经解》也主要是由他编纂并主持刊印的。徐乾学位高权重，又好版本之学，经眼宋元珍本无数，搜求古书不遗余力，不仅如此，因其门生故吏遍天下，皆为其奔走访求。明代李开先、清代季振宜等人藏书多为其所得。凡书不能购得者，则借钞，如他曾派门生抄录了大量天一阁藏书。徐乾学之藏书楼名"传是楼"，藏书数万卷，"区为经、史、子、集四种，经则传注、义疏之书附焉；史则日录、家乘、山经、野史之书附焉；子则附以卜筮、医药之书；集则附以乐府、诗余之书。凡为橱者七十有二，部居类

---

　　①　（清）曹溶：《绛云楼书目题辞》，《绛云楼书目》附，（清）钱谦益撰，上海古籍出版社 2002 年《续修四库全书》影印清嘉庆二十五年刘氏味经书屋抄本。

　　②　（清）黄宗羲：《思旧录》，见《黄宗羲全集》第 1 册，第 375 页。

汇，各以其次。素标缃帙，启钥烂然"①。《通志堂经解》所用底本多出传是楼，徐乾学主持修纂和自己编纂的图书也多是利用传是楼所藏。徐乾学死后，其书散佚。

黄丕烈，号荛圃、佞宋主人，藏书室曰"士礼居""陶陶室"等。一生专事图书收藏及文献校勘，尤好宋本，所藏宋版书逾百种，因名其室曰"百宋一廛"。其自作《百宋一廛书录》，著录自己所藏宋版图书，并为顾广圻所作《百宋一廛赋》作注。二书详细著录了黄氏所藏宋版图书的版本特征、文献价值，为清代重要的版本学著作。后人还将黄氏所作诸书题跋汇集，编成《士礼居藏书题跋》《荛圃刻书题识》等书，也是清代重要的版本学著作。黄氏每得一书，日夜校勘不止，所辑刻《士礼居丛书》底本选择、文字校勘、雕板刷印皆称上乘。

顾广圻，字千里，号涧苹，自号思适居士。自幼家境贫寒，早年曾问学于著名音韵学家江声，通经史小学，尤精校雠；后长期在大藏书家兼版本学家黄丕烈家塾任教。一生曾替当时著名的藏书家黄丕烈、阮元、顾之逵、张敦仁、胡克家、秦恩复、吴骞、汪士钟、洪莹、孙星衍、汪嘉孙等校刻了不少高质量的图书。凡经他主持校勘刻印的图书；可以说都是清代刻书中的善本；所校与黄丕烈之跋、鲍廷博之刻并美，前人以"顾校黄跋鲍刻"称之。顾广圻对校勘学有非常深入而系统的研究，"不校校之"为其校勘学理论的精髓，谓：

> 以思适名斋者何？顾子有取于邢子才之语也。史之称子才曰："不甚校雠。"顾子役役以校书而取之者何？谓顾子之于书，犹必不校校之也。子才诚仅曰不校乎哉，则乌由思其误，又乌由而有所适也。故子才之不校，乃其思。不校之误，使人思；误于校者，使人不能思。去误于校者而存不校之误，于是日思之，遂以与天下后世乐思者共思之，此不校校之者之所以有取于子才也。②

---

① （清）汪琬：《尧峰文钞》卷23《传是楼记》，民国上海商务印书馆《四部丛刊》影印林佶写刻本。

② （清）顾广圻：《思适斋集》卷5《思适寓斋图自记》，清道光二十九年徐渭仁校刊本。

顾广圻校书，不轻改正文，而于书后另附校勘记，细加考证，指出诸本之异，探究各本渊源递嬗关系，寻出错误之迹。顾氏这种古书校雠的方法与理论一直为今人所遵循。与黄丕烈"佞宋"不同，顾广圻更加重视对不同版本文献内容的分析研究。清代学者李兆洛谓刘向、郑默、褚元量、颜师古校书，"皆校正字形而已"，而后之校勘者，往往"荒陋不守阙如之戒，妄缘疑而致误，至剜肉而成疮，……本初无误，校乃致误，此自书有刊本，轻加雌黄，倘经三刻，而古人之真尽失矣，此亭林先生罗列改书之弊以为后戒者也"。① 清代学者皆守此训，虽校雠而不轻改古书，因此刻书质量优于前代；而真正把文献校勘工作上升到理论高度并且付诸实践者，当推顾广圻为第一。

除了学者藏书以外，清代藏书风气也影响到一些商人。扬州马曰琯、马曰璐兄弟以盐业致富，雅好典籍，藏书十余万卷，筑小玲珑山馆、丛书楼以贮之。乾隆修《四库全书》时征集图书，马氏进呈图书七百七十六种，受褒赐《古今图书集成》一部。

徽商鲍廷博家世经商，富而好学，有藏书楼曰知不足斋。"三十年来，近自嘉禾、吴兴，远而大江南北，客有以异书来售武林者，必先过君之门。或远不可致，则邮书求之。浙东西藏书家若赵氏小山堂、卢氏抱经堂、汪氏振绮堂、吴氏瓶花斋、孙氏寿松堂、郁氏东啸轩、吴氏拜经楼、郑氏二老阁、金氏桐华馆，参合有无，互为借钞，至先哲后人家藏手泽，亦多假录。一编在手，废寝忘食，丹铅无已时。一字之疑，一行之缺，必博徵以证之，广询以求之，有得则狂喜如获珍贝；不得虽积思累岁月不休。溪山薄游，常携简策自随。"② 鲍廷博对书极为熟悉，"持书来问者，凡某书美恶所在，意恉所存，见于某代某家目录，经几家收藏几次，钞刻真伪若何，校读若何，无不矢口而出，按之历历不爽"③。鲍廷博父子刊刻的《知不足斋丛书》为清代著名的高质量大型丛书。修《四库全书》时，鲍家献书六百二十六种，受褒赐《古今图书集成》一部。

---

① （清）李兆洛：《顾君墓志铭》，《思适斋集》附。

② 朱文藻：《知不足斋丛书序》，《知不足斋丛书》第1集，上海古书流通处1921年影印乾隆刻《知不足斋丛书》本。

③ 汪光镛纂录：《碑传集》3编卷37《鲍廷博传（国史馆传稿）》，台湾明文书局1985年影印《清代传记丛刊》本。

三　清代的图书出版与图书市场

随着经济的发展和社会的进步，特别是文化、学术和教育的发展，社会对图书的需求较之前代有很大的扩大；商品经济的进一步发展，也大大地促进了图书出版业的发展。因此，清代的图书出版业也达到了中国封建时代的顶峰。同时，从清代初年开始，清朝统治者对思想文化的控制也达到了中国封建时代的顶点，"文字狱"频兴，首当其冲受影响的就是图书出版业。

清代前期官府刻书以内府刻书为主，其字体版式与明代"经厂本"差不多。康熙时，在武英殿设立修书处，负责编修和刊刻御制诗文、实录、圣训、会典、方略及其他钦定图书，由武英殿所刻之书一般称为"殿本"。武英殿所刻书均由学者编辑校勘，并且对于书中刻写错误有严厉的惩罚措施，所以刻书的质量远远高于明代的"经厂本"，只是嘉庆以后质量逐渐下降，刻书的数量也大大减少。民国初年对清代殿版书深有研究的学者陶湘曾对清代内府及武英殿刻书的原委有过专门的研究。

> 清代殿版书，实权舆于明代经厂本。惟明以司礼监专司，清则选词臣从事耳。顺治一朝，篆刻书籍，均经厂原有工匠承办，故其格式与经厂本小异而大同。康熙一朝，刻书极工，自十二年敕廷臣补刊经厂本《文献通考》脱简，冠以御序，此后刻书，凡方体均称宋字，楷书均称软字。虽杂出众手，必斠若画一。于武英殿设修书处，校对官员、写刻工匠，咸集于兹。又敕刻铜字（非铸），活板摆印（初印历算等书，继印《图书集成》），其书均称内府本。两淮盐政曹寅，以盐羡刻《全唐诗》，软字精美，世称扬州诗局刻本，以奉敕，亦称内府本。雍正一朝，精刻内典，别规格式，字体力求方整，刀法力求匀净。乾隆一朝，四年诏刻《十三经》《二十一史》（内典停刻），于武英殿设刻书处，特简王大臣总裁其事，殿板之名遂大著（凡前称内府本，后亦统称殿本）。十二年，刻《明史》《大清一统志》，次刻《三通》，再次刻《旧唐书》。凡在十二年前刊印者，其写刻之工致、纸张之遴选、印刷之色泽、装订之大雅，莫不尽善尽美，斯为极盛时代。十三年，开三礼馆，

刻《三礼义疏》，与《易、诗、书、春秋传说汇纂》合装，总名《御纂七经》，而《三礼义疏》即逊于《四经汇纂》。扬州诗局于曹寅故后，工亦中缀。铜活字于乾隆九年敕毁铸钱。……然自此以后，敕纂各书之写刻印装，每况愈下。试举三十年后所刻之《六通》，四十年后所刻之《旧五代史》，五十年后所刻之《续纂大清一统志》，与十二年前所刊诸书校，其优劣判若霄壤。嘉庆一朝，四年刻《续纂八旗通志》，工料愈逊。九年，敕纂《熙朝雅颂集》，特谕阮元刊进，亦不如乾隆初年诸殿本。十九年，敕纂《全唐文》，仍由扬州诗局承办，然亦不如《全唐诗》。道光、咸丰两朝，天下多故，稽古右文，万几无暇。同治一朝，大乱甫定，天子冲龄，此事遂废。八年夏，武英殿灾，凡康熙二百年来之藏书储板，一炬荡然。幸大内宫廷殿阁、奉天陪都、热河行宫陈设书籍，尚有存者。武英殿既灾，纂修协修之官名犹在，写刻印装之工匠亦未撤，而刊书之事，终同治一朝，阒寂无闻，此为极衰时代矣。①

殿版书以钦定书为主，另外还刻了一些被认为难登大雅之堂的唱词曲谱，如康熙时就曾刻了《钦定曲谱》。殿版书通常刻工精细，对纸张、墨色也颇讲究。纸多用上等开化纸，坚韧洁白，装订端庄雅致，精美异常。在清代武英殿刻书中，如康熙时所刻《清凉山志》《数理精蕴》《御纂性理精义》《佩文韵府》，雍正时所刻《御选悦心集》，乾隆时所刻《十三经注疏》《二十四史》，嘉庆时所刻《高宗圣训》等都是其代表作。

武英殿刻印的图书不仅用木版，还有铜版（如康熙五十二年铜版《皇历考原》、乾隆铜版《内府皇舆全图》）、铜活字（如雍正中铜活字排印本《古今图书集成》）、木活字（如乾隆时活字本《武英殿聚珍版丛书》）、彩色套印（如康熙五色套印本《古文渊鉴》）、石印（如光绪二十一年石印本《钦定书经图说》）、铅印（如光绪中铅印本《历代圣训》）。可以这样说，清代武英殿刻印图书代表了清代刻书、印书工艺的最高水平。据统计，清代

---

① 陶湘：《清代殿板书始末记》，辽宁教育出版社 2000 年《新世纪万有文库》本。

武英殿共刊行各类图书达七百余种①。

　　除武英殿刻书外，内府其他部门也刻有一些高质量的图书，如古香斋刻了四色套印本《古文渊鉴》（图7－10）、《古香斋袖珍十种》。

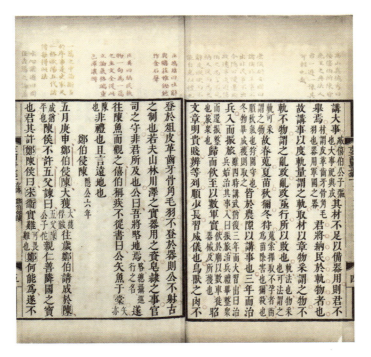

图7－10　清康熙古香斋刻四色套印本《古文渊鉴》（中国国家图书馆藏）

　　康熙时由曹寅主持的扬州诗局也校刻了不少高质量的图书。扬州诗局刻印的《全唐诗》《佩文斋书画谱》《佩文斋咏物诗选》《词谱》《历代诗余》《渊鉴类函》《历代赋汇》等都用工楷手写上板，刻工也极精致。康熙四十四年五月，康熙皇帝命曹寅在扬州天宁寺设局刻《全唐诗》，曹氏除四处访求唐诗逸篇外，又因写刻这样一部大书很难找到一样笔迹的人，便在写手中

　　①　翁连溪：《清宫武英殿刻书》，《中国典籍与文化》2000年第4期，第54—60页。力案：武英殿刊刻图书的具体数量，由于资料不完整和统计的口径不同，众说纷纭。另参见故宫博物院图书馆编《清代内府刻书目录解题》，紫禁城出版社1995年版；翁连溪《清代内府刻书图录》，北京出版社2004年版。

"择其相近者，令其习成一家，再为缮写"。经过这一番训练，后来刻成的《全唐诗》九百卷目录十二卷（图7-11），果然字画如一，世人称为"软字"，对康熙以后民间刻书的字体风格有很大影响。

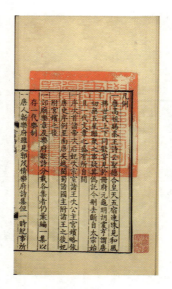

图7-11　清康熙扬州诗局刻《全唐诗》
（中国国家图书馆藏）

各级官府所刻图书，原则上允许士人刷印，也允许民间书商翻印，还有一部分图书提供零售或者交书铺代卖。清乾隆三年（1738年）谕旨：

> 将圣祖仁皇帝御刊经史诸书，颁发各省布政司，敬谨刊刻，准人印刷，并听坊间刷卖，原欲士子人人诵习，以广教泽也。近闻书版收贮藩库，士子及坊间刷印者甚少，著各抚藩留心办理，将书版重加修整，俾士民等易于刷印，有愿翻刻者，听其自便，毋庸禁止。如御纂诸书内，有为士人所宜诵习而未经颁发者，著各督抚奏请颁发，刊板流布。至于武英殿、翰林院、国子监皆有存贮书版，亦应听人刷印，并从前内府所有各书，如满汉官员，有愿购觅诵览者，概准刷印。其如何办理之处，著礼部会同各该处，定议请旨。晓谕遵行。寻议，将刷印各书，所需纸墨工价银两，逐部核定，凡满汉官员，有愿购诵者，令其在各衙门具呈，

自备价值，概准刷印。有情愿捐俸若干，刷印书籍若干部者，由该旗衙
门查明，移咨武英殿各衙门，照数给发书籍；行文户部，扣俸还项。并
将武英殿各种书籍，交于崇文门监督，存贮书局，准令士子购觅。[①]

清代后期，中央刻书活动逐渐减少了，继之而起的是地方刻书。清代地方官
刻图书中，数量最多的是各地编修的地方志，一些官办书院也刻印了不少图
书。清咸同以后，各地纷纷建立官书局刻印图书。关于地方官书局刻印图书
的情况将在下章介绍。

在清代的民间刻书中，文人学者的刻书大体上可以分为两大类。一类是
文人学者所刻自己的著作和前贤诗文集，这类书大都由名家手写上板，也有
作者自己手写上板的，由著名刻工镂板，所用的纸墨也比较考究，是刻本中
的精品，世称"精刻本"。另一类是辑佚、考据和校勘学兴起后各大藏书家
辑刻的丛书、古逸书和影印的宋元明善本书，这些书或者校勘精审，或底本
精良兼影刻逼真，具有极高的学术价值。

清代的写刻本始于康熙，而盛于乾隆、嘉庆。康熙时福建侯官藏书家兼
书法家林佶手写上版的汪琬《尧峰文钞》、陈廷敬《午亭文编》、王士禛
《古夫于亭稿》和《渔洋精华录》被藏书家誉为"林氏四写"。雍正时江都
陆钟辉刻《笠泽丛书》，广陵般若庵刻《冬心先生集》，李光映观妙斋刻
《观妙斋金石文字考略》，乾隆时郑燮自己手书上板、门徒司徒文膏刻字的
《板桥集》，胡介祉写刻的《陶靖节诗》，沈守义所刻《南船记》，嘉庆时著
名藏书家兼校勘家黄丕烈手写上版的《季沧苇书目》，松江沈氏古倪园所刻
的"四妇人集"（即唐《鱼玄机诗》《薛涛诗》、宋《杨太后词》、元《绿窗
遗稿》），道光时海昌古韵阁主人许槤所刻《六朝文絜》等，均系名家手写、
名工镂板、上等纸墨精印，为清代刻书中的上品。

清代文人学者刻书数量大且重版本，精校勘。由于考据学的兴盛，文人
学者刻书多系著名版本学家或对某一学科有深入研究的专家选编校订，因此
质量较高。明末清初钱谦益、清初钱曾、季振宜、徐乾学、朱彝尊，清代中
叶孙宗濂、黄丕烈、汪士钟、鲍廷博、汪启淑、马裕、汪日桂、吴骞、吴焯、

---

① 《清高宗纯皇帝实录》卷70，中华书局1986年影印本。

丁杰等藏书多且精，黄丕烈"百宋一廛"收藏宋版书百余种，吴骞拜经楼额题"千元十驾"，收藏元版书号称千部。这些藏书家所刻书或者选取宋元善本影印或者仿刻，或者请名工精雕，更有如顾广圻这样的学者校勘，因此刻书质量极高。黄丕烈所刻《士礼居丛书》、吴骞所刻《拜经楼丛书》即其代表。

　　清代文人学者刻书十之八九系丛书。清代所刻丛书与明刻丛书不同，大都选取内容完整的底本，又精加校勘，远非明刻丛书那样截头去尾、校勘粗疏甚至不加校勘可比，如纳兰成德与徐乾学的《通志堂经解》（收书一百四十种）、鲍廷博的《知不足斋丛书》（收书一百九十六种）、孔继涵的《微波榭丛书》（收书三十二种）、卢见曾的《雅雨堂藏书》（收书十三种）、黄丕烈的《士礼居丛书》（收书十九种）、卢文弨的《抱经堂丛书》（收书十六种）、毕沅的《经训堂丛书》（收书二十三种）、孙星衍的《平津馆丛书》（收书四十六种）和《岱南阁丛书》（收书十六种）等都非常有名。叶德辉论乾嘉及以后人刻丛书之优劣云：

　　　　阮文达元《文选楼丛书》，则兼收藏、考订、校雠之长者也。顾修《读画斋》，李锡龄《惜阴轩》，张海鹏《学津讨源》《借月山房》《泽古丛钞》《墨海金壶》，钱熙祚《守山阁》《珠丛别录》《指海》，杨墨林《连筠簃》，郁松年《宜稼堂》，伍崇曜《粤雅堂》，潘仕诚《海山仙馆》，蒋光煦《别下斋》《涉闻梓旧》，钱培名《小万卷楼》，多者数百种，少者数十种，皆校勘家也。同光以来，则有吴县潘文勤祖荫滂喜斋、功顺堂，归安姚观察觐元咫进斋，陆运使心源十万卷楼，钱唐丁孝廉丙嘉惠堂，章大令寿康式训堂，收藏而兼校勘者也。至黎星使庶昌《古佚丛书》，专模宋元旧椠，海外卷抄，刻印俱精。惜假手杨校官守敬，不免师心自用、英雄欺人之病。惟江阴缪氏《云自在龛丛书》，多补刻故书阙文，亦单刻宋元旧本，虽平津馆、士礼居不能过之。孙、黄复生，当把臂入林矣。[①]

刊刻丛书，为清代刻书的一大时尚。此外，还有不少校勘精审、刻印精美的

---

① 叶德辉：《书林清话》卷9《乾嘉人刻丛书之优劣》。

单刻本，如胡克家刻《资治通鉴》，秦恩复石研斋刻《鬼谷子》《列子》《扬子法言》，张海鹏刻《太平御览》，张敦仁刻《盐铁论》，汪士钟刻《仪礼疏》等皆极有名。清末著名学者张之洞在其《书目答问》中列举了清代何焯、惠栋、卢见曾、全祖望、谢墉、钱大昕、卢文弨、戴震、王念孙、张敦仁、丁杰、鲍廷博、黄丕烈、孙星衍、秦恩复、阮元、顾广圻等三十一位刻书家后说："诸家校刻，并是善本，是正文字，皆可依据，戴、卢、丁、顾为最。"

　　清代的图书出版规模很大，仅现存的清代图书为数就十分巨大，不过，还有数量更大的图书，也就是一般专为营利的书坊所刻图书尤其是各种科举考试用书，发行量大，但因为时效性强、学术质量不高，绝大多数没有能够保存下来，甚至连相关的记载都没有，今天只能根据一些清代的文学作品寻出一点线索。在大约成书于乾隆年间的《儒林外史》中，描写了许多居于社会底层的失意秀才，他们除了当私塾老师以外，另外一个重要的生活来源就是替书坊选编时文。匡超人是浙江温州府乐清县人，曾经当过拆字先生，后来又干上了替书店编选时文的勾当。《儒林外史》记述书铺老板请匡超人编选时文的经过，书铺与编选者的关系，编选的情况、时间、销售情况等等，都有反映：

　　　　文瀚楼店主人走上楼来，坐下道："先生，而今有一件事相商。"匡超人问是何事。主人道："目今我和一个朋友合本，要刻一部考卷卖，要费先生的心替我批一批，又要批的好，又要批的快。合共三百多篇文章，不知要多少日子就可以批得出来？我如今扣着日子，好发与山东、河南客人带去卖，若出的迟，山东、河南客人起了身，就误了一觉睡。这书刻出来，封面上就刻先生的名号，还多寡有几两选金和几十本样书送与先生。不知先生可赶的来？"匡超人道："大约是几多日子批出来方不误事？"主人道："须是半个月内有的出来，觉得日子宽些；不然，就是二十天也罢了。"匡超人心里算计，半个月料想还做的来，当面应承了。①

至于图书的编选水平，《儒林外史》中另一处又有详细的描述：匡超人去扬

_____

① （清）吴敬梓：《儒林外史》第 18 回，人民文学出版社 1958 年版。

州，在船上遇见一位准备去京师会考的冯琢庵和朋友牛布衣，互通姓名后，

　　匡超人道："我的文名也够了。自从那年到杭州，至今五六年，考卷、墨卷、房书、行书、名家的稿子，还有《四书讲书》《五经讲书》《古文选本》——家里有个帐，共是九十五本。弟选的文章，每一回出，书店定要卖掉一万部，山东、山西、河南、陕西、北直的客人都争着买，只愁买不到手。还有个拙稿，是前年刻的，而今已经翻刻过三副板。不瞒二位先生说，此五省读书的人，家家隆重的是小弟，都在书案上，香火蜡烛，供着'先儒匡子之神位'。"牛布衣笑道："先生，你此言误矣！所谓'先儒'者，乃已经去世之儒者。今先生尚在，何得如此称呼？"匡超人红着脸道："不然！所谓'先儒'者，乃先生之谓也！"牛布衣见他如此说，也不和他辩。冯琢庵又问道："操选政的，还有一位马纯上，选手何如？"匡超人道："这也是弟的好友。这马纯兄理法有余，才气不足。……惟有小弟的选本，外国都有的。"①

　　冯琢庵提到的马纯上，人称马二先生，也是一位选家，所选《三科程墨持运》销路甚好，许多书店都有销售，还曾经帮助过匡超人。文墨不通的匡超人说自己编了九十五本书，每书一出，发行量上万本，并且行销外国，虽然有夸张的成分，但于此也可见一般书坊编书、刻书、售书的大致情形。

　　清代刻书从字体上看，清初犹袭明末风格，字形长方，横轻直重。康熙以后，字体发生了一些变化。康熙一朝，盛行两种字体，一种为软字，一种为硬字，系从明代宋字演化而来。软字楷书，官刻、私刻都有，因其多系名家手写上板，字体优美，如前文提到的"林氏四写"就是其代表。康熙以后，许多私刻善本仍主要是用软字刻成。硬字在顺治、康熙时也有两种不同的风格，受汲古阁刻书字体的影响，字形正方或稍扁，虽然是横轻直重，但横、竖的起笔收笔都存楷书遗意，撇、捺也显得很有力度，具有独特的风格，使人一望便知其为顺康时所刻。另外一种则基本上沿袭明代宋字，字体逐渐由长方变为正方。康熙以后软字刻书渐少，一般图书大多采用四周方

---

　　① （清）吴敬梓：《儒林外史》第20回。

正、横平竖直、整齐划一的宋字。

在版式上，清代刻书左右双边、四周双边、四周单边都有，白口居多，黑口略少。每行字数大多一律，并且排列整齐。清代前期因"文字狱"盛行，特别是庄氏史案之后，一般书籍均不记刻工、写手姓名；嘉庆、道光以后，情况才稍有改变，如嘉庆、道光间的江宁名匠刘文奎、文楷、文模兄弟及其子侄刻书大都明记刻工、写手姓名。

清代刻书用纸以殿本最好，大多用开化纸和榜纸印成。开化纸与榜纸色泽洁白，前者薄而细，质量最高，后者稍厚。民间刻书，以棉纸、竹纸、连史纸、毛边纸居多，也有用开化纸、宣纸印书者，不过较少。一般文人学者刻书用纸胜于书坊刻本。清代后期，不少书坊用再生纸（俗称"还魂纸"）印书，品质最下。另外云南所出"滇纸"，纸质坚韧且不易虫蛀，用滇纸印成的书颇得藏书家喜爱。

清代刻书特别是文学类作品多有版画，曾有学者评价清代的版画不如明代后期之盛，也不如明刻之精。不过，在清代所刻书中，仍然有不少堪称精品。清初的版画较为著名的有顺治十八年刻印的陈洪绶《博古叶子》四十八幅、《水浒叶子》四十幅。陈氏为浙江诸暨人，善画山水，尤工人物。"叶子"为行酒令时所用，算不上什么"图书"，但其绘画风格却对清代图书的插图影响很大。康熙三十五年，内府用铜版刻焦秉贞绘《耕织图》四十六幅，刻工为吴中名匠朱圭，颇为精美。康熙五十三年刻本《白岳凝烟》附图四十幅，吴熔绘图，刘功臣雕版，为清初徽派版画中的上乘之作。康熙五十九年刻本《西江志》附图二十五幅，也极为精美。雍正时内府用铜活字排印《古今图书集成》，其中的插图则是用雕版印成，刻印也很精细。乾隆时内府所刻《皇清职贡图》有中外男女图像六百幅，可算是清代版画中的大型作品了。坊间刻书中，小说戏曲沿明代风格，也多附以木刻绣像，如清初刻本《张深之先生正北西厢秘本》附有陈洪绶绘插图六幅，康熙间苏州文喜堂刻《秦楼月》后附《素素二分明月集》有图七幅，为当时名匠鲍天锡、鲍承勋所刻。乾隆初期刻明杜堇绘《水浒图像》五十四幅、乾隆二十六年刻王翙绘《百美新咏图传》刻、印都较为精湛。在清代的版画中，值得一提的是小说《红楼梦》的插图。乾隆五十六年，程伟元萃文书屋第一次将《红楼梦》用木活字排印出版（即程甲本），此书前面附有木刻插图二十四幅，据说此画是程伟元本人所绘。其后翻刻、重刻本，也大多将这二十四幅摹刻下来，不过以绘画技巧、雕版工艺而言，皆不足道。道光中，王希廉评本《红楼梦》附图六十四幅，所绘人物花草，笔画简洁工细，远胜程本。光绪中刻改琦所作《红楼梦图咏》，有图五十幅，其绘画技巧、雕版工艺又在王本之上。

清代的套印技术较明代有很大的提高，尤以内府刻本最高，如康熙五色套印本《古文渊鉴》、乾隆四色套印本《御选唐宋文醇》《御制唐宋诗醇》、乾隆二色套印本《朱批谕旨》、乾隆三色套印本《劝善金科》等都是清代套印本中的善本。

在民间刻书中，嘉庆中祝荔亭刻《三图诗》手写上板精刻，附有鹿车、观碑、老渔图三幅，全用浓淡墨色套印，别具一格。安徽黄履昊广仁义学刻本《御制耕织图诗》用墨绿两色套印，极为精美。广东书坊的套印本比较有名，孙毓修谓"广东人为之最精"①。道光中卢坤刻印的《杜工部集》，正文用墨色，其余各家注释分别用紫色、绿色、黄色、红色套印，色彩斑斓，漂亮醒目。

图书在清代已经成为普通商品，市场化程度高，价格也是一般普通读书人都能承受的。

专以刻印贩卖图书为业的书坊在清代有很大的进步。特别是清中后期以后，随着图书市场的发展、印刷技术的进步、商业模式的进一步完善，坊刻图书数量以及市场的占有量都越来越高，有的书坊还开始向近代出版企业发展。

清代的书坊主要集中在北京、苏州、杭州和南京，至于福建建阳之麻沙、崇化，到清代已经败落，整个福建的刻书业也远不如明代兴盛了。清人金埴记载说："今闽版书本久绝矣，惟三地书行于世。然亦有优劣，吴门（苏州）为上，西泠（杭州）次之，白门（南京）为下。"②

北京是清代的政治、经济、文化中心，图书的刻印与销售都极其兴旺。清乾隆间学者李文藻著有《琉璃厂书肆记》，由此可略见当时北京书肆之盛：

> 琉璃厂因琉璃瓦窑为名，东西可二里许，未入厂东门，路北一铺曰

---

①　孙毓修：《中国雕板源流考·朱墨本》，民国上海商务印书馆《国学小丛书》本。

②　（清）金埴：《不下带编》卷4，王湜华点校，中华书局1982年版。

声遥堂，皆残破不完之书，予从其中买数种，适有《广东新语》，或选恩平之兆也。入门，为嵩□堂唐氏、名盛堂李氏，皆路北。又西，为带草堂郑氏、同升阁李氏，皆路南。又西而路北者，有宗圣堂曾氏、圣经堂李氏、聚秀堂曾氏。路南者，有二酉堂、文锦堂、文绘堂、宝田堂、京兆堂、荣锦堂、经腴堂，皆李氏，宏文堂郑氏、英华堂徐氏、文茂堂傅氏、聚星堂曾氏、瑞云堂周氏，其先后次第，忆或不真，而在南在北，则无误也。或曰二酉堂，自前明即有之，谓之老二酉，而其略有旧书者，惟京兆、积秀二家，余皆新书，而其装潢纸不佳而册薄。又西而南，转沙土园北口，路西有文粹堂金氏，肆贾谢姓，苏州人，颇深于书，予所购钞本如《宋通鉴长编纪事本末》《芦浦笔记》《麈史》《寓简乾坤清气》《滏水集》《吕敬夫诗集》《段氏二妙集》《礼学汇编》《建炎复辟记》《贡南湖集》《月屋漫稿》《王光庵集》《焦氏经籍志》之属，刻本如《长安志》《鸡肋集》《胡云峰集》《黄稼翁集》《江湖长翁集》《唐眉山集》之属皆于此肆。又北转至正街，为文华堂徐氏，在路南而桥东之肆尽此矣。桥居厂中间，北与窑相对，桥以东，街狭，多参以卖眼镜、烟筒、日用杂物者，桥以西，街阔，书肆外，惟古董店及卖法帖、裱字画、雕印章、包写书禀、刻板镌碑耳。近桥左右，则补牙、补唇、补眼及售房中之药者。遇廷试进场之具，如试笔、卷帘、墨壶、镇纸、弓棚、迭褥备列焉。桥西卖书者才七家：先月楼李氏，在路南，多内板书。又西，为宝名堂周氏，在路北，本卖仕籍及律例、路程记，今年忽购得果亲王府书二千余套，列架而陈之，其书装潢精丽，俱钤图记，予于此得梁寅《元史略》《揭文安集》《读史方舆纪要》等书，皆钞本，《自警编》半部、《温公书仪》一部，皆宋椠本。又方望溪所著书原稿往往有之，又有钞本《册府元龟》及明宪宗等《实录》。又西，为瑞锦堂，亦周氏。在路南，亦多旧书，其地即老韦之旧肆，本名鉴古堂，八年前韦氏书甚多。又邻阳人董姓，同卖法帖，其中吾友赵六吉精于法帖，亦来此，遂客没，其榇至今未归。又西，为焕文堂，亦周氏。又西，为五柳居陶氏，在路北，近来始开，而旧书甚多，与文粹堂皆每年购书于苏州，载船而来。五柳多璜川吴氏藏书，嘉定钱先生云，即吴企晋舍人家物也，其诸弟析产所得书，遂不能守。又西，为延庆堂刘氏，在路北，其肆贾即老韦前开鉴古堂者也，近来不能购书于江南矣，夏间从内城买书数十部，每部有楝亭曹印，其上又有长白敷槎氏董斋昌龄图书记，盖本曹氏而归于昌龄者，昌龄官至学士，楝亭之甥也，楝亭掌织造盐政十余年，竭力以事铅椠，又交于朱竹坨，曝书亭之书楝亭皆钞有副本，以予所见，如《石刻铺叙》、宋朝《通鉴长编》《纪事本末》《太平寰宇记》《春秋经传阙疑》《三朝北盟会编》《后汉书年表》《崇祯长编》诸书皆钞本，魏鹤山《毛诗要义》《楼攻媿文集》诸书皆宋椠本，余不可尽数。韦颇晓事而好持高价，查编修莹、李检讨铎日游其中，数年前予房师纪晓岚先生买其书，亦费数千金。书肆中之晓事者惟五柳之陶、文粹之谢及韦也。韦，湖州人；陶、谢皆苏州人，其余不著何许人者，皆江西金溪人也。正阳门东打磨厂亦有书肆数家，尽金溪人卖新书者也。内城隆福诸寺，遇会期多有卖书者，谓之赶庙，散帙满地，往往不全而价低。朱少卿豫堂日使子弟物色之，积数十年，蓄数十万卷，皆由不全而至于全，盖不全者，多是人家奴婢窃出之物，其全者固在，日日待之而自至矣。吾友周书昌遇不全者，亦好买之，书昌尝见吴才老《韵补》为他人买去，怏怏不快，老韦云："邵子湘《韵略》已尽采之。"书昌取视之，果然。老韦又尝劝书昌读魏鹤山《古今考》，以为宋人深于经学无过鹤山，惜其罕行于世，世多不知采用，书昌亦心折其言。韦年七十余矣，面瘦如柴，竟日奔走朝绅之门，朝绅好书者，韦一见谂其好何等书，或经济，或辞章，或掌故，能各投所好，得重值，而少减辄不肯售，人亦多恨之。予好书，几与书昌同，不及书昌能读耳。朝食后，即至厂，手翻至晡，或典衣买之。而积秀堂有杨万里、洪盘洲二集钞本，索钱三十千，庋数日，仍还之，而不能释于念也。延庆刘项生，大瘤，人呼之刘噶哒。又西，为博古堂李氏，在路南，其西为厂西门，门外无鬻书者。①

根据这些记载，可见琉璃厂的书店有许多是世代以卖书为业，一些书店老板不仅深谙经商之道，对图书版本、图书内容也有很深刻的了解甚至研究，专

---

①　（清）李文藻：《南涧文集》卷上，清光绪刻《功顺堂丛书》本。

业化程度很高。如前文提到的五柳居陶氏，其家几世经营书店，在北京、苏州都开有书店。清嘉庆二年，陶正祥卒于京师，著名学者孙星衍应其子珠琳之请，作"清故封修职郎两浙盐课大使陶君正祥墓碣铭"，云：（陶正祥）"家贫，无以为养，遂以估书为业，与吴中名下士交接，闻见日广。久之，于书能知何书为宋元佳本，有谁氏刊本、版贮何所，谁氏本善且备、谁氏本删除本文若注或舛误不可从。都中钜公宿学欲购异书者，皆诣君，车辙满户外。会开四库全书馆，安徽提学朱君筼言于当道，属以搜访秘书，能称事焉。……历数十年，尝慕陈思之为《宝刻丛编》也，语予云：'恨不为一书，记所过目宋、元、明刊刻经传、诸子各本卷帙、文字异同优劣，补书目家未备，惜今晚矣。'与人贸易书，不沾沾计利，所得书若值百金者，自以十金得之，止售十余金；自得之若十金者，售亦取余；其存之久者，则多取余。曰：'吾求赢余以糊口耳，己好利，亦使购书者获其利。人之欲利，谁不如我？我专利而物滞不行，犹为失利也。'以是售书，甚获利。朝之公卿、四方好学之士，无不知有五柳居主人者。"① 近人孙殿起作《琉璃厂小志》，也详述了琉璃厂书肆之盛，并引翁方纲《复初斋诗集》注谓乾隆开四库馆后，修书者清晨入翰林院，"午后归寓，各以所校阅某书应考某典，详列书目，至琉璃厂书肆访之。……可见当时琉璃厂书肆藏书之丰富"②。

除北京外，苏州也是书肆最为集中的地方，叶德辉《书林清话》有"吴门书坊之盛衰"专记苏州书肆的情况。北京之书，许多来自苏州。苏州书肆，或印书、卖书为一体，或以卖书为主。在苏州书肆中，席氏扫叶山房最为著名。席氏自明代起就开始刻印书籍，清康熙中，毛氏汲古阁败落，书板大部分归扫叶山房。席氏一方面继续利用汲古阁旧板刷印书籍，另一方面也自行刻书。扫叶山房所刻书中，经、史、子、集及小说笔记、通俗读物都有，而尤以史书最为著名，如乾隆末所刻《旧唐书》《旧五代史》《东都事略》《契丹国志》《大金国志》《元史类编》，嘉庆中所刻《南宋书》《唐六典》《东观汉纪》《吴越备史》等。到清代后期，扫叶山房的业务更进一步扩大，在全国许多地方开设了分号，又采用了石印、铅印方法，所印书几遍天下。

---

① （清）孙星衍：《五松园文稿》卷1，民国上海商务印书馆《丛书集成初编》排印《岱南阁丛书》本。

② 孙殿起：《琉璃厂小志》，北京古籍出版社1982年据北京出版社1962年标点本重排本，第4页。

　　除北京、苏州、杭州、南京外，四川的刻书业也较为发达。重庆的善成堂规模很大，在成都以及江西、湖北、山东、河北、北京等许多地方都设有分店，不仅自己刻印图书，还售卖本版和其他书坊出版的图书。

　　书坊刻书以普通百姓日常生活生产用书、小说、戏曲及科举类书和启蒙读物为主，而这些书又多是官府和藏书刻书大家所不注意的，因此有不少的书籍都是因书坊的刊刻才得以流传于世并被保存了下来。小说《红楼梦》最早只有抄本传世，其价甚昂，流传也不广，直到乾隆五十六年才由苏州程伟元的萃文书屋以活字排印出版，是为程甲本。次年，程氏又修订重排，是为程乙本。稍后，在北京由江西人王德化开的书坊东观阁又刻印了《红楼梦》（图 7－12）。嘉庆以后，其他书坊纷纷翻刻、重刻东观阁本，于是这部脍炙人口的小说才得到了广泛的传播。①

图 7－12　清乾隆五十六年萃文书屋活字印本
《红楼梦》（中国国家图书馆藏）

---

　　①　参见陈力《〈红楼梦〉东观阁本小议》，《四川大学学报》（哲学社会科学版）1993 年第 4 期，第 49—52 页；《〈红楼梦〉东观阁本再考》，《文献》2003 年第 1 期，第 160—177 页。

清代书肆除了售书之外，甚至还有经营野史小说的租赁业务者。清嘉庆十八年（1813 年）嘉庆皇帝曾下旨：

> ……至稗官野史，大率侈谈怪力乱神之事，最为人心风俗之害，屡经降旨饬禁。此等小说，未必家有其书，多由坊肆租赁，应行实力禁止，嗣后不准开设小说坊肆。违者将开设坊肆之人，以违制论。①

虽然朝廷严旨禁绝，但因社会需求旺盛，到了清同治、光绪间，北京街头的馒头铺有的还兼营唱本鼓词租赁业务。据李家瑞先生考证，这些唱本的内容包括《三国志》《济公传》《桃花记》等，有的鼓词唱本上还盖着长形图章，云："本斋出赁四大奇书，古今野史，一日一换，如半月不换，押帐变价为本，亲友莫怪。撕书者男盗女娼。本铺在交道口南路东便是。"每本书的租赁价格相对很便宜，大约不到民国时期的一枚铜圆，需要交付的押金也只有制钱一百文②，这样的价格，是一般百姓都能消费得起的，同时，这种图书租赁业务也只是针对一般社会下层百姓的，也是清代图书市场的重要组成部分。

清代图书的价格资料很多，已有学者对此进行了专门的研究③。但由于价格变动大、地区差异大，图书的内容和适用对象差异大，很难进行比较精确的购买力比较。不过，一般而言，学术著作、底本好校勘刻印较佳的图书相对价格较高；而一般通俗读物、科举类图书、儿童识字类读物等因为发行量大，对刻印质量、纸张、装帧的要求也相对较低，因此价格也相对低廉；至于像前面提到的用于租赁的图书，成本更低。

虽然清代实行闭关锁国政策，但图书的海外贸易仍然可观，也是对日本贸易的主要货物之一。据日本学者大庭修研究，据不完全统计，从日本正德四年（1714 年，中国康熙五十三年）至安政二年（1855 年，中国咸丰五年），从中国到日本的商船一共运去图书六千一百六十三种、五万七千二百

①　《清仁宗睿皇帝实录》卷 281，中华书局 1986 年影印本。
②　李家瑞：《清代北京馒头铺租赁唱本的概况》，见张静庐《中国出版史料补编》，中华书局 1957 年版。
③　孙文杰：《清代图书市场研究》，武汉大学 2010 年学位博士论文。

零四部。[①] 因为朝鲜、越南等国使用汉字，中国图书也大量向这些地区输出。

第五节　明清时期印刷技术的进步

明代的印刷技术的发展主要体现在版画和套印技术的成熟及饾版和拱花的发明。

一　版画、套印和活字印刷

我国古代版画的起源很早，今天所能看到的最早的雕版印刷品之一——唐咸通九年所刻《金刚经》就有极为精美的版画，可见那时的版画技术已经很成熟了。到宋代，版画的雕造愈来愈多，如宋刻《宣和博古图》、元刻《刘向列女传》和一些小说话本都附有版画插图。到了明代，由于社会对图书内容和形式的需求，版画的采用更加普遍。郑振铎先生在《中国版画史序》中曾对明代版画艺术的情况做过如下概述：

> 洪武三十一年间，文化艺术，窒息不扬。而民间经大乱之后，资力艰难，与海外之交通，亦皆斩绝，故出版事业反较元代为落后。……靖难以后，生机渐复。燕京所刊之版画，呈空前未有之光芒。永乐刊板之佛道经卷，有竟卷施以版绘者，富丽精工，旷古所无。……宣德藏经，图式亦工。惟民间流行之读物，……则粗陋简率，无复宋元规范。正统以后，版画传作，于经藏插绘外，寂寞无闻。……世宗践祚，版画作者，乃复振颓风，争自磨濯。以燕京、金陵、建安三地为中心，所刊图籍，流传遍天下。而以建安诸书肆为尤勇健精进；……上继前修之余绪，下启隆万之旷涂。其功不可没也。若熊氏、余氏所编刊之通俗演义，童蒙读物，无不运以精心，而出以纯熟之手技。……隆庆及万历之初，版画作风，突转入一新时代，而仍以建安诸肆为先导。……杨之炯

① 〔日〕大庭修：《江户时代中国典籍流播日本之研究》，戚印平、王勇、王宝平译，杭州大学出版社1998年版，第50—51页。

《蓝桥玉杵记·凡例》云：每出插图"以便照扮冠服"，盖戏曲脚本之插图，原具应用之意也。而金陵唐氏富春堂所刊诸脚本则已近于以版画为饰观矣。明刊剧本，几于无曲不图，其风尚殆始于刘唐诸家也。而于版画之日趋工丽，亦有甚大之推进力。……而金陵板之通俗书渐有夺建安板之势矣。……万历中叶以来，徽派版画家起而主宰艺坛，睥睨一切，而黄氏诸父子昆仲，尤为白眉。……盖徽郡出版事业之盛，自汪士贤与吴勉学师古斋、吴琯西爽堂、吴养春泊如斋以来，已凌驾两京、建安矣。而版画之工，尤绝伦无比。

小说、戏曲图书大量采用版画固然可使演戏的人得以参照装扮舞台形象，即使是对于一般读者，也可以使其产生如临其境的效果。明弘治十一年（1498年）刻《新刊大字魁本全相参订奇妙注释西厢记》卷末有牌记云：

> 本坊谨依经书，重写绘图，参订编次，大字魁本，唱与图合，使寓于客邸、行于身中，闲游坐客，得此一览始终，歌唱了然，爽人心意。命锓梓刊印，便于四方观云。

可见，明代版画艺术的兴盛，与当时市民娱乐休闲及戏曲艺术的发展是密切相关的。

明代前期流传下来的版画和刻有版画的书籍相对较少，著名的有《正统道藏》、弘治十一年（1498年）金台岳家重刻的《新刊奇妙全相注释西厢记》、正德十年（1515年）刻印的《日记故事》和嘉靖年间刻印的《高松画谱》等。明嘉靖时有《高松画谱》问世，现在可以见到的有《竹谱》《菊谱》《翎毛谱》等三种，是中国目前所能见到的最早的版刻画谱，比著名的《十竹斋画谱》还早一百多年。嘉靖、万历以后，各地书坊所刻印的佛经、小说、戏曲和一些通俗书籍大多附有版画插图，如《花史》《梅史》《唐诗画谱》《诗余画谱》《红拂记》《邯郸梦》《彩笔情辞》等都有非常精美的插图。

明代版画以徽州的最为著名，世称"徽派"。所刻图书特别是小说、戏曲类图书多有版画，不但数量多，而且质量也很高。徽派版画代表作有彩色套印的

《程氏墨苑》（图7-13）、《方氏墨谱》等，《五杂组》载："方于鲁有《墨谱》，其纹式精巧，细入毫发，一时传玩，纸为涌贵。程君房作《墨苑》以胜之。"①

图7-13 明万历三十三年程大约刻《程氏墨苑·天主像》（中国国家图书馆藏）

明代套版技术的发展也很快。虽然宋、元时期套印已经很多，但无论是从数量上还是从质量上，都远逊于明代。到了明代，套印才真正进入了大规模的实用阶段。明代用套印方法来印刷书籍最多的是吴兴的闵氏和凌氏两大家族。闵氏有闵齐伋、闵齐华、闵振声、闵振业、闵映壁等十余人，凌氏有凌濛初、凌瀛初、凌启康、凌云、凌汝亨等十余人。明万历四十四年（1616年）闵齐伋与其兄闵齐华刻印了第一部朱墨套印本《春秋左传》，闵齐伋在凡例中宣传套印本的优点时写道：

> 旧刻中凡有批评圈点者，具就原版墨印，艺林厌之。今另刻一版，经传用墨，批评以朱，校雠不啻三五，而钱刀之靡，非所计矣。置之帐

① （明）谢肇淛：《五杂组》卷12。

中，当无不心赏。其初学课业，无取批评，则有墨本在。

套印本不仅形式美观，也便于阅读，因此很受世人的欢迎。闵、凌两家的套印本一般以朱墨两色套印居多，也有五色套印，如凌云所刻《文心雕龙》用朱、墨、紫、蓝、绿五色套印，其套版技术非常高，虽是数版套印，但很少发生偏差错乱。据陶湘的不完全统计，闵、凌二族从万历四十四年到崇祯末的二十多年中，共刻印套版书籍一百一十七部一百四十五种，其中三色套印十三种，四色套印四种，五色套印一种。① 闵、凌二族的套印本内容包括经、史、子、集。此外，闵氏所刻小说戏曲多附有版画插图，这些插图大多出自名家手笔，人物花鸟、亭榭楼台无不精工，纸墨皆用上等，加以套色印刷，其色彩斑斓，令人赏心悦目。

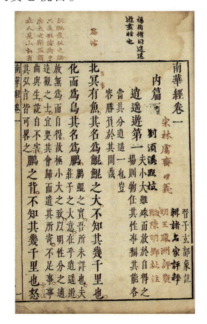

图 7－14　明四色套印本《南华经》*

注：* 采自 http：//3g. zhuokearts. com/html/auction/art/detail/2006/6/3/51314. htm［2016 年 11 月 27 日］。

---

① 陶湘：《明吴兴闵板书目》，辽宁教育出版社 2000 年《新世纪万有文库》本。

　　明代的活字印刷技术也有提高，用活字印刷的图书比较多。弘治、正德、嘉靖年间，苏州、无锡、南京一带盛行用铜活字印书①，尤以华燧的会通馆、华坚的兰雪堂和安国的桂坡馆最为著名，如弘治五年会通馆排印有《锦绣万花谷》《容斋随笔》《文苑英华纂要》《会通馆集九经韵览》等，兰雪堂排印有《元氏长庆集》和《艺文类聚》等，桂坡馆排印有《吴中水利通志》（图 7-15）、《古今合璧事类备要》等。另外，嘉靖中五云溪馆所印的《玉台新咏》、万历中周堂所印《太平御览》都是很有名的铜活字印本。

图 7-15　明嘉靖三年锡山安国铜活字印本《吴中
水利通志》（中国国家图书馆藏）

---

　　①　也有学者认为所谓"铜活字""铜版"只是用铜制底板，活字仍是木活字。

明代除用铜活字印书外，还有锡活字和木活字。据说明崇祯十一年开始，还曾用活字印刷邸报。①

清代的活字技术较明代更加成熟，使用也更为普遍，特别是清雍正中内府用铜活字排印了《古今图书集成》一万卷并目录四十卷，乾隆中用木活字排印了大型丛书《武英殿聚珍版丛书》。

清朝道光年间苏州人李瑶用泥活字排印了《南疆绎史勘本》和《校补金石例四种》。安徽泾县秀才翟金生据沈括所记，用三十年的功夫烧制出了十多万个泥活字，并在道光至咸丰间排印了《泥版试印初编》《仙屏书屋初集》《修业堂集》和《水东翟氏宗谱》。翟金生将所印书称作"泥斗板""澄泥板"或"泥聚珍板"。除了常见的铜活字、木活字、泥活字外，山东泰安人徐志定在泥活字上加磁釉，烧制成磁活字，印刷了张尔岐的《周易说略》和他自己的《蒿庵闲话》。②

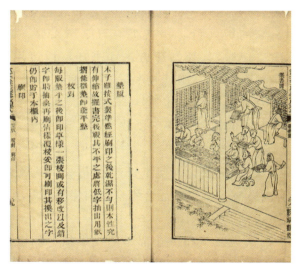

图 7-16　清武英殿刻《武英殿聚珍版程式》（中国国家图书馆藏）

---

① （清）俞樾：《茶香室续钞》卷 8《活字排印邸报始明季》，江苏广陵古籍刻印社 1984 年《笔记小说大观》本。

② 不过，也有学者认为徐志定所发明的乃是磁版，而非磁活字版。其说见陶宝庆《是磁版还是磁活字版》，《江苏图书馆工作》1981 年第 3 期，第 70—72 页。徐志定所发明的究竟是磁活字版还是磁版，因为资料太少，尚需作进一步研究。

清乾隆四十一年（1776 年），四库全书馆副总裁、主管武英殿刻书事务的金简主持编写了《武英殿聚珍版程式》，全面总结了活字制作技术和排版印刷的工艺流程，详细叙述了木活字印刷的十五道程序：成造木子、刻字、字柜、槽板、夹条、顶木、中心木、类盘、套格、摆书、垫版、校对、刷印、归类、逐日轮转法，附有详细的插图，并有相关的尺寸标准。《武英殿聚珍版程式》是中国古代活字印刷技术的一个总结。

二　饾版与拱花

随着版画艺术的提高和套印技术的发展，明末还发明了饾版和拱花的印刷方法。

古代有一种五色小饼，色彩斑斓，称为饾饤。饾版是将彩色画稿按不同颜色分别勾摹下来，将每一种颜色刻成一块小版，在刷印时按画面的内容在不同的版上分别刷上不同的颜色，然后逐色依次套印或又叠印。用这种方法刷印出来的版画色彩、浓淡均与原作无异，其鲜艳的色彩如饾饤一般，故称作"饾版"。用饾版方法印书还可以运用"指法"，清代程家珏《门外偶录》记载说，明代十竹斋的"良工十指皆工具也，指肉捺印有别指甲，指尖有别于拇指也"①。印刷工人通过用手指的各不同部位施以力度、方向不同的按压，使印刷物上的不同颜色之间形成过渡色，让画面显得自然。

"拱花"是用凸凹两版嵌合，使纸面拱起花纹，其效果有如今天的钢印。拱花因其富有立体感，所以很适合用来印刷翎毛画和山水画中的行云流水。

以前人们一般都认为饾版和拱花都是明代崇祯年间徽州人胡正言发明的，但已有学者指出，饾版印刷术早在宋代就已经产生了。1963 年上海博物馆在浙江采访到了明天启六年（1626 年）颜继祖用饾版印制的《萝轩变古笺谱》上下两册（图 7 - 17），是目前所能见到的最早用饾版技法印制的出版物。虽然饾版印刷的技术早在胡正言之前就已经有了，但是，胡正言对

---

① 转引自昌彼得《中国印刷史上的畸人奇书：胡正言与〈十竹斋画谱〉》，《故宫文物月刊》1990 年第 87 期，第 36—43 页。

于明代印刷技术进步的贡献仍是不可忽视的。胡正言，明末徽州制墨商人，其室名"十竹斋"，他本人除擅长制墨外，还精于篆刻、绘画，又喜藏书、刻书，曾刻过《六书正讹》《牌统孚玉》等书。明崇祯十七年（1644年）他用饾版和拱花技法印制了《十竹斋笺谱》和《十竹斋画谱》，二书刊版套印之精，用墨设色之艳，在古代的雕版印刷品中堪称一绝。又，谢肇淛记："今赵州有吴道子画，水墨刻，其波涛汹涌，翻澜骇沫。细观，目为之眩。"① 这里所说的"水墨刻"可能即是水印木刻之类。

图 7 - 17　明天启六年饾版套印《萝轩变古笺谱》
（原藏上海博物馆，上海朵云轩复制）

清代的饾版印书以康熙中李渔芥子园甥馆刻印的《芥子园画传》（图7 - 17）最为出色。《芥子园画传》是王概、王蓍、王臬兄弟三人在李长蘅课徒山水画稿和诸羲庵《竹兰谱》、王蕴庵《梅菊草虫花鸟谱》的基础上增绘编辑而成的。王氏兄弟皆工于绘事，曾著有《学画浅说》。《芥子园画传》共分三集，包括人物、梅兰竹菊及草虫、花卉和翎毛。初印本用开化纸，五色饾版套印，其浓淡深浅、阴阳向背、设色渲染都不失原作风貌，极为精

---

① （明）谢肇淛：《五杂组》卷7。

美。嘉庆以后一些书商又杂凑丁鹤洲的《写真秘诀》、上官周的《晚笑堂竹庄画传》等画谱，冒用《芥子园画传》的名义出版了第四集。

图 7－18　清康熙饾版套印《芥子园画传》（中国国家图书馆藏）

清康熙时还用饾版复制了明胡正言的《十竹斋画谱》。

第 八 章

社会转型期的图书事业：清末至民国

  以 1840 年的"鸦片战争"为标志，中国社会进入了一个变化剧烈的转型期。一方面，中国封建社会经历了康雍乾的盛世辉煌之后，从嘉庆、道光开始，进入了快速的衰退期，不仅国势一蹶不振，传统的文化与学术也发生了很大变化。旧学已不复昔日之盛。龚自珍《己亥杂诗》所谓"万马齐喑"即是其真实写照。另一方面，正处于工业革命中的欧美国家，劳动生产率大大提高，急需拓展海外市场、攫取海外资源，最后通过"鸦片战争"，打开了中国的大门。随着国门的开启，近代西方的政治制度、宗教、文化、生活方式以及工商业的经营模式等都对中国传统社会产生了巨大影响，西方的文化、教育从根本上动摇了中国传统社会的思想文化基础，尤其是西方近代教育思想、教育制度对中国传统教育制度和人才培养模式产生了巨大影响，最终结果就是科举制的废除和现代教育制度的产生和迅速发展。废科举对社会的影响是全方位的，除了政治上的影响以外，对读书人的影响尤为直接和明显，图书编纂、印刷、出版、发行也都随之发生了变化。西方各种思想、文化、科技以图书、报刊为载体，一步一步地影响和改变中国传统社会，最后催生了"新文化运动""五四运动"，中国延续几千年的封建社会终告结束。

  从"鸦片战争"到"新文化运动"和"五四运动"，这不仅是中国社会的转型期，也是中国图书事业的转型期。在这一时期，图书的内容、形式等都发生了巨大的变化，外国的自然科学、人文社会科学和文学艺术著作被大量介绍到中国，中国原有的刻、售书体系逐渐为新型的出版发行机构所取代，新式的铅印、石印渐与旧式的雕版印刷平分秋色，最后取后者而代之。

书籍形式出现了平装和精装，新型的出版物如报纸、杂志、教科书大量出现，旧式的藏书楼逐渐为现代公共图书馆所取代。本章所述，时间上虽与上章有所交叉，但内容以中国图书事业之转型为主。

第一节　社会巨变中的思想与文化

在经历了 1840 至 1842 年和 1856 至 1860 年两次"鸦片战争"的失败之后，在西方列强的坚船利炮面前，中国一批有识之士感受到了世界正在发生的巨大变化，李鸿章就清醒地指出这是"三千余年一大变局也"①，他们提出了"师夷之长技以自强"的思想，希望通过学习西方现代科技，以挽救摇摇欲坠的封建王朝。咸丰十年十二月初一日（1861 年 1 月 11 日），恭亲王奕䜣等上奏《通筹夷务全局酌拟章程六条》，中国历史上著名的"洋务运动"由此拉开了帷幕。在李鸿章等人的主持下，江南制造局、金陵制造局、福州船政局、天津机器局等一批采用西方先进技术建立起来的中国近代军事工业企业相继建立，除了制造武器以外，培养人才、引进翻译出版西方科学技术以及人文社会科学类图书也是其重要的业务。换言之，除了实业以外，外国图书的翻译出版也是其最重要的成果之一。

一　"洋务运动"与西书翻译出版

早在"鸦片战争"前，在广州主持禁烟时，林则徐为了解"夷情"，专门组织人员翻译西方书报，并将 1836 年英国人慕瑞（Hugh Murry, 1735 – 1791）的《世界地理大全》翻译成中文，取名《四洲志》。"鸦片战争"后，魏源编纂了著名的《海国图志》，这是一部关于世界历史地理知识的重要著作。魏源在谈到编纂的目的时说：

> 是书何以作？曰：为以夷攻夷而作，为以夷款夷而作，为师夷长技以制夷而作。②

---

① 梁启超：《中国四十年来大事记（一名李鸿章传）》引李鸿章《同治十一年五月复议制造轮船未可裁撤折》，《梁启超全集》第 2 卷，第 530 页。

② （清）魏源：《海国图志叙》，《魏源全集》第 4 册，岳麓书社 2004 年版。

"师夷长技"成为"鸦片战争"后许多学术活动的重要目的之一。在这种背景下，一批介绍欧美、日本等国家历史地理的图书问世，如梁廷枏的《海国四说》、徐继畬的《瀛寰志略》等。了解西方、学习西方特别是学习西方的先进技术，成为以后出现的"洋务运动"的指导思想。

第二次"鸦片战争"后，奕䜣、曾国藩、左宗棠、李鸿章、张之洞等一批主张"中学为体、西学为用"的官员希望通过引进西方先进的科学技术以达到自强、"求富"的目的，他们主持兴办了江南制造局、金陵制造局、福州船政局、天津机器局、湖北枪炮厂等一批近代军事工业和上海轮船招商局、兰州织呢局、开平矿务局、汉冶萍煤铁厂矿公司等民用企业，同时还兴办新式学堂、派遣留学生，史称"洋务运动"。

"洋务运动"中所兴办的各制造局、机器局中，大多设有专门的翻译出版机构，翻译出版了大批的西方著作。在当时各机器局中，江南制造局译书最多，影响最大。仅据1909年出版的《江南制造局译书提要》统计，江南制造局翻译馆曾翻译图书一百五十种、翻刻图书十八种[①]，内容以自然科学、工艺技术（主要是武器和船舶制造）为主，也有一些医学、历史、地理和国际公法等方面的著作，大部分为翻译著作，也有一部分中国人的著作。此外，北洋制造局（即天津机器局）、福州船政学堂等都翻译出版过一些图书。洋务派所翻译出版的图书以与军事有关的居多，梁启超分析其原因说：

> 中国官局旧译之书，兵学几居其半。中国素未与西人相接，其相接者兵而已。于是震动于其屡败之烈，怵然以西人之兵法为可惧，谓彼所以驾我者，兵也。吾但能师此长技，他不足敌矣。故其所译，专以兵为主。其间及算学、电学、化学、水学诸门者，则皆将资以制造，以为强兵之用。[②]

---

① 另据王杨宗先生研究统计，江南制造局翻译馆从1868年开办到1912年终结，译书183种、地图2种、译名表4种、连续出版物4种，共193种；他处所刊翻译馆译书8种；已译未刊书40种，总计241种。以上见王杨宗《江南制造局翻译书目新考》，《中国科技史料》1993年第16卷第2期，第3—18页。

② 梁启超：《变法通议·论译书》，《梁启超全集》，第46页。

因为洋务派所兴办的机器局、制造局都是兵工厂，所以它们所翻译出版的图书以军事类为主也就不足为怪了。军事书籍之外，与西方近代工业相关的铁路、轮船、采矿、声学、光学、电学、农学以及与西方社会管理相关的财政、法学、外交、教育等方面的内容的书籍几乎无所不包，这些书籍，对中国社会的转型产生了重要的推动作用。

与"洋务运动"有关，还有一个特别的机构值得注意，这就是京师同文馆。1862 年，清政府在北京设立同文馆，主要目的是培养外交翻译人才，也从事外国图书的翻译工作。同文馆翻译的著作主要有国际公法、外国史地和自然科学图书。从京师同文馆成立到 1902 年并入京师大学堂的四十年间，其翻译、出版图书三十五种。最早出版的是美国传教士丁韪良（William Alexander Parsons Martin，1827－1916，曾任京师同文馆总教习、京师大学堂首任西学总教习）所译的《万国公法》（1864 年出版）。该书是在我国最早出版的一部关于国际法的图书。法国人毕利干（Anatole Adrien Billeguin，1837－1894）所译的《化学指南》《化学阐原》是在我国最早出版的介绍西方近代化学知识的图书。同文馆还附设有印刷局，用聚珍版印刷本馆翻译的图书。除了北京的同文馆外，李鸿章还设立了上海同文馆、广州同文馆，专门从事外国图书的翻译。

十九世纪末二十世纪初，由于"甲午战争""戊戌变法"的失败和"庚子之变"，面对邻国日本经过"明治维新"后日渐强大的国势，人们将更多的注意力转移到了日本，国外图书的翻译也随之一变，梁启超指出：

> 戊戌政变，继以庚子拳祸，清室衰微益暴露。青年学子，相率求学海外，而日本以接境故，赴者尤众。壬寅、癸卯间，译述之业特盛，定期出版之杂志不下数十种。日本每一新书出，译者动数家。新思想之输入，如火如荼矣。①

同时，面对帝国主义侵略扩大、民族危机日益加深的形势，以康有为、梁启超为首的改良维新派也更加重视翻译外国图书，将其作为唤起民众的宣传工

---

① 梁启超：《清代学术概论》，《梁启超全集》，第 3104—3105 页。

具。梁启超曾经这样说道："今日中国欲为自强，第一策，当以译书为第一义。"① 他们认为，外国政治家和学者们所总结出来的西方国家和日本的成功经验，对于中国的变法图强有极大的指导意义，而翻译他们的著作，便是吸取他们成功经验的捷径。因此，维新派在全国各地广设译书局。1895 年康有为发起成立的强学会既是改良主义的一个政治组织，也是一个译书机构，故又称强学书局。在强学会的会章中，"译印图书"是所列四大要事的第一件。1897 年，康广仁、梁启超在上海创立了维新派专门的译书机构——大同译书局。1897 年近代启蒙思想家、维新派人士、著名翻译家严复与王修植、夏曾佑等在天津创办《国闻报》和《国闻汇编》，宣传变法维新。严复先后翻译了赫胥黎的《天演论》、亚当·斯密的《原富》、孟德斯鸠的《法意》和斯宾塞的《群学肄言》（即《社会学原理》），系统地向国人介绍西方资产阶级的政治、经济和社会学说。《天演论》翻译出版后，震动了中国思想界和学术界，成为改良主义者和民主革命派的理论基础。

著名文学翻译家林纾翻译了大量的西方文学名著，如《巴黎茶花女遗事》和《黑奴吁天录》（即《汤姆叔叔的小屋》）等。这些书虽属小说，但对当时社会产生了不小的影响。林纾在《黑奴吁天录》的序言中即道出了其翻译的目的：

> （《黑奴吁天录》）其中累述黑奴惨状，非巧于叙悲，亦就其原书所著录者，触黄种之将亡，因而愈生其悲怀耳。方今嚣讼者，已胶固不可喻譬；而倾心彼族者，又误信西人宽待其藩属，跃跃然超而附之，则吾之书足以儆醒之者，宁可少哉？②

有署名为"醒狮"者，在《题〈黑奴吁天录〉后》一诗中写道：

> 专制心雄压万夫，

---

① 梁启超："读《日本书目志》书后"，《梁启超全集》，第 128 页。
② 〔美〕斯土活：《黑奴吁天录·序》，林纾、魏易译，商务印书馆 1981 年版。

自由平等理全无。
依微黄种前途事，
岂独伤心在黑奴！①

中国近代以来的变法图强、改良和革命几乎都是与翻译西方和日本等国家的
图书联系在一起的，几乎每一次都是以西方的政治、经济、社会学说作为宣
传的工具。大量西方著作被翻译介绍到中国，国人从中渐渐对西方国家以及
日本从法律政治到社会治理、从政治制度到经济制度等方方面面有所了解，
开阔了国人的眼界，唤起了国人救国热忱和革命意识。具有各种抱负、政治
理想的知识分子或者著书立说，或者翻译介绍西方政治思想、科学技术、人
文科学和文学艺术著作，使当时国内的思想界、学术界、图书出版界都显得
非常活跃。改良派郑观应著《盛世危言》、陈炽著《庸书》、何启与胡礼垣
合著《新政真诠》、陈虬著《救时要义》、汤寿潜著《危言》，他们一方面向
国人介绍西方的议会制度，另一方面也阐述自己的政治见解，鼓吹在中国建
立君主立宪制度。

　　十九世纪末，以孙中山为首的资产阶级革命派为了推翻清朝统治，
也出版了不少图书和报刊，以传播革命思想，邹容的《革命军》、陈天
华的《猛回头》《警世钟》等都是震荡当时思想界的力作。这些作者通
过宣传介绍西方近代人文社会科学著作来阐发自己的政治主张。邹容说
道：

　　　　吾幸夫吾同胞之得卢梭《民约论》、孟得斯鸠《万法精理》、弥勒
　　约翰《自由之理》《法国革命史》《美国独立檄文》等书译而读之也。②

革命家兼学者章太炎曾翻译过日本学者岸本能武太著《社会学》，并与曾广
铨合作翻译过英国学者斯宾塞著《斯宾塞尔文集》等。

---

① 《新民丛报》第 31 号，日本横滨新民丛报社 1903 年版。
② （清）邹容：《革命军》，华夏出版社 2002 年版，第 10 页。

二　官办书院与官书局

清代后期，中国传统"旧学"的主要阵地在官办书院与官书局。官办书院不仅是传统学术人才培养的主要阵地，也是相关图书的编纂、整理、出版机构。而官书局则是从十九世纪六十年代以后大量出现的、以刊印传统经典文献为主的官办出版机构。可以说，清代后期的官办书院与官书局是封建时代传统文化的最后一个据点。

有清一代，特别是清雍正以后，对书院采取积极鼓励、支持的态度，因此全国各地所拥有书院的数量及其影响远远超过前代。嘉庆五年（1800年），阮元在浙江创办诂经精舍，由他和著名学者王昶、孙星衍轮流主讲，学生常常就学术问题相互论辩："诸君议论风生，有不相能者，辄吵嚷面赤，家竹汀宫詹闻之，笑曰：'此真所谓洙泗之间，龂龂如也。'"诂经精舍培养了一大批学者，"精舍中肄业诸生，则有洪颐煊、洪震煊、徐养源、徐养浩、陈鸿寿、陈文杰、胡敬、徐熊飞、吴东发、汪嘉禧、孙同元、赵春沂、赵坦、范景福、何兰汀、徐鲲、丁子复、李遇孙、金廷栋、陶定山、张鉴、沈涛、周联奎、顾廷纶、邵葆初、蒋炯、李方湛、吴文健、陆尧春、朱壬、汤锡蕃、王仁、朱为弼、何起瀛、钱林、张立本辈凡三十余人，为一时之盛"①。这些学生许多都成为清代后期著名的学者。

道光五年（1825年），阮元在广州创办学海堂书院。学海堂书院与过去一般书院不同，不实行山长制，而实行学长制。根据《学海堂章程》，学长吴兰修等八人同司课事，如有出仕等事，再由七人公举补额。学长的主要职责是出题评卷。书院内的大小事宜均由八位学长共同商议决定。学海堂实行季课制，每一年分为四课，由学长出经题文笔，古今诗题。限日截卷，评定甲乙，分别散给膏火。除了讲学、培养学生之外，编纂刊刻图书是其另一项主要工作，也是学海堂书院的一大特色。自学海堂建立至1897年最后一次招生，在七十余年中，学海堂编纂刊刻了大量图书，《学海堂经解》（即著名的《皇清经解》）一千四百卷就是由学海堂在道光九年（1829年）刻成，其具体过程已见前述。

---

① （清）钱泳：《履园丛话》卷23《诂经精舍》，中华书局1979年标点排印本。

　　同治五年（1866 年），左宗棠在福州创办正谊书局，后改为正谊书院。正谊书局最初以校刊理学书籍为主，刊印《正谊堂全书》六十六种五百二十五卷。是书以康熙中福建巡抚张伯行所编《正谊堂全书》残本为基础修补续刻而成，左宗棠称张伯行编《正谊堂全书》本为"扫异学之氛雾，入宋儒之堂奥"①，左宗棠修补续刻该丛书的目的是阐扬宋明理学。正谊书局不久因船政大臣沈葆桢等人之请改为正谊书院，以专课举人、贡生。

　　光绪八年（1882 年），江苏学政黄体芳在两江总督左宗棠的支持下，仿阮元诂经精舍于江苏江阴县创办了南菁书院。南菁书院为晚清最重要的学府之一，历任掌教张文虎、黄以周、缪荃孙、林颐山、王亦曾、陈昌绅、华蘅芳等皆为当世硕儒。除了教学以外，刻书也是南菁书院的另一项重要且成就最著的工作，所刻《皇清经解续编》一千四百三十卷及《南菁丛书》皆为清末最重要的丛书。南菁书院 1902 年改为大学堂。

　　湖南长沙的岳麓书院本是千年学府，在清末的学术界同样扮演着十分重要的角色。长沙人王先谦一生著作、编校辑注并主持刊印各类图书五十余种，凡三千二百零八卷。王先谦曾于江苏学政任上在南菁书院主持编纂刊刻《皇清经解续编》《南菁丛书》。光绪十五年（1889 年），王先谦卸任回到长沙，主讲思贤讲舍，先后任城南书院和岳麓书院山长，主讲岳麓书院长达十年，号称湖南学界领袖。王氏在长沙也主持刻印了大量图书，如《世说新语》《合校水经注》《荀子集解》《汉书补注》《后汉书集解》《庄子集解》《诗三家义集疏》等；又与叶德辉、张祖同等反对梁启超、韩文举、唐才常等维新派人士。其门人苏舆编《翼教丛编》，攻击变法维新。

　　自清道光以后，中央刻书渐少，代之而起的官刻图书机构是十九世纪六十年代以后陆续建立的官书局。

　　由于清王朝政治腐败和西方列强的侵略，社会处于剧烈的动荡之中。十九世纪五十年代，爆发了洪秀全、杨秀清领导的太平天国运动。曾国藩在镇压太平天国运动的同时，又竭力维护封建文化，主要措施之一就是创办书局，印行儒家著作、钦定图书、历朝正史以及诸子文集，以达到"正人心""维世道"的目的。

---

　　① （清）左宗棠：《左宫保示》，《正谊堂全书》附，清福州正谊堂书院刻本。

1861 年，曾国藩攻入安徽安庆后，即开始创办官书局刻印图书。官书局最初由曾国藩等私人倡建，同治六年（1867 年）五月初六日，因江苏学政鲍源深上奏请购刊经史，上谕饬令各省督抚转饬所属，鼓励刊刻图书：

> 戊午，谕内阁：鲍源深奏请饬刊书籍颁发各学一折，江苏等省自遭兵燹以后，各府州县学中旧藏书籍大半散佚，经史板片亦皆毁失无存。现在地方已就肃清，亟应振兴文教。士子有志读书，而载籍难于购觅，其何以资讲贯而惠艺林？著各省督抚转饬所属，将旧存学中书籍广为购补，并将列圣御纂、钦定经史各书，先行敬谨重刊，颁发各学，并准书肆刷印，以广流传，俾各省士子得所研求，同敦实学，用副朝廷教育人才至意。①

于是，官书局设置的性质就变成了奉旨设局，各地纷纷奏请设局，官书局的建设得到了大力的推动，经费也有了充分的保障。从同治到清末，官书局的设置非常普遍，有的省还不止一个官书局，其中最著名的有金陵官书局、崇文书局（湖北官书局）、苏州书局（江苏官书局）、浙江官书局、正谊书局（福州）、敷文书局（安徽）、淮南官书局、湖南官书局、广雅书局、成都书局、尊经书局（成都）、存古书局（成都）、山东官书局、直隶官书局、江西官书局等。此外，像河南、云南、贵州、山西、陕西、广西、甘肃、新疆、青海、西藏、内蒙古等地也都建立了官书局②，其他如京师同文馆、各制造局船政局所设书局也属于官书局性质。各官书局因主持人的文化素养、经济实力不同，刻书的数量不一，质量也有高下之分。

同治二年（1863 年）曾国藩与其弟曾国荃捐廉俸三万金设官书局，次年移局于金陵。金陵书局是最早成立的官书局。金陵书局设立之初，即刻印了《船山遗书》五十三种。因为金陵书局经费充裕，曾国藩对书局校刻图书质量要求较高，所刻图书底本及校勘大多较好，兼之有公帑补助，因此售价较廉，颇得学术界欢迎。此外，张文虎的《史记札记》和戴望的《论语

---

①　《穆宗毅皇帝实录》卷 202 "同治六年五月上"，中华书局 1987 年影印本。

②　参见邓文锋《晚清官书局研究》第 3 章，中国人民大学 2003 年博士学位论文。

注》等都是学术水平很高的著作。金陵书局还曾与浙江书局、苏州书局、崇文书局、淮南书局合刊"二十四史"，其中《史记》到《北史》由金陵书局承担（淮南书局承担《隋书》一种，浙江书局承担《旧唐书》《新唐书》《宋史》三种，苏州书局承担《辽史》《金史》《元史》三种，崇文书局承担《旧五代史》《新五代史》《明史》三种）。自同治二年（1863年）到宣统元年（1909年），金陵书局刊书在七十六种以上。①

浙江书局或称浙江官书局，本由浙江巡抚马新贻于清同治三年（1864年）在杭州自行创办，当同治六年五月鼓励刊刻图书的上谕颁降后，马新贻即上奏在浙江设立官书局，因此浙江书局正式成为官书局。杭州本是人文渊薮、图书汇聚之地，加之有著名藏书家丁丙、丁申兄弟的八千卷楼善本书室等为后盾，局中充任校勘的谭献、黄以周都是有名的学者，印书所选的底本较好，校勘也精，在局本书中质量算是较高的。浙江书局印的《二十二子》以明世德堂本及其他名家校刊本为底本，为子书丛刻中最好的本子。所印《九通》《玉海》等大部头著作校勘甚精，错讹很少，质量超过了殿本。浙江官书局清末并入了浙江图书馆。

崇文书局又名湖北官书局，同治六年（1867年）由湖广总督李瀚章在湖北武昌设立，1936年歇业，其间共刻印书籍近四百种，包括经、史、子、集四部之书及一些丛书，不少重要学术著作因崇文书局而得以流传于世，如章宗源《隋书经籍志考证》即由崇文书局刊印。崇文书局刻书前期校勘较精，光绪以后，因刻书较多，校勘印刷皆不如前，故多不为世人所重。

湖南书局的前身为长沙府学尊经阁，同治十一年（1872年）改设湖南官局，又称湖南官书局、湖南官书处、湖南省城书局、湘南书局、楚南书局等，以刻近人学术著作著称，所刻王先谦的《汉书补注》和《后汉书集解》、孙诒让的《周礼正义》和《墨子间诂》等皆切合实用，并且校勘较精，颇受读者欢迎。

在清代后期几个著名的官书局中，广雅书局开设最晚，光绪十二年（1886年）始由两广总督张之洞创办，又名广州书局、广东官书局。不过，早在广雅书局成立之前，阮元创办的学海堂、广东盐运使方子箴创办的菊坡

---

① 李志茗：《金陵书局考辨——以晚清同光时期为中心》，《史林》2011年第6期，第86—96页。

精舍为官办书院，也刻印过不少图书。此外，广东书局为清同治六年前后设立的官书局，也曾刻有不少图书，因此广雅书局虽然设置最晚，但基础很好，刻书数量与质量均不逊于其他书局。广雅书局汇集了当时的著名学者、版本学家如王秉恩、王仁俊、叶昌炽等，刻书共三百余种，《广雅丛书》是其中较为著名者。原阮元创办的学海堂、菊坡精舍所刻书板后皆归入广雅书局。广雅书局于 1904 年停业，1917 年广东省长李耀汉令恢复广雅书局，隶属于广东图书馆，并清理原广雅书局版片重新刷印了《广雅丛书》。

辛亥革命后，各省的官书局便逐步衰落了。

三　清末学制改革对图书事业的影响

近代社会变化的诸多因素中，对图书事业发展影响最大者莫过于科举制的废除和现代教育制度的诞生。

清光绪三十一年八月初四（1905 年 9 月 2 日），清廷颁诏自次年起停止科举考试。至此，持续了一千三百多年的科举取士制度正式终结。科举制度的废除，是近代以来社会变化的结果，最直接的原因是旧的教育体系在西方现代文明的冲击下，弊端尽显，尤其自"鸦片战争"以来，国门洞开，外国的一些思想、观念传入中国；而为抵御外国侵略，国内"师夷之长技以制夷"也成为社会思想主流，西方的政治制度、社会治理方式、思想文化、科学技术等被越来越多的中国人接受。反观中国传统以科举制为中心的教育制度，人才培养模式、人才的知识结构，已经远远不能适应急剧变化的中国社会的需要，科举制的废除，势所必然。

早在"洋务运动"初起之时，为培养军事及技术人才，洋务派就兴办了一批船政学堂、武备学堂、水师学堂、陆军学堂、铁路学堂、矿务学堂等，清廷也设立了同文馆培养翻译人才，各省也纷纷建立了一批实务学堂、广方言馆（外国语学校）。1896 年，礼部尚书李端棻上《请推广学校折》，请求：

> 自京师以及各省府州县皆设学堂。府州县学，选民间俊秀子弟年十二至二十者入学。其诸生以上欲学者听之。学中课程，诵《四书》《通鉴》、小学等书，而辅之以各国语言文字及算学、天文、地理之粗浅

者，万国古史近事之简明者，格致理之平易者，以三年为期。①

后来由于"戊戌变法"失败，李端棻的建议并未能实现，但新式学堂的建立已难阻挡，并呈快速增加的趋势。十九世纪九十年代，一大批传统书院改建为新式的中西学堂，到 1903 年，新式学堂已达七百六十九所②。

清光绪二十八年（1902 年，壬寅）管学大臣张百熙曾拟订《钦定学堂章程》即"壬寅学制"，未及实行。光绪二十九年（1903 年）清政府命张百熙、荣庆、张之洞以日本学制为蓝本，重新拟订学堂章程，于光绪二十九年十一月二十六日（1904 年 1 月 13 日）颁布，即《奏定学堂章程》，是时尚在旧历癸卯年，故称"癸卯学制"。"癸卯学制"包括《初等小学堂章程》《高等小学堂章程》《中学堂章程》《高等学堂章程》《大学堂章程》（附《通儒院章程》）《蒙养院及家庭教育法》《初级师范学堂章程》《优级师范学堂章程》《初等农工商实业学堂章程》（附《实业补习普通学堂章程》及《艺徒学堂章程》）《中等农工商实业学堂章程》《高等农工商实业学堂章程》《实业教员讲习所章程》《译学馆章程》《进士馆章程》，还有《学务纲要》《各学堂管理通则》《各学堂奖励章程》和《各学堂考试章程》等。

"癸卯学制"的指导思想是"中学为体，西学为用"，目的是"以忠孝为本，以中国经史之学为基，俾学生心术一归于纯正，而后以西学瀹其知识，练其艺能，务期他日成才，各适实用，以仰副国家造就通才，慎防流弊之意"③。对于教学内容，"癸卯学制"虽然一方面强调学习儒家经典，但在课程设置、课时安排、师资培养、教科书编纂等方面，几乎完全按现代西方教育模式来制定。与新学制相适应，清廷在 1905 年颁诏停止科举考试。

清末学制改革不仅是中国教育史上的一个里程碑，也是中国由传统社会进入现代社会的一个标志性事件。"癸卯学制"颁布和科举制正式废除后，新式学堂得到了更加快速的发展。据统计，1904 年新式学堂已达四千四百

---

① （清）李端棻：《请推广学校折》，舒新城编《中国近代教育史资料（上）》，人民教育出版社 1981 年版，第 142—143 页。

② 王笛：《清末近代学堂和学生数量》，《史学月刊》1986 年第 2 期，第 109—112 页。

③ （清）张之洞：《厘订学堂章程折》，《张之洞全集》第 3 册，河北人民出版社 1998 年版，第 1591 页。

七十六所，到 1905 年达到八千二百七十七所，此后每年增加一万多所，到 1909 年，增加到五万九千一百一十七所，学生达一百六十三万九千六百四十一人。①

采用"班级制"（即将学生按年龄和学习程度编成不同班级，由教师按照固定的教学时间表对不同班级分别授课的教学制度）教学、按照新学制设置课程、编写新式教材、采用新式教材教学，是"癸卯学制"的重要内容，每一项都对出版业的发展有着巨大的影响。因此，对于中国图书事业的发展来说，学制改革同样是一件划时代的事件，其具体表现就是一大批新式教科书的编纂出版，以及以商务印书馆、中华书局为代表的一批现代出版企业诞生与快速发展。

"癸卯学制"的纲领性文件虽然一方面强调要"注重读经，以存圣教"，但另一方面又申明"经学课程简要，并不妨碍西学"，特别对教科书的编写与采用做了详细的规定：

一、教科书应颁发目录，令京外官局私家合力编辑，书成后编定详细节目讲授。

……查京师现设编译局，专司编辑教科书，惟应编各书，浩博繁难，断非数年所能蒇事，亦断非一局所能独任。应令京外各学堂，择各科学教员之学望素著者，中学用中国教员，西学用外国教员，查照现定各学堂年限钟点，此书共应若干日讲毕，卷叶应须若干，所讲之事，孰详孰略，孰先孰后，编成目录一册，限三月内编成，由学务大臣审定，颁发各省，令京外编译局分认何门何种，按照目录，迅速编辑。书成后，咨送学务大臣审定，颁行各省，重出无妨，择其尤精善者用之。……然官局分编，亦需时日，尤要在使私家各勤编纂，以待裁择，尤为广博而得要。如有各省文士，能遵照官发目录，编成合用者，亦准呈送学务大臣鉴定，一体行用，予以版权，准著书人自行印售，以资鼓励。

一、采用各学堂讲义及私家所纂教科书。

官编教科书，未经出版以前，各省中小学堂亟需应用，应准各学堂

---

① 王笛：《清末新政与近代学堂的兴起》，《近代史研究》1987 年第 3 期，第 245—270 页。

各科学教员，按照教授详细节目，自编讲义。每一学级终，即将所编讲义汇订成册，由各省咨送学务大臣审定，择其宗旨纯正，说理明显，繁简合法，善于措词，合于讲授之用者，即准作为暂时通行之本。其私家编纂学堂课本，呈由学务大臣鉴定，确合教科程度者，学堂暂时亦可采用，准著书人自行刊印售卖，予以版权。

一、选外国教科书实无流弊者，暂应急用。

各种科学书，中国尚无自纂之本，间有中国旧籍可资取用者，亦有外国人所编，华人所译，颇合中国教法者。但此类之书无几，目前不得不借用外国成书，以资讲习。现订各学堂教科门目，其中有暂用外国科学书者，或名目间有难解，则酌为改易，仍注明本书名于下，俾便于依类采购。俟将来各科学书，中国均自编有定本，撰有定名，再行更正。至现所选录之外国各种科学书，及华人所译科学书，均由各教员临时斟酌采用。其与中国不相宜之字句，则节去之，务期讲习毫无流弊，仍拟另撰科学门目释义，用资考察。①

在旧式的教育模式下，除了蒙学阶段以识字为主的学习采用《三字经》《百家姓》《千家诗》等作为教材外，以后的学习则主要根据每个学生的学习进度因人施教，所学课程科目简单。因采用与"复式教学法"性质相似的纵向混合编班（即不同年龄、不同学习进度的学生混编在一个教室里学习），不能使用统一的教材。而新式教育设定了全国统一的教学课程，采用班级制，同一学校甚至不同学校相同年龄段的学生学习内容是相同的，因此就必须采用统一的教科书。根据新法，学校实行分科教育，课程、课时设置和相应的教材也都有一定之规。

在新学制颁布之前，已有大量新式学堂出现，因此不少出版机构即开始编印各种新式学堂教科书，如商务印书馆在 1902 年出版了夏曾佑的《中国历史教科书》等一批教科书，其他如文明书局、广智书局、教育世界等都出版了不少新式教科书，尤其以无锡三等公学堂所编《蒙学读本全书》（文明书局 1902 年出版）、杜亚泉所编《文学初阶》（商务印书馆 1902 年出版）

---

① （清）张百熙、荣庆、（清）张之洞：《奏定学堂章程·学务纲要》，清光绪湖北学务处刻本。

最为有名。新学制颁布之后，新式学堂数量大增，因此对各门、各年级教科书的需求更加旺盛，这是旧时其他书籍完全不可比拟的。一时间，各种新式教材纷纷涌现，成为清末至民国初年图书出版界的一大奇观，张之洞本人就曾亲撰《唱歌教科书》①。

"癸卯学制"颁布后，商务印书馆在张元济的领导下，由庄俞、高凤谦、蒋维乔等人参与策划，从1904年起，先后编译出版了一系列新式教科书，统称"最新教科书"。"最新教科书"依"癸卯学制"规定的科目，按年级分门分级出版，并附教授法参考书，最适于新式学校使用。在这套教科书中，最有名的当属《最新国文教科书》。该书1904年4月8日出版。编者蒋维乔回忆道：初等小学用《国文教科书》第一册出版后"不及两周，销出五千余册"，"未及数月，行销10余万册"，至1906年，全套十册出齐，接着又编纂高等小学国文教科书，共八册，并与初等小学国文教科书相衔接，二年后完成。《最新国文教科书》在白话教科书出现之前，共"盛行十余年，行销至数百万册"。②

1912年1月9日，民国政府颁布了《普通教育暂行办法》和《普通教育暂行课程标准》，随后又陆续颁布了一系列有关教育的法令、法规，对于课程设置、教学内容又有一些新的规定，如：教科书必须符合共和民国宗旨，禁止使用前清学部审定的教科书；小学、中学的读经科一律废止③。对于教学科目、课时等，也都有新的规定。1912年成立的中华书局很快就按新学制编辑出版了《中华教科书》，该套教科书分初小、高小、中学三类，包括《中华初等小学国文教科书》八册、《中华初等小学修身教科书》八册、《中华初等小学算术教科书》八册、《中华初等珠算教科书》一册、《中华高等珠算教科书》三册、《中华高等小学理科教科书》三册、《中华高等小学历史教科书》四册、《中华高等小学地理教科书》四册、《中华高等小学英文教科书》三册，并配合出版了《教授法》。"由于适合新学制需要，

---

① 吴小鸥、艾琼：《张之洞与新式教科书的编撰——以〈张相国新撰唱歌教科书〉为例》，《湖南师范大学教育科学学报》2009年第2期，第10—14页。

② 蒋维乔：《编辑小学教科书之回忆》，原载《出版周刊》1935年第156号，后收入《商务印书馆九十年》，商务印书馆1987年版。

③ 1915年7月31日袁世凯颁布了《国民学校令》，把读经重新列为国民学校的必修科目。

并赶上春季开学，为各学校广泛采用。"① 此后，中华书局又编纂了一批新式教科书，也广受欢迎。同年秋季，商务印书馆也编辑出版了由庄俞、沈颐所编的《共和国教科书》，春秋各八册。"这套教材突出民国共和宗旨，采用浅近文言，文字简明，并增加图画。"由于商务印书馆此前已有很好的编辑经验和市场占有率，这套教科书出版后大受欢迎，多次再版，"十年之间共销售七八千万册之多"②

　　清末废科举、兴学校对中国社会的影响是十分巨大和全面的。新式学校大量涌现，不仅培养出了大批新式学堂学生，也造就了数量巨大，对现代新思想、新知识、新文化有很大需求的国民，他们对图书的认识和需求，与旧式的学者、读书人有很大的不同，阅读范围大大突破了传统的"经史子集"。一个更为广大而丰富多彩的图书市场逐渐形成。这一系列变化，也催生了一大批现代图书、期刊的出版机构，无论是图书期刊出版的数量还是内容的丰富性，都是过去所无法与之相比的。同时，随着新式学堂产生和发展，学校图书馆也得以发展。因此，清末废科举、兴学校是中国从传统社会走向现代社会的一个标志性事件，也是中国图书事业发展史上的一个标志性事件。

第二节　清末民初图书出版业的变化

　　清末民初图书事业变革的第一个重要标志是新的印刷技术的采用，第二个重要标志是现代报刊的出现，第三个重要标志是现代新型出版机构和出版企业的诞生。

一　现代印刷技术的应用

　　活字印刷术由谷腾堡在十五世纪四十年代发明后，立即得到了广泛的应

---

　　① 上海地方志办公室编《上海出版社志》第 2 编 "图书" 第 6 章 "教育图书" 第 1 节 "幼儿园、小学、中学教材" 采录自 http：//www. shtong. gov. cn/Newsite/node2/node2245/node4521/node29060/node29184/node63892/userobject1ai14500. html （2015 年 8 月 16 日采录）。
　　② 上海地方志办公室编《上海出版社志》第 2 编 "图书" 第 6 章 "教育图书" 第 1 节 "幼儿园、小学、中学教材"，采录自 http：//www. shtong. gov. cn/Newsite/node2/node2245/node4521/node29060/node29184/node63892/userobject1ai14500. html （2015 年 8 月 16 日采录）。

用，在短短的三十多年间就几乎传遍了整个欧洲，一个世纪后又传到了中国。1590 年，耶稣会士带来了西方的铅活字和印刷机，在澳门排印了拉丁文《日本派赴罗马之使节》，这是在中国土地上第一次用西洋的活字印刷技术排印图书，然而，因为僻在澳门，文字又是拉丁文，因此该书在中国并没有产生多大影响。

现代活字印刷在中国的广泛应用始于十九世纪初。1807 年，英国传教士马礼逊（Robert Morrison，1782 – 1834）来到澳门，为了传教的需要，他准备用活字印刷汉文《圣经》。当他开始雕刻汉文字模、准备铸造汉文铅字时，遭到了清朝地方当局的禁止，刻工因惧祸而将字模焚毁。1814 年，马礼逊在马六甲开设印刷所，继续雕刻汉字的工作。1819 年，在中国工人梁发（或称梁亚发）和蔡高的配合下，第一部铅活字汉文《圣经》印成了。1838 年，英国人台约尔（Samuel Dyer，1804 – 1834）在新加坡制成了一套汉文铅活字，1842 年运到香港，被称作"香港字"。1844 年，美国人谷玄（Richard Cole）在澳门设花华圣经书房，利用台约尔的这套铅活字经营铅印业务。1845 年，花华圣经书房迁到宁波，改名美华书馆，1859 年又迁到上海。同年，该馆技师美国人姜别利（William Gamble，1830 – 1886）改进了汉文活字规格，制定了七种标准。姜别利还创造了电镀字模，发明了元宝式排字，把中文铅字分成常用、备用和罕用三类，每类依《康熙字典》部首检字法排列。姜别利的这些发明和改进，大大提高了汉文铅印书的效率和质量。此后，中国的各印刷机构开始大量出版铅印图书，印刷业逐步走上了机械化的道路。1902 年以后，新式学校纷纷建立，各种教科书、教学参考资料以及地图的需求量大增。随着工商业的发展，诸如证券、股票、广告、月份牌、名片、簿记等的需求量也日渐增多，因此采用机械印刷的铅字排印成为占主导地位的印刷方式。

在铅印发展和普及的同时，石印术也从西方传到了中国并得到了快速发展。石印（Lithography）是一种化学的印刷方法，由出生在布拉格的德国人亚罗斯·逊纳费尔德（Alois Senefelder，1771 – 1834）在 1798 年发明。石印是把要印刷的图文事先写或画在一块平板上，利用油、水相斥的原理，使图文部分抗水亲油而着墨，而空白部分抗油亲水而排墨，然后通过压印机构，将图文部分的油墨经橡皮布转印到承印物的表面。石印拼版容易，制版迅速，最适于印刷各种带有插图的图书如连环画等，可以方便地影印原来雕版印刷、活字印刷的各种图书，也可以将手写的图书转写上版或者照相上版，可以大规模地翻印古籍甚至大部头的丛书类书、逼真传神的书画碑帖作品，也可以大量出版各种课本、小说戏曲特别是带插图的大众读物。因此，石印不仅是一项印刷技术的革命，由于这项技术的引进和普及，对近代中国社会也产生了很大的影响。一则点石斋出版的《申江胜景图》中"点石斋图"题辞很形象地说明了石印技术的优点：

> 古时经文皆勒石，孟蜀始以木版易；
> 兹乃翻新更出奇，又从石上创新格；
> 不用切磋与琢磨，不用雕镂与刻画，
> 赤文青简顷刻成，神工鬼斧泯无迹。
> 机轧轧，石粼粼，搜罗简策付贞珉。
> 点石成金何足算，将以嘉惠百千万亿之后人。①

上海同文书局《小启》比较了传统印刷技术与石印技术的优劣，云：

> 书籍之有木刻，由有尚矣。寖而至于铜板、磁板、铅板、沙板辅木刻以兼行，为艺林所宝贵，然皆有工钜费繁之虑，且有旷日持久之嫌，要未若今日石印之巧且速者也。……（石印）虽其费其工似亦甚重，然书成之后，较之木刻，不啻三倍之利焉，且不疾而速，化行若神，其照书如白日之过隙中，其印书如大风之发水上，原书无一毫之损，所印可万本之多，三日为期，诸务毕举，木刻迟缓，不足言矣。②

快捷方便、成本低、印刷效果好是石印技术最大的优点。

石印技术最早可能是由英国人麦都思（Walter Henry Medhurst，1796 – 1857）在道光年间带入中国的，但当时他所主持的墨海书馆出版图书主要还

---

① （清）吴友如绘：《申江胜景图》，上海点石斋 1884 年版。
② 《申报》光绪九年七月一日"上海同文书局石印书籍价目"。

是采用雕版印刷和铅字印刷，石印书很少。墨海书馆印书规模很大，清末王韬至沪省亲，访墨海书馆，观其印书："车床以牛曳之，车轴旋转如飞，云一日可印数千番，诚巧而捷矣。"① 真正大规模使用石印技术的是上海徐家汇天主堂附设的土山湾印书馆，主要是用来印刷宗教图画（详后）。

图 8 - 1　土山湾印书馆使用过的石印机（现藏上海土山湾博物馆）

使用石印技术来印刷普通图书最多且影响最大的当属英国商人美查（Ernest Major, 1830 - 1908）在 1879 年开办的点石斋石印局。1880 年点石斋开始用石印技术缩印《康熙字典》，多次重印，每次印数达数万部之多，大获其利。1884 年点石斋石印局开始出版著名的《点石斋画报》（图 8 - 2）。《点石斋画报》是中国近代最有名的画报，由吴友如主笔，作为《申报》副刊发行。该画报内容包括时事政治和社会新闻，从列强侵略到清廷腐败，从民间疾苦到民俗趣闻，都用绘画加题记的形式反映，形象生动，深受社会各界的欢迎。② 点石斋还用石印技术印制了《鸿雪因缘图记》《御制耕织图》《晚笑堂画传》等图画类图书。

近人黄式权记："石印书籍，用西国石板，磨平如镜，以电镜映像之法

① （清）王韬：《漫游随录》卷 1《黄浦帆樯》，岳麓书社 1985 年版。
② 1893 年吴友如因不满美查的管束牵制，独立创办了《飞影阁画报》，由鸿宝斋石印，内容除沿袭《点石斋画报》外，又新增"百兽图说，闺艳汇编，沪装仕女"。

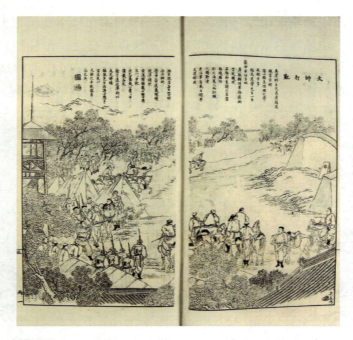

图 8 - 2　石印《点石斋画报》（中国国家图书馆藏）

摄字迹于石上，然后傅以胶水，刷以油墨，千百万页之书，不难竟日而就，细若牛毛，明如犀角，剀剜氏二子，可不烦磨厉以须矣。英人所设点石斋，独擅其利者已四、五年。近则宁人之拜石山房、粤人之同文书局，与之鼎足而三。甚矣利之所在，人争趋之矣。"① 拜石山房、同文书局和蜚英馆都用石印的方法影印了大量古籍，不但底本精良，而且印刷效果也很好，如同文书局影印的《古今图书集成》②《二十四史》都是有名的石印图书。石印还可以印刷彩色图书，清末的鸿文五彩书局、中西五彩书局、彩文书局、崇文书局等都开展了彩印业务，彩色石印各种图画、地图和课本等。

　　凹版印刷术也在清末传入了中国。凹版印刷术是意大利工人菲尼格拉

---

　　①　黄式权：《淞南梦影录》卷 2，上海古籍出版社 1989 年版。

　　②　按，《古今图书集成》同文书局影印本为清光绪十六年总理各国事务衙门奉旨办理，由上海道道台聂辑规负责交同文书局影印，限时三年完成。全书依雍正铜活字版原样，大小一律，用开化纸印制，并有考证，号称最善。此本共印一百部，除进呈宫中、颁赐各式学堂、图书馆等外，又作为礼物赠送外国，还有部分留存上海者不久因火灾烧毁。

（Maso Finiguerra，1426－1464）在十五世纪中叶发明的。凹版印刷分雕刻凹版、蚀刻凹版和照相凹版三种。凹版印刷的特点是：图文部分凹下并且深浅不同，空白部分凸起并与承印物在一个平面上，正好与凸版印刷（如雕版印刷）的结构形式相反。印版上图文部分凹下得越深，填进的油墨就越多，压印后，油墨层就厚，反之亦然。印版上图文墨层的厚薄与原稿图文的明暗层次相对应。印刷时，整个印刷版的表面都涂上油墨，然后用工具刮掉空白部分的油墨，通过压印机将凹下部分的油墨压印到承印物的表面上。凹版印刷具有色调丰富、表现力强、印刷质量高等优点，主要用于印刷精美的画册、钞票、邮票、印花、股票等，有时也用来印制书籍中精细的插图，但很少用来印一般图书。

由于采用新的印刷技术，图书的装订形式也有所改变，西式的装订方法传入中国。西式装订即所谓"洋装"，亦即今日通常所称之"平装"和"精装"。图书采用平装和精装，与机械化印书和用纸有着密切的关系。随着机械化印书的普及，中国原有的手工造纸产量不高，不能适应印刷业的飞速发展，同时，中国传统手工所造的软纸强度不高，也不适于机械印刷和两面铅印，因而外国所产的新闻纸、铜版纸等便传入了中国。新闻纸、铜版纸都可以单页两面印字，这使得图书的版式发生了变化，不适于线装了，于是平装和精装很快就普及开了。李文裿先生曾概括说："晚近印刷大昌，所有书籍多趋重于所谓铅印，除刊版书籍尚须用线装外，余则半皆改为包背装矣。其包背装之精者，则用厚纸面敷以皮或布，或烫金字，或印墨字，俗称之为'精装'。次者不用厚纸面，仅以各式之书皮纸，或印就之封面，作包背装，俗呼之为'平装'。"[①] 这两种装订形式至今仍是图书装订的主要形式。

清末各种现代印刷技术的应用，是在特定的社会背景下实现的。清末工商业的发展，特别是西方商业营销模式的引进，是采用现代印刷技术必要的社会条件。现代印刷技术的优势在于可以大批量地印刷出版，进而可以降低单位成本，但大批量印刷，也意味着资金投入增大、对市场销售的压力增大，特别是出版一些大型丛书、类书，所需资金量更大，像传统雕版印刷那种独家出资印制三五百部图书、由几家书店分销即可的出版发行模式，已经

---

① 李文裿：《中国书籍装订之变迁》，《图书馆学季刊》1929 年第 4 期，第 539—550 页。

不能适应现代印刷技术发展的需要了，因此在清末民初，一些大部头的图书常常采用预售、招股出版等方式，一些大的书局在全国遍设分销、代售寄售店，一个成熟的国内大市场也随之逐渐形成。

二 现代报刊的出现

报纸是以刊载新闻和评论为主的定期连续出版物，杂志或称期刊（也有对二者进行区分的）是以刊载各种作品如诗歌、散文、小说、专论等的定期或不定期的连续出版物。报纸和杂志最初区别不大，以后才逐渐区分：报纸以刊登新闻为主，开本较大，一般不装订；杂志以刊登各类文章为主，开本较小，一般装订为一册并加封面。报纸与期刊合称为"报刊"。

中国从唐代起就有一种称为"邸报"的连续"出版"物，它以登载皇帝的诏书、各种政策法令、各级官员的奏章及皇帝的批复、官员的任免事项为主，与近代出现的报刊既无直接的承袭关系，在内容和性质上也没有多少相同之处。但宋代民间有一种专门派人打探各级官府"新闻"然后编辑出版的小报，其性质倒是与近代报刊相近。

中国近代出现的报刊是十九世纪初从西方传入和受西方影响而产生的，大致可以分为两类：一类是外国人所办的报刊（包括在中国境外出版的中文报刊和在中国境内发行的外文报刊），一类是中国人自己所办的报刊。

十九世纪，外国人在中国创办了近二百种报刊，占当时我国报刊总数的百分之八十以上。最先出版的中文报刊和最先在中国境内出版的报刊都是外国人创办的。

1815 年 8 月 5 日，英国传教士马礼逊在马六甲创办了《察世俗每月统记传》（Chinese Monthly Magazine）中文月刊，共出了七卷，以传教士的论文为主，兼登一些政治新闻和西洋知识，这是第一份中文报刊，前面提到的梁发也是这份月刊的主要刻工、印工、装订工和撰稿人之一。此外，麦都思于 1823 年在巴达维亚（雅加达）创办的《特选撮要每月纪传》、英国传教士基德于 1828 年在马六甲创办的《天下新闻》等都是外国人在中国境外创办的中文报刊。

1822 年 9 月 12 日在澳门创办的葡萄牙文《蜜蜂华报》（Abelha da China）是外国人在中国境内出版的第一份外文报纸，该报 1823 年 12 月 26

日停刊，共出版了六十七期。1827 年，英国商人马地臣和美国商人伍德创办的第一份中国境内出版的英文报纸《广东纪录》（The Canton Register）在广州出版。"鸦片战争"以后，上海、汉口、天津、北京等城市都有英文报刊，并且逐步开始发行中文版。1850 年英文《北华捷报周刊》（North China Herald Weekly）创刊，1863 年改为日报，并改名为《字林西报》（North China Daily News），直到 1951 年才停刊，历时一百零一年，是在中国出版时间最长、发行最广、影响最大的报刊。

第一份在中国境内出版发行的中文报刊是普鲁士传教士郭士立（一译郭实猎，Karl Friedrich Gutzlaff，1803－1851 年）于 1833 年创刊于广州的《东西洋考每月统记传》（亦题《东西洋考每月统纪传》）。此外，在中国境内创刊较早的还有在香港出版的《遐迩贯珍》《香港新闻》，在上海出版的《上海新报》（即《北华捷报周刊》的中文版）《申报》《新闻报》等。

在基督教新教的刊物中，影响最大的当推《万国公报》。《万国公报》原名《教会新报》（Church News），1868 年 9 月 5 日在上海创刊，为周刊，主办人是美国监理会传教士林乐知，由上海美华书馆负责印刷。1874 年 9 月 5 日改名为《万国公报》，1883 年休刊，1889 年 1 月复刊，1907 年 7 月终刊。《万国公报》原以宣传基督教为主，林乐知在《中国教会新报》第一期上发表的《中国教会新报启》中写道："俾中国十八省教会中人，同气连枝，共相亲爱，每礼拜发给新闻一次，使共见共识，虽隔万里之远，如在咫尺之间，亦可传到外国有中国人之处。"1889 年 1 月复刊后，成为广学会的机关刊物，除宣传基督教教义外，也刊登时论及介绍西方社会政治学说与自然科学等译著，成为一个综合性的时事政治刊物。1899 年 4 月，《万国公报》第 123 期刊登了李提摩太和蔡尔康共同编译的《相进相争之理》，文中写道："试稽近代学派，有讲求安民新学之一家，如德国之马克偲，主于资本者也。""马克偲"即马克思；"主于资本者也"，指马克思所著《资本论》。这是中国的出版物上最早提到马克思和《资本论》的文章。《万国公报》曾经非常系统地介绍了西方的民主制度，包括英国的议会制，美国的总统制、三权分立制度、美国的宪法，比较了西方各国民主制度的异同，在第一八八册（1904 年 9 月）上刊登的《欧美十八周进化纪略》一文，还介绍了法国启蒙思想家伏尔泰、卢梭、孟德斯鸠等人的思想，使中国人了解到了"天赋人权""法律面前人人平等""民权"等概念和思想，对清末的思想界产生了一定的影响。

《申报》是中国近代出版时间最长的中文报纸，也是中国境内最早出版、影响最大的中文日报，1872 年由美查创办。为了使报纸尽可能中国化，《申报》的编辑、经理、记者都由中国人担任，报纸的文字和版面安排都尽可能地迎合中国读者的阅读习惯。1906 年《申报》出售给席子佩，1912 年席氏又将其转售给史量才。《申报》于 1949 年 5 月 27 日停刊。《申报》内容丰富，保存了从清同治到 1949 年间政治、经济、军事、文化以及社会生产生活等各方面的重要资料，因此被称为中国近现代史的百科全书。1872 年 4 月 30 日《申报》告示征稿："如有骚人韵士愿以短什长篇惠教者，如天下各名区竹枝词及长歌记事之类，概不取值。"这种文学类的稿件最初用作报纸的补白，是为副刊之滥觞。1876 年，《申报》出版了一种文字较浅、内容较为活泼的副刊，名为《民报》，这是中国报纸正式出版副刊的开始。1884 年《申报》又出版副刊《瀛寰画报》，这是中国报纸图画副刊的开始。《申报》不仅出版报刊，还兼营图书出版。最初是以申报馆的名义出版图书，后来又设申昌书局专门出版图书。《申报》出版了《申报馆聚珍版丛书》共一百六十余种，内容主要是小说、笔记。1884 年以图书集成局的名义用铅字排印出版了《古今图书集成》，与同文书局采用石板影印《古今图书集成》不同，铅字排印本发行量大，对学术界、教育界的影响很大。后来申报馆又排印出版了《二十四史》。美查还首先采用了手摇轮转机，用以代替手扳平版机，又创办了点石斋石印书局，主要影印中国古籍，已见前述。

由外国传教士和商人创办的报刊内容当然是以传教和工商为主，但也有一些介绍"西学"的内容，在一定程度上促进了中国近代科学、文化和思想的发展，也开了中国近代报刊事业的先河。

1839 年林则徐在广东禁烟时，为了解当前形势，在魏源的协助下，派人从各种外文报刊中选译新闻和评论，编成《澳门新闻纸》，每周或每月抄报一次。这是中国自办报纸的萌芽。中国人自己创办的第一份报纸是 1858 年伍廷芳在香港创办的《中外新报》，开始时是双日刊，不久后改为日刊，每日一小张，到十九世纪八十年代后增加到每日两张。

中国内地的第一份报纸是 1872 年于广州创刊的《羊城采新实录》，1873 年汉口也出版了艾小梅主编的《昭文新报》，不过，因为无法与外国人办的报纸竞争，所以很快便停刊了。

1874 年 1 月 5 日王韬在香港创办了中国第一份传播改良思想的报纸《循环日报》。1895 年 8 月康有为、梁启超创办了《万国公报》（后改名为《中外纪闻》），上海强学会也创办了《强学报》，两种报纸都以宣传变法维新为主，不收费。1896 年 8 月 9 日上海强学会又创办了《时务报》，1898 年 5 月 5 日该报又增出《时务日报》，登载中外大事，评论时政得失。报纸分栏编辑，用新闻纸两面印刷，具备了近代报纸的特征。1898 年 7 月 26 日《时务报》改为官办，《时务日报》则于同年 8 月 17 日改名为《中外日报》，1911 年停刊。1896 至 1898 年间，全国各地改良主义的团体纷纷成立，创办的报纸有十家，比较著名的有 1897 年 10 月严复在天津创办的《国闻报》和 1898 年 3 月谭嗣同、唐才常在湖南长沙创办的《湘报》。

1898 年 6 月 4 日，光绪皇帝开始实行新政，准许官民自由办报，于是民间纷纷创办报纸，这时中国报纸的总数比 1895 年增加了三倍。1898 年 9 月，"戊戌变法"失败，宣传变法的报纸全被查禁，改良派的报纸因此转移到国外，梁启超在日本横滨先后创办了《清议报》和《新民丛报》，继续宣传西方资产阶级政治学说，抨击顽固派，同时也反对以孙中山为首的革命派。

1900 年 1 月革命派组织兴中会在香港创办了《中国日报》，同时兼出十日刊《中国旬报》，这是革命派创办的第一份报纸。1896 年创刊的《苏报》于 1900 年出售给陈范，逐渐成为宣传革命的报纸，章太炎、蔡元培等都在上面发表了许多宣传革命的文章。1903 年刊登了邹容的《革命军》和章太炎驳斥康有为改良主义政见的论文，鼓吹革命，清政府因此勾结上海公共租界工部局，逮捕了章太炎，邹容随即也入狱并最后死于狱中，这就是著名的"苏报案"。

1903 年中国留日学生在日本创办了《湖北学生界》《浙江潮》《江苏》等宣传推翻清朝，进行民主革命和推行民族独立思想的报刊。

1904 年蔡元培在上海创办了《俄事警闻》，以揭露沙俄侵占中国东北的罪行，同时也抨击英、法、德等帝国主义侵凌中国主权的行径，后改名为

《警钟日报》，这是继《苏报》而起的重要革命报刊之一，1905 年被迫停刊。

1905 年 11 月 26 日，中国同盟会机关报、大型月刊《民报》创刊，孙中山为《民报》撰写发刊词，提出"三民主义"，即"民族、民权、民生"，以此作为革命派同盟会的政治主张。陈天华、朱执信、宋教仁、章太炎等都在上面发表了许多宣传革命的文章。《民报》也成为革命派在海外宣传民主革命、与主张改良的《新民丛报》进行论战的主要阵地。

辛亥革命前后，中国的报刊业兴旺，有宣传男女平等、妇女解放的《女子世界》《中国女报》，有以儿童为对象的《蒙学报》《蒙学画报》，有用白话文宣传革命的《中国白话报》，有提倡"新文化运动"的《青年杂志》（即《新青年》），也有宣传孔教的《不忍》，有替袁世凯宣传恢复帝制的《亚细亚报》，有宣传科学思想的《科学》《中华医学杂志》，也有专门的文学艺术读物《小说月报》《小说时报》。总之，二十世纪初期，在图书出版业中，报刊是最活跃的一分子。不少宣传新思想的报刊不仅活跃了图书出版界，也对中国社会政治的发展变化产生了巨大的推动作用。

1915 年 9 月《青年杂志》（后改名《新青年》）创刊，它以"德先生（民主）"和"赛先生（科学）"为号召，提倡新道德，反对旧道德；提倡科学，反对迷信；提倡白话文，反对文言文。它所掀起的"新文化运动"对几千年来统治中国人思想的孔孟之道、儒家思想带来了前所未有的冲击，最后迎来了中国历史上的一个新的时期。

三　新型出版机构和出版企业的诞生

唐宋以来书坊的经营模式到近代开始发生变化，旧的作坊式刻书已不能适应现代机械化印刷的需要，虽然仍有一些书坊继续惨淡经营，但其在图书出版业中的地位和作用已是每况愈下。从明代就已开业的扫叶山房，在清代可以说是书坊业中的代表，到了近代，也引进了铅印、石印等先进的技术设备，在全国许多地方开设了分号或联营点，以适应形势的变化。一些曾经闻名于世的书坊在激烈的竞争中纷纷倒闭，继之而起的是采用现代生产和经营方式的印书馆、书局、印刷所等私营出版机构。

清末民初的新型出版机构和出版企业有中国人自主开办的，也有外国人在中国开办的，外国人在中国开办的出版企业大都与宗教团体有关。

1897 年夏瑞芳（字粹方）、鲍咸恩等在上海创办的商务印书馆是中国近代私营出版业的代表，它已不是过去那种作坊式的印刷、销售小店，而是以现代经营方式经营、以机械化印刷的工商企业。商务印书馆最初主要是印刷商业用的名片、广告、簿记、账册等，故名"商务"。商务印书馆还承印一些教会书籍，出版用汉文译注的英文读本。1902 年，夏瑞芳邀张元济加盟，相约以"以扶助教育为己任"，于是商务印书馆成立了编译所，聘请蔡元培兼任所长，编印中小学、师范等各类学校的教科书。1904 年，商务印书馆创办了著名的《东方杂志》，1908 年出版了《英华大辞典》，1910 年又创办了《小说月报》。商务印书馆有自己的编译所、印刷所、发行所，是近代中国最大的私营出版企业。

商务印书馆成立的同时，其他私营出版企业也如雨后春笋般地发展了起来。1902 年创办的文明书局拥有设备完善的印刷所，以印刷地图和各类图画著称。当时规模较大的私营出版企业还有开明书店、点石斋书局、鸿文书局等。从"戊戌变法"到 1902 年，仅上海一地，加入上海书业商会的私营出版机构便有二十二家。

1912 年陆费逵创办了中华书局，以出版教科书、社会科学、文学艺术、古籍图书和各类工具书著称。

由于商务印书馆和中华书局经营得法，在图书出版业的竞争中占有很大的优势，商务印书馆兼并了中国图书公司，中华书局兼并了文明书局，两家的实力大增，终于成为现代中国最大的两家私营出版企业。

十九世纪末二十世纪初以来出现的私营出版业由于采用了现代经营方式和机械化印刷，拥有较为完善的发行渠道，出版图书数量较大，并且大都是切合时代需要的图书，所以能够很快地占领图书市场，对于发展文化教育事业、宣传新思想发挥了不可低估的作用。

除了专门的出版企业外，一些新式学校、企业也有自己的出版业务，不过，规模与影响都不及以天主教和基督教为主的宗教团体。

从明末到清乾隆年间是西洋图书翻译出版的第一个高峰，推动这项工作的主要是耶稣会士。1773 年，天主教教廷宣布解散耶稣会，耶稣会逐渐退出了中国。近代以来在中国传教的以基督教新教为多，也有天主教和东正教。

　　外国传教士最初主要是在与中国来往较密切的南洋以及中国南方沿海地区。"鸦片战争"后，清政府对传教士在华传教的禁令解除，因此各国传教士纷纷来华，他们兴教堂、办医院、建学校，也创办了不少出版机构。

　　在来华的宗教团体中，从事图书翻译、出版发行的以基督教新教最为活跃。与明末至清中叶天主教翻译图书不同，基督教新教在中国翻译出版图书的读者对象主要是商人和平民百姓，因此图书主要是传教用的通俗小册子和学校课本，后来也翻译出版了一些有影响的西洋自然科学以及西洋史地和介绍西洋政治经济、社会制度等方面的著作，如合信医生（Dr. Bennjamin Hobson）编著的《全体新论》《博物新编》《外科新说》《妇婴新说》《西医略论》，麦都思所编《东西史记和合》，裨治文（Elijah Coleman Bridgman，1801－1861）所编的《亚美利哥合省国志略》，郭士立（郭实猎）的《大英国统治》《古今万国鉴》等。[①] 基督教新教的图书出版发行机构主要有墨海书馆（The London Missionary Society Press）、美华书馆（The American Presbyterian Mission Press）、英华书馆（Anglo-Chinese School）、格致书院（Shanghai Polytechnic Institution）、益智书会（School and Textbook Series Committee）、大英圣书公会、大美圣书公会和苏格兰圣经会（British and Foreign Bible Society、The American Bible Society、National Bible Society of Scotland，后来这三家合并为中华圣经会 China Bible House）等，其中影响最大的是墨海书馆和美华书馆。

　　1843 年，基督教新教英国伦敦会（London Missionary Society）传教士麦都思在上海创办了墨海书馆，它是中国境内最早采用石印技术的出版机构，也是最早采用中、英文铅字印刷的出版机构。墨海书馆出版了《圣经》等宗教著作和一些科学启蒙读物，如由伟烈亚力（Alexander Wylie，1815－1887 年）与李善兰合译的《续几何原本》（《几何原本》明末曾由利玛窦、徐光启合译，但未译完）、《数学启蒙》《代数学》《代微积拾级》等，其中《代数学》和《代微积拾级》二书，第一次将解析数学引入中国。墨海书馆不仅翻译了大量西方宗教、科技类图书，还为中国培养了一批翻译人才，著名学者王韬曾在该馆任职十余年，他的不少著作都是由墨海书馆出

---

① 　以上参见钱存训《近世译书对中国现代化的影响》，戴文伯译。

版的。著名数学家李善兰曾在墨海书馆任职，他们与伟烈亚力、艾约瑟（J. Edkins，1823－1905）、韦廉臣、傅兰雅（John Fryer，1839－1928 年）等合作翻译过不少西方社会科学和自然科学著作，同时，也把中国的文化介绍到西方，中国"四大发明"之说，即是由墨海书馆创办人之一的艾约瑟首先提出的。1857 年 1 月，墨海书馆还创办了著名的《六合丛谈》月刊，这是上海最早出版的中文期刊，伟烈亚力任主编，铅印，翌年 2 月停刊，共出 15 期。

美华书馆的前身是 1844 年美国基督教新教长老会（Presbyterian Church）在澳门开办的花华圣经书房（The Chinese and American Holy Classic Book Establishment），当时有二名印刷工、一名排字工。1845 年花华圣经书房迁到宁波，1858 年美国长老会派遣早年曾经学习印刷的传教士姜别利来华主持花华圣经书房，并改名为美华书馆，1860 年 12 月迁到上海。在姜别利主持下，到 1895 年，美华书馆取代了墨海书馆的地位，迅速发展成为当时上海规模最大的现代化印刷厂，拥有滚筒印刷机四台、平台印刷机一台、大型手动印刷机四台、汽轮机一台，活字排版，并承印广学会的书刊，成为基督教在中国最主要的出版印刷机构。[①] 美华书馆的技师曾对铅活字印刷技术进行了改造，对中国近代的印刷业产生了重要的影响，这些已见前述。美华书馆除了出版宗教读物以外，还出版了几十种自然科学图书，其中著名的有丁韪良的《格物入门》、第一部介绍西药的《万国药方》（1886 年出版）。美华书馆是十九世纪中国最大的一家出版机构，从其创办到 1897 年，美华书馆发行图书四十万册。

1877 年基督教新教传教士在上海召开会议，成立了"益智书会"，1890 改名"中国教育会"（Educational Association of China），编译出版了大量学校用书特别是数学、物理、化学、动植物、音乐等教科书，这是中国最早出现的一批新式教科书，发行量很大，极大地推动了现代教育在中国的普及。1887 年 11 月英国伦敦会传教士韦廉臣（Alexander Williamson，1829－1890）联络林乐知（Young John Allen，1836－1907）、慕维廉（William Muirhead，

---

① 宋原放主编《上海出版志》第 1 章 "解放前主要出版机构"，上海社会科学院出版社 2000 年版。

1822－1907）发起成立了同文书会（The Society for the Diffusion of Christian and General Knowledge Among the Chinese，1905 年英文名改为 The Christian Literature Society for China），1892 年中文名改为广学会，时任中国海关总税务司的英国人赫德（Robert Hart，1835－1911）为会长，韦廉臣任督办（后称总干事）。1890 年韦廉臣病故，次年由英国浸信会传教士李提摩太（Timothy Richard，1845－1919）主持到 1916 年。广学会从 1887 年成立到 1957 年在香港与其他三个基督教出版机构合并，成立中国基督教联合书局，前后七十年，出版过大量介绍西学的图书，尤其是在清末民初。据研究，1887 年至 1900 年，广学会共出版书籍一百七十六种；至 1911 年，共出版四百六十一种。这些书籍中，纯宗教书籍一百三十八种，占总数的 29.93%；非宗教性书籍二百三十八种，占总数的 51.63%；含有宗教意味但也含有其他内容的书籍约八十五种，占总数的 18.44%。① 广学会出版的图书不少影响很大，光绪皇帝准备变法时，曾购买了一百二十九种介绍西方新学的书籍，其中有八十九种是广学会出版的。1895 年广学会出版的由李提摩太和他的中国秘书蔡尔康合译的《泰西新史揽要》，内容是十九世纪欧美各国各国变法图强的历史，先是在《万国公报》上连载，后来出版了单行本，风行一时，初印即达三万部，以后又不断重印，并且出了各种节录本。梁启超也将其收入《西学书目表》，作为启蒙读物推荐给广大士子。康有为也将此书上呈光绪皇帝。

1814 年耶稣会被天主教廷允许恢复，但直到 1842 年，法国天主教耶稣会士南格禄（Claude Gotteland，1803－1856）、李秀芳（Benjamin Brueyre，1810－1880）与艾方济（François Estève，1806－1848）才重返中国，并于 1847 年在上海徐家汇正式建立传教中心。相对于基督教新教，天主教的出版规模有所不及，内容也主要集中在宗教读物方面。不过，在清末至民国时期，一些天主堂设立了专门的出版机构，最著名的有上海徐家汇土山湾印书馆。

土山湾印书馆设立于 1867 年，作为土山湾孤儿工艺院的一部分，印刷操作技工都是从这个孤儿院中的孤儿培养起来的。土山湾印书馆开始时用中

---

① 参见吴永贵《民国出版史》，福建人民出版社 2011 年版，第 6 页。

国传统的雕版印刷术印刷了一大批利玛窦、柏应理、南怀仁的著作，1874年引入活字铅印技术，同年还设立石印部，是上海最早采用石印技术的机构。后来美查在上海开设点石斋印书局，专门聘请土山湾的技师帮助印刷出版了《康熙字典》等。土山湾印书馆 1875 年引进了珂罗版技术，1900 年引进照相铜锌版印刷技术，1930 年进口了西文浇铸排字机一台，工人曾多至一百三十人，每年出版中西文书刊百余种，是中国天主教最早、最大的出版机构，也是上海当时最大的几家印刷厂之一。"20 世纪 30 年代更是创下印刷品总数达 53 万种的纪录，占全国天主教出版物总数 32.3% 的份额。"[①]1892 年土山湾印书馆开始编辑出版《汉学丛书》，内容涉及"中国有关的宗教、道德、文学、艺术、历史和地理等书籍，这套丛书中的五本获得法国儒莲汉学奖"[②]。1879 年，土山湾印书馆还出版了《益闻录》半月刊[③]、《圣心报》（这是中国第一份白话文报纸，1889 年创刊，1949 年 6 月停刊）等报刊。

除了土山湾印书馆外，影响较大的天主教出版机构还有北京北堂遣使会印字馆、直隶献县张庄天主堂印书馆、山东兖州天主堂印书馆、四川重庆圣家书局、澳门无玷始胎印书馆、热河西湾子天主堂印书馆、湖北武昌天主堂印书馆、福建福州天主堂印书馆、山东济南府天主堂印书馆、直隶正定府天主堂印书馆、湖北宜昌天主堂印书馆等。

在天主教的出版物中，影响最大的当属 1915 年 10 月 10 日由在天津的比利时传教士雷鸣远神父（Vincent Lebbe，1877 – 1940）创办的《益世报》，这是民国时期中国影响最大的四大报纸（《大公报》《益世报》《申报》《民国日报》）之一，在"五四运动"时期、抗日战争时期都发挥了很大作用，不少著名的政治家、学者都曾主持或在《益世报》上发表过文章。

东正教在中国的影响较之基督教新教、天主教要小得多，1858 年《中

---

① 宋浩杰主编《影像土山湾》，上海文化出版社 2012 年版，第 179 页。

② 〔法〕史式微：《土山湾孤儿院：历史与现状》，土山湾印书馆 1914 年版，转引自《影像土山湾》，第 25 页。

③ 不久改为周刊，由上海耶稣会主办，这是中国天主教最早发行的报刊，1898 年与《格致新报》合并，改名《益闻格致汇报》，1907 年改名《时事科学汇报》，1910 年停刊。

俄天津条约》签订后，俄国驻北京传教士团开始大规模翻译东正教书籍，并建立了印字房刊印经书，"截至1916年，位于俄罗斯北馆的'北京东正教堂印字房'（俄文名称'北京乌斯宾斯基修道院印刷所'）已石印和铅印文言本和官话本书籍90种，包括圣经、教义和礼仪，……"①

近代以来办教育是教会的重要工作之一，教会学校纷纷涌现，不少教会大学还成为当时中国非常重要的大学，因此，教材也是教会重要的出版物之一。

第三节　从藏书楼到图书馆

近代图书事业变革的另一个重要标志就是公共图书馆的诞生。

一　清末民初的私家藏书

清代后期，由于财力的限制，加之内乱外患频仍，清朝政府藏书大量散失，而私人藏书则继续发展。道光中，海宁蒋光煦之别下斋藏书数万卷，其弟蒋光焴之衍芬草堂和西涧草堂藏书逾十万卷。咸丰中，朱学勤之结一庐得怡亲王、劳格丹铅精舍和顾沅艺海楼旧藏，多有宋元旧本及精抄本。而晚清最著名的藏书家则当推山东聊城杨以增、杨绍和父子之"海源阁"，江苏常熟瞿绍基、瞿镛之"铁琴铜剑楼"，吴兴陆心源之"皕宋楼"和杭州丁丙、丁申之"八千卷楼"。

海源阁藏书主要为汪士钟艺芸书舍旧藏，汪氏藏书又多为黄丕烈百宋一廛旧藏。除此之外，海源阁还收藏有毛晋汲古阁、钱曾也是园以及南方许多藏书家旧藏。杨绍和后到北京为官，又收购了怡府乐善堂藏书。海源阁藏书，仅据《海源阁书目》所记，即有四部图书三千二百三十六种、二十万八千三百余卷；另据《宋元书目》，海源阁藏宋元善本四百六十四种，一万一千三百二十八卷。

铁琴铜剑楼藏书来源主要为张海鹏爱日精庐、陈揆稽瑞楼及其他藏书家旧藏，经瞿氏四代努力蒐求，铁琴铜剑楼藏书达十余万卷，内有宋、元善本

---

① 蔡鸿生：《俄罗斯馆纪事》（增订本），中华书局2006年版，第27—28页。

二百余种。铁琴铜剑楼与海源阁为晚清最著名的私家藏书楼，故有"南瞿北杨"之称。

皕宋楼藏书主要为太平天国时江浙故家散出之书，如上海郁松年宜稼堂旧藏四万八千册皆归陆氏，而宜稼堂藏书又得自艺芸书舍、水月亭、小读书堆、五研楼，人称其"俨然乾嘉时之黄荛圃也"。陆氏藏书达十五万卷以上，内有宋版书二百余种、元版书四百余种。① 黄丕烈藏宋版书百余种而名其室为"百宋一廛"，陆氏以其所藏宋版数量超过了黄氏，因将其藏书楼名为"皕宋楼"（皕者，二百也）。陆心源死后，其子陆树藩耽于安乐，不以藏书为意，也不知家藏图书价值。日本学者岛田翰来华时，怂恿陆树藩以十一万八千元将家藏图书悉数卖给日本静嘉堂文库，成为静嘉堂文库藏书之精华部分。

丁丙及其兄丁申昆弟二人为杭州藏书大家，其藏书楼"八千卷楼"藏书八万卷，其中虽仅有宋本四十余种、元本百种，宋元本数远不如黄丕烈之百宋一廛、吴骞之千元十驾，近不如陆心源之皕宋楼、杨氏海源阁、瞿氏铁琴铜剑楼，但其名满天下，不让黄、吴、陆、杨、瞿诸氏，盖因其藏书颇有特色。陈登原先生评价丁氏藏书可贵者有四："一为多《四库》修书底本，可以见当时修书之法制者也；一为多日本高丽刊本，可以见异国风光者也；三则多名儒宿学所校；四则近代校勘家收藏家所藏之书。"② 柳诒徵先生评价说："清光绪中，海内数收藏之富，称瞿、杨、丁、陆四大家。然丁氏于文化史上之价值，实远过瞿、杨、陆三家。"③ 丁氏兄弟对于清代后期图书事业之特殊贡献，即搜集、抄补文澜阁《四库全书》。1861年，太平天国忠王李秀成攻破杭州，文澜阁藏书惨遭劫难。一日，丁氏在留下镇购物，见商店用以裹物之纸竟是《四库全书》散叶，丁氏兄弟大惊，遂沿途捡拾，得数十册。丁氏深感文献散失之痛，于是四处搜寻，"不避艰险，撷拾文澜阁残编运至西溪"，最后得高二尺许的《四库全书》八百余捆。丁氏兄弟二人又冒险将残书运到当时较为安全的上海，次年再将其运回杭州，并继续搜

---

① 〔日〕岛田翰：《皕宋楼藏书源流考》谓其有宋版一百一十部，元版百余部。
② 陈登原：《古今典籍聚散考》，上海书店出版社1990年《民国丛书》第2编影印民国上海商务印书馆排印本，第371页。
③ 柳诒徵：《国立中央大学国学图书馆小史》，国立中央大学图书馆1928年版。

集，前后共得《四库全书》九千零六十册。丁氏兄弟又出巨资抄补文澜阁《四库全书》所缺书，计抄二千余种，民国后又经张宗祥先生主持补抄，终于大致恢复了文澜阁《四库全书》之旧。

民国初年著名的私家藏书大致分为两类，第一类是明清以来旧家，第二类则是近代以来新兴的官僚、买办、富商和民族资本家，尤其以第二类最多，且影响最大。

民国初年藏书最有名者当推浙江南浔刘承幹之嘉业堂、南浔蒋汝藻之传书堂（又号密韵楼）、南浔张钧衡之适园、浙江嘉兴沈曾植之海日楼、江苏江阴缪荃孙之艺风堂、江苏武进陶湘之涉园、湖南长沙叶德辉之观古堂、江西德化李盛铎之木犀轩、天津徐世昌之晚晴簃、安徽南陵徐乃昌之积学斋。

刘承幹虽然其生也晚，但藏书早负盛名。祖父以经商致富，父亲刘锦藻曾编纂《皇朝续文献通考》（即《清续文献通考》）。清末鼎革之际，旧家藏书往往散出，刘承幹得以大量收购，在家乡浙江湖州南浔小莲庄畔构嘉业堂以贮之，藏书达六十万卷。1917 年，刘承幹延缪荃孙编纂《嘉业堂藏书志》，未竟，吴昌绶、傅增湘、董康继之，皆非完稿，后刘承幹又亲撰若干。仅《嘉业堂藏书志》著录，计有宋元刻本九十一种、明刻本八百四十一种、明活字本六种、稿本五十六种、明清抄本七百四十一种[1]，其中《宋会要》《明实录》以及宋版四史、《鹤山先生大全集》《窦氏联珠集》等都极具学术价值。刘承幹除藏书外，还大力刻书，所刻书有《嘉业堂丛书》五十七种八百五十二卷，《求恕斋丛书》三十三种二百一十卷，《留余草堂丛书》十种六十二卷，《嘉业堂金石丛书》五种五十卷及《八琼室金石补正》《章氏遗书》《宋四史》《旧五代史》《晋书斠注》等单行本十七种一千零七十七卷。[2] 嘉业堂刻书，以精美典雅著称，不为牟利，多送学人。二十世纪三十年代后，刘氏产业失败，藏书陆续散出，其剩余藏书与所刻书版于 1951 年 11 月 19 日捐赠浙江图书馆。

蒋汝藻，以实业致富，所得多购古籍、字画，故其所藏闻名遐迩，与同里刘承幹之嘉业堂、张钧衡之适园号称江左藏书三大家。其所藏文献特点，

---

① 缪荃孙等撰《嘉业堂藏书志·前言》，吴格整理点校，复旦大学出版社 1997 年版。
② 应长兴、李性忠主编《嘉业堂志》第 3 章 "刻书"，国家图书馆出版社 2008 年版。

一为宋元旧椠，一为名家抄稿本，一为明人文集。前人据《传书堂书目》等统计，蒋氏有宋版书八十八部，元版书一百零五部，然吴修艺先生据台湾影印本《传书堂藏善本书志》统计，该书志共收录宋元明清善本二千七百部、五万八千七百六十八卷，包括宋本一百八十九部，元本一百二十八部，明本一千六百六十八部，抄本八百三十一部，稿本八十四部[①]。其中宋绍兴四年序刊本《吴郡图经续记》三卷，为我国现存最古的方志；宋刊孤本《草窗韵语》六卷，用密致手迹摹写上版，刊刻精雅，人称"妖书"，故蒋汝藻将传书堂别称为密韵楼。在传书堂所藏抄稿本中，最著名者当属《永乐大典》残本，特别是其中四册为《水经注》前半部，此为现代郦学研究者最为重视的文献。根据王国维先生考证，《永乐大典》本《水经注》实从宋本抄出，在宋版《水经注》已无完帙的情况下，尤为珍贵。传书堂藏书的来源，多为江浙一带旧家所藏，最多的是来自天一阁的藏书。天一阁自明至清，关钥甚严，故其藏书能够保存三百年大致不散，但民国后天一阁屡遭盗窃，其藏书最后散出，蒋氏所得独多，计有七百一十二部。此外，陈田听诗斋所藏明人集部图书二百三十五部、孔继涵微波榭抄本三十部、黄丕烈士礼居校跋本四十余部、陆心源十万卷楼抄本二十余部也都先后辗转入藏传书堂。1925 年秋，蒋汝藻经营失败，藏书散出。[②]

　　张钧衡以经商、经营房地产并投资银行致富，二十世纪二十年起，大量收购图书，先后得朱氏"结一庐"、张氏"小琅环福地"、吴氏"拜经楼"、顾氏"芝海楼"、韩氏"读有用书斋"、杨氏"观海堂"旧藏。1907 年在南浔南栅补船村鹧鸪溪畔建"适园"以贮之。适园藏书十余万卷。张钧衡先后延请叶昌炽、缪荃孙编撰《适园藏书志》十六卷，著录善本九百六十多部。张钧衡 1927 年去世后，其子承其遗志，继续收藏图书。张氏适园藏有大量宋元善本，仅 1940 年其子张乃熊编《菦圃善本书目》即著录宋本八十八部、元本七十四部，且尚有遗漏。张氏曾刻《适园丛书》《择是居丛书》，颇受学林重视。

　　沈曾植，清末民初著名学者、书法家、词人，著作等身并富于藏书，其

---

　　①　吴修艺：《王国维〈传书堂藏善本书志〉研究》，《王国维学术研究论集》第 2 辑，华东师范大学出版社 1987 年版。案：这组数字有误，宋元本加抄稿本和明本，总数应该是 2900 部。

　　②　陈力：《王国维先生〈传书堂藏善本书志〉略述》，《文献》2010 年第 1 期，第 7—16 页。

藏书处名海日楼。海日楼藏书颇多，尤以善本、碑帖著称，如宋拓《淳化阁帖》，宋拓王羲之书《乐毅论》《黄庭经》，王献之书《洛神赋》等，皆传世名帖。

缪荃孙，著名学者、藏书家、版本目录学家。缪荃孙曾协助端方创办江南图书馆（今南京图书馆），出任京师图书馆（今中国国家图书馆）首任正监督（馆长）。1914年其任《清史稿》总纂。缪荃孙精于版本目录之学，早年曾助张之洞撰《书目答问》，一生编有多种书目，皆近世版本目录学之重要著作。其藏书楼曰艺风堂，藏书十余万卷，编有《艺风堂藏书记缘起》《艺风堂藏书记》《续记》《再续记》等藏书目录和藏书题跋。缪荃孙晚年穷困，以替人编纂书志和卖书为生。

著名版本目录学家叶德辉为近代著名藏书家，其观古堂藏书逾三十万卷，并作《藏书十约》，论购置、鉴别、装潢、陈列、抄补、传录、校勘、题跋、收藏、印记十条，堪称藏书家之圭臬。所作《书林清话》《书林余话》至今仍为研究版本学、中国书籍史之经典。

袁世凯次子袁克文为收藏大家，除金石字画之外，还大量收集珍善古籍，先后得卢文弨、莫友芝、徐坊、杨守敬、邓邦述、吴昌绶等旧藏宋元明善本数百种，因追慕黄丕烈"百宋一廛"建藏书楼"后百宋一廛"，后又效陆心源"皕宋楼"，改藏书楼名"皕宋书藏"，号称收藏宋版书二百种。晚年穷困，藏书散去。

官僚李盛铎木犀轩藏书九千余部、五万八千余册，其中宋元古本约三百部，明刊本二千余部，抄本及手稿本二千余部，与叶恭绰、罗振玉、傅增湘称近代四大藏书家，身后藏书大部分归北京大学图书馆。

官僚、著名法学家董康购书、抄书不倦，并多次到日本访书，写下了著名的《书舶庸谈》。董康还与日本学者岛田翰、内藤湖南、狩野直喜、神田喜一郎、羽田亨等交好，收集、借阅、传抄了不少珍贵典籍，包括大量敦煌文献，自己也刻印图书三十余种。董氏藏书1912年售予日本大仓集团，成为大仓文库的主要藏书，2013年12月12日这批图书又回到了祖国，入藏北京大学图书馆。

徐世昌曾任清史馆总纂，后以文人出任民国大总统，纂有《清儒学案》。徐氏雅好古籍，家藏图书八万卷，其中颇多宋元珍本，藏书楼曰"晚晴簃""书髓楼"，曾编有《书髓楼藏书目》八卷附一卷，著录古籍七千余种。另徐氏辑有《晚晴簃所藏清人别集目录》四册，著录清人别集二千七百余种。

陶湘涉园藏书三十万卷，所藏不特重宋元古本，而是注重明清精刻，于明毛氏汲古阁刻本、闵氏、凌氏套印本、清武英殿本及开花（化）纸印本尤为留心，凡开花纸印本，一概收入，故有"陶开花"之雅称。编有《武进涉园陶氏鉴藏明版书目》《涉园所藏宋版书影》《故宫殿本书库现存目》《清代殿版书始末记》《毛氏汲古阁刻书目录》《明吴兴闵版书目》《明代内府经厂本书目》《涉园明本书志》等；考订有《清代殿本书目》《武英殿聚珍板书目》《武英殿袖珍板书目》《涉园收集影印金石图籍字画墨迹丛书拾遗》等。

徐乃昌曾任江南盐道兼金陵关监督、江苏高等学堂总办。辛亥革命后，在上海专事古籍、金石文物收藏和古籍校刊出版，所著有《随庵所著书》四种五卷，纂修《南陵县志》五十卷，撰写《安徽通志·金石古物考》十七卷等，另有未刊稿《积学斋藏书记》《积学斋善本书目》《随庵徐氏藏书志》以及《徐乃昌日记》等。徐氏不仅以收藏著名，其校刊丛书达十一种二百四十余部，一些影刻图书与原本相较，几可乱真，如所刻《玉台新咏》以明赵均小宛堂覆宋本为底本，因刻印甚精，以至于有书贾以徐氏所刻冒充小宛堂本甚至宋本。所刻《小檀栾室汇刻闺秀词》专收清代女词人作品，颇有特色。

清末民初还有许多藏书家，著名者有盛宣怀之"愚斋"、叶昌炽之"治廧室"、梁鼎芬之"葵霜阁"等①。

清末民初藏书家所藏虽然丰富，但是，随着时代与学术风气的变化，传统上讲求珍善古本的藏书渐渐边缘化为一种"雅好"，而更多的学者则以收藏实用图书为主，特别是随着公共图书馆、大学图书馆甚至中学图书馆的兴起，个人藏书的社会功能逐渐为图书馆所取代。

二　公共图书馆的诞生和发展

1847 年天主教会在上海徐家汇开办了藏书楼，正式名称为"徐家汇天

---

① 　参见苏精《近代藏书三十家》（增订本），中华书局 2009 年版。

主堂藏书楼"，收藏中、西文图书和报纸期刊，最初主要供耶稣会士研究参考之用，后来教会中人或由教会中人介绍者并经藏书楼主管同意后也可入内阅览图书。徐家汇天主堂藏书楼是近代中国图书馆的雏形。1849 年创办于上海外国租界内的工部局公众图书馆（后改名上海图书馆）、1871 年伟烈亚力创办的亚洲文会北中国支会图书馆、傅兰雅于 1901 年创办的上海格致书院等也都是由外国人在中国设立的图书馆。随着近代中国的开放，特别是改良运动的兴起，兴办图书馆成为一种时代潮流。

具有图书馆开放性质的藏书机构在中国很早就出现了，如前所述，宋代中央藏书不仅对外开放，还有相关的管理制度。不过，与现代意义上的公共图书馆相比，宋代中央藏书还是有所不同，开放的对象十分有限，如秘书监、武英殿藏书主要供皇帝、高级官员阅读使用，国子监藏书主要供高级官员、太学生阅读使用，而各府州县学藏书则主要为进学诸生阅读使用。清乾隆中修四库全书，北四阁书藏于紫禁城及行宫，另外特别抄写三部置于江南人文荟萃之地供士子阅览抄录，虽然已是一大进步，但能够入阁阅览者仍属少数，服务对象并非普通社会公众，对社会的影响较小。

中国古代另一大类藏书为寺院藏书。寺院藏书一方面为法事所需，另一方面一般也只供僧侣诵读阅览。

私人藏书是中国传统社会中一大人文现象，藏书量大，分布广，阅读覆盖面大，因此对社会发展、文化的传播影响最大。中国古代的私人藏书，可以分为两类，一类或者出于世代宝藏的目的，或者出于炫秘居奇的目的，大多不愿将其藏书公开。唐代杜暹家藏图书末皆题"清俸买来手自校，子孙读之知圣道，鬻及借人为不孝"。明代著名学者、藏书家胡应麟在其藏书楼外标明："楼不延客，书不借人。"明代天一阁主人范钦有堂侄名叫范大彻，二十六岁起即跟随范钦，后来向范钦借书，范钦每每托辞拒绝，范大彻因而发愤，"遍搜海内异书秘本，不恤重［值］购之充其家。凡得一种，知为天一阁所未有，辄具酒茗佳设迎司马（范钦）至其家，以所得书置几上。司马取阅之，默然而去"[①]。范氏天一阁有禁约规定："阁厨锁钥分房掌之。禁

---

①　（清）胡文学编、李邺嗣作传《甬上耆旧诗》卷 27《鸿胪范公大彻》，台湾商务印书馆 1986 年影印清文渊阁《四库全书》本。

以书下阁梯，非各房子孙齐至不开锁；子孙无故开门入阁者，罚不与祭三次；私领亲友入阁及擅开厨者，罚不与祭一年；擅将书借出者，罚不与祭三年。"① 明末清初与曹溶时相过从的大藏书家钱谦益即"好自矜啬，傲他氏以所不及，片楮不肯借出"②。结果绛云一炬，所藏尽为灰土。此等藏书家，虽以藏书名，但却未能深明藏书之义，倘有天灾人祸，则万千之藏将毁于一旦。

另一类为开明的藏书家，他们将其藏书公开，任人阅读，如前面所提西晋之范蔚、梁之崔慰祖，宋代之宋绶、王钦臣等皆是。金代路仲显"家世寒微，其母有贤行，教伯达读书。国初，赋学家有类书名节事者新出，价数十金，大家儿有得之者，辄私藏之。母为伯达买此书，撙衣节食，累年而后致，因诫伯达曰：'此书当置学舍中，必使同业者皆得观，少有靳固，吾即焚之矣。'"③ 清初，曹溶等邀集同志，相约互抄各自藏书。他在著名的《流通古书约》中倡议：

> 予今酌一简便法：彼此藏书家，各就观目录，标出所缺者，先经注，次史逸，次文集，次杂说，视所著门类同、时代先后同、卷帙多寡同，约定有无相易，则主人自命门下之役，精工缮写，较对无误，一两月间，各赍所钞互换。此法有数善：好书不出户庭也；有功于古人也；己所藏日以富也；楚南燕北皆可行也。④

丁雄飞也撰《古欢社约》，与同志共读互借藏书。乾隆中周永年更倡儒藏之说，建议：

> 儒藏不可旦夕而成，先有一变通之法：经、史、子、集，凡有板之

---

① （清）阮元：《宁波范氏天一阁书目序》，《天一阁书目》附，（清）范邦甸撰，上海古籍出版社2002年《续修四库全书》影印清嘉庆十三年扬州阮氏文选楼刻本。

② （清）曹溶：《绛云楼书目题辞》，《绛云楼书目》附，（清）钱谦益撰，上海古籍出版社2002年《续修四库全书》影印清嘉庆二十五年刘氏味经书屋抄本。

③ （金）元好问：《中州集》卷8《路冀州仲显传》，民国上海商务印书馆《四部丛刊》影印元刊本。

④ 李希泌、张椒华编《中国古代藏书与近代图书馆史料：春秋至五四前后》，中华书局1982年版，第31页。

书，在今日颇为易得。若于数百里内，择胜地名区，建义学，设义田，凡有志斯事者，或出其家藏，或捐金购买于中，以待四方能读之士，终胜于一家之藏。即如立书目，名曰《儒藏未定目录》。由近及远，书目可以互相传抄，因以知古人之书，或存或佚。凡有藏之处，置活板一副，将秘本不甚流传者，彼此可以互补其所未备。……书籍收藏之宜，及每岁田租所入，须共推一方老成三五人经理其事。凡四方来读书者，如自能供给，即可不取诸此；寒士则供其食饮。须略立规条，如丛林故事。极寒者并量给束修，免其内顾之忧。有余仍贮存之，以为置书增田之费。①

清光绪中，国英建"共读楼"，其《共读楼书目序》说：

余早有购藏书籍之志，同治甲子（1864年），劝同志诸君子共立崇正义塾，……光绪丙子（1876年），于家塾构藏书楼五楹，颜曰"共读"。其所以不自秘者，诚念子孙未必能读，即使能读，亦何妨与人共读。成己成人，无二道也。②

陆心源之皕宋楼也是"读者不禁"，并以为"私诸子孙，何如公诸士林"③。以上诸先贤，对于保存、弘扬祖国文化功莫大焉。

虽然自古代起即有不少如上述开明的藏书家，但是，首先，他们将藏书公开，只是一种个人行为，并未形成一种社会风气；其次，在藏书的管理、借阅等方面并不十分完善。"鸦片战争"以后，随着中西方交往的扩大，一些外派使节如志刚、郭嵩焘、张德彝等都曾参观过欧美国家的图书馆并留下了深刻的印象，尤其是郭嵩焘，对英、法图书馆的情况还进行了详细的记录。著名学者王韬在逃亡英国期间也参观了大英博物院图书馆（即后来的英国国家图书馆）和伦敦市的公共图书馆。西方图书馆的设置、管理方法

---

① 李希泌、张椒华编《中国古代藏书与近代图书馆史料：春秋至五四前后》，第49—50页。
② 李希泌、张椒华编《中国古代藏书与近代图书馆史料：春秋至五四前后》，第59—60页。
③ （清）李宗莲：《皕宋楼藏书志序》，《皕宋楼藏书志》，（清）陆心源撰，中华书局1990—1995年《书目题跋丛刊》影印清光绪八年十万卷楼刻本。

被介绍到了中国，改良派将设立图书馆作为启迪民智、变法图强的重要手段。清末郑观应作《盛世危言》，其中有"藏书"一目，详细介绍了英、俄、德、法、意等国公共图书馆的规模、管理方法，并提出建议：

> 泰西各国均有藏书院、博物院，而英国之书籍尤多，自汉唐以来，无书不备。凡本国有新刊之书，例以二分送院收储，如有益于国计民生者，必膺朝廷重赏，并给予独刊之权若干年。咸丰四年间，于院中筑一大厦名曰"读书堂"，可容三百人，中设几案笔墨，有志读书者，先向本地绅士领有凭单，开列姓名住址，持送院中董事，换给执照，准其入院观书。……宜饬各直省督、抚于各厅、州、县，分设书院，购中外有用之书，藏贮其中（凡外国未译之书，宜令精通西文者译出收储），派员专管。无论寒儒博士，领凭入院，即可遍读群书。至于经费，或由官办，或出绅捐，或由各省外销款项、科场经费，将无益无名之用度，稍为撙节，即可移购书籍而有余。仍常年储备专款，分派员役管理稽查。所有新书，随时添购。[①]

光绪二十一年（1895年），康有为上疏请大开便殿、广陈图书。康有为、梁启超领导的强学会又于同年在北京琉璃厂开"书藏"，陈列图书，供人阅览。前面曾经提到"戊戌变法"中礼部尚书李端棻曾上《请推广学校折》，除了建议广建新式学堂之外，他还提出：

> 自京师及十八行省会，咸设大书楼，调殿板及官书局所刻书籍暨同文馆、制造局所译西书，按部分送各省以实之。其或有切用之书，为民间刻本官局所无者，开列清单，访书价值，徐行购补。其西学书陆续译出者，译局随时咨送。妥定章程，许人入楼观书。[②]

这个奏折虽然当时没有得到落实，但却是中国近代史上第一位政府高级官员

---

① 郑观应：《盛世危言》卷2《礼政·藏书》，清光绪刻本。

② （清）李端棻：《请推广学校折》，舒新城编《中国近代教育史资料（上）》，人民教育出版社1981年版，第142—143页。

正式提出建立官办图书馆的设想。

"戊戌变法"前后，各地维新派建立的学会如雨后春笋般涌现出来，由苏州张一麐、章钰、孔昭晋等人发起成立的苏学会《简明章程》中还专门列有看书七条。

　　购买书籍由经理会同协理等量会费之多寡，核要开单，公同议定。

　　本会所购之书分为六门：日史学、日掌故学、日舆地学、日算学、日农商学、日格致学，其余训诂词章概不备。

　　书籍当依类编目，易于检寻。写书目三份，一存经理处，一存会中，一存管书处。俟藏书既多，再刊书目单分送同人。

　　书籍每日由协理轮查一次，如有损坏遗失等情，须由管书人追根赔补。

　　每逢五逢十为发书之期，以五日为一限期，能多阅者每期发书两本，少者一本。上期取去，下期缴换。

　　会友欲看何书，须先向管书处挂号，以先后为序，不得争执。……看书借书如有涂抹缺失等事，在会中本人罚缴书值，本数少者倍之。不缴者将名除去。不入会而有捐款者以后不借。①

当时像苏学会这类社团组织，还有一些也设立了藏书楼之类的书刊阅览机构。

1900年，杭州郡绅邵章、胡焕呈请杭州知府朱启凤试办藏书楼，由邵章任监理，次年开放，是为杭州藏书楼。这是中国最早经官方许可成立的图书馆。②

1901年4月，由安徽士绅何熙年约集同志在省城安庆创办"皖省藏书楼"，并在上海《汇报》281号上刊登《皖省藏书楼同人广告本省宦绅公启》，详述了创办藏书楼的经过、宗旨。《汇报》同期还发表社论《广藏书说》，谓："闻客述皖省拟建藏书楼，因为推广言之，敢以质诸今世之谈新政者。"安徽省筹建藏书楼之事，在当时引起了极大的反响。同年六月《汇

---

① 《国闻报》第316号，光绪二十四年七月二十日。
② 杭州藏书楼1903年更名为浙江藏书楼，1909年更名为浙江图书馆，其后浙江官书局并入。

报》302 号报道说："粤督陶制军已饬属下，广筹巨款，设立阅报公所，并广购书籍，任人阅看，以开民智。"① 何熙年等还制订了《皖省藏书楼开办大略章程十二条》。在文献收藏方面，"本楼图籍之外，旁及各报，无论旬报、日报，但非浅鄙狂妄之说，均当全年定阅，免蹈知古昧今之弊"，申明藏书宗旨"概求实用"。为扩大藏书来源，还制定了图书寄存制度："本楼除购置各书外，如有同志家藏书籍，情愿寄存，公诸阅览者，当由本楼给与清单收条，无论何时来取，即时检送，如有残损，照价赔偿，庶几一转移间两得其便。"在服务方面，"本以公益为主，但使有志学问之士，无论何省籍贯，均许来楼阅抄，以化畛域"②。皖省藏书楼 1901 年 10 月向公众开放，最初每天有读者二十人，后来增至二百人。③ 由此可见，皖省藏书楼虽然袭用藏书楼旧名，但已经是真正意义上的民办省级公共图书馆。

差不多同时，浙江绍兴富商徐树兰出资创办了"古越藏书楼"。徐树兰（1837—1902 年），字仲凡，浙江绍兴人。光绪二十三年（1897 年）创办绍郡中西学堂，因苦于学堂有定额限制，不能广纳求学之士，兼之"好学之士，半属寒酸"，且"泰西各国讲求教育，辄以藏书楼与学堂相辅而行"，如英、法、俄、德、日等国均设有许多藏书楼，"阅书者通年至十余万人"，因此"文学蒸蒸日上，国势日强"。有鉴于此，徐树兰捐银八千六百余两，购地一亩六分，建起了古越藏书楼。徐氏又"参酌东西各国规制，拟议章程，以家藏经史大部及一切有用之书，悉数捐入，延聘通人，分门排比，所有近来译本新书以及图书标本，雅驯报章，亦复购备，共用银二万三千五百六十余两"。古越藏书楼开办时有藏书七万余卷，每年徐氏还出资一千元作为常年经费。④ 与旧式的私家藏书楼不同，古越藏书楼专门制订了章程，申明宗旨：

　　本楼创设之宗旨有二：一曰存古，一曰开新。

① 以上转引自蔡元卿《安庆藏书楼始末》，《图书馆学研究》1994 年第 2 期，第 88—89 页。
② 李希泌、张椒华编《中国古代藏书与近代图书馆史料：春秋至五四前后》，第 108 页。
③ 佚名：《记藏书楼阅书日众》，《中外日报》1901 年 10 月 24 日、1902 年 5 月 16 日，转引自疏志芳《清末民初的公共图书馆研究》，《中国优秀硕士学位论文全文数据库》2011 年第 S1 期"信息科技辑"，第 17 页。
④ （清）徐树兰：《为捐建绍郡古越项羽楼恳请奏咨立案文》，《古越藏书楼书目》附，清光绪三十年崇实书局石印本。

存古开新，意在使学贯古今中外，"不谈古籍，无从考政治学术之沿革；不得今籍，无以启借鉴变通之途径"①。因此古越藏书楼除收藏中国传统典籍外，还兼藏各种翻译东西书籍并各种图画、教科书、地图、实业图、学报、日报，并且购求各种理化仪器、动植物标本，供读者学习时参考。《古越藏书楼章程》中还有详尽的藏书规程、管理规程、阅书规程。因古越藏书楼藏书包括古今中外、自然和社会科学图书，中国传统的四部分类法不能适应需要，于是徐氏将藏书分为学部、政部二部。在图书的管理上，设总理一人、监督一人、司书二人、司事一人、门丁一人、庖丁一人、杂役一人，各司其职。其阅书规程制订颇为完备，有读者登记、开放时间、图书出入库手续、图书保护等，还特地注明："徐公仲凡之子孙如欲借阅，宜破格以示优异，然亦必关照总理，由总理亲笔开单取书，则司书始能检付。"于此可见，徐氏古越藏书楼已全无私家藏书楼的性质，而是一个真正的公共图书馆了。

1903年4月江苏常州民间人士创办了"常州图书馆"，其简章称："本馆广备新书及中国国文报，以饷遗学界同志而助成中国文明之进步为目的。"② 这是目前所知第一家以"图书馆"命名的图书馆。

1903年7月，湖南常德图书馆开放。《湖南官报》载："常德图书馆，新近举行。图书类出，寒畯之士购阅较难。近有浏阳雷茂才光宇，在常德纠集同志，捐凑资财，开办图书馆，招人校阅。经前署常德府朱太守其懿批准，租地吕祖庙，暂行试办。闻每日至馆阅书者常数十人，将来风气渐开，亦学堂之一大助力也。"③

1903年，湖南巡抚赵尔巽倡建图书馆，1904年湖南高等实业学堂监督（校长）梁焕奎与湘中名流龙绂瑞、陈保彝、谭延闿、魏肇文、黄笃恭、胡元倓、许直、陆鸿逵、梁焕彝、刘栋蔚、俞蕃同等在《湖南官报》上发表"募捐启"，筹集资金创建图书馆，初名湖南图书馆兼教育博物馆。1905年湖南巡抚端方增拨库银、扩建馆舍并派人采办图书，1905年10月定名为湖

---

① （清）徐树兰：《古越藏书楼章程》，《古越藏书楼书目》附，清光绪三十年崇实书局石印本。
② （清）佚名：《常州图书馆简章》，《苏报》1903年4月7日。
③ 《湖南官报》第482号，1903年7月11日，转引自《1903年的常德图书馆》，《图书馆》1983年第1期，第59页。

南图书馆。

1904 年 3 月，湖北巡抚端方在武昌武当宫道观内设图书局，不久端方离任，同时张之洞回任湖广总督。张之洞在任上大力推动图书馆建设，并将各学堂图书馆与端方创办的武当宫图书馆合并。至 1905 年 3 月 8 日，《湖南官报》刊载消息"鄂垣图书馆扩充"说："鄂垣兰陵街所筑劝业场，改为学堂应用图书馆，开办以来，学界以外，人皆未得窥内容，今年拟大加扩充，准人游览，并价购左近民房十余间，饬□照洋式修葺，专储儿童教育品物，以启智慧，并加名曰豁蒙室。"自此，湖北省立图书馆完全向社会开放。①

据目前所掌握的资料，古越藏书楼是中国近代最早的私立图书馆，常州图书馆是中国近代最早以"图书馆"命名的图书馆，皖省藏书楼是中国近代最早的民办省级图书馆，而湖南、湖北图书馆则是中国近代最早的省立公共图书馆。这些图书馆的设立，开启了中国图书及图书馆事业的新篇章。

1905 年，为"预备立宪"，清廷派宗室镇国公载泽、户部左侍郎戴鸿慈、兵部侍郎徐世昌、湖南巡抚端方、商部右丞绍英出洋考察，史称"五大臣出洋"。五大臣在赴日本、欧美考察宪政之时，对各国经济、社会和文化事业等各方面进行了全面的了解。归国后，户部左侍郎戴鸿慈在《出使九国日记》中对美国国会图书馆的藏书、经费来源、服务等方面做了详细地介绍：

> 馆建于千八百八十六年，鸠工十一年乃就。其中华石为墙，雕薨作瓦，四围绘历代故事。……书堂精石，罗列万国文字，尤为大观。书籍庋藏者，凡一万五千种。每日至此阅书者，率二千人。观书之时，先取观书目，有所欲取，即按号数录投铁筐中，主者即以书仍由筐递至，来往间计时不过一分三十秒钟而已。馆在议院之后，故附属于议院，而设以供议员之查阅者也。有时议事不决，须验之书者，亦四分三十秒可送至，便何如也。闻馆中购书之费凡十万元，每年经费约四十万元，而建

---

① 以上参见汤旭岩、马志立《湖北省图书馆早期历史（1904—1908）之考察》，《国家图书馆学刊》2013 年第 1 期，第 85—92 页。

筑费凡七百万元。然书不皆自购得，其来因有三：一则与各国互换而得者；二则私家送馆庋藏者；三则每年陆续赠购者是也。[1]

如果说此前中国各地出现的图书馆还只是一些孤立的个案，那么"五大臣出洋"对于国外图书馆的观察与思考，为后来图书馆的制度性设置奠定了基础。

在创办了湖北与湖南图书馆后，端方作为"五大臣"之一出洋考察，对图书馆有了进一步的认识。1907年两江总督端方在江苏南京筹办图书馆，光绪三十四年（1908年）七月，端方上《奏建图书馆折》：

> 窃维强国利民，莫先于教育，而图书实为教育之母。近百年来，欧美大邦兴学称盛，凡名都巨埠皆有官建图书馆，闳博辉丽，观书者日千百人，所以开益神智、增进文明，意至善也。臣奉使所至，览其藏书之盛，叹为巨观。回华后，敬陈各国导民善法四端，奏恩次第举办，而以建筑图书馆为善法之首，仰荷圣明，采择饬议施行。
>
> 伏念中国开化最先，文物茂美，自两汉以来，藏书之盛，官私谱录，史不绝书。然东观、兰台，大抵珍储天府，至于郡县图书，罕闻官立。元之九路、明之南监，但有刊书之功，仍非储书之地。我高宗纯皇帝宏观大起，特敕于江浙地方建立文宗、文汇、文澜三阁，尽出四库之藏，以惠东南人士，而扬州、镇江得其二，由是江左学风，冠冕全国。……
>
> 江宁为省会重地，自经粤匪之乱，官府以逮缙绅之家，藏书荡然。承学之士，将欲研求国粹，扬扢古今，辄苦无所藉手。爰建议于城内创立图书馆。旧时扬、镇两阁恩赐秘籍，久罹兵燹，拟即设法传钞，次则四库未收之书，以及旧椠精钞之本，兼罗并蓄，不厌求详。至于各国图书，义资参考，举凡专门之艺术，哲学之微言，将求转益多师，宜广征书之路。惟是购书经费，所需较巨。亟应先立基础，徐议扩充。适有浙中旧家藏书六十万卷出售，已筹款七万三千余元，悉数购致。此外仍当

---

① （清）戴鸿慈：《出使九国日记》，陈四益校点，湖南人民出版社1982年版，第84—85页。

陆续采购，务臻美备。并由臣延聘四品卿衔翰林院编修缪荃孙为图书馆总办，檄委前江浦县教谕陈庆年为坐办，候补同知琦珊为提调。其司书编校各员，均经分别委派。购到书籍，先行借地储藏，一面于城北清旷地方，相度建筑，但求规制合宜，工程坚实，无取华侈。藏书及观书章程，已饬妥为商订。其购书建馆经费，员司薪水杂支，均由臣饬财政局筹拨的款，核实动用。事关辅助教育，应请作正开销。①

江南图书馆设于南京蟠龙里惜阴书舍旧址，缪荃孙任总办（馆长），陈庆年任坐办（副馆长），并以七万两白银（另有三千两运费）购得丁氏八千卷楼藏书六十万卷。1909 年 11 月，江南图书馆正式对外开放。

　　光绪末至宣统中，清朝学部开始筹建京师图书馆。早在 1901 年，晚清著名的洋务派代表人物、时任湖广总督的张之洞派罗振玉赴日本考察教育、采集教科书。罗振玉回国后，将其关于建立现代教育制度的想法撰成《学制私议》，提出实行国家义务教育、举办师范学校，规划了从小学到大学的一整套学制，其主要思想及具体的做法都对后来的"癸卯学制"产生了重要的影响。关于图书馆，罗振玉也进行了全面的考察，1906 年，罗振玉在《教育世界》上发表了"京师创设图书馆私议"，提出：

　　　　保固有之国粹，而进以世界之知识，一举而二善备者，莫如设图书馆。方今欧、美、日本各邦，图书馆之增设与文明之进步相追逐，而中国则尚阒然无闻焉。②

随后，罗振玉又草拟了《京师图书馆章程》③，对建设京师图书馆进行了详

---

① （清）端方：《创建图书馆折》，《端忠敏公奏稿》卷 20，1919 年排印本。

② 罗振玉：《京师创设图书馆私议》，《教育世界》第 130 号，1906 年，转引自李致忠主编《中国国家图书馆馆史资料长编（1909—2008）》，国家图书馆出版社 2009 年版。

③ 王若：《新发现罗振玉〈京师图书馆章程〉简述》，《中国文物报》2008 年 3 月 12 日。按整理者王若推测，此章程撰于 1909 年年初京师图书馆开办之前。

又《秦中官报》1907 年已有署明录自《顺天时报》的"京师图书馆拟定章程"，发现者梁经旭先生谓此"京师图书馆"即今中国国家图书馆之前身，推测其亦出于罗振玉之手。参见梁经旭《新发现的光绪丁未年（1907 年）〈京师图书馆拟定章程〉浅议》，《当代图书馆》2008 年第 3 期，第 4—7 页。（转下页注）

细规划。

总则第一

第一节：京师图书馆属学部管理，专蒐集保存古今中外图书，以供学者之阅览。

职掌第二

第二节：馆中设正副监督各一人、提调一人、典校官二人、司书十人、庶务员四人、誊钞生四人。

第三节：正副监督及提调、典校官由学部奏，司书以下则由委派。

（接上页注③）《秦中官报》所载"京师图书馆拟定章程"全文如下（本人另行标点）。

一　宗旨：甲，保存国粹；乙，输进文明。

二　名称：呈请当道出奏定名奏办京师图书馆。

三　位置：内外城各设一处。内城租地东安市场；外城租地琉璃厂旬。

四　图书（入）：甲、呈请当道，奏请四库全书及列圣御纂钦定各图书；乙、呈请当道咨取京外各衙门纂图书；丙、呈请当道咨取各直省官书局图书；丁、请外务部咨取各国官纂图书；戊、呈请当道立案凡各书肆经官审定印行图书皆须寄赠一部；己、向收藏家借图书；庚、与中国新旧各书肆订立合同调取图书；辛、与外国东西各书肆订立合同调取图书；壬、搜取私家著作；癸、购取秘本佚书，又商请中外各报馆寄赠该报一份。己、庚、辛、壬项，皆分寄赠、寄陈、寄售三种。

五　图书（出）：甲、入览：四条各项图书皆复入览；子、普通入览：购普通入览券者得周历各室而不得取阅一书；丑、特别入览：购特别入览券者至阅书室每券得取书十册；乙、出借：四条甲、乙、丙、丁、戊项图书及己、庚、辛、壬之寄赠图书皆得由经理允许出借。购出借券者每券得借书五次，每次得借书五册，限五日汇回，立保证人，倘有损伤遗失，按全书价赔偿；丙、代售：四条己、庚、辛、壬项之寄售图书皆得代售。代售一依寄售价，除照合同提成外，余款均按期匦致各寄售原主。

六　经费（入）：甲、呈请当道奏拨补助官款；乙、发起人筹捐款；丙、券价：子普通入览券每铜货一枚；丑、特别入览券每铜货五枚；寅、出借券每银货五圆；丁、寄售提成。

七　经费（出）：甲、开办费：子修改添筑房舍约五千金；丑、图书尉架约千金；寅、其余陈设约五百金；乙、常年费：子、房租，呈请民政部豁免；丑、职员薪俸，约千五百金；寅、馆役工食约二百金；卯、其余用费约八百金。

八　职司：甲、总理一人；乙、经理一人驻馆；丙、书记一人驻馆；丁、会计一人驻馆；戊、杂务一人驻馆；己、司书八人轮班驻馆；子、司入览者四人；丑、司出借者二人；寅、司代售者二人。

九　设备：甲、堂室：子、藏书室；丑、阅书室男女各别；寅、阅报室；卯、应接室；辰、事务室；巳、寄售室；午、售券处；未、驻馆职员需用各室；乙、器具不备载。

十　时期：每年十二月二十六日至翌年正月初五日闭馆检查图书、清算账目。每月朔望日闭馆休息。除右列各日外，每早八钟至晚五钟开馆。

十一　禁例：左列图书概不收录：甲、悖逆；乙、机密；丙、迷信；丁、猥亵。

梁经旭文发表后，刘波、黄梦洁撰文"清末民政部所建京师图书馆史事钩沉"，谓《秦中官报》所载之《京师图书馆拟定章程》所指为清末民政部之京师内外城图书馆，与罗振玉参与筹建的京师图书馆并非一家。

第四节：正监督承学部之命，管理馆中一切事务，监督馆员。

第五节：副监督襄理馆一切事务，监督馆员。若正监督有他事，则由副监督代理。

第六节：提调助监督蒐集图书及管理簿录、阅览等事。

第七节：典校官掌储藏、簿录及鉴别、校理等事。

第八节：司书二人掌整理图书、助典校官编造簿录，其四人管理储藏室，四人管阅览室，掌图书之出纳。

第九节：庶务员以二人计会此（？），其二人管理阅览室及馆中一切庶务。

第十节：誊录生掌记录缮写图书等事。

第十一节：诸委派各员，视事务之繁简，得由学部随时酌量增减。

蒐集第三

第十二节：本馆所蒐集中外图籍，分古籍、今籍二部，并吉金、石刻、墨本。其蒐集之项目列左：

一、奏请。凡钦定殿本各种图书，则由学部奏请颁发。

二、征取。各省官书局刊，及一切官刊图书，各省方志、石刻之类，又各国官刊及各学会所刊图书不能购买者，皆由学部行文咨取。

三、购买。古今书籍除随时购买，其有海内收藏家所藏古籍如欲出售者，应呈报学部，由本馆秉公给价，购买保存，不许转售与外国。

四、捐呈。凡海内藏书家有愿将家藏图籍捐入本馆者，由学部相其所呈书之价值而酌予奖励。其有新刊新著之有用刊书，及著书之人（此句疑衍），可随时呈送，本馆一律储藏。

五、移录。凡海内藏书家有难得之古籍不欲捐入本馆者，本馆得借取移录，而将原本（此处疑有缺漏）。又各国图书馆有难得古籍，亦由学部咨商移录或影照，以备储藏。

六、寄存。藏书家有欲以藏书寄存本馆者，可由藏书者陈请，并将书目附呈，本馆一律代为储藏。

除此之外，该章程还有"储藏""簿录""阅览""管理"等方面的详细规定。因罗振玉当时为张之洞的幕僚，关于教育和文化方面的制度设计就是由他来实际负责的。1909 年 9 月 9 日京师图书馆建立后，管理体制及业务工作基本上是按罗振玉这个设计来实施的。

京师图书馆的设置及其办馆章程的拟定，为此后官办图书馆特别是省立图书馆的设立、管理、服务提供了一个很好的样板。

从 1909 年起，著名学者孙毓修在《教育杂志》上连载《图书馆》（未完），全书分七章，从建置、购书、收藏、分类、编目、管理、借阅等七个方面进行了全面论述。他特别强调图书馆应是"人人得往借阅"，"图书馆之义在于保旧而启新"。

1910 年，王国维根据《大英百科全书》编译了《世界图书馆小史》，对于国外古今图书馆设立的历史及其随着社会进步的变化、各国图书馆的异同、图书馆的类型、图书馆的管理体制以及图书馆的文献收集、日常管理、读者服务等进行了全面而系统的介绍；并附列了《图书馆之管理法》，涉及图书馆之房屋、通温之法（即取暖）、书籍书架装饰及用品、图书室、取书之法、分类及书架排列法、目录及编纂法、图书之行政、馆员、选书之法、得书之法、版权条例，十分周详①，连续在《学部官报》上发表，对于推动图书馆的设立，发挥了积极的作用。

1910 年学部上《学部奏拟定京师及各省图书馆通行章程折》，这是一份在中国图书馆史上极其重要的文献资料。这份奏折说明了设立图书馆的目的、办法，图书收藏的功用、经费来源等：

第一条　图书馆之设，所以保存国粹，造就通才，以备硕学专家研究学艺，学生士人检阅考证之用。以广征博采，供人浏览为宗旨。

第二条　京师及各直省省治，应先设图书馆一所。各府、厅、州、县治应各依筹备年限以次设立。

第三条　京师所设图书馆定名为京师图书馆。各省治所设者，名曰某省图书馆。各府、厅、州、县治所设者，曰某府、厅、州、县图书馆。

---

① 参见王国维译《世界图书馆小史》，见谢维扬、房鑫亮主编《王国维全集》，浙江教育出版社 2009 年版。

第四条　图书馆地址，以远市避嚣为合宜。建筑则取朴实谨严，不得务为美观。室内受光通气，尤当考究合度，预防潮湿霉蚀之弊。

第五条　图书馆应设藏书室、阅书室、办事室。

第六条　图书馆应设监督一员、提调一员（京师书籍浩繁，得酌量添设，以资助理）。其余各员，量事之繁简，酌量设置。……

第七条　图书馆收藏图籍分为两类：一为保存之类，一为观览之类。

……

第十八条　京师图书馆经费，由学部核定筹拨，撙节开支。各省由提学使司核定筹拨，撙节开支。各府、厅、州、县由地方公款内筹拨，撙节开支。①

此后，直隶（天津）、山东、奉天（辽宁）、河南、吉林、黑龙江、直隶（保定）、浙江、广东、云南、陕西、湖北、四川、广西、湖南、安徽、贵州、热河等省也纷纷建立了省立公共图书馆。

民国成立后，继续推进图书馆的设立。1912 年 8 月 2 日，临时大总统颁布修正教育部官制，第九条为社会教育司执掌事项，其中第八项即关于图书馆、通俗图书馆、巡回文库事项。1915 年 10、11 月民国政府教育部先后颁布《通俗图书馆规程》和《图书馆规程》。《通俗图书馆规程》第一条规定：

各省治、县治应设通俗图书馆，储集各种通俗图书，供公众之阅览。各自治区得视地方情形设置之。私人或公共团体、公私学校及工场，得设立通俗图书馆。

《图书馆规程》第一条、第二条、第三条规定：

各省、各特别区域应设图书馆，储集各种图书，供公众之阅览。各

---

①　李希泌、张椒华编《中国古代藏书与近代图书馆史料：春秋至五四前后》，第 129—130 页。

县得视地方情形设置之。

公立、私立各学校、公共团体或私人，依本规程所规定，得设立图书馆。

各县及各特别区域及各县所设之图书馆，称公立图书馆。公众团体及公私学校所设者，称某团体、某学校附设图书馆。私人所设者，称私立图书馆。①

此后，公共图书馆得到了较快的发展。根据 1916 年民国政府教育部公报统计，全国十九个省共有省级图书馆二十三所，公私立通俗图书馆二百三十七所，巡回文库三十个，公众阅报所京师共九个，各省公私阅报所共一千零八个，每日平均阅览人数七千九百八十四人，湖北、奉天、山东、河南等省通俗图书馆的数量和读者人数最多，仅湖北一省就设立了通俗图书馆四十四个。②

关于清末公共图书馆的设立，值得一提的还有商务印书馆所设的"涵芬楼"，亦即后来的上海东方图书馆。1907 年，商务印书馆在上海宝山路设编译所；1909 年，在编译所三楼建"涵芬楼"。初时主要供馆内编译人员查阅参考，后来在张元济先生的推动主持下，于 1921 年正式设立了"东方图书馆"，经过几年的发展，成为当时中国藏书最多的图书馆之一。1932 年 1月 28 日日军侵略上海；1 月 29 日日本飞机轰炸了商务印书馆，大火波及东方图书馆；2 月 1 日，东方图书馆被日本浪人纵火焚毁，所藏中外图书悉数化为灰烬，此为中国现代图书之一大厄。

在公立图书馆开始普遍建立的同时，民办私立图书馆也得到了快速发展。

南通张謇为清末状元，近代中国著名的实业家、教育家、政治家。1904年曾撰有《古越藏书楼记》，介绍杭州徐树兰的"古越藏书楼"，表示"欲效先生之所为"。1905 年张謇致书张之洞，建议："夫近今东西各邦，其所以为政治学术参考之大部以补助于学校者，为图书馆，为博物苑。大而都

---

① 李希泌、张椒华编《中国古代藏书与近代图书馆史料：春秋至五四前后》，第 184—185 页。
② 《各省通俗图书馆调查表》，《教育公报》第 3 年第 10 期，1916 年。

畿，小而州邑，莫不高阁广场，罗列物品，古今咸备，纵人观览，公立私立，其制各有不同。……我国今宜参用其法。"① 1908 年，张謇又上书清学部，请建图书馆，谓为"预备立宪自治章程第一款必办之事"②。民国建立后，新思想兴起，在一些比较开放的地区，青年们纷纷砸毁旧庙宇，于是张謇利用这个契机，于 1912 年利用东岳庙建立了南通图书馆，"计有图书楼两幢二十间，曝书台五间，厢楼上下十二间，阅览楼上下八间，庶务室、门房、厨房、厕所等十三间，共六十七间，计用银万二千元。书橱二百架，计用银一千二百六十元，图书十三万千百卷，他人赠者五万卷弱，謇赠者八万卷强"。此外，每年"馆用一千六百元、增购图书二千元，校对、装订等费用四百元，共四千元。其预筹而未设者：儿童阅览室、妇女阅览室，并置巡回书库"③。南通图书馆是中国创办较早的一个地方民办公共图书馆，规模较大，甚至超过了当时不少省立图书馆，服务内容设置、经费保障等也安排得十分周到，也考虑到了儿童、妇女的阅读问题和建立流动图书馆问题，这是中国历史上较早出现、堪称真正意义上的现代公共图书馆。

1911 年经营面粉厂的无锡著名实业家荣德生赴北京办事，受到启发，归乡后即开始筹办图书馆。开始时他购买了《古今图书集成》一部一万卷及各种诗文集万余卷，因他本人对图书馆了解有限，如何继续，自己感觉"无法下手"，后得人指点，谓"先看《书目答问》，即明经史子集，依目购买，自有头绪"，于是荣氏据此继续购买图书。1914 年，"购地二亩八分，留筑女校基地外，划出建馆"，"次年动工，造新式房四十方，二进，能藏书二十万卷"。1916 年图书馆落成开放，"本无我之旨，命名大公"④，是为大公图书馆。

1917 年 4 月，在美国学习图书馆学的沈祖荣开始了在国内的一系列巡回演讲，宣传建立图书馆的意义、办法，引起了社会各界的极大反响，有学者将其称为"新图书馆运动"⑤。在这个运动的推动下，中国的图书馆事业

① 张謇：《上南皮相同请京师建设帝国博览馆议》，见《张季子九录·教育录》卷 2，《近代中国史料丛刊续编》第 97 辑影印 1931 年排印本。
② 张謇：《请建图书馆呈》，见《张季子九录·教育录》卷 3。
③ 《南通地方自治十九年之成绩》，南通翰墨林书局，1914 年，转引自倪怡中《张謇和南通图书馆》，《国家图书馆学刊》2007 年第 4 期，第 89—92 页。
④ 陶宝庆：《荣德生先生和大公图书馆》，《江苏图书馆工作》1981 年第 4 期，第 54—56 页。
⑤ 程焕文：《中国图书馆学教育之父：沈祖荣评传》，台湾学生书局 1997 年版。

和图书馆教育进入了一个快速的发展期。沈祖荣先生的巡回演讲大受欢迎，其社会背景就是清末民初中国各类型图书馆尤其是公共图书馆如雨后春笋般的发展。正好，这也是中国"新文化运动"蓬勃兴起之时。可以说，当初那些倡办图书馆的先贤们"启迪民智"的目的达到了。如果没有民国初年教育、文化包括图书馆事业的进步与发展，当然也不可能有"新文化运动"。此后，无论是中国社会，还是中国的图书事业，都进入了一个新的历史时期。

附　　录

中国古代图书载体与形制的流变

在以往中国图书史著作中，古代图书的载体、形制及其流变，基本上都是重要甚至主要的研究内容。的确，图书的载体和形制与图书的内容、传播方式、阅读使用都有直接的关系。图书载体与形制的发展变化，也是与文明的进步密切相关的，当然，它们其实也是文明的组成要素。影响中国古代图书载体与形制发展变化的原因，是多方面的，既有技术的原因，也有社会和文化的原因。这些，都构成了中国古代图书史的重要内容。

第一节　早期的文献载体

目前已知最早且有实物流传至今的文献是距今大约三千五百年的甲骨文、金文，大约同时的还有简牍甚至帛书、石刻，只是可能因为实物保存不易，至今尚未发现而已。

一　甲骨文

甲骨，本指龟甲和兽骨。在全世界许多原始民族中，龟甲、禽兽骨头等动物骨骼常常被认为具有"通灵"的作用，因此往往被用来占卜，预示吉凶。在中国，很早就开始用龟甲和兽骨来占卜，在还没有出现文字的新石器文化中，这就已经是一个普遍的现象。当文字出现以后，人们将占卜的过程、结果用文字记录下来，这就是"甲骨文"。目前已经发现的甲骨文，都是商代后期武丁迁都于"殷"（今河南安阳小屯村一带）以后的遗物。

1899 年，时任国子监祭酒的著名学者王懿荣于一次偶然的机会发现了甲骨文①，并开始搜集有字甲骨，共得数千片。庚子事变中，身为京师团练大臣的王懿荣以身殉国，所藏甲骨为著名小说家、《老残游记》的作者刘鹗（铁云）所得，1903年，刘鹗从所藏五千余片甲骨选出一千余片编成《铁云藏龟》石印行世，由此引起了学术界的高度关注。经过著名的古文字学家孙诒让、罗振玉、王国维等人的搜集和研究，人们知道了甲骨文主要是商代后期的占卜和记事文字（以后人们又发现了先周和西周时代的甲骨文），每一条甲骨卜辞文字数量从一字到数十字不等。现在已知的甲骨数量大约有十五万片，所使用的单字、符号有五千余个，但现在人们所能释读的单个汉字仅有一千个左右，其余未能释读者，大部分是人名、地名、族徽以及异体字等，因其没有具体的意义，很难释读。

甲骨文是迄今发现的中国年代最为久远的文字之一，内容几乎涉及商代后期政治、经济、军事、文化、历史的各个方面。甲骨文主要是商代王室占卜的记录。典型的甲骨文的格式一般是：某月某日某占卜，问今天（或明天、最近十天、最近一月甚至今年、来年）将要发生什么事，庄稼能否获得丰收，田猎有无收获，卜问的结论是吉或是凶，事后应验否。当占卜之事结束后，该片甲骨一般就被集中埋进坑里，而这种埋藏，是否为有意识的储藏？《史记·龟策列传》就说："夏殷欲卜者，乃取蓍龟，已则弃去之，以为龟藏则不灵，蓍久则不神。"1973年河南安阳小屯南地曾经在一个灰坑里发现了四千余片占卜用过的甲骨，甲骨层层叠压，杂乱无章。显然，这不是有意识的集中收藏、保管。当然，也许还有一些当时确曾经过整理并被有意识地收藏和管理，但可以肯定的是，即使如此，甲骨文也都属于王室秘档，并非一般人所能见到：与其说是图书，不如说是档案；与其说是为了传播，不如说是给特定的对象如巫师参考、查验。

甲骨文虽然还不能说是一种严格意义上的图书，却与图书有着直接的渊源关系，不妨将其视为图书之滥觞。

首先，从文体来说，甲骨文已经具备了较为完整的体例，它已经能清楚地记叙一件事的基本过程，例如，罗振玉《殷虚书契菁华》2（图附－1）

---

① 关于甲骨文的发现，目前学术界意见尚不统一，或谓孟定生、王襄在王懿荣之前即已发现甲骨文，不过此说还缺乏足够的证据。参见王宇信《中国甲骨学》第2章"甲骨文的发现年代和发现者"，上海人民出版社2009年版。

著录的是一片颇为典型的卜辞，该片甲骨共刻有三段卜辞，中间以线分开，其左边文字隶定为：

图附－1 甲骨卜辞（《殷虚书契菁华》2）

（一）癸巳卜，㱿贞：（二）旬无祸？（三）王占曰："有祟，其有来艰。"（四）迄至五日丁酉，允有来艰自西。沚馘告曰："土方征于我东鄙田，灾二邑，邛方亦侵我西鄙田。"（译文："癸巳这一天㱿卜问：未来的十天有无祸患？商王占卜后得出的结论说：'有祟，会有祸事发生。'到了第五日丁酉，果然在西方发生了灾患。沚馘报告说：'土方侵扰了我们东边领地，破坏了二个村落，邛方也侵扰了我们西边的领地。'"）①

在这片甲骨文中，（一）是前辞，所记为占卜的时间和占卜者的名字；（二）是命辞，即所要占卜的内容；（三）是占辞，即根据钻灼后甲骨上出现的兆纹来判定吉凶；（四）是验辞，即占卜后记录应验的事实。由这块龟板可以看到，甲骨文虽然是一种占卜文字，但它对一个事件的叙述是基本完整的。

其次，甲骨文进一步发展便是图书，其最好的例证便是著名的儒家经典——《易经》。《易经》也是一部占卜之书（不过它的占卜方法与甲骨占

---

① 罗振玉：《殷虚书契菁华》2，1914 年罗振玉影印本。

卜不同，它是用筮草占卜），基本内容和风格与甲文极为相似，甚至可以将其看作一种"甲骨文"汇编，而《易经》正是一种我们今天所说的严格意义上的图书。

将占卜和记事文字镌刻在甲骨上，对于殷商和周初的人们来说是一件非常庄重而神圣的事情，甲骨的整治、钻灼、贮藏管理等在当时可能都有十分严格的制度，但由于资料有限和零散，相关具体内容多数已不能十分明了。

甲骨文主要是殷商时代的遗物，绝大部分出土于河南安阳，后来人们又在其他地方零零星星发现了一些甲骨文，二十世纪七十年代，考古工作者又在陕西扶风的周原发现了大批周代甲骨，时间大约是商末到西周前期。2004年3月，考古工作者在陕西岐山县发现大型墓葬群和夯土建筑基址，特别是在墓地外围多处地点发现甲骨七百六十余片，其中有"周公"字样者四片，并有一些记载周王活动的刻辞。

甲骨本身面积有限，并且整治、刻写不易，因此基本上只是用于占卜或记录简单的事项，至于长篇文字，包括流传至今的《尚书》中的部分篇章，可能是书写在竹木简上，有学者引用《尚书·多士》"惟殷先人，有册有典"，谓册、典即经过整理、编排的甲骨。实际情况可能并非如此。从目前已经出土的情况来看，甲骨文的内容绝大多数是关于占卜的，只有少数是纯记事的，不过这少数的记事甲骨，所记内容也多是某方国、某人今天贡献了多少片用于占卜的甲骨等。我们认为，所谓"册""典"，实际上就是后来人们见到的如《商书》之类的东西，当初可能是用竹木简书写的，因为多支竹木简编联起来，可以容纳很多的文字，只是由于年代久远，易于腐朽的竹木书简没有能够保存下来。

二　金文

与甲骨文几乎同时代的还有金文。金文主要是指古代铭刻或铸造在青铜器物上的文字，它的历史至少可以追溯到甲骨文盛行的商代后期。

青铜器在古代是一种极受人们珍视的器具，它主要用来作礼器（即祭祀时所用的器物）、乐器（其实这也可以看作是一种礼器）、兵器和贵族的生活用具。至于一般百姓日常的生活用具，则主要是陶器和木器等。

青铜器铭文是商周时代重要的历史文献，但与甲骨文不同，甲骨及甲骨所记具有相当的"神秘性",它主要是给巫师和鬼神看的,而青铜器却主要是陈设于庙堂之上,它所具有的是"神圣性",其主要功能是宣示与传播。每当有重大事件发生,贵族们一般都要铸造青铜器,并在其上铸造或契刻下事件的过程,以昭告子孙,让后世子孙铭记先辈的"丰功伟绩"。由于青铜器所具有的神圣性与权威性,到西周中后期,贵族们又常常用它来记载重要的司法案件和法律文书,例如著名的《五祀卫鼎》就是一篇记载西周中期贵族裘卫与另一位贵族之间为土地而发生的纠纷以及最后解决的结果,这段铭文实际上是一篇具有法律文书性质的文献。《左传》昭公二十九年更记载,春秋末年晋国的执政大臣赵鞅和荀寅曾经将范宣子所著刑书铸造在铁鼎上,让法律公之于众,孔子曾对此大加攻讦。此前,郑国的执政子产曾铸刑书,也是将刑法条文铸于鼎上。因此,在商周时代,青铜器是一种重要的文献记录载体。

在商周时代,青铜贵重且难得,因此青铜器主要是用作"礼器",上面的文字内容主要是纪功,一般要保存于宗庙而不能随意携出(古代也有专门用作出行时的"旅器",但通常没有铭文或铭文极简),也就是说,虽然其上的铭文具有宣示性,但基本上都局限于家族内部,传播的范围受到很大的限制,不能方便的流通、复制,与公开传播的图书甚至藏于官府的档案都有较大的区别,它的传播功能较弱,即使是近年发现的一些记载法律诉讼案件的青铜器如《曶鼎》《倗匜》《融攸从鼎》和记载土地交易和勘定田界的青铜器如《散氏盘》《五祀卫鼎》,也通常是案件当事人双方留存作为质证的依据,与官府所藏以备日后大家都可以查证的法律文书有所不同。

不过,随着社会的发展,人们越来越多地将青铜器作为重要文书的载体,到了春秋末年,郑国铸刑书、晋国铸刑鼎,其性质与古罗马将法律公之于十二铜表之上无异,也与东汉熹平四年立石经相同。因此,这一类铭刻在青铜器上的金文,完全可以看作是一种公开的法律文书,也可以看作是一种图书。

从文本特点来看,金文与甲骨文也有很大的不同。甲骨文除少量的记事刻辞外,主要是一种占卜刻辞,结构、句式等皆与其功能相应,即主要由前辞、命辞、占辞、验辞组成。而金文主要是一种叙事性文字,早期内容较为简略,到后来内容逐渐增多,到西周以后出现了大量的长篇铭文,著名的

《大盂鼎》铭文达二百九十一字，《毛公鼎》（图附－2）铭文达四百九十九字，《史墙盘》铭文达二百八十四字。

图附－2　清陈介祺全形拓《毛公鼎》

三　石刻文字

除甲骨、金文之外，古代人们还在石头上刻字。在中国古代最有名的刻石就是原来散布于陕西凤翔原野上大约属于春秋时代的十个石鼓，每个石鼓上刻诗一章，内容主要是关于田猎等活动，类似于《诗经·小雅》中的《车攻》《吉日》等篇章，这就是有名的"石鼓文"。从内容来看，石鼓文与《诗经》颇为相似，因而具有一些图书的特性，但因其被置于荒原之上，并且质地粗重，不便携带，其传播功能有很大局限。另外，秦始皇统一全国后，曾四处巡游，其所到之处，常常勒石记功，颂扬其统一全国的伟业，秦始皇刻石中著名的有峄山、泰山、琅邪台、之罘、东观、碣石、会稽刻石。不过，上述刻石文字都相当简短，内容也接近于今日的标语广告。

　　汉代出现的"石经"是将儒家经典刻在石碑之上，供人传抄学习，这可以称得上是地道的"图书"。两汉因经今古文之争和今文经内部的纷争，各家各派常常就几部儒家经典文字的异同而争执不休，在这种背景下，便产生了著名的"熹平石经"（图附－3）。虽然"熹平石经"刻于硕大的石碑之上，矗立于太学之前，本身不易流通，但通过士人的传抄摩习，特别是后来出现的拓印技术，其内容文字却可以远播海内。因此，"熹平石经"无论从内容还是传播的角度来看，都可以称得上是地道的"图书"。

图附－3　《熹平石经》残石（中国国家图书馆藏）

　　熹平始刻石经之后，中国历史上还有多次著名的儒家经典刻石。"魏初，传古文者，出于邯郸淳，恒祖敬候写淳《尚书》，后以示淳，而淳不别。至正始中，立三字石经，转失淳法。"①　石经立于国子学前，"国子堂前有刻碑南北

①　（唐）房玄龄等：《晋书·卫恒传》。

行，三十五版，表里书《春秋经》《尚书》二部，大篆、隶、科斗三种字，碑长八尺"①。因正始石经用三种字体写成，故后世将其称为"三体石经"。

西晋"惠帝时，裴頠为国子祭酒，奏立国子太学，起讲堂，筑门阙，刻石写经"②。

唐文宗时，宰相兼判国子祭酒郑覃"奏置五经博士，依后汉蔡伯喈刊碑列于太学，创立《石壁九经》，诸儒校正讹谬。上又令翰林勒字官唐玄度复校字体，又乖师法，故《石经》立后数十年，名儒皆不窥之，以为芜累甚矣"③。虽然如此，这组石经对后世的影响却是不小，清阮元谓："谨案《五代会要》，后唐长兴三年，始依石经文字刻九经印板，经书之刻木板，实始于此。"④ 可见其对五代雕板印刷之九经有着直接的影响。石经大约在唐文宗大和七年（833 年）至开成二年（837 年）镌刻，故称《开成石经》，内容包括《周易》《尚书》《毛诗》《周礼》《仪礼》《礼记》《春秋左氏传》《春秋公羊传》《春秋穀梁传》《孝经》《论语》《尔雅》，并附《五经文字》《九经字样》。石经刻成后，曾几经修改补刊，明嘉靖三十四年腊月十二（1556 年 1 月 23 日）关中发生大地震，石经倒损，明万历时，西安府学官叶时荣等收拾补刻，清乾隆时又增刻《孟子》，现原石立于西安碑林博物馆。

五代时后蜀孟昶于广政年间刻有《孟蜀石经》（或称《广政石经》）。宋洪迈云："成都石本诸经，《毛诗》《仪礼》《礼记》，皆秘书省秘书郎张绍文书。《周礼》者，秘书省校书郎孙朋古书。《周易》者，国子博士孙逢吉书。《尚书》者，校书郎周德政书。《尔雅》者，简州平泉令张德昭书。云'广政十四年'，盖孟昶时所镌。"⑤《成都记》亦载："伪蜀孟昶有国，其相毋昭裔刻《孝经》《论语》《尔雅》《周易》《尚书》《周礼》《毛诗》《礼记》《仪礼》《左传》凡十经于石，其书丹则张德钊、杨钧、张绍文、孙逢吉、朋吉、周德贞也。石凡千数，尽依大和旧本，历八年乃成。"⑥ 广政

---

①　（清）桂馥：《历代石经略》卷上引晋戴延之《西征记》，清光绪九年海丰吴氏刻本。

②　（唐）欧阳询等：《艺文类聚》卷 38《礼部上》引晋傅畅《晋诸公赞》，汪绍楹校，上海古籍出版社 1965 年版；又见《晋书·裴頠传》。

③　（后晋）刘昫等：《旧唐书·文宗纪下》。

④　（清）阮元：《重刻宋版注疏总目录》，清阮元校刻《十三经注疏》，中华书局 1980 年影印本。

⑤　（宋）洪迈：《容斋续笔》卷 14《周蜀九经》，中华书局 2005 年整理点校本。

⑥　（明）曹学佺：《蜀中广记》卷 1 引，台湾商务印书馆 1986 年影印清文渊阁《四库全书》本。

所刻《左传》仅前十七卷，后来宋人又补刻了《左传》十八至三十卷和《公羊传》《穀梁传》以及《孟子》《古文尚书》。

宋代以后，虽然雕版印刷已极为发达，但仍有刻石之举："（宋仁宗）至和元年（1054年）八月十六日己酉，命皇侄右屯卫大将军克继书国子监石经，以上所写石经《论语》，求书石国子监，帝欲旌劝宗室，特从其请。二年九月十五日功毕。"除《论语》外，还刻了《易经》《诗经》《尚书》《周礼》《礼记》《春秋》《孝经》，分篆、隶二体，宋仁宗嘉祐中刻成，故称《嘉祐石经》。该石经毁于靖康之难。南宋绍兴中，又刻了《尚书》《毛诗》《春秋左传》《论语》《孟子》，"立于太学首善阁及大成殿后三礼堂之廊庑"①。

清代也曾经刻儒家经典于石，乾隆五十六年（1791年），诏刊《十三经》，任命和珅、王杰为总裁，董诰、刘墉、金简、彭元瑞为副总裁，阮元等为校勘，实际工作由彭元瑞主持，以康熙时人蒋衡真书《十三经》文字上石，乾隆五十九年石经刻成，立于太学。石经刊刻的同时，彭元瑞撰《石经考文提要》十三卷，校正文字。因时间仓促，兼之与和珅之间的矛盾，石经文字未及尽改。嘉庆八年（1803年）彭元瑞又奏请重修，嘉庆皇帝下令对原石经文字磨改。光绪时，石经又再次修改。

与儒家经典刻石相比，释道刻石更为普遍。释道刻石大致可以分为摩崖、经幢和经碑等，与图书关系最近的是经碑。

佛教经碑最著名的是《房山石经》。隋末唐初，幽州沙门静琬首先在今北京房山县之大房山中镌刻佛经，到明末基本结束，清康熙时曾加修葺。《房山石经》共有经版一万四千二百七十八块、佛经一千一百二十二部三千五百七十二卷，辽金时期所刻最多，据专家研究，所用底本应该是《契丹藏》。为保护这批珍贵的石经，自1956年起，有关机构对房山石经进行了系统、全面的调查，拓印了全部石经，1999年9月9日，石经重新回藏地穴。

唐皇李姓，对道教十分优待、提倡，唐开元九年（713年）"三月置石柱于景龙观，令天台道士司马承祯依蔡邕石柱三体，书写老子《道德经》"②。唐玄宗还亲撰《道德经》注，颁行天下："经，玄宗书；注，皇太子

---

① （宋）王应麟：《玉海》卷43"至和石经""嘉祐石经""绍兴御书石经、淳熙石经"，日本京都中文出版社1977年刊合璧本。

② （宋）王钦若等：《册府元龟》卷53"尚黄老"，周勋初等校订，凤凰出版社2006年版。

绍及庆王琮奉敕书。初，开元二十四年玄宗已注《道德经》，道门威仪司马秀等奏请两京及天下应修官斋等，州造立石台，刊勒经注。"① 除了传世拓本外，河北易县龙兴观《道德经》幢（开元二十六年刻）、河南鹿邑《唐开元神武皇帝道德经注碑》（天宝元年刻）等，应该就是唐玄宗广刻《道德经》的遗存。

刻石之外，还有一些其他形式，如砖文。画像砖是兴于战国、盛于两汉、延及魏晋甚至更晚的一种重要艺术表现形式，从现今发现的许多画像砖上，可以窥见当时人们的生产与生活状况，如燕饮、乐舞、渔猎、制盐，从熙攘的市集到讲学授经的场面等几乎无所不包。砖文虽然简短，还称不上"图书"，但其中也常有一些非常重要的史料，甚至古代图书的内容片断，罗振玉先生曾经提到："在东人太田处见一砖，文曰'稊穄□地□良苗不得籍云云'，似是古农书中语。合以前见之《急就篇》，似古人每于砖上刻书（据闻尚有他砖，其文亦《急就》也）。刊版以前有砖版，前记之所不载，亦异闻也。"②

以石头为镌刻和书写材料的文献除上面所谈到者外，还有所谓"盟书"。有学者将盟书视为古代的一种图书，于此，需要稍做分析。

盟书是春秋战国时期天子与诸侯、诸侯与贵族以及诸侯之间、贵族之间为了某种政治或经济利益而互相约束、向神盟誓时写在石质或玉质石片上的誓辞（当时称为"载书"），盟誓时将其埋入地下，让地下的神灵监督。早在二十世纪四十年代，河南温县就曾有出土。1965 年，山西侯马春秋晋国都城遗址出土了大批盟书。侯马盟书主要以朱色和墨色书写在玉片或石片上，为春秋后期晋国贵族之间的盟辞，内容反映了当时社会政治状况和人际关系，因此具有很高的史料价值。但是，盟书原本并不是给人看的，而是给地下的"鬼神"看的，并不具备传播知识的功能，因而与图书有着本质的不同。此外，盟书内容通常都很短，从规模上讲也称不上是图书。

性质与盟书相近的刻石还有秦惠王时的《诅楚文》，内容是秦王请求天神惩罚、制克楚人，以帮助秦人收复边城。同样，它也很难被称为图书。

---

① （宋）欧阳棐：《集古录目》卷 6 "明皇御注《道德经》"，缪荃孙刻《云自在龛丛书》本。
② 王庆祥、萧立文校注《罗振玉王国维往来书信·罗振玉致王国维（1919 年 7 月 27 日）》，东方出版社 2000 年版。

四 简牍

在纸发明之前，简牍是一种最主要的文献载体。简，即竹简，是指写了文字的长竹片；牍，即木牍，是指写了文字的长方形木片。王充《论衡·量知篇》云：

> 夫竹生于山，木长于林，未知所入。截竹为简，破以为牒，加笔墨之迹，乃成文字。大者为经，小者为传记。断木为椠，析之为版，力加刮削，乃成奏牍。

简一般指竹简，牍则一般指木牍，但在实际上，简也可以由木片制成，如西北地区出土的汉代到魏晋时期的简策就主要由木片制成。牍也并非都是木制的，在考古发掘中，也有竹牍出土。

竹子在制成竹简并用来写字之前，必须进行处理，以防霉烂和虫蛀。处理的方法是在将竹子剖析成片后，用微火炙烤，去其内部的液体以防变形，这一步骤称为"杀青"或"汗青"，后世因此将史书称为"汗青"，所以文天祥有"留取丹心照汗青"的诗句。

竹子有青、黄两面，文字一般都写在黄的一面，只有在特殊情况下才用另一面。一片竹简上可以容纳的字数有限，如果是一部书，一根竹简显然不能写下所有的内容，所以须用许多竹简。单块的简编联起来后称为"策"或"册"，《仪礼·聘礼》："百名以上书于策，不及百名书于方。"唐贾公彦疏："简谓据一片而言，策是编连之称。""册"字在中国古代的文字中，就是许多简编连在一起的象形字。一组写好文字内容的简策又称为一"篇"。编联简策的一般是丝绳和牛皮绳，用牛皮绳编联的简策又称"韦编"，传说孔子晚年读《易经》，由于反复研读，以致"韦编三绝"，也就是说串联《易经》简策的牛皮绳断了三次。[①] 当许多竹简编联起来后，一般第一简是用来书写书名或篇名的，有时在最前面还附有一、两块不写字的简，叫作"赘简"，用以保护书册。也有在赘简的背面书写篇名的，当书简收卷起来

---

① 或谓"韦"同横线之"纬"即竹简上的横编，而非兽皮之"韦"。

后，赘简背面的篇名正好显露在外。一部书或一个章节写毕后，则以尾简为中轴卷成一卷，叫作"卷"，这就是后世每部书称若干卷的来历。当书简卷成卷后，再盛以"帙"或"囊"，横放在书架上，并在其根部悬上一块标签注明本卷为某书或某篇，以免错乱。从考古发掘出的实物来看，简策先写后编和先编后写两者都有。为了防止编联的线断裂，人们还常常在简策的背面画上一条斜斜的长道，以便在线断了以后分清零简的秩序，重新编联。

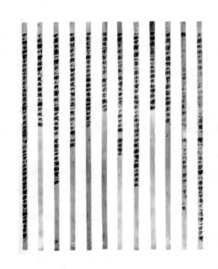

图附－4　睡虎地秦简《法律答问》*

注：*睡虎地秦墓竹简整理小组编《睡
虎地秦墓竹简》，文物出版社 1978 年版。

牍，古代文献中又称"版""板"。《说文解字》："牍，书版也。"牍又可称"方"，郑玄注《仪礼·聘礼》："方，板也。"牍的形状比简要宽一些，因此可以书写一个完整、内容较少的文件。牍与竹简不同之处在于，竹简通常需要用多简编连成册后才能记述一条完整的信息，而牍可以单独使用，所以贾公彦疏说："不假连编之策，一板书尽，故言方板也。"牍可以用来书写法律文书，四川青川县出土的木牍上就抄录了一条完整的秦武王二年制订的"为田律"。《管子·版法篇》房玄龄注："选择政要，载之于版，以为常法。"一户人家的情况可以用一板书尽，故古代称户籍为"版籍"。书信通常也可以一板书尽，所以在纸发明前，书信多用牍，湖北云梦睡虎地四号秦墓曾出土了两封家书，也是书写在木牍上的。汉代木牍一般长一尺，因此后世称书信为"尺牍"。古代官员上朝时，常将要上奏的事项书写在一块方板上备忘，因称"奏牍""版奏""手版"。

图附－5　湖北江陵凤凰山 168 号墓出土
西汉告地策木牍*

注：*1975 年湖北江陵凤凰山 168 号墓出土，图像采自
http：//www.huitu.com/photo/show/20140904/
083731700200.html［2016 年 9 月 15 日］。

与简牍有关的还有"觚"。觚本指一种酒器，但有时也指一种书写材料。《急就篇》："急就奇觚与众异"，颜师古注："觚者，学书之牍，或以记事，削木为之，盖简之属。……其形六面，或八面，皆可书。觚者，棱也，以有棱角，故谓之觚。"晋陆机《文赋》"或操觚以率尔，或含毫而邈然"正是描写用觚打草稿的情形。在出土文献中，也曾多次发现过这类实物。

图附－6　敦煌汉简：西汉马圈湾习字觚
（柱形，四面书写）*

注：*采自《书画纵横》，http：//www.8mhh.com/2014/1104/19640.
shtml#g19640＝1〔2016 年 9 月 15 日〕。

关于竹简的长度，依文献内容的不同而各有等差，大概由官方抄录的文书比较规范。据郑玄《论语序》，汉代《易》《诗》《书》《礼》《乐》《春秋》用二尺四寸简抄写，《孝经》用一尺二寸简抄写，而《论语》只用八寸简抄写①。另外，《史记》《汉书》都曾提到"三尺法"和"三尺律令"，大概汉代的法律文书通常是用三尺简书写的。但实际上，民间抄录的图书，用简尺寸可能并不整齐划一。出土文献中不清楚哪些是标准的长度，哪些是不标准的长度。以银雀山出土的汉简而言，就有三种不同规格：一种长 69 厘米，约合汉尺三尺；一种长 27.6 厘米，合汉尺一尺二寸；一种长 18 厘米，约合汉尺八寸。湖北云梦睡虎地秦墓出土的法律文书长度仅有 23 至 27.8 厘米，相当于汉尺的一尺多。甘肃武威所出土的汉简《仪礼》有三种本子，甲、丙两种长度在 55.5 至 56.5 厘米之间，约合汉尺的二尺四寸，而乙本则要短些。另外长沙马王堆三号汉墓出土了二百枚医简，就有三种不同的长度。

关于简牍的字数，不管是文献所载还是考古所得的实物资料，都没有一定之规，少则一二字，多则上百字。其书写格式，一般是从上到下，从右到左直行书写，有的在简策上下两端要留一点空处，犹如现代图书的天头地脚，有的则完全写满。如有图，则根据需要用数简、十数简编连起来后再画。篇题的写法不一，银雀山汉简篇题的写法就有三种形式：一是将篇题单独写在第一简正面简首，正文从第二简开始写；二是将篇题写在第一简背面简首，正面书写正文；三是将篇题写在篇末最后一简的文字结束处之下。

简牍的使用时间很长，至少从殷商时代起就有了简册。《尚书·多士》说："惟殷先人，有册有典，殷革夏命。"甲骨文和金文中都有"册"字，并有官职称为"作册"者。《诗经·小雅·出车》有"王事多难，不遑启居。岂不怀归？畏此简书"的诗句，此诗吟诵的是西周末年南仲征伐玁狁之事，"简书"之"简"即简牍。春秋战国乃至秦汉魏晋是简牍使用的全盛期。直到纸作为主要书写工具之前，简牍一直是中国古代最主要的文献载体之一。根据史书记载，秦始皇每天要看一百二十斤奏章，汉代文学家东方朔用三千多根简写成奏章，进呈皇帝时用了两名壮汉抬去。

现在人们所发现的古代简牍，最早是战国时期的遗物。关于战国时期的

---

①　参见（唐）孔颖达《春秋左传正义·序》疏引郑玄《论语序》、（唐）贾公彦《仪礼注疏·聘礼》疏引郑玄《论语序》。

简策，在古代就陆续有所发现，最著名的有两次，即前面曾经提到的汉武帝时孔壁内发现的先秦儒家经典和西晋咸宁五年汲冢出土的"竹书"。此外，南齐建元元年（479 年）襄阳楚墓也曾经出土过先秦古籍《考工记》，可惜今已不存。

二十世纪以来，简牍大量出土，为研究简牍制度提供了第一手的资料，当然，也为研究中国古代历史和文化提供了大量的文献。这些简牍写成的时间，从战国到魏晋南北朝都有。简牍出土的地域，主要集中在长江流域和西北地区。由于长江流域一带盛产竹子，所以这些地方出土的简策多是竹质的；西北地区不产竹，所以这些地方出土的简策以木质为主。下面即是二十世纪以来古代简策出土的大致情况。

十九世纪末二十世纪上半叶，人们在中国西部的河西走廊及其附近地区发现了大量西汉至晋代的简策，内容大多是汉代在这些地区修筑边塞和屯田、设置亭隧时留下的屯戍文书。这些汉简中较为著名的有 1899 年瑞典人斯文赫定在塔里木河下游古楼兰遗址发现的一百二十余枚汉代到晋代的木简，二十世纪初英籍匈牙利人斯坦因采获的近八百枚敦煌汉简和 1944 年夏鼐掘获的四十余枚敦煌汉简，1930 年原西北科学考察团在甘肃额济纳河流域的黑城附近即汉张掖郡的居延县发现了汉代木简万余枚，即著名的"居延汉简"。

近六十年来，古代的简策大量出土，已经公布并且较为著名的有以下这些。①

1957 年在河南信阳长台关出土二百多枚，有一部分文字为先秦儒家著作，另外还有一些文字与古代类书中所引《墨子》佚文极为相似。

1959 年甘肃武威县磨咀子 6 号东汉墓出土了包括《仪礼》《日忌杂占》在内的汉简六百余枚，完整者三百八十五枚，残简二百二十五枚，即著名的"武威汉简"。18 号汉墓出土了木简十枚，即著名的"王杖十简"，内容为西汉宣帝、成帝间颁布的"尊老"诏书。

1965 年湖北江陵望山 1、2 号战国墓出土了二百零七枚竹简，主要是卜

---

① 以下部分内容引用、参考了骈宇骞、段书安先生所编《二十世纪出土简帛综述》，文物出版社 2006 年版。

筮祭祷方面的文字。另外，江陵天星观 1 号战国墓、湖北随县擂鼓墩 1 号墓、湖南长沙五里牌 406 号墓、长沙杨家湾 6 号墓、长沙仰天湖 25 号墓都曾出土过战国时代的简策，内容多为遣策。

1972 年 4 月，山东临沂县银雀山 1 号、2 号汉墓发掘出土大量竹简，即著名的"银雀山汉简"。出土数量最多的是 1 号汉墓，有竹简七千五百余号，其中很多是残简，经过整理，内容主要有：现有传本的《孙子兵法》及佚文四篇、《六韬》十四组、《尉缭子》五篇、《晏子》十六章，原已失传的《孙膑兵法》十六篇、《守法守令十三篇》十篇、"论政论兵之类"五十篇、"阴阳时令占候之类"十二篇、"其它之类"十三篇。2 号汉墓出土了西汉武帝元光元年（前 134 年）的历谱三十二枚。《孙子兵法》等先秦古籍的发现，澄清了人们对这些古籍成书年代的认识，尤其是在此之前，有学者曾经怀疑《汉书·艺文志》所记载的《齐孙子兵法》（即《孙膑兵法》）就是今日所传的《孙子兵法》（即吴《孙武兵法》），二者为同一种书。由于简书《孙子兵法》和《孙膑兵法》同时被发现，终于证明了《汉书·艺文志》记载的正确。《守法守令十三篇》包括"守法""要言""库法""王兵""市法""李法""王法""委积""田法""兵令"，是一组关于先秦政治制度、法律制度、土地制度、军事制度等方面内容的文献，作者不详，其性质属于战国时人设计的治国方略之类，是研究战国历史的重要史料。

1972 年 11 月，甘肃武威旱滩坡东汉墓中出土医简九十二枚。

1973 年河北定县八角廊西汉晚期墓中出土了二千五百枚简策，即著名的"八角廊汉简"，内容包括《论语》（共六百二十简，残简释文共七千五百七十六字）《文子》《儒家者言》《太公》（后改名为《六韬》，共有残简一百四十四枚，一千四百零二字）《保傅传》《哀公问五义》《日书》和萧望之等人奏议、《六安王朝五凤二年正月起居记》等。

1973 年 12 月至 1974 年初，长沙马王堆 3 号汉墓随著名的"马王堆帛书"一起出土了竹木简六百余枚，其中最重要的是医简二百二十枚，篇题为《十问》《合阴阳》《杂禁方》《天下至道》，内容涉及服食、行气、导引、按摩、性技巧与房中禁咒等。

1973 至 1974 年内蒙古额济纳河汉代边塞遗址出土了汉简近两万片。

1973 至 1975 年湖北江陵凤凰山出土了西汉文帝、景帝时期的竹简四百二十八枚、木牍九枚，内容涉及西汉时期的土地制度、租赋徭役等方面，是研究西汉初年经济史的重要资料。

1974 年，居延考古队在甘肃破城子两处汉代遗址发掘出土木简八千余枚。同年，又在甘肃肩水金关发掘出土木简一万一千五百七十七枚，即著名的"肩水金关汉简"。三处汉代遗址出土的简牍主要为文书、历书医药方和普通书籍，在普通书籍中，有《相利善剑刀》《算术书》《九九术》《苍颉篇》《急就篇》《论语》等。

1975 年，湖北云梦县睡虎地 11 号秦墓出土了秦简共一千一百五十五枚，另有无法缀合的有字残简八十片，即著名的"云梦秦简"。内容有《编年记》《语书》《秦律十八种》《效律》《秦律杂抄》《法律答问》《封诊式》《为吏之道》《日书》甲种和乙种。云梦秦简的发现，使历史学家对战国及秦国历史、秦代的法律制度有了全新的认识。① 1976 年湖北云梦睡虎地 4 号秦墓出土木牍二枚，内容为秦王政二十四年（前 223 年）秦士卒名为黑夫和惊的兄弟俩写给家中的信，从信中可以看出，秦国军队士兵日常用度及衣服都是由家中自备，而家中为黑夫和惊做衣服的布料都是他们的母亲从市场上买来的，等等，这是研究战国末年重要的经济和军事史料，也是中国目前发现最早的家书实物。

1977 年安徽阜阳县双古堆西汉第二代汝阴侯夏侯灶墓出土了一批简策，即著名的"双古堆汉简"，内容有《苍颉篇》《诗经》《易经》《年表》《大事记》《万物》《作务员程》《行气》《相狗经》《刑德》《日书》以及辞赋等一大批古代文献。

1978 年湖北随县曾侯乙墓出土了大量文物，除著名的曾侯乙编钟等外，还出土了竹简二百四十余枚共六千六百余字，内容主要是葬仪所用陪葬车马等物品名称。

1978 年青海大通县上孙家寨出土了西汉晚期简牍三百余枚，内容主要是兵法和军法、军令、军爵类的文献。

1979 年甘肃敦煌马圈湾汉代烽燧遗址出土木简一千二百七十一枚，时间主要是西汉末年和王莽时期，是敦煌地区出土简牍最多的一次。

---

① 参见睡虎地秦墓竹简整理小组编《睡虎地秦墓竹简》。

1979 年，四川青川县郝家坪 50 号墓出土了战国晚期木牍二件，记载了战国晚期秦武王时的田律《为田律》，对于研究战国晚期秦国的土地制度有重要意义。

1983 年 12 月至 1984 年 1 月，湖北江陵张家山出土西汉初期竹简一千六百余枚，即著名的"张家山汉简"。经过整理，有《二年律令》《奏谳书》《盖庐》《脉书》《引书》《算数书》《日书》、历谱和遣册等。《二年律令》共有竹简五百余枚，内容与云梦睡虎地秦墓出土《秦律》相同的有《金布律》《徭律》《置吏律》《效律》《传食律》《行书律》等，不同的有《杂律》《□市律》《均输律》《史律》《告律》《钱律》《赐律》等。这批法律文书充分反映了"汉承秦制"的情况，有些还补充了睡虎地秦律中缺失的部分，如睡虎地秦简《法律答问》中提到《盗》《贼》等律名，但并没有具体的内容，而张家山汉简中正好有这方面的一些内容。

1986 年甘肃天水放马滩秦墓出土秦简四百六十枚，称"放马滩秦简"，内容包括《日书》《墓主记》和古地图等。《墓主记》内容略似晋干宝的《搜神记》，因此有学者认为这是中国现存最早的志怪小说。

1986 年 11 月至 1987 年 1 月，湖北荆门包山 2 号楚墓出土竹简四百四十八枚，有字者二百七十八枚，总字数一万二千三百七十二字，内容包括卜筮祭祷文字和《集箸（著）》《集箸言》《受期》《疋狱》等法律文书，即著名的"包山楚简"，对于研究楚国的司法制度有重要的价值。

1989 年冬，云梦龙岗六号秦墓中出土了一批秦代竹简，即著名的"龙岗秦简"。竹简出土时已残断散乱，现场清理时编为二百九十三个登记号，另有木牍一枚。云梦龙岗秦简抄写的年代较睡虎地秦简稍晚，大致相当于秦始皇时期，内容主要是法律文书，包括《禁苑》《驰道》《马牛羊》《田赢》等，其内容正可与睡虎地秦简相配合，对研究秦代法律的演变及相关问题有很重要的参考价值。[①]

1992 年，甘肃敦煌悬泉遗址进行了第三次发掘、清理，共出土汉代简牍五千余枚，即著名的"悬泉汉简"，其中有不少纪年简，时间为从西汉武帝到东汉建武年间，内容包括诏书、律令、科品、檄记、簿籍、爰书、历

---

① 参见刘信芳、梁任编《云梦龙岗秦简》，科学出版社 1997 年版。

谱、字书、医药方等。

1993 年 2 月，江苏连云港尹湾西汉墓葬群出土了简牍一百六十八枚，即著名的"尹湾汉简"，内容包括东海郡上计集簿、东海郡吏员簿、东海郡下辖长吏名籍、东海郡下辖长吏不在署、未到官者名籍、东海郡属吏设置簿、武库永始四年兵车器集簿、《元延二年起居记》《行道吉凶》《刑德行时》《神乌傅（赋）》以及名谒等。《神乌赋》共二十枚简，此赋用拟人手法，通过雌乌遭盗乌伤害，临死时与雄乌诀别的故事，叙事颇为感人。

1993 年 3 月，湖北江陵王家台 15 号秦墓出土竹简八百余枚，内容包括《效律》、日书和《归藏》等。

1993 年 6 月，湖北荆州沙市区关沮周家台秦墓出土简策三百八十九枚，内容包括《秦始皇三十四年历谱》《秦始皇三十六年历谱》《秦始皇三十七年历谱》、日书和《病方及其它》等。

1993 年 10 月，湖北荆门郭店楚墓出土竹简八百零四枚，即著名的"郭店楚简"，其中七百三十枚有字，经过整理，共得一万三千余字、十八篇文章，多数是儒家著作，也有几篇道家著作，包括：《老子》甲、乙、丙本，《太一生水》《穷达以时》《唐虞之道》《尊德义》《忠信之道》《成之闻之》《六德》《性自命出》《缁衣》《五行》《鲁穆公问子思》《语丛》（一、二、三、四）。这些文献内容许多都可以与现存的先秦文献相映证，对于中国古代思想史和文献学的研究都有极大的意义。

1994 年，上海博物馆从香港文物市场购进据传出土于湖北的楚简一千二百一十八枚，被称为"上博简"。上博简的总字数约三万五千字，内容涉及儒家、道家、兵家以及杂家等典籍共八十余部，内容包括：《易经》《诗论》《缁衣》《鲁邦大旱》《子羔》《孔子闲居》《彭祖》《乐礼》《曾子》《武王践阼》《赋》《子路》《恒先》《曹沫之陈》《夫子答史蒥问》《四帝二王》《曾子立孝》《颜渊》《乐书》。《缁衣》《周易》《孔子闲居》等见于今本，但传本不同，对于文献学研究有极大的意义。另外，《缁衣》和《性自命出》两篇与郭店楚简相重。①

1996 年 7 至 11 月，湖南长沙市走马楼 22 号古井内出土了三国时孙吴纪

---

① 马承源：《战国楚竹书的发现保护和整理》，《中国文物报》2001 年 12 月 26 日。

年简牍十四万枚，总字数超过三百万字，为三国时孙吴政权嘉禾元年至嘉禾六年长沙郡的部分档案，内容包括券书、司法文书、长沙郡所属人名民簿、名刺官刺以及账簿等，被称为"走马楼吴简"。这些简牍对于研究三国历史特别是吴国的政治、经济、军事、文化及社会生活等都有非常重要的意义。① 1997 年湖南长沙科文大厦长沙太守古井又出土东汉竹简二百余枚。

1999 年湖南沅陵县城关镇虎溪山西汉（吴阳）墓出土简牍近千枚，内容包括《日书》《刑德》《黄籍》《美食方》等。

2000 年湖北随州市孔家坡砖瓦厂西汉墓出土简牍七百八十五枚，内容包括日书、历谱、木牍等。

2001 年香港中文大学文物馆清理历年入藏简牍，共得二百五十九枚（有十一枚空白简），包括十枚楚简、一枚东晋木牍，其余为汉简。楚简为典籍类，有《缁衣》《周易》等，《缁衣》恰好可与上海博物馆从香港文物市场购入楚简中的《缁衣》《周易》相接读。②

2002 年 6 月，湖南省龙山县里耶镇沿河大堤战国—秦汉古城遗址 1 号井内出土秦代完整的简牍二万余枚，另有残简一万余枚，共约三万六千枚，总字数达二十余万字，这就是著名的"里耶秦简"，简牍的时代为秦统一之前到秦二世时期，内容大部分为当时中央政府的政令、各级政府之间的往来文书、司法文书和各种簿录，涉及秦代行政设置、职官、邮政、民族关系、军备、算术等，甚至还有"四五二十，五五二十五"的乘法口诀。此外，秦简中关于土地分配和奴隶买卖的记载对研究秦代社会也有重要的意义。

2003 年 11 月 6 日，湖南长沙市走马楼距 1996 年出土十四万枚三国简牍的 22 号井直线距离仅 95 米的 8 号井又出土西汉武帝简牍一万余枚，内容主要是行政文书，涉及西汉的司法诉讼、统计制度、交通邮驿制度及西汉长沙国的历史、法律、职官、郡县、疆域等诸多方面。

2007 年 12 月，湖南大学岳麓书院从香港收购了一批秦简，编号共二千零九十八个，完整简共一千三百余枚。2008 年 8 月，一香港收藏家又将其购藏、与岳麓书院所购属于同一批出土的竹简七十六枚（经整理后较完整

---

① 参见《中国文物报》1997 年 1 月 5 日第一版《长沙出土大批三国吴纪年简牍》。

② 马承源：《战国楚竹书的发现保护和整理》。

的有三十余枚）捐赠给岳麓书院。岳麓简内容有六大类：《日志》《官箴》《梦书》《数书》《奏谳书》《律令杂抄》等，《律令杂抄》部分可与睡虎地秦简中的秦律互为校补①。

2008 年 7 月，一批境外的战国时代竹简入藏清华大学，即著名的"清华简"。经过初步整理，清华简总数共二千三百八十八枚，竹简最长的为四十六厘米，最短的为十厘米，内容包含书籍六十三篇，第一批整理成果包括《尹至》《尹诰》《程寤》《保训》《耆夜》《金縢》《皇门》《祭公》《楚居》九篇文献。② 第二批整理成果为《系年》，共一百三十八枚简，共分二十三章，叙述了从西周初年到战国前期的历史，整理者认为其体例与西晋初年出土的《竹书纪年》相似③，但笔者认为更像记录了国君名号的《国语》。第三批整理成果包括《傅说之命》三篇、《周公之琴舞》《芮良夫毖》《良臣》《祝辞》以及《赤鹄之集汤之屋》。④ 清华简的意义在于其中多篇文字和体裁与《尚书》相似，对于研究中国最重要的儒家经典《易经》《尚书》《诗经》以及经学史上的一些问题有着重大的价值。

2009 年 1 月北京大学获得一批从海外回归的西汉竹简，即著名的"北大简"。北大简中完整简约一千六百枚，残断简一千七百余枚。据整理者估计，原有整简数在二千三百枚以上。全部竹简有三种规格：长简约长 46 厘米，当汉尺二尺，三道编绳；中简长 29.5—32.5 厘米，当汉尺一尺三寸至一尺四寸，三道编绳；短简长约 23 厘米，当汉尺一尺，两道编绳，所有短简皆为医书。经过整理，内容全部属于古代书籍，包括：《苍颉篇》《赵正书》《老子》《周驯》《妄稽》《反淫》、数术书、医书和其他子书。《妄稽》共存约二千七百字，为叙事汉赋，讲述了男主人周春与其妻妄稽和妾虞士之间的故事，是迄今发现的我国年代最早、篇幅最长、带有通俗文学性质的作品。《老子》分上经与下经，分别相当于今本《德经》和《道经》，其顺序与今本《老子》不同，而与马王堆帛书《老

① 陈松长：《岳麓书院所藏秦简综述》，《文物》2009 年第 3 期，第 75—88 页。

② 李学勤主编、清华大学出土文献研究与保护中心编《清华大学藏战国竹简（壹）》，中西书局 2010 年版。

③ 李学勤主编、清华大学出土文献研究与保护中心编《清华大学藏战国竹简（贰）》。

④ 李学勤主编、清华大学出土文献研究与保护中心编《清华大学藏战国竹简（叁）》。

子》一致。《赵正书》讲述了秦始皇至秦亡的历史，可与《史记》互为参证。竹简的年代主要集中在西汉中期。[①]

从 2011 年开始，考古工作者在江西南昌对西汉海昏侯墓进行了抢救性发掘，出土了大量文物，包括五千余枚简牍，有关的内容正在释读中，已知的有《易》《礼记》《论语》《悼亡赋》《五色食性》和医书等，其中《论语》简有"知道"一篇，据初步分析，这可能是《汉书·艺文志》所载、久已失传的《齐论语》中的一篇。有关海昏侯墓简牍的详细资料目前还在整理中。

二十世纪及二十一世纪初在简牍方面的新收获，不仅让我们对古代的简牍制度有了更进一步的了解，更重要的是，由于这些简牍中包括了大量新发现的古代文献，有一些可与传世文献相互印证，对于中国古代史特别是政治史、法制史、社会史、思想史、科技史和文献学的研究都有非常重要的意义。

简牍可以说是我国最早普遍使用的文献载体。它制作方便、价廉易得，因而在中古以前为人们广泛使用。但是，它也有一些不容忽视的缺点：笨重、携带不便，并且保存也不容易。在与简牍盛行的同时，还有以另一种材质书写的图书，这就是帛书。

五　帛书

在中国古代，帛是丝织物的总称，或称缯，或称缣，或称绢，或称缣帛，等等。不同的细称，有的是因为质地不同，也有的是纯属称呼不同而已。帛书就是指写在较薄的丝织品之上的文字。中国自古以来就养蚕缫丝，用丝织品来制作服装和装饰品等。缣帛质地轻软，便于携带运输，大小长短可以任意剪裁，舒卷折叠也很方便，易于着墨，所以在古代又用来作为绘画、书写材料。简牍由于其材料大小形制所限，绘图不便，湖北云梦睡虎地秦墓出土的秦简《日书》上虽有少量插图，但都非常简单，而缣帛则不同，完全可以用来绘制很精细的图画，这是简牍所不能比拟的。但是，缣帛的成本较简牍要高得多，产量也相对要少一些，因此它不可能完全取代简牍，而只能作为一种贵族的书写绘画用品与简牍并行。

---

① 参见北京大学出土文献研究所《北京大学藏西汉竹书概说》，《文物》2011 年第 6 期，第 49—56 页。

在古代文献中，人们在谈到书籍时，常常将竹简、帛书并提。《墨子·明鬼下》云："古者圣王……恐后世子孙不能知也，故书之竹帛，遗传后世子孙。"《晏子春秋》记齐景公对晏子说："昔吾先君桓公予管仲狐与谷，其县十七，著之于帛，申之以策，通之诸侯，以为其子孙赏邑。"① 只是由于缣帛质地为蛋白质，极易分解腐朽，很难长期保存，因此现在所能见到年代最早的也只是战国时期的帛书，但它的实际使用年代应该要早得多。由于帛与简牍质地、价钱上的差异，用帛作为书写材料的只能是一些皇室、贵族，普通百姓是难以问津的，即使是皇室、贵族们在书写时，也通常是用竹简草拟初稿，定稿后才用缣帛誊清。这一方面是由于缣帛价昂，另一方面是因为简牍如果写错，可以用刀刮去，而缣帛一经写定，如要修改，只能在上面涂抹，这又会影响美观。东汉应劭的《风俗通义》曰："刘向为孝成皇帝典校书籍二十余年，皆先书竹，改易刊定，可缮写者以上素也。"② 根据文献记载，在纸出现以前，皇室所藏书籍很多是用缣帛抄成定本收藏。

关于帛书的形制，《汉书·食货志下》记："太公为周立九府圜法，……布帛广二尺二寸为幅，长四丈为匹。"《流沙坠简·二·器物类》也有"任城国亢父缣一匹，幅广二尺二寸，长四丈"的记载。大概古代的帛书一般宽汉尺二尺二寸，至于长度，那就要依帛书的内容长短而定了。当然，上面所说的尺度，仅仅是一个参考，在实际的应用中，帛书的宽度是大小不一的。例如1949年长沙东郊出土的"人物夔凤帛画"宽二十二点五厘米，而长沙子弹库出土的帛书宽四十七厘米，子弹库出土的另一幅帛画宽二十八厘米，长沙马王堆出土的《战国纵横家书》宽约二十三厘米。

为了便于阅览和存放，长卷的帛书通常都在卷末装上一根竹、木或其他材料制成的小棍，小棍的两头稍长出于卷，犹如车轴，然后以小棍为中轴向前翻卷，这样便可插架存放。

在纸作为书写材料出现以前，继甲骨、青铜器之后，缣帛与简牍、石刻是古代最重要的文献载体，就是在纸成为主要的书写材料之后，缣帛一直也没有退出历史舞台，不过，它更多地用于书画作品中，作为一种文献载体的

---

① （春秋）晏婴：《晏子春秋外篇七·景公称桓公之封管仲益晏子邑辞不受第二十四》，吴则虞《晏子春秋集释》附，中华书局1962年版。

② （宋）李昉等：《太平御览》卷606引。

功能已大大地衰退了。

二十世纪以来，帛书陆续有所发现，较为著名的有：

1908 年斯坦因在敦煌发现了两件帛书，一件长 15 厘米，宽 6.5 厘米。另一件约 9 厘米见方，内容是书信，时间大约在西汉后期至东汉初期。

1942 年湖南长沙子弹库战国楚墓被盗，墓中出土了一件完整的帛书以及一些残片，即著名的"长沙子弹库楚帛书"。后来这件帛书被转卖给了文物收藏家蔡季襄，蔡氏对楚帛书的形制、文字和图像进行了研究，并出版了《晚周缯书考证》。楚帛书高 38.5 厘米，宽 46.2 厘米，中心是书写方向互相颠倒的两段文字，一段十三行，一段八行，这件帛画四周有文字十二段，各附一个月神的图形，文字主要是说各月的宜忌，所记与《吕氏春秋·十二纪》和《礼记·月令》相近，整幅帛书共有文字九百多个，对于研究我国上古时代人们的思想观念有重要的意义。这件帛书 1946 年被骗掠出境，现藏美国赛克勒美术馆。1973 年 5 月，考古工作者在对湖南省长沙市子弹库 1942 年被盗掘、曾出土过一件帛画的楚墓进行科学发掘和清理时，又发现一件帛画，被命名为《人物御龙图》，帛画高 37.5 厘米，宽 28 厘米，所绘内容是一个人正驭龙而行，出土时平放在椁盖板与棺材之间，因此有研究者认为这幅帛画所表达的意思是引魂升天，其中的人物可能是巫师。此帛画现藏湖南省博物馆。

1949 年 2 月考古工作者在清理长沙市郊外陈家大山一座被盗掘的战国楚墓时，发现帛画一件。帛画高 31.2 厘米，宽 23.2 厘米，四周毛边。帛画下方绘有一位双手合十，侧身而立作祈祷状的仕女，其头顶上方绘有一只正欲展翅高飞的凤鸟，凤鸟的左方绘有一条夔龙，被定名为《龙凤仕女图》或《龙凤人物图》。

1972 年 1 月至 4 月，考古工作者对湖南长沙马王堆 1 号汉墓进行了科学发掘，出土了大量文物，在锦饰内棺的盖板上，覆盖着一幅彩绘帛画，保存完整，色彩鲜艳。帛画呈 T 形，上宽下窄，通长 2.05 米，顶端宽 92 厘米，末端宽 47.7 厘米，共用三块绢帛拼成。"画面大体可以分成两个部分：上部，即拼幅加宽的部分，长 67 厘米，绘日、月、长龙及蛇身神人等图像；下部，即未拼幅加宽部分，长 1.38 米，绘交龙及墓主人象。"[①] 有学者研究，这幅帛画

[①]　湖南省博物馆、中国科学院考古研究所：《长沙马王堆一号汉墓》，文物出版社 1973 年版，第 39 页。

所描绘的场景其实分为三个部分，中间是墓主人的现世生活，下部是黄泉，而上部则是升天后的情形。

1973 年 11 月在长沙马王堆 1 号汉墓旁又发现一座汉墓，被编为 3 号汉墓。这个汉墓出土了大批文物。根据出土的随葬木牍记载，墓主人是汉文帝前元十二年（前 168 年）二月二十四日去世的。马王堆 3 号汉墓出土了帛画四幅，一幅是与 1 号墓所出基本相同的 T 形帛画，画幅稍大，内容更为丰富；一幅挂在棺室西壁，长 2.12 米，宽 0.94 米，内容表现的是主人生前的生活场景，被定名为《车马仪仗图》。棺室的东壁还有一幅尺寸应该与西壁大致相同的帛画，只是出土是已残破严重，分为两个残片，一块残片被定名为《车马游乐图》，另一块残片被定名为《划船游乐图》。在墓室的东边箱漆奁内出土《导引图》一幅，长约 1 米，高约 50 厘米，绘有四十四人作操练状，是反映汉代医学史和体育史的重要资料。

马王堆 3 号汉墓出土文献除帛画、简牍已见前述外，更为重要的是出土了大量帛书，这就是震惊中外学术界的"马王堆帛书"。马王堆出土帛书经过整理，计有：

《老子》甲本及卷后古佚书《思孟五行》

《老子》乙本及卷前古佚书《黄帝四经》

《周易》及包括《周易系辞》在内的卷后古佚书

《战国纵横家书》

《春秋事语》

《刑德》甲、乙、丙篇

《阴阳五行》甲、乙篇

《导引图》及卷前古佚书

《五十二病方》及卷前古佚书

《五星占》

《天文气象杂占》

《相马经》

《地形图》《驻军图》

《社神图》及其他杂图①

马王堆帛书字数有十余万，较重要的有《老子》甲本（图附－7）和乙本、《战国纵横家书》。《老子》甲、乙本在文字和篇目顺序上均与今本《老子》有异。《战国纵横家书》共有二十七章，其中十章见于今本《战国策》，八章见于《史记》，除去二书的重复，只有十一章曾经著录，其余十六章都是佚书。《战国纵横家书》记载了战国时期苏秦、苏代等人游说列国的言行，可以纠正今本《战国策》和《史记》中的许多错误，对于战国历史的研究有重要的价值。

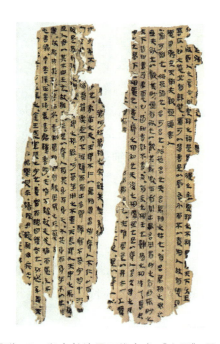

图附－7　湖南长沙马王堆帛书《老子》甲本

马王堆3号汉墓出土古地图三种：《地形图》，所绘内容据考证为今湖南、广东、广西三省区交界处；《驻军图》，图中标出了各种军事力量

---

① 傅举有、陈松长：《马王堆汉墓文物·马王堆汉墓文物综述》，湖南出版社1992年版，第9—12页。

的配置、军队行动的通道和守备界线；《城邑图》，类似于现代的城市游览图①。

第二节　纸本文献的装帧形式

当纸作为一种图书载体而出现后，图书的形制便开始发生变化。如同今天的纸张一样，古代的纸也有一定的规格，不过并不十分严格。通过对敦煌卷子的研究得知，晋代的小纸一般直高二十三点五至二十四厘米，横长四十点七至四十四点五厘米；大纸直高二十六至二十七厘米，横长四十二至五十二厘米。南北朝时小纸直高二十四至二十四点五厘米，横长三十六点三至五十五厘米；大纸直高二十五点五至二十六点五厘米，横长五十四点七至五十五厘米。隋唐时小纸直高二十五至二十六厘米，横长四十四至五十一厘米；大纸直高二十六点五至二十七厘米，横长四十点五至四十三厘米。此后造纸技术发展很快，纸张的用途也越来越多，因此纸的规格也就更加多样化了。

纸本文献出现之初，书籍形式完全仿照简策、帛书，以后逐渐改进、完善，其后逐渐形成了今天所称之卷轴装、梵夹装、经折装、蝴蝶装、包背装、线装和争议较大的旋风装等，改进、变化的主要原因不外乎技术的、社会的和人们使用习惯的变化。

一　卷轴装

卷轴装起源于简帛时代，一直延续到现代，是中国历史上最悠久的一种文献装帧形式，其材质既可以是竹木简，也可以是缣帛，也可以是纸张。

卷轴装最原始的形态应该是简策。"古书皆卷轴，以卷舒之难，因而为折。久而折断，复为簿帙。原其初，则本于竹简绢素矣。"② 虽然竹简和缣帛材质不同，竹简需要将众多的简编联成卷，但作为图书，其最终形态都是长卷，阅读时需要展开，与阅读相配的几案（书桌）也是长条形，适合古

---

①　傅举有、陈松长：《马王堆汉墓文物·马王堆汉墓文物综述》，第6页。

②　（元）吾邱衍：《闲居录》，台湾商务印书馆1986年影印清文渊阁《四库全书》本。

人跪坐展读。

早期的纸幅面虽然不及后代，但数张纸可以很方便地粘接起来，像编联好的竹木简、长卷的缣帛一样，也都便于舒卷，所以纸写本图书在其出现之初便采用了与竹简、帛书相同的方法。

图附-8 卷轴装《赵城金藏》（中国国家图书馆藏）

当用简策作为书写材料时，由于竹木简材质笨重，如果简数太多，取阅收藏都不方便，因此人们一般将一篇文章或一部书的一个可以相对独立的部分抄写在一起，所以一篇文章或一部书的一个单元被称为一卷。

当纸张作为书写材料以后，纸张可以方便地粘连在一起，因此出现了二卷至十余卷文字写在一个卷轴上的现象。文章有长有短，所用纸张的长度也就各不相同，所以卷子的长短是依文章的长短而定的。从古代遗留下来的卷子实物来看，长卷有用十几张甚至几十张纸粘连而成者，其长可达数丈；短卷则只用两三张，长仅数尺。有时为了节约纸张，正面写满后又翻过来在背面继续写。据向达先生的《伦敦所藏敦煌卷子经眼目录》，在他统计的近五百卷卷子中，有一百八十多卷是两面书写的。书写时既可先将若干张纸黏上后写，也可写好后再黏连成卷。在敦煌遗书中，卷轴书在抄写时，一般第一张纸起首空两行，先写书名，然后另起一行书写正文。在卷子的中间，通常用朱、墨画出直行，细的直线称"界"或"栏"，红色的称"朱丝栏"，黑色的称"乌丝栏"，上下左右的栏称"边栏"。正文一般用墨书写，如有注文，则一般是墨书朱注，即用墨书写正文，朱书写注解。也有都用墨书写，只是在注文上加朱点以区别之。也有正文与注文皆用墨书写成，而注另起一行并行首空一格。每抄完一书，则在末尾另起一行再写书名、卷数、抄写人姓名、抄写时间、用纸数及校阅人姓名等。

卷轴装在早期其装帧较为简单，后来越来越复杂和美观，特别是长卷的书画，以及珍贵的图书，装帧形式更为讲究。为使长卷的图书、书画内容免受污损，一般要在卷的右端（即卷首处）再黏结一张纸或用丝织物如绢、绫等裱糊卷端，称为"缥""玉池"，俗称"包头"。加缥之后，再系上丝带，以便于捆扎卷子。因一部书常常分为若干卷，为便于集中保存和避免与他书混杂，通常用丝或棉织物将一部书包在一起，这包装物即称为"帙"或"书衣"。

卷轴书一般是轴的一端向外平放在书架上。为便于识别和存取，通常在轴头上系一书签，标出书名和卷次。比较讲究的，签可用牙、骨、玉等材料制成，韩愈有一首赞叹李泌藏书的诗说："邺侯家多书，插架三万轴。一一悬牙签，新若手未触。"有时为了区分书的品级和部类，还选用不同材料和颜色的轴、缥、签。《隋书·经籍志》载：隋代秘阁之书分为三品，上品用红琉璃轴，中品用绀琉璃轴，下品用漆轴。《唐六典》《旧唐书·经籍志》等载：唐集贤院藏书，经库用钿白牙轴、黄缥带、红牙签，史库用钿青牙轴、缥带、绿牙签，子库用雕紫檀轴、紫带、碧牙签，集库用绿牙轴、朱带、白牙签。经过这样的区分，人们就可以方便地找到自己需要的图书，清代编修的《四库全书》也采用了这种标识方法，用不同颜色的封面区分不同部类的图书。

卷轴装盛行于隋唐以前。卷轴装数纸以至十数纸黏接起来，易散开或撕裂。胡应麟曾指出："自汉至唐犹用卷轴，卷必重装，一纸表里，常兼数番，且每读一卷或每检一事，绅阅展舒甚为烦数，收集整比弥费辛勤。至唐末、宋初，钞录一变而为印摹，卷轴一变而为书册，易成难毁、节费便藏，四善具焉，遡而上之至于漆书竹简，不但什百而且千万矣。"[①] 随着隋唐以后教育的发展、文学特别是诗歌的兴盛，出现了大量的类书，有些篇幅很大，如果用卷轴装，要查一个字、一个词、一个典故，手续极为麻烦，所以大约从唐代后期开始，纸写本图书的主流装帧形式发生了变化，出现了翻检较易、装订收藏也较为轻省的梵夹装、经折装、旋风装、蝴蝶

---

① （明）胡应麟：《少室山房笔丛·经籍会通四》。

装和线装，卷轴装渐渐被取代，此后大多仅用于书画和少数珍贵的抄本图书。

二 梵夹装

梵夹装是受印度贝叶经形式的启示而创制出来的。唐人杜宝记载说："新翻经本从外国来，用贝多树叶，形似枇杷叶而厚大，横作行书。约经多少，缀其一边牒牒然，今呼为梵夹。"① 《资治通鉴》胡三省注："梵夹者，贝叶经也。以板夹之，谓之梵夹。"② 古印度以贝叶作书，其书横行，以线绳缀连其一边。这种装订形式随着佛教而传入中国。由于汉文的书写习惯与梵文不同，其书竖行，于是古印度的梵夹装便由横式改为竖式。

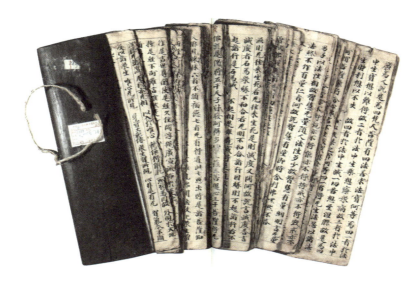

图附 –9　梵夹装（中国国家图书馆藏敦煌文献）

前人常将梵夹装与经折装混称，盖因其外形与卷轴装不同而与经折装相近，或者佛经多用经折装，而佛经又称梵经，故经折装又称梵装。其实，二

---

① （唐）杜宝：《大业杂记》，清守山阁刻《指海》本。
② 《资治通鉴》卷250"手录梵夹"句（元）胡三省注，中华书局1956年标点整理本。

者在装订形制上很不相同。唐宋时人所称之"梵夹"，本指从古印度传入、未经翻译、书写在贝多罗树叶上的佛经①，到后来，部分佛经被翻译后，也仿贝叶经之制，用纸抄成，上下用夹板，穿线而成。

三　经折装

经折装是从卷轴装发展演变而来的，也许受到了梵夹装的启发。经折装是将长卷改为折叠，一卷折叠成数寸宽的长方形折子，然后在第一叶和最后一叶各加上一块硬纸，故谓之折装，佛经道经多用这种装订形式，故又称经折装。经折装制作简便，翻阅时省力省时，所以很快便推广开了，这种装帧形式，一直沿用到现在。

图附－10　经折装（中国国家图书馆藏《碛砂藏》）

经折装最晚到唐代就已经出现了。在敦煌遗书中，就有唐代经折装写本《入楞伽经疏》②。到了宋代以后，蝴蝶装、线装等逐渐流行，但宗教经典大

---

① 参见李致忠、〔英〕吴芳思《中国书史研究中的一些问题（之二）古书梵夹装、旋风装、蝴蝶装、包背装、线装的起源与流变》，《图书馆学通讯》1987 年第 2 期，第 74—85 页。

② 钱存训：《中国古代书史》（又名：《书于竹帛》），图版二五，香港中文大学出版社 1975 年版。

多采用经折装，如《崇宁藏》《毗卢藏》《思溪藏》《碛砂藏》《普宁藏》《元官藏》《洪武南藏》《正统道藏》等都采用了经折装，这大概与经折装外观形态与古印度佛教的贝叶经相似有关。

四　旋风装

关于旋风装的形制，众说纷纭。一说旋风装即宋人所称之"叶子"。宋欧阳修云："唐人藏书，皆作卷轴，其后有叶子，其制似今策子。凡文字有备检用者，卷轴难数卷舒，故以叶子写之，如吴彩鸾《唐韵》、李郃彩选之类是也。"① 欧阳修所说的策子即经折装，唐、宋时佛经多用经折装，唐武宗会昌二年（842 年）时日本惠运律师入唐求经，在其带回的经书目录《惠运律师书目录》② 中，屡见"以上□□卷为一策子"。宋程大昌《演繁露》卷十五："古书皆为卷轴，至唐始为叶子，今书册是也。"据此，叶子应与宋人习见之策子、书册亦即经折装相似③。日本学者岛田翰谓旋风装即是叠层成册，然后以一褾纸对折，各以一半粘贴书册之首尾。如此，书册翻动时可婉转如旋风，如今之手风琴然，故名旋风装④。或谓旋风装即宋张邦基所谓吴彩鸾抄录《唐韵》书所用之旋风叶⑤，清代著名藏书家钱曾在其所著《读书敏求记》中也说他曾见过吴彩鸾抄写的书，谓其书"逐叶翻飞，展卷至末，仍合为一卷"。元代王恽《玉堂嘉话》卷二记吴彩鸾抄写的《广（唐）韵》"其册共五十四叶，麟次相积，皆留纸缝"，此"麟次相积"究竟如何，仍难明了。今人李致忠先生根据故宫博物院所藏的一部《唐写本王仁煦刊谬补缺切韵》残卷实物提出："古书的旋风装，就是在卷轴式的底纸上，将书叶鳞装；收卷时，书叶鳞次朝一个方向旋转，宛如旋风，所以又称为旋风装，或旋风卷子。"⑥ 以上诸说，皆未有定论。

① （宋）欧阳修：《欧阳修全集》卷 127《归田录》卷 2，李逸安点校，中华书局 2001 年版。
② 〔日本〕惠运律师：《惠运律师书目录》，《大正新修大藏经》第 55 册。
③ 昌彼得先生则谓"叶子"为散叶。说详《中国图书史略》，文史哲出版社 1976 年版。
④ 〔日〕岛田翰：《古文旧书考》卷 1《旧钞本考·书册装潢考》，东京民友社 1905 年排印本。
⑤ （宋）张邦基：《墨庄漫录》卷 3《吴彩鸾善书小字》，孔凡礼点校，中华书局 2002 年版。
⑥ 李致忠：《古书"旋风装"考辨》，《文物》1981 年第 2 期，第 75—78 页。

图附－11 "麟次相积"的"旋风装"*

注：*采自 http：//image. baidu. com/search/detail？ct＝503316480&z＝2&ipn＝d&word＝%
E6%97%8B%E9%A3%8E%E8%A3%85&step_word＝&hs＝0&pn＝1&spn＝0&di＝
93336028500&pi＝&rn＝1&tn＝baiduimagedetail&is＝&istype＝2&ie＝utf－8&oe＝utf－8&in＝&cl
＝2&lm＝－1&st＝－1&cs＝1924692518%2C3110725013&os＝3023967838%2C646041114&simid
＝0%2C0&adpicid＝0&ln＝1971&fr＝&fmq＝1473857619611＿R&fm＝result&ic＝0&s＝
undefined&se＝&sme＝&tab＝0&width＝&height＝&face＝undefined&ist＝&jit＝&cg＝&bdtype＝
0&oriquery＝&objurl＝http%3A%2F%2Fimg. 91ddcc. com%2F14283715894593. jpg&fromurl＝ippr
＿z2C%24qAzdH3FAzdH3Ffgf＿z%26e3Bl811vv＿z%26e3Bv54AzdH3FpAzdH3Fc0nd0&gsm＝
f0&rpstart＝0&rpnum＝0［2016 年 9 月 14 日］。

五 缝缋装与粘叶装

早期的图书装帧形式还有所谓缝缋装、粘叶装，其形制略见于宋张邦基《墨庄漫录》卷四所载："王洙原叔内翰尝云：'作书册，粘叶为上，久脱烂，苟不逸去，寻其次第，足可抄录，屡得逸书，以此获全。若缝缋，岁久断绝，即难次序。初得董氏《繁露》数册，错乱颠倒，伏读岁余，寻绎缀次，方稍完复，乃缝缋之弊也。'尝与宋宣献谈之，公悉令家所录者作粘法。予尝见旧三馆黄本书及白本书，皆作粘叶，上下栏界皆出于纸叶。后在高邮，借孙莘老家书，亦如此法。又见钱穆父所蓄亦如是，多只用白纸作褾，硬黄纸作狭签子。盖前辈多用此法。予性喜传书，他日□得奇书，不复作缝缋也。"①

缝缋装，是一种将几张书叶叠放在一起对折之后再用线串连的一种装帧形式。② 粘叶装有两种形式："书叶纸薄的就单面书写，把有字的一面作为

---

① （宋）张邦基：《墨庄漫录》，孔凡礼点校，中华书局 2002 年版。
② 杜伟生：《中国古籍修复与装裱技术图解》，北京图书馆出版社 2003 年版，第 59 页。

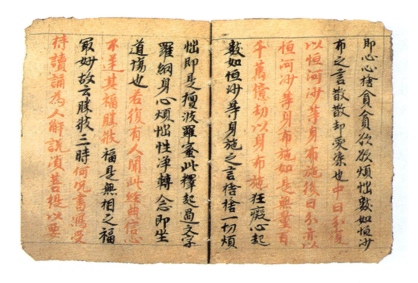

图附-12　缝缋装（中国国家图书馆藏敦煌遗书）*

注：* 采自 http://www.nlc.gov.cn/newhxjy/sjbwg/tsg/xts/201104/t20110426_41826.htm［2016 年 9 月 14 日］。

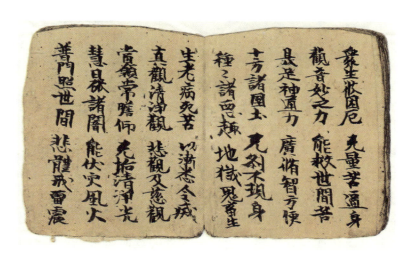

图附-13　粘叶装（中国国家图书馆藏敦煌遗书）

正面，相向对折，无字的一面为背面。书叶与书叶之间，背面相对。除第一叶上半叶和最后一叶下半叶外，各叶背面统统涂上糨糊，按顺序使两叶之间的背面依次粘连，把全部书叶连接起来成为一册。""书叶纸张较厚的没写字之前先对折一下，折口向右，分成四面。纸背、纸面、纸面、纸背的顺序书写，然后把书叶排好，在每张书叶背面折缝处涂上 2 至 3 毫米宽的糨糊，依次粘连起来。"① 这是根据敦煌文献中缝缋装与粘叶装的实物而言的，从现存的实物来看，装帧是比较粗糙的，是否就是张邦基所言者，尚待进一步研究。日本宫内厅书陵部藏日本天治元年（1124 年）抄《新撰字镜》，据说是根据唐代的粘叶装装订的，其法与前引敦煌遗书中所谓粘叶装不同，或许这个更接近于唐代粘叶装的原貌。

缝缋装与粘叶装都是比较早期的纸质图书的装订形式，随着雕版印刷术的普及与图书出版的商业化，当图书采用批量印刷出版时，就需要一种与个性化手工装订不同的、比较标准化的装订形式，因此当"蝴蝶装""线装"出现以后，就逐步被取代了。当然，后者也可能是在前者的基础上发展、完善而成的。

六　蝴蝶装

蝴蝶装是一种在宋元时代十分流行的装帧形式，《明史·艺文志序》云："秘阁书籍皆宋、元所遗，无不精美，装用倒折，四周向外，虫鼠不能损。" 所指即是蝴蝶装。蝴蝶装是将书叶从中缝将印有文字的一面朝里对折，再以中缝为准，将全书各叶对齐，用糨糊黏附在另一张托纸上，最后装订成册。由于这种装帧形式只有中缝粘贴相连，翻阅时书叶如蝴蝶翻飞飘舞，故名"蝴蝶装"。

蝴蝶装起于何时，现尚难弄清，但其形制可能受粘叶装的启发。当雕版印刷术大兴之后，一版一叶，单面印刷，遂仿粘叶装之制，以空白纸按粘叶装的形制装成一册，然后将板印之叶对折，将折边与原书册粘在一起。

蝴蝶装版心向内，书口四周向外，如有虫鼠啮咬，不易损及文字内容，但由于仅有中缝粘连，日久容易脱落。另外阅读时每翻一叶，会有两面空白，颇为烦琐，因此到后来这种装帧方式逐渐被淘汰，甚至一些原本是蝴蝶装的图书在元明以后被改装成了使用更为方便实用的线装。

---

① 杜伟生：《中国古籍修复与装裱技术图解》，第 58 页。

图附－14　蝴蝶装

七　包背装

包背装大约起于南宋后期。包背装将书页背对背地正折起来，使有文字的一面向外，版口作为书口，然后将书页的两边粘在书脊上，再用纸捻穿订，最后用整张的书衣绕背包裹，形式上显得豪华气派，明朝《永乐大典》、清朝《四库全书》皆用包背装。

图附－15　包背装

包背装图书的装订及使用较蝴蝶装方便，但装订的手续仍较线装复杂，故使用最广的还是线装。

八　线装

线装是中国古代纸本图书最常见的一种装帧形式，其原始形式早在唐代就已经出现了，敦煌文献中已有实物发现，宋代以后逐渐普及。线装与蝴蝶装书口向内并且粘在一张托纸上不同，而是直接将书叶书口向外对折，然后在另一面打孔穿线，将若干书页订为一册。装订时一般根据版框下边线对齐，以保证从书口方向看去整齐划一。线装一般在书上打四孔（称四眼装）和六孔（称六眼装），极少数的打八孔。

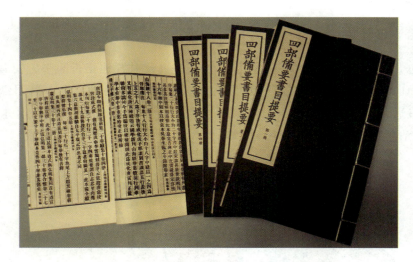

图附－16　线装

线装从最初简单用线编联到明代最后定型，经历一个漫长的发展过程。由于线装工序简单，也非常容易做到标准化，随着图书出版业的发展，到明代时，能够标准化大量制作并且结实和方便阅读的线装就成为图书装订的主流形式，一直沿用至今。

线装是中国古代图书装帧最为成熟的形式，在此基础上，古人还创制、发展出了一系列的美化、修复形式，如"毛装""金镶玉装"等。可以说，线装图书，是中国古代最重要的文化符号之一。

结　　语

　　文化或文明，是内涵极其丰富的概念，如果要详细介绍，恐怕是一件极其困难的事。但在一般人的习惯里，常常会把某一种特定的文化用一种特定的东西联系在一起，并用它来代表某一种文化。原因很简单，因为任何一种文化或者文明，都会有一些标志性的东西。提起古代两河流域文化，人们会联想起楔形文字；提起古埃及文化，人们会联想起金字塔；提起古印度文化，人们会联想起湿婆神、佛陀和泰姬陵；提起美洲古代文化，人们会联想起玛雅文字、太阳神庙；提起古希腊文化，人们会联想起希腊神话和雕塑；提起古罗马文化，人们会联想起斗兽场和罗马法。……提起中国古代文化，我们会联想起什么？是甲骨文，是唐诗，是宋词？恐怕都不是，这些虽然也是构成中华文化的要素之一，但似乎很难代表或涵盖博大的、灿烂辉煌的中国古代文化。大概只有一样东西，既是中华文化的结晶，也堪称中华文化的代表，这就是图书。

　　图书，全世界所有的文明古国皆有，但中国的图书与其他国家的图书在"文化"意义上很不相同。与其他许多国家、民族的古代文化不同，在现代国家出现以前，"中国"从来就不是一个地理概念，也不是一个族群概念，而是一个文化概念。"诸侯用夷礼，则夷之；进于中国，则中国之。"文化认同是构成"中国"的基础，而这个基础，主要是通过图书来承载、表达的。至迟从三千多年前的殷商时代起，一直到今天，中国人的哲学、思想、文化、艺术等，都是主要靠图书来记录、传播和传承的。中国虽然历经劫难而始终巍然屹立，形而上，则文化之功也；形而下，则图书之功也！虽然可能家破国灭，但只要图书不灭，则所承载之文化亦不灭。

　　没有哪一个国家、哪一个民族像中国这样，图书始终发挥着影响整个社会的作用。从统治者，到普通百姓；从识字的到不识字的，对于图书几乎没有不重视、崇敬甚至敬畏的。三千多年前周公"制礼作乐"，用图书教化人民、规范人民；秦始皇焚书坑儒，是因为他对不利于己的图书充满了恐惧；宋朝皇帝靠编修图书来表达"崇文抑武"的治国理念；金人打下了宋朝的天下，首先想到的是掠走宋朝的图书。至于乾隆皇帝，更是把图书的功用发挥到了极致。对于社会发展来说，从战国"百家争鸣"到近代"新文化运动"，从道教的产生到佛教的传入，从教育到百姓日常的文化娱乐，图书都是其中的主角。

图书，是社会的产物。图书事业的发展，必然会受到社会政治、经济、教育、文化的影响，同时也会对社会政治、经济、教育、文化的发展产生重要的推动作用。中国古代图书事业的发展，经历过"学在官府"的初级发展阶段，其原因与中国上古社会的结构有关；图书事业也经历过"百家争鸣"带来的快速发展时期，同样与战国时期社会结构的巨大变化有关。此后无论是汉代的"独尊儒术"，魏晋南北朝社会的动荡和佛教、道教的发展，还是宋代的"崇文抑武"，元代蒙古人的统治，明代市民社会的快速发展，清代经济、文化、学术的发展和"文字狱"带来的破坏，清末的"洋务运动"和"新学"的兴起，图书事业与社会发展之间的互动关系十分突出。

在影响图书事业发展的诸多因素中，除政治、经济以外，莫过于教育、宗教。因为，教育与宗教的受众都是"人"，而使用图书的正是"人"。所以，我们在探讨雕版印刷术的发明时发现，教育与宗教是其中决定性的因素。宋元明清是中国图书事业高速发展的时期，而这一时期正是中国社会发生巨大变化的时期，城市发展，市民阶层快速成长，受教育人口迅速增加，换句话说，读书的人增加了，对图书的需求增加了，这才是图书事业发展的根本动因。当然，也有赖于图书事业的发展，教育、宗教以及通俗文学等才得以更广泛、更迅速的发展。

中华文化曾经对世界文明的进步做出了巨大贡献，主要是通过图书来实现的。中国的图书很早就传到了东亚、东南亚，在整个汉字文化圈，中国古代的图书对于人们的思想观念、伦理道德、文化艺术等都产生过重要的作用。至于与图书直接相关的造纸术与印刷术，对于世界文明的贡献，早已为全世界所公认。

中华民族也是一个善于学习和吸收外来先进文化的民族。早在新石器时代，中国的本土文化与外来文化如中亚甚至西亚文化就有密切的联系。进入文明时代以后，特别是秦汉以后，中外文化的交流更为密切，古代印度的佛教以图书为载体，传到了中国，对中国古代社会产生了巨大影响。明清之际，西方传教士带来的西方近代科学，不仅推动了中国科学技术的进步，也改变了中国人对于宇宙的认识，对于世界的认识。近代以来，西方社会通过图书、报刊给古老的中国社会带来了各种新思想、新思潮。以书为媒，文化得以交流，社会得以进步。

可以这样说：一部中国古代图书史，就是一部中国古代文化史，就是一部古代中华民族史。

引用及主要参考文献

古籍

（西汉）司马迁著，（南朝宋）裴骃集解，（唐）司马贞索隐，（唐）张守节正义《史记》，中华书局 1959 版标点本。

（东汉）班固著，（唐）颜师古注《汉书》，中华书局 1962 年标点本。

（南朝宋）范晔著，（唐）李贤等注《后汉书》，中华书局 1965 年标点本。

（西晋）陈寿著，（南朝宋）裴松之注《三国志》，中华书局 1959 年标点本。

（唐）房玄龄等：《晋书》，中华书局 1974 年标点本。

（南朝梁）沈约：《宋书》，中华书局 1974 年标点本。

（南朝梁）萧子显：《南齐书》，中华书局 1972 年标点本。

（唐）姚思廉：《梁书》，中华书局 1973 年标点本。

（北齐）魏收：《魏书》，中华书局 1974 年标点本。

（唐）李百药：《北齐书》，中华书局 1972 年标点本。

（唐）令狐德棻等：《周书》，中华书局 1971 年标点本。

（唐）魏徵等：《隋书》，中华书局 1973 年标点本。

（唐）李延寿：《南史》，中华书局 1975 年标点本。

（唐）李延寿：《北史》，中华书局 1974 年标点本。

（后晋）刘昫等：《旧唐书》，中华书局 1975 年标点本。

（宋）欧阳修、宋祁：《新唐书》，中华书局 1975 年标点本。

（宋）薛居正等：《旧五代史》，中华书局 1976 年标点本。

（元）脱脱等：《宋史》，中华书局 1977 年标点本。

（元）脱脱等：《辽史》，中华书局 1974 年标点本。

（元）脱脱等：《金史》，中华书局 1975 年标点本。

（明）宋濂等：《元史》，中华书局 1976 年标点本。

（清）张廷玉等：《明史》，中华书局 1974 年标点本。

赵尔巽等：《清史稿》，中华书局 1977 年标点本。

（清）阮元校刻《十三经注疏》，中华书局 1980 年影印本。

《尚书》，通行本。

（清）阎若璩：《尚书古文疏证》，上海古籍出版社 1987 年影印清眷西堂本。

《左传》，通行本。

《公羊传》，通行本。

《墨子》，通行本。

《周礼》，通行本。

（战国）商鞅著，蒋礼鸿注《商君书锥指》，中华书局 1986 年版。

（清）焦循注，沈文倬点校《孟子正义》，中华书局 1987 年版。

（战国）荀况：《荀子》，黎庶昌编《古逸丛书》影印日本金泽文库藏本，清光绪十年刻本。

（战国）韩非：《韩非子》，通行本。

（西汉）刘向集录《战国策》，上海古籍出版社 1985 年整理标点本。

（题春秋）晏婴著，吴则虞集释《晏子春秋集释》，中华书局 1962 年版。

（西汉）董仲舒：《春秋繁露》，中华书局 1992 年新编诸子集成《春秋繁露义证》本。

（西汉）桓宽：《盐铁论》，上海商务印书馆《四部丛刊》影印明弘治涂氏刻本。

（西汉）扬雄著，汪荣宝义疏，陈仲夫点校《法言义疏》，中华书局 1987 年版。

（东汉）王充著，黄晖校释《论衡校释》，中华书局 1990 年新编诸子集成本。

（东汉）许慎：《说文解字》，上海商务印书馆《四部丛刊》影印日本静嘉堂藏宋刻本；又（清）段玉裁注，清嘉庆段氏经韵楼刻本。

（东汉）荀悦：《汉纪》，民国上海商务印书馆《四部丛刊》影印明嘉靖刻本。

（东汉）应劭著，吴树平校释《风俗通义校释》，天津人民出版社 1980 年版。

（东汉）张仲景著，刘渡舟主编校注《伤寒论校注》，人民卫生出版社 1991 年版。

（三国魏）徐幹：《中论》，上海商务印书馆《四部丛刊》影印明嘉靖四十四年青州刻本。

（东晋）葛洪著，王明校释《抱朴子内篇校释》，中华书局 1985 年版。

（东晋）葛洪著，杨明照校笺《抱朴子外篇校笺》，中华书局 1991 年版。

（东晋）常璩著，任乃强校补《华阳国志校补图注》，上海古籍出版社 1987 年版。

（题战国）列御寇著，杨伯峻集释《列子集释》，中华书局 1979 年版。

（北魏）郦道元著，陈桥驿校证《水经注校证》，中华书局 2007 年版。

（北魏）贾思勰著，缪启愉校释《齐民要术》，中国农业出版社 1998 年版。

（唐）杜宝：《大业杂记》，清守山阁刻《指海》本。

（唐）王孝通：《缉古算经》，台湾商务印书馆 1986 年影印清文渊阁《四库全书》本。

（唐）欧阳询等著，汪绍楹校《艺文类聚》，上海古籍出版社 1965 年版。

（唐）虞世南纂《北堂书钞》，明万历二十八年序刊本。

（唐）释道宣：《广弘明集》，上海商务印书馆《四部丛刊》影印明汪道昆刻本。

（唐）沙门慧立著，释彦悰笺，孙毓棠、谢方点校《大唐大慈恩寺三藏法师传》，中华书局 2000 年版。

（唐）义净著，王邦维校注《南海寄归内法传校注》中华书局 1995 年版。

（唐）徐坚等编《初学记》，中华书局排印本 1962 年版。

（唐）刘知几著，（清）浦起龙释，王煦华点校《史通通释》，上上海古籍出版社 1978 年版。

（唐）李林甫等著，陈仲夫点校《唐六典》，中华书局 1992 年版。

（日）藤原继绳等：《续日本纪》，吉川弘文馆 2000 年版。

（唐）杜佑：《通典》，上海人民出版社 2008 年影印日本宫内厅书陵部藏北宋版。

（唐）韩愈著，（宋）朱熹校《朱文公校昌黎先生集》，民国上海商务印书馆《四部丛刊》影印元刊本。

（唐）元稹：《元氏长庆集》，民国上海商务印书馆《四部丛刊》影印明嘉靖三十一年刊本。

（唐）马总：《意林》，民国上海商务印书馆《四部丛刊》影印清武英殿《聚珍版丛书》本。

（唐）赵璘：《因话录》，台湾商务印书馆 1986 年影印清文渊阁《四库全书》本。

（清）彭定求等编《全唐诗》，中华书局 1960 年标点本。

（清）董诰等编《全唐文》，清嘉庆内府刻本。

（五代）王定保：《唐摭言》，民国上海中华书局《四部备要》本。

（五代）刘崇远：《金华子杂编》，台湾商务印书馆 1986 年影印清文渊阁《四库全书》本。

（宋）王溥：《五代会要》，上海古籍出版社 1978 年整理点校本。

（宋）李昉等编《太平御览》，中华书局 1960 年影印商务印书馆影宋本。

（宋）李昉等编《文苑英华》，中华书局 1966 年影印宋版配明刊本。

（宋）钱易著，黄寿成点校《南部新书》，中华书局 2002 年版。

（宋）释普济著，苏渊雷点校《五灯会元》，中华书局 1984 年版。

（宋）王钦若等编，周勋初等校订《册府元龟》，凤凰出版社 2006 年版。

（宋）范仲淹著，李勇先、王蓉贵校点《范仲淹全集》，四川大学出版社 2007 年版。

（宋）张君房：《云笈七签》，民国上海商务印书馆《四部丛刊》影印明清真馆本。

（宋）欧阳修著，李逸安点校《欧阳修全集》，中华书局 2001 年版。

（宋）司马光等：《资治通鉴》，中华书局 1956 年整理标点本。

（宋）司马光：《温国文正司马公文集》，上海商务印书馆《四部丛刊》影印宋绍熙刊本。

（宋）张载：《张子全书》，上海中华书局排印《四部备要》本。

（宋）释文莹：《湘山野录》，中华书局 1984 年整理标点本。

（宋）吕陶：《净德集》，台湾商务印书馆 1986 年影印清文渊阁《四库全书》本。

（宋）刘挚：《忠肃集》，台湾商务印书馆 1986 年影印清文渊阁《四库全书》本。

（宋）欧阳棐：《集古录目》，缪荃孙刻《云自在龛丛书》本。

（宋）沈括著，胡道静校证《梦溪笔谈》，上海古籍出版社 1987 年版。

（宋）苏轼：《东坡志林》，中华书局 1981 年整理标点本。

（宋）苏辙著，曾枣庄、马德富校点《栾城集》，上海古籍出版社 1987 年版。

（宋）魏泰著，李裕民点校《东轩笔录》，中华书局 1983 年版。

（宋）陈师道：《后山集》，台湾商务印书馆 1986 年影印清文渊阁《四库全书》本。

（宋）邵伯温著，李剑雄、刘德权点校《邵氏闻见录》，中华书局 1983 年整理标点本。

（宋）葛胜仲：《丹阳集》清乾隆四十一年孔继涵抄

（宋）叶梦得著，侯忠义点校《石林燕语》，中华书局 1984 年版。

（宋）叶梦得：《避暑录话》，清宣统元年叶氏观古堂刻本。

（宋）叶梦得：《建康集》，台湾商务印书馆 1986 年影印清文渊阁《四库全书》本。

（宋）程俱著，张富祥校证《麟台故事校证》，中华书局 2000 年版。

（宋）赵明诚：《金石录》，上海商务印书馆《四部丛刊续编》影印张氏涉园藏吕无党钞本。

（宋）朱弁著，孔凡礼点校《曲洧旧闻》，中华书局 2002 年版。

（宋）郑樵：《通志》，中华书局 1984 年影印商务印书馆《万有文库》本。

（宋）晁公武著，孙猛校证《郡斋读书志》，上海古籍出版社 1990 年版。

（宋）李焘：《续资治通鉴长编》，中华书局 1979－1995 年整理标点本。

（宋）汪应辰：《文定集》，台湾商务印书馆 1986 年影印清文渊阁《四库全书》本。

（宋）洪迈著，孔凡礼点校：《容斋随笔、续笔、三笔、四笔、五笔》，中华书局 2005 年版。

（宋）洪迈：《容斋续笔》，中国国家图书馆藏宋嘉定五年赣郡斋刻本。

（宋）洪迈著，何卓点校：《夷坚丁志》，中华书局 1981 年版。

（宋）陆游著，李剑雄、刘德权点校《老学庵笔记》，中华书局 1979 年版。

（宋）周煇著，刘永翔校注《清波杂志》，中华书局 1994 年版。

（宋）佚名：《靖康要录》，清光绪十八年刻十万卷楼丛书三编本。

（宋）丁特起：《靖康纪闻》，上海商务印书馆影印《学海类编》本。

（宋）佚名（旧题陈东）：《靖炎两朝见闻录》，民国刻《芋园丛书》本。

（宋）徐梦莘：《三朝北盟会编》，台湾商务印书馆 1986 年影印清文渊阁《四库全书》本。

（宋）王明清：《挥麈录》《挥麈后录》，上海商务印书馆《四部丛刊续编》影印汲古阁影宋钞本。

（宋）尤袤：《遂初堂书目》，清道光二十九年海山仙馆丛书。

（宋）梁克家纂《淳熙三山志》，中华书局 1989 年《宋元方志丛刊》影印明崇祯十一年刻本。

（宋）朱熹著，朱杰人、严佐之、刘永翔主编《朱子全书》，上海古籍出版社、安徽教育出版社 2002 年版。

（宋）计有功：《唐诗纪事》，民国上海商务印书馆《四部丛刊》影印明嘉靖钱唐洪氏刊本。

（宋）谢守灏：《混元圣纪》，正统道藏本。

（宋）谢深甫等纂修《庆元条法事类》，上海古籍出版社 2002 年《续修四库全书》影印国家图书馆藏清抄本。

（宋）赵汝愚编《国朝诸臣奏议》，宋淳祐刻元明递修本。

（宋）李心传：《建炎以来系年要录》，民国上海商务印书馆《丛书集成初编》排印《史学丛书》本。

（宋）李心传著，徐规点校《建炎以来朝野杂记》，中华书局 2000 年版。

（宋）魏了翁：《鹤山集》，台湾商务印书馆 1986 年影印清文渊阁《四库全书》本。

（宋）陈耆卿纂《（嘉定）赤城志》，台湾商务印书馆 1986 年影印清文渊阁《四库全书》本。

（宋）岳珂：《愧郯录》，上海商务印书馆《四部丛刊续编》影宋本。

（宋）岳珂：《刊正九经三传沿革例》，台湾商务印书馆 1986 年影印清文渊阁《四库全书》本。

（宋）陈振孙著，徐小蛮、顾美华点校《直斋书录解题》，上海古籍出版社 1987 年版。

（宋）陈藻：《乐轩集》，台湾商务印书馆 1986 年影印清文渊阁《四库全书》本。

（宋）张邦基著，孔凡礼点校《墨庄漫录》，中华书局 2002 年版。

（宋）刘克庄：《后村先生大全集》，上海商务印书馆《四部丛刊》影印旧钞本。

（宋）李攸：《宋朝事实》，清武英殿《聚珍版丛书》本。

（金）元好问：《中州集》，民国上海商务印书馆《四部丛刊》影印元刊本。

（宋）袁褧：《枫窗小牍》，台湾商务印书馆 1986 年影印清文渊阁《四库全书》本。

（宋）郑虎臣编《吴都文粹》，台湾商务印书馆 1986 年影印清文渊阁《四库全书》本。

（宋）吴曾：《能改斋漫录》，中华书局（上海编辑所）1960 年版。

（宋）王栐：《燕翼诒谋录》，中华书局 1981 年整理标点本。

（宋）西湖老人：《西湖老人繁胜录》，古典文学出版社 1957 年点校排印本。

（宋）徐度：《却扫编》，台湾商务印书馆 1986 年影印清文渊阁《四库全书》本。

（宋）吴自牧：《梦粱录》，古典文学出版社 1957 年点校排印本。

（宋）周密：《志雅堂杂钞》，清刻《粤雅堂丛书》本。

（宋）罗璧：《识遗》，台湾商务印书馆 1986 年影印清文渊阁《四库全书》本。

（宋）沈作宾修、施宿等纂《（嘉泰）会稽志》，中华书局《宋元方志丛刊》影印清嘉庆十三年刻本。

（宋）赵升：《朝野类要》，上海古书流通处 1921 年影印乾隆刻《知不足斋丛书》本。

（宋）程骙：《南宋馆阁录》，清光绪十二年刻《武林掌故丛编》本。

（宋）王应麟著，（清）翁元圻等注，栾保群、田松青、吕宗力校点《困学纪闻》，上海古籍出版社 2008 年版。

（宋）王应麟：《玉海》，日本京都中文出版社 1977 年刊合璧本。

（宋）王应麟：《汉艺文志考证》，台湾商务印书馆 1986 年影印清文渊阁《四库全书》本。

（宋）周密著，张茂鹏点校《齐东野语》，中华书局 1983 年点校排印本。

（宋）佚名编《宋大诏令集》，中华书局 1962 年整理排印本。

（清）徐松辑《宋会要辑稿》，国立北平图书馆 1936 年影印本；《宋会要辑稿》，刘琳等校点，上海古籍出版社 2014 年版。

曾枣庄、刘琳主编《全宋文》，上海辞书出版社 2006 年版。

（元）苏天爵著，姚景安点校《元朝名臣事略》，中华书局 1996 年版。

（元）苏天爵编《国朝文类》，上海商务印书馆《四部丛刊》影印上海涵芬楼藏元至正二年杭州路西湖书院刊大字本。

（元）元好问：《遗山先生文集》，上海商务印书馆《四部丛刊》影印乌程蒋氏密韵楼藏明弘治十一年刊本。

（元）戴良：《九灵山房集》，上海商务印书馆《四部丛刊》影印明正统间戴统刊本。

（元）王士点、商企翁编次，高荣盛点校《秘书监志》，浙江古籍出版社 1992 年版。

（韩）李玠奭等校注《至正条格（校注篇）》，韩国学中央研究院 2007 年版。

（元）佚名纂，王颋点校《庙学典礼》，浙江古籍出版社 1992 年版。

（元）佚名编，陈高华等点校《元典章》（即《大元圣政国朝典章》），中华书局、天津古籍出版社 2011 年版。

（元）吾邱衍：《闲居录》，台湾商务印书馆 1986 年影印清文渊阁《四库全书》本。

（元）刘埙：《隐居通议》，清道光二十九年刻海山仙馆丛书本。

（元）陈基：《夷白斋稿》，台湾商务印书馆 1986 年影印清文渊阁《四库全书》本。

（元）欧阳玄：《圭斋文集》，台湾商务印书馆 1986 年影印清文渊阁《四库全书》本。

（元）李祁：《云阳集》，台湾商务印书馆 1986 年影印清文渊阁《四库全书》本。

（元）郑元祐：《侨吴集》，台湾商务印书馆 1986 年影印清文渊阁《四库全书》本。

（元）王祯著，王毓瑚校《农书》，农业出版社 1981 年版。

（明）朱元璋：《御制大诰》（三编），上海古籍出版社 2002 年《续修四库全书》影印明洪武十八年至十九年内府刻本。

（明）宋濂：《宋学士文集》，上海商务印书馆《四部丛刊》影印明正德刻本。

（明）刘三吾删节《孟子节文》，书目文献出版社 1988 年《北京图书馆珍本丛刊》影印明刻本。

（明）陶宗仪：《南村辍耕录》，中华书局 1959 年整理标点本。

（明）高启著，（清）金檀辑注，徐澄宇、沈北宗点校《高青丘集》，上海古籍出版社 1985 年版。

（明）张昱：《可闲老人集》，台湾商务印书馆 1986 年影印清文渊阁《四库全书》本。

（明）张宇初等编《正统道藏》，文物出版社、上海书店和天津古籍出版社 1988 年影印本。

（明）杨士奇等编《文渊阁书目》，民国上海商务印书馆《丛书集成初编》排印《读画斋丛书》本。

（明）叶盛著，魏中平点校《水东日记》，中华书局 1980 年版。

（明）丘浚：《大学衍义补》，明嘉靖三十八年福建吉澄等校刻本。

（明）胡居仁：《胡文敬集》，台湾商务印书馆 1986 年影印清文渊阁《四库全书》本。

（明）陆容著，佚之点校《菽园杂记》，中华书局 1985 年版。

（明）王阳明著，吴光等编校《王阳明全集》，上海古籍出版社 1992 年版。

（明）陆深：《俨山外集》，台湾商务印书馆 1986 年影印清文渊阁《四库全书》本。

（明）郎瑛：《七修类稿》，上海古籍出版社 2002 年《续修四库全书》影印明刻本。

（明）黄佐：《南雍志》，明嘉靖二十三年刻本。

（明）胡侍：《真珠船》，齐鲁书社 1995 年《四库全书存目丛书》影印清华大学图书馆藏明刻本。

（明）赵文、黄璿纂修，袁铦续修《（景泰）建阳县志续集·典籍》，齐鲁书社《四库全书存目丛书》影印天一阁藏明弘治刻本。

（明）冯继科纂《（嘉靖）建阳县志》，上海古籍书店 1962 年《天一阁藏明代方志选刊》影印宁波天一阁藏明嘉靖刻本影印明嘉靖三十二年刻本。

（明）李开先著，路工辑校《李开先集》，中华书局上海编辑所 1959 年版。

（明）何良俊：《四友斋丛说》，中华书局 1959 年排印本。

（明）唐顺之：《唐荆川文集》，上海商务印书馆《四部丛刊》影印明万历刊本。

（明）娄性：《皇明政要》，明嘉靖五年戴金刻本。

（明）焦竑著，李剑雄点校《焦氏笔乘续集》，上海古籍出版社 1986 年版。

（明）屠隆：《考槃余事》，明万历绣水沈氏刻《宝颜堂秘笈》本。

（明）冯琦：《宗伯集》，北京出版社《四库禁毁丛书》影印明刻本。

（明）周弘祖：《古今书刻》，古典文学出版社 1957 年排印本。

（明）高濂：《遵生八笺》，明刻本。

（明）吴宗器纂修《（正德）莘县志》，上海古籍书店 1965 年《天一阁藏明代方志选刊》本。

（明）夏玉麟、汪佃纂《（嘉靖）建宁府志》，上海古籍书店 1964 年《天一阁藏明代方志选刊》影印宁波天一阁藏明嘉靖刻本。

（明）王圻编《续文献通考》，上海古籍出版社 2002 年《续修四库全书》影印明万历刻本。

（明）申时行等修、赵用贤等纂《大明会典》，上海古籍出版社 2002 年《续修四库全书》影印明万历十五年刻本。

（明）李世芳续修《（万历）重修寿昌县志》，中华全国图书馆文献缩微复制中心 2000 年影印中国国家图书馆地方志和家谱文献中心编《明代孤本方志选》本。

（明）顾宪成：《小心斋札记》，明万历三十六年刻本。

（明）胡应麟：《少室山房笔丛》，中华书局上海编辑所 1958 年整理标点本。

（明）杨廷筠：《代疑篇》，郑安德辑《明末清初耶稣会思想文献汇编》，北京大学宗教研究所 2003 年版。

（明）顾起元著，谭棣华、陈稼禾点校《客座赘语》，中华书局 1987 年版。

（明）葛寅亮著，何孝荣点校《金陵梵刹志》，天津人民出版社 2007 年版。

（明）谢肇淛：《五杂组》，上海书店出版社 2001 年版。

（明）沈德符：《万历野获编》，中华书局 1959 年标点本。

（明）徐学聚辑《国朝典汇》，北京大学出版社 1993 年影印明天启刻本。

（明）李日华：《紫桃轩杂缀》，上海书店《丛书集成续编》影印清光绪孙氏望云仙馆刻本。

（明）曹学佺：《蜀中广记》，台湾商务印书馆1986年影印清文渊阁《四库全书》本。

（明）冯梦龙著，栾保群、吕宗力校注《智囊全集》，中华书局2007年版。

（明）朱勤美编《万卷堂书目》，上海古籍出版社2002年《续修四库全书》影印清光绪长沙叶德辉刊本。

（明）刘若愚著，冯宝琳点校《酌中志》，北京古籍出版社1994年标点整理本。

（明）沈瓒：《近事丛残》，广业书社1928年版。

《明实录》，“中央研究院”历史语言研究所1962年校印原国立北平图书馆藏红格钞本。

（意）艾儒略著，谢方校释《职方外纪校释》，中华书局1996年版。

（清）钱谦益著，钱仲联标校《牧斋有学集》，上海古籍出版社1996年版。

（清）钱谦益：《绛云楼书目》，上海古籍出版社2002年《续修四库全书》影印清嘉庆二十五年刘氏味经书屋抄本。

（清）孙承泽著，王剑英点校《春明梦余录》，北京古籍出版社1992年版。

（清）毛晋著，潘景郑校订《汲古阁书跋》，古典文学出版社1958年版。

（清）梁清远：《雕丘杂录》，上海古籍出版社2002年《续修四库全书》影印清康熙二十一年梁允桓刻本。

（清）朱明镐：《史纠》，清守山阁《指海》本。

（清）黄宗羲著，沈善洪主编《黄宗羲全集》，浙江古籍出版社1985年版。

（清）黄宗羲：《明夷待访录》，清道光二十九年刻《海山仙馆丛书》本。

（清）周亮工：《因树屋书影》，清康熙六年刻本。

（清）归庄：《归庄集》，中华书局上海编辑所 1962 年标点本。

（清）姜绍书：《韵石斋笔谈》，上海古书流通处 1921 年影印乾隆刻《知不足斋丛书》本。

（清）陈瑚：《确庵文稿》，北京出版社《四库禁毁书丛刊》影印清康熙毛氏汲古阁刻本。

（清）顾炎武著，（清）黄汝成集释《日知录》，清道光十四年西谿草庐刻本。

（清）王夫之：《船山全书》，岳麓书社 2011 年整理标点本。

（清）汪琬：《尧峰文钞》，民国上海商务印书馆《四部丛刊》影印林佶写刻本。

（清）倪灿：《宋史艺文志补》，清光绪十六年广雅书局刻《广雅丛书》本。

（清）黄虞稷著，瞿凤起、潘景郑整理《千顷堂书目》，上海古籍出版社 2001 年版。

（清）万邦维纂：《（康熙）莱阳县志》，江苏古籍出版社、上海书店、巴蜀书社编《中国地方志集成》影印清康熙刻本。

（清）胡文学编，李邺嗣作传《甬上耆旧诗》，台湾商务印书馆 1986 年影印清文渊阁《四库全书》本。

（清）万斯同：《明史》，上海古籍出版社 2002 年《续修四库全书》影印清抄本。

（清）孔尚任著，王季思等合注《桃花扇》，人民文学出版社 1982 年版。

（清）张伯行编，（清）左宗棠续补《正谊堂全书》，清福州正谊堂书院刻本。

（清）金埴著，王湜华点校《不下带编》，中华书局 1982 年版。

（清）世宗胤禛：《上谕内阁》，台湾商务印书馆 1986 年影印清文渊阁《四库全书》本。

（清）孙从添：《藏书纪要》，民国《芋园丛书》本。

（清）刘大櫆：《海峰文集》，上海古籍出版社 2011 年《清代诗文集汇编》影印清刻本。

（清）吴敬梓：《儒林外史》，人民文学出版社 1958 年版。

（清）全祖望：《鲒埼亭集》，上海商务印书馆《四部丛刊》影印姚江借树山房刻本。

（清）全祖望：《鲒埼亭集外篇》，清嘉庆十六年刻本。

（清）高宗弘历：《御制文集》，清文渊阁《四库全书》本。

（清）于敏中等著，徐德明标点《天禄琳琅书目》，上海古籍出版社 2007 年版。

（清）王昶编：《金石萃编》，清嘉庆十年经训堂刻本。

（清）王昶编：《湖海文传》，清道光十七年王氏经训堂刻本。

（清）赵翼：《陔余丛考》，商务印书馆 1957 年排印本。

（清）钱大昕：《补元史艺文志》，清光绪十六年广雅书局刻《广雅丛书》本。

（清）李文藻：《南涧文集》，清光绪刻《功顺堂丛书》本。

（清）彭元瑞等著，徐德明标点：《天禄琳琅后编》，上海古籍出版社 2007 年版。

（清）桂馥：《历代石经略》，清光绪九年海丰吴氏刻本。

（清）章学诚著，叶瑛校注《文史通义校注》，中华书局 1985 年版。

（清）崔述著，顾颉刚点校《崔东壁遗书》，上海古籍出版社 1983 年版。

（清）永瑢等编《四库全书总目》，中华书局 1965 年影印清浙江杭州刻本。

（清）钱大昕：《潜研堂文集》，上海商务印书馆影印《潜研堂全书》本。

（清）毕沅：《续资治通鉴》，中华书局 1957 年整理标点本。

（清）洪亮吉：《北江诗话》，清道光同治间刻《粤雅堂丛书》本。

（清）孙星衍：《五松园文稿》，民国上海商务印书馆《丛书集成初编》排印《岱南阁丛书》本。

（清）钱泳著，张伟校点《履园丛话》，中华书局 1979 年版。

（清）周中孚：《郑堂读书记》，民国吴兴刘氏嘉业堂刻本。

（清）顾广圻：《思适斋集》，清道光二十九年徐氏校刊本。

（清）俞正燮：《癸巳存稿》，民国上海商务印书馆《丛书集成初编》排印《连筠簃丛书》本。

（清）昭梿著，何英芳点校《啸亭续录》，中华书局 1980 年整理点校本。

（清）王道亨修，（清）张庆源纂《（乾隆）德州志》，清乾隆五十三年刻本。

（清）范邦甸：《天一阁书目》，上海古籍出版社 2002 年《续修四库全书》影印清嘉庆十三年扬州阮氏文选楼刻本。

（清）王端履：《重论文斋笔录》，清道光二十六年刻本。

（清）魏源著，魏源全集编辑委员会编校《魏源全集》，岳麓书社 2004 年版。

（清）方玉润著，李先耕点校《诗经原始》，中华书局 1986 年版。

（清）李元复：《常谈丛录》，《晚清四部丛刊》第三编，文听阁图书公司 2010 年版。

（清）徐康：《前尘梦影录》，上海商务印书馆《丛书集成初编》排印《灵鹣阁丛书》本。

（清）俞樾：《茶香室续钞》，江苏广陵古籍刻印社 1984 年《笔记小说大观》本。

（清）黄以周：《儆季杂著》，清光绪二十年南菁讲舍刻本。

（清）王韬著，陈尚凡、任光亮校点《漫游随录》，岳麓书社 1985 年版。

（清）陆心源：《皕宋楼藏书志》，中华书局 1990 - 1995 年《书目题跋丛刊》影印清光绪八年十万卷楼刻本。

（清）张之洞著，范希曾补正《书目答问》，上海古籍出版社 2001 年版。

（清）张之洞著，苑书义、孙华峰、李秉新主编《张之洞全集》，河北人民出版社 1998 年版。

（清）徐树兰编《古越藏书楼书目》，清光绪三十年崇实书局石印本。

（清）王先谦纂《东华续录》，清光绪十年长沙王先谦刻本。

（清）姚振宗：《师石山房丛书》，开明书店 1936 年排印本。

（清）张百熙、荣庆、张之洞编：《奏定学堂章程》，清光绪湖北学务处刻本。

（清）皮锡瑞著，周予同注释《经学历史》，中华书局 1959 年版。

（清）戴鸿慈著，陈四益校点《出使九国日记》，湖南人民出版社 1982 年版。

（清）邹容：《革命军》，华夏出版社 2002 年版。

（清）郑机：《师竹斋读书随笔汇编》，清光绪二十八年刻本。

（清）蔡澄：《鸡窗丛话》，清宣统至民国间新阳赵氏刻《峭帆楼丛书》本。

《清实录》，中华书局 1985 – 1987 年影印本。

《钦定总管内务府现行则例·武英殿修书处则例》，海南出版社 2000 年《故宫珍本丛刊》本。

中国第一历史档案馆编《纂修四库全书档案》，上海古籍出版社 1997 年版。

（日）高楠顺次郎、渡边海旭、小野玄妙编辑《大正新修大藏经》，CBETA 数位藏经阁电子版。

近人、今人著述

（朝鲜李朝）徐居正编《东文选》，日本东京朝鲜古书刊行会 1914 年排印《朝鲜群书大系》本。

（俄）А．П．捷连提耶夫－卡坦斯基著，王克孝、景永时译《西夏书籍业》，宁夏人民出版社 2000 年版。

（俄）俄罗斯科学院东方研究所圣彼得堡分所等编《俄藏敦煌文献》，上海古籍出版社 1998 年版。

（韩）曹炯镇：《中韩两国古活字印刷技术之比较研究》，学海出版社 1986 年版。

（美）方法敛编摹、白瑞华校《库方二氏藏甲骨卜辞》，上海商务印书馆 1936 年版。

（美）卡特著，吴泽炎译《中国印刷术的发明和它的西传》，商务印书馆 1957 年版。

（美）斯土活著，林纾、魏易译《黑奴吁天录》，商务印书馆 1981 年版。

（日）大庭修著，戚印平、王勇、王宝平译《江户时代中国典籍流播日本之研究》，杭州大学出版社 1998 年版。

（日）岛田翰：《古文旧书考》，民友社 1905 年排印本。

（日）矶部彰编《台东区立书道博物馆所藏中村不折旧藏禹域墨书集成》，二玄社 2005 年版。

（日）内藤湖南著，刘克申译《日本历史与日本文化》，商务印书馆 2012 年版。

（日）尾崎康著，陈捷译《以正史为中心的宋元版本研究》，北京大学出版社 1993 年版。

（日）长泽规矩也：《和汉书の印刷とその历史》，吉川弘文馆 1952 年版。

（英）查尔斯·辛格等主编，王前等译《技术史》，上海科技教育出版社 2004 年版。

（英）李约瑟著，潘吉星主编，戴开元译《李约瑟文集》，辽宁科学技术出版社 1986 年版。

《出版史研究》编辑部编《出版史研究》（1－6辑），中国书籍出版社 1993－1998 年版。

《中国大百科全书》总编委会编《中国大百科全书》（第二版），中国大百科全书出版社 2009 年版。

白滨编《西夏史论文集》，宁夏人民出版社 1984 年版。

北京图书馆编《北京图书馆古籍善本书目》，书目文献出版社 1989 年版。

蔡鸿生：《俄罗斯馆纪事》（增订本），中华书局 2006 年版。

蔡尚思：《中国文化史要论（人物·图书）》，湖南人民出版社 1979 年版。

昌彼得：《中国图书史略》，文史哲出版社 1976 年版。

陈登原：《古今典籍聚散考》，上海书店 1990 年《民国丛书》第二编影印民国上海商务印书馆排印本。

陈国符：《道藏源流考》，中华书局 1963 年版。

陈来：《古代思想文化的世界：春秋时代的宗教、伦理与社会思想》，生活·读书·新知三联书店 2009 年版。

陈力：《中国图书史》，文津出版社 1996 年版。

陈梦家：《六国纪年》，上海人民出版社 1956 年版。

陈梦家：《殷虚卜辞综述》，中华书局 1956 年版。

程焕文：《中国图书馆学教育之父：沈祖荣评传》，台湾学生书局 1997 年版。

程民生：《宋代物价研究》，人民出版社 2008 年版。

崔适著，张烈点校《史记探源》，中华书局 1986 年版。

戴南海：《版本学概论》，巴蜀书社 1989 年版。

邓洪波：《中国书院史》，东方出版中心 2004 年版。

邓文锋：《晚清官书局研究》，中国人民大学 2003 年博士学位论文。

丁山：《中国古代宗教与神话考》，龙门联合书局 1961 年版。

董作宾编《殷虚文字·甲编》，商务印书馆 1948 年版。

杜伟生：《中国古籍修复与装裱技术图解》，北京图书馆出版社 2003 年版。

傅举有、陈松长：《马王堆汉墓文物·马王堆汉墓文物综述》，湖南出版社 1992 年版。

傅斯年：《傅斯年全集》，湖南教育出版社 2000 年版。

傅璇琮、谢灼华主编《中国藏书通史》，宁波出版社 2001 年版。

傅衣凌：《明清时代商人及商业资本》，人民出版社 1956 年版。

戈公振著，李保民整理《中国报学史（插图整理本）》，上海古籍出版社 2003 年版。

故宫博物院图书馆编《清代内府刻书目录解题》，紫禁城出版社 1995 年版。

顾宏义：《宋朝方志考》，上海古籍出版社 2010 年版。

顾颉刚等编《古史辨》，上海古籍出版社 1982 年影印 1933 年朴社排印本。

郭伯恭：《四库全书纂修考》，上海书店 1992 年影印国立北平研究院史学研究会 1937 年本。

郭沫若主编《甲骨文合集》，中华书局 1978 – 1983 年版。

郭沫若：《金文丛考》，人民出版社 1954 年版。

中国国家图书馆、中国国家古籍保护中心编《第二批国家珍贵古籍名录图录》，国家图书馆出版社 2010 年版。

胡厚宣编《战后京津新获甲骨集》，上海群联出版社 1954 年版。

胡厚宣：《甲骨学商史论丛初集》，齐鲁大学 1944 年石印本。

湖南省博物馆、中国科学院考古研究所编《长沙马王堆一号汉墓》，文物出版社 1973 年版。

黄爱平：《四库全书纂修研究》，中国人民大学出版社 1989 年版。

黄式权著，郑祖安标点《淞南梦影录》，上海古籍出版社 1989 年版。

黄云眉：《古今伪书考补证》，金陵大学中国文化研究所丛刊（甲种），1932 年版。

雷梦辰：《清代各省禁书汇考》，书目文献出版社 1989 年版。

李德范辑《敦煌道藏》，全国图书馆文献缩微复制中心 1999 年版。

李富华、何梅：《汉文佛教大藏经研究》，宗教文化出版社 2003 年版。

李际宁：《佛经版本》，江苏古籍出版社，2002 年版。

李劲松：《北宋书院研究》，华东师范大学 2009 年博士学位论文。

李西亚：《金代出版研究》，吉林大学 2011 年博士学位论文。

李希泌、张椒华编《中国古代藏书与近代图书馆史料：春秋至五四前后》，中华书局 1982 年版。

李致忠主编《中国国家图书馆馆史资料长编（1909 – 2008）》，国家图书馆出版社 2009 年版。

李致忠：《古代版印通论》，紫禁城出版社 2000 年版。

李致忠：《历代刻书考述》，巴蜀书社 1990 年版。

梁启超主编《新民丛报》，日本横滨新民丛报社 1902 – 1907 年版。

梁启超：《梁启超全集》，北京出版社 1999 年版。

林庆彰：《明代经学研究论集》，文史哲出版社 1994 年版。

刘蔷：《天禄琳琅研究》，北京大学出版社 2012 年版。

刘信芳、梁任编《云梦龙岗秦简》，科学出版社 1997 年版。

鲁迅：《中国小说史略》，人民文学出版社 2005 年《鲁迅全集》本。

罗振玉编《殷虚书契菁华》，罗振玉 1914 年影印本。

马念祖编《水经注等八种古籍引用书目汇编》，中华书局 1959 年版。

马学良：《明代内府刻书》，南京大学 2014 年博士学位论文。

蒙文通：《古史甄微》，巴蜀书社 1999 年版。

缪荃孙、吴昌绶、董康著，吴格整理点校《嘉业堂藏书志》，复旦大学出版社 1997 年版。

缪咏禾：《明代出版史稿》，江苏人民出版社 2000 年版。

潘吉星：《中国、韩国与欧洲早期印刷术的比较》，中国科学出版社 1997 年版。

潘吉星：《中国金属活字印刷史》，辽宁科学技术出版社 2001 年版。

潘吉星：《中国科学技术史·造纸与印刷卷》，科学出版社 1998 年版。

骈宇骞、段书安：《二十世纪出土简帛综述》，文物出版社 2006 年版。

漆侠：《宋史研究论丛》，河北大学出版社 1990 年版。

钱存训：《书于竹帛：中国古代的文字记录》（第四次增订本），上海书店出版社 2002 年版。

钱存训：《中国古代书史》（又名：书于竹帛），香港中文大学出版社 1975 年版。

钱存训：《中国科学技术史》第五卷"化学及相关技术"第一分册"纸和印刷"，科学出版社、上海古籍出版社 1990 年版。

钱存训著，刘拓、汪刘次昕译《造纸及印刷》，台湾商务印书馆 1995 年版。

钱婉约、宋炎辑译《日本学人中国访书记》，中华书局 2006 年版。

屈万里、昌彼得著，潘美月增订《图书版本学要略》，中国文化大学出版部 1986 年版。

饶宗颐：《饶宗颐二十世纪学术文集》，中国人民大学出版社 2009 年版。

商传：《明代文化志》，上海人民出版社 1998 年版。

上海市纺织科学研究院、上海市丝绸工业公司文物研究组编《长沙马王堆一号汉墓出土丝织品的研究》，文物出版社 1980 年版。

上海新四军历史研究会印刷印钞分会编《雕版印刷源流》，印刷工业出版社 1990 年版。

上海新四军历史研究会印刷印钞分会编《活字印刷源流》，印刷工业出版社 1990 年版。

上海新四军历史研究会印刷印钞分会编《历代刻书概况》，印刷工业出版社 1991 年版。

上海新四军历史研究会印刷印钞分会编《装订源流和补遗》，中国书籍出版社 1993 年版。

石兴邦等编《中国考古学研究论集——纪念夏鼐先生考古五十周年》，三秦出版社 1987 年版。

石宗源、柳斌杰总主编《中国出版通史》，中国书籍出版社 2008 年版。

释东初：《中日佛教交通史》，东初出版社 1970 年版。

舒新城编《中国近代教育史资料》，人民教育出版社 1981 年版。

睡虎地秦墓竹简整理小组编《睡虎地秦墓竹简》，文物出版社 1978 年版。

司马朝军：《〈四库全书总目〉研究》，社会科学文献出版社 2004 年版。

宋浩杰主编《影像土山湾》，上海文化出版社 2012 年版。

宋原放、李白坚：《中国出版史》，中国书籍出版社 1991 年版。

宋原放主编《上海出版志》，上海社会科学出版社 2000 年版。

苏精：《近代藏书三十家》（增订本），中华书局 2009 年版。

苏精：《清季同文馆及其师生》，苏精自印本 1985 年版。

孙殿起：《琉璃厂小志》，北京古籍出版社 1982 年据北京出版社 1962 年标点本重排本。

孙猛：《日本国见在书目录详考》，上海古籍出版社 2015 年版。

孙钦善：《中国古文献学史》，中华书局 1994 年版。

孙文杰：《清代图书市场研究》，武汉大学 2010 年博士学位论文。

孙毓修编纂《中国雕板源流考》，上海商务印书馆《国学小丛书》本。

陶湘：《明吴兴闵板书目》，辽宁教育出版社 2000 年《新世纪万有文库》本，。

陶湘：《清代殿板书始末记》，辽宁教育出版社 2000 年《新世纪万有文库》本。

田建平：《元代出版史》，河北人民出版社 2003 年版。

王国维：《王国维遗书》，上海古籍书店 1983 年影印民国商务印书馆《王国维遗书》本。

王鹤鸣主编《中国家谱总目》，上海古籍出版社 2009 年版。

王庆祥、萧文立校注《罗振玉王国维往来书信》，东方出版社 2000 年版。

王绍曾主编《清史稿艺文志拾遗》，中华书局 2000 年版。

王庸：《中国地理学史》，商务印书馆 1938 年版。

王宇信：《甲骨学通论》（增订本），中国社会科学出版社 1999 年版。

王宇信：《中国甲骨学》，上海人民出版社 2009 年版。

王仲荦：《隋唐五代史》，上海人民出版社 2003 年版。

王重民原编，黄永武新编《敦煌古籍叙录新编》，新文丰出版公司 1986 年版。

王重民：《敦煌遗书论文集》，中华书局 1984 年版。

王重民：《中国目录学史论丛》，中华书局 1984 年版。

翁连溪编《清代内府刻书图录》，北京出版社 2004 年版。

吴晗：《江浙藏书家史略》，中华书局 1981 年版。

吴永贵：《民国出版史》，福建人民出版社 2011 年版。

西汉南越王墓博物馆编：《西汉南越王墓》，文物出版社 1991 年版。

肖东发：《中国图书出版印刷史论》，北京大学出版社 2001 年版。

谢保成主编《中国史学史》，商务印书馆 2006 年版。

谢国桢：《明清笔记谈丛》，上海书店出版社 2004 年版。

谢水顺、李珽：《福建古代刻书》，福建人民出版社 1997 年版。

谢灼华主编《中国图书和图书馆史》，武汉大学出版社 1987 年版。

宿白：《唐宋时期的雕版印刷》，文物出版社 1999 年版。

徐旭生：《中国古史的传说时代》（增订本），文物出版社 1985 年版。

徐中舒主编《甲骨文字典》，四川辞书出版社 1989 年版。

徐中舒：《徐中舒历史论文选辑》，中华书局 1998 年版。

严文郁：《中国书籍简史》，台湾商务印书馆 1992 年版。

杨宽：《战国史》（增订本），上海人民出版社 1998 年版。

杨讷、李晓明编《文渊阁四库全书补遗——集部》，北京图书馆出版社 1997 年版。

杨守敬等：《藏书绝句 流通古书约 古欢社约藏书十约》，古典文学出版社 1957 年版。

杨树达：《积微居甲文说》，上海古籍出版社 1986 年版。

姚名达著，严佐之导读：《中国目录学史》，上海古籍出版社 2005 年版。

叶昌炽著，王欣夫补正，徐鹏辑：《藏书纪事诗附补正》，，上海古籍出版社 1989 年版。

叶德辉：《书林清话》，岳麓书社 1999 年版。

应长兴、李性忠主编《嘉业堂志》，国家图书馆出版社 2008 年版。

张忱石：《永乐大典史话》，国家图书馆出版社 2014 年版。

张静庐编《中国出版史料补编》，中华书局 1957 年版。

张升：《明清宫廷藏书研究（修订版）》，商务印书馆 2015 年版。

张树栋、庞多益、郑如斯等：《中华印刷通史（修订版）》（电子版），财团法人印刷传播兴才文教基金会出版，2004 年。网络版：http：//www. cgan. net/book/books/print/g - history/gb_ 12/content. htm。

张舜徽：《中国文献学》，中州书画社 1982 年版。

张秀民著、韩琦增订《中国印刷史》（插图珍藏增订版），浙江古籍出版社 2006 年版。

张秀民：《张秀民印刷史论文集》，印刷工业出版社 1988 年版。

张秀民：《中国印刷术的发明及其影响》，人民出版社 1958 年版。

张总：《中国三阶教史》，社会科学文献出版社 2013 年版。

章钰等编、武作成补编《清史稿艺文志及补编》，中华书局 1982 年版。

赵模等修，王宝仁等纂《（民国）建阳县志》，民国十八年铅印本。

赵所生、薛正兴编《中国历代书院志》，江苏教育出版社 1995 年版。

郑观应：《盛世危言》，清光绪刻本。

郑振铎：《郑振铎全集》，花山文艺出版社 1998 年版。

中国大百科全书出版社《不列颠百科全书》编辑部编译《不列颠百科全书（国际中文版）》，中国大百科全书出版社 1999 年版。

中国国家图书馆·中国国家古籍保护中心编《第一批国家珍贵古籍名录》，国家图书馆出版社 2008 年版。

中国科学院天文台主编《中国地方志联合目录》，中华书局 1985 年版。

周骏富辑《清代传记丛刊》，明文书局 1985 年影印本。

周予同：《中国经学史讲义》，上海文艺出版社 1999 年版。

周予同：《周予同经学论著选集》（增订本），上海人民出版社 1983 年版。

邹明军：《〈文献通考·经籍考〉研究》，华中师范大学 2011 年博士学位论文。

索　引

A

艾儒略　379，381，387

安清　117，118

凹版　514，515

澳门新闻纸　518

B

八角廊汉简　565

八千卷楼　504，526，527，541

百川书志　409

百家争鸣　51—56

百宋一廛　469，476，526，527，530

百万塔《陀罗尼经》　3，203

班固　82，83，86，89，90，104，105

版本　451

版画　323，479，486—492

包背装　281，432，457，515，576，580，
584—586

包山楚简　567

宝文统录　246，266

鲍廷博　467，469，470，475—477

北大简　570

北监　412，413，436

北洋制造局　497

北藏　427，428

本草纲目　383

毕昇　303，304，306，308，309，363

皕宋楼　349，526，527，530，534

变文　153，157，158，179

辨伪　237，361，378，449，450，452，
458

别录　101，102，104，105，121，126

伯希和　174，176，179，209

帛画　572—574

帛书　174，207，565，570—576

博士　33，59，64，67，68，71—75，77，
88，99，105，117，124，125，143，
148—150，165，193，205，206

C

蔡侯纸　93，94

蔡伦　92—95

藏书纪要　419

曹溶　434，468，533

曹雪芹　447

曹寅　471—473

册　8—10，20—22

册府元龟　140，145，151，201，202，206，207，209，222，224—226

察世俗每月统记传　516

长沙子弹库楚帛书　573

长生殿　448

常璩　111

常州图书馆　538，539

晁公武　232—234，253，282，285，338

陈起　275，276

陈寿　91，95，106，107，117

陈振孙　223

谶书　81

谶纬　80，81，169

程氏墨苑　427，487，488

崇府　416

崇化　286，287，355，420，421，432，480

崇文书局　503，504，514

崇文院　228，238，239，241—244，257，260—263，266，289

崇文总目　164

崇祯历书　386，387，400

楚帛书　573

楚辞　58，82，135，171

楚简　568，569

传奇　153，327，378

传是楼　466，468，469

捶拓　181—183

春秋　37，38，48—50，57

崔述　34，41

D

大本堂　404

大诰　28

大公图书馆　547

大谷光瑞　176

大明律　389，390

大明一统志　307，398，426

大秦景教流行中国碑　379

大清一统志　460，461，468，471，472

大元一统志　334，398

大藏经　116—119，154，155，178，195，203，211

戴名世　438

戴震　448，452，461，477

丹珠尔　428

澹生堂书目　409

道安　118，173

道德经　178，211，241，266，269，361，557，558

道家　54，57，71，104，106，115，116，148，156，163，170，568

道教　70，99，113，115，116，120，121，138，153，156—158，177，178，183，189，190，205，246，256，266，320，360，361，557

道藏　157，246，256，264，266，278，289，320，360，361，427—429

德藩　416

登科录　408，413

邓玉函　379，386，387，400

邸报　196

地方志　108，110，111，231，232，398—

400，408，460，461，475

地图　11，94，111，112，147

典　8—10，20—22

典册　8，32

典籍　8—10，14，47，64

点石斋　512—514，518，521，525

殿版　471，472，531

雕板　207，210，261

雕版　138，139，146，150，159，165，
　　168，180—183，186—193，195—197，
　　199，200，202，203，205，207—213，
　　217，……

丁丙　504，526，527

丁申　504，526，527

东方图书馆　425，446，546

东西洋考每月统记传　517

董仲舒　40，72，75，78，84

饾版　486，492—494

独尊儒术　42，71—73，76，78

读书敏求记　468，581

牍　549，559—571

杜佑　89，152

端方　530，538—541

段玉裁　6，8，93

敦煌汉简　562，564

敦煌遗书　97，121，129，157，166，174，
　　176—179，190，194，284，304，360，
　　379，377，380，384

E

尔雅　72，73，79，87，106，114，128，
　　150，169，179，226

二拍　378，425

F

法显　119，120，190

番汉合时掌中珠　321

藩府　414，416

藩刻本　414，416

范钦　407，408，417，532 范晔　9，74，
　　76，78，81，89—93，108

梵夹装　576，578—580

方　359—360

方氏墨谱　425，427，488

方以智　384，437，442

方舆胜览　286，295，296，398

坊刻　257，267，271，272，275，276，
　　278，280，284，286，287，295，297，
　　301，302，307，351—353，355，357，
　　358，361，362，417，420，421，423，
　　426，427，431，433—436，438，479，
　　480，484

房山石经　557

放马滩秦简　62

焚书　33，51，54，55，59，60，63—69，
　　71，76，88，159

焚书坑儒　51，54，55，60，63—67，71，
　　88

冯道　95，193，205—208

冯梦龙　378，425，427

缝缋装　581，582，584

佛国寺　159，196

佛教　2，70，99，113，114，116—118，
　　120，121，138，153—158，173—175，
　　177，178，183，189，190，194，195，
　　199，205，211，289，319，321，359，

557，579

伏尔泰　385，517

伏生　33，79，88

福州船政局　496，497

福州船政学堂　497

G

甘珠尔　428

高丽藏　314

高松画谱　487

工部局公众图书馆　532

公使库　257，263，264，271，298，300

公孙弘　71，73

公羊传　33，50，68，78，79

拱花　486，492，493

共读楼　534

共和国教科书　510

瓿　561，562

古欢社约　533

古今书刻　396，413

古今书录　162，163

古今书最　89，102，122，126，130，132，
133，137

古今图书集成　307，309，365，454—456，
461，463，470，472，479，491，514，
518，547

古今伪书考　450

古文经　77，79，105，106

古文尚书　10，79，84，106

古越藏书楼　537—539，546

谷腾堡　306，307，309，510

诂经精舍　501，502

穀梁传　79，106，179，226，556，557

顾广圻　284，467，469，470，476，477

顾炎武　229，347，348，369，374，375，
388，391，413，435—437，440，442，
443，445—448，468

关汉卿　327，337

官刻　256，257，263，264，266，271，
275，278，281，282，287，298—302，
316，317，342，343，352，361，362，
414，422，475，478，502

官书局　475，500—505，535，536，542，
543

广勤堂　355，420

广学会　517，523，524

广雅书局　130

广政石经　150

癸卯学制　506，507，509，541

桂坡馆　417，490

郭店楚简　568

国闻报　499，519，536

国语　32，35—38，43，46，50，57，82，
84—86，127，128，224

国子监　121，140，143，144，167，193，
206—210，218，226—229，244，246，
248，257—264，282，285，286，288，
289，291，294，297，298，317，318，
340，342，343，348，349，393，410—
414，463，474，532，557

国子学　108，143，145，158

H

海国图志　387，496

海昏侯墓简牍　571

海源阁　526，527

涵芬楼　350，546

韩非　6，52，54—57，60—62，101

汉赋　58，82

汉简　58，62，63，562—569

汉书　82，83，86

汉书·艺文志　10，46，55—58，81—83，88，99，102—105，127，136，169

汉武帝　19，33，42，71—73，75—78，82—84，88，94，113，115，117

汗青　559

翰林院　342，368，393，397，398，404，441，457，462，463，474，483，541

河西字　321，322，360

鹤山书院　249

黑奴吁天录　499

红楼梦　309，365，447，479，480，484

洪武南藏　427，581

侯马盟书　558

后汉书　9，67，74—78，80，81，83，89—93，108，158，178，192，259，263，267，317，345，412，482，502，504

胡广　391，393

胡应麟　76，80，109，110，122，123

胡中藻　439

湖北图书馆　539

湖南书局　504

湖南图书馆　538，540

蝴蝶装　177，196

华阳国志　111

话本小说　153

槐市　91

皇览　114，126

皇清经解　446，447，501，502

皇舆全览图　449

黄丕烈　467，469，470，475—477，526，527，529，530

黄善夫　272，417

黄神越章　183，195

黄虞稷　387，393，394，403

黄宗羲　375，409，437，440，442—444，446，448，449，461，468

徽藩　416

会通馆　490

晦明轩　260，318，341，358

活字　181—182，207，303—310，324，351，362—364，392，423，454，459，472，479，484，486，490—492，510—512，523，525，528

J

基督教　178，378，379，382，517，521—525

吉祥遍至口和本续　305

汲古阁　213，288，408，417—419，466，478，483，526，531

汲冢竹书　58，127—129

集贤院　163，226

辑略　101—103，105

辑佚　112，223，224，226

几何原本　382，522

纪昀　452，455，456

稷下　51，53，54，72

迦叶摩腾　117

家刻　257，271，272，285，286，434

家谱　22，23，109，110，310，426

嘉兴藏　427，428

嘉业堂 389，458，528

甲骨文 6，8—10，16—25，43，44，59，129，174，187

肩水金关汉简 566

监本 207—209，234，251，252，263，282—284，286—288，307，317，451

监书 258，263，285，297，298，317，348，349，463

简牍 44，62，94，96，121，174，549，558，561，563，564，566—569，571，572，574

建安 112，172，221，257，267，272，275，276，283，355，356，486，487

建本 280，281，286—288，421，423

建阳 267，275，276，284，286—288，348，353，355—357，360，362，372，406，420—424，426，431，432，435，480

江南图书馆 530，541

江南制造局 496，497

绛云楼 444，465，466，468，533

交子 310—312

焦竑 210，376，378，387

校雠略 67，104，234—237

芥子园画传 493，494

今文经 77，79，83，105，106，555

金简 492，557

金陵书局 503，504

金陵制造局 496，497

金尼阁 379，383—387

金石录 231，252，435

金粟山大藏经 256

金文 8，16—20，43，44，551—554，563

晋元帝四部书目 129，136，137

京师大学堂 498

京师同文馆 498，503

京师图书馆 176，398，530，541，542，544，545

京师图书馆章程 541

经厂 410，411，428，471，531

经籍所 326，333，342

经籍志 58，80，87，89，101，102，105，107，110，111，114，117，121—127，129—131，136，137，147，148，151，154，156，158—164，168，169，172，173，181，334，450，452，481，504，578

经世致用 375，383，442，445

经学 1，36，42，70—83，86，87，99，105—108，148—150，189，191，202，206，229，230，391，406，409，441，445—447，451，468，481，507，570

经折装 177，278，279，281，576，578—581

精装 496，515

景教 153，177，178，379

鸠摩罗什 118，119，190

九经 122，150，167，206—210

九路儒学 345

聚珍版 92，307，309，457，459，472，491，492，498，518

卷轴装 177，265，281，314，319，576—580

郡斋读书志 232，233，253，254，285，338

K

开宝藏 255，265，278，281，289，314，

316，319

开成石经 556

开元道藏 157

开元释教录 119，120，155，173，265

开元杂报 196

康熙字典 439，454，511，513，525

康有为 498，499，519，524，535

考信录 450

科举 3，110，138—142，144—146，149，150，152，153，190，191，217，218，221，222，261，262，274，276，281，284，290，296，297，302，317，326，327，353—355，367—371，388，391，392，403，408，409，421，434，444，447，477，484，485，495，505，506，510

坑儒 51，54，55，60，63—67，69，71，88

孔安国 76，77，83，84，106，150

孔壁 68，77

孔尚任 420，448

孔子 9，22，31—36，40—42，49，52，54，57，72，73，76，80，84，85，105，233，326，327，351，367，374，375，384，385，454，553，559

坤舆万国全图 381

L

兰台 59，77，89—91，117

雷延美 176

类书 101，114，153，179，209，210，223，224，235，251，276，309，340，353，362，393—395，403，421，431，

432，451，454，512，515，564，578

礼记 19，32，36，37，41，44，46，76，79，128，143，150，258，285，286，317，422，445，556，557，571，573

李充 129，130，137

李端棻 505，506，535

李时珍 383

李斯 54，55，61，62，64，65，67

李瑶 491

李之藻 380，381，387，400

李贽 375，376，380，388

里耶秦简 62，63

利玛窦 379—384，386，387，522，525

郦道元 54，112

笠翁十种曲 448

聊斋志异 447

林氏四写 475，478

林纾 499

临川四梦 378

凌濛初 378，425，426，488

令狐德棻 126，150，151，161

刘若愚 376，393，396，397，410，411

刘向 9，14，54，56，58，59，77，83，86，89，99—105，121，126，127，130，131，168，188

刘歆 14，77，79，83，84，93，99，101—105，114，127，130，131，168

留学僧 158，166，212

留学生 158，166，212

流通古书约 533

琉璃厂 480，482，483，535，542

六经 32，36，40—42，67，80，86，90，124，154，162，167，206，207

六十种曲 402，418

六书音韵表　448

龙岗秦简　62

鲁恭王　76

陆费逵　521

论语　9，10，35，36，56，72，75，78，79，81，102，106，128，134，150，162，169，179，226，230，317，318，324，352，358，406，503，556，557，562，565，566，571

罗明坚　379，382

罗雅谷　379，387，400

罗振玉　176，189，209

萝轩变古笺谱　492，493

M

麻沙　286—288，294—296，355，356，420，421，451，480

马端临　10，144，160，167，207，218

马礼逊　511，516

马王堆帛书　565，570，574，575

麦都思　512，516，522

脉望馆书目　409

毛抄　213，419

毛晋　407，408，417，418，466，526

毛重倬　438

眉山七史　285

美华书馆　511，517，522，523

美查　513，518，525

孟蜀石经　556

孟子　9，33，37，53，54，56，57，63，64，72，79，129，143，230，259，285，317，318，324，327，367，369，374，406，452，454，556，557

梦溪笔谈　242，244，251，303，304，313，320，347

秘阁　109，122，124，129—131，136，137，154，164，213，226

秘书监志　339，340，342

蜜蜂华报　516

民报　518，520

闵齐伋　488

明儒学案　444

明书　81，102，124，173

明夷待访录　375，443，444

缪荃孙　396，459，502，528—530，541，558

莫高窟　174—176

墨海书馆　512，513，522，523

木牍　62，559—561，566，567，569，574

N

南监　412—414，540

南菁书院　447，502

南通图书馆　547

南雍志　367，400，405，412，413

南藏　427，428，581

泥版试印初编　491

牛弘　63，89，92，123，129，147，159，160

农桑辑要　335

农书　67，189，207，209

粘叶装　581，582，584

P

潘季驯　383

庞迪我 379，382，387

裴秀 111，112，121

毗卢藏 278，279，360，581

平水 146

平阳 273，318，326，333，341，342，
352，355，357，358，360

平装 496，515

蒲松龄 447

普宁藏 343，360，581

谱牒 38，108—110

Q

七经 80，181，226

七录 101，102，120，123，126，130，
132，133，136，137，169，172，173

七略 89，99，101—105，126，127，
130—132，136，137，162，169，172

七史 244，259，285，286，308，317，
346，351，414，418，419，448

七志 124，130—133，137

齐民要术 95，114，191，209

齐永明元年秘阁四部目录 122，137

祁彪佳 378，407

祁承㸁 407，409

契丹藏 314—316，557

碛砂藏 278，279，281，322，343，359，
360，428，580，581

千顷堂书目 387，393，394，403

钱曾 466，468，475，526，581

钱大昕 114，130

钱谦益 406，407，418—420，437，440，
465，466，468，475，533

乾嘉学派 387，442

遣隋使 212

遣唐使 158，166，212

强学会 499，519，535

钦定学堂章程 506

秦藩 414，416

秦简 62，63，106，121

秦始皇 9，11，33，51，55，56，59，60，
62—69，71，72，76，88，107，117，
159

勤有堂 275，353，355，357，420

青年杂志 4

青铜器 6，16—20，30，37，45

清华简 570

请开献书之路表 159

请推广学校折 505，535

全唐诗 152，165，231，454，471—474

全唐文 152，157，166，209，224，396，
460，472，

全祖望 367，437，444，448，477

群书四录 162，163

群学肄言 499

R

日本派赴罗马之使节 511

日新堂 353—357，420

荣德生 547

儒林外史 447，477，478

儒学 57，67，73，74，80，86，115，
148，150，158，167，256，327，329，
330，332，333，344—349，351，353，
354，361，371，392，406，413，441

阮孝绪 101，120，122，126，130，132，
136，137

阮元　446—448，469，477，501，502，504，505，533，556，557

软字　433，471，474，478

S

三洞琼纲　156

三国志　96，106，108

三国志通俗演义　376

三言　378，425

散曲　337

扫叶山房　418，419，483，520

沙勿略　379

商务印书馆　507—510，521，546

商鞅　55，60—63，65，68

上博简　568

尚书　5，8—10，16，21—23，25，29，33，38，46，74—77，79，83—85，88

少室山房笔丛　76，80，110，123

邵晋涵　226

申报　513，517，518

沈璟　378

沈括　241，242，244，251，303，304，313，363，491

沈祖荣　547，548

圣济总录　229，343，354

圣教实录　382

盛世危言　500，535

诗经　22—23，32，38，42，58，71，76，79，82，83，88

十三经　48，79，106

十竹斋画谱　487，492—494

十竹斋笺谱　493

石经　78，90，121，150，181，187，205，206，208，445，553，555—557

石渠　78，87，89，90

石室遗书　174—180，209

石印　472，483，495，511—514

实录　150—152，167，225，227，228，241，291，292，389，471，481，528

实学　387，391，503

史官　6，9，30，33，37，38，42—44，46—50，64，85，106，107，152

史馆　150，152，166，167，238，239，241—243，297

史记　16，82—84，86，108，129

士礼居　467，469，476，529

世界图书馆小史　544

书厄　63

书林清话　257，260，262，263，267，268，271，272，275，276，318，344，348，358，422，467，476，483，530

书目答问　402，477，530，547

书帕本　388，414

书肆　91，165，203，207

书同文　51，64

书院　219—221，249，250，257，263，266—268，270，280，287，326，329—333，341，344，345，347—351，353，355，356，361，371—373，398，413，414，417，419—421，446，447，464，465，475，501，502，505，506，522，532，535

蜀藏　265

蜀刻本　280，281，285

双古堆汉简　566

水浒传　365，377，413，425

水经注　112，448，502，529

睡虎地　57，62，63，106

说文解字　6，8，9，44，87，92，93

司礼监　376，405，410，411，471

司马迁　16，82—86

思溪藏　279，581

斯坦因　175，176，199

四部分类法　127，128，130，131，137，173，235，236，452，459，538

四部正讹　80

四大书　222

四方风　17，24，25，59

四库全书　365，387，396，397，400，440，453—464，470，527，528，578，585

四库全书荟要　459，463

四库全书简明目录　459

四库全书总目　452，453，458，459，468

四书　346，351，369，384，391，392，505

四书大全　369，391，392，446

四洲志　496

宋版　217，275，279—281，301，431，432，469，476，527—531

宋刑统　228，257

宋应星　383

宋元徽元年秘阁四部书目录　122，130，131

宋元嘉八年秘阁四部目录　122，136

宋元学案　444

宋字　280，432，433，471，478，479

苏学会　536

俗讲　157

隋朝道书总目　156

隋书·经籍志　168，169，172，173，452

隋书经籍志考证　124，173，450，504

遂初堂书目　234，253

孙星衍　451，461，467，469，476，477，483，501

孙诒让　447，504，550

T

太平广记　145，146，222，223

太平惠民和剂局方　229

太平圣惠方　229

太平御览　90，91，99，122，123，222—224

太学　73，74，78，90，91，144，187，218，220

汤若望　379，386，387，400

汤显祖　378

汤之盘　19

唐律　228，355，390

唐仲友　186，269—272，298，301

桃花扇　420，448

套印　184，186

天工开物　383

天津机器局　496，497

天禄琳琅　299，342，346，461，462

天体运行论　383，387

天下郡国利病书　375，442，443，448

天演论　499

天一阁　287，352，399，407—409，417，421，425，455，466，468，529，532，533

天主教　367，378，379，382，430，521，522，524，525，531

田敏　206—210

铁琴铜剑楼　353，358，526，527

通典　89，152，226，338

通俗图书馆　545，546

通志　231，232，234—237

通志堂经解　446，468，469，476

同文馆　498，503，505，535

同文书局　512，514，518

同文书院　267，421

图谶　80，81

图书　5—14，20，22

图书馆规程　545

土山湾印书馆　513，524，525

陀罗尼　2，3，159，181，182，190，195，
　196，198，199，203，204，211

W

宛委别藏　463

皖省藏书楼　536，537，539

万国公报　517，519，524

万国公法　498

万国全图　380，381

万历续道藏　427，429

万历藏　427，428

万寿道藏　256，266，278，289，320

王夫之　375，405，442，446，448

王俭　109，122，130，131

王锡侯　439

王先谦　275，439，447，462，502，504

王阳明　372，374，375，379

王圆篆　175

王祯　207，308，335，362—364

韦编　41，559

纬书　79，81

魏阙书目录　124

魏徵　58，87，89，92，111，114，121—
　125，129，140，147—149，151，154，
　156，159，161，162，168

文汇阁　456，458，463

文津阁　455—458，461，463

文澜阁　456，458，463，527，528

文史通义　31，104，110

文溯阁　455，456，458

文献　8—11，14，18

文献通考　338

文渊阁　396，397，404—406，455—458，
　461，463

文源阁　455，456，458，463

文苑英华　155，182，222，224

文字狱　366—368，437—442，445，447，
　448，452，454，471，479，588

文字之祸　366—368

文宗阁　456，458，463

乌台诗案　294

毋昭裔　150，210，211

吴承恩　377

吴敬梓　447，477，478

吴氏西斋书目　164

五大臣出洋　539，540

五厄　63，123，159，161

五经博士　72，74，77，556

五经大全　369，391，392，446

五经正义　149，150，241，258

武功县志　400

武英殿　461—463，471—475

武威汉简　564

X

挟书律　87，88

解缙　393，397，405

西川印子　203

西湖书院　348—350

西书七千部　385—387

西夏文　7，305，321—324，360

西夏译经图　322

西游记　365，377

熹平石经　78，90，181，555

玺印　181—183

夏瑞芳　521

线装　281，428，432，515，576，579，580，584，586

献　8—11

萧何　11，67，68，87

心学　374，375

新青年　4

新文化运动　4

兴文署　342，343

徐光启　380，382，386，387，400，522

徐家汇天主堂藏书楼　531，532

徐乾学　389，446，468，469，475，476

徐述夔　439

徐渭　376，378

徐霞客游记　383

玄都宝藏　320，360，361

玄都经目　116

玄学　1，99，105，106，108

玄奘　152，155，194，195

悬泉汉简　567

旋风装　576，578，580，581

学部奏拟定京师及各省图书馆通行章程折　544

学海堂　446，501，504，505

学田　219，267，329—330，332，343，346，414

荀勖　96，121，126—128，131

Y

鸦片战争　4，495—497

严复　499，519

阎若璩　106，445，446，449，450

扬州诗局　471—474

杨古　304，351

洋务运动　496—498，505，588

洋装　515

姚际恒　449，450

姚振宗　81，82，103，105，124，127，173，449，450，451

耶律楚材　325，326，328，335，337，342

耶稣会　379，382，384，385，387，511，521，524，525，532

野史　223，224，227，388，438，441，442，468，485

叶德辉　257，260，262，263，267，268，271，272，275，276，318，348，352，358，406，422，436，466，467，476，483，502，528，530

一柱楼诗集　439

仪礼　32，36，38，76—79

艺文略　234，237

艺文志　86，99，102—105

易经　32，67，79，88

殷墟　6，17，18，24，44

银雀山汉简　563，565

尹湾汉简　568

印刷术　1—3，78，97，139，146，156，180—183，187，189，190，192，193，195，196，202，203，205，207，208，212，213，303—309，510，514

永乐大典　213，226，233，334，365，388，392—398，403—406，454，456，459，463，529，585

尤袤　234，253，352

于敏中　342，346，455，462

禹贡地域图　111，112

元版　362，476，527，529

元丰九域志　232，334，398

元官藏　343，360，581

元昊　7，320，322，323

元和郡县图志　152

乐　26—28，30，32，36—38

乐府　82，83

乐律全书　416

岳麓简　570

岳麓书院　62，220，249，464，502，569，570

云梦秦简　62，566

Z

曾国藩　497，502，503

曾静　438

查嗣庭　438

杂剧　153，332，337，358，359，373，376，378，385

造活字印书法　363，364

造纸术　1，93—95，98，212

缯书　573

翟金生　491

战国纵横家书　572，574，575

张百熙　506，508

张家山汉简　62，63，567

张謇　546，547

张元济　509，521，546

张之洞　402，477，497，504，506，508，509，530，539，541，543，546

张庄天主堂印书馆　525

昭文馆　161，238，242，244，264

赵城金藏　316，319，577

赵氏孤儿　355，385

浙东史学　448

浙江书局　504

浙刻本　208，281，286

正统道藏　157，265，320，427—429，487，581

正谊书院　413，502

郑观应　500，535

郑樵　231—237，252，338，449

郑玄　75，76，79，80，105，106，150

支娄迦谶　118

直斋书录解题　232—234，254，338

职方外纪　381，387

志怪小说　59，113

制礼作乐　27，30，45，588

中华教科书　509

中华书局　507，509，510，521

中经新簿　121，126，127，136，137，172

中外新报　518

中兴馆阁续书目　241，338

周公　27—30

周礼　26，27，29—32，36，38，47，48，

58，76，77，79，111

周书 26—30，38，39

周易 32

周易说略 491

朱棣 368，391—393，404，405，427

朱熹 10，19，186，219，230，237，267，269—272，287，296，298，301，449

朱彝尊 461，466，468，475

朱元璋 365—370，376，389—391，403，405，406，410，420

诸子 1，55—57，59，62，66—68，72，73，82，87，88，99，102—104，116，125—127，130—132，224

竹简 40，58，85，92，93，96，128，207，559，560，562，564—572，576—

578

竹书纪年 37，57，107，129，417，570

柱下 59

庄氏史案 448，479

庄廷鑨 438，448

资福藏 278，279

资治通鉴 38，225，226，227，231

字贯 114

字林西报 517

走马楼吴简 569

最新国文教科书 509

左传 5，22，32，36，37，50，57，76，79，82，106，128

左宗棠 465，497，502

与书有缘

——写在《中国古代图书史》的后面

我生长在一个读书人的家庭，父母亲都是教师，教了一辈子的书。受家庭的影响，我从小就喜欢书。又因为父亲曾是历史老师，我从小就喜欢历史。

不幸的是，我的童年、少年时代是在"文革"十年浩劫中度过的。那时，能读到的书很少，能读到的历史书更少。县城里有几家小人书铺，一分钱可以看一本，于是，只要有了钱，便邀约上几个小朋友一起去看书，然后乘书铺老板不注意的时候，偷偷地相互交换，为的是多看几本。完了，回到家中，很兴奋地告诉妈妈：我今天一分钱看了三本书！上小学时，我家就在学校里，楼上是教室，楼下是家，因此我常常在上课下课十分钟的间隙里，飞跑回家，把姐姐藏起来的小说——基本上都属于那时候的"禁书"，偷偷翻出来匆匆看上几页，然后又赶紧跑回教室上课。看过的书中，印象最深的是一本初中语文课本中的《鲁提辖拳打镇关西》《岳飞枪挑小梁王》和《最后一课》。上中学时，同桌的父亲在公安局工作，那时公安局里堆了不少"文革"中抄家来的书，一次，他偷出一本书借给我，书名已经记不得了，是一部佛经，字很大，还是线装的，看了半天，也看不明白，就只好放下了。

有一年寒假中，父亲很神秘地带回一部大某山民（姚燮）点评的《增评补图石头记》，原本精装的书已经很破了，装订的锁线也断了，书被分成了几部分。因为是从人家那里偷偷借来的，限期归还，于是父亲看一部分，母亲看一部分，姐姐看一部分，我看一部分，看完大家互相交换，不管前后顺序，前言后记也来不及看，以至于在很长一段时间，我一直以为"大某山民"是个日本人。

少年时代，有两种书对我影响很大，至今难忘：一是"文革"中修订出版的《十万个为什么》，一是中华书局在"文革"前编辑出版的《中华活页文选》。前者使我从书中初步认识了奇妙的大千世界，也培养了基本的科学素养；后者则使我对古人的世界产生了兴趣，并爱上了古书。

幸运的是，我高中毕业上山下乡后不久，1977年恢复了高考。听长者介绍，我以第一志愿考进了四川大学历史系。更加幸运的是，本科毕业后，我又考上了当代著名历史学家、古文字学家徐中舒先生的硕士、博士研究生，成了徐先生的"关门弟子"。

读本科时，我选的毕业论文题目是《晋国成文法的形成试探》，研究的内容是春秋时期晋国成文法律产生的原因、过程及意义。晋国成文法，虽然属于法律的范畴，但多少与图书有点关系。硕士研究生时，我选的硕士论文题目是《今本〈竹书纪年〉研究》，这是我第一篇专门研究"书"的学术论文，也是我第一篇在学术界有较大影响的论文。博士研究生时，因为我的研究志趣在"书"，也更喜欢文献考证，本想以《〈史记六国年表〉考证》作为博士论文题目，但是一位研究生指导小组的老师提出，博士论文最好还是要有理论方面的研究，因此我只好放弃了最初的选择，但对古书的兴趣未曾稍减，心想，待博士毕业后再完成这个题目。不承想，世事难料，待我顺利地完成博士论文答辩、憧憬着成为历史学家的时候，阴差阳错，却被分配到了四川大学图书馆工作，成了一名图书馆员，真正应了陆放翁的诗句："万卷古今消永日，一窗昏晓送流年。"

从1988年开始至今，从四川大学图书馆到国家图书馆，我已经在图书馆工作了二十九年。其间，我做过阅览室服务、古籍整理与编目、图书采访等工作，后来，又从事图书馆管理工作。工作之余的学术研究，大多也是与图书、图书馆、图书馆事业有关。

二十九年来，我天天与书特别是古书为伴，曾经编纂过《四川大学图书馆古籍善本书目》，主编过《四川省高校图书馆古籍善本联合目录》，担任过《中国古籍总目》的副主编兼集部主编，写过一些古籍方面的研究文章，算是对中国古籍有一些基本的了解。因此，从很早开始，我就想写一本关于中国古代图书的书。1996年，我在台湾出版了《中国图书史》，那是一本二十多万字的小书，是我的第一部学术专著，但过于简略，并且侧重于图书印刷与收藏史。这书出版后不久，我就发愿，要重写一本更加详细、能够跳出传统图书史偏重于印刷史和图书收藏史窠臼的《中国古代图书史》。现在，书写完了，马上将与读者见面，是否达到了写书时所定的目标，是否能够为专业研究者提供参考，是否能够给普通读者带来一些关于中国古代图书的基本知识，我期待着读者的批评！

在小书即将出版之际，回首过往，需要感谢的人有许多许多，包括老师、同学、朋友、同事。小书初稿完成后，国家图书馆出版社的于浩先生曾做了初步的编辑工作，也提出了一些很好的修改意见。本书责任编辑、社会科学文献出版社李建廷先生为本书的编辑修订做了大量细致的工作。在申报入选国家哲学社会科学成果文库的过程中，匿名的评审专家也给小书提出了不少中肯的批评和建议。国家图书馆古籍馆提供了部分书影，本人也从一些专著、网站上采录了部分书影，这些都为小书增色不少。

妻子邱永辉是我大学本科、研究生时的同学，一直从事印度历史、文化和宗教研究。三十多年来，我们相濡以沫，共同扶持。我曾经在二十年前出版的《中国图书史》后记中写道："要向我的夫人邱永辉表示感谢，如果没有她的支持与督促，这本书可能才刚刚写完提纲哩！"现在有一句流行语："重要的话要说三遍！"这话真是不错，从上本书出版以来，她一如既往地支持我、督促我，承担了主要的家务，让我有信心坚持写完了这本写了二十年的小书。说来也是有缘，她的《印度教概论》也入选了2011年度国家哲学社会科学成果文库。因此，我要特别感谢全国哲学社会科学规划办公室给了我们夫妻二人这份特殊的荣誉。

我要感谢我的父亲母亲，他们不仅生我养我，教会了我做人做事的原则和方法；也是他们，让我很早就爱上了书，在那不让读书也无书可读的年代，尽其所能为我提供读书的条件。可惜的是，我的父亲走得很早，在他生前，没能看到他儿子的第一篇学术论文、第一部学术专著。现在，仅以此书敬献给我的父亲母亲。

最后，我要感谢书。书，伴我成长，伴我工作，伴我生活。书，给了我知识，给了我事业，也给了我世界。因此，我便写了这本关于书的书，以此回馈书对我的恩惠。

二〇一七年二月十五日夜于小归来堂

图书在版编目（CIP）数据

中国古代图书史：以图书为中心的中国古代文化史／
陈力著. －－北京：社会科学文献出版社，2017.3
　（国家哲学社会科学成果文库）
　ISBN 978－7－5201－0481－4

　Ⅰ.①中…　Ⅱ.①陈…　Ⅲ.①图书史－中国－古代
Ⅳ.①G256.1

　中国版本图书馆 CIP 数据核字（2017）第 041066 号

·国家哲学社会科学成果文库·

中国古代图书史
——以图书为中心的中国古代文化史

著　　者／陈　力

出 版 人／谢寿光
项目统筹／宋月华　李建廷
责任编辑／李建廷　卫　羚

出　　版／社会科学文献出版社·人文分社（010）59367215
　　　　　　地址：北京市北三环中路甲29号院华龙大厦　邮编：100029
　　　　　　网址：www. ssap. com. cn
发　　行／市场营销中心（010）59367081　59367018
印　　装／北京盛通印刷股份有限公司

规　　格／开　本：787mm×1092mm　1/16
　　　　　　印　张：40.5　字　数：658千字
版　　次／2017年3月第1版　2017年3月第1次印刷
书　　号／ISBN 978－7－5201－0481－4
定　　价／268.00元

本书如有印装质量问题，请与读者服务中心（010－59367028）联系